BON 본

CHEMISTRY I

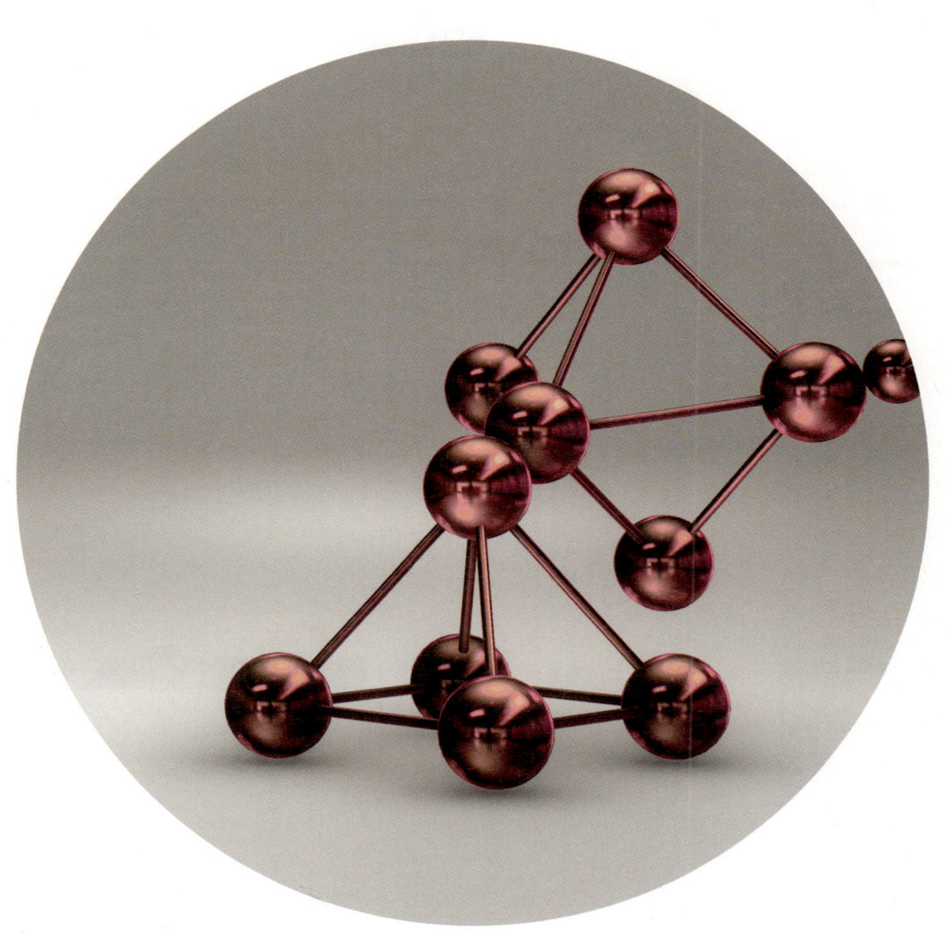

본 화학 I

| 본교재 |

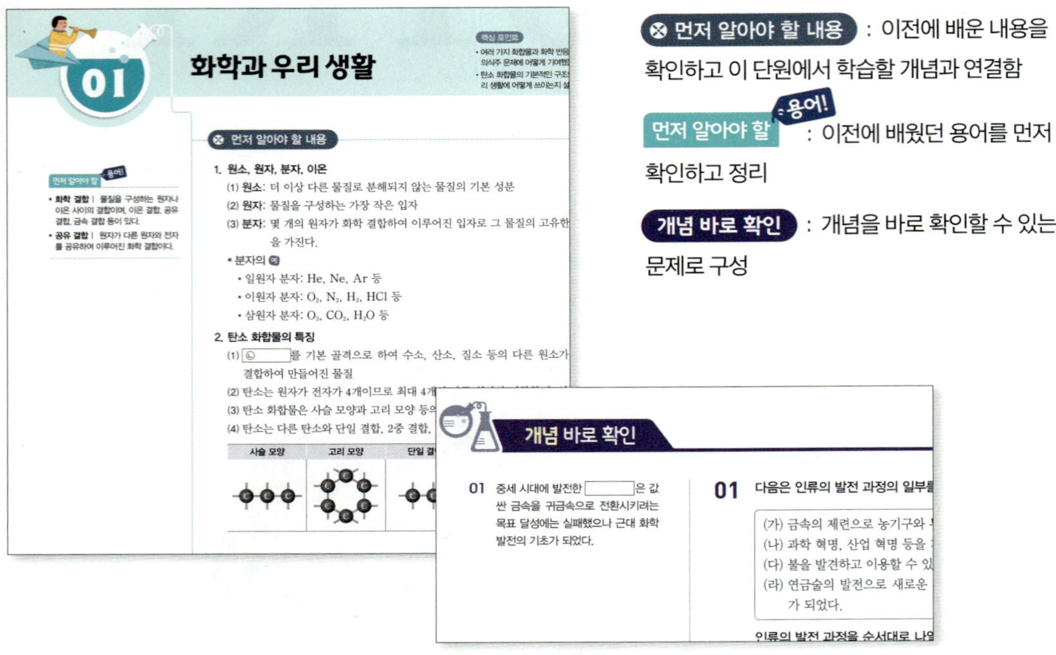

⊗ **먼저 알아야 할 내용** : 이전에 배운 내용을
확인하고 이 단원에서 학습할 개념과 연결함

먼저 알아야 할 용어! : 이전에 배웠던 용어를 먼저
확인하고 정리

개념 바로 확인 : 개념을 바로 확인할 수 있는
문제로 구성

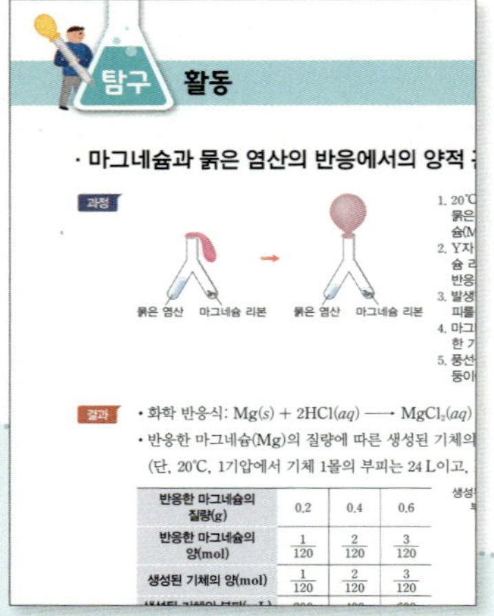

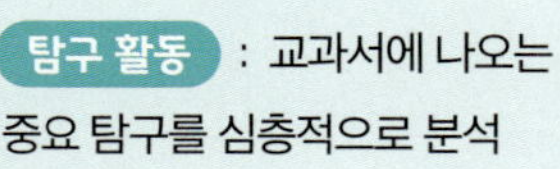

탐구 활동 : 교과서에 나오는
중요 탐구를 심층적으로 분석

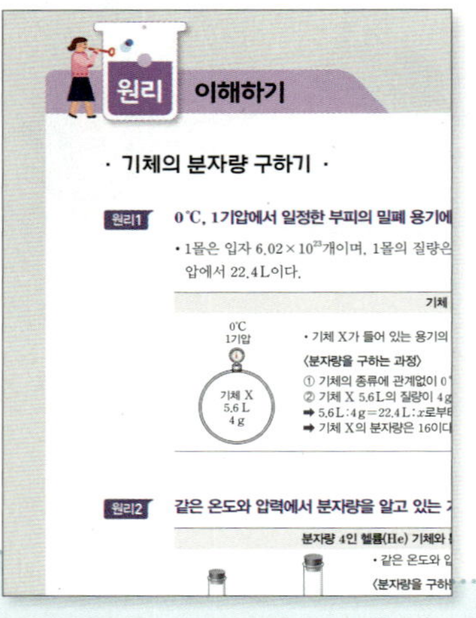

원리 이해하기 : 내용 정리만으로
이해하기 어려운 내용을 쉽고 자세
하게 설명

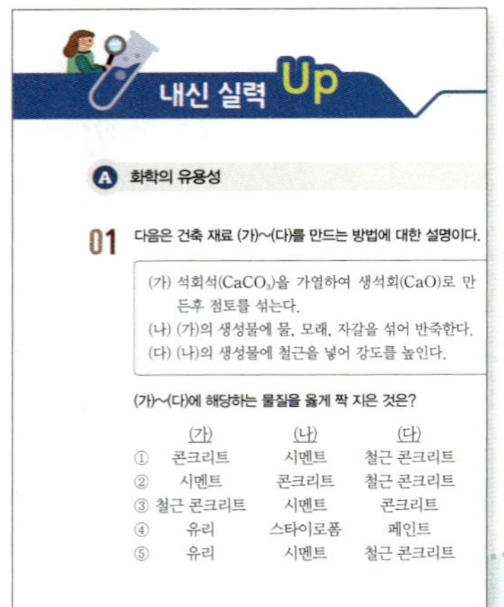

내신 실력 Up : 학교 시험에 출제
될 가능성이 높은 문제로 구성, 서술형
문제 포함

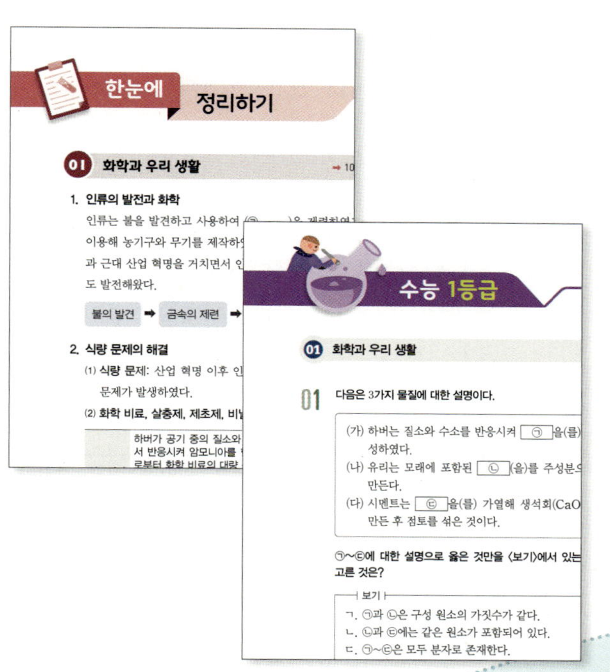

한눈에 정리하기 : 중단원을 마무리하면서 핵심 개념을 요약 정리

수능 1등급 : 수능에 출제될 수 있는 문제로 구성

| 시험 대비 워크북 |

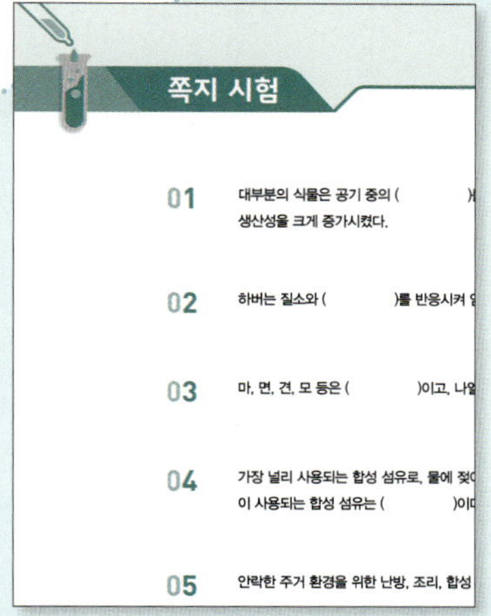

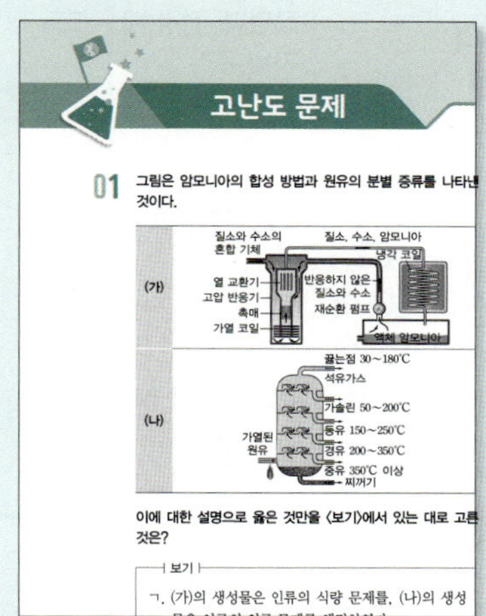

쪽지 시험 : 쪽지 시험 형태의 단답형 주관식 문항

중단원 예상 문제 : 학교 시험과 유사한 형태의 예상 문제 제시

고난도 문제 : 난이도 높은 문제로 실력을 향상시킴

대단원	중단원	소단원	본 화학 I	교학사	금성	동아	미래엔	비상	상상	지학사	천재	YBM
I. 화학의 첫걸음	01. 화학의 첫걸음	01. 화학과 우리 생활	I 본교재 I 10~17	13~23	13~25	11~23	14~27	11~22	15~27	13~23	11~18	13~30
		02. 화학식량과 몰	I 본교재 I 18~25	27~25	29~33	29~35	28~35	27~39	31~37	27~33	23~29	35~40
		03. 화학 반응식과 용액의 농도	I 본교재 I 26~35	39~45	34~43	36~45	36~47	40~42	41~51	34~42	30~43	41~56
II. 원자의 세계	01. 원자의 구조	01. 원자의 구조	I 본교재 I 44~51	57~61	55~61	57~63	58~67	55~59	63~66	57~61	55~64	67~73
		02. 보어 원자 모형	I 본교재 I 52~57	65~77	62~73	66~74	68~79	60~68	71~79	62~70	65~77	77~87
		03. 현대의 원자 모형과 전자 배치의 규칙	I 본교재 I 58~65									
	02. 원소의 주기적 성질	01. 주기율표	I 본교재 I 74~77	81~85	77~82	81~87	82~87	75~79	83~87	77~82	81~86	91~97
		02. 원소의 주기적 성질	I 본교재 I 78~87	86~91	83~87	89~97	88~95	80~85	91~98	84~91	87~94	101~109

대단원	중단원	소단원	본 화학 I	교학사	금성	동아	미래엔	비상	상상	지학사	천재	YBM
III. 화학 결합과 분자의 세계	**01.** 화학 결합	**01.** 이온 결합		본교재	96~105	103~107	99~108	109~119	106~116	99~105	109~116	107~115	107~115	119~126
		02. 공유 결합과 금속 결합		본교재	106~113	108~111	109~114	120~130	118~125	106~111	119~122	116~119	116~123	127~133
	02. 분자의 구조와 극성	**01.** 결합의 극성		본교재	122~129	115~125	115~124	137~145	126~133	112~116	125~135	120~122	127~136	137~151
		02. 분자의 구조와 성질		본교재	130~139	129~135	125~133	146~157	134~145	123~130	139~150	123~142	138~146	155~159
IV. 역동적인 화학 반응	**01.** 화학 반응에서의 동적 평형	**01.** 동적 평형		본교재	148~155	147~153	145~148	169~171	156~159	143~147	161~163	157~160	159~162	169~173
		02. 물의 자동 이온화		본교재	156~161	154~157 163~164	149~161	172~176	160~165	148~152	167~174	165~169	163~172	174~184
		03. 산 염기 중화 반응		본교재	162~169	161~163 165~171	162~167	177~183	166~173	159~165	175~180	170~174	173~181	185~189
	02. 화학 반응과 열의 출입	**01.** 산화 환원 반응		본교재	178~185	175~181	168~173	189~196	176~186	166~171	183~189	175~180	185~196	193~199
		02. 화학 반응에서의 열 출입		본교재	186~191	185~189	174~176	201~208	188~193	172~175	193~198	187~191	197~199	203~209

CONTENTS 차례

I. 화학의 첫걸음

01 화학의 첫걸음

01. 화학과 우리생활 — 010
02. 화학식량과 몰 — 018
03. 화학 반응식과 용액의 농도 — 026

II. 원자의 세계

01 원자의 구조

01. 원자의 구조 — 044
02. 보어 원자 모형 — 052
03. 현대의 원자 모형과 전자 배치의 규칙 — 058

02 원소의 주기적 성질

01. 주기율표 — 074
02. 원소의 주기적 성질 — 078

III. 화학 결합과 분자의 세계

01 화학 결합

01. 이온 결합 096

02. 공유 결합과 금속 결합 106

02 분자의 구조와 극성

01. 결합의 극성 122

02. 분자의 구조와 성질 130

IV. 역동적인 화학 반응

01 화학 반응에서의 동적 평형

01. 동적 평형 148

02. 물의 자동 이온화 156

03. 산 염기 중화 반응 162

02 화학 반응과 열의 출입

01. 산화 환원 반응 178

02. 화학 반응에서의 열 출입 186

01

화학의 첫걸음

01. 화학과 우리 생활
02. 화학식량과 몰
03. 화학 반응식과 용액의 농도

화학과 우리 생활

핵심 포인트
- 여러 가지 화합물과 화학 반응이 우리 생활의 다양한 의식주 문제에 어떻게 기여했는지 설명할 수 있다.
- 탄소 화합물의 기본적인 구조와 특징을 이해하고, 우리 생활에 어떻게 쓰이는지 설명할 수 있다.

먼저 알아야 할 용어!

* **화학 결합** | 물질을 구성하는 원자나 이온 사이의 결합이며, 이온 결합, 공유 결합, 금속 결합 등이 있다.
* **공유 결합** | 원자가 다른 원자와 전자를 공유하여 이루어진 화학 결합이다.

⊗ 먼저 알아야 할 내용

1. 원소, 원자, 분자, 이온

(1) **원소**: 더 이상 다른 물질로 분해되지 않는 물질의 기본 성분

(2) **원자**: 물질을 구성하는 가장 작은 입자

(3) **분자**: 몇 개의 원자가 화학 결합하여 이루어진 입자로 그 물질의 고유한 [㉠] 을 가진다.

* 분자의 **예**
  - 일원자 분자: He, Ne, Ar 등
  - 이원자 분자: O_2, N_2, H_2, HCl 등
  - 삼원자 분자: O_3, CO_2, H_2O 등

2. 탄소 화합물의 특징

(1) [㉡]를 기본 골격으로 하여 수소, 산소, 질소 등의 다른 원소가 [㉢] 결합하여 만들어진 물질

(2) 탄소는 원자가 전자가 4개이므로 최대 4개의 다른 원자와 결합할 수 있다.

(3) 탄소 화합물은 사슬 모양과 고리 모양 등의 다양한 구조가 있다.

(4) 탄소는 다른 탄소와 단일 결합, 2중 결합, 3중 결합을 할 수 있다.

사슬 모양	고리 모양	단일 결합	2중 결합	3중 결합

답 ㉠ 성질(또는 특성) ㉡ 탄소 ㉢ 공유

Ⓐ 화학의 유용성

1. 인류의 발전과 화학

(1) 인류는 불을 발견하고 이를 이용할 수 있게 되었다.

(2) 불을 이용하여 구리와 철을 제련할 수 있게 되었다.

(3) 금속의 제련으로 농기구를 사용하여 정착 생활을 할 수 있게 되었고, 무기를 사용할 수 있게 됨에 따라 계급 사회가 형성되어 국가가 출현하였다.

(4) 중세에 와서 연금술이 발전하였고 연금술은 여러 가지 화학 반응, 새로운 화학 물질에 대한 연구가 이루어지는 계기가 되었다.

(5) 현대 화학은 17세기 말 과학 혁명, 18세기 산업 혁명 등을 거치면서 인류 문명의 발전과 더불어 크게 발전하였다.

(6) 인류의 발전과 화학

불 ➡ 금속의 제련 ➡ 연금술 ➡ 화학의 발전

❖ **연금술**

중세 유럽에 퍼진 주술적 성격을 띤 일종의 자연학으로, 값싼 원료를 귀금속으로 전환하는 것을 목표로 하였으나 결국 모두 실패하였다.

2. 식량 문제의 해결

(1) 산업 혁명 이후에 인구가 급격히 증가하였다.

(2) 천연 비료를 이용한 농업 기술로는 급격히 증가한 인구에 필요한 식량을 충분히 공급
할 수 없었다. └─ 식물의 퇴비나 동물의 분뇨 등으로 얻어지는 비료

(3) 대부분의 식물은 공기 중의 질소(N_2)를 직접 이용할 수 없었다.

(4) 식물 생장에 필요한 원소가 질소(N), 인(P), 칼륨(K)이라는 것이 밝혀졌고, 특히 질
소(N)를 포함한 인공 비료를 개발해야 할 필요성이 대두되었다.

(5) 1906년 독일의 화학자 하버(Harber)는 질소와 수소를 반응시켜 암모니아를 합성하
는 데 성공하였다. 암모니아를 원료로 화학 비료의 대량 생산이 가능해져 농업 생산량
이 크게 증가하였다.

질소와 수소를 높은 온도와 압력(약 500℃, 200기압)에서
촉매와 함께 반응시켜 암모니아를 합성한다.

$$N_2(g) + 3H_2(g) \longrightarrow 2NH_3(g)$$

(6) 식량 부족 문제의 발생과 해결

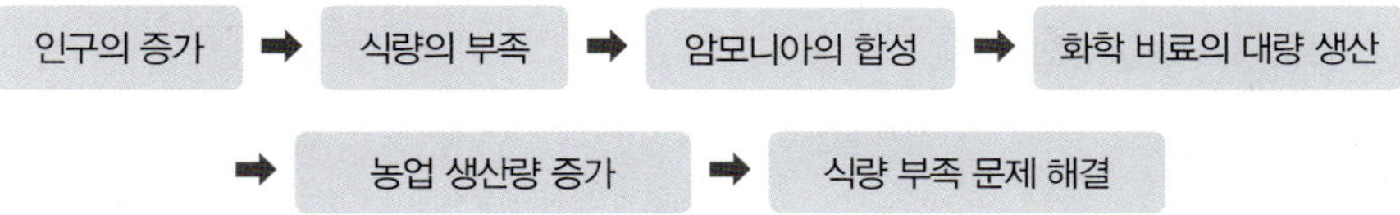

(7) 농사의 효율성을 높이기 위한 살충제와 제초제가 개발되었다.

(8) 밭을 덮는 비닐이 개발되었다.

(9) 비닐 하우스의 개발로 계절과 날씨에 관계없이 농작물을 재배할 수 있게 되었다.

❖ 뿌리혹박테리아

대부분의 식물은 대기 중의 질소(N_2) 기
체를 직접 흡수하지 못한다. 그러나 콩과
식물의 뿌리에 기생하는 뿌리혹박테리아
는 대기 중의 질소를 고정하여 농작물이
이용할 수 있도록 한다.

❖ 살충제와 제초제

살충제와 제초제를 많이 사용하면 토양
생태계가 파괴되고, 지하수나 강을 오염
시키기도 하므로 환경 오염에 영향이 적
은 살충제와 제초제를 개발하고 적절한
양을 사용해야 한다.

개념 바로 확인

정답 및 해설 | 02쪽

01 중세 시대에 발전한 [   ]은 값
싼 금속을 귀금속으로 전환시키려는
목표 달성에는 실패했으나 근대 화학
발전의 기초가 되었다.

01 다음은 인류의 발전 과정의 일부를 순서 없이 나타낸 것이다.

> (가) 금속의 제련으로 농기구와 무기를 사용할 수 있게 되었고, 국가가 출현하였다.
> (나) 과학 혁명, 산업 혁명 등을 거치며 현대 화학이 크게 발전하였다.
> (다) 불을 발견하고 이용할 수 있게 되었다.
> (라) 연금술의 발전으로 새로운 화학 반응과 물질에 대한 연구가 이루어지는 계기
> 가 되었다.

인류의 발전 과정을 순서대로 나열하시오.

02 식량 부족 문제는 [   ]를 원료
로 화학 비료를 대량 생산하게 됨으
로써 농업 생산량이 크게 증가하여
해결되었다.

02 암모니아에 대한 설명으로 옳은 것은 ○, 옳지 않은 것은 × 로 표시하시오.

(1) 천연 비료를 합성하는 데 사용되는 원료이다. (   )

(2) 고온, 고압에서 질소와 수소를 촉매와 함께 반응시켜 합성한다. (   )

(3) 하버에 의해 합성 방법이 개발되었다. (   )

(4) 동물 사료 생산에 사용된다. (   )

화학과 우리 생활

3. 의류 문제의 해결

(1) **의류 문제:** 동물, 식물 등 자연에서 직접 얻을 수 있는 천연 섬유는 흡습성과 촉감이 좋지만, 강도가 약하여 쉽게 닳고 주름이 지기 쉬우며 생산 비용이 비싸서 대량 생산이 어려웠다.

(2) **의류 문제의 해결:** 합성 섬유의 개발

① 합성 섬유: 주로 화석 연료를 원료로 하여 생산된 합성 고분자 물질을 가공하여 만든 섬유

② 합성 섬유의 장점: 천연 섬유에 비해 밀도가 작고 질기며, 값이 싸서 대량 생산이 가능하다.

③ 합성 섬유의 단점: 천연 섬유에 비해 흡습성이 떨어지고, 염색성이 좋지 않으며, 열에 약한 것이 많다.

④ 합성 섬유의 종류와 특징

합성 섬유	성분 원소	특징
나일론(폴리아마이드)	C, H, O, N	• 최초의 합성 섬유 • 마찰에 강하며 강도가 크다. • 스타킹, 밧줄, 그물, 칫솔, 수영복 등의 재료로 사용된다. • 햇볕을 쬐면 강도가 약해지고 누렇게 변할수 있다.
폴리에스터(테릴렌)	C, H, O	• 가장 널리 사용되는 합성 섬유 • 탄성과 내구성이 좋아 잘 구겨지지 않으며, 빨리 마른다. • 일반 의복과 커튼에 많이 사용된다.
폴리아크릴 (폴리아크릴로나이트릴)	C, H, N	• 감촉이 부드럽고 가볍다. • 구김이 잘 생기지 않으며, 빛에 강하고 빨리 마른다. • 보온성이 있고 열에 강해 소방복 등에 사용된다.
스판덱스(폴리우레탄)	C, H, O, N	• 신축성과 탄력성이 뛰어나 고무 대용으로 사용된다. • 염색성, 강도 등이 우수하고, 마찰에 강하다. • 양말, 스키용 바지 등에 사용된다. • 강한 열을 받으면 섬유의 탄성이 변하는 단점이 있다.

(3) **미래의 의류 문제의 해결:** 최근에는 첨단 소재를 이용하여 스마트 의류, 슈퍼 섬유, 탄소 나노튜브 등의 다양한 기능과 특성을 가진 섬유가 개발되고 있다.

4. 주거 문제의 해결

(1) **주거 문제:** 산업 혁명 이후 인구의 급격한 증가로 인해 주거 공간과 안락한 주거 환경의 필요성이 대두되었다.

(2) **주거 문제의 해결**

① 주거 환경을 위한 화석 연료의 이용

• 가정에서의 조리 및 난방 등을 위한 연료

연료	성분 원소	용도	밀도	사용 방법
LNG (액화 천연가스)	CH_4(메테인)	가정용	공기보다 가볍다.	파이프로 수송
LPG (액화 석유가스)	C_3H_8(프로페인), C_4H_{10}(뷰테인)	휴대용, 차량용	공기보다 무겁다.	전용 용기에 담아 수송

• 커튼 등을 위한 재료인 합성 섬유

• 각종 식기, 물품을 위한 재료인 플라스틱

• 신발, 가구 등을 제작하기 위한 재료인 합성 고무

② 주택을 짓기 위한 건축 재료의 이용

• 전통적인 건축 재료의 종류: 목재, 석재, 기와 및 벽돌, 진흙, 석회 등

• 화학의 발달과 함께 변화된 건축 재료의 종류

시멘트	• 석회석($CaCO_3$)을 가열해 산화 칼슘(CaO)으로 만든 후, 이를 점토와 섞은 것이다. • 건축이나 토목에서 접합제로 사용된다. $CaCO_3 \longrightarrow CaO + CO_2$
유리	• 모래에 포함된 이산화 규소(SiO_2)를 원료로 만든다. • 강도는 약하지만 투명도가 높아 다양한 색깔의 유리를 창문이나 건물의 외벽에 설치한다. • 고열로 압축하여 강도를 높인 강화 유리가 개발되어 사용되고 있다.
콘크리트	• 시멘트에 물, 모래, 자갈 등을 섞은 건축 재료 • 건축 재료에서 벽돌 대신 사용되며, 압축에는 강하지만 잡아당기는 힘에는 약하다.
철근 콘크리트	• 콘크리트 안에 철근을 넣어 강도를 높인 건축 재료 • 잡아당기는 힘에 약한 콘크리트의 단점을 보강한 것이다. • 콘크리트에 균열이 발생한 후에도 철근의 힘으로 충분히 견딜 수 있으므로 내구 · 내진 · 내화성이 우수하여 각종 구조물에서 널리 사용되고 있다.
스타이로폼	• 발포 폴리스타이렌이라는 물질이며, 건물 내부의 열이 바깥으로 빠져나가지 않도록 하는 단열재로 사용된다. • 물을 거의 흡수하지 않고 부피의 약 98%가 공기층으로 이루어져 가볍고 거의 부식되지 않지만 열에 약하다.
페인트	• 건물의 외벽이 손상되지 않도록 칠해주는 유색 도료 • 최근에는 건물의 미관을 위해 여러 가지 색상의 페인트를 사용한다.

❖ **강화 유리**

유리판을 약 600 ℃로 압축한 후, 공기를 불어 넣어 급속 냉각시켜서 만든다. 일반 유리에 비해 강도가 3~5배 강하므로 자동차나 항공기, 휴대 전화 액정에 주로 사용된다.

❖ **스타이로폼**

폴리스타이렌 수지에 발포제를 가하여 굳힌 플라스틱을 일컫는다. 썩지 않아 환경을 오염시키므로 재활용해야 한다.

(3) 미래의 주거 문제의 해결

① 건축 재료의 성능이 점차 향상되고, 새로운 소재를 이용한 단열재, 바닥재, 창틀 등이 개발되고 있다.

② 최근에는 친환경 건축 재료인 황토, 미래 건축 재료인 투명한 나무(Transparent Wood) 등이 주목받고 있다.

개념 바로 확인

정답 및 해설 | 02쪽

03 캐러더스가 개발한 [   ]은 밧줄, 스타킹, 칫솔 등에 이용되는 합성 섬유이며, 마찰에 강하고 질기지만 흡습성이 약하고 고온에 변형되는 단점이 있다.

03 합성 섬유에 대한 설명으로 옳은 것은 ○, 옳지 <u>않은</u> 것은 × 로 표시하시오.

(1) 대량 생산이 가능하다. (   )

(2) 흡습성이 좋다. (   )

(3) 면, 마, 모 등이 해당한다. (   )

(4) 비교적 가볍다. (   )

(5) 마찰과 구김에 강하다. (   )

(6) 가장 널리 사용되는 합성 섬유는 폴리에스터이다. (   )

04 [   ]는 주택에서 난방, 조리 등을 위한 연료로 사용되며, 합성 섬유, 플라스틱, 합성 고무의 재료로도 사용된다.

04 건축 재료에 대한 설명으로 옳은 것은 ○, 옳지 <u>않은</u> 것은 × 로 표시하시오.

(1) 유리의 주성분은 칼슘(Ca)이다. (   )

(2) 콘크리트는 시멘트에 물, 모래, 자갈 등을 섞은 것이다. (   )

(3) 스타이로폼은 열에 강하므로 화재 방지용 재료로 사용된다. (   )

(4) 시멘트는 산화 칼슘(CaO)과 점토를 섞은 것이다. (   )

탄소 화합물의 구성 원소의 종류는 적지만, 화합물의 종류는 매우 많다. 우리 주위의 많은 물질은 탄소 화합물로 이루어져 있다.

B 탄소 화합물의 유용성

1. 탄소 화합물 탄소(C)를 기본 골격으로 하여 수소(H), 산소(O), 질소(N), 황(S), 할로젠 (F, Cl, Br, I) 등의 원소가 결합하여 이루어진 화합물

(1) 생활 속의 다양한 탄소 화합물

신체 구성 물질	예 단백질, 지방, 탄수화물 등	합성 섬유	예 나일론, 폴리에스터 등
연료	예 메테인(CH_4), 프로페인(C_3H_8), 뷰테인(C_4H_{10}) 등	의약품	예 아스피린, 페니실린 등
플라스틱	예 폴리에틸렌, PET 등	그 외	예 비누, 합성 세제, 화장품 등

(2) 탄소 화합물의 종류가 다양한 이유
탄소(C)는 원자가 전자가 4개이므로 4개의 공유 결합이 가능하다. 따라서 탄소(C)와 탄소(C)가 다양한 방법으로 결합하여 사슬 모양, 고리 모양, 가지가 달린 사슬 모양 등 다양한 구조의 화합물을 만들 수 있다.

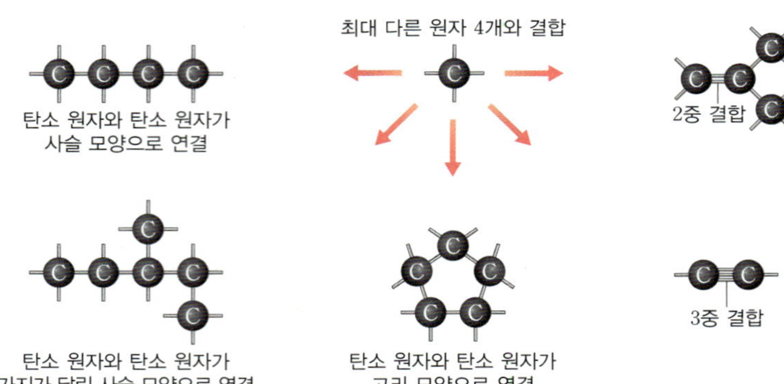

(3) 탄소 화합물의 종류
분자 1개당 탄소 원자 수가 클수록 끓는점이 높다.

① **연료**: 메테인(CH_4), 에테인(C_2H_6), 프로페인(C_3H_8), 뷰테인(C_4H_{10}) 등

	분자 모형	• 중심에 있는 탄소 원자 1개에 수소 원자 4개가 결합한 정사면체 구조 • 천연가스에서 주로 얻으며, 초식 동물인 소의 트림, 쓰레기 더미에서도 발생한다. • 냄새가 없고 상온에서 기체 상태이며, 물에 거의 녹지 않는다. • 완전 연소하면 이산화 탄소(CO_2)와 물(H_2O)을 생성하며, 많은 열이 발생하므로 주로 연료로 사용된다.
	구조식 H—C—H (메테인 CH_4)	

② **알코올**: 메탄올(CH_3OH), 에탄올(C_2H_5OH), 프로판올(C_3H_7OH) 등

	분자 모형	• 탄소 원자 2개로 이루어진 탄화수소 에테인(C_2H_6)에서 수소 원자 1개 대신 $-OH$가 결합한 구조 • 과일이나 곡물을 발효시켜 얻을 수 있으며, 물에 잘 녹는다. • 술의 원료로 사용되며, 소독제로도 사용된다. • 하이드록시기($-OH$)는 물과 잘 섞이는 부분이므로 탄소 수가 큰 알코올은 에탄올보다 물에 잘 녹지 않는다.
	구조식 H—C—C—O—H (에탄올 C_2H_5OH)	

*** 원자가 전자** | 원자의 전자 배치에서 가장 바깥쪽 전자 껍질에 존재하는 전자로 화학 결합에 관여하는 전자이다.

❖ 탄소 원자의 구조

탄소 원자는 원자 번호가 6이므로 전자가 K 껍질에 2개, L 껍질에 4개 배치된다. L 껍질의 전자는 화학 결합에 사용되는 원자가 전자이므로 탄소 원자 1개는 4개의 공유 결합을 한다.

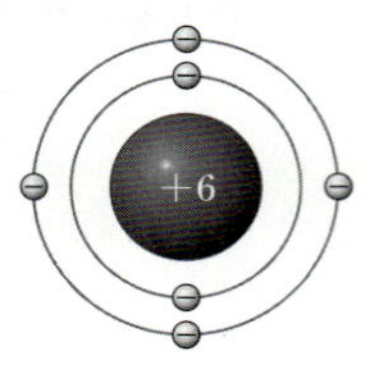

*수소(H)는 1개의 공유 결합, 산소(O)는 2개의 공유 결합, 질소(N)는 3개의 공유 결합이 가능하다.

❖ 메테인의 분자 구조

메테인은 탄소 원자 1개에 수소 원자 4개가 결합한 구조이며, 수소 원자 4개는 공간 상에서 가장 멀리 떨어지려 한다. 따라서 메테인은 결합각($\angle$HCH)이 109.5°인 정사면체 구조이다.

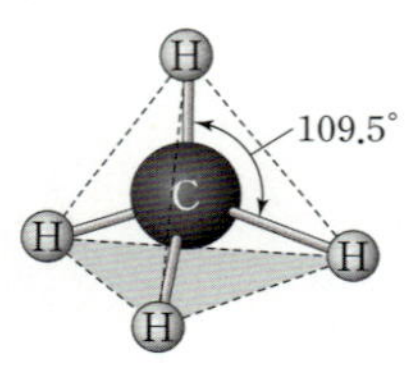

❖ 알코올의 성질

탄소 화합물 중 분자 내에 하이드록시기($-OH$)를 가진 물질이 알코올이다. 하이드록시기($-OH$)는 물에 잘 녹는 성질이 있고, C와 H로 이루어진 나머지 부분은 물에 잘 녹지 않으므로 분자 1개당 탄소 수가 클수록 물에 잘 녹지 않는다.

③ 식품: 아세트산(CH_3COOH), 포도당($C_6H_{12}O_6$), 설탕($C_{12}H_{22}O_{11}$) 등

분자 모형	구조식
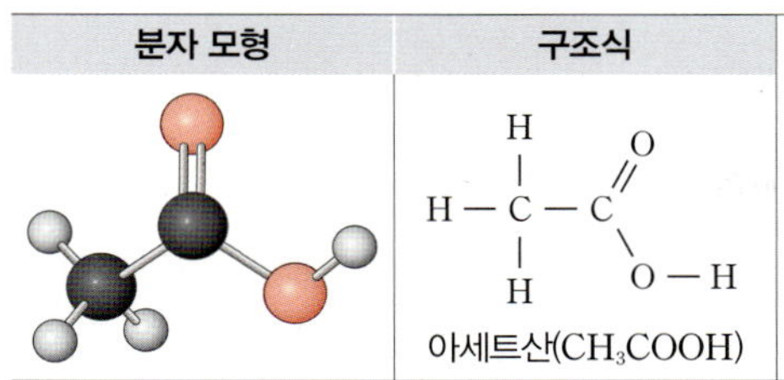	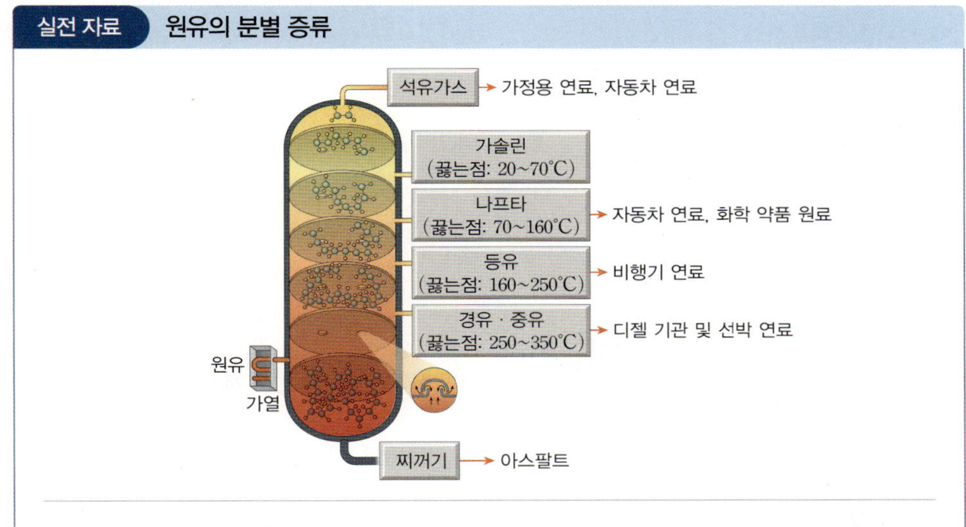 아세트산(CH_3COOH)

- 메테인(CH_4)에서 수소 원자 1개 대신 $-COOH$가 결합한 구조
- 물에 녹으면 $-COOH$에서 H^+이 이온화되므로 약한 산성을 나타낸다.
- 에탄올을 발효시켜 얻을 수 있다.
- 분자식은 $C_2H_4O_2$이므로 구성 원자 수비는 C:H:O =1:2:1이다.

④ 의약품: 아스피린, 페니실린 등

실전 자료 · 원유의 분별 증류

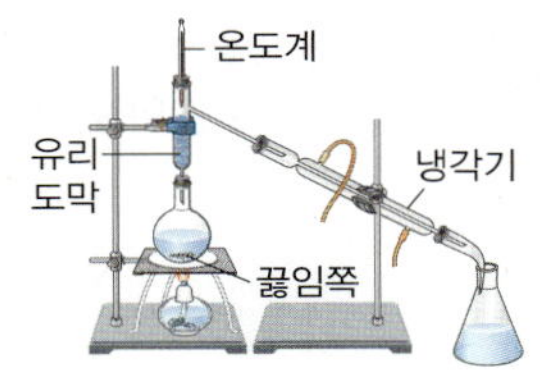

석유가스 → 가정용 연료, 자동차 연료

가솔린 (끓는점: 20~70℃)

나프타 (끓는점: 70~160℃) → 자동차 연료, 화학 약품 원료

등유 (끓는점: 160~250℃) → 비행기 연료

경유·중유 (끓는점: 250~350℃) → 디젤 기관 및 선박 연료

원유 / 가열

찌꺼기 → 아스팔트

❶ 증류탑의 아래쪽은 온도가 높고, 위쪽은 온도가 낮다. 따라서 끓는점이 낮은 물질이 먼저 기화하여 위쪽에서 액화되고, 끓는점이 높은 물질이 증류탑의 아래쪽에서 액화된다.

❷ 분자 1개당 탄소 원자 수가 클수록 끓는점이 높다.

❸ 나프타는 여러 가지 석유 화학 제품의 원료로 사용된다.

❖ 그 외의 탄소 화합물

- 아세톤(CH_3COCH_3)
특유의 냄새가 나고 색깔이 없다. 물에 잘 녹으며, 여러 가지 탄소 화합물을 녹일 수 있어 공업용 용매나 매니큐어 제거제로 사용된다.

- 폼알데하이드(HCHO)
새집 증후군을 일으키는 물질로, 자극적인 냄새가 나며, 물에 잘 녹는다.

❖ 분별 증류

서로 섞이는 두 액체를 끓는점의 차이로 분리하는 방법으로, 끓는점이 낮은 물질이 먼저 기화되어 위쪽으로 올라가 냉각기를 거쳐 액화된다.

정답 및 해설 | 02쪽

05 탄소 원자는 최대 [   ]개의 다른 원자와 공유 결합을 할 수 있다.

05 원유의 분별 증류에서 석유 가스, 가솔린 다음으로 분리되는 물질로서, 각종 석유 화학 제품의 원료로 사용되는 물질의 이름을 쓰시오.

06 대표적인 카복실산으로, 분자 내에 $-COOH$가 있으며, 신맛이 나고 식초의 원료가 되는 탄소 화합물은 [   ]이다.

06 탄소 화합물에 대한 설명으로 옳은 것은 ○, 옳지 않은 것은 ×로 표시하시오.

(1) 탄소 원자 수가 1개인 탄화수소는 1가지뿐이다. (   )

(2) 탄소 원자는 4개의 결합이 가능하고, 수소 원자는 2개의 결합이 가능하다. (   )

(3) 에탄올과 아세트산은 분자당 탄소 원자 수가 같다. (   )

(4) 메테인은 산소 원자를 포함한다. (   )

A 화학의 유용성

01 다음은 건축 재료 (가)~(다)를 만드는 방법에 대한 설명이다.

> (가) 석회석($CaCO_3$)을 가열하여 생석회(CaO)로 만든 후 점토를 섞는다.
> (나) (가)의 생성물에 물, 모래, 자갈을 섞어 반죽한다.
> (다) (나)의 생성물에 철근을 넣어 강도를 높인다.

(가)~(다)에 해당하는 물질을 옳게 짝 지은 것은?

	(가)	(나)	(다)
①	콘크리트	시멘트	철근 콘크리트
②	시멘트	콘크리트	철근 콘크리트
③	철근 콘크리트	시멘트	콘크리트
④	유리	스타이로폼	페인트
⑤	유리	시멘트	철근 콘크리트

02 다음은 인류의 식량 부족 문제 해결에 기여한 물질인 (가)를 생성하는 반응의 화학 반응식이다.

$$N_2 + 3H_2 \longrightarrow 2\ \boxed{(가)}$$

(가)에 대한 설명으로 옳은 것만을 〈보기〉에서 있는 대로 고른 것은?

> ┤ 보기 ├
> ㄱ. 사원자 분자이다.
> ㄴ. 화학 비료를 만드는 데 사용되는 원료이다.
> ㄷ. 하버는 고온, 고압에서 촉매를 이용하여 (가)를 합성하였다.

① ㄴ   ② ㄷ   ③ ㄱ, ㄴ
④ ㄱ, ㄷ   ⑤ ㄱ, ㄴ, ㄷ

03 천연 섬유와 합성 섬유의 특징으로 옳지 **않은** 것은?

① 천연 섬유는 합성 섬유보다 대체로 흡습성이 좋다.
② 천연 섬유는 합성 섬유보다 대체로 밀도가 크다.
③ 합성 섬유는 천연 섬유를 가공하여 만든다.
④ 합성 섬유는 마찰과 구김에 강하다.
⑤ 합성 섬유는 성분 원소로 탄소(C), 수소(H)를 포함한다.

04 다음은 인류의 발전에 대한 세 학생의 의견이다.

제시한 의견이 옳은 학생만을 있는 대로 고른 것은?

① 영희   ② 철수   ③ 현준
④ 철수, 현준   ⑤ 영희, 철수, 현준

05 다음은 인류의 발전에 영향을 준 2가지 물질을 생성하는 반응의 화학 반응식이다. a, b는 반응 계수이다.

> (가) $N_2(g) + aH_2(g) \longrightarrow 2NH_3(g)$
> (나) $C(s) + bH_2(g) \longrightarrow CH_4(g)$

이에 대한 설명으로 옳은 것만을 〈보기〉에서 있는 대로 고른 것은?

> ┤ 보기 ├
> ㄱ. $a > b$이다.
> ㄴ. (가)의 생성물은 연료로 사용된다.
> ㄷ. (나)의 생성물은 공유 결합 물질이다.

① ㄱ   ② ㄴ   ③ ㄷ
④ ㄱ, ㄷ   ⑤ ㄴ, ㄷ

06 인류의 식량 부족 문제의 해결에 기여한 물질에 대한 설명으로 옳지 **않은** 것은?

① 살충제, 제초제가 개발되어 농업 생산성이 향상되었다.
② 밭을 덮는 비닐이 개발되어 작물의 효율적 재배가 가능하게 되었다.
③ 비닐 하우스의 개발로 계절과 날씨에 관계없이 농작물을 재배할 수 있게 되었다.
④ 암모니아 합성의 성공으로 화학 비료의 대량 생산이 가능해져 식량 생산량이 크게 증가하였다.
⑤ 플라스틱의 사용으로 미세 플라스틱이 생물체 체내에 쌓여 농업 생산성이 향상되었다.

B 탄소 화합물의 유용성

07 그림은 물질 (가)와 (나)를 구성하는 성분 원소의 원자 수비를 나타낸 것이다.

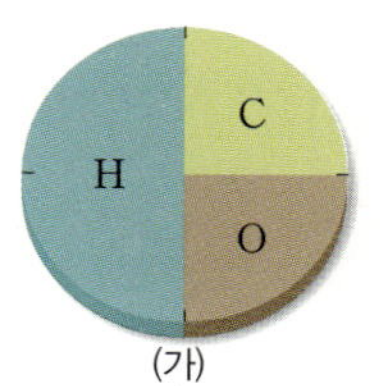
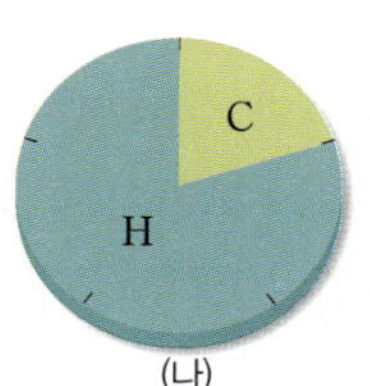

(가)　　　　　(나)

이에 대한 설명으로 옳은 것만을 〈보기〉에서 있는 대로 고른 것은?

| 보기 |
ㄱ. (가)는 탄화수소이다.
ㄴ. (나)는 연료로 사용되는 물질이다.
ㄷ. (가)와 (나)의 분자당 수소 원자 수가 같다면 분자당 탄소 원자 수는 (가)가 (나)보다 크다.

① ㄱ　　　　② ㄴ　　　　③ ㄷ
④ ㄱ, ㄴ　　　⑤ ㄴ, ㄷ

08 다음은 원유를 분별 증류하여 분리하는 과정을 나타낸 것이다. (가)와 (나)는 이 과정에서 분리되는 물질이다.

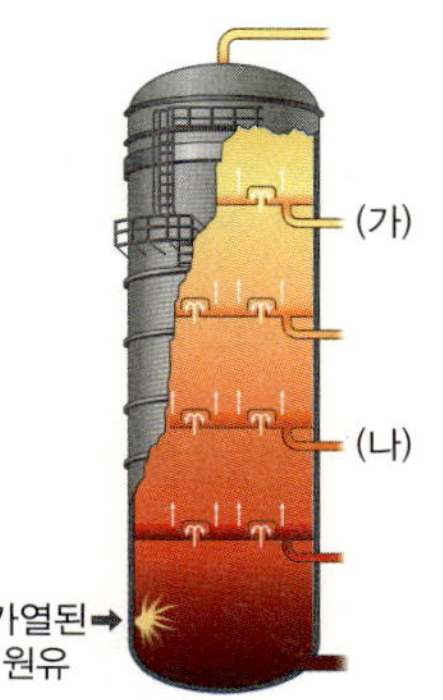

(나)가 (가)보다 큰 값을 가지는 것만을 〈보기〉에서 있는 대로 고른 것은?

| 보기 |
ㄱ. 끓는점
ㄴ. 분자당 탄소 원자 수
ㄷ. 성분 원소의 가짓수

① ㄴ　　　　② ㄷ　　　　③ ㄱ, ㄴ
④ ㄱ, ㄷ　　　⑤ ㄱ, ㄴ, ㄷ

09 탄소 화합물의 종류가 매우 다양한 이유로 옳은 것만을 〈보기〉에서 있는 대로 고른 것은?

중요

| 보기 |
ㄱ. 탄소는 원자가 전자가 3개이다.
ㄴ. 탄소는 최대 4개의 원자와 공유 결합한다.
ㄷ. 탄소와 탄소가 결합하여 사슬 모양, 고리 모양 등 다양한 구조가 가능하다.
ㄹ. 탄소는 완전 연소하여 물(H_2O)를 생성하므로 환경 오염을 일으키지 않는다.

① ㄱ, ㄴ　　　② ㄴ, ㄷ　　　③ ㄱ, ㄷ
④ ㄱ, ㄹ　　　⑤ ㄴ, ㄹ

서술형 이렇게!

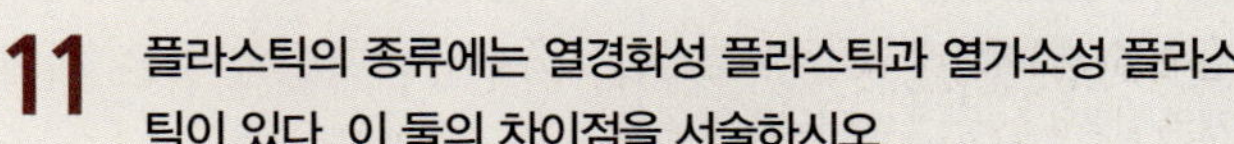

10 식물 생장에 필요한 원소는 질소(N), 인(P), 칼륨(K)이며, 공기 중에 질소 기체(N_2)가 풍부함에도 암모니아(NH_3)의 합성이 인류의 식량 부족 문제를 해결하게 된 까닭을 서술하시오.

중요

11 플라스틱의 종류에는 열경화성 플라스틱과 열가소성 플라스틱이 있다. 이 둘의 차이점을 서술하시오.

12 분자 내에 하이드록시기($-OH$)가 있는 알코올 중에서 에탄올(C_2H_5OH)은 물에 잘 녹으나, 프로판올(C_3H_7OH)은 물에 잘 녹지 않는다. 그 까닭을 탄소 화합물의 구조적 특징의 관점에서 서술하시오.

중요

02 화학식량과 몰

* **화학 반응** | 물질의 성질이 바뀌는 화학 변화로, 물질의 성질이 바뀌지 않고 모양, 크기, 상태 등이 변하는 물리 변화와 구별된다.

* **양성자** | 원자핵을 구성하는 입자 중의 하나로, 전자에 비해 질량이 크고 (+)전하를 띠고 있다.

먼저 알아야 할 내용

1. 질량 보존 법칙 화학 변화가 일어날 때 반응 전 각 물질의 질량의 합은 반응 후 각 물질의 질량의 합과 같다.

(1) 화학 반응이 일어날 때 원자의 종류와 수는 변하지 않고, ㉠ ____ 만 변한다.

(2) 반응 전후 질량은 보존되지만 부피는 보존되지 않는다.

예

$$2H_2(g) + O_2(g) \longrightarrow 2H_2O(g)$$

질량비 $1 : 8 : 9$	반응 전 질량의 합(9)＝반응 후 질량의 합(9)
부피비 $2 : 1 : 2$	반응 전 부피(3)≠반응 후 부피(2)

2. 원소 기호와 원자 번호

(1) 원자는 원자핵과 전자로 이루어져 있으며, 원자핵은 양성자와 중성자로 이루어져 있다.

(2) 양성자 수와 중성자 수의 합을 ㉡ ____ 라고 한다.

(3) 원자 번호는 원자가 가지고 있는 양성자 수이다.

• 여러 가지 원소의 원자 번호

원자 번호	1	2	6	7	8	9	11	12	17	20
원소 이름	수소	헬륨	탄소	질소	산소	플루오린	나트륨	마그네슘	염소	칼슘
원소 기호	H	He	C	N	O	F	Na	Mg	Cl	Ca

답 ㉠ 배열 ㉡ 질량수

A 화학식량

물질의 상대적인 질량을 의미한다. 원자량, 분자량 등이 있으며, 분자로 존재하지 않는 물질의 상대적인 질량은 '화학식량'이라고 부른다.

1. 원자량

질량수 12인 탄소 원자(^{12}C)의 질량을 12로 정하고, 이것을 기준으로 하여 다른 원자들의 질량을 상대적으로 나타낸 값이며, 단위가 없다.

(1) **탄소 원자와 다른 원자의 원자량 비교**

❖ **상대적인 질량을 사용하는 이유**
원자 1개의 실제 질량은 매우 작다. C 원자 1개의 질량은 $\dfrac{12g}{6.02 \times 10^{23}}$이므로 약 1.99×10^{-23}g이다. 이 값을 그대로 사용하면 매우 불편하므로 상대적인 질량을 사용한다.

❖ **이온의 상대적인 질량**
원자가 전자를 얻거나 잃으면 이온이 된다. 전자의 질량은 무시할 만큼 작으므로 일원자 이온의 화학식량은 그 원소의 원자량과 같다.
예 원자와 이온의 화학식량 비교
• Na: 23   • Na$^+$: 23
• Cl: 35.5   • Cl$^-$: 35.5

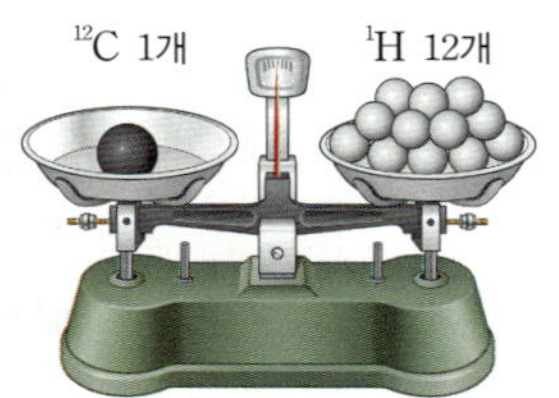

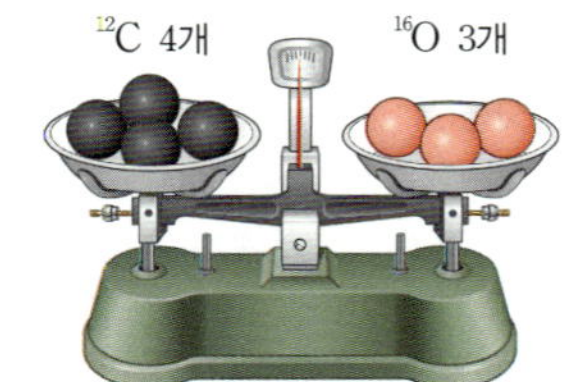

• H 원자 12개와 C 원자 1개의 질량이 같다.	• O 원자 3개와 C 원자 4개의 질량이 같다.
• H 원자 1개의 질량은 C 원자 1개 질량의 $\dfrac{1}{12}$배이다.	• O 원자 1개의 질량은 C 원자 1개의 질량의 $\dfrac{4}{3}$배이다.
➡ C 원자의 원자량이 12이므로 H 원자의 원자량은 1이다.	➡ C 원자의 원자량이 12이므로 O 원자의 원자량은 16이다.

(2) 여러 가지 원소의 원자량

원자량은 대체로 원자 번호의 2배인 경우가 많다.

원자 번호	원소	원자량	원자 번호	원소	원자량
1	수소(H)	1	11	나트륨(Na)	23
2	헬륨(He)	4	12	마그네슘(Mg)	24
6	탄소(C)	12	17	염소(Cl)	35.5
7	질소(N)	14	19	칼륨(K)	39
8	산소(O)	16	20	칼슘(Ca)	40

2. 분자량 — 분자량=구성 원자들의 원자량의 합

(1) 분자의 상대적인 질량으로, 분자를 이루는 모든 원자들의 원자량을 합한 값과 같다.

예 물(H_2O)의 분자량

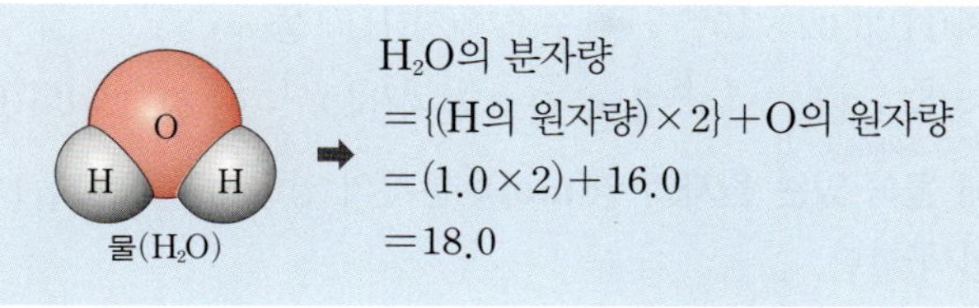

(2) 여러 가지 분자의 분자량

분자	산소	이산화 탄소	암모니아	메테인	포도당
분자식	O_2	CO_2	NH_3	CH_4	$C_6H_{12}O_6$
분자량	32	44	17	16	180

3. 분자로 존재하지 않는 물질의 화학식량

(1) NaCl(염화 나트륨) 등의 이온 결합 물질과 다이아몬드(C), SiO_2(이산화 규소) 등의 공유 결합 물질은 입자들이 끝없이 배열된 구조로 존재하므로 분자가 아니다. 이러한 물질들은 분자량이라는 용어를 사용할 수 없으며, 분자량을 계산하는 방법과 동일하게 상대적 질량을 구한다.

개념 바로 확인

정답 및 해설 | 03쪽

01 원자량은 질량수 12인 [　　] 원자의 질량을 기준으로 다른 원자들의 상대적 질량을 나타낸 값이다.

02 X 원자 4개의 질량이 Y 원자 3개의 질량과 같다면 X와 Y의 상대적 질량비는 [　　]이다.

01 화학식량에 대한 설명으로 옳은 것은 ○, 옳지 않은 것은 ×로 표시하시오.

(1) 염화 나트륨(NaCl)의 분자량은 58.5이다. (　　)

(2) 분자량은 분자를 이루는 원자들의 원자량을 합한 값과 같다. (　　)

(3) 원자의 실제 질량을 구할 수 없으므로 원자량을 사용한다. (　　)

(4) 모든 원자의 원자량은 자연수이다. (　　)

02 다음 물질의 분자량 또는 화학식량을 작은 값부터 커지는 순서대로 나열하시오. (단, H, C, N, O, Na, S, Cl의 원자량은 각각 1, 12, 14, 16, 23, 32, 35.5이다.)

(1) 염화 나트륨(NaCl)　　(2) 암모니아(NH_3)　　(3) 프로페인(C_3H_8)

(4) 에탄올(C_2H_5OH)　　(5) 이산화 황(SO_2)

화학식량과 몰

02

몰(mol)이라는 단위에 대해서

- '몰'은 질량이나 부피의 단위가 아니고 '수'를 나타내는 단위이다.
- 우리 생활에도 질량이나 부피가 아닌 '수'를 세는 단위가 있다.
  - 예 달걀 1판(＝30개), 연필 1다스 (＝12자루), 마늘 1접(＝100개), 고등어 1손(＝2마리) 등
- 화학 반응이 일어날 때 반응물끼리는 '수'의 단위로 반응한다.
  - 예 A＋3B ⟶ 2C
    : A 분자 '1개'와 B 분자 '3개'가 반응하여 C 분자 '2개'를 생성한다.

❖ 원자의 양(mol)과 분자의 양(mol)

'수소'라고 하면 수소 원자(H)를 의미할 수도 있고 수소 분자(H_2)를 의미할 수도 있다. 원자인지 분자인지 정확히 구별하여 혼동하지 않도록 주의해야 한다.

수소 원자(H) 1몰＝1g
수소 분자(H_2) 1몰＝2g

★'수소 기체'라고 하면 수소 분자(H_2)를 의미한다.

❖ 분자량이 같은 물질

몸무게가 같은 사람이 있는 것처럼 분자도 상대적 질량이 같은 분자가 있다.
- 예 · 이산화 탄소(CO_2)와 프로페인(C_3H_8)
  ➡ 분자량: 44
  · 에테인(C_2H_6)과 폼알데하이드(HCHO)
  ➡ 분자량: 30

B 몰(mol)

1. 몰 원자, 분자, 이온 등과 같이 매우 작은 입자의 수를 나타내는 단위

(1) **아보가드로수**: 탄소 원자(^{12}C) 12g에 들어 있는 탄소 원자의 수는 6.02×10^{23}이고, 이를 아보가드로수라고 한다.

(2) **몰과 아보가드로수의 관계**: 아보가드로수의 입자로, 입자 6.02×10^{23}개를 1몰이라고 한다.

$$1몰(mol) = 6.02 \times 10^{23}개$$

예 수소 원자(H) 6.02×10^{23}개 ➡ 수소 원자(H) 1몰

예 질소 분자(N_2) 3.01×10^{23}개 ➡ 질소 분자(N_2) $\frac{1}{2}$몰, 질소 원자(N) 1몰
  └─ 분자의 양(mol)

(3) **분자 N몰에 들어 있는 원자의 양(mol)**: 분자의 양(mol)에 분자 1개에 포함된 원자의 수를 곱하여 구한다.

> 예 물(H_2O) 분자 3몰에 들어 있는 원자의 양(mol)은?
>
> ① 물(H_2O) 분자 1개는 수소 원자(H) 2개와 산소 원자(O) 1개로 이루어져 있다.
>
> ② 수소 원자(H)의 양(mol)은 물(H_2O) 분자의 양(mol)에 2를 곱한다.── 3몰×2
>
> ③ 산소 원자(O)의 양(mol)은 물(H_2O) 분자의 양(mol)에 1을 곱한다.── 3몰×1
>
> ➡ 물(H_2O) 분자 3몰에는 수소 원자(H) 6몰과 산소 원자(O) 3몰이 들어 있으므로 총 9몰의 원자가 들어 있다.

2. 몰과 질량

(1) 원자 1몰의 질량은 그 원자의 원자량에 g을 붙인 값과 같다.
  ➡ H 원자 1몰의 질량＝1g, O 원자 1몰의 질량＝16g

(2) 분자 1몰의 질량은 그 분자의 분자량에 g을 붙인 값과 같다.
  ➡ H_2O 분자 1몰의 질량＝18g, CO_2 분자 1몰의 질량＝44g

(3) 이온 결합 물질 등 분자로 존재하지 않는 물질 1몰의 질량은 그 물질의 화학식량에 g을 붙인 값과 같다. ➡ NaCl 1몰의 질량＝58.5g

---

실전 자료 **원자 또는 분자 1개의 실제 질량**

1. 원자 1개의 실제 질량

예 산소 원자 1개의 실제 질량 구하기

$$원자 1개의 질량 = \frac{원자량\ g}{6.02 \times 10^{23}}$$

① 산소(O)의 원자량은 16이므로 산소 원자 1몰의 질량은 16g이다.

② 산소 원자 6.02×10^{23}개의 질량은 16g이다.

③ 산소 원자 1개의 질량은 $\frac{16\ g}{6.02 \times 10^{23}} = 2.66 \times 10^{-23}\ g$이다.

2. 분자 1개의 실제 질량

예 이산화 탄소(CO_2) 분자 1개의 실제 질량 구하기

$$분자 1개의 질량 = \frac{분자량\ g}{6.02 \times 10^{23}}$$

① 이산화 탄소(CO_2)의 분자량은 44이므로 이산화 탄소 분자 1몰의 질량은 44g이다.

② 이산화 탄소 분자 6.02×10^{23}개의 질량은 44g이다.

③ 이산화 탄소 분자 1개의 질량은 $\frac{44\ g}{6.02 \times 10^{23}} = 7.31 \times 10^{-23}\ g$이다.

3. 몰과 기체의 부피

(1) 아보가드로 법칙

① 같은 온도와 압력에서 모든 기체는 같은 부피 속에 같은 수의 분자를 포함한다.

② 고체나 액체는 분자의 크기와 분자 사이의 거리 등에 따라 부피가 다르지만, 기체는 분자의 크기가 무시할 만큼 작다.

③ 기체의 종류에 관계없이 같은 부피 속에 같은 수의 분자가 포함된다.

④ $0\,^{\circ}\mathrm{C}$, 1기압에서 부피 $22.4\,\mathrm{L}$ 속에는 6.02×10^{23}개의 기체 분자가 들어 있다.

(2) 기체 1몰의 부피: 기체의 종류에 관계없이 모든 기체는 $0\,^{\circ}\mathrm{C}$, 1기압에서 1몰의 부피가 $22.4\,\mathrm{L}$로 같다.

— 1몰＝6.02×10^{23}개

4. 몰과 입자 수, 질량, 기체의 부피의 관계 　원리 이해하기　22쪽

(1) 기체 1몰의 양($0\,^{\circ}\mathrm{C}$, 1기압)

기체 모형	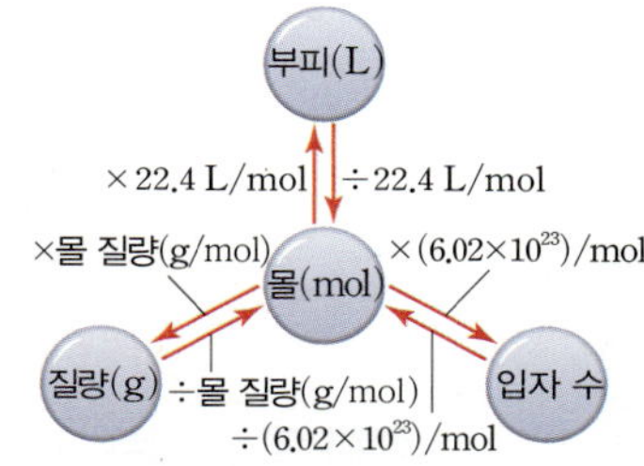		
	H_2	NH_3	O_2
기체의 종류와 양(mol)	수소(H_2) 1몰	암모니아(NH_3) 1몰	산소(O_2) 1몰
부피(L)	$22.4\,\mathrm{L}$	$22.4\,\mathrm{L}$	$22.4\,\mathrm{L}$
분자 수(개)	6.02×10^{23}개	6.02×10^{23}개	6.02×10^{23}개
질량(g)	$2\,\mathrm{g}$	$17\,\mathrm{g}$	$32\,\mathrm{g}$

(2) 몰과 입자 수, 질량, 기체의 부피 관계

- 질량이 주어졌을 때 ➡ 몰(mol)＝$\dfrac{\text{질량(g)}}{\text{몰 질량(g/mol)}}$

- $0\,^{\circ}\mathrm{C}$, 1기압에서 부피가 주어졌을 때 ➡ 몰(mol)＝$\dfrac{\text{부피(L)}}{22.4\,\mathrm{L/mol}}$

- 분자 수가 주어졌을 때 ➡ 몰(mol)＝$\dfrac{\text{분자 수}}{6.02 \times 10^{23}/\mathrm{mol}}$

5. 기체의 밀도와 분자량의 관계

- 기체 1몰의 질량은 (분자량)g이며, $0\,^{\circ}\mathrm{C}$, 1기압에서 기체 1몰의 부피는 $22.4\,\mathrm{L}$이다.

➡ 기체의 밀도($0\,^{\circ}\mathrm{C}$, 1기압)＝$\dfrac{\text{분자량}\,\mathrm{g}}{22.4\,\mathrm{L}}$ ➡ 기체의 밀도는 분자량에 비례한다.

정답 및 해설 ¦ 03쪽

개념 바로 확인

03 $0\,^{\circ}\mathrm{C}$, 1기압에서 이산화 탄소(CO_2) $22\,\mathrm{g}$의 부피는 □□□□□L이다.

04 수소(H_2) $4\,\mathrm{g}$과 산소(O_2) $16\,\mathrm{g}$ 중 분자 수가 큰 것은 □□□□□이다.

03 $0\,^{\circ}\mathrm{C}$, 1기압에서 용기에 프로페인($C_3H_8(g)$) $\dfrac{1}{4}$몰이 들어 있다. 이때 용기에 들어 있는 프로페인($C_3H_8(g)$)의 질량, 부피, 분자 수를 구하시오. (단, 아보가드로수는 6×10^{23}이고, H, C의 원자량은 각각 1, 12이다.)

(1) 질량　　　　(2) 부피　　　　(3) 분자 수

04 오른쪽 그림은 일정한 온도와 압력에서 실린더에 같은 질량의 기체 X, Y가 각각 들어 있는 상태를 나타낸 것이다. 이때 분자량 비는 X : Y＝(　　　　)이다. (단, 피스톤의 질량과 마찰은 무시한다.)

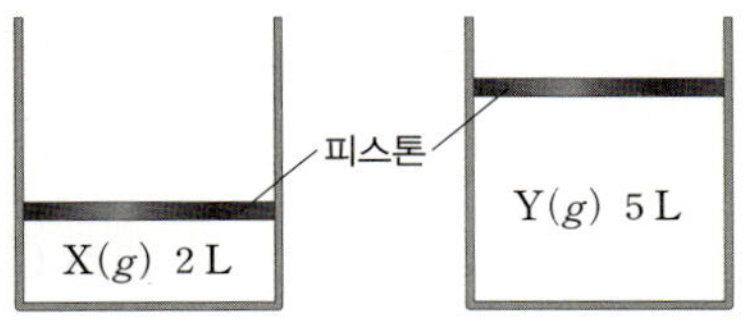

· 기체의 분자량 구하기 ·

원리1 **0 ℃, 1기압에서 일정한 부피의 밀폐 용기에 기체 X를 넣고, 그 질량을 측정한다.**

- 1몰은 입자 6.02×10^{23}개이며, 1몰의 질량은 분자량에 g을 붙인 값이고, 기체 1몰의 부피는 0 ℃, 1기압에서 22.4 L이다.

기체 X의 분자량 구하기

- 기체 X가 들어 있는 용기의 압력은 1기압, 온도는 0 ℃이다.

〈분자량을 구하는 과정〉

① 기체의 종류에 관계없이 0 ℃, 1기압에서 22.4 L의 기체의 질량은 분자량에 g을 붙인 값과 같다.
② 기체 X 5.6 L의 질량이 4 g이므로 이로부터 기체 X 22.4 L의 질량(x)을 구할 수 있다.
➡ 5.6 L : 4 g = 22.4 L : x로부터 $x = 16$이다.
➡ 기체 X의 분자량은 16이다.

원리2 **같은 온도와 압력에서 분자량을 알고 있는 기체와 모르는 기체의 부피와 질량을 비교한다.**

분자량 4인 헬륨(He) 기체와 분자량을 모르는 기체 X의 부피와 질량 비교

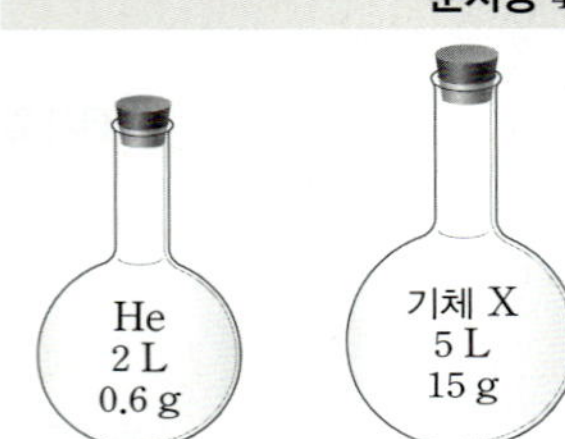

- 같은 온도와 압력에서 기체의 밀도는 분자량에 비례한다.

〈분자량을 구하는 과정〉

① He 기체는 2 L에 해당하는 질량이 0.6 g이므로 He의 밀도는 $\dfrac{0.6\,\text{g}}{2\,\text{L}} = 0.3\,\text{g/L}$이다.

② 기체 X는 5 L에 해당하는 질량이 15 g이므로 X의 밀도는 $\dfrac{15\,\text{g}}{5\,\text{L}} = 3\,\text{g/L}$이다.

➡ 기체 X의 밀도가 He의 10배이므로 분자량도 X가 He의 10배이다.
➡ 기체 X의 분자량은 40이다.

원리3 **같은 온도와 압력에서 질량과 부피가 주어진 경우, 이를 몰(mol)로 전환한다.**

$$\text{몰(mol)} = \frac{\text{질량(g)}}{\text{몰 질량(g/mol)}} = \frac{\text{부피(L)}}{22.4\,\text{L/mol}}$$

예 0 ℃, 1기압에서 기체 A~C에 대한 자료

기체	분자량	질량(g)	부피(L)
A	16	(가)	5.6
B	18	4.5	(나)
C	(다)	24	16.8

- (가): A의 부피가 5.6 L이므로 A의 양(mol)은 $\dfrac{5.6\,\text{L}}{22.4\,\text{L/mol}} = \dfrac{1}{4}$ mol이다. A의 분자량이 16이면 1몰의 질량은 16 g이므로 A $\dfrac{1}{4}$몰의 질량은 4 g이다. 따라서 (가)는 4이다.

- (나): B의 분자량이 18이므로 1몰의 질량은 18 g이고, B의 양(mol)은 $\dfrac{4.5\,\text{g}}{18\,\text{g/mol}} = \dfrac{1}{4}$ mol이다. B의 부피는 $\dfrac{1}{4}$ mol $\times$ 22.4 L/mol = 5.6 L이다. 따라서 (나)는 5.6이다.

- (다): C의 부피가 16.8 L이므로 C의 양(mol)은 $\dfrac{16.8\,\text{L}}{22.4\,\text{L/mol}} = \dfrac{3}{4}$ mol이다. C $\dfrac{3}{4}$몰의 질량이 24 g이므로 C의 분자량은 32이다. 따라서 (다)는 32이다.

A 화학식량

01 다음은 5가지 물질의 화학식이다.

$$CO_2 \quad (NH_2)_2CO \quad NH_3 \quad NaCl \quad C_3H_8$$

분자로 존재하지 않는 물질 (가)와 화학식량이 가장 큰 물질 (나)를 옳게 짝 지은 것은? (단, H, C, N, O, Na, Cl의 원자량은 각각 1, 12, 14, 16, 23, 35.5이다.)

	(가)	(나)
①	NH_3	C_3H_8
②	CO_2	NH_3
③	C_3H_8	$(NH_2)_2CO$
④	$NaCl$	$(NH_2)_2CO$
⑤	$(NH_2)_2CO$	C_3H_8

02 다음은 물질 (가)를 분석한 자료이다.

- (가)의 화학식: M_2O
- 총 질량: $1.24\,g$
- M의 질량: $0.92\,g$
- O의 원자량: 16

M의 원자량은? (단, M은 임의의 원소 기호이다.)

① 23　② 26　③ 28　④ 30　⑤ 32

03 그림은 원자 X~Z의 질량을 비교한 모습을 나타낸 것이다.

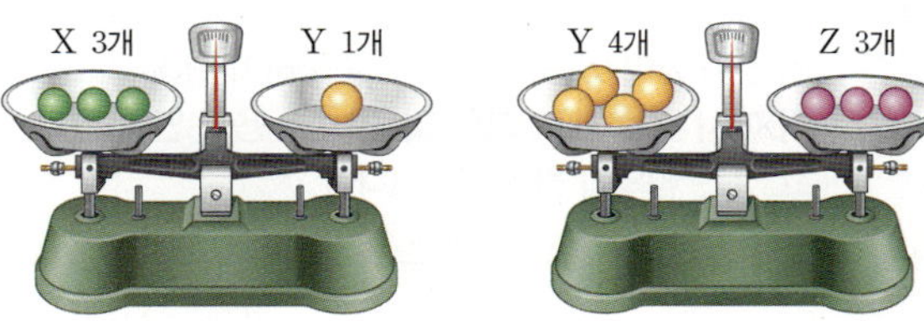

원자 X~Z의 상대적 질량비(X:Y:Z)로 옳은 것은? (단, X~Z는 임의의 원소 기호이다.)

① 1:2:3　② 1:3:4　③ 1:4:3
④ 2:6:7　⑤ 12:4:3

04 표는 A와 B로 이루어진 화합물의 분자량을 나타낸 것이다.

화합물	AB_2	A_2B_5
분자량	46	108

분자 A_2B_3의 분자량은? (단, A와 B는 임의의 원소 기호이다.)

① 66　② 76　③ 78　④ 86　⑤ 98

05 그림은 A와 B로 이루어진 삼원자 분자 (가), (나)에 포함된 A 와 B의 질량을 나타낸 것이다.

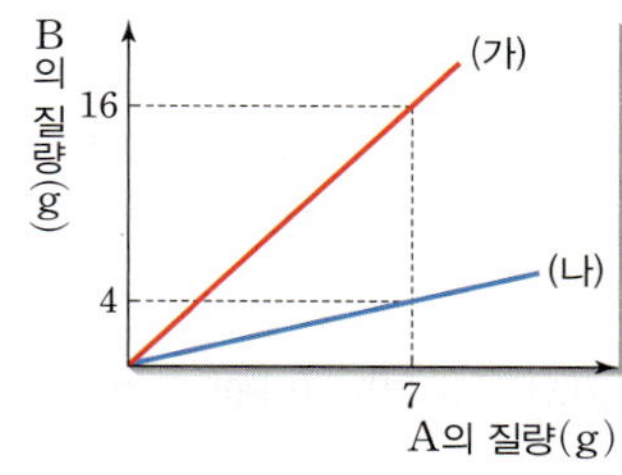

이에 대한 설명으로 옳은 것만을 〈보기〉에서 있는 대로 고른 것은? (단, A와 B는 임의의 원소 기호이다.)

> **보기**
> ㄱ. (가)의 분자식은 AB_2이다.
> ㄴ. 원자량 비는 A:B=7:8이다.
> ㄷ. 같은 질량에 포함된 전체 원자 수비는 (가):(나) =23:22이다.

① ㄱ　② ㄴ　③ ㄷ　④ ㄱ, ㄴ　⑤ ㄴ, ㄷ

06 표는 X~Z 원자 1개의 실제 질량과 X의 원자량을 나타낸 것이다.

원자	X	Y	Z
원자 1개의 실제 질량(g)	2.0×10^{-23}	$\frac{7}{3} \times 10^{-23}$	$\frac{8}{3} \times 10^{-23}$
원자량	12	a	b

이에 대한 설명으로 옳은 것만을 〈보기〉에서 있는 대로 고른 것은? (단, X~Z는 임의의 원소 기호이다.)

> **보기**
> ㄱ. $a+b=30$이다.
> ㄴ. X 원자 4개의 질량이 Z 원자 3개의 질량과 같다.
> ㄷ. 분자량은 XZ_2가 Y_2Z보다 크다.

① ㄱ　② ㄴ　③ ㄷ　④ ㄱ, ㄴ　⑤ ㄴ, ㄷ

B 몰(mol)

07 다음은 서로 다른 종류의 기체의 양에 대한 자료이다.

> A: $0\,^{\circ}\mathrm{C}$, 1기압에서 $H_2(g)$ 44.8 L
> B: $CH_4(g)$ 16 g
> C: $O_3(g)$ 6.02×10^{23}개

A~C를 구성하는 전체 원자 수를 비교한 것으로 옳은 것은?
(단, 1몰은 6.02×10^{23}개이고, 기체 1몰의 부피는 $0\,^{\circ}\mathrm{C}$, 1기압에서 22.4 L이며, H와 C의 원자량은 각각 1, 12이다.)

① A>B>C ② A>C>B ③ B>A>C
④ B>C>A ⑤ C>B>A

08 표는 3가지 기체 (가)~(다)에 대한 자료이다.

기체	분자식	분자량	질량(g)
(가)	H_2O	18	36
(나)	NH_3	17	17
(다)	CH_4	16	32

이에 대한 설명으로 옳은 것만을 〈보기〉에서 있는 대로 고른 것은? (단, H, C, N, O의 원자량은 각각 1, 12, 14, 16이다.)

> **보기**
> ㄱ. H 원자 수는 (가)가 (나)보다 크다.
> ㄴ. 전체 원자 수는 (다)가 (가)보다 크다.
> ㄷ. $0\,^{\circ}\mathrm{C}$, 1기압에서 부피는 (나)가 (다)보다 크다.

① ㄱ ② ㄴ ③ ㄷ ④ ㄱ, ㄴ ⑤ ㄴ, ㄷ

09  다음은 $0\,^{\circ}\mathrm{C}$, 1기압에서 3가지 기체 (가)~(다)에 대한 자료이다.

기체	분자식	질량(g)	부피(L)	분자량
(가)	AB_2		11.2	44
(나)	AC_4	8		16
(다)	C_2B	4.5	5.6	

이에 대한 설명으로 옳은 것만을 〈보기〉에서 있는 대로 고른 것은? (단, A~C는 임의의 원소 기호이다.)

> **보기**
> ㄱ. 전체 원자 수는 (가)가 (나)보다 크다.
> ㄴ. 분자량은 (나)가 (다)보다 크다.
> ㄷ. 질량은 (가)가 (다)의 5배보다 작다.

① ㄱ ② ㄷ ③ ㄱ, ㄴ ④ ㄴ, ㄷ ⑤ ㄱ, ㄴ, ㄷ

10 그림은 $0\,^{\circ}\mathrm{C}$, 1기압에서 부피가 다른 두 용기에 에텐(C_2H_4) 기체와 뷰텐(C_4H_8) 기체가 각각 들어 있는 것을 나타낸 것이다.

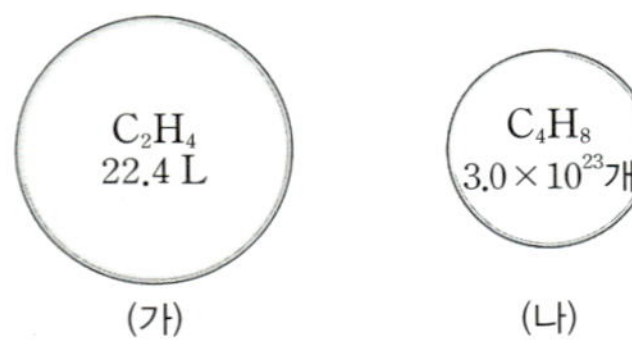

이에 대한 설명으로 옳은 것만을 〈보기〉에서 있는 대로 고른 것은? (단, 아보가드로수는 6.0×10^{23}이고, H와 C의 원자량은 각각 1, 12이다.)

> **보기**
> ㄱ. 부피는 (나)가 (가)의 $\frac{1}{2}$배이다.
> ㄴ. 질량은 (가)가 (나)의 2배이다
> ㄷ. (가)와 (나)에서 H 원자의 총 질량은 8 g이다.

① ㄴ ② ㄷ ③ ㄱ, ㄴ ④ ㄱ, ㄷ ⑤ ㄱ, ㄴ, ㄷ

11 그림은 같은 질량의 기체 A와 B가 피스톤으로 분리된 실린더에 각각 들어 있는 것을 나타낸 것이다. A와 B는 각각 X_2와 X_3 중 하나이다.

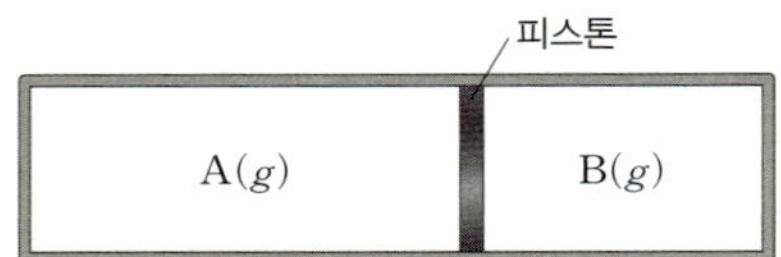

이에 대한 설명으로 옳은 것만을 〈보기〉에서 있는 대로 고른 것은? (단, 온도는 일정하고, X는 임의의 원소 기호이며, 피스톤의 마찰은 무시한다.)

> **보기**
> ㄱ. B는 X_2이다.
> ㄴ. 부피비는 A : B = 3 : 2이다.
> ㄷ. 실린더에 들어 있는 전체 원자 수는 A가 B보다 크다.

① ㄱ ② ㄴ ③ ㄱ, ㄷ ④ ㄴ, ㄷ ⑤ ㄱ, ㄴ, ㄷ

12 $t\,^{\circ}\mathrm{C}$에서 부피를 알고 있는 용기에 기체 A가 들어 있다. 이 용기 안에 들어 있는 A 분자 수를 구하기 위해 필요한 것만을 〈보기〉에서 있는 대로 고른 것은? (단, 용기 안의 압력은 1기압이고, A는 임의의 원소 기호이다.)

> **보기**
> ㄱ. A의 분자식   ㄴ. 기체 A의 질량
> ㄷ. $t\,^{\circ}\mathrm{C}$, 1기압에서 기체 1몰의 부피
> ㄹ. 아보가드로수

① ㄱ, ㄴ ② ㄱ, ㄷ ③ ㄴ, ㄷ ④ ㄴ, ㄹ ⑤ ㄷ, ㄹ

13 다음 중 0 °C, 1기압에서 원자 또는 이온의 수가 가장 큰 것은? (단, H, C, N, O, Na, Cl의 원자량은 각각 1, 12, 14, 16, 23, 35.5이다.)

① 메테인(CH_4) 기체 11.2 L에 포함된 전체 원자 수
② 산소(O_2) 32 g에 포함된 산소 원자 수
③ 수소(H_2) 6.02×10^{23}개에 포함된 수소 원자 수
④ 염화 나트륨(NaCl) 58.5 g에 포함된 전체 이온 수
⑤ 암모니아(NH_3) 17 g에 포함된 수소 원자 수

14 그림은 피스톤으로 분리된 용기에 He 기체와 O_2 기체를 각각 넣은 것을 나타낸 것이다.

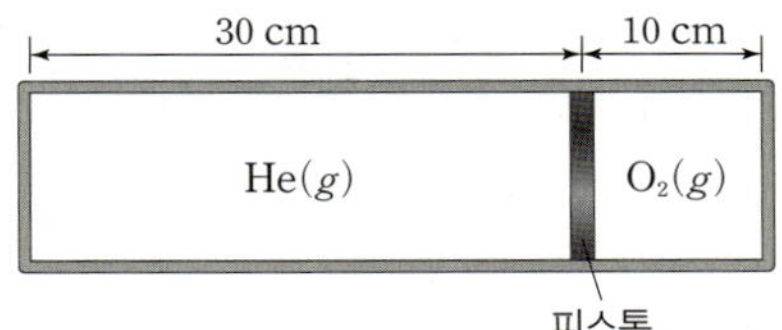

이에 대한 설명으로 옳은 것만을 〈보기〉에서 있는 대로 고른 것은? (단, 온도는 일정하고, H, He, O의 원자량은 각각 1, 4, 16이며, 피스톤의 마찰은 무시한다.)

┤ 보기 ├
ㄱ. 질량비는 He : O_2 = 3 : 8이다.
ㄴ. 원자 수비는 He : O_2 = 3 : 2이다.
ㄷ. 피스톤의 왼쪽에 He 대신 같은 질량의 H_2를 채우면 피스톤은 오른쪽으로 이동한다.

① ㄱ   ② ㄴ   ③ ㄱ, ㄷ
④ ㄴ, ㄷ   ⑤ ㄱ, ㄴ, ㄷ

15 표는 같은 온도와 압력에서 기체 (가)~(라)의 부피와 질량을 나타낸 것이다.

기체	(가)	(나)	(다)	(라)
질량(g)	8	8	8	2
부피(L)	1	2	4	8

이에 대한 설명으로 옳은 것만을 〈보기〉에서 있는 대로 고른 것은?

┤ 보기 ├
ㄱ. 분자량은 (가)가 (다)의 4배이다.
ㄴ. 분자 수는 (나)가 (라)보다 크다.
ㄷ. 같은 온도와 압력에서 밀도는 (나)가 (다)보다 크다.

① ㄱ   ② ㄴ   ③ ㄱ, ㄷ
④ ㄴ, ㄷ   ⑤ ㄱ, ㄴ, ㄷ

 이렇게!

16 다음은 기체의 분자량을 구하는 실험이다.

[실험 과정]
(가) 같은 온도와 압력에서 분자량을 알고 있는 기체 A를 일정한 부피의 플라스크에 넣는다.
(나) 기체 A가 들어 있는 플라스크의 질량을 측정한다.
(다) 동일한 부피의 플라스크에 분자량을 모르는 기체 X를 넣는다.
(라) 기체 X가 들어 있는 플라스크의 질량을 측정한다.
(마) 기체가 들어 있지 않은 진공 상태의 플라스크의 질량을 측정한다.

[실험 결과 및 자료]
• A의 분자량: M_a
• 각 과정 후 측정한 플라스크의 질량

과정	(나)	(라)	(마)
측정한 플라스크의 질량(g)	w_1	w_2	w_3

(1) 기체 X의 분자량을 계산하는 과정을 서술하시오.

(2) 이러한 방법으로 기체 X의 분자량을 구할 수 있는 까닭을 아보가드로 법칙과 관련하여 서술하시오.

17 그림은 가로 60 m, 세로 60 m 크기의 학교 운동장에 두께 10 cm로 모래가 깔려 있는 모습을 나타낸 것이다.

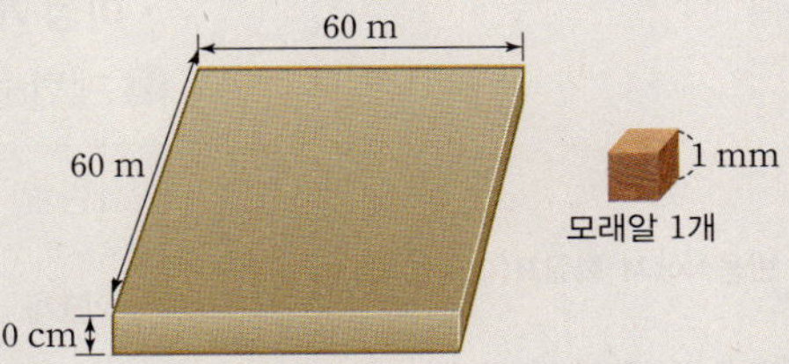

모래알 1개는 한 변의 길이가 1 mm인 정육면체라고 할 때, 운동장에 깔린 모래의 양(mol)은 얼마인지 풀이 과정을 서술하시오. (단, 아보가드로수는 6×10^{23}이다.)

03 화학 반응식과 용액의 농도

⊗ 먼저 알아야 할 내용

1. 기체 반응 법칙 일정한 온도와 압력에서 기체가 반응하여 새로운 기체를 생성할 때 각 기체의 [㉠] 사이에는 일정한 정수비가 성립한다.

2. 용액

(1) [㉡]: 한 물질이 다른 물질에 녹아 균일하게 섞이는 현상

(2) **용매**: 다른 물질을 녹이는 물질

(3) **용질**: 다른 물질에 녹는 물질 — 용매에 녹는 물질

(4) **용액**: 두 종류 이상의 순물질이 균일하게 섞여 있는 혼합물

* 용매와 용질의 구분: 액체와 고체가 혼합될 때에는 액체가 용매, 고체가 용질이고, 액체와 액체가 혼합될 때에는 양이 많은 것이 용매, 양이 적은 것이 용질이다.

답 ㉠ 부피 ㉡ 용해

먼저 알아야 할 용어!

* **순물질** | 물리적인 방법에 의하여 더 이상 분리될 수 없는 고유한 성질을 갖는 1가지의 물질로만 구성된 물질로, 순물질은 원소와 화합물로 분류된다.
• 원소의 예 O_2, Na 등
• 화합물의 예 H_2O, CO_2 등

* **혼합물** | 두 종류 이상의 물질이 화학적 반응을 일으키지 않고 물리적으로 단순히 섞여 있는 물질로, 성분 물질들이 고르게 섞여 있는 정도에 따라 균일 혼합물과 불균일 혼합물로 분류된다.
• 균일 혼합물의 예 공기, 용액 등
• 불균일 혼합물의 예 흙탕물, 우유 등

❖ **물질의 상태를 나타내는 기호**
• 고체(solid): s
• 액체(liquid): l
• 기체(gas): g
• 수용액(aqueous solution): aq

* 액체(l)와 수용액(aq)의 차이점을 주의하자.
예 설탕(s)에 열을 가하면 설탕액(l)이 되고, 설탕(s)을 물에 녹이면 설탕물(aq)이 된다.

❖ **화학 반응식에서 화살표(↑, ↓)의 의미**

화학 반응에서 기체가 발생할 때에는 (g) 대신 화학식 뒤에 '↑'를 표시하고, 앙금이 생성될 때에는 (s) 대신 화학식 뒤에 '↓'를 표시하기도 한다.
예 • 기체 발생 반응
　$Zn + 2HCl \longrightarrow ZnCl_2 + H_2\uparrow$
• 앙금 생성 반응
　$NaCl + AgNO_3 \longrightarrow$
　　　　$NaNO_3 + AgCl\downarrow$

Ⓐ 화학 반응식

1. 화학 반응식 화학 반응을 화학식과 기호를 이용하여 나타낸 식

2. 화학 반응식을 나타내는 방법

예 메테인(CH_4)의 완전 연소 반응식

1단계	반응물과 생성물이 무엇인지 알아낸 후, 그 물질들을 화학식으로 나타낸다.	• 반응물: 메테인(CH_4), 산소(O_2) • 생성물: 이산화 탄소(CO_2), 물(H_2O)
2단계	'→'를 기준으로 반응물을 왼쪽에, 생성물을 오른쪽에 쓰고, 반응물이나 생성물이 2가지 이상일 때 각 물질을 '+'로 연결한다.	➡ $CH_4 + O_2 \longrightarrow CO_2 + H_2O$
3단계	반응물과 생성물을 구성하는 원자의 종류와 수가 같도록 계수를 맞춘다. 이때 계수는 가장 간단한 정수로 나타내고, 계수가 1이면 생략한다.	• C 원자 수를 맞추기 위해 CO_2 앞에 계수 1을 붙인다. ➡ $CH_4 + O_2 \longrightarrow CO_2 + H_2O$ • H 원자 수를 맞추기 위해 H_2O 앞에 계수 2를 붙인다. ➡ $CH_4 + O_2 \longrightarrow CO_2 + 2H_2O$ • O 원자 수를 맞추기 위해 O_2 앞에 계수 2를 붙인다. ➡ $CH_4 + 2O_2 \longrightarrow CO_2 + 2H_2O$
4단계	물질의 상태는 (　) 안에 기호를 써서 화학식 뒤에 나타낸다.	$CH_4(g) + 2O_2(g) \longrightarrow CO_2(g) + 2H_2O(g)$

• 미정 계수법을 활용하여 화학 반응식을 나타내는 방법

예 메탄올(CH_3OH)의 완전 연소 반응식

1단계	반응물과 생성물을 화학식으로 쓰고, 계수를 a, b, c, d 등으로 나타낸다. $aCH_3OH + bO_2 \longrightarrow cCO_2 + dH_2O$
2단계	반응물과 생성물에 들어 있는 원자의 종류와 수가 같아지도록 관계식을 세운다. ➡ C 원자: $a=c$, O 원자: $a+2b=2c+d$, H 원자: $4a=2d$
3단계	a, b, c, d 가운데 임의의 계수 값을 1로 놓고 다른 계수의 값을 구한 후, 분수가 있으면 계수를 가장 간단한 정수가 되도록 조정한다. ➡ $a=1$이라고 하면 $c=1$, $b=\dfrac{3}{2}$, $d=2$이다. 이때 계수가 가장 간단한 정수가 되도록 각 계수에 2를 곱하면 $a=2$, $b=3$, $c=2$, $d=4$이므로 화학 반응식을 나타내면 다음과 같다. ➡ $2CH_3OH + 3O_2 \longrightarrow 2CO_2 + 4H_2O$
4단계	물질의 상태를 표시하고, 반응 전과 후에 원자의 종류와 수가 같은지 확인한다. ➡ $2CH_3OH(l) + 3O_2(g) \longrightarrow 2CO_2(g) + 4H_2O(l)$

3. 화학 반응식으로부터 알 수 있는 정보 반응물과 생성물의 종류와 상태, 반응물과 생성물의 계수비로부터 물질의 양(mol), 분자 수, 기체의 부피, 질량 등의 양적 관계를 알 수 있다.

(1) 화학 반응식의 계수비는 몰비, 분자 수비와 같다.

(2) 기체의 경우 일정한 온도와 압력에서 화학 반응식의 계수비는 기체의 부피비와 같다.

계수비＝몰비＝분자 수비＝부피비(기체의 경우)≠질량비

예 메테인(CH_4)의 완전 연소 반응식으로부터 알 수 있는 내용

화학 반응식	$CH_4(g)$ + $2O_2(g)$ $\longrightarrow$ $CO_2(g)$ + $2H_2O(g)$
분자 모형	

분자 수(개)	분자 수비	1 : 2 : 1 : 2
	CH_4 분자 1개와 O_2 분자 2개가 반응하여 CO_2 분자 1개와 H_2O 분자 2개를 생성함을 알 수 있다.	

물질의 양 (mol)	몰비	1 : 2 : 1 : 2
	CH_4 1몰과 O_2 2몰이 반응하여 CO_2 1몰과 H_2O 2몰을 생성함을 알 수 있다.	

기체의 부피 (0℃, 1기압)	부피비	1 : 2 : 1 : 2
	CH_4 22.4 L와 O_2 44.8 L가 반응하여 CO_2 22.4 L와 H_2O 44.8 L를 생성함을 알 수 있다.	

질량	질량비	4 : 16 : 11 : 9
	・CH_4 1몰＝16 g ・O_2 2몰＝64 g ➡ 반응물의 총 질량: 80 g	질량 보존 법칙 성립
	・CO_2 1몰＝44 g ・H_2O 2몰＝36 g ➡ 생성물의 총 질량: 80 g	

❖ 화학 반응식의 계수비

화학 반응식의 계수비는 분자 수비, 부피비와 같지만, 질량비와는 같지 않음을 기억해야 한다. 또한 부피 비는 일정한 온도와 압력에서 기체의 경우에만 계수비와 같다.

❖ 질량 보존 법칙

화학 반응이 일어날 때 반응물의 총 질량은 생성물의 총 질량과 같다.

4. 화학 반응의 완결

2가지 이상의 반응물이 서로 반응하여 생성물을 만들 때, 2가지 이상의 반응물 중 1가지가 모두 소모되는 순간에 반응이 완결되었다고 한다. 2가지 반응물 중 1가지 반응물이 없으면 다른 물질이 아무리 많아도 반응이 진행될 수 없기 때문이다.

개념 바로 확인

정답 및 해설 | 05쪽

01 0℃, 1기압에서 수소(H_2) 4g과 산소(O_2) 16g을 반응시켜 반응이 완결되었을 때, 반응하지 않고 남는 기체는 ▢▢▢이다.

02 메테인(CH_4) 16g이 충분한 양의 산소(O_2)와 반응하면 생성되는 이산화탄소(CO_2)와 물(H_2O)의 질량의 합은 ▢▢▢g이다.

01 화학 반응식에 대한 설명으로 옳은 것은 ○, 옳지 <u>않은</u> 것은 ×로 표시하시오.

(1) 화학 반응식의 계수비는 질량비와 같다. (　)

(2) 화학 반응이 일어날 때 원자의 종류와 수는 변하지 않는다. (　)

(3) 반응이 완결된 후에 존재하는 물질들은 화학 반응식의 계수비와 같은 몰비로 존재한다. (　)

02 (　) 안에 화학 반응식의 계수를 각각 쓰시오. (단, 계수가 1인 경우에도 나타낸다.)

(1) (㉠ 　)$CO(g)$ + (㉡ 　)$O_2(g)$ $\longrightarrow$ (㉢ 　)$CO_2(g)$

(2) (㉠ 　)$C_4H_{10}(g)$ + (㉡ 　)$O_2(g)$ $\longrightarrow$ (㉢ 　)$CO_2(g)$ + (㉣ 　)$H_2O(l)$

(3) (㉠ 　)$C_2H_5OH(l)$ + (㉡ 　)$O_2(g)$ $\longrightarrow$ (㉢ 　)$CO_2(g)$ + (㉣ 　)$H_2O(l)$

03

❖ **화학 반응식의 계수와 분자 수 비교**

$$aA + bB \longrightarrow cC + dD$$

➡ 반응물의 계수 합: $a+b$
생성물의 계수 합: $c+d$
① $a+b>c+d$인 경우: 반응이 진행되면 분자 수가 감소한다.
② $a+b=c+d$인 경우: 반응이 진행되어도 분자 수가 일정하다.
③ $a+b<c+d$인 경우: 반응이 진행되면 분자 수가 증가한다.

❖ **물질의 양(mol)의 변화로부터 계수를 알아낼 수 있는 경우**

예 $aA \longrightarrow 2B$(a는 반응 계수) 반응에서 반응이 진행되었더니 전체 물질의 양(mol)이 증가했다. a는 얼마인가?
➡ $a<2$이어야 하므로 반응 계수인 a는 1이다.

❖ **계수비로부터 부피를 구할 때 주의할 점**

1몰의 부피가 22.4 L라는 것은 0 ℃, 1기압에서 기체일 때라는 조건이 성립해야 한다. 온도와 압력이 달라지거나, 고체 또는 액체일 때에는 1몰의 부피가 22.4 L가 아니다.

---

5. 화학 반응의 양적 관계 탐구 활동 32쪽

(1) 화학 반응에서의 양적 관계 화학 반응식에서 물질의 계수비는 몰비와 같다는 것을 이용하여 반응물과 생성물의 질량이나 부피를 구할 수 있다.

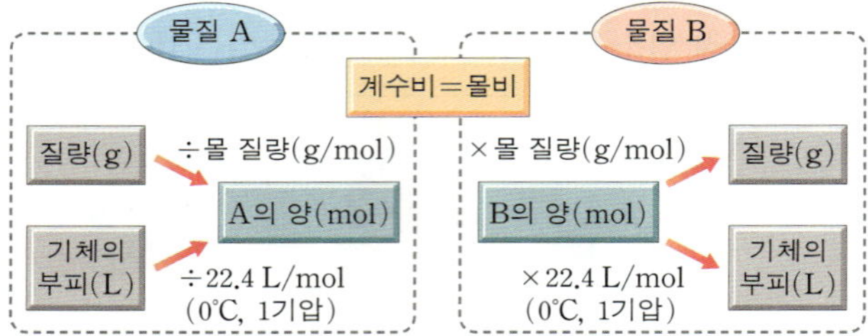

(2) 화학 반응에서의 질량-질량 관계

> A의 질량(g) $\longrightarrow$ A의 양(mol) $\xrightarrow{\text{계수비=몰비 이용}}$ B의 양(mol) $\longrightarrow$ B의 질량(g)

예 수소(H_2) 2 g과 산소(O_2) 8 g이 반응할 때 생성되는 수증기(H_2O)의 질량은?

➡ 화학 반응식 나타내기	$2H_2(g) + O_2(g) \longrightarrow 2H_2O(g)$
➡ 질량을 물질의 양(mol)으로 환산하기	• H_2의 양(mol) = $\dfrac{\text{질량(g)}}{\text{몰 질량(g/mol)}} = \dfrac{2\,g}{2\,g/mol} = 1\,mol$ • O_2의 양(mol) = $\dfrac{\text{질량(g)}}{\text{몰 질량(g/mol)}} = \dfrac{8\,g}{32\,g/mol} = \dfrac{1}{4}\,mol$
➡ 계수비를 이용해 H_2O의 양(mol) 구하기	O_2와 H_2O의 계수비가 1:2이므로 O_2 $\dfrac{1}{4}$ mol이 반응하면 H_2O $\dfrac{1}{2}$ mol이 생성된다.
➡ H_2O의 양(mol)을 질량으로 환산하기	• H_2O의 질량(g) = 물질의 양(mol) × 몰 질량(g/mol) $= \dfrac{1}{2}\,mol × 18\,g/mol = 9\,g$

(3) 화학 반응에서의 부피-부피 관계

> A의 부피(L) $\xrightarrow{\text{계수비=부피비 이용}}$ B의 부피(L)

예 0 ℃, 1기압에서 $C_3H_8(g)$ 22.4 L와 $O_2(g)$ 224 L가 반응할 때 생성되는 $CO_2(g)$의 부피는?

➡ 화학 반응식 나타내기	$C_3H_8(g) + 5O_2(g) \longrightarrow 3CO_2(g) + 4H_2O(g)$
➡ 부피를 물질의 양(mol)으로 환산하기	0 ℃, 1기압에서 $C_3H_8(g)$ 22.4 L는 1몰, $O_2(g)$ 224 L는 10몰이다.
➡ 계수비를 이용해 CO_2의 양(mol) 구하기	C_3H_8과 O_2의 계수비가 1:5이고, C_3H_8과 CO_2의 계수비가 1:3이므로 C_3H_8 1몰과 O_2 5 mol이 반응하여 CO_2 3 mol이 생성된다.
➡ CO_2의 양(mol)을 부피로 환산하기	• CO_2의 부피(L) = 물질의 양(mol) × 몰 부피(L/mol) $= 3\,mol × 22.4\,L/mol = 67.2\,L$

(4) 화학 반응에서의 질량-부피 관계

> A의 질량(g) $\longleftrightarrow$ A의 양(mol) $\xrightarrow{\text{계수비=몰비 이용}}$ B의 양(mol)
> $\xrightarrow{\text{부피=물질의 양(mol)×몰 부피(mol/L) 이용}}$ B의 부피(L)

예 $0℃$, 1기압에서 $CH_4(g)$ $32g$을 완전 연소시킬 때 생성되는 $CO_2(g)$의 부피는? — 질량이 주어지고 부피를 묻는 경우

➡ 화학 반응식 나타내기	$CH_4(g) + 2O_2(g) \longrightarrow CO_2(g) + 2H_2O(g)$
➡ 질량을 물질의 양(mol)으로 환산하기	· CH_4의 양(mol) $= \dfrac{질량(g)}{몰\ 질량(g/mol)} = \dfrac{32g}{16g/mol} = 2\,mol$
➡ 계수비를 이용해 CO_2의 양(mol) 구하기	CH_4과 CO_2의 계수비가 $1:1$이므로 CH_4 $2\,mol$이 반응하면 CO_2 $2\,mol$이 생성된다.
➡ CO_2의 양(mol)을 부피로 환산하기	· CO_2의 부피(L) $=$ 물질의 양(mol) $\times$ 몰 부피(L/mol) $= 2\,mol \times 22.4\,L/mol = 44.8\,L$

❖ 물질 A의 질량이 주어지고 물질 B의 부피를 구하는 경우

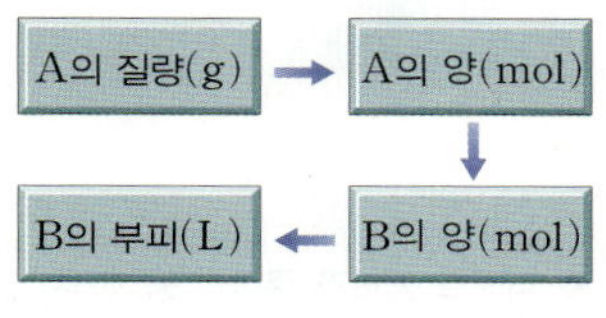

예 $0℃$, 1기압에서 $N_2(g)$ $11.2L$와 $H_2(g)$ $44.8L$의 반응에서 반응이 완결되었을 때 생성되는 $NH_3(g)$의 질량은? — 부피가 주어지고 질량을 묻는 경우

➡ 화학 반응식 나타내기	$N_2(g) + 3H_2(g) \longrightarrow 2NH_3(g)$
➡ 부피를 물질의 양(mol)으로 환산하기	· N_2의 양(mol) $= \dfrac{부피(L)}{몰\ 부피(L/mol)} = \dfrac{11.2L}{22.4L/mol} = \dfrac{1}{2}\,mol$ · H_2의 양(mol) $= \dfrac{부피(L)}{몰\ 부피(L/mol)} = \dfrac{44.8L}{22.4L/mol} = 2\,mol$
➡ 계수비를 이용해 NH_3의 양(mol) 구하기	N_2와 H_2의 계수비가 $1:3$이고, N_2 $\dfrac{1}{2}\,mol$과 H_2 $\dfrac{3}{2}\,mol$이 반응하면 NH_3 $1\,mol$이 생성된다.
➡ NH_3의 양(mol)을 질량으로 환산하기	· NH_3의 질량(g) $=$ 물질의 양(mol) $\times$ 몰 질량(g/mol) $= 1\,mol \times 17g/mol = 17g$

❖ 물질 A의 부피가 주어지고 물질 B의 질량을 구하는 경우

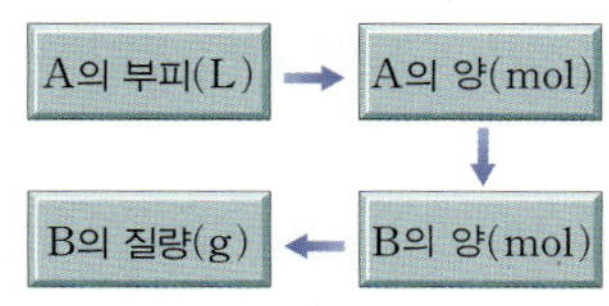

개념 바로 확인

정답 및 해설 | 05쪽

03 $N_2(g)$ 3몰과 $H_2(g)$ 10몰을 반응시켰을 때 반응이 완결된 후 존재하는 전체 기체의 양(mol)은 ⬚ 몰이다.

03 다음은 메탄올(CH_3OH)의 연소 반응을 화학 반응식으로 나타낸 것이다.

$$2CH_3OH(l) + 3O_2(g) \longrightarrow 2CO_2(g) + 4H_2O(g)$$

이에 대한 설명으로 옳은 것은 ◯, 옳지 <u>않은</u> 것은 ×로 표시하시오.

(1) CH_3OH 4몰과 O_2 3몰을 반응시키면 CO_2 4몰이 생성된다. ( )

(2) $0℃$, 1기압에서 H_2O 4몰이 생성되었다면 반응한 CH_3OH은 $89.6L$이다. ( )

(3) $0℃$, 1기압에서 충분한 양의 CH_3OH이 O_2 $33.6L$와 반응하면 생성된 H_2O은 $36g$이다. ( )

04 $0℃$, 1기압에서 수소(H_2)와 산소(O_2)가 반응하여 수증기(H_2O) $22.4L$가 생성되었다면 반응한 수소(H_2)와 산소(O_2)의 몰수 합은 총 ⬚ 몰이다.

04 다음은 기체 A와 B가 반응하여 기체 C를 생성하는 반응의 화학 반응식이다.

$$2A(g) + B(g) \longrightarrow 2C(g)$$

A 3몰이 들어 있는 조건이 같은 2개의 용기에 B를 각각 1몰, 2몰 넣어 반응시켰을 때 생성되는 C의 양(mol)을 각각 구하시오.

B 용액의 농도 ——— 용액과 용질의 질량을 기준으로 하는 농도이므로 온도의 영향을 받지 않는다.

1. 퍼센트 농도(% 농도) 용액 100g에 녹아 있는 용질의 질량(g)을 백분율(%)로 나타낸 농도

$$\text{퍼센트 농도}(\%) = \frac{\text{용질의 질량}(g)}{\text{용액의 질량}(g)} \times 100 = \frac{\text{용질의 질량}(g)}{\text{용매의 질량}(g) + \text{용질의 질량}(g)} \times 100$$

(1) 퍼센트 농도를 통해 용액에 녹아 있는 용질의 질량을 쉽게 알 수 있다.

(2) 같은 퍼센트 농도의 용액인 경우에도 용매와 용질의 종류가 다르면 일정한 질량의 용액에 녹아 있는 용질의 입자 수가 다를 수 있다.

> **예** 10 % 포도당($C_6H_{12}O_6$) 수용액 180g과 10 % 요소(($NH_2)_2CO$) 수용액 180g에서 용질의 양(mol) 비교
> - 10 % 포도당 수용액 180g 안에 녹아 있는 포도당의 질량 $= 180\,g \times \dfrac{10}{100} = 18\,g$
>   - ➡ 포도당(분자량: 180) 18g의 양(mol) $= \dfrac{18\,g}{180\,g/mol} = 0.1\,mol$
> - 10 % 요소 수용액 180g 안에 녹아 있는 요소의 질량 $= 180\,g \times \dfrac{10}{100} = 18\,g$
>   - ➡ 요소(분자량: 60) 18g의 양(mol) $= \dfrac{18\,g}{60\,g/mol} = 0.3\,mol$

2. 몰 농도 용액 1L에 녹아 있는 용질의 양(mol)을 의미하며, 단위는 M 또는 mol/L이다. ——— 용액의 부피를 기준으로 하는 농도이므로 온도의 영향을 받는다.

$$\text{몰 농도(M)} = \frac{\text{용질의 양}(mol)}{\text{용액의 부피}(L)}$$

(1) 같은 몰 농도의 용액인 경우 용질의 종류와 관계없이 일정한 부피에 녹아 있는 용질의 입자 수는 같다.

(2) 같은 몰 농도, 같은 부피인 용액의 경우에도 용질의 종류가 다르면 용질의 화학식량이 다르므로 용액에 녹아 있는 용질의 질량이 다를 수 있다.

> **예** 0.1 M 포도당($C_6H_{12}O_6$) 수용액 1L와 0.1 M 설탕($C_{12}H_{22}O_{11}$) 수용액 1L에서 용질의 질량 비교
> - 0.1 M 포도당 수용액 1L 안에 녹아 있는 포도당(분자량: 180)의 질량
>   - ➡ $180\,g/mol \times 0.1\,mol = 18\,g$
> - 0.1 M 설탕 수용액 1L 안에 녹아 있는 설탕(분자량: 342)의 질량
>   - ➡ $342\,g/mol \times 0.1\,mol = 34.2\,g$

실전 자료 **0.1 M 수산화 나트륨(NaOH) 수용액 1L 만들기**

❶ 수산화 나트륨(NaOH) 0.1몰의 질량을 계산하여 비커에 담아 전자 저울로 측정하고, 여기에 적당량의 증류수를 넣고 유리 막대로 저어 모두 녹인다. ┌ 4.0 g

❷ 비커의 수산화 나트륨(NaOH) 수용액을 깔때기를 이용하여 1L 부피 플라스크에 넣고, 증류수로 비커와 깔때기에 묻어 있는 용액까지 씻어 넣는다.

❸ 부피 플라스크에 증류수를 채운다. 씻기병이나 스포이트를 이용하여 눈금선에 맞추어 증류수를 넣는다.

❹ 부피 플라스크의 마개를 막고, 용액을 잘 흔들어 섞는다.

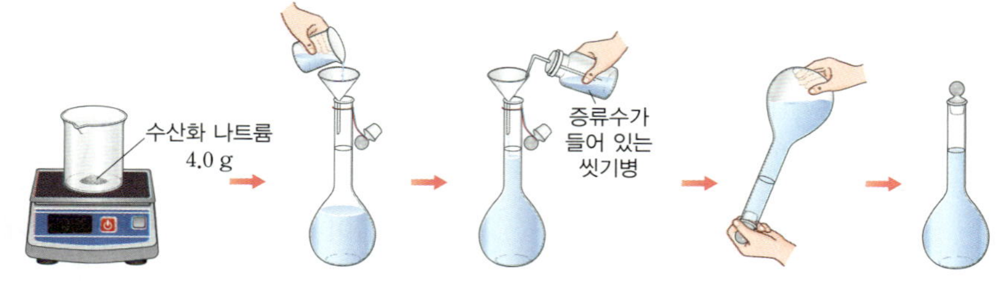

❖ 퍼센트 농도가 주어진 용액에서 용질과 용매의 질량 구하기

> - 용질의 질량(g)
>   = 용액의 질량(g)
> $\times \dfrac{\text{퍼센트 농도}(\%)}{100}$
> - 용매의 질량(g)
>   = 용액의 질량(g)
> $\times \dfrac{100 - \text{퍼센트 농도}(\%)}{100}$

❖ 물 1L에 용질 1몰을 녹인 용액의 농도가 1M이 아닌 이유

1M는 용액 1L에 용질 1몰이 녹아 있는 수용액의 농도이다. 물 1L에 용질 1몰을 녹이면 용액의 부피가 1L를 초과하므로 용액의 농도는 1M보다 작아지게 된다.

❖ 부피 플라스크의 눈금선에 용액의 부피를 맞추는 방법

부피 플라스크에 수용액을 넣을 때 용액의 가장 낮은 면(메니스커스)이 눈금선에 일치하도록 넣는다.

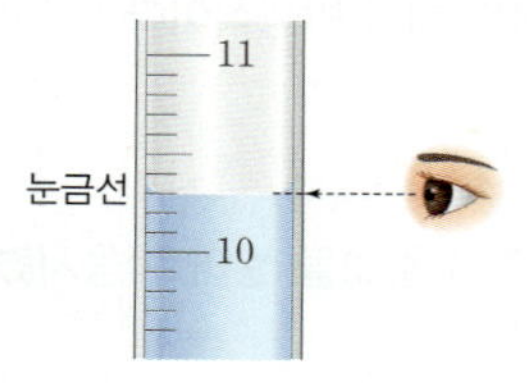

3. 혼합 용액과 묽힌 용액의 몰 농도

(1) **혼합 용액의 몰 농도:** 같은 종류의 용질이 녹아 있는 서로 다른 농도의 두 용액(용액 I, 용액 II)을 혼합할 때, 혼합 전 두 용액 안에 녹아 있는 용질의 양(mol)의 합은 혼합 후에도 일정하다는 것을 이용하여 혼합 용액의 몰 농도를 구한다.

	몰 농도(M)	용액의 부피(L)	용질의 양(mol)
용액 I	M_1	V_1	$M_1 V_1$
용액 II	M_2	V_2	$M_2 V_2$
혼합 용액	M	$V_1 + V_2$	$M(V_1 + V_2)$

> 용질의 양(mol)은 용액의 몰 농도와 부피의 곱과 같다.

- 혼합 용액의 몰 농도(M)를 구하는 공식

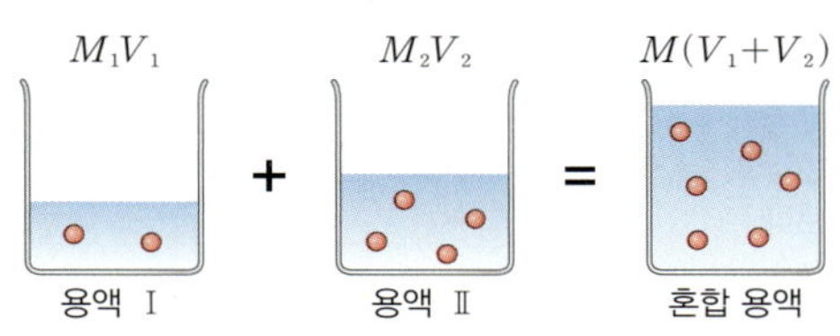

➡ 전체 용질의 양(mol)
$= M_1 V_1 + M_2 V_2 = M(V_1 + V_2)$

➡ 혼합 용액의 몰 농도(M)
$= \dfrac{M_1 V_1 + M_2 V_2}{V_1 + V_2}$

> **예** 0.4 M $\mathrm{NaOH}(aq)$ 200 mL와 0.1 M $\mathrm{NaOH}(aq)$ 300 mL를 혼합한 용액의 몰 농도 구하기
> ➡ $(0.4\,\mathrm{M} \times 0.2\,\mathrm{L}) + (0.1\,\mathrm{M} \times 0.3\,\mathrm{L}) = x \times 0.5\,\mathrm{L}$로부터 혼합 용액의 몰 농도는($x$)는 0.22 M이다.

(2) **묽힌 용액의 몰 농도:** 용액 III에 증류수를 넣어 묽힐 때 용액 안에 녹아 있는 용질의 양(mol)은 일정하다는 것을 이용하여 묽힌 용액의 몰 농도를 구한다.

- 묽힌 용액의 몰 농도(M)를 구하는 공식

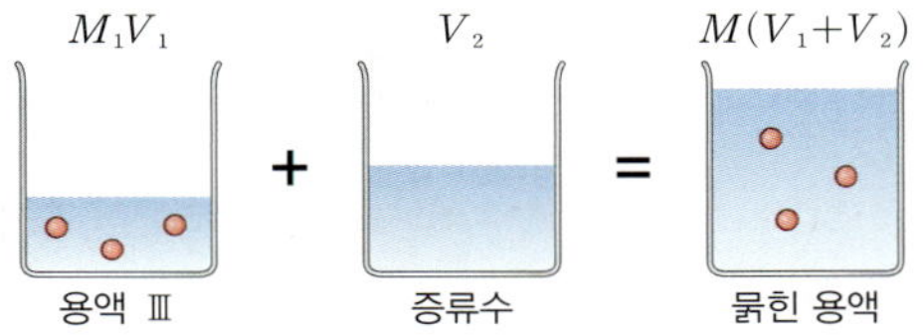

➡ 전체 용질의 양(mol)
$= M_1 V_1 = M(V_1 + V_2)$

➡ 묽힌 용액의 몰 농도(M) $= \dfrac{M_1 V_1}{V_1 + V_2}$

> **예** 0.3 M 설탕 수용액 200 mL에 증류수 300 mL를 넣어 묽힌 용액의 몰 농도 구하기
> ➡ $0.3\,\mathrm{M} \times 0.2\,\mathrm{L} = x \times 0.5\,\mathrm{L}$로부터 묽힌 용액의 몰 농도($x$)는 0.12 M이다.

❖ **용액에 녹아 있는 용질의 양(mol)**

> 용액의 몰 농도(mol/L)
> $\times$ 용액의 부피(L)

❖ **혼합 용액과 묽힌 용액의 몰 농도를 계산할 때 가정해야 할 점**

① 혼합 전 각 용액의 부피 합이 혼합 용액의 부피와 같다고 가정한다.
② 묽히기 전 각 용액의 부피 합이 묽힌 용액의 부피와 같다고 가정한다.
➡ 혼합하거나 묽히는 과정에서 용액의 부피가 늘어나거나 감소하지 않고, 증발이나 흘림 등이 없다고 가정한다.
③ 몰 농도는 온도에 따라 변하는 농도이므로 혼합하거나 묽히는 과정에서 용액의 온도는 일정하다고 가정해야 한다.

개념 바로 확인

정답 및 해설 | 05쪽

05 물 100 g에 포도당 25 g을 녹인 용액의 퍼센트 농도는 ◻%이다.

05 용액의 농도에 대한 설명으로 옳은 것은 ○, 옳지 <u>않은</u> 것은 ×로 표시하시오.

(1) 퍼센트 농도(%)는 온도에 의해 변한다. ( )
(2) 증류수 1 L에 용질 1몰을 녹인 용액의 몰 농도는 1 M이다. ( )
(3) 30 % A 수용액 100 g에는 용질 A 30 g이 녹아 있다. ( )
(4) 25 ℃의 3 M B 수용액 1 L에 20 ℃의 증류수 1 L를 추가하면 용액의 몰 농도는 1.5 M가 된다. ( )

06 2 M A 수용액 300 mL에 증류수 ◻ mL를 추가하면 묽힌 용액의 몰 농도는 1.5 M이 된다.

06 그림과 같이 10 % 포도당 수용액 180 g에 증류수를 추가하여 전체 부피가 500 mL가 되도록 만든 용액의 몰 농도는? (단, 포도당의 분자량은 180이다.)

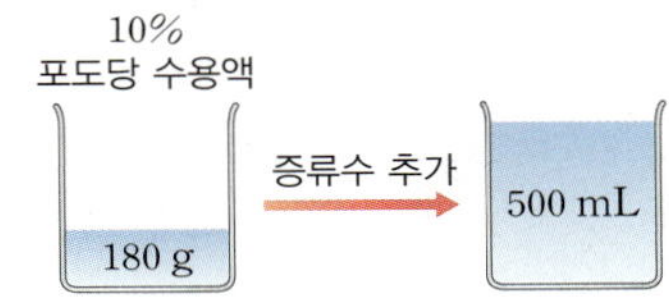

· 마그네슘과 묽은 염산의 반응에서의 양적 관계 ·

과정

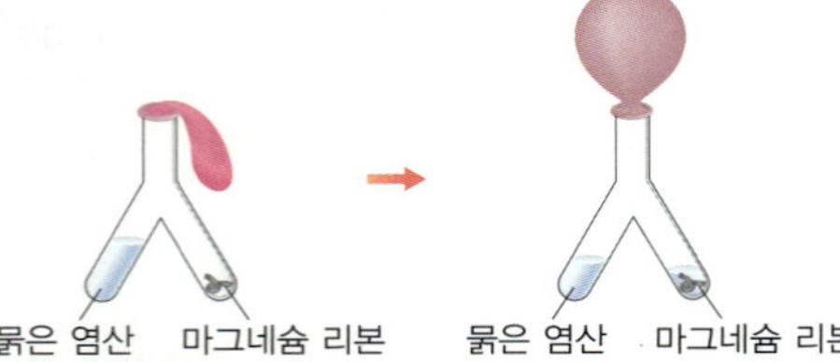

1. 20℃, 1기압에서 Y자 시험관의 한쪽에는 묽은 염산(HCl)을 넣고, 반대쪽에는 마그네슘(Mg) 리본을 넣는다.
2. Y자 시험관을 기울여 묽은 염산이 마그네슘 리본이 있는 쪽으로 흘러 들어가게 하여 반응시킨다.
3. 발생한 기체에 의해 부풀어 오른 풍선의 부피를 측정한다.
4. 마그네슘 리본의 질량을 변화시키면서 발생한 기체의 양을 기록한다.
5. 풍선을 Y자 시험관에서 분리한 후, 풍선 주둥이에 성냥불을 갖다 대어 본다.

결과

- 화학 반응식: $Mg(s) + 2HCl(aq) \longrightarrow MgCl_2(aq) + H_2(g)$
- 반응한 마그네슘(Mg)의 질량에 따른 생성된 기체의 부피

  (단, 20℃, 1기압에서 기체 1몰의 부피는 24 L이고, Mg의 원자량은 24이다.)

반응한 마그네슘의 질량(g)	0.2	0.4	0.6
반응한 마그네슘의 양(mol)	$\frac{1}{120}$	$\frac{2}{120}$	$\frac{3}{120}$
생성된 기체의 양(mol)	$\frac{1}{120}$	$\frac{2}{120}$	$\frac{3}{120}$
생성된 기체의 부피(mL)	200	400	600

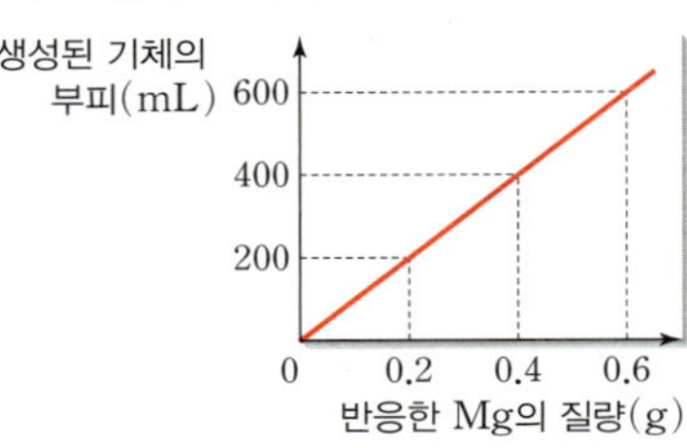

- 생성된 기체의 종류: 수소(H_2) — 가연성이 있어 성냥불을 갖다 대면 '펑' 소리를 내며 연소한다.

정리

- 반응한 마그네슘(Mg)과 생성된 수소(H_2)의 몰비는 1:1이며, 화학 반응식의 계수비와 같다.

목표

- 마그네슘과 묽은 염산의 반응의 화학 반응식을 나타낼 수 있다.
- 마그네슘과 묽은 염산의 반응에서 반응물과 생성물의 양적 관계를 파악할 수 있다.

또 다른 탐구

탄산 칼슘과 묽은 염산의 반응

1. 묽은 염산이 들어 있는 삼각 플라스크에 탄산 칼슘을 넣는다.

   - 화학 반응식:
     $CaCO_3(s) + 2HCl(aq) \longrightarrow$
     $CaCl_2(aq) + H_2O(l) + CO_2(g)$

2. CO_2 기체가 삼각 플라스크를 빠져나가므로 삼각 플라스크의 질량이 감소한다.

3. 반응한 탄산 칼슘의 질량과 반응 전후 감소한 삼각 플라스크의 질량 관계로부터 반응의 양적 관계를 알아본다.

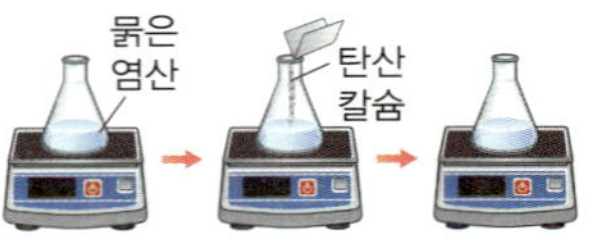

정답 및 해설 | 05쪽

---

01 위 실험에 대한 설명으로 옳은 것은 ○, 옳지 않은 것은 ×로 표시하시오. (단, Mg과 Zn의 원자량은 각각 24, 65.3이다.)

(1) 묽은 염산(HCl)의 농도가 더 진한 것을 사용한다면 발생하는 기체의 총 부피는 증가할 것이다. (   )

(2) Mg 대신 같은 질량의 Zn을 사용하면 발생하는 수소 기체의 부피는 감소한다. (   )

(3) 묽은 염산(HCl)의 양이 충분하지 않다면 넣어 준 마그네슘(Mg)의 질량이 증가함에 따라 발생하는 수소 기체의 부피는 증가한다. (   )

02 다음은 마그네슘과 묽은 염산의 반응의 화학 반응식이다.

$$Mg(s) + aHCl(aq) \longrightarrow bMgCl_x(aq) + H_2(g)$$
$$(a, b는 반응 계수)$$

이에 대한 설명으로 옳은 것만을 〈보기〉에서 있는 대로 고른 것은?

| 보기 |

ㄱ. $x = 2$이다.
ㄴ. $a:b = 2:1$이다.
ㄷ. 일정량의 묽은 염산(HCl)에 충분한 양의 마그네슘(Mg) 리본을 넣으면 반응한 HCl과 생성된 H_2의 몰비는 1:1이다.

① ㄱ   ② ㄷ   ③ ㄱ, ㄴ
④ ㄴ, ㄷ   ⑤ ㄱ, ㄴ, ㄷ

A 화학 반응식

01 다음은 4가지 화학 반응식이다. $a \sim b$는 반응 계수이다.

> (가) $a\text{CH}_4(g) + b\text{O}_2(g) \longrightarrow c\text{CO}_2(g) + d\text{H}_2\text{O}(l)$
> (나) $a\text{CH}_3\text{OH}(l) + b\text{O}_2(g) \longrightarrow c\text{CO}_2(g) + d\text{H}_2\text{O}(l)$
> (다) $a\text{C}_2\text{H}_5\text{OH}(l) + b\text{O}_2(g) \longrightarrow c\text{CO}_2(g) + d\text{H}_2\text{O}(l)$
> (라) $a\text{C}_2\text{H}_4(g) + b\text{O}_2(g) \longrightarrow c\text{CO}_2(g) + d\text{H}_2\text{O}(l)$

(가)~(라)의 화학 반응식을 완성했을 때, 반응 계수의 합 $(a+b+c+d)$이 큰 값부터 작아지는 순서로 옳게 나열한 것은?

① (가) > (나) > (다) > (라)
② (가) > (다) > (나) > (라)
③ (나) > (다) > (라) > (가)
④ (나) > (라) > (가) > (다)
⑤ (다) > (나) > (라) > (가)

02 다음 화학 반응식에 대한 설명으로 옳지 <u>않은</u> 것은?

> $\text{N}_2(g) + 3\text{H}_2(g) \longrightarrow 2\text{NH}_3(g)$

① 전체 기체 분자 수가 감소하는 반응이다.
② 원자의 수가 감소하는 반응이다.
③ N_2 2몰이 충분한 양의 H_2와 반응하면 NH_3 4몰이 생성된다.
④ 일정한 온도와 압력에서 H_2 15 L가 충분한 양의 N_2와 반응하면 NH_3 10 L가 생성된다.
⑤ 반응 전과 후의 물질의 전체 질량은 같다.

03 다음은 기체 A와 B가 반응하여 기체 C를 생성하는 반응의 화학 반응식이다.

> $a\text{A}(g) + b\text{B}(g) \longrightarrow c\text{C}(g)$ ($a\sim c$는 반응 계수)

일정한 온도와 압력에서 기체 A 10 L와 기체 B 10 L를 반응시켰더니 기체 C 15 L가 생성되고 기체 A가 5 L 남았다. $a+b+c$는?

① 4   ② 5   ③ 6   ④ 7   ⑤ 8

04 그림은 용기에 물질 A_2와 B_2를 넣었을 때 일어나는 화학 반응을 모형으로 나타낸 것이다.

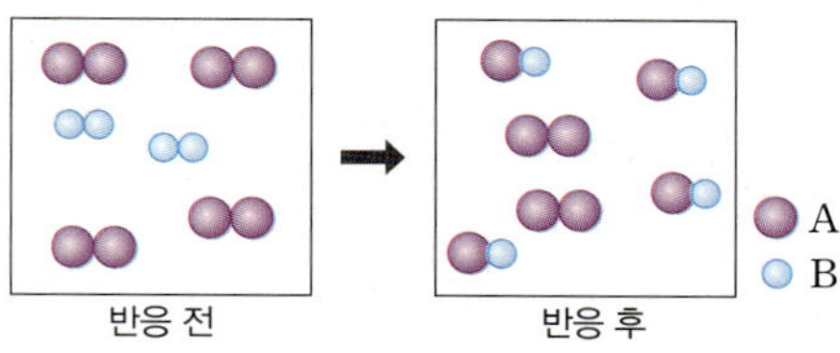

이 반응의 화학 반응식을 나타낸 것으로 옳은 것은?

① $\text{A}_2 + \text{B}_2 \longrightarrow \text{AB}$
② $\text{A}_2 + \text{B}_2 \longrightarrow 2\text{AB}$
③ $\text{A}_2 + 2\text{B}_2 \longrightarrow 2\text{AB}_2$
④ $\text{A}_2 + 2\text{B}_2 \longrightarrow 4\text{AB}$
⑤ $2\text{A}_2 + 2\text{B}_2 \longrightarrow 4\text{AB}$

05 다음은 기체 A와 B가 반응하여 기체 C가 생성되는 반응의 화학 반응식이다.

> $\text{A}(g) + 2\text{B}(g) \longrightarrow 3\text{C}(g)$

0 ℃, 1기압에서 기체 A 1.2 g과 기체 B 3.0 g이 남는 물질 없이 완전히 반응하여 기체 C 6.72 L가 생성되었다. 이에 대한 설명으로 옳은 것만을 〈보기〉에서 있는 대로 고른 것은? (단, 0 ℃, 1기압에서 기체 1몰의 부피는 22.4 L이다.)

> ┤ 보기 ├
> ㄱ. 분자량 비는 A : B = 4 : 5이다.
> ㄴ. 반응한 B의 양(mol)은 0.2몰이다.
> ㄷ. A 20 g과 B 10 g을 반응시키면 C 14 g이 생성된다.

① ㄱ   ② ㄴ   ③ ㄱ, ㄷ
④ ㄴ, ㄷ   ⑤ ㄱ, ㄴ, ㄷ

06 다음은 프로페인(C_3H_8)의 연소 반응식이다.

> $\text{C}_3\text{H}_8(g) + 5\text{O}_2(g) \longrightarrow 3\text{CO}_2(g) + 4\text{H}_2\text{O}(g)$

0 ℃, 1기압에서 11.2 L의 $\text{C}_3\text{H}_8(g)$을 충분한 양의 산소와 모두 반응시켰을 때, 생성되는 $\text{CO}_2(g)$의 양(mol)(A)과 $\text{H}_2\text{O}(g)$의 질량(B)으로 옳은 것은? (단, 0 ℃, 1기압에서 기체 1몰의 부피는 22.4 L이고, H와 O의 원자량은 각각 1, 16이다.)

	A	B
①	1.5몰	24 g
②	1.5몰	36 g
③	2몰	36 g
④	3몰	48 g
⑤	3몰	72 g

07 그림은 일정한 온도와 압력에서 수소(H_2)와 산소(O_2)가 반응하여 물(H_2O)을 생성하고, 산소(O_2)의 일부가 남은 상태를 나타낸 것이다.

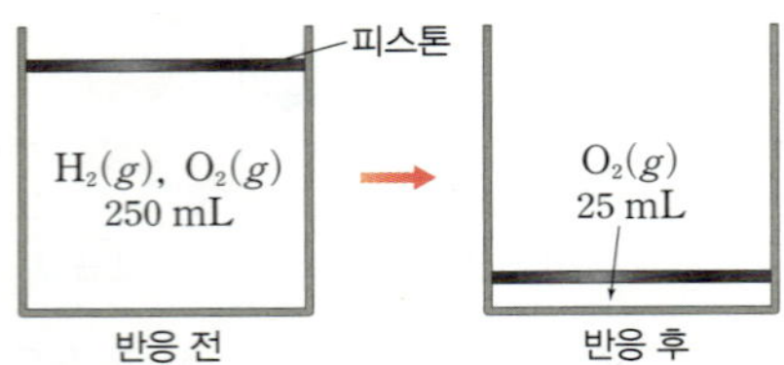

반응 전 $\dfrac{H_2(g)의\ 부피}{O_2(g)의\ 부피}$ 는? (단, 생성된 물의 부피와 피스톤의 질량 및 마찰은 무시한다.)

① $\dfrac{1}{2}$ ② $\dfrac{3}{2}$ ③ $\dfrac{5}{2}$ ④ $\dfrac{7}{2}$ ⑤ $\dfrac{9}{2}$

B 용액의 농도

08 용액의 온도가 변함에 따라 변하는 값만을 〈보기〉에서 모두 고른 것은?

┤ 보기 ├
ㄱ. 용액의 퍼센트 농도   ㄴ. 용액의 몰 농도
ㄷ. 용액의 부피   ㄹ. 용질의 양(mol)

① ㄱ, ㄴ ② ㄱ, ㄷ ③ ㄴ, ㄷ
④ ㄴ, ㄹ ⑤ ㄷ, ㄹ

09 그림은 30 % 포도당 수용액 100 g과 20 % 요소 수용액 300 g을 각각 나타낸 것이다.

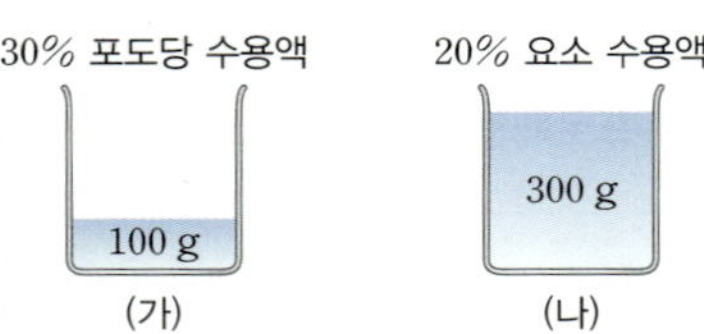

이에 대한 설명으로 옳은 것만을 〈보기〉에서 있는 대로 고른 것은? (단, 포도당과 요소의 분자량은 각각 180, 60이다.)

┤ 보기 ├
ㄱ. 용질의 양(mol)은 (가)가 (나)보다 크다.
ㄴ. 용매의 질량은 (나)가 (가)의 3배보다 크다.
ㄷ. (나)에 증류수를 추가하여 용액의 전체 부피를 1 L로 만들면 용액의 몰 농도는 1 M이 된다.

① ㄱ ② ㄷ ③ ㄱ, ㄴ
④ ㄴ, ㄷ ⑤ ㄱ, ㄴ, ㄷ

10 그림은 순수한 황산($H_2SO_4(l)$)을 부피 플라스크에 넣고 증류수를 추가하여 황산 수용액($H_2SO_4(aq)$)을 만드는 과정을 나타낸 것이다.

순수한 황산($H_2SO_4(l)$) 4.9 g을 모두 사용하여 만들 수 있는 0.1 M 황산 수용액($H_2SO_4(aq)$)의 부피는? (단, H_2SO_4의 분자량은 98이다.)

① 50 mL ② 100 mL ③ 200 mL
④ 500 mL ⑤ 1 L

11 다음은 NaCl 수용액에 대한 실험이다.

(가) 20 % NaCl 수용액 100 g을 준비한다.
(나) (가)의 용액에서 용액 20 g을 퍼내어 용액의 질량이 80 g이 되도록 한다.
(다) (나)의 용액에 증류수를 추가하여 용액의 질량이 100 g이 되도록 한다.

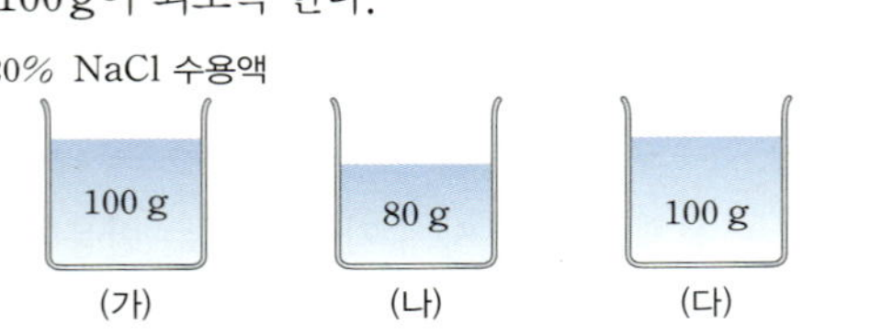

(다) 용액의 퍼센트 농도(%)는?

① 12 % ② 14 % ③ 16 %
④ 18 % ⑤ 20 %

12 그림은 밀도가 d g/mL인 a % 황산(H_2SO_4) 수용액을 나타낸 것이다.

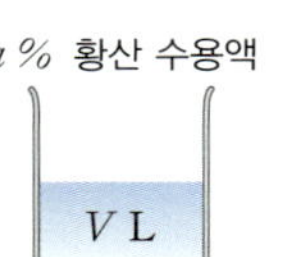

이 황산(H_2SO_4) 수용액의 몰 농도(M)는? (단, 황산의 분자량은 M이다.)

① $\dfrac{10da}{M}$ ② $\dfrac{100da}{M}$ ③ $\dfrac{10da}{VM}$
④ $\dfrac{100da}{VM}$ ⑤ $\dfrac{10da}{V}$

13 그림은 1M 포도당 수용액 200 mL와 농도를 모르는 포도당 수용액을 혼합하는 과정을 나타낸 것이다. 포도당의 분자량은 180이다.

중요

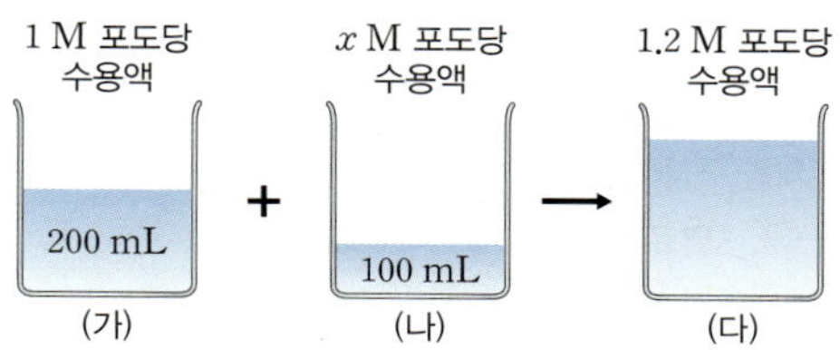

이에 대한 설명으로 옳은 것만을 〈보기〉에서 있는 대로 고른 것은? (단, 온도는 일정하고, 혼합 용액의 부피는 혼합 전 각 용액의 부피의 합과 같다.)

┤ 보기 ├
ㄱ. $x=0.16$이다.
ㄴ. (가)에 녹아 있는 용질의 질량은 36 g이다.
ㄷ. 수용액에 녹아 있는 포도당의 양(mol)은 (가)가 (나)보다 크다.

① ㄱ
② ㄷ
③ ㄱ, ㄴ
④ ㄴ, ㄷ
⑤ ㄱ, ㄴ, ㄷ

14 다음은 3.0 M 묽은 염산(HCl)에 증류수를 추가하여 0.5 M 묽은 염산(HCl) 300 mL를 만들려고 할 때, 필요한 3.0 M 묽은 염산(HCl)의 부피를 구하는 과정이다.

(가) 3.0 M HCl(aq) V mL에는 용질 ㉠몰이 녹아 있다.
(나) (가)의 수용액에 증류수를 추가하여 0.5 M HCl(aq) 300 mL가 되도록 만든다.
(다) 묽힌 용액에 녹아 있는 용질의 양(mol)은 ㉡몰이다.
(라) ㉠=㉡이므로 (가)에서 3.0 M HCl(aq) V mL에도 용질 ㉡몰이 녹아 있어야 한다.
(마) 따라서 $V=$㉢ mL이다.

㉠~㉢으로 가장 적절한 것은?

	㉠	㉡	㉢
①	$\dfrac{3V}{1000}$	1.5	500
②	$\dfrac{3V}{1000}$	0.15	50
③	$3V$	0.15	50
④	$3V$	1.5	500
⑤	$3V$	1.5	50

 이렇게!

15 다음은 산소(O_2)가 반응하여 오존(O_3)을 생성하는 반응의 화학 반응식이다.

중요

$$3O_2(g) \longrightarrow 2O_3(g)$$

일정한 온도와 압력에서 O_2 1000 mL를 반응시켰더니, O_2의 일부가 반응하여 O_3이 생성되었다. 이 반응에서 생성된 O_3과 반응하지 않고 남은 O_2의 부피 합이 800 mL였을 때, O_2와 O_3의 분자 수비를 구하고, 풀이 과정을 서술하시오.

16 10 % NaOH 수용액 100 g을 사용하여 0.1 M NaOH 수용액을 만드는 방법을 서술하시오. (단, NaOH의 화학식량은 40이다.)

17 그림은 원하는 몰 농도의 수용액을 만들 때 사용하는 실험 기구를 나타낸 것이다.

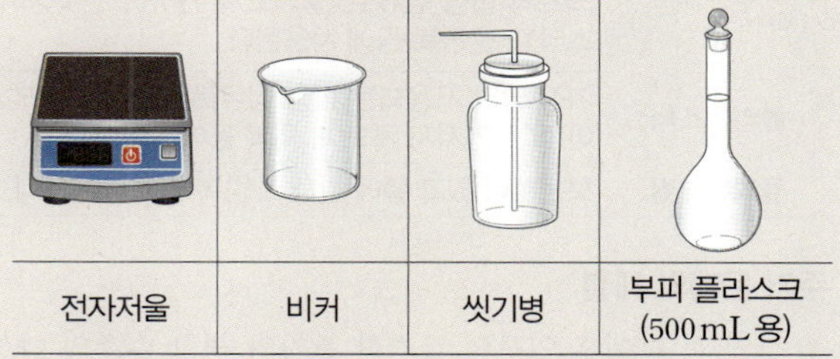

이를 이용하여 0.2 M 염화 나트륨(NaCl) 수용액 500 mL를 만드는 과정을 서술하시오. (단, NaCl의 화학식량은 58.5이다.)

01 화학과 우리 생활
➡ 10~17쪽

1. 인류의 발전과 화학

인류는 불을 발견하고 사용하여 (㉠   )을 제련하였고, 이를 이용해 농기구와 무기를 제작하였다. 이후 중세 연금술의 발달과 근대 산업 혁명을 거치면서 인류 문명의 발전과 더불어 화학도 발전해왔다.

불의 발견	➡	금속의 제련	➡	연금술	➡	화학의 발전

2. 식량 문제의 해결

(1) **식량 문제**: 산업 혁명 이후 인구의 급격한 증가로 식량 부족 문제가 발생하였다.

(2) **화학 비료, 살충제, 제초제, 비닐 등의 개발**

암모니아	하버가 공기 중의 질소와 수소를 촉매와 함께 고온, 고압에서 반응시켜 암모니아를 합성하는 데 성공하였고, 암모니아로부터 화학 비료의 대량 생산이 가능하게 되어 농업 생산성이 증가하였다. $$N_2(g) + 3H_2(g) \longrightarrow 2NH_3(g)$$
살충제와 제초제	해충과 잡초의 피해가 줄어들어 농업 생산성이 증가하였다.
비닐	밭을 덮는 비닐로 효율적인 재배가 가능하게 되었고, (㉡)로 계절과 날씨에 관계없이 농작물의 재배가 가능하게 되어 농업 생산성이 증가하게 되었다.

3. 의류 문제의 해결

(1) 천연 섬유는 마찰과 구김에 약하고 쉽게 닳으며, 대량 생산이 어렵다.

(2) 천연 섬유의 단점을 보완한 합성 섬유가 개발되었다.

• **합성 섬유의 종류**

(㉢)	최초의 합성 섬유로, 질기고 유연하며 신축성이 좋아 스타킹, 운동복 등에 사용된다.
폴리에스터	가장 널리 사용되는 합성 섬유로, 탄성과 내구성이 좋아 잘 구겨지지 않으며, 의복 등에 사용된다.
폴리아크릴	보온성이 있고 열에 강해 소방복 등에 사용된다.

4. 주거 문제의 해결

(1) 산업 혁명 이후 인구의 급격한 증가와 생활 수준의 향상으로 인해 안락한 주거 환경과 대규모 주거 공간의 필요성이 커지게 되었다.

(2) **주거 문제의 해결**

(㉣)의 이용	난방, 조리 등을 위한 연료, 합성 섬유, 플라스틱, 합성 고무의 재료로 (㉣)가 사용되었다.
건축 재료의 변화	목재, 기와, 진흙에서 시멘트, 유리, 콘크리트, 철근 콘크리트, 스타이로폼 등으로 변화되었다.

5. 탄소 화합물

(1) **탄소 화합물**: C 원자를 골격으로 H, O, N, S, 할로젠(F, Cl, Br, I) 등의 원자가 결합하여 이루어진 화합물

• **생활 속의 다양한 탄소 화합물**

신체를 구성하는 물질	단백질, 지방, 탄수화물 등
연료	메테인, 프로페인, 뷰테인 등
플라스틱	폴리에틸렌, PET 등
합성 섬유	나일론, 폴리에스터 등
(㉤)	아스피린, 페니실린 등

(2) **탄소 화합물의 종류가 다양한 까닭**: 탄소 원자는 원자가 전자가 4개이므로 최대 4개의 다른 원자와 공유 결합을 하여 사슬 모양, 고리 모양 등의 다양한 구조를 가질 수 있다.

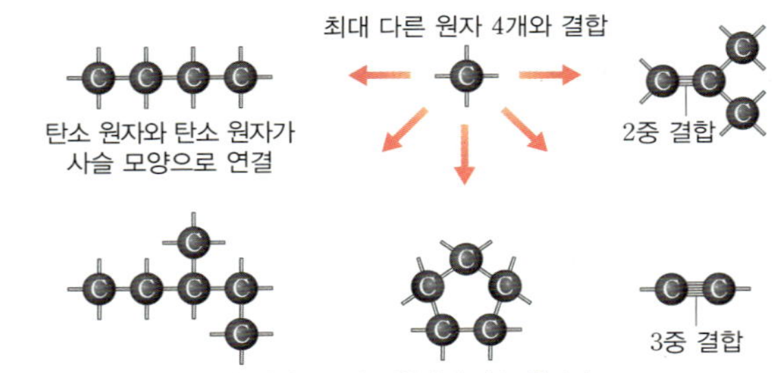

(3) **대표적인 탄소 화합물**

메테인 (CH_4)		• 천연가스에서 주로 얻음. • 무색 무취 • 연료로 사용됨.
에탄올 (C_2H_5OH)		• 과일과 곡물을 발효시켜 얻음. • 살균 및 소독 작용 • (㉥)의 원료
아세트산 (CH_3COOH)		• 17 ℃보다 낮은 온도에서 고체 상태 • (㉦)의 원료

• **원유의 분별 증류**: (㉧   )의 차이로 원유를 분리한다.

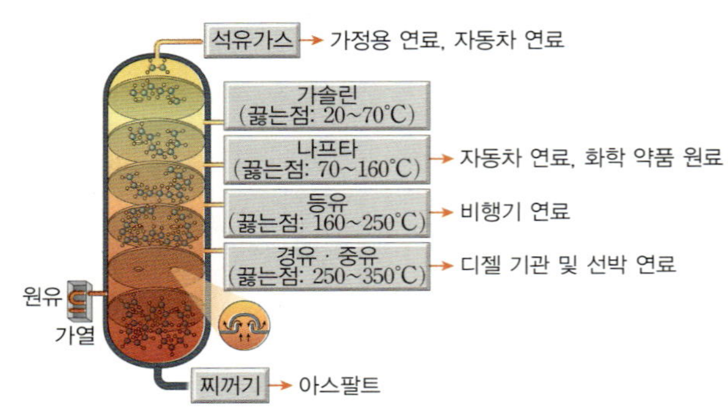

02 화학식량과 몰
→ 18~25쪽

1. 화학식량

원자량	질량수가 12인 (㉠　　　　　) 원자의 질량을 12로 정하고, 이를 기준으로 다른 원자들의 상대적 질량을 나타낸 값
분자량	분자의 상대적인 질량으로, 분자를 구성하는 모든 원자들의 원자량을 합한 값
화학식량	물질의 화학식을 이루는 각 원자들의 원자량을 합한 값으로, 분자로 존재하지 않는 물질들은 '분자량'이라는 용어 대신 '화학식량'이라는 용어를 사용한다.

2. 몰: 원자나 분자, 이온 등 매우 작은 입자들의 수를 나타내는 묶음 단위

1몰의 정의	6.02×10^{23}개
1몰의 질량	원자 1몰의 질량은 원자량에 g을 붙인 값 분자 1몰의 질량은 분자량에 g을 붙인 값
1몰의 부피	0 ℃, 1기압에서 기체 1몰의 부피는 (㉢　　　　)L 이다.

• 물질의 양(mol)을 구하는 공식(0 ℃, 1기압)

$$\text{물질의 양(mol)} = \frac{\text{질량(g)}}{\text{몰 질량(g/mol)}} = \frac{\text{분자 수}}{6.02 \times 10^{23}/\text{mol}} = \frac{\text{부피(L)}}{22.4\,\text{L/mol}}$$

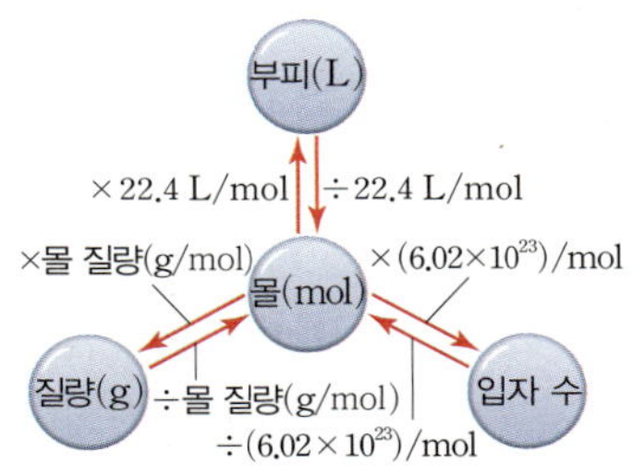

03 화학 반응식과 용액의 농도
→ 26~35쪽

1. 화학 반응식

(1) 화학 반응식을 나타내는 방법

1단계	반응물과 생성물이 무엇인지 알아낸 후, 그 물질들을 화학식으로 나타낸다.
2단계	'→'를 기준으로 반응물을 왼쪽에, 생성물을 오른쪽에 쓰고, 반응물이나 생성물이 2가지 이상일 때 각 물질을 '+'로 연결한다.
3단계	반응물과 생성물을 구성하는 원자의 종류와 수가 같도록 계수를 맞춘다. 이때 (㉣　　　　)는 가장 간단한 정수로 나타내고, 계수가 1이면 생략한다.
4단계	물질의 상태는 (　　　) 안에 기호를 써서 나타낸다.

(2) 화학 반응식으로 알 수 있는 정보

계수비＝몰비＝분자 수비＝부피비(기체의 경우)≠질량비

---

(3) **화학 반응의 양적 관계**: 반응 전과 후의 질량 또는 부피 관계를 알 수 있다.

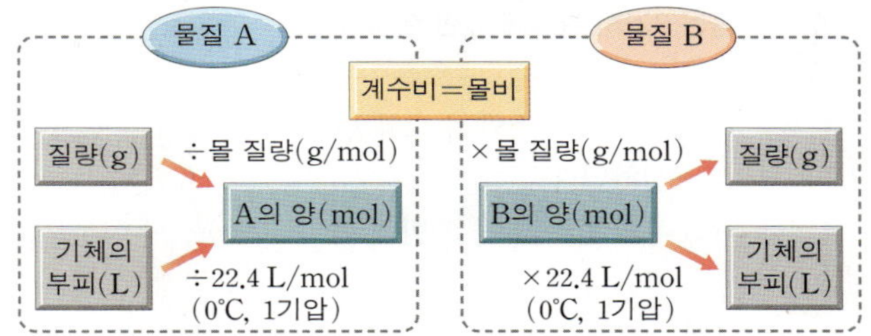

2. 용액의 농도

(1) 농도의 종류

퍼센트 농도(%)	(㉤　　　　)에 녹아 있는 용질의 질량을 의미한다. • 퍼센트 농도(%)＝$\dfrac{\text{용질의 질량(g)}}{\text{용액의 질량(g)}} \times 100$
몰 농도(M)	(㉥　　　　)에 녹아 있는 용질의 양(mol)을 의미한다. • 몰 농도(M)＝$\dfrac{\text{용질의 양(mol)}}{\text{용액의 부피(L)}}$

(2) 특정한 몰 농도의 수용액 만들기

1단계	특정한 몰 농도의 용액을 만들 수 있는 용질의 질량을 계산하여 비커에 담아 전자 저울로 측정한다. 여기에 적당량의 증류수를 넣고 유리 막대로 저어 모두 녹인다.
2단계	비커의 용액을 깔때기를 이용하여 (㉦　　　　)에 넣고, 증류수로 비커와 깔때기에 묻어 있는 용액까지 씻어 넣는다.
3단계	(㉧　　　　)에 증류수를 채운다. 씻기병이나 스포이트를 이용하여 눈금선에 맞추어 증류수를 넣는다.
4단계	(㉨　　　　)의 마개를 막고, 용액을 잘 흔들어 섞는다.

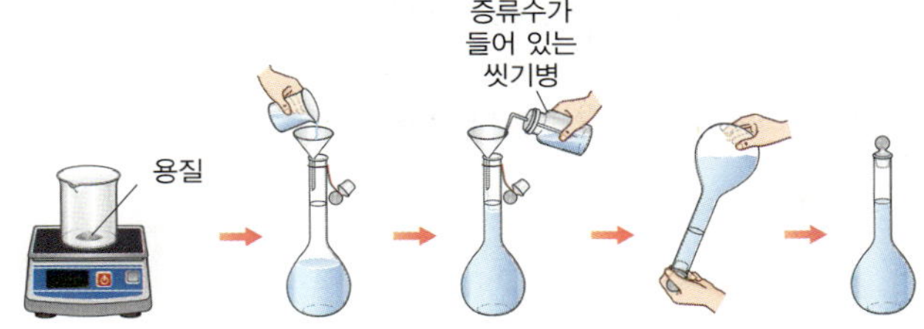

(3) 혼합 용액의 몰 농도

• 농도와 부피가 각각 M_1, V_1인 용액 Ⅰ과 M_2, V_2인 용액 Ⅱ를 혼합한 용액의 몰 농도(M)를 구하는 공식

$$M = \frac{M_1 V_1 + M_2 V_2}{V_1 + V_2}$$

(4) 묽힌 용액의 몰 농도

• 농도와 부피가 각각 M_1, V_1인 용액에 부피가 V_2인 증류수를 넣어 묽힌 용액의 몰 농도(M)를 구하는 공식

$$M = \frac{M_1 V_1}{V_1 + V_2}$$

01 화학과 우리 생활

01 다음은 3가지 물질에 대한 설명이다.

> (가) 하버는 질소와 수소를 반응시켜 　⊙　을(를) 합성하였다.
> (나) 유리는 모래에 포함된 　ⓒ　(을)를 주성분으로 만든다.
> (다) 시멘트는 　ⓒ　을(를) 가열해 생석회(CaO)로 만든 후 점토를 섞은 것이다.

⊙~ⓒ에 대한 설명으로 옳은 것만을 〈보기〉에서 있는 대로 고른 것은?

> ┤ 보기 ├
> ㄱ. ⊙과 ⓒ은 구성 원소의 가짓수가 같다.
> ㄴ. ⓒ과 ⓒ에는 같은 원소가 포함되어 있다.
> ㄷ. ⊙~ⓒ은 모두 분자로 존재한다.

① ㄱ ② ㄴ ③ ㄷ
④ ㄱ, ㄴ ⑤ ㄱ, ㄴ, ㄷ

02 그림은 일정한 온도에서 강철 용기 (가)와 (나)에 암모니아(NH_3)와 수증기(H_2O)가 같은 압력으로 각각 들어 있는 것을 나타낸 것이다. (가)와 (나)에 들어 있는 H 원자의 양(mol)은 같다.

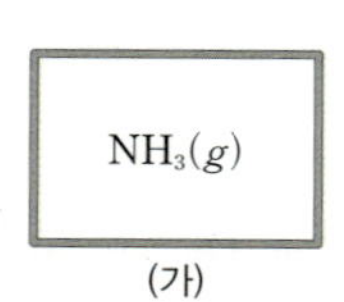

$NH_3(g)$ (가)　　$H_2O(g)$ (나)

이에 대한 설명으로 옳은 것만을 〈보기〉에서 있는 대로 고른 것은? (단, H, N, O의 원자량은 각각 1, 14, 16이다.)

> ┤ 보기 ├
> ㄱ. 부피비는 $NH_3 : H_2O = 2 : 3$이다.
> ㄴ. 질량비는 $NH_3 : H_2O = 17 : 27$이다.
> ㄷ. 전체 원자 수비는 $NH_3 : H_2O = 8 : 9$이다.

① ㄱ ② ㄴ ③ ㄱ, ㄷ
④ ㄴ, ㄷ ⑤ ㄱ, ㄴ, ㄷ

03 다음은 물질 (가)~(다)에 대한 자료이다. (가)~(다)는 각각 메테인, 에탄올, 아세트산 중 하나이다.

> • X~Z는 각각 (가)~(다)를 이루는 구성 원소 중 하나이다.
> • (가)~(다)에서 $\dfrac{\text{분자당 Y 원자 수}}{\text{분자당 X 원자 수}}$

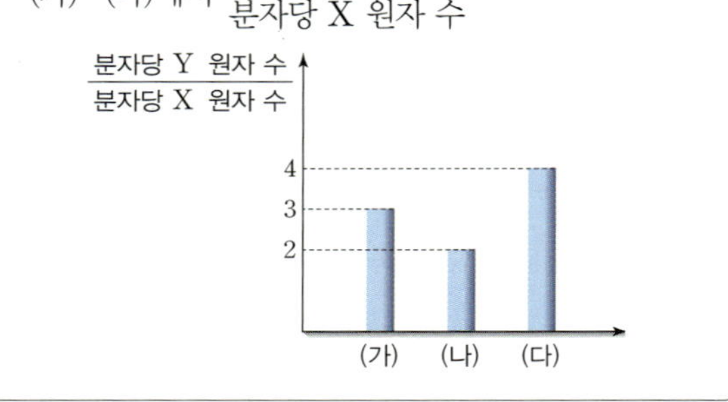

이에 대한 설명으로 옳은 것만을 〈보기〉에서 있는 대로 고른 것은?

> ┤ 보기 ├
> ㄱ. 분자당 원자 수는 (다)가 (가)보다 크다.
> ㄴ. 2중 결합이 있는 물질은 (나)이다.
> ㄷ. $\dfrac{\text{분자당 Z 원자 수}}{\text{분자당 Y 원자 수}}$ 비는 (가) : (나) = 1 : 3이다.

① ㄱ ② ㄴ ③ ㄱ, ㄷ
④ ㄴ, ㄷ ⑤ ㄱ, ㄴ, ㄷ

04 표는 탄소 화합물 (가)~(바)에 대한 자료이다.

물질	이름	분자식	분자량	끓는점(℃)
(가)	메테인	CH_4	16	−162
(나)	에테인	C_2H_6	30	−88.5
(다)	프로페인	C_3H_8	44	−42
(라)	메탄올	CH_3OH	32	65
(마)	에탄올	C_2H_5OH	46	78.3
(바)	프로판올	C_3H_7OH	60	97

이로부터 알 수 있는 내용으로 옳은 것만을 〈보기〉에서 있는 대로 고른 것은?

> ┤ 보기 ├
> ㄱ. 탄화수소는 탄소 원자 수가 클수록 끓는점이 높다.
> ㄴ. 알코올은 분자량이 비슷한 탄화수소보다 끓는점이 대체로 높다.
> ㄷ. 알코올은 탄소 원자 수가 작을수록 끓는점이 높다.

① ㄴ ② ㄷ ③ ㄱ, ㄴ
④ ㄱ, ㄷ ⑤ ㄱ, ㄴ, ㄷ

02 화학식량과 몰

05 그림은 A와 B로 구성된 삼원자 분자 (가)와 (나)의 1 g당 A원자 수를 나타낸 것이다. 원자량은 B가 A보다 크다.

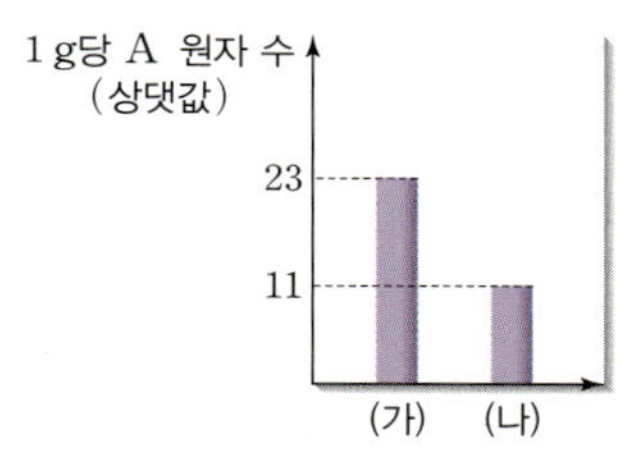

이에 대한 설명으로 옳은 것만을 〈보기〉에서 있는 대로 고른 것은? (단, A와 B는 임의의 원소 기호이다.)

┤ 보기 ├
ㄱ. (가)는 AB_2이다.
ㄴ. 원자량 비는 $A:B=7:8$이다.
ㄷ. 1 g당 B 원자 수비는 (가):(나)$=23:22$이다.

① ㄴ   ② ㄷ   ③ ㄱ, ㄴ
④ ㄱ, ㄷ   ⑤ ㄱ, ㄴ, ㄷ

06 표는 W 원자의 질량을 12로 정하고, 이를 기준으로 하여 나타낸 X~Z의 원자량과 W~Z로 이루어진 4가지 분자를 나타낸 것이다.

원자	X	Y	Z
원자량	1	14	16

분자	(가)	(나)	(다)	(라)
분자식	X_2Z	YZ_2	YX_3	WX_4

이에 대한 설명으로 옳은 것만을 〈보기〉에서 있는 대로 고른 것은? (단, W~Z는 임의의 원소 기호이다.)

┤ 보기 ├
ㄱ. X 원자의 질량을 5로 기준했을 때 (가)의 분자량은 90이다.
ㄴ. Z 원자의 질량을 10으로 기준했을 때 (나)의 분자량은 30보다 크다.
ㄷ. Y 원자의 질량을 10으로 기준했을 때 (다)와 (라)의 분자량 차는 1보다 크다.

① ㄱ   ② ㄴ   ③ ㄷ
④ ㄱ, ㄴ   ⑤ ㄴ, ㄷ

07 그림은 서로 반응하지 않는 기체 X와 Y에 대한 실험이다.

[실험 과정]
(가) 피스톤으로 분리된 용기에 같은 질량의 기체 X와 Y를 각각 넣는다.

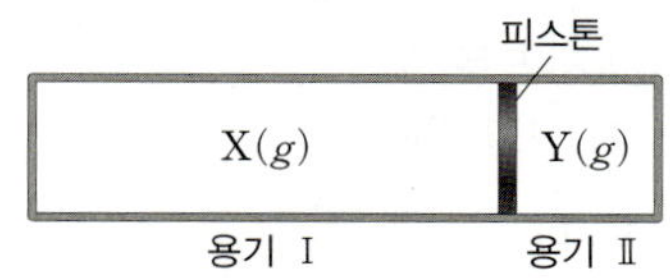

(나) (가)의 용기 Ⅰ에서 기체 X 일부를 빼내어 용기 Ⅱ에 넣는다.

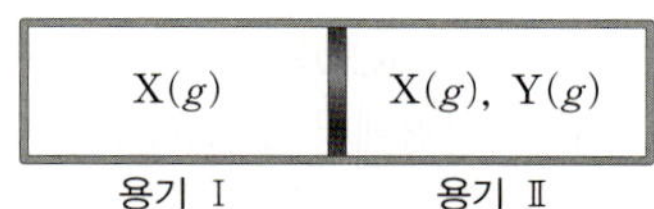

[실험 결과]
• (가)와 (나) 과정 후 용기 Ⅰ과 Ⅱ의 부피비

과정	(가)	(나)
부피비(용기 Ⅰ : 용기 Ⅱ)	3:1	1:1

이에 대한 설명으로 옳은 것만을 〈보기〉에서 있는 대로 고른 것은? (단, 온도는 일정하고, X와 Y는 임의의 원소 기호이며, 피스톤의 마찰은 무시한다.)

┤ 보기 ├
ㄱ. 분자량 비는 $X:Y=1:2$이다.
ㄴ. (나)에서 질량비는 용기 Ⅰ:용기 Ⅱ$=1:2$이다.
ㄷ. (나)에서 용기 Ⅱ에 들어 있는 기체의 질량비는 $X:Y=2:3$이다.

① ㄱ   ② ㄴ   ③ ㄱ, ㄷ   ④ ㄴ, ㄷ   ⑤ ㄱ, ㄴ, ㄷ

08 그림은 2가지 섬유의 특징을 나타낸 것이다.

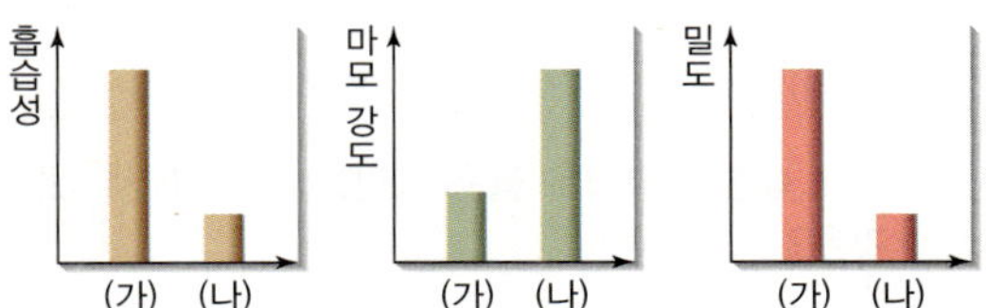

(가)와 (나)에 해당하는 섬유의 종류를 옳게 짝 지은 것은?

	(가)	(나)
①	폴리에스터	나일론
②	면	모
③	나일론	면
④	폴리아크릴	면
⑤	면	나일론

09 표는 질소 기체(N_2) 1몰에 대한 자료이다.

기체 분자 수	기체의 부피 (0 ℃, 1기압)	질량	N 원자 수
6.0×10^{23}개	22.4 L	28 g	1.2×10^{24}개

$N_2(g)$ 14 g에 포함된 질소 분자 수와 입자 수가 같은 것만을 〈보기〉에서 모두 고른 것은? (단, H, C, N, O의 원자량은 각각 1, 12, 14, 16이다.)

┤ 보기 ├

ㄱ. 물(H_2O) 9 g에 포함된 물 분자 수
ㄴ. 메테인(CH_4) 분자 3.0×10^{23}개에 포함된 수소 원자 수
ㄷ. 이산화 탄소(CO_2) 0.25몰에 포함된 산소 원자 수
ㄹ. 0 ℃, 1기압에서 수소(H_2) 기체 22.4 L에 포함된 수소 분자 수

① ㄱ, ㄴ   ② ㄱ, ㄷ   ③ ㄱ, ㄹ
④ ㄴ, ㄷ   ⑤ ㄴ, ㄹ

---

03 화학 반응식과 용액의 농도

10 다음은 기체 A와 B가 반응하여 기체 C를 생성하는 반응의 화학 반응식이다.

$$aA(g) + B(g) \longrightarrow 2C(g) \ (a\text{는 반응 계수})$$

표는 A와 B의 양(mol)을 달리하여 반응을 완결시켰을 때, 반응 전과 후 기체의 양(mol)에 대한 자료이다.

실험	반응 전 기체의 양(mol)		반응 후 전체 기체의 양(mol)
	$A(g)$	$B(g)$	
(가)	2	2	3
(나)	5	2	5

이에 대한 설명으로 옳은 것만을 〈보기〉에서 있는 대로 고른 것은?

┤ 보기 ├

ㄱ. $a = 2$이다.
ㄴ. 생성된 C의 양(mol)은 (나)에서가 (가)에서의 2배이다.
ㄷ. 반응 후 반응하지 않고 남은 물질은 (가)와 (나)가 같다.

① ㄱ   ② ㄷ   ③ ㄱ, ㄴ
④ ㄴ, ㄷ   ⑤ ㄱ, ㄴ, ㄷ

---

11 표는 기체 A_2와 B_2가 반응하여 기체 A_2B를 생성하는 반응의 화학 반응식과 반응 전후의 질량비를 나타낸 것이다. 반응 후 B는 남지 않았다.

화학 반응식		$2A_2(g) + B_2(g) \longrightarrow xA_2B(g)$
질량비	반응 전	$A_2(g):B_2(g)=7:11$
	반응 후	$A_2(g):A_2B(g)=1:8$

이에 대한 설명으로 옳은 것만을 〈보기〉에서 있는 대로 고른 것은?

┤ 보기 ├

ㄱ. $x = 2$이다.
ㄴ. 원자량 비는 A : B = 5 : 11이다.
ㄷ. 일정한 온도와 압력에서 A_2 5 L와 B_2 5 L를 반응시키면 반응 후 전체 기체의 부피는 7.5 L이다.

① ㄴ   ② ㄷ   ③ ㄱ, ㄴ
④ ㄱ, ㄷ   ⑤ ㄱ, ㄴ, ㄷ

---

12 다음은 금속 Na과 산소가 반응하여 산화 나트륨(Na_2O)를 생성하는 반응의 화학 반응식이다.

$$aNa(s) + bO_2(g) \longrightarrow cNa_2O(s)$$
$$(a \sim c\text{는 반응 계수})$$

그림은 일정량의 산소가 들어 있는 용기에 금속 Na을 넣어 반응시켰을 때 반응한 Na의 질량에 따른 생성된 $Na_2O(s)$의 질량을 나타낸 것이다.

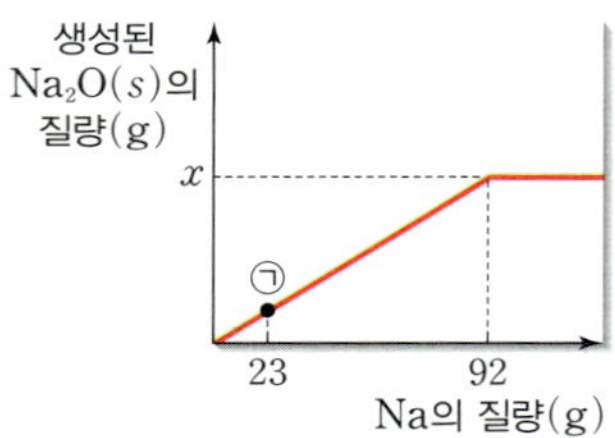

이에 대한 설명으로 옳은 것만을 〈보기〉에서 있는 대로 고른 것은? (단, Na과 O의 원자량은 각각 23, 16이고, 0 ℃, 1기압에서 기체 1몰의 부피는 22.4 L이다.)

┤ 보기 ├

ㄱ. $\dfrac{a}{b+c} = \dfrac{4}{3}$이다.
ㄴ. $x = 124$이다.
ㄷ. ㉠에서 반응하지 않고 남아 있는 산소의 부피는 0 ℃, 1기압에서 11.2 L이다.

① ㄱ   ② ㄷ   ③ ㄱ, ㄴ
④ ㄴ, ㄷ   ⑤ ㄱ, ㄴ, ㄷ

13 다음은 $t\,^\circ\mathrm{C}$, 1기압에서 탄산 칼슘($CaCO_3$)과 묽은 염산(HCl)의 반응에 대한 실험이다.

> [화학 반응식]
> $$CaCO_3(s) + 2HCl(aq) \longrightarrow CaCl_2(aq) + H_2O(l) + CO_2(g)$$
>
> [실험]
> (가) 일정량의 묽은 염산이 들어 있는 플라스크의 질량을 측정하였더니 104.4 g이었다.
> (나) (가)의 플라스크에 탄산 칼슘 10.0 g을 넣고 모두 반응시켰다.
> (다) 반응이 완결된 후 (나)의 플라스크의 질량을 측정하였더니 110.0 g이었다.

이에 대한 설명으로 옳은 것만을 〈보기〉에서 있는 대로 고른 것은? (단, $CaCO_3$과 CO_2의 화학식량은 각각 100, 44이고, $t\,^\circ\mathrm{C}$, 1기압에서 기체 1몰의 부피는 24 L이며, 물의 증발은 무시한다.)

> ┤ 보기 ├
> ㄱ. 발생한 CO_2의 부피는 2.4 L이다.
> ㄴ. 묽은 염산의 HCl의 양(mol)은 0.2몰보다 작다.
> ㄷ. $t\,^\circ\mathrm{C}$보다 높은 온도에서 실험하면 (다)에서 반응 후 질량은 110.0 g보다 작다.

① ㄱ ② ㄷ ③ ㄱ, ㄴ
④ ㄴ, ㄷ ⑤ ㄱ, ㄴ, ㄷ

14 다음은 10 % NaOH 수용액으로 0.1 M NaOH 수용액을 만드는 방법에 대한 세 학생의 의견이다.

제시한 의견이 옳은 학생만을 있는 대로 고른 것은? (단, NaOH의 화학식량은 40이다.)

① 영희 ② 철수 ③ 현준
④ 영희, 철수 ⑤ 철수, 현준

15 다음은 일정한 온도에서 서로 다른 농도의 수산화 나트륨(NaOH) 수용액을 이용한 실험 과정이다.

> [실험 과정]
> (가) 20 % NaOH 수용액 30 g과 0.5 M NaOH 수용액 100 mL를 500 mL 부피 플라스크에 넣는다.
> (나) 증류수를 부피 플라스크의 눈금선까지 맞추어 채운 후 마개를 막고 용액을 잘 혼합한다.

이에 대한 설명으로 옳은 것만을 〈보기〉에서 있는 대로 고른 것은? (단, NaOH의 화학식량은 40이다.)

> ┤ 보기 ├
> ㄱ. (가)의 두 수용액에 녹아 있는 NaOH의 총 질량은 8 g이다.
> ㄴ. (나)에서 만든 NaOH 수용액의 몰 농도는 0.2 M 이다.
> ㄷ. 250 mL 부피 플라스크를 사용해도 (나) 과정 후 NaOH 수용액의 농도는 500 mL 부피 플라스크를 사용했을 때의 용액의 농도와 같다.

① ㄱ ② ㄴ ③ ㄱ, ㄷ
④ ㄴ, ㄷ ⑤ ㄱ, ㄴ, ㄷ

16 그림은 $t\,^\circ\mathrm{C}$, 1기압에서 2가지 NaOH 수용액 (가)와 (나)를 나타낸 것이다.

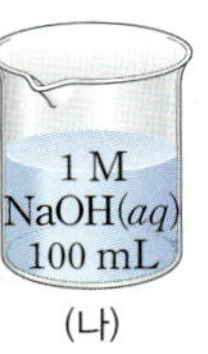

이에 대한 설명으로 옳은 것만을 〈보기〉에서 있는 대로 고른 것은? (단, NaOH의 화학식량은 40이다.)

> ┤ 보기 ├
> ㄱ. (가)와 (나)에 녹아 있는 NaOH의 양(mol)은 같다.
> ㄴ. (나)의 밀도가 1 g/mL라면 (가)와 (나)의 퍼센트 농도는 같다.
> ㄷ. 온도가 $t\,^\circ\mathrm{C}$보다 높아지면 (가)의 퍼센트 농도와 (나)의 몰 농도는 모두 감소한다.

① ㄱ ② ㄷ ③ ㄱ, ㄴ ④ ㄴ, ㄷ ⑤ ㄱ, ㄴ, ㄷ

01

원자의 구조

01. 원자의 구조

02. 보어 원자 모형

03. 현대의 원자 모형과 전자 배치의 규칙

01 원자의 구조

Ⓐ 원자를 구성하는 입자의 발견

1. 전자의 발견 톰슨의 음극선 실험(1897년)에 의해 발견되었다.

(1) **톰슨의 음극선 실험**: 톰슨은 음극선 실험을 통해 음극선은 (−)전하를 띠는 입자(전자)의 흐름임을 밝혀내었다.

① 음극선의 진로에 전기장을 걸어 주었더니 음극선이 (+)극 쪽으로 휘어졌다. ➡ 음극선은 (−)전하를 띠며 질량을 가지는 입자(전자)의 흐름이다.

② 전극으로 사용한 금속의 종류, 유리관에 넣어준 기체의 종류에 관계없이 음극선이 (+)극 쪽으로 일정하게 휘어졌다. ➡ 전자는 원자를 구성하는 공통 입자이다.

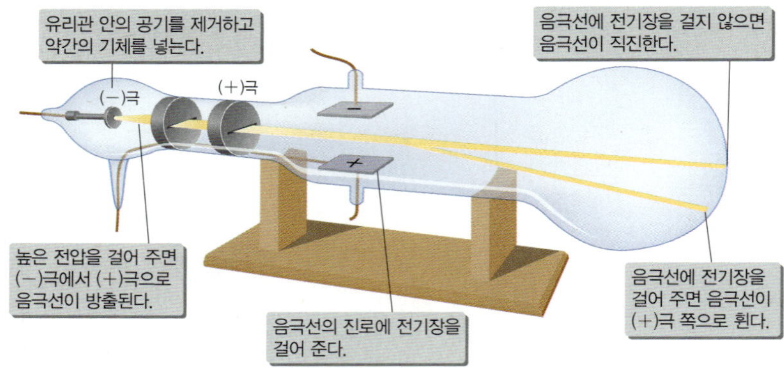

▲ 톰슨의 음극선 실험 장치

(2) **톰슨의 원자 모형**: 톰슨은 전체적으로 (+)전하를 띤 공에 (−)전하를 띤 전자가 띄엄띄엄 박혀 있는 원자 모형을 제안하였다.

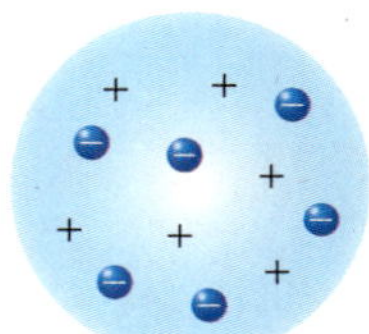

▲ 톰슨의 원자 모형

2. 원자핵의 발견 러더퍼드의 α 입자 산란 실험(1911년)에 의해 발견되었다.

(1) **러더퍼드의 α 입자 산란 실험**: 러더퍼드는 α 입자 산란 실험을 통해 원자의 대부분은 빈 공간이며, 원자의 중심에 부피는 매우 작고 질량은 크며 (+)전하를 띠는 입자인 원자핵이 존재함을 발견하였다.

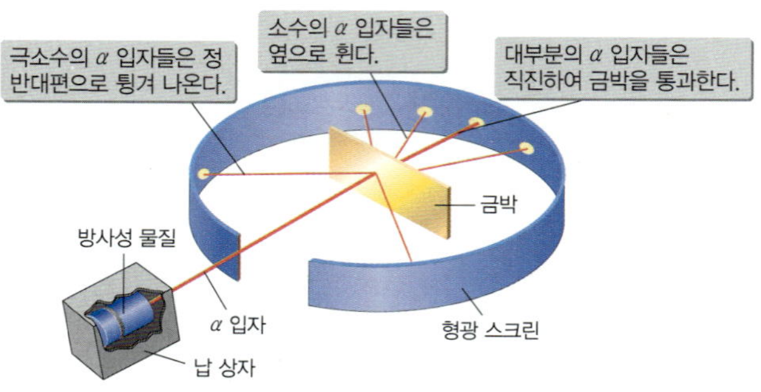

▲ 러더퍼드의 α 입자 산란 실험 장치

➡ 대부분의 α 입자가 직진하므로 원자의 대부분은 빈 공간이고, 극소수의 α 입자가 휘어지거나 튕겨져 나오므로 원자핵의 부피는 작고 (+)전하를 띤다.

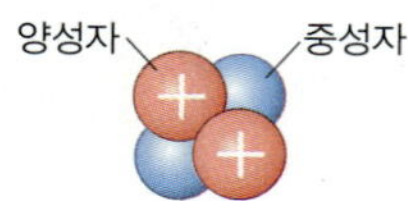

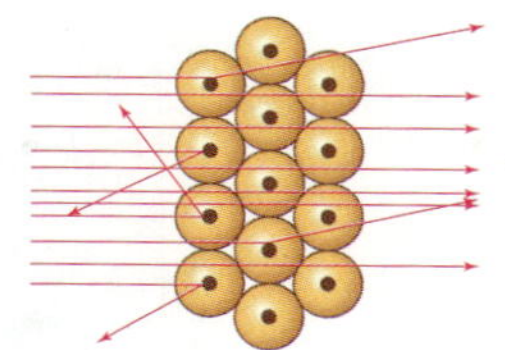

(2) **러더퍼드의 원자 모형**: 러더퍼드는 원자의 중심에 (+)전하를 띠는
원자핵이 위치하고, (−)전하를 띠는 전자가 원자핵 주위를 운동
하고 있는 원자 모형을 제안하였다.

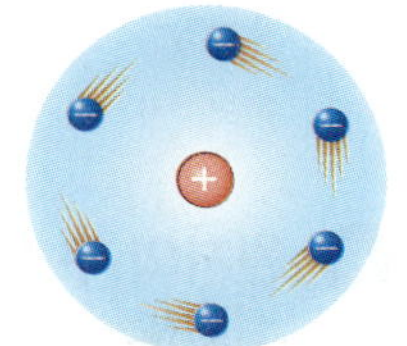

▲ 러더퍼드의 원자 모형

3. 양성자의 발견

(1) **양극선의 발견(1886년)**: 골드스타인은 수소 방전관에 전압을 걸어 주었을 때 (+)극에
서 (−)극으로 향하는 입자의 흐름을 발견하고, 이를 양극선이라 명명하였다.

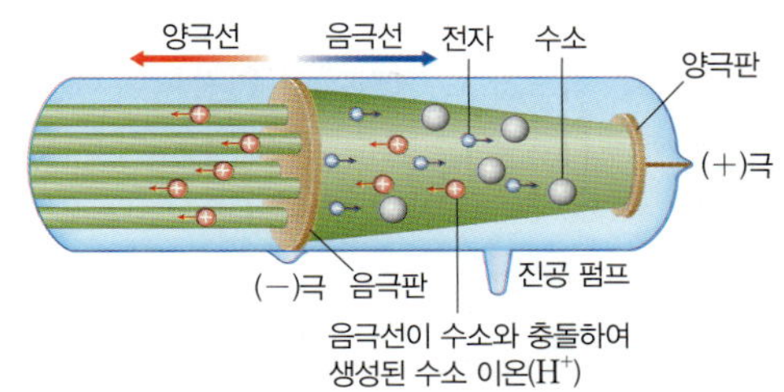

(2) **양성자의 발견(1919년)**: 러더퍼드는 질소 기체에 α 입자를 충돌시켰을 때 (+)전하를
띤 가벼운 입자인 수소 원자핵(H^+)이 튀어나오는 현상을 발견하고, H^+을 원자핵을
이루는 기본 입자인 양성자라 명명하였다.

4. 중성자의 발견   채드윅(1932년)에 의해 발견되었다.

➡ 채드윅은 베릴륨(Be) 원자핵에 α 입자를 충돌시켰을 때 전하를 띠지 않는 입자가 튀
어나오는 것을 발견하고 이를 중성자라 명명하였다.

❖ **양성자(H^+)**

수소(H) 원자는 양성자 1개와 전자 1개
로 이루어져 있다. 따라서 수소(H) 원자
가 전자를 잃고 양이온(H^+)이 되면 양성
자 1개만 남는다.

❖ **러더퍼드의 중성자 예측**

러더퍼드는 헬륨 원자핵의 전하량은 양
성자의 2배이지만 질량은 4배라는 사실
을 통해 원자핵 속에 질량이 크고 전기적
으로 중성인 입자가 존재할 것이라 예측
하였다.

개념 바로 확인

정답 및 해설 | 09쪽

01 톰슨의 음극선 실험으로 발견된 입자
는 &boxed; 이다.

01 그림은 원자를 구성하는 입자를 발견한 2가지 실험을 나타낸 것이다.

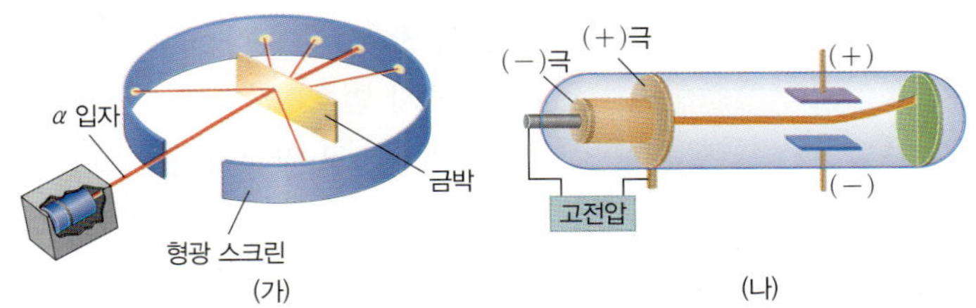

(가)와 (나)의 실험에서 각각 발견한 입자를 쓰시오.

02 러더퍼드는 &boxed; 입자 산란 실
험을 통해 원자의 중심에 부피가 매
우 작고 질량은 크며 &boxed; 전
하를 띠는 &boxed; 이 존재함을 발
견하였다.

02 원자를 구성하는 입자에 대한 설명으로 옳은 것은 ○, 옳지 않은 것은 ×로 표시하시오.

(1) 원자핵은 톰슨에 의해 발견되었다.   (   )

(2) 양성자는 (+)전하를 띤 입자이다.   (   )

(3) 중성자는 전하를 띠지 않는 입자이다.   (   )

B 원자의 구조

1. 원자의 구조

(1) 원자는 (+)전하를 띠는 원자핵이 중심에 위치하며, 그 주위를 (−)전하를 띠는 전자가 운동하고 있다.

(2) 원자핵은 양성자와 중성자로 이루어져 있다.
— 전하를 띠지 않는다.
— (+)전하를 띤다.

(3) 원자의 지름은 대략 10^{-10} m이지만 원자핵의 지름은 10^{-15} m$\sim$$10^{-14}$ m이다. ➡ 원자에 비해 원자핵의 크기는 매우 작으므로 원자에서 원자핵이 차지하는 부피 또한 매우 작다.

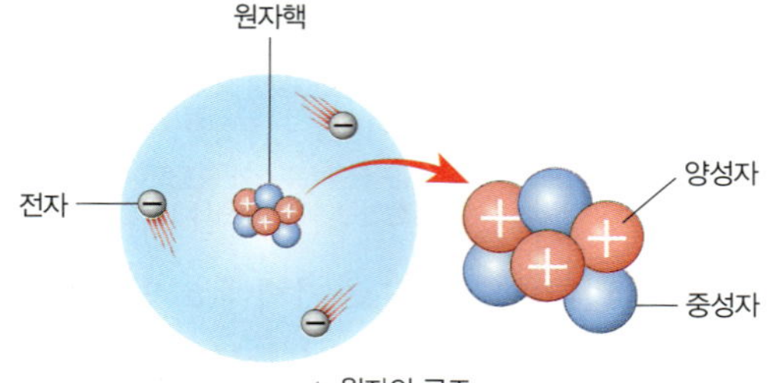

▲ 원자의 구조

2. 원자를 구성하는 입자의 특징

— 무시할 수 있을 정도로 작다.

(1) 양성자와 중성자의 질량은 비슷한 반면, 전자의 질량은 매우 작다. ➡ 원자 질량의 대부분을 차지하는 것은 원자핵이다.

(2) 원자를 이루는 양성자수와 전자 수는 같다. ➡ 양성자와 전자는 전하량의 크기가 같고 부호는 반대이므로 원자는 전기적으로 중성이다.

입자		질량(g)	상대적 질량	전하량(C)	상대적 전하량
원자핵	양성자	1.673×10^{-24}	1	$+1.602 \times 10^{-19}$	$+1$
	중성자	1.675×10^{-24}	1	0	0
전자		9.109×10^{-28}	$\dfrac{1}{1837}$	-1.602×10^{-19}	-1

C 원자 표시법

1. 원자 번호

(1) **원자 번호**: 원자핵에 들어 있는 양성자수이다. ➡ 양성자수에 따라 원소의 성질이 달라지므로 양성자수로 원자 번호를 정한다.

(2) 양성자수는 전자 수와 같다.

$$원자 번호 = 양성자수 = 전자 수$$

2. 질량수 질량수는 양성자수와 중성자수의 합이다.

$$질량수 = 양성자수 + 중성자수$$

3. 원자 표시법 원소 기호의 왼쪽 아래에는 원자 번호를, 왼쪽 위에는 질량수를 표시한다.

예 원소 기호	$^{12}_{6}C$	$^{18}_{8}O$
양성자수	6	8
중성자수	6	10
전자 수	6	8

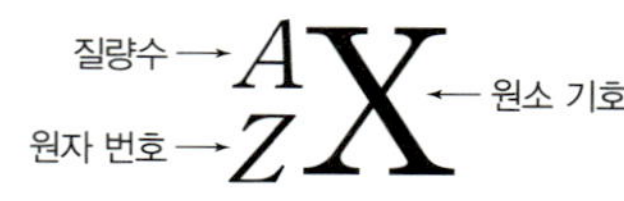

D 동위 원소

1. 동위 원소 양성자수는 같지만 중성자수가 달라 질량수가 다른 원소이다.

- 동위 원소는 양성자수가 같으므로 화학적 성질이 같지만, 질량수가 다르므로 <u>물리적 성질</u>은 다르다.
  └─ 밀도, 녹는점, 끓는점

예 수소(H)의 동위 원소

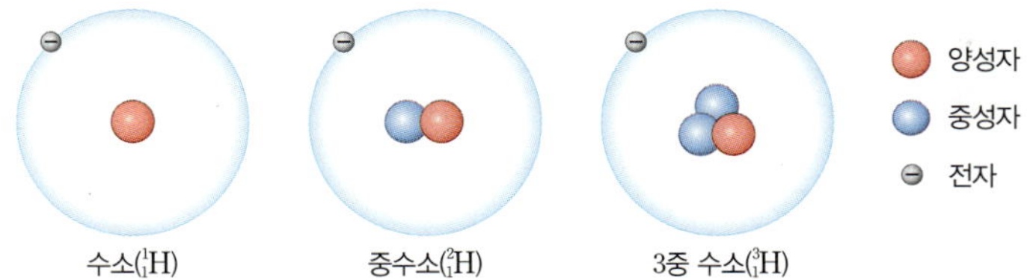

➡ 양성자수는 모두 1이지만, 중성자수는 0, 1, 2로 서로 다르다.

2. 평균 원자량 각 동위 원소의 원자량과 존재 비율을 곱한 값의 합으로 구한다.

예 염소(Cl)의 평균 원자량

동위 원소	양성자수	중성자수	원자량	존재 비율(%)
$^{35}_{17}$Cl	17	18	35.0	75.76
$^{37}_{17}$Cl	17	20	37.0	24.24

➡ 염소(Cl)의 평균 원자량은 $\left(35.0 \times \dfrac{75.76}{100}\right) + \left(37.0 \times \dfrac{24.24}{100}\right) \fallingdotseq 35.5$이다.

❖ **수소(H)의 동위 원소의 화학적 성질과 물리적 성질**

^{1}H, ^{2}H, ^{3}H는 산소와 결합하여 각각 ^{1}H₂O, ^{2}H₂O(중수), ^{3}H₂O(삼중수)를 생성하는 등 화학 반응에서 같은 성질을 나타낸다. 그러나 질량수가 다르므로 원자량이 다르고, ^{1}H₂O, ^{2}H₂O, ^{3}H₂O의 분자량도 서로 달라서 밀도, 끓는점과 같은 물리적 성질은 다르다.

❖ **자연계에 존재하는 몇 가지 원소의 동위 원소**

원소	동위 원소	원자량	존재 비율(%)
수소(H)	$^1_1$H	1.008	99.989
	$^2_1$H	2.014	0.011
질소(N)	$^{14}_{7}$N	14.003	99.636
	$^{15}_{7}$N	15.000	0.364
산소(O)	$^{16}_{8}$O	15.995	99.757
	$^{17}_{8}$O	16.999	0.038
	$^{18}_{8}$O	17.999	0.205

자연계에 존재하는 동위 원소의 비율은 거의 일정하다.

개념 바로 확인

정답 및 해설 | 09쪽

03 원소의 원자 번호는 [   ]와 같고, 원자의 [   ]와 전자 수가 같으므로 원자는 전기적으로 중성이다.

04 동위 원소는 [   ]는 같지만 [   ]가 달라 질량수가 다른 원소이다.

05 [   ]은 동위 원소의 존재 비율을 고려한 원자량이다.

03 오른쪽 그림은 원자 X를 원자 표시법으로 나타낸 것이다. (단, X는 임의의 원소 기호이다.)

$$^{13}_{6}\text{X}$$

(1) X의 양성자수는?

(2) X의 전자 수는?

(3) X의 중성자수는?

04 그림은 3중 수소($^3_1$H)와 원자 (가)와 (나)의 구조를 모형으로 나타낸 것이다.

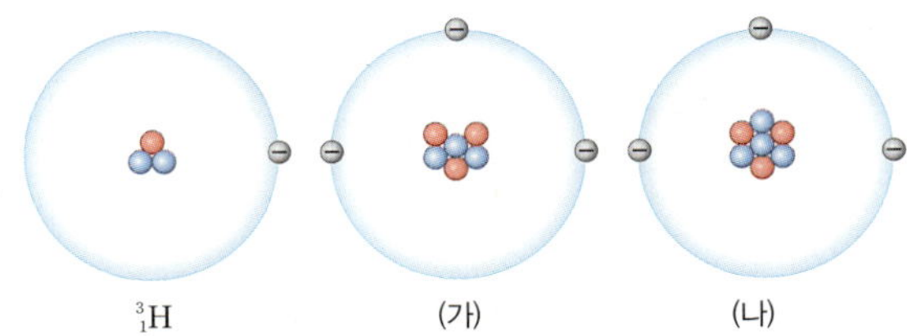

이에 대한 설명으로 옳은 것은 ○, 옳지 <u>않은</u> 것은 ×로 표시하시오.

(1) ●는 중성자이다. (   )

(2) (가)와 (나)는 동위 원소이다. (   )

(3) (나)의 질량수는 7이다. (   )

· 음극선의 성질 ·

과정

1. 진공 상태의 유리관에 낮은 압력의 기체를 채우고, 전극에 높은 전압을 걸어 준다.
2. 방출된 음극선으로 다음과 같이 실험한다.

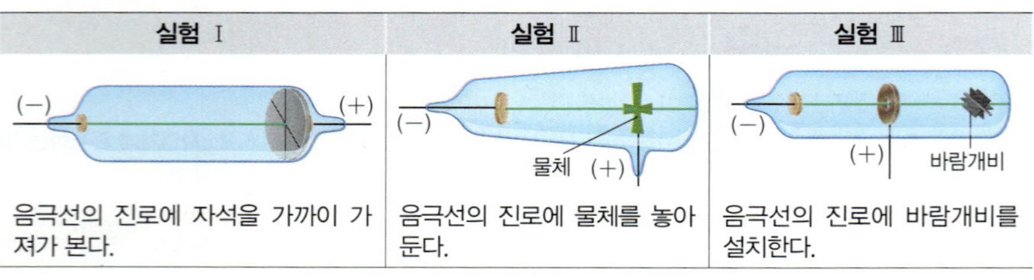

실험 Ⅰ	실험 Ⅱ	실험 Ⅲ
음극선의 진로에 자석을 가까이 가져가 본다.	음극선의 진로에 물체를 놓아 둔다.	음극선의 진로에 바람개비를 설치한다.

결과

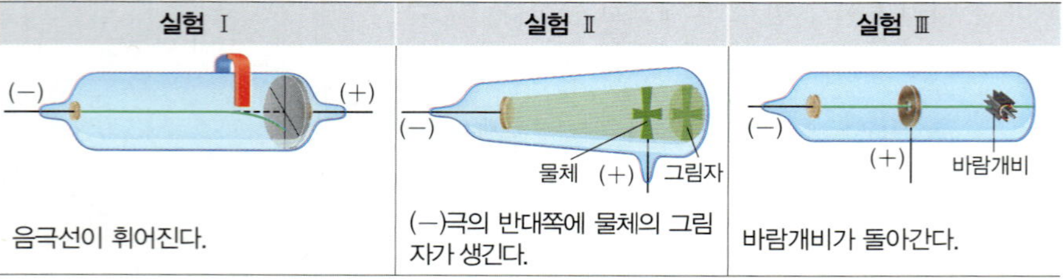

실험 Ⅰ	실험 Ⅱ	실험 Ⅲ
음극선이 휘어진다.	(−)극의 반대쪽에 물체의 그림자가 생긴다.	바람개비가 돌아간다.

정리

- 음극선이 휘어진다. ➡ 음극선은 전하를 띤다.
- 음극선의 진로에 놓아둔 물체의 그림자가 생긴다. ➡ 음극선은 직진하는 성질이 있다.
- 음극선의 진로에 놓아둔 바람개비가 돌아간다. ➡ 음극선은 질량을 가진 입자로 이루어져 있다.

목표

음극선의 성질과 관련된 실험으로부터 음극선은 전하를 띤 입자의 흐름임을 안다.

❖ **음극선**

유리관에 낮은 압력의 기체를 넣고 높은 전압을 걸어 주면 (−)극에서 (+)극으로 음극선이 방출된다.

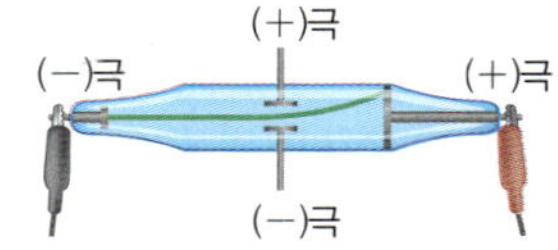

➡ 음극선의 진로에 전기장을 걸어 주었을 때 음극선이 (+)극 쪽으로 휘는 모습을 볼 수 있는데, 이로부터 음극선은 (−)전하를 띤다는 것을 알 수 있다.

정답 및 해설 | 09쪽

01 위 실험에 대한 설명으로 옳은 것은 ○, 옳지 <u>않은</u> 것은 ×로 표시하시오.

(1) 실험 Ⅲ을 통하여 음극선은 질량을 가진 입자로 이루어져 있음을 알 수 있다. ( )

(2) 위 실험을 통해 양성자를 발견하였다. ( )

(3) 전극으로 사용하는 금속의 종류가 달라져도 음극선을 이루는 입자의 종류는 같다. ( )

(4) 유리관에 넣어 주는 기체의 종류가 달라지면 음극선을 이루는 입자의 종류도 달라진다. ( )

02 그림은 음극선의 성질을 알아보기 위한 실험 (가)와 (나)를 나타낸 것이다.

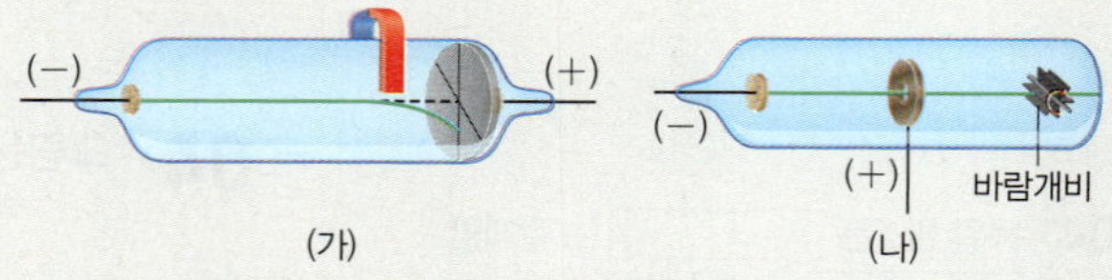

실험 (가)와 (나)로부터 알 수 있는 음극선의 성질로 옳은 것만을 〈보기〉에서 있는 대로 고른 것은?

보기
ㄱ. 음극선은 전하를 띤다.
ㄴ. 음극선은 질량을 가진 입자로 이루어져 있다.
ㄷ. 음극선은 직진하는 성질이 있다.

① ㄴ   ② ㄷ   ③ ㄱ, ㄴ
④ ㄱ, ㄷ   ⑤ ㄱ, ㄴ, ㄷ

A 원자를 구성하는 입자의 발견

01 다음은 음극선의 성질을 알아보기 위한 실험이다.

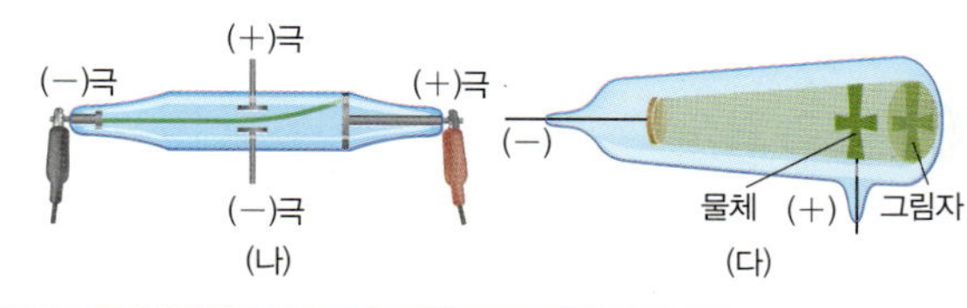

[실험 과정 및 결과]
(가) 진공 상태의 유리관에 낮은 압력의 기체를 채우고 전극을 장치한 후, 높은 전압을 걸어 준다.
(나) 방출된 음극선을 전기장에 통과시켰더니 (+)극 쪽으로 휘어졌다.
(다) 음극선의 진로에 물체를 놓았더니 (−)극의 반대쪽에 그림자가 생겼다.

이에 대한 설명으로 옳은 것만을 〈보기〉에서 있는 대로 고른 것은?

| 보기 |
ㄱ. (나)를 통해 음극선은 (−)전하를 띠고 있음을 알 수 있다.
ㄴ. (나)를 통해 음극선은 파동의 성질을 나타냄을 알 수 있다.
ㄷ. (다)를 통해 음극선은 직진하는 성질이 있음을 알 수 있다.

① ㄱ　　　② ㄴ　　　③ ㄱ, ㄷ
④ ㄴ, ㄷ　　　⑤ ㄱ, ㄴ, ㄷ

02 톰슨의 음극선 실험을 통해 제안된 원자 모형으로 가장 적절한 것은?

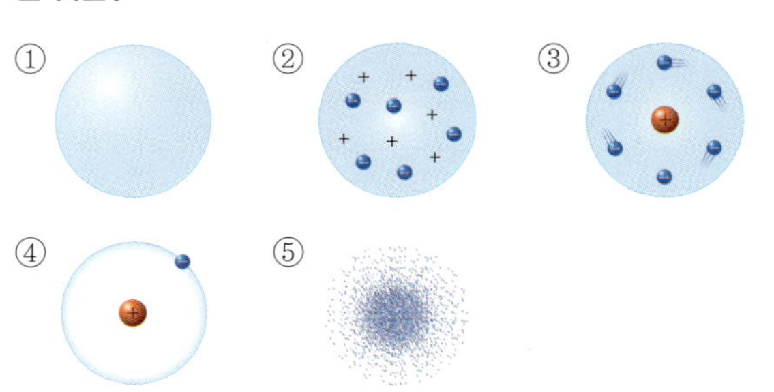

03 다음은 러더퍼드의 α 입자 산란 실험이다.

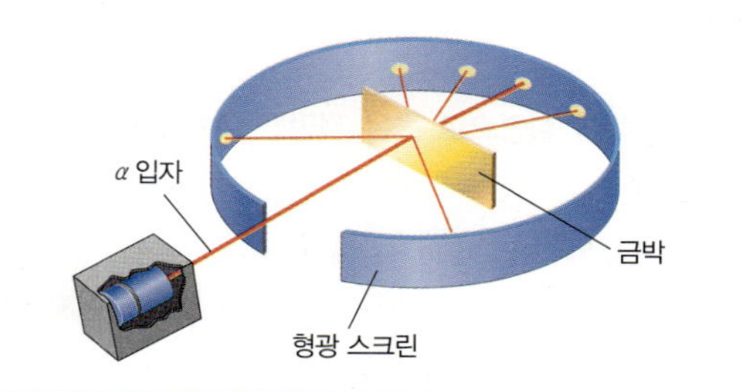

[실험 과정 및 결과]
α 입자를 금박에 충돌시켰더니 대부분의 α 입자는 금박을 그대로 통과하였지만, 일부 α 입자는 크게 휘거나 반대편으로 튕겨져 나왔다.

위 실험으로 발견한 입자의 종류와 입자가 띠는 전하를 옳게 짝 지은 것은?

	입자의 종류	입자가 띠는 전하
①	원자핵	(+)전하
②	원자핵	전하를 띠지 않음
③	양성자	(+)전하
④	양성자	전하를 띠지 않음
⑤	중성자	전하를 띠지 않음

04 다음은 원자를 이루는 입자를 발견한 실험과 관련된 학생들의 대화이다.

제시한 의견이 옳은 학생만을 있는 대로 고른 것은?

① 현우　　　② 혜영　　　③ 민영
④ 현우, 혜영　　　⑤ 현우, 혜영, 민영

05 그림은 원자의 구성 입자를 발견한 2가지 실험 (가)와 (나)를 나타낸 것이다.

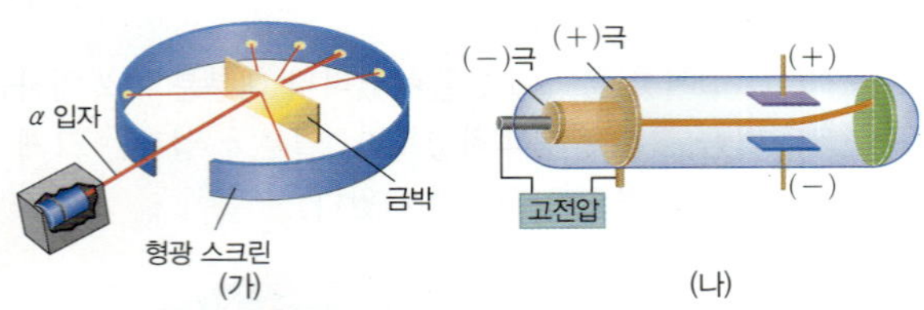

이에 대한 설명으로 옳은 것만을 〈보기〉에서 있는 대로 고른 것은?

| 보기 |

ㄱ. (가)의 결과로 발견한 입자는 (+)전하를 띤다.
ㄴ. (가)의 결과로 발견한 입자는 원자에서 차지하는 부피가 매우 작다.
ㄷ. (나)의 결과로 전자를 발견하였다.

① ㄱ   ② ㄴ   ③ ㄱ, ㄷ
④ ㄴ, ㄷ   ⑤ ㄱ, ㄴ, ㄷ

B 원자의 구조   C 원자 표시법

06 원자와 원자를 구성하는 입자에 대한 설명으로 옳지 <u>않은</u> 것은?

① 원자는 전기적으로 중성이다.
② 원자를 이루는 양성자수와 전자 수는 같다.
③ 모든 원자의 원자핵은 양성자와 중성자로 이루어져 있다.
④ 양성자 1개와 전자 1개는 전하량의 크기는 같지만 부호는 다르다.
⑤ 원자의 전체 질량 중 전자가 차지하는 비율은 매우 작다.

07 그림은 원소 X와 Y를 원자 표시법으로 나타낸 것이다.

$$^{14}_{6}\mathrm{X} \qquad ^{14}_{7}\mathrm{Y}$$

이에 대한 설명으로 옳은 것은?

① X와 Y는 동위 원소이다.
② X와 Y는 양성자 수가 같다.
③ X와 Y는 중성자 수가 같다.
④ 전자 수는 X가 Y보다 작다.
⑤ 질량수는 Y가 X보다 크다.

D 동위 원소

08 그림은 수소의 동위 원소 (가)와 (나)를 모형으로 나타낸 것이다.

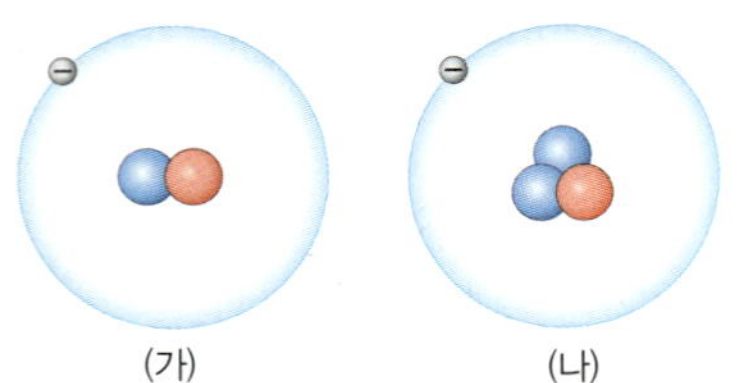

이에 대한 설명으로 옳은 것만을 〈보기〉에서 있는 대로 고른 것은?

| 보기 |

ㄱ. 🔴는 양성자이다.
ㄴ. (가)를 원자 표시법으로 나타내면 $^{1}_{1}\mathrm{H}$이다.
ㄷ. (가)와 (나)의 화학적 성질은 비슷하다.

① ㄱ   ② ㄴ   ③ ㄷ
④ ㄱ, ㄷ   ⑤ ㄱ, ㄴ, ㄷ

09 표는 탄소(C)와 산소(O)의 동위 원소에 대한 자료이다.

원소 기호	양성자수	전자 수	중성자수
$^{12}_{6}\mathrm{C}$	6	㉠	6
$^{13}_{6}\mathrm{C}$	6	6	㉡
$^{16}_{8}\mathrm{O}$	㉢	8	8
$^{18}_{8}\mathrm{O}$	8	8	㉣

㉠+㉡+㉢+㉣은?

① 26   ② 30   ③ 31
④ 39   ⑤ 43

10 표는 자연계에 존재하는 염소(Cl)의 동위 원소에 대한 자료이다. $x+y=100$이다.

동위 원소	원자량	존재 비율(%)	평균 원자량
$^{35}_{17}\mathrm{Cl}$	35	x	35.5
$^{37}_{17}\mathrm{Cl}$	37	y	

이에 대한 설명으로 옳은 것만을 〈보기〉에서 있는 대로 고른 것은?

┤ 보기 ├
ㄱ. $^{35}_{17}\mathrm{Cl}$의 중성자수는 18이다.
ㄴ. $x=4y$이다.
ㄷ. $^{37}_{17}\mathrm{Cl}^-$의 전자 수는 16이다.

① ㄱ   ② ㄴ   ③ ㄱ, ㄷ
④ ㄴ, ㄷ   ⑤ ㄱ, ㄴ, ㄷ

11 다음은 칼륨(K)의 동위 원소에 대한 자료이다.

- 자연계에 존재하는 칼륨(K)의 동위 원소는 $^{39}_{19}\mathrm{K}$과 $^{41}_{19}\mathrm{K}$이다.
- 칼륨(K)의 평균 원자량은 39.098이다.

이에 대한 설명으로 옳은 것만을 〈보기〉에서 있는 대로 고른 것은?

┤ 보기 ├
ㄱ. K의 원자 번호는 19이다.
ㄴ. 자연계에서의 존재 비율은 $^{39}_{19}\mathrm{K}$이 $^{41}_{19}\mathrm{K}$보다 크다.
ㄷ. $^{39}_{19}\mathrm{K}^+$과 $^{41}_{19}\mathrm{K}^+$의 전자 수는 같다.

① ㄱ   ② ㄴ   ③ ㄱ, ㄷ
④ ㄴ, ㄷ   ⑤ ㄱ, ㄴ, ㄷ

12 다음은 러더퍼드의 α 입자 산란 실험이다.

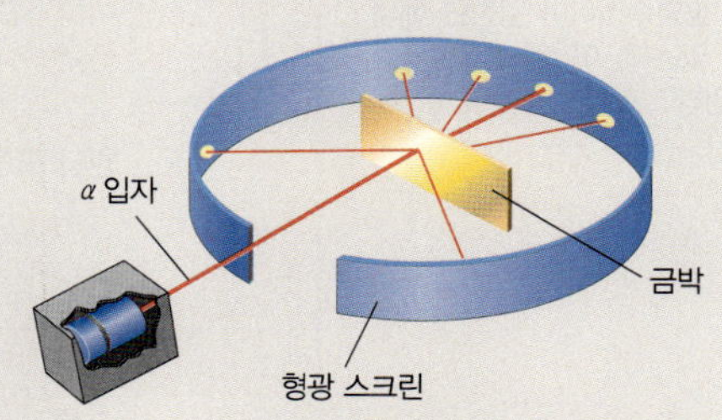

이 실험으로 알 수 있는 사실을 2가지 쓰고, 실험의 결과로 제안된 원자 모형에 대하여 설명하시오.

13 표는 자연계에 존재하는 탄소(C)의 동위 원소에 대한 자료이다.

동위 원소	원자량	존재 비율(%)
$^{12}\mathrm{C}$	12	98.9
$^{13}\mathrm{C}$	13	1.1

탄소(C)의 평균 원자량을 구하는 식을 쓰고 평균 원자량을 구하시오. (소수 둘째 자리까지 구하시오.)

02 보어 원자 모형

---

* **에너지 준위** │ 원자핵 주위를 운동하는 전자는 불연속적이며 일정한 에너지 상태에 있는데, 이 에너지 상태를 에너지 준위라고 한다.

✕ 먼저 알아야 할 내용

1. 원자 모형의 변천

구분	돌턴	㉠	㉡
원자 모형	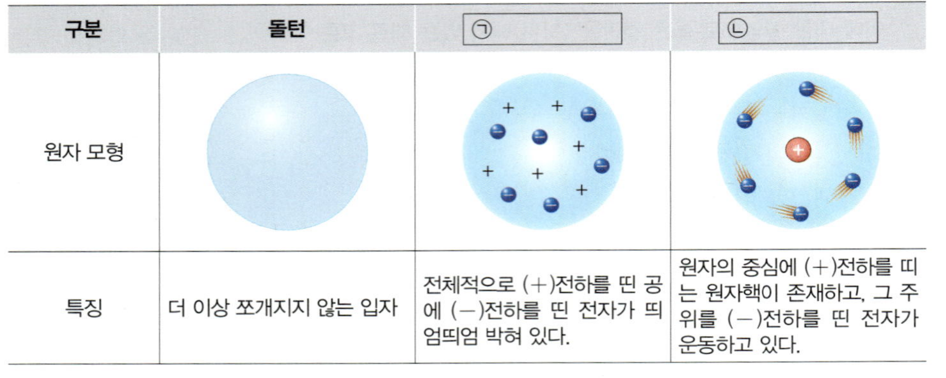		
특징	더 이상 쪼개지지 않는 입자	전체적으로 (+)전하를 띤 공에 (−)전하를 띤 전자가 띄엄띄엄 박혀 있다.	원자의 중심에 (+)전하를 띠는 원자핵이 존재하고, 그 주위를 (−)전하를 띤 전자가 운동하고 있다.

답 ㉠ 톰슨 ㉡ 러더퍼드

❖ **스펙트럼**

빛이 프리즘 등의 분광기를 통과했을 때, 파장에 따른 굴절률의 차이로 나타나는 여러 색의 띠이다. 색의 띠가 모든 파장에서 연속적으로 나타나는 것을 연속 스펙트럼, 특정 파장의 빛만 선의 형태로 나타나는 것을 선 스펙트럼이라고 한다.

▲ 연속 스펙트럼

▲ 선 스펙트럼

Ⓐ 보어 원자 모형

1. 수소 원자의 선 스펙트럼   수소 기체를 채운 방전관에서 방출되는 빛을 프리즘에 통과시키면, 특정 파장의 선(불연속적인 선)이 나타난다.

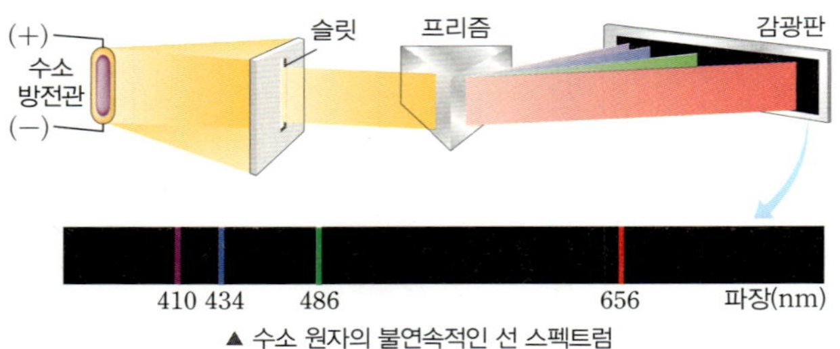

▲ 수소 원자의 불연속적인 선 스펙트럼

2. 보어 원자 모형   수소 원자의 불연속적인 선 스펙트럼을 설명하기 위해 보어가 제안한 원자 모형이다.

(1) **전자의 운동**: 전자는 특정한 에너지 준위를 갖는 원형 궤도를 따라 원자핵 주위를 원운동하고 있다.

① 전자 껍질: 전자가 운동하는 특정 에너지 준위의 원형 궤도이다.

➡ 전자는 전자 껍질에만 위치하며, 전자 껍질 사이에는 위치할 수 없다.

② 주 양자수(n): 원자핵에 가장 가까운 전자 껍질부터 순서대로 K($n=1$), L($n=2$), M($n=3$), N($n=4$)… 등의 기호를 붙이는데, 이때 n을 주 양자수라고 한다.

③ 에너지 준위: 각 전자 껍질의 에너지 준위(E_n)는 주 양자수(n)에 의해 결정되며, 주 양자수(n)가 커질수록 에너지 준위가 높아진다. —— 원자핵에 가까운 전자 껍질일수록 에너지 준위가 낮다.

$$E_n = -\frac{1312}{n^2}\,\text{kJ/mol}\ (n=1,\ 2,\ 3\cdots)$$

❖ **전자 껍질**

원자핵에 가장 가까운 전자 껍질부터 알파벳 대문자를 사용하여 순서대로 표기한다.

주 양자수(n)	이름
1	K
2	L
3	M
4	N

④ 주 양자수(n)가 커질수록 이웃한 전자 껍질 사이의 에너지 준위 차이는 작아진다.

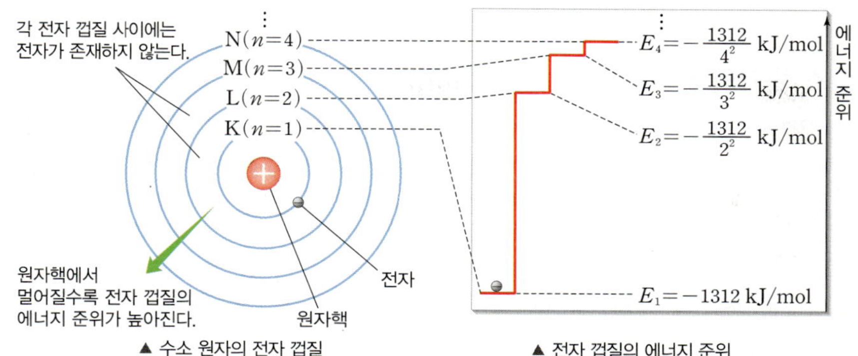

▲ 수소 원자의 전자 껍질 　　　▲ 전자 껍질의 에너지 준위

> ❖ **전자 껍질의 에너지 준위**
>
> $$K(n=1) < L(n=2) < M(n=3) < N(n=4)\cdots$$
>
> 주 양자수(n)가 커질수록 이웃한 전자 껍질 사이의 에너지 준위 차이가 작아지므로 K 껍질과 L 껍질의 에너지 준위 차이가 가장 크다.

(2) 전자 전이와 에너지 출입: 전자가 다른 전자 껍질로 이동(전자 전이)할 때는 두 전자 껍질의 에너지 준위 차이만큼 에너지를 흡수하거나 방출한다.

> ❖ **전자 전이**
>
> 전자가 다른 에너지 준위를 갖는 껍질로 이동하는 현상

① 바닥상태와 들뜬상태

바닥 상태	원자의 에너지가 가장 낮은(안정한) 상태로, 원자의 전자가 에너지 준위가 가장 낮은 전자 껍질부터 차례대로 채워진 상태이다. 예 수소 원자의 전자가 $n=1$인 전자 껍질에 위치한 상태
들뜬 상태	바닥상태 원자의 전자가 에너지를 흡수하여 높은 에너지 준위의 전자 껍질로 전이한 상태로, 불안정하다. 예 수소 원자의 전자가 $n \geq 2$인 전자 껍질에 위치한 상태

② 들뜬상태와 에너지 출입

에너지 출입	에너지 흡수	에너지 방출
주 양자수 변화	주 양자수가 작은 전자 껍질에서 주 양자수가 큰 전자 껍질로 전자가 전이한다. ➡ 주 양자수 증가 에너지 흡수	주 양자수가 큰 전자 껍질에서 주 양자수가 작은 전자 껍질로 전자가 전이한다. ➡ 주 양자수 감소 에너지 방출

> **필수 용어** 정리
>
> * **바닥상태** | 원자의 에너지가 가장 낮은 상태
> * **전자 껍질** | 전자가 운동하는 특정 에너지 준위의 원형 궤도

개념 바로 확인

정답 및 해설 | 10쪽

01 ☐☐☐☐는 수소 원자의 선 스펙트럼을 설명하기 위해 전자가 특정한 에너지 준위를 갖는 원형 궤도를 따라 원자핵 주위를 원운동하는 원자 모형을 제안하였다.

02 전자가 운동하는 특정 에너지 준위의 원형 궤도를 ☐☐☐☐이라고 한다. 각 ☐☐☐☐의 에너지 준위는 ☐☐☐☐ 에 의해 결정된다.

01 그림은 보어 원자 모형을 나타낸 것이다.

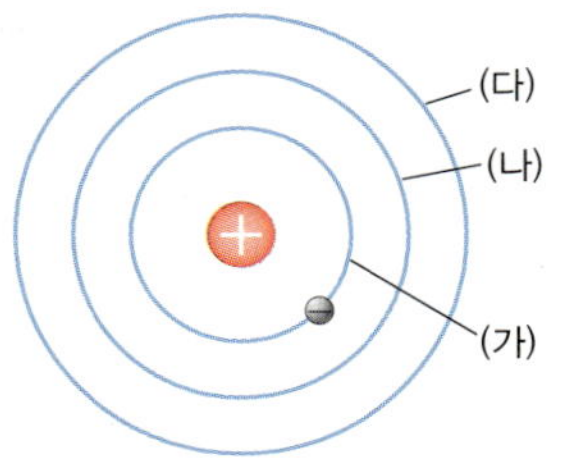

(1) (가)~(다)의 주 양자수(n)를 각각 쓰시오.

(2) (가)~(다)의 에너지 준위를 비교하시오.

(3) (가)에 위치한 전자가 (나)로 전이할 때, 에너지를 방출하는지 흡수하는지 쓰시오.

B 수소 원자의 전자 전이와 선 스펙트럼

1. **수소 원자의 선 스펙트럼** 들뜬 상태의 수소 원자에서 에너지 준위가 낮은 전자 껍질로 전자 전이가 일어나면 두 전자 껍질의 에너지 준위 차이에 해당하는 파장의 빛이 방출된다. ➡ 수소 원자의 에너지 준위는 불연속적이므로 불연속적인 선 스펙트럼으로 나타난다.

(1) 수소 원자의 스펙트럼 계열

스펙트럼 계열	스펙트럼 영역	전자 전이
라이먼 계열	자외선 영역	$n \geq 2$인 전자 껍질에서 $n=1$인 전자 껍질로의 전자 전이
발머 계열	가시광선 영역	$n \geq 3$인 전자 껍질에서 $n=2$인 전자 껍질로의 전자 전이
파셴 계열	적외선 영역	$n \geq 4$인 전자 껍질에서 $n=3$인 전자 껍질로의 전자 전이

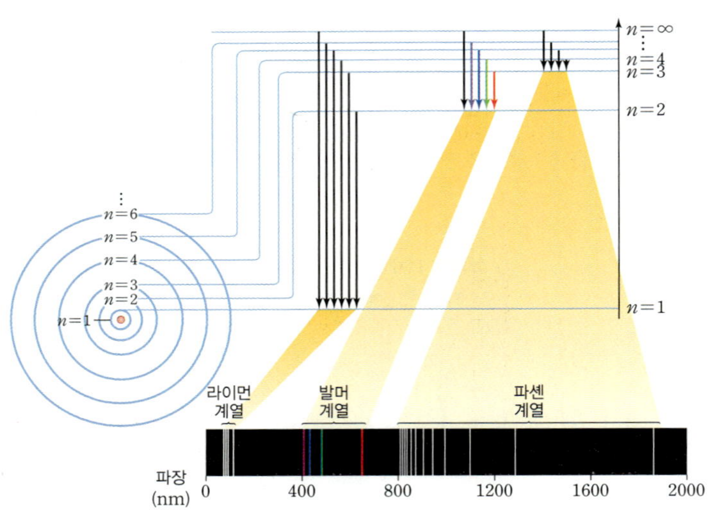

➡ 주 양자수(n)가 커질수록 에너지 준위(E_n)가 높아지고, 이웃하는 두 전자 껍질의 에너지 차이가 작아진다. 따라서 수소 원자의 선 스펙트럼에서 파장이 짧은 쪽으로 갈수록(에너지가 커질수록) 스펙트럼 선의 파장 간격이 좁아진다.

실전 자료 **수소 원자의 에너지 준위와 전자 전이**

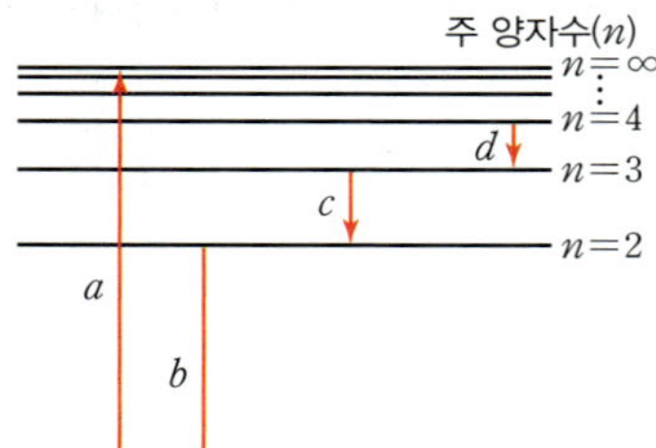

- 수소 원자의 에너지 준위(E_n) $= -\dfrac{k}{n^2}$ kJ/mol(k는 상수)
- 빛에너지(ΔE) ➡ $\Delta E = (E_{처음} - E_{나중})$ kJ/mol

더 높은 에너지 준위의 전자 껍질로 전자 전이할 때는 빛에너지를 흡수하고, 더 낮은 에너지 준위의 전자 껍질로 전자 전이할 때는 빛에너지를 방출한다.

전자 전이	a $(n=1 \rightarrow n=\infty)$	b $(n=2 \rightarrow n=1)$	c $(n=3 \rightarrow n=2)$	d $(n=4 \rightarrow n=3)$
ΔE	$E_1 - E_\infty = k$ 흡수	$E_2 - E_1 = \dfrac{3k}{4}$ 방출	$E_3 - E_2 = \dfrac{5k}{36}$ 방출	$E_4 - E_3 = \dfrac{7k}{144}$ 방출

❖ **수소 방전관에서 특정 파장의 빛만 방출하는 까닭**

수소 방전관에 높은 전압을 걸어 주면 전자가 에너지를 흡수하여 들뜬상태가 되었다가 다시 바닥상태로 되돌아간다. 이때 두 전자 껍질의 에너지 차이에 해당하는 에너지의 빛을 방출하는데, 원자의 에너지 준위는 불연속적이므로 특정 파장의 빛만 방출하며, 선 스펙트럼이 나타난다.

❖ **수소 원자의 선 스펙트럼 계열**

발견한 과학자의 이름을 따서 명명하였다.
- 라이먼 계열: 1906~1914년 사이에 물리학자 라이먼이 발견하였다.
- 발머 계열: 1885년 요한 발머가 발견하였다.
- 파셴 계열: 물리학자인 파셴이 발견하였다.

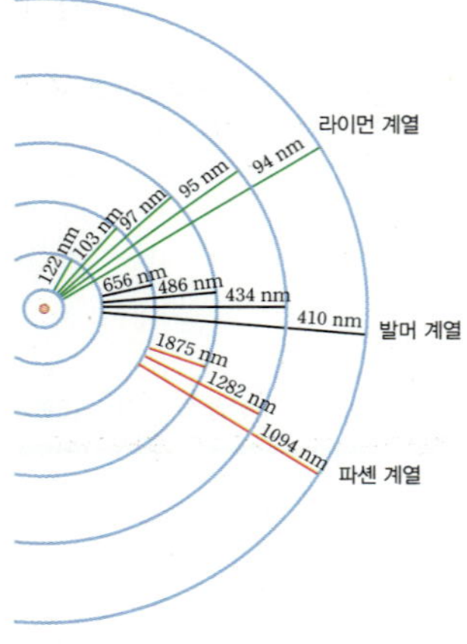

❖ **수소 원자에서 $n=1 \rightarrow n=\infty$로의 전자 전이**

$n=1$에서 $n=\infty$로의 전자 전이는 바닥상태인 수소 원자에서 전자를 떼어내어 수소 이온(H^+)으로 만드는 것과 같다.

그림은 수소 원자의 선 스펙트럼 중 가시광선 영역에 해당하는 전자 전이를 나타낸 것이다.

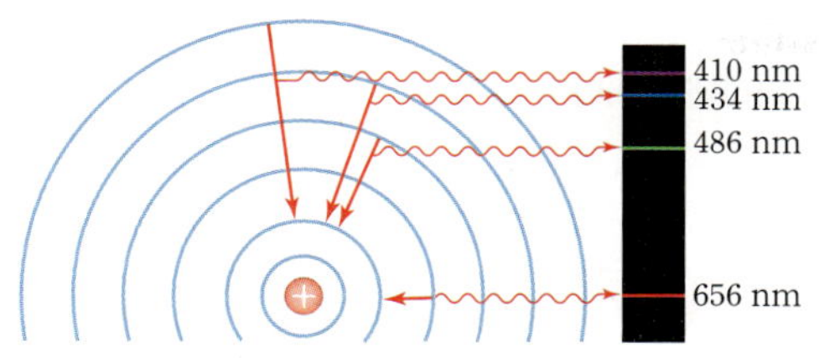

수소 원자의 에너지 준위(E_n)

$$= -\frac{k}{n^2} \text{ kJ/mol}(k는 상수)$$

❖ 빛에너지와 파장, 진동수의 관계

빛에너지가 클수록 빛의 진동수는 크고, 파장은 짧다.

$$\cdot E = h\nu$$
$$= h \times \frac{c}{\lambda}$$

(h: 플랑크 상수, ν: 진동수
c: 빛의 속도, λ: 파장)

❶ 전이 전후 주 양자수(n) 차이가 클수록 방출하는 빛에너지는 커지고, 파장은 짧아진다.

전자 전이	$n=6 \to n=2$	$n=5 \to n=2$	$n=4 \to n=2$	$n=3 \to n=2$
ΔE	$E_6 - E_2 = \dfrac{8k}{36}$	$E_5 - E_2 = \dfrac{21k}{100}$	$E_4 - E_2 = \dfrac{3k}{16}$	$E_3 - E_2 = \dfrac{5k}{36}$
파장(nm)	410	434	486	656

❷ 가시광선 영역의 선 스펙트럼에서 파장이 짧은 쪽으로 갈수록 스펙트럼 선의 파장 간격이 좁아진다.
➡ 주 양자수(n)가 커질수록 이웃하는 전자 껍질의 에너지 준위 차이가 작아지기 때문이다.

필수 용어 정리

* **라이먼 계열** | 수소 원자의 자외선 영역 선 스펙트럼
* **발머 계열** | 수소 원자의 가시광선 영역 선 스펙트럼

개념 바로 확인

정답 및 해설 | 10쪽

03 수소 원자의 전자가 $n=2$인 전자 껍질에서 $n=1$인 전자 껍질로 전이할 때는 ⬚ 계열의 빛을 방출한다.

04 수소 원자의 선 스펙트럼에서 파장이 짧은 쪽으로 갈수록 파장 사이의 간격은 ⬚.

02 오른쪽 그림은 수소 원자의 몇 가지 전자 전이를 나타낸 것이다. 전자 전이 $a \sim c$에서 각각 방출하는 빛이 해당하는 스펙트럼 계열을 쓰시오.

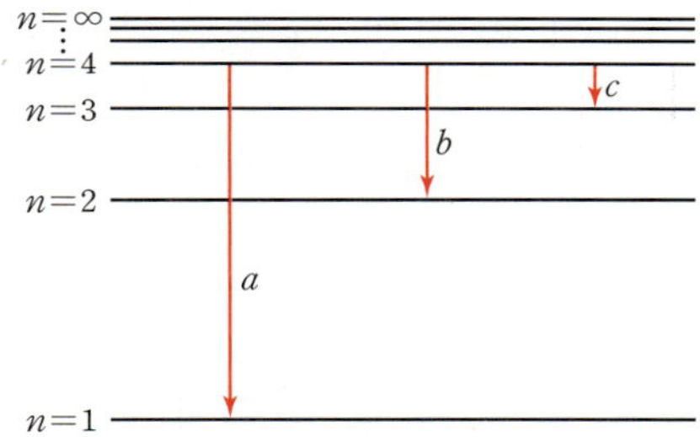

03 그림 (가)는 수소 원자의 선 스펙트럼 중 발머 계열을 나타낸 것이고, (나)는 수소 원자에서 몇 가지 전자 전이를 나타낸 것이다. (단, 수소 원자의 에너지 준위 $E_n = -\dfrac{k}{n^2}$ kJ/mol이고, n은 주 양자수, k는 상수이다.)

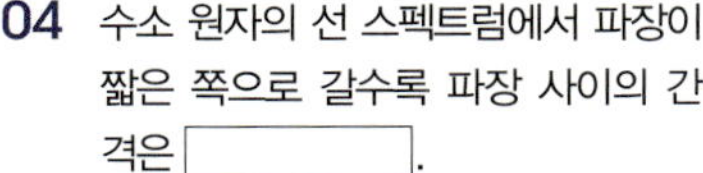

(가)

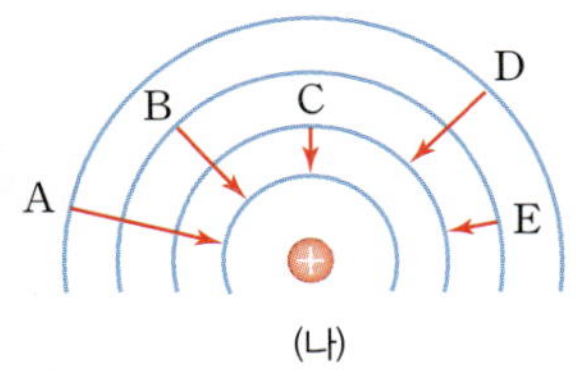

(나)

(1) (가)에서 656 nm의 빛을 방출하는 전자 전이를 (나)에서 고르시오.
(2) (나)의 D와 E에서 방출하는 에너지의 비를 구하시오.

04 다음 중 흡수하는 에너지가 가장 큰 전자 전이는?

① $n=1 \to n=2$ ② $n=1 \to n=3$ ③ $n=2 \to n=3$
④ $n=2 \to n=4$ ⑤ $n=2 \to n=5$

A 보어 원자 모형

01 그림은 수소 원자의 선 스펙트럼 중 가시광선 영역을 나타낸 것이다.

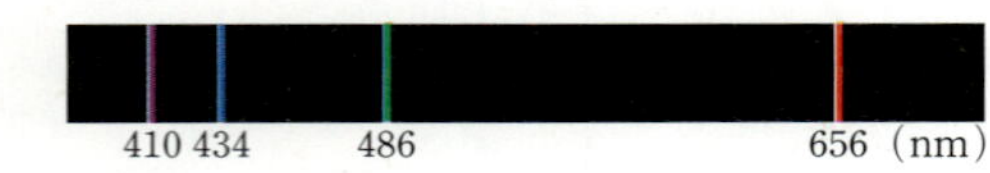

410 434   486   656 (nm)

이를 설명하기 위해 보어가 제안한 원자 모형으로 옳은 것은?

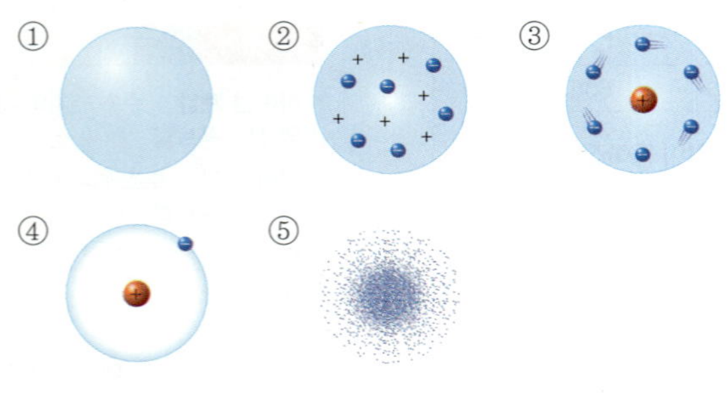

02 그림은 수소 원자를 보어 원자 모형으로 나타낸 것이다.

 중요

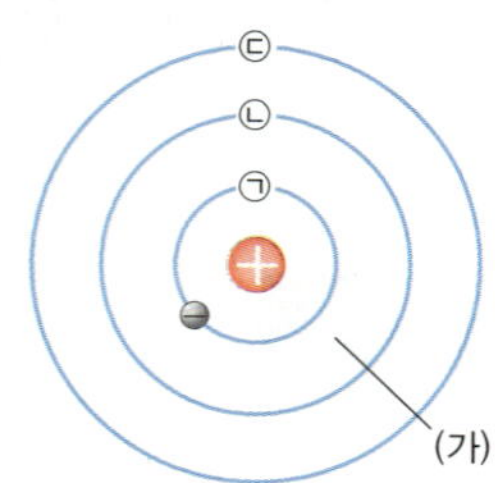

이에 대한 설명으로 옳은 것은?

① ㉢은 K 껍질에 해당한다.
② 수소 원자는 들뜬상태이다.
③ ㉠의 주 양자수(n)는 3이다.
④ ㉠과 ㉡의 에너지 준위 차이는 ㉡과 ㉢의 에너지 준위 차이보다 크다.
⑤ ㉠에서 ㉡으로 전자 전이가 일어날 때, 에너지가 충분히 흡수되지 않으면 전자는 (가)에 위치한다.

03 그림 (가)와 (나)는 수소 원자의 바닥상태와 들뜬상태를 순서 없이 나타낸 것이다.

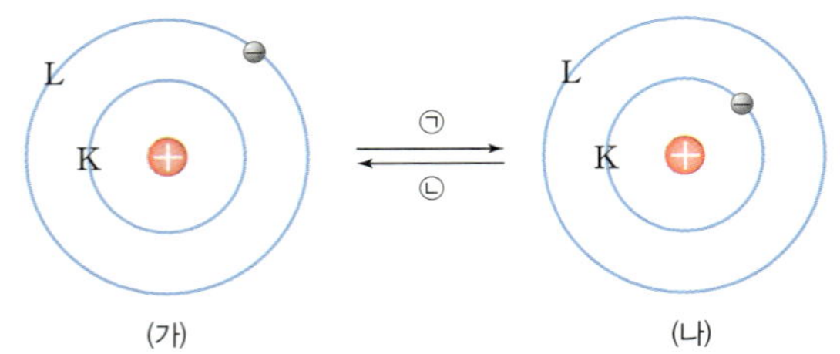

(가)   (나)

이에 대한 설명으로 옳은 것만을 〈보기〉에서 있는 대로 고른 것은?

┤ 보기 ├
ㄱ. (가)는 바닥상태이다.
ㄴ. ㉠에서 에너지가 방출된다.
ㄷ. L 전자 껍질의 주 양자수(n)는 1이다.

① ㄱ   ② ㄴ   ③ ㄱ, ㄷ
④ ㄴ, ㄷ   ⑤ ㄱ, ㄴ, ㄷ

B 수소 원자의 전자 전이와 선 스펙트럼

04 그림은 수소 원자의 주 양자수(n)에 따른 에너지 준위와 전자 전이 Ⅰ~Ⅳ를 나타낸 것이다.

 중요

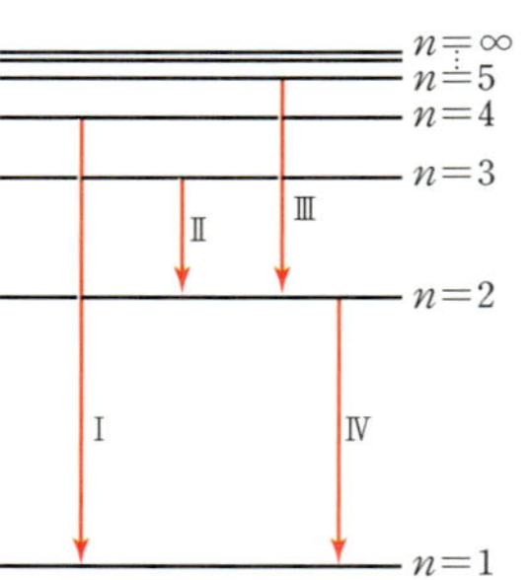

전자 전이 Ⅰ~Ⅳ에 대한 설명으로 옳은 것만을 〈보기〉에서 있는 대로 고른 것은?

┤ 보기 ├
ㄱ. 라이먼 계열의 빛을 방출하는 전자 전이는 Ⅰ과 Ⅳ이다.
ㄴ. Ⅲ에서 방출하는 빛은 적외선이다.
ㄷ. 방출하는 빛의 파장이 가장 긴 전자 전이는 Ⅱ이다.

① ㄱ   ② ㄴ   ③ ㄱ, ㄷ
④ ㄴ, ㄷ   ⑤ ㄱ, ㄴ, ㄷ

05 그림은 수소 원자의 선 스펙트럼 중 일부를 나타낸 것이다.

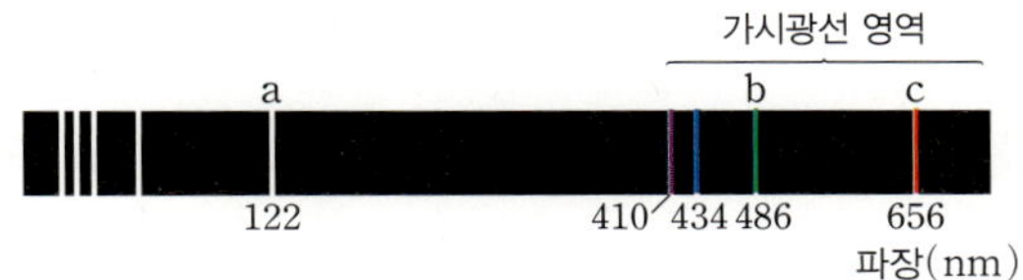

이에 대한 설명으로 옳은 것만을 〈보기〉에서 있는 대로 고른 것은?

| 보기 |

ㄱ. a는 적외선 영역에 해당한다.
ㄴ. c는 $n=3$에서 $n=2$로 전자가 전이할 때 방출하는 빛이다.
ㄷ. 방출하는 빛의 에너지는 c가 b보다 크다.

① ㄱ　　　　② ㄴ　　　　③ ㄱ, ㄷ
④ ㄴ, ㄷ　　　⑤ ㄱ, ㄴ, ㄷ

07 그림은 수소 원자의 전자 전이 $a \sim e$에 대하여 전이 전후 주 양자수(n)를 나타낸 것이다.

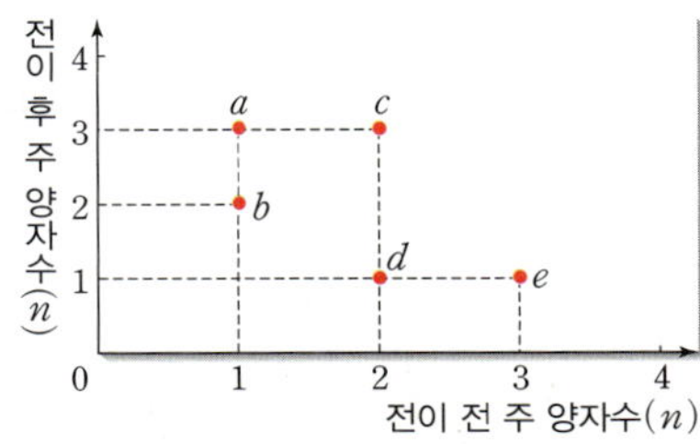

이에 대한 설명으로 옳은 것만을 〈보기〉에서 있는 대로 고른 것은?

| 보기 |

ㄱ. $a \sim e$ 중 에너지를 흡수하는 전자 전이는 3가지이다.
ㄴ. b와 d에서 출입하는 에너지의 크기는 같다.
ㄷ. e는 파셴 계열의 빛을 방출한다.

① ㄱ　　　　② ㄴ　　　　③ ㄷ
④ ㄱ, ㄴ　　　⑤ ㄱ, ㄷ

06 그림은 수소 원자의 전자 전이 A~D와 수소 원자의 선 스펙트럼 중 가시광선 영역을 나타낸 것이다.

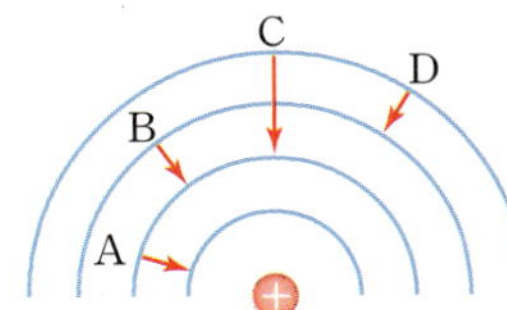

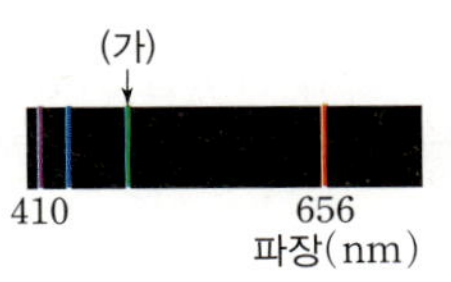

이에 대한 설명으로 옳은 것만을 〈보기〉에서 있는 대로 고른 것은? (단, 수소 원자의 에너지 준위 $E_n = -\dfrac{k}{n^2}$ kJ/mol이고, n은 주 양자수, k는 상수이다.)

| 보기 |

ㄱ. 파장이 가장 긴 빛을 방출하는 전자 전이는 D이다.
ㄴ. (가)에 해당하는 전자 전이는 C이다.
ㄷ. B와 C에서 방출하는 에너지 비는 B:C=20:27이다.

① ㄱ　　　　② ㄴ　　　　③ ㄷ
④ ㄴ, ㄷ　　　⑤ ㄱ, ㄴ, ㄷ

서술형 이렇게!

08 그림은 수소 원자의 선 스펙트럼 중 일부를 나타낸 것이다.

(1) a와 c에 해당하는 전자 전이를 쓰고, 그렇게 생각한 까닭을 스펙트럼 계열과 파장, 에너지 사이의 관계를 활용하여 서술하시오.

(2) a와 b에서 방출하는 에너지의 비를 구하시오. (단, 수소 원자의 에너지 준위 $E_n = -\dfrac{k}{n^2}$ kJ/mol이고, n은 주 양자수, k는 상수이다.)

현대의 원자 모형과 전자 배치의 규칙

03

- 양자수와 오비탈을 이용하여 현대의 원자 모형을 설명할 수 있다.
- 전자 배치 규칙에 따라 전자를 오비탈에 배치할 수 있다.

Ⓐ 현대의 원자 모형

1. 현대의 원자 모형

(1) **보어 원자 모형의 한계**: 보어 원자 모형은 수소의 선 스펙트럼은 설명할 수 있었으나 전자 수가 2 이상인 원자의 선 스펙트럼은 설명할 수 없었다.

(2) **현대의 원자 모형**: 전자는 입자와 파동의 성질을 동시에 가지며, 전자의 위치와 운동량을 동시에 알 수 없으므로 전자가 위치할 가능성이 높은 곳, 즉 공간 내에서 전자가 발견될 확률 분포를 나타내는 현대의 원자 모형이 제안되었다.
└─ 오비탈(궤도 함수) 이론의 제안

2. 오비탈 원자핵 주위에서 전자가 존재할 수 있는 공간을 확률 분포로 나타낸 것

(1) **오비탈의 표현**: 점밀도 그림과 경계면 그림으로 나타낼 수 있다.

	점밀도 그림	경계면 그림
모양		
특징	전자가 발견될 확률을 점의 밀도로 나타낸다.	• 전자가 발견될 확률이 90%인 공간을 경계면으로 나타낸다. • 경계면 바깥에서 전자가 발견될 확률은 10%이다.

Ⓑ 양자수

└─ 주 양자수(n)가 커질수록 오비탈의 크기와 에너지가 증가한다.

1. 주 양자수(n) 오비탈의 크기와 에너지를 결정한다.

- n은 자연수만 가능하며($n=1, 2, 3\cdots$), 보어 원자 모형의 전자 껍질에 해당한다.

2. 방위 양자수(l) 부 양자수라고도 하며, 오비탈의 종류(모양)를 결정한다.

① 오비탈의 종류(모양)는 s, p, d 등의 기호를 사용하여 나타낸다.

방위 양자수(l)	0	1	2	3
오비탈의 종류	s	p	d	f

② s 오비탈과 p 오비탈

└─ 3개의 p 오비탈(p_x, p_y, p_z)은 에너지 준위가 같다.

구분	s 오비탈	p 오비탈
모형	$1s$ $2s$ $3s$	p_x p_y p_z
특징	• 공 모양으로, 원자핵으로부터의 거리가 같으면 전자가 발견될 확률이 같다. ➡ 방향성이 없다. • 모든 전자 껍질에 1개씩 존재하며, 주 양자수에 따라 $1s, 2s, 3s$ 등으로 표시한다. • 주 양자수가 커질수록 오비탈의 크기가 커지고 에너지 준위가 높아진다.	• 아령 모양으로, 3개의 오비탈이 x, y, z 축 방향으로 서로 직교하여 존재한다. ➡ 원자핵으로부터의 거리와 방향에 따라 전자가 발견될 확률이 다르다. • L 전자 껍질($n=2$)부터 존재하며, 주 양자수에 따라 $2p, 3p, 4p$ 등으로 표시한다. • 주 양자수가 커질수록 오비탈의 크기가 커지고 에너지 준위가 높아진다.

❖ 보어 원자 모형의 한계

네온(Ne)의 선 스펙트럼은 수소의 선 스펙트럼보다 선의 수가 훨씬 많고 1개의 선을 정밀히 관찰하면 여러 개의 선으로 이루어진 것을 알 수 있다. 이것은 하나의 전자 껍질 내에서도 전자가 가지는 에너지 준위가 여러 개이기 때문인데, 보어 원자 모형으로는 이를 설명할 수 없었다.

❖ 불확정성 원리

독일의 물리학자 베르너 하이젠베르크가 제안한 것으로, 입자의 위치와 운동량은 동시에 정확하게 결정할 수 없다는 원리이다.

❖ 양자수

현대의 원자 모형에서는 오비탈을 구분하기 위하여 오비탈의 에너지, 크기, 모양, 좌표축에서의 방향을 나타내는 요소들이 존재하는데, 이를 양자수라고 한다. 원자에서 전자는 4가지 양자수(주 양자수, 방위 양자수, 자기 양자수, 스핀 자기 양자수)를 가진다.

❖ 오비탈의 표시

오비탈의 모양

$$2p_x$$
— 오비탈의 방향
└─ 주 양자수($n=2$) : 오비탈의 에너지 준위

③ 주 양자수(n)에 따라 가능한 방위 양자수의 개수가 달라진다.

➡ 주 양자수가 n일 때, $l=0$부터 $l=n-1$까지 가능하다.

주 양자수(n)	1	2		3		
방위 양자수(l)	$0(s)$	$0(s)$	$1(p)$	$0(s)$	$1(p)$	$2(d)$
오비탈	$1s$	$2s$	$2p$	$3s$	$3p$	$3d$

3. **자기 양자수(m_l)** 오비탈의 공간적인 방향을 결정하며, 방위 양자수(l)에 의해 결정된다.

① 방위 양자수가 l이면 자기 양자수는 $-l$부터 $+l$까지의 정수만 가능하다.

방위 양자수(l)	0	1	2
자기 양자수(m_l)	0	$-1, 0, +1$	$-2, -1, 0, +1, +2$

② 가능한 자기 양자수의 개수는 오비탈의 개수와 같다.

4. **스핀 자기 양자수(m_s):** 전자의 운동 방향(회전 방향)에 따라 결정된다.
   └─ 전자는 (−)전하를 띠고 있으므로 전자의 회전에 의해 자기장이 발생한다.

① 전자의 스핀은 2가지 방향이 있으며, $+\dfrac{1}{2}$과 $-\dfrac{1}{2}$로 나타낸다.

② 1개의 오비탈에는 스핀 방향이 같은 전자가 들어갈 수 없다.
   └─ 스핀 자기 양자수가 같은

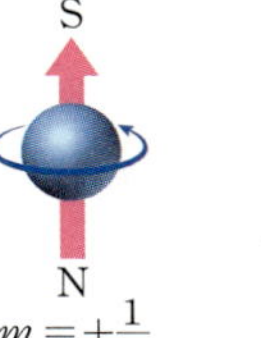

❖ **1개의 오비탈에 들어갈 수 있는 최대 전자 수**

1개의 오비탈에는 스핀 방향이 같은(스핀 자기 양자수가 같은) 전자가 존재할 수 없으므로 스핀 방향이 $+\dfrac{1}{2}$인 전자 1개와 $-\dfrac{1}{2}$인 전자 1개가 들어갈 수 있다. 따라서 1개의 오비탈에 들어갈 수 있는 최대 전자 수는 2개이다.

개념 바로 확인

정답 및 해설 | 11쪽

01 [ ]은 원자핵 주위에서 전자가 발견될 [ ] 분포를 나타낸 것으로, 궤도 함수라고도 한다.

02 [ ] 오비탈은 공 모양으로, 원자핵으로부터의 거리가 같으면 전자가 발견될 확률이 [ ].

03 p 오비탈은 아령 모양으로, 에너지 준위가 같은 [ ]개의 오비탈이 존재한다. p 오비탈은 원자핵으로부터의 [ ]와 [ ]에 따라 전자가 발견될 확률이 다르다.

01 s 오비탈과 p 오비탈에 대한 설명으로 옳은 것은 ○, 옳지 <u>않은</u> 것은 ×로 표시하시오.

(1) s 오비탈은 모든 전자 껍질에 존재한다. ( )

(2) 주 양자수가 커질수록 오비탈의 에너지 준위는 낮아진다. ( )

(3) 에너지 준위가 같은 p 오비탈은 3개이다. ( )

(4) p 오비탈은 M 전자 껍질($n=3$)부터 존재한다. ( )

02 다음은 양자수에 대한 설명이다. ( ) 안에 알맞은 말을 쓰시오.

> 원자에서 전자는 4가지 양자수를 가진다.
> (㉠   )는 오비탈의 크기와 에너지를 결정한다. 방위 양자수(l)는 오비탈의 모양을 결정하는 것으로 s 오비탈의 방위 양자수(l)는 (㉡   )이고, p 오비탈의 방위 양자수(l)는 (㉢   )이다. 자기 양자수(m_l)는 오비탈의 (㉣   )을 결정한다. $l=2$인 경우, 자기 양자수(m_l)는 (㉤   )부터 (㉥   )까지 가능하다. 전자의 회전 방향을 나타내는 스핀 자기 양자수(m_s)에는 (㉦   )과 (㉧   )이 있다.

현대의 원자 모형과 전자 배치의 규칙

C 오비탈의 에너지 준위

1. 수소 원자의 에너지 준위 주 양자수(n)가 같으면 오비탈의 모양에 관계없이 에너지 준위가 같다. ➡ 전자가 1개이므로 원자핵과 전자 사이의 인력에만 영향을 받기 때문이다.

$$1s<2s=2p<3s=3p=3d<4s=4p=4d=4f<\cdots$$

2. 다전자 원자의 에너지 준위 주 양자수(n)와 방위 양자수(l)에 의해 오비탈의 에너지 준위가 결정된다. ➡ 오비탈의 종류에 따라 에너지 준위가 달라지기 때문이다.

- 주 양자수(n)가 같으면 오비탈의 모양에 따른 에너지 준위는 $s<p<d<f$이다.

$$1s<2s<2p<3s<3p<4s<3d<4p<\cdots$$

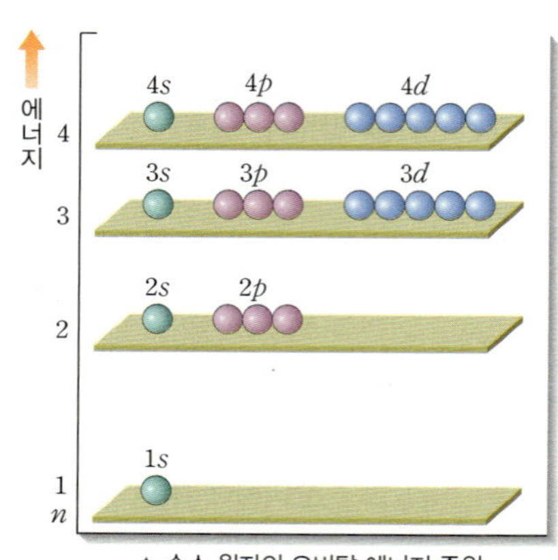

▲ 수소 원자의 오비탈 에너지 준위

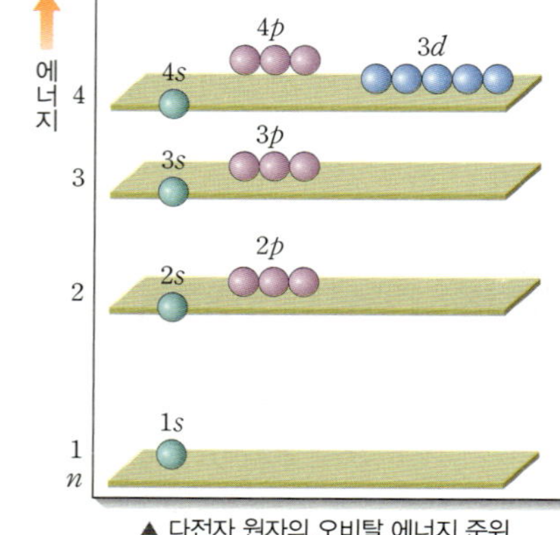

▲ 다전자 원자의 오비탈 에너지 준위

D 전자 배치의 규칙

1. 쌓음 원리 바닥상태 원자에서 전자는 에너지 준위가 낮은 오비탈부터 차례대로 채워진다.

$$1s \rightarrow 2s \rightarrow 2p \rightarrow 3s$$
$$\rightarrow 3p \rightarrow 4s \rightarrow 3d \rightarrow 4p\cdots$$

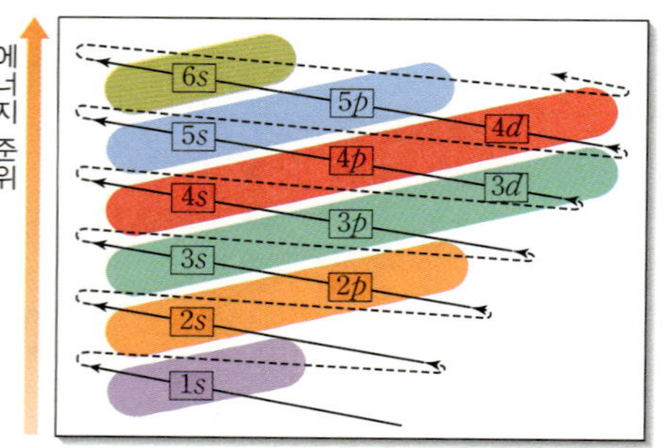

▲ 다전자 원자의 오비탈에 전자가 채워지는 순서

2. 파울리 배타 원리 1개의 오비탈에 들어갈 수 있는 전자 수는 최대 2개이며, 이때 2개의 전자는 스핀 방향이 반대여야 한다.

4가지의 양자수, 즉 주 양자수(n), 방위 양자수(l), 자기 양자수(m_l), 스핀 자기 양자수(m_s)가 모두 같은 전자는 존재할 수 없다.

❖ **다전자 원자에서 오비탈의 에너지 준위**

다전자 원자에서는 주 양자수가 같을 때 오비탈의 종류에 따라 에너지 준위가 달라지는데, 이는 원자핵과 전자 사이의 인력 뿐만 아니라 전자 사이의 반발력도 작용하기 때문이다.

❖ **전자 배치의 표시**

오비탈 기호를 이용하거나 오비탈 상자 모형을 이용한다.
- 오비탈 기호

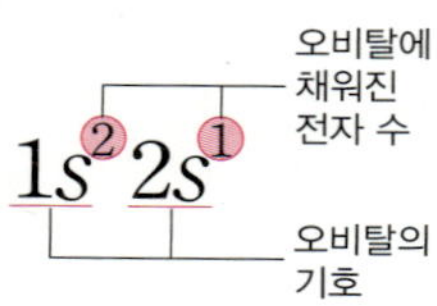

오비탈에 채워진 전자 수

오비탈의 기호

- 오비탈 상자 모형: 화살표를 이용하여 전자를 나타낸다. 이때, 1개의 오비탈에 들어가는 전자 2개의 화살표 방향이 반대여야 한다.

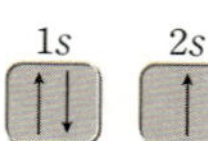

❖ **몇 가지 원자의 전자 배치**

$_3$Li: $1s^22s^1$
$_5$B: $1s^22s^22p^1$
$_7$N: $1s^22s^22p^3$
$_{21}$Sc: $1s^22s^22p^63s^23p^64s^23d^1$

예 $1s$ 오비탈에 전자를 채울 때, 전자의 스핀 방향이 반대여야 두 전자의 양자수가 $(1, 0, 0, +\frac{1}{2})$과 $(1, 0, 0, -\frac{1}{2})$으로 서로 다르다.

3. 훈트 규칙 에너지 준위가 같지만 방향이 다른 오비탈에서 전자가 쌍을 이루지 않고 배치될 때 더 안정하다는 규칙이다. ➡ 에너지 준위가 같은 오비탈에는 홀전자 수가 최대가 되도록 전자를 배치한다.

예 p 오비탈, d 오비탈

오비탈에서 쌍을 이루지 않는 전자

예 탄소 원자($_6$C)의 전자 배치

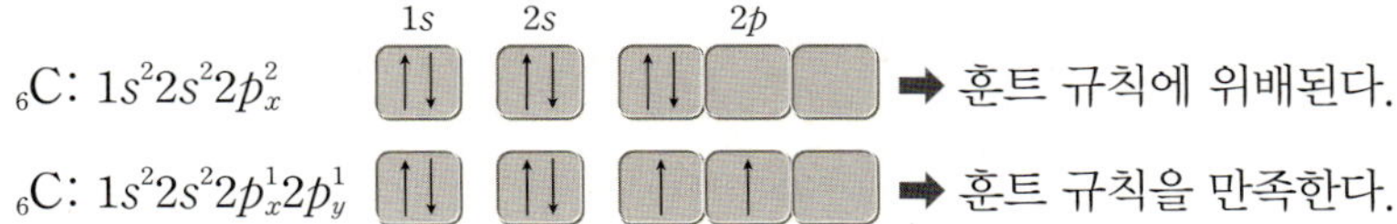

$_6$C: $1s^2 2s^2 2p_x^2$ ➡ 훈트 규칙에 위배된다.

$_6$C: $1s^2 2s^2 2p_x^1 2p_y^1$ ➡ 훈트 규칙을 만족한다.

4. 바닥상태 전자 배치와 들뜬상태 전자 배치 파울리 배타 원리를 만족하지 않는 전자 배치는 존재하지 않으므로, 바닥상태 전자 배치와 들뜬상태 전자 배치에서 모두 파울리 배타 원리를 만족한다.

바닥상태	들뜬상태
에너지가 가장 낮은, 안정한 상태의 전자 배치이다. ➡ 쌓음 원리, 파울리 배타 원리, 훈트 규칙을 모두 만족하는 전자 배치이다.	전자가 높은 에너지 준위의 오비탈로 전이한 상태의 전자 배치이다. ➡ 파울리 배타 원리는 따르지만 쌓음 원리 또는 훈트 규칙에 위배되는 전자 배치이다.
예 탄소($_6$C)의 전자 배치	예 탄소($_6$C)의 전자 배치

❖ 오비탈의 종류와 최대 전자 수

오비탈의 종류	최대 전자 수
s	$2(=2 \times 1)$
p	$6(=2 \times 3)$
d	$10(=2 \times 5)$

1개의 오비탈에는 전자가 최대 2개까지 채워지므로, 1가지의 오비탈에 채워지는 최대 전자 수는 (에너지 준위가 같은 오비탈의 개수)×2이다.

❖ p 오비탈과 쌓음 원리

p_x, p_y, p_z는 에너지 준위가 같으므로 어떤 오비탈에 전자가 1개씩 배치되는지에 관계없이 모두 바닥상태 전자 배치이다.

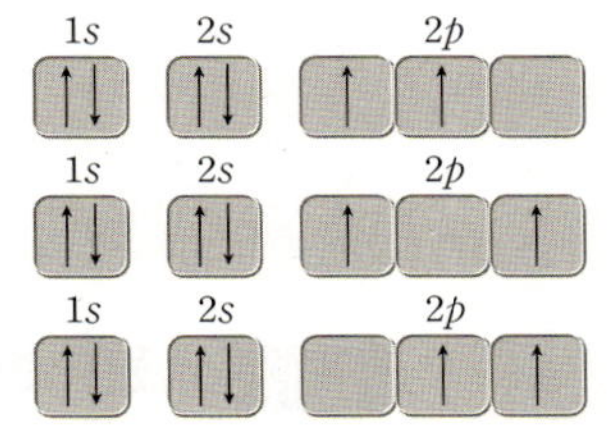

➡ 3가지 전자 배치 모두 쌓음 원리에 위배되지 않는다.

정답 및 해설 | 11쪽

04 ________는 바닥상태 원자에서 전자는 에너지 준위가 낮은 오비탈부터 차례대로 채워진다는 원리이다.

05 ________는 4개의 양자수가 모두 같은 전자는 존재할 수 없다는 원리로, 1개의 오비탈에 스핀 방향이 반대인 전자가 최대 ____개 채워진다는 원리이다.

06 ________은 p 오비탈이나 d 오비탈과 같이 에너지 준위가 같지만 방향이 다른 오비탈에서는 홀전자 수가 최대가 되도록 전자를 배치해야 한다는 원리이다.

03 다음 원소의 바닥상태 전자 배치를 오비탈 기호를 사용하여 표시하시오.

(1) $_4$Be

(2) $_{11}$Na

(3) $_{19}$K

(4) $_{22}$Ti

04 다음 원소의 바닥상태 전자 배치를 오비탈 상자 모형에 표시하시오.

(1) $_7$N

(2) $_{12}$Mg

(3) $_{16}$S

· 오비탈과 전자 배치 ·

원리1 양자수(n, l, m_l) 조합과 주 양자수(n)에 따른 오비탈 수

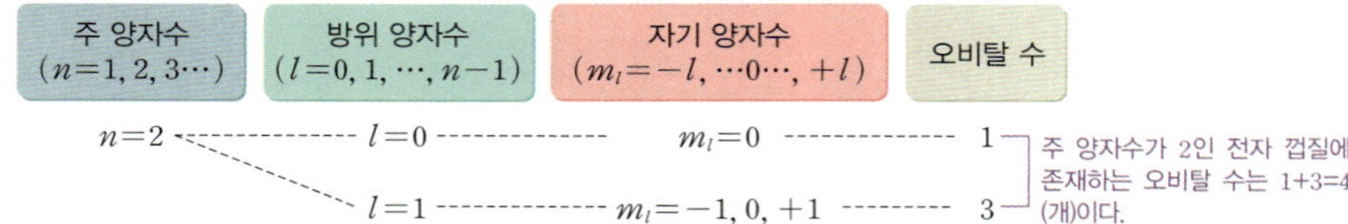

➡ 주 양자수가 n인 전자 껍질에 존재하는 오비탈 수는 n^2(개)이다.

주 양자수(n)	방위 양자수(l)	자기 양자수(m_l)	오비탈의 종류	오비탈 수	
1	0	0	$1s$	1	1
2	0	0	$2s$	1	4
	1	$-1, 0, +1$	$2p$	3	
3	0	0	$3s$	1	9
	1	$-1, 0, +1$	$3p$	3	
	2	$-2, -1, 0, +1, +2$	$3d$	5	

원리2 원자 번호 1번~20번인 원자의 바닥상태 전자 배치

원소 기호	원자 번호	$n=1$ $1s$	$n=2$ $2s$	$2p$	$n=3$ $3s$	$3p$	$n=4$ $4s$	전자 배치
H	1	↑						$1s^1$
He	2	↑↓						$1s^2$
Li	3	↑↓	↑					$1s^2 2s^1$
Be	4	↑↓	↑↓					$1s^2 2s^2$
B	5	↑↓	↑↓	↑				$1s^2 2s^2 2p^1$
C	6	↑↓	↑↓	↑ ↑				$1s^2 2s^2 2p^2$
N	7	↑↓	↑↓	↑ ↑ ↑				$1s^2 2s^2 2p^3$
O	8	↑↓	↑↓	↑↓ ↑ ↑				$1s^2 2s^2 2p^4$
F	9	↑↓	↑↓	↑↓ ↑↓ ↑				$1s^2 2s^2 2p^5$
Ne	10	↑↓	↑↓	↑↓ ↑↓ ↑↓				$1s^2 2s^2 2p^6$
Na	11	↑↓	↑↓	↑↓ ↑↓ ↑↓	↑			$1s^2 2s^2 2p^6 3s^1$
Mg	12	↑↓	↑↓	↑↓ ↑↓ ↑↓	↑↓			$1s^2 2s^2 2p^6 3s^2$
Al	13	↑↓	↑↓	↑↓ ↑↓ ↑↓	↑↓	↑		$1s^2 2s^2 2p^6 3s^2 3p^1$
Si	14	↑↓	↑↓	↑↓ ↑↓ ↑↓	↑↓	↑ ↑		$1s^2 2s^2 2p^6 3s^2 3p^2$
P	15	↑↓	↑↓	↑↓ ↑↓ ↑↓	↑↓	↑ ↑ ↑		$1s^2 2s^2 2p^6 3s^2 3p^3$
S	16	↑↓	↑↓	↑↓ ↑↓ ↑↓	↑↓	↑↓ ↑ ↑		$1s^2 2s^2 2p^6 3s^2 3p^4$
Cl	17	↑↓	↑↓	↑↓ ↑↓ ↑↓	↑↓	↑↓ ↑↓ ↑		$1s^2 2s^2 2p^6 3s^2 3p^5$
Ar	18	↑↓	↑↓	↑↓ ↑↓ ↑↓	↑↓	↑↓ ↑↓ ↑↓		$1s^2 2s^2 2p^6 3s^2 3p^6$
K	19	↑↓	↑↓	↑↓ ↑↓ ↑↓	↑↓	↑↓ ↑↓ ↑↓	↑	$1s^2 2s^2 2p^6 3s^2 3p^6 4s^1$
Ca	20	↑↓	↑↓	↑↓ ↑↓ ↑↓	↑↓	↑↓ ↑↓ ↑↓	↑↓	$1s^2 2s^2 2p^6 3s^2 3p^6 4s^2$

A 현대의 원자 모형

01 그림 (가)~(다)는 각각 톰슨, 러더퍼드, 현대의 원자 모형을 나타낸 것이다.

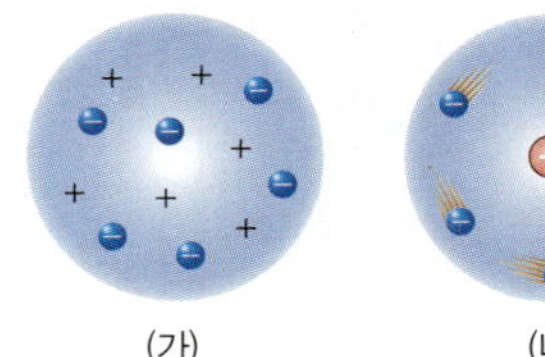
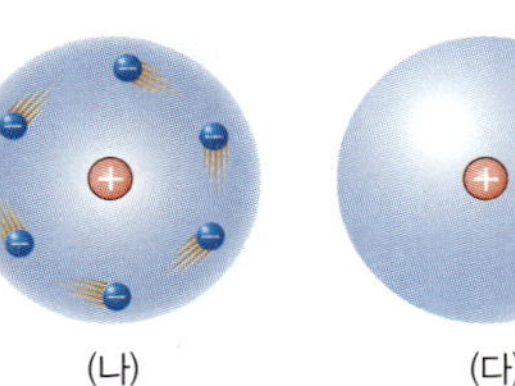

(가)   (나)   (다)

이에 대한 설명으로 옳은 것만을 〈보기〉에서 있는 대로 고른 것은?

| 보기 |

ㄱ. (가)는 음극선 실험에 의해 제안된 모형이다.
ㄴ. (다)로 수소 원자의 선 스펙트럼을 설명할 수 있다.
ㄷ. 원자핵이 존재하는 모형은 (나)와 (다)이다.

① ㄱ   ② ㄷ   ③ ㄱ, ㄴ
④ ㄴ, ㄷ   ⑤ ㄱ, ㄴ, ㄷ

B 양자수   C 오비탈의 에너지 준위

02 그림은 각각 s 오비탈과 p 오비탈을 나타낸 것이다.

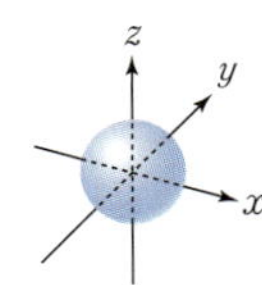 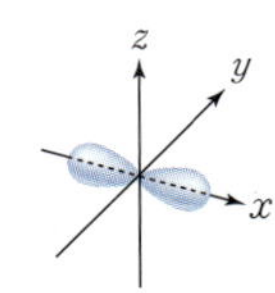 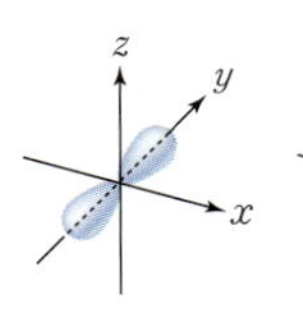 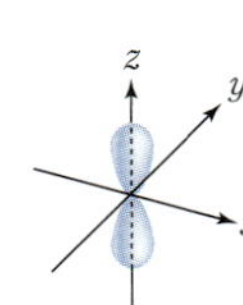

s 오비탈과 p 오비탈에 대한 설명으로 옳은 것만을 〈보기〉에서 있는 대로 고른 것은?

| 보기 |

ㄱ. s 오비탈은 모든 전자 껍질에 존재한다.
ㄴ. p 오비탈은 원자핵으로부터의 거리와 방향이 같으면 전자가 존재할 확률이 같다.
ㄷ. 전자는 오비탈의 경계면 안쪽에서만 발견된다.

① ㄱ   ② ㄷ   ③ ㄱ, ㄴ
④ ㄴ, ㄷ   ⑤ ㄱ, ㄴ, ㄷ

03 양자수와 오비탈에 대한 설명으로 옳지 않은 것은?

① 주 양자수(n)가 클수록 오비탈의 크기가 커진다.
② 주 양자수가 n인 전자 껍질에 존재하는 오비탈 수는 n^2개이다.
③ p 오비탈의 방위 양자수(l)는 1이다.
④ 자기 양자수(m_l)는 오비탈의 방향을 결정한다.
⑤ 주 양자수(n)가 클수록 1개의 오비탈에 들어갈 수 있는 전자 수가 증가한다.

04 그림 (가)~(라)는 질소($_7$N) 원자의 L 전자 껍질에 존재하는 오비탈을 나타낸 것이다.

중요

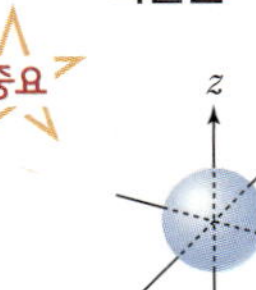 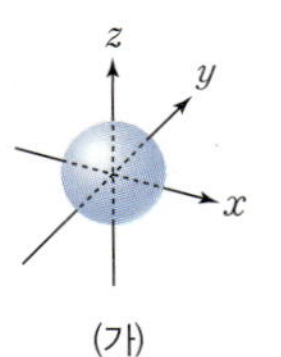 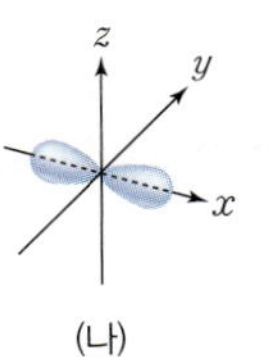 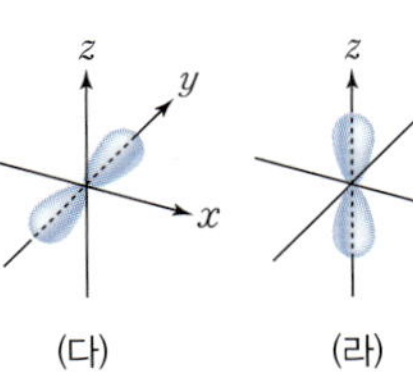

(가)   (나)   (다)   (라)

이에 대한 설명으로 옳은 것만을 〈보기〉에서 있는 대로 고른 것은?

| 보기 |

ㄱ. (가)~(라)의 에너지 준위는 모두 같다.
ㄴ. (나)~(라)의 방위 양자수(l)는 모두 1이다.
ㄷ. (나)~(라)의 자기 양자수(m_l)는 모두 1이다.

① ㄴ   ② ㄷ   ③ ㄱ, ㄴ
④ ㄱ, ㄷ   ⑤ ㄴ, ㄷ

05 4가지 양자수의 조합으로 옳지 <u>않은</u> 것은?

	주 양자수	방위 양자수	자기 양자수	스핀 자기 양자수
①	1	0	0	$-\dfrac{1}{2}$
②	2	0	0	$+\dfrac{1}{2}$
③	2	1	-1	$-\dfrac{1}{2}$
④	3	1	$+2$	$+\dfrac{1}{2}$
⑤	3	2	$+2$	$+\dfrac{1}{2}$

06 그림은 수소 원자의 4가지 오비탈을 나타낸 것이다.

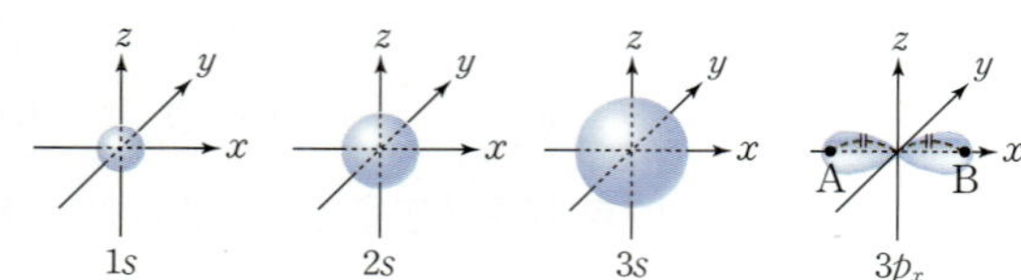

이에 대한 설명으로 옳은 것은?

① $3p_x$ 오비탈의 방위 양자수(l)는 -1이다.
② $2s$ 오비탈의 방위 양자수(l)는 2이다.
③ 에너지 준위는 $1s<2s<3s<3p_x$이다.
④ A와 B에서 전자가 발견될 확률은 같다.
⑤ $3p_x$ 오비탈에서는 원자핵으로부터의 거리가 같으면 전자가 발견될 확률이 같다.

07 다음은 오비탈의 에너지 준위에 관한 학생들의 대화이다.

제시한 의견이 옳은 학생만을 있는 대로 고른 것은?

① 한결 ② 주영 ③ 한결, 수지
④ 수지, 주영 ⑤ 한결, 수지, 주영

D 전자 배치의 규칙

08 그림은 탄소($_6$C) 원자의 3가지 전자 배치를 나타낸 것이다.

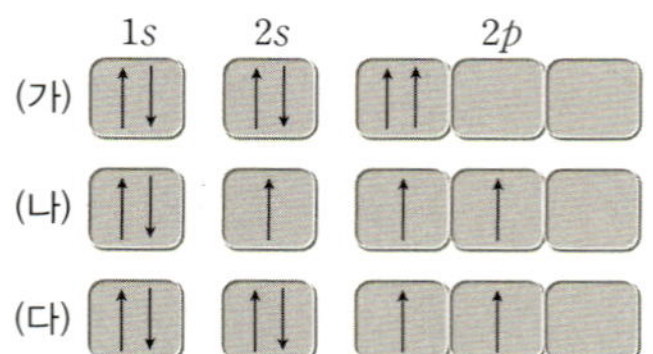

이에 대한 설명으로 옳은 것만을 〈보기〉에서 있는 대로 고른 것은?

| 보기 |
ㄱ. (가)는 불가능한 전자 배치이다.
ㄴ. (나)는 파울리 배타 원리에 위배된다.
ㄷ. 바닥상태의 전자 배치는 (다)이다.

① ㄱ ② ㄴ ③ ㄱ, ㄷ
④ ㄴ, ㄷ ⑤ ㄱ, ㄴ, ㄷ

09 다음 중 바닥상태 탄소($_6$C) 원자의 전자 배치로 적절한 것은?

① 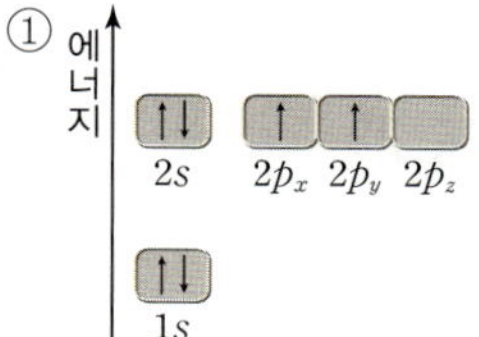

② 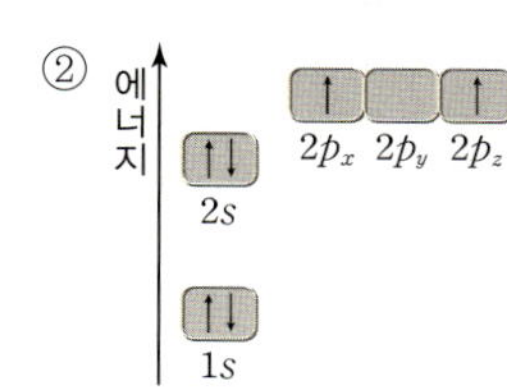

③ 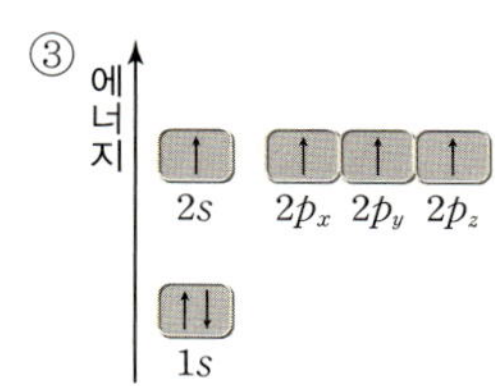

④ 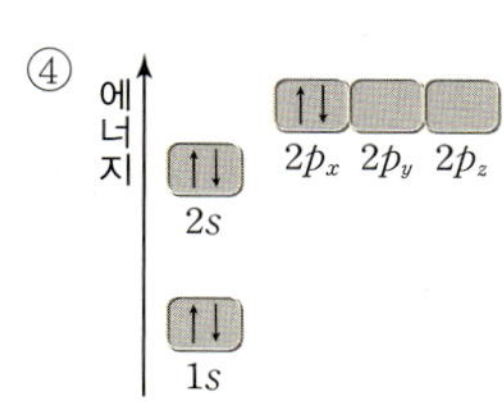

⑤ 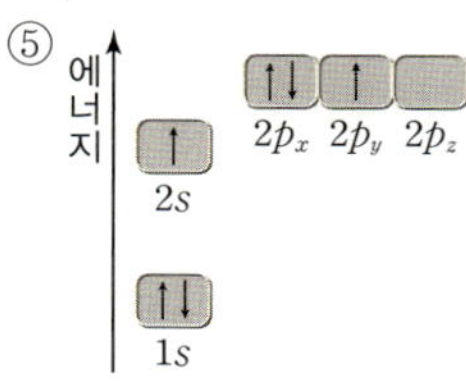

10 그림은 원자 A~D의 전자 배치를 나타낸 것이다.

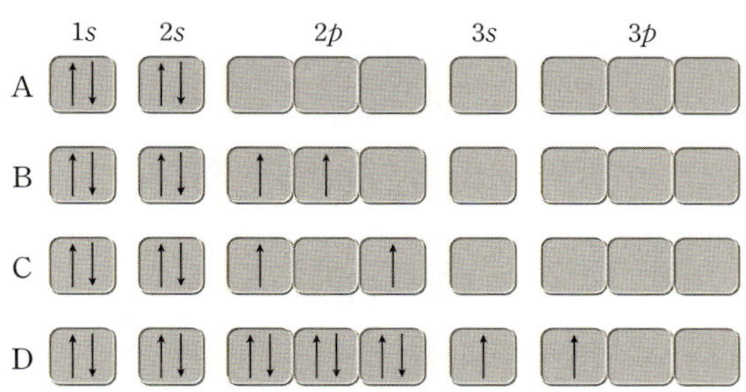

이에 대한 설명으로 옳은 것만을 〈보기〉에서 있는 대로 고른 것은? (단, A~D는 임의의 원소 기호이다.)

| 보기 |

ㄱ. A와 D는 원자가 전자 수가 2로 같다.

ㄴ. B는 바닥상태이다.

ㄷ. C는 쌓음 원리에 위배된다.

① ㄴ ② ㄷ ③ ㄱ, ㄴ

④ ㄱ, ㄷ ⑤ ㄱ, ㄴ, ㄷ

11 질소($_7$N), 산소($_8$O), 염소($_{17}$Cl) 원자의 바닥상태 전자 배치를 그림의 오비탈에 나타내시오.

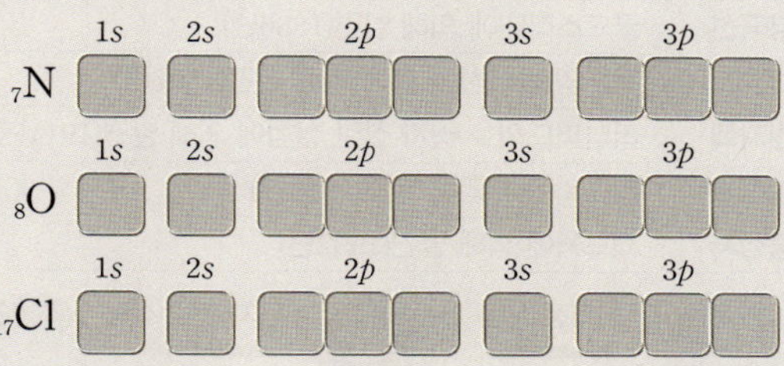

12 $_{20}$Ca과 $_{21}$Sc 원자의 바닥상태 전자 배치를 오비탈 기호를 사용하여 나타내시오.

13 그림 (가)와 (나)는 각각 산소($_8$O) 원자의 전자 배치를 나타낸 것이다.

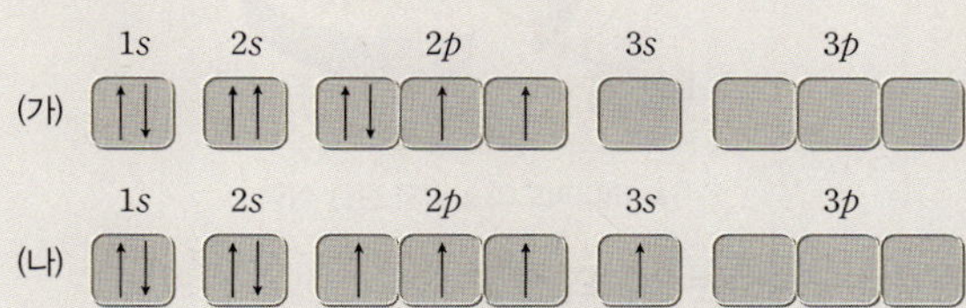

(가)와 (나)가 각각 쌓음 원리, 파울리 배타 원리, 훈트 규칙 중 어느 것에 위배되는지를 쓰고, 그렇게 생각한 까닭을 각 규칙의 정의와 연관지어 서술하시오.

01 원자의 구조

→ 044~051쪽

1. 원자를 구성하는 입자의 발견

(1) 원자를 구성하는 입자의 발견 과정

양극선	골드스타인에 의해 발견(1886년)
전자	톰슨의 음극선 실험에 의해 발견(1897년)
원자핵	러더퍼드의 α 입자 산란 실험에 의해 발견(1911년)
양성자	러더퍼드에 의해 발견(1919년)
중성자	채드윅에 의해 발견(1932년)

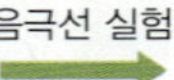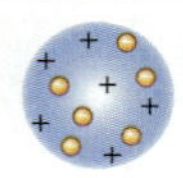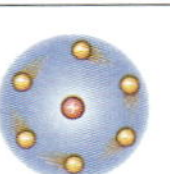

(2) 톰슨의 음극선 실험과 전자의 발견: 톰슨은 음극선을 활용한 몇 가지 실험을 통해 음극선은 (−)전하를 띠며 질량을 가진 입자의 흐름임을 밝혀내었다.

실험 및 결과	해석
음극선의 진로에 전기장을 걸어 주면 (+)극 쪽으로 휘어진다.	음극선은 (−)전하를 띤다.
음극선의 진로에 장애물을 놓으면 그림자가 생긴다.	음극선은 직진하는 성질이 있다.
음극선의 진로에 바람개비를 놓으면 바람개비가 돌아간다.	음극선은 질량을 가진 입자로 이루어져 있다.

(3) 러더퍼드의 α 입자 산란 실험과 원자핵의 발견: 러더퍼드는 α 입자 산란 실험에서 일부 α 입자가 크게 휘어지거나 튕겨나오는 것을 관찰하였다. 이를 통해 원자의 대부분은 빈 공간이며, 원자의 중심에 부피는 매우 작고 (+)전하를 띠며 원자 질량의 대부분을 차지하는 (㉠   )이 존재함을 발견하였다.

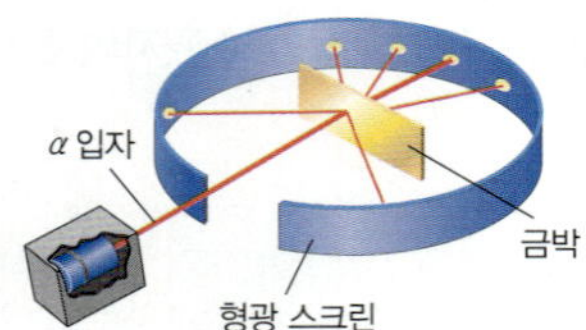

▲ 러더퍼드의 α 입자 산란 실험

2. 원자를 구성하는 입자의 성질

입자		질량(g)	전하량(C)	상대적 전하량
원자핵	양성자	1.673×10^{-24}	$+1.602 \times 10^{-19}$	$+1$
	중성자	1.675×10^{-24}	0	0
전자		9.109×10^{-28}	-1.602×10^{-19}	-1

➡ 원자 질량의 대부분을 차지하는 것은 원자핵이다.

3. 원자 표시법

(1) **원자 번호**: 원자의 양성자수(= 전자 수)

(2) **질량수**: 양성자수와 중성자수의 합

(3) **원자 표시법**: 원소 기호의 왼쪽 아래에는 원자 번호를, 왼쪽 위에는 질량수를 표시한다.

$$\text{질량수} \rightarrow {}^{A}_{Z}\text{X} \leftarrow \text{원소 기호}$$
$$\text{원자 번호} \rightarrow$$

4. 동위 원소와 평균 원자량

(1) **동위 원소**: 양성자수는 같지만 (㉡   )가 달라 질량수가 다른 원소이다. ➡ 화학적 성질은 같지만, 물리적 성질은 다르다. 예 ${}^{1}_{1}\text{H}$와 ${}^{2}_{1}\text{H}$

(2) **평균 원자량**: 각 동위 원소의 원자량과 존재 비율을 곱한 값의 합으로 구한 원자량이다.

동위 원소	원자량	존재 비율(%)
${}^{35}_{17}\text{Cl}$	35	75.76
${}^{37}_{17}\text{Cl}$	37	24.24

➡ Cl의 평균 원자량: $\left(35 \times \dfrac{75.76}{100}\right) + \left(37 \times \dfrac{24.24}{100}\right) ≒ 35.45$

02 보어 원자 모형

→ 052~057쪽

1. 보어 원자 모형

(1) 보어 원자 모형

- 전자는 특정 에너지 준위를 갖는 원형 궤도를 따라 원자핵 주위를 원운동한다. ➡ 전자가 원운동하는 원형 궤도를 (㉢   )이라고 한다.

- 각 전자 껍질은 원자핵에서 가까운 것부터 K$(n=1)$, L$(n=2)$, M$(n=3)$…으로 나타내며, 이때 n을 (㉣   )라고 한다.

- 각 전자 껍질의 에너지 준위(E_n)는 주 양자수(n)에 의해 결정되며, 주 양자수(n)가 클수록 에너지 준위가 (㉤   ).

$$E_n = -\frac{1312}{n^2} \text{ kJ/mol} \ (n=1,\ 2,\ 3\cdots)$$

- 주 양자수(n)가 커질수록 이웃한 전자 껍질 사이의 에너지 준위 차이는 작아진다.

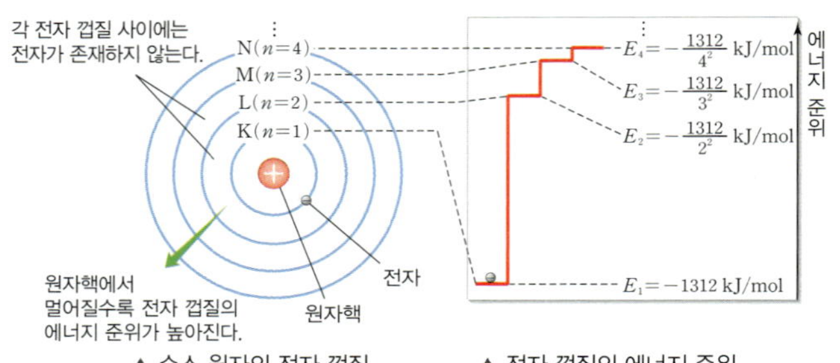

▲ 수소 원자의 전자 껍질　　　▲ 전자 껍질의 에너지 준위

(2) 바닥상태와 들뜬상태

바닥상태	들뜬상태
원자의 에너지가 가장 낮은 상태로, 전자가 가장 낮은 에너지 준위의 전자 껍질에 들어 있는 상태	바닥상태 원자의 전자가 에너지를 흡수하여 높은 에너지 준위의 전자 껍질로 전이한 상태

- 전자가 다른 에너지 준위를 갖는 전자 껍질로 전이할 때, 에너지를 방출하거나 흡수한다. ($\Delta E = E_{처음} - E_{나중}$)

구분	에너지 흡수	에너지 방출
전자 전이	안쪽 전자 껍질에서 바깥쪽 전자 껍질로 전자가 전이한다.	바깥쪽 전자 껍질에서 안쪽 전자 껍질로 전자가 전이한다.
모형	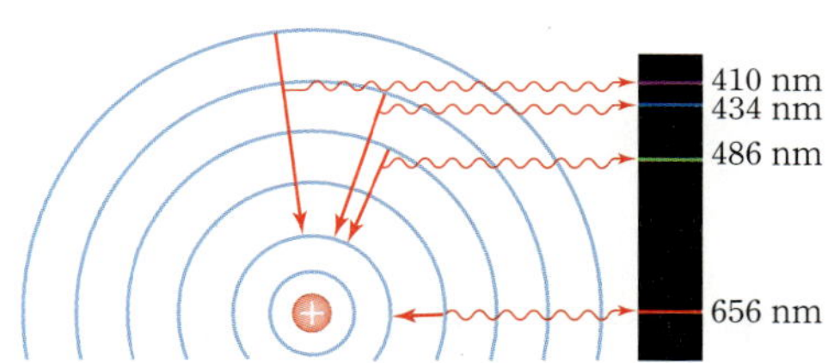	

2. 수소 원자의 전자 전이와 선 스펙트럼

(1) 수소 원자의 선 스펙트럼 계열

스펙트럼 계열	스펙트럼 영역	전자 전이
라이먼 계열	자외선	$n \geq 2 \rightarrow n=1$
발머 계열	가시광선	$n \geq 3 \rightarrow n=2$
파셴 계열	적외선	$n \geq 4 \rightarrow n=3$

(2) 수소 원자의 가시광선 영역 선 스펙트럼과 전자 전이

전자 전이	$n=3 \rightarrow n=2$	$n=4 \rightarrow n=2$	$n=5 \rightarrow n=2$	$n=6 \rightarrow n=2$
ΔE	656	486	434	410
파장 (nm)	E_3-E_2 $=\dfrac{5}{36}k$	E_4-E_2 $=\dfrac{3}{16}k$	E_5-E_2 $=\dfrac{21}{100}k$	E_6-E_2 $=\dfrac{8}{36}k$

03 현대의 원자 모형과 전자 배치의 규칙 ➡ 058~065쪽

1. 오비탈(궤도 함수)

현대의 원자 모형에서는 원자핵 주위에서 전자가 존재할 수 있는 공간을 확률 분포로 나타내는데, 이를 오비탈이라 한다.

(1) 오비탈의 종류

오비탈의 모양에 따라 s, p, d 등의 기호를 사용하여 나타낸다.

구분	s 오비탈	p 오비탈
모형	$1s$, $2s$, $3s$	p_x, p_y, p_z
특징	• (ⓑ) 모양으로, 모든 전자 껍질에 존재하며 핵으로부터의 거리가 같으면 전자가 발견될 확률이 같다. ➡ 방향성이 없다.	• (ⓐ) 모양으로, 두 번째 전자 껍질부터 존재하며 핵으로부터의 거리와 방향에 따라 전자가 발견될 확률이 다르다. • 에너지 준위가 같고 (ⓒ)이 다른 3개의 오비탈이 존재한다.

2. 양자수

종류	특징		
주 양자수(n)	• 오비탈의 크기와 (ⓩ)를 결정한다. • 자연수만 가능하다. • 보어 원자 모형의 전자 껍질에 해당한다.		
(ⓩ)(l)	• 오비탈의 종류(모양)를 결정하며, 주 양자수가 n일 때 $l=0$부터 $l=n-1$까지 가능하다.		
	방위 양자수(l)	0	1	2
	오비탈의 종류	s	p	d
(㉠)(m_l)	• 오비탈의 방향을 결정하며, 방위 양자수가 l일 때 $-l \sim +l$까지의 정수만 가능하다.		
	방위 양자수(l)	0	1	2
	자기 양자수(m_l)	0	-1, 0, 1	-2, -1, 0, 1, 2
스핀 자기 양자수(m_s)	• 전자가 회전하는 방향을 나타낸다. • $+\dfrac{1}{2}$과 $-\dfrac{1}{2}$이 있다.		

3. 오비탈의 에너지 준위

수소 원자	주 양자수(n)에 의해 에너지 준위가 결정된다. ➡ $1s < 2s = 2p < 3s = 3p = 3d < 4s \cdots$
다전자 원자	주 양자수(n)와 방위 양자수(l)에 따라 에너지 준위가 결정된다. ➡ $1s < 2s < 2p < 3s < 3p < 4s < 3d \cdots$

4. 전자 배치의 규칙

(1) (ⓔ): 에너지 준위가 낮은 오비탈부터 전자가 순서대로 채워진다.

(2) (ⓟ): 1개의 오비탈에는 스핀 방향이 서로 다른 전자가 최대 2개까지 채워진다.

(3) (ⓗ): 에너지 준위가 같은 여러 개의 오비탈이 있는 경우, 홀전자 수가 최대가 되도록 전자를 배치한다.

01 원자의 구조

01 그림 (가)는 원자를 구성하는 입자 X를 발견한 실험을, (나)는 어떤 원자를 모형으로 나타낸 것이다.

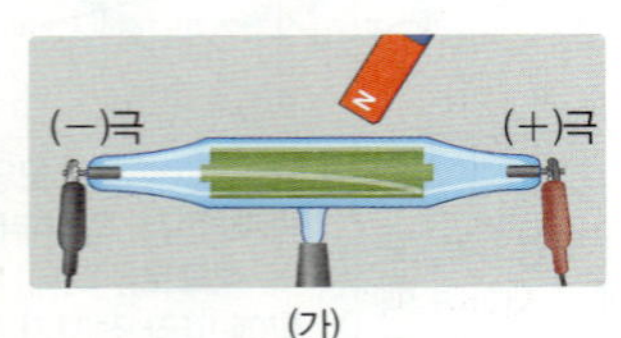

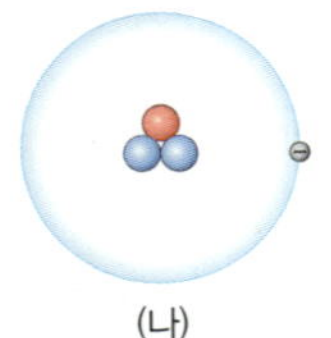

(가)　　　　　　(나)

이에 대한 설명으로 옳은 것만을 〈보기〉에서 있는 대로 고른 것은?

> **보기**
> ㄱ. (가)에서 빛의 진로에 불투명한 장애물을 놓으면 그림자가 생긴다.
> ㄴ. (가)에서 발견한 X는 (나)의 ⊖이다.
> ㄷ. (나)는 (가)의 결과로 제안되었다.

① ㄱ　　　　② ㄴ　　　　③ ㄱ, ㄴ
④ ㄱ, ㄷ　　　⑤ ㄱ, ㄴ, ㄷ

02  그림은 러더퍼드의 α 입자 산란 실험을 나타낸 것이다.

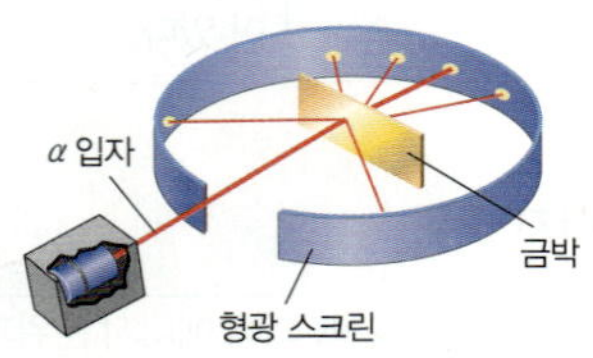

이에 대한 설명으로 옳은 것만을 〈보기〉에서 있는 대로 고른 것은?

> **보기**
> ㄱ. α 입자는 (+)전하를 띠고 있다.
> ㄴ. 대부분의 α 입자가 금박을 통과하므로 원자의 대부분은 빈 공간임을 알 수 있다.
> ㄷ. 금($_{79}Au$)박 대신 마그네슘($_{12}Mg$)박을 사용해도 경로가 크게 휘거나 튕겨져 나온 α 입자의 수는 같을 것이다.

① ㄴ　　　　② ㄷ　　　　③ ㄱ, ㄴ
④ ㄱ, ㄷ　　　⑤ ㄱ, ㄴ, ㄷ

03 그림은 원자 A~D의 원자 번호와 중성자수를 나타낸 것이다.

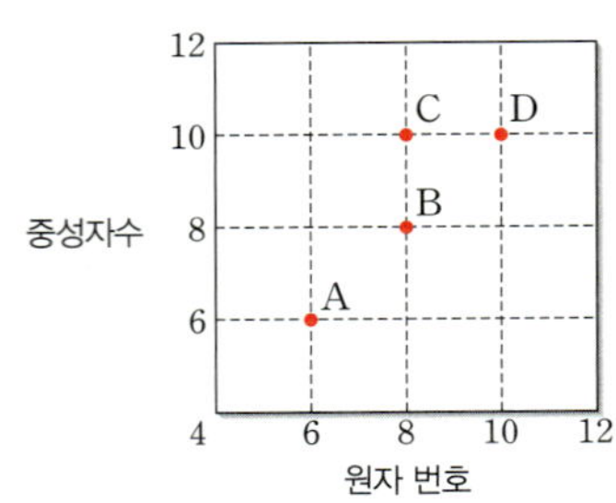

이에 대한 설명으로 옳은 것만을 〈보기〉에서 있는 대로 고른 것은? (단, A~D는 임의의 원소 기호이다.)

> **보기**
> ㄱ. A를 원자 표시법으로 나타내면 $_{6}^{12}A$이다.
> ㄴ. B와 C의 양성자수는 같다.
> ㄷ. C와 D의 질량수는 같다.

① ㄴ　　　　② ㄷ　　　　③ ㄱ, ㄴ
④ ㄱ, ㄷ　　　⑤ ㄱ, ㄴ, ㄷ

04 그림 (가)~(다)는 원자 또는 이온을 모형으로 나타낸 것이다. (가)~(다) 중 이온은 1가지이다.

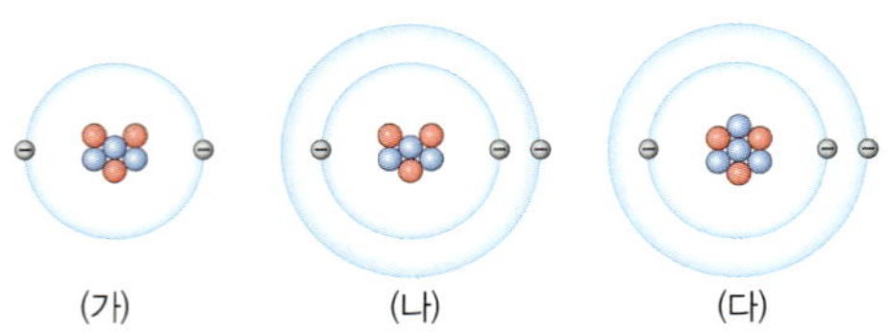

(가)　　　　　(나)　　　　　(다)

이에 대한 설명으로 옳은 것만을 〈보기〉에서 있는 대로 고른 것은?

> **보기**
> ㄱ. (가)는 양이온이다.
> ㄴ. ● 는 양성자이다.
> ㄷ. (나)와 (다)는 동위 원소이다.

① ㄴ　　　　② ㄷ　　　　③ ㄱ, ㄴ
④ ㄱ, ㄷ　　　⑤ ㄱ, ㄴ, ㄷ

05 표는 X 이온과 Y 이온을 구성하는 입자 $a \sim c$의 수를 나타낸 것이다. $a \sim c$는 각각 양성자, 중성자, 전자 중 하나이다.

이온	a의 수	b의 수	c의 수
X 이온	12	11	10
Y 이온	10	8	10

이에 대한 설명으로 옳은 것만을 〈보기〉에서 있는 대로 고른 것은? (단, 이온은 18족 원소의 전자 배치를 이룬다.)

| 보기 |
ㄱ. a는 양성자이다.
ㄴ. 질량수는 X가 Y보다 크다.
ㄷ. Y 이온은 음이온이다.

① ㄱ   ② ㄴ   ③ ㄱ, ㄷ
④ ㄴ, ㄷ   ⑤ ㄱ, ㄴ, ㄷ

06 그림은 자연계에 존재하는 $^{35}_{17}\text{Cl}$와 $^{37}_{17}\text{Cl}$의 존재 비율을 나타낸 것이다.

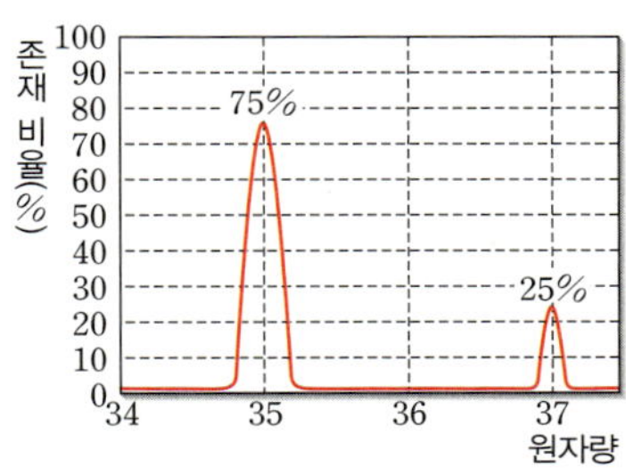

이에 대한 설명으로 옳은 것만을 〈보기〉에서 있는 대로 고른 것은?

| 보기 |
ㄱ. Cl_2의 분자량은 4가지이다.
ㄴ. Cl의 평균 원자량은 35.5이다.
ㄷ. $^{35}_{17}\text{Cl}$와 $^{37}_{17}\text{Cl}$는 1 g당 원자 수가 같다.

① ㄱ   ② ㄴ   ③ ㄱ, ㄷ
④ ㄴ, ㄷ   ⑤ ㄱ, ㄴ, ㄷ

---

02 보어 원자 모형

07 표는 수소 원자에서 일어나는 전자 전이 Ⅰ~Ⅳ의 전이 전 주 양자수($n_{전}$)와 전이 후 주 양자수($n_{후}$)를 나타낸 것이다.

전자 전이	Ⅰ	Ⅱ	Ⅲ	Ⅳ
$n_{전}$	1	2	1	4
$n_{후}$	2	3	3	2

이에 대한 설명으로 옳은 것만을 〈보기〉에서 있는 대로 고른 것은? (단, 수소 원자의 에너지 준위 $E_n = -\dfrac{k}{n^2}$ kJ/mol이고, n은 주 양자수, k는 상수이다.)

| 보기 |
ㄱ. Ⅰ과 Ⅱ에 각각 해당하는 빛의 파장의 합은 Ⅲ에 해당하는 빛의 파장과 같다.
ㄴ. Ⅳ에서 방출하는 빛은 자외선 영역에 해당한다.
ㄷ. Ⅰ과 Ⅲ에 해당하는 빛의 에너지 비는 27 : 32이다.

① ㄱ   ② ㄴ   ③ ㄷ
④ ㄴ, ㄷ   ⑤ ㄱ, ㄴ, ㄷ

08 그림은 수소 원자의 에너지 준위와 전자 전이 $a \sim c$를 나타낸 것이다.

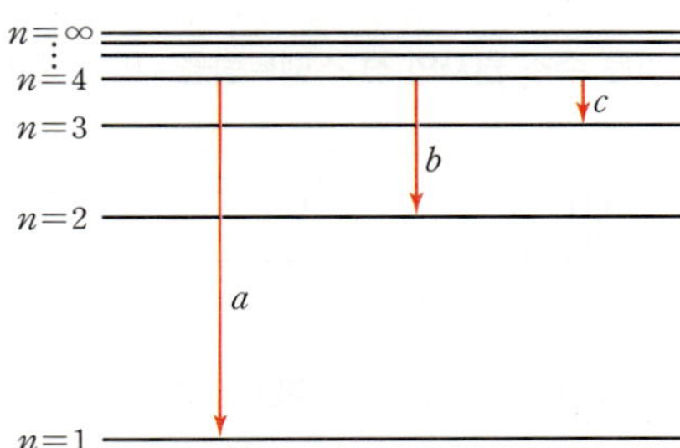

이에 대한 설명으로 옳은 것만을 〈보기〉에서 있는 대로 고른 것은? (단, 수소 원자의 에너지 준위 $E_n = -\dfrac{k}{n^2}$ kJ/mol이고, n은 주 양자수, k는 상수이다.)

| 보기 |
ㄱ. $a \sim c$ 중 방출하는 빛의 파장은 a가 가장 길다.
ㄴ. 방출하는 빛의 진동수 비는 $a : b = 5 : 1$이다.
ㄷ. c에서 방출하는 빛은 파셴 계열에 해당한다.

① ㄱ   ② ㄷ   ③ ㄱ, ㄴ
④ ㄴ, ㄷ   ⑤ ㄱ, ㄴ, ㄷ

09 그림 (가)는 수소 원자에서 전자가 전이($n+1 \rightarrow n$)할 때 방출하는 에너지(ΔE)를 주 양자수(n)에 따라 나타낸 것이고, (나)는 수소 원자의 선 스펙트럼 중 가시광선 영역을 나타낸 것이다.

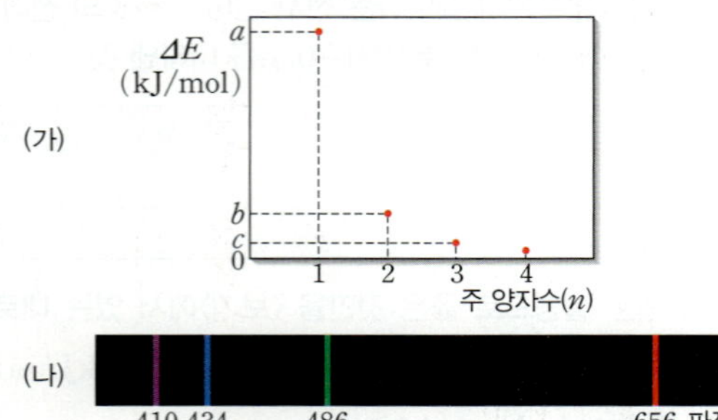

이에 대한 설명으로 옳은 것만을 〈보기〉에서 있는 대로 고른 것은?

─┤ 보기 ├─
ㄱ. a에 해당하는 빛의 파장은 $410\,nm$이다.
ㄴ. $486\,nm$의 빛에서 방출하는 에너지는 $(b+c)\,kJ/mol$이다.
ㄷ. c에 해당하는 빛은 발머 계열에 해당한다.

① ㄴ ② ㄷ ③ ㄱ, ㄴ
④ ㄱ, ㄷ ⑤ ㄱ, ㄴ, ㄷ

10 그림은 수소 원자의 선 스펙트럼을 나타낸 것이다.

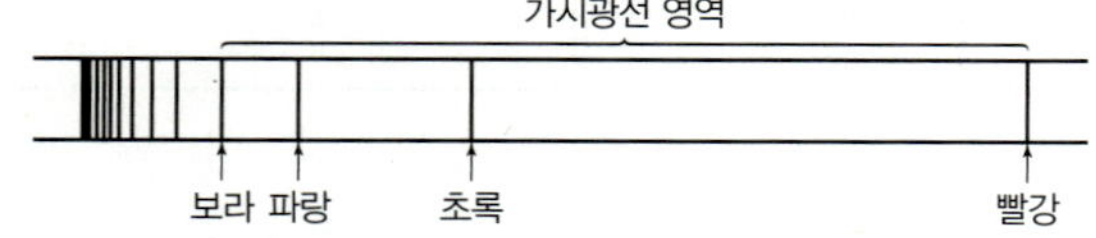

이에 대한 설명으로 옳은 것만을 〈보기〉에서 있는 대로 고른 것은? (단, 수소 원자의 에너지 준위 $E_n = -\dfrac{k}{n^2}\,kJ/mol$이고, n은 주 양자수, k는 상수이다.)

─┤ 보기 ├─
ㄱ. 파랑은 $n=5 \rightarrow n=2$의 전자 전이에서 방출하는 빛이다.
ㄴ. 빨강과 보라에 각각 해당하는 전자 전이에서 방출되는 에너지 비는 5 : 8이다.
ㄷ. $|E_{보라}-E_{파랑}| < |E_{파랑}-E_{초록}|$이다.

① ㄱ ② ㄴ ③ ㄱ, ㄷ
④ ㄴ, ㄷ ⑤ ㄱ, ㄴ, ㄷ

11 표는 수소 원자의 전자 전이 (가)~(다)에서 방출하는 빛의 에너지를 나타낸 것이다.

전자 전이	(가)	(나)	(다)
에너지(kJ/mol)	$\dfrac{3}{4}k$	$\dfrac{3}{16}k$	k

이에 대한 설명으로 옳은 것만을 〈보기〉에서 있는 대로 고른 것은? (단, 수소 원자의 에너지 준위 $E_n = -\dfrac{k}{n^2}\,kJ/mol$이고, n은 주 양자수, k는 상수이다.)

─┤ 보기 ├─
ㄱ. (가)는 $n=4 \rightarrow n=1$의 전자 전이이다.
ㄴ. (가)~(다)에서 방출하는 빛은 모두 라이먼 계열에 해당한다.
ㄷ. $k\,kJ/mol$은 수소 원자 1몰을 수소 이온(H^+)으로 만드는 데 필요한 에너지이다.

① ㄱ ② ㄴ ③ ㄷ
④ ㄴ, ㄷ ⑤ ㄱ, ㄴ, ㄷ

---

03 현대의 원자 모형과 전자 배치의 규칙

12 그림 (가)는 수소 원자에서의 전자 전이를, (나)는 수소 원자의 오비탈 3가지를 나타낸 것이다. (가)의 Ⅰ~Ⅲ에서 방출하는 에너지는 각각 $E_Ⅰ$~$E_Ⅲ$이다.

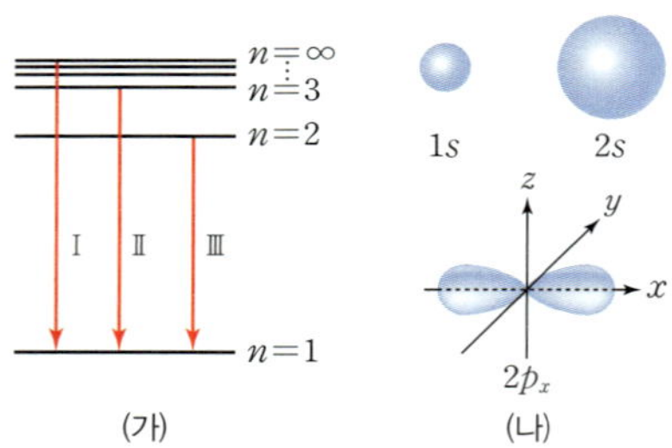

이에 대한 설명으로 옳은 것만을 〈보기〉에서 있는 대로 고른 것은?

─┤ 보기 ├─
ㄱ. $E_Ⅰ = E_Ⅱ + E_Ⅲ$이다.
ㄴ. $2p_x$ 오비탈에서 $1s$ 오비탈로 전자가 전이할 때 방출하는 에너지는 $E_Ⅲ$이다.
ㄷ. (나)의 $2s$ 오비탈과 $2p_x$ 오비탈의 에너지 준위는 (가)에서 $n=2$의 에너지 준위와 같다.

① ㄱ ② ㄴ ③ ㄷ
④ ㄴ, ㄷ ⑤ ㄱ, ㄴ, ㄷ

13 다음은 바닥상태 산소(O) 원자에서 전자가 들어 있는 오비탈 A~C에 대한 설명이다. A~C는 각각 $1s$, $2s$, $2p$ 중 하나이다.

> • A와 B는 주 양자수가 같다.
> • B와 C는 방위 양자수가 같다.

이에 대한 설명으로 옳은 것만을 〈보기〉에서 있는 대로 고른 것은?

| 보기 |
> ㄱ. A에는 자기 양자수(m_l)가 다른 3개의 오비탈이 있다.
> ㄴ. 오비탈의 크기는 B>C이다.
> ㄷ. 에너지 준위는 A>B>C이다.

① ㄱ ② ㄷ ③ ㄱ, ㄴ
④ ㄴ, ㄷ ⑤ ㄱ, ㄴ, ㄷ

14 그림은 주 양자수(n)가 2인 3가지 p 오비탈 (가)~(다)를 나타낸 것이다.

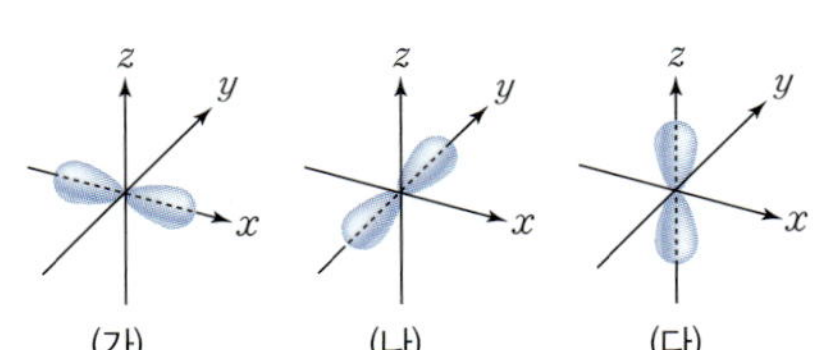

(가)~(다)의 공통점으로 옳은 것만을 〈보기〉에서 있는 대로 고른 것은?

| 보기 |
> ㄱ. 원자핵으로부터의 거리와 방향이 같으면 전자가 발견될 확률이 같다.
> ㄴ. 에너지 준위가 같다.
> ㄷ. 주 양자수(n), 방위 양자수(l), 자기 양자수(m_l)가 같다.

① ㄴ ② ㄷ ③ ㄱ, ㄴ
④ ㄱ, ㄷ ⑤ ㄱ, ㄴ, ㄷ

15 그림은 원자 A~D의 전자 배치를 나타낸 것이다.

중요

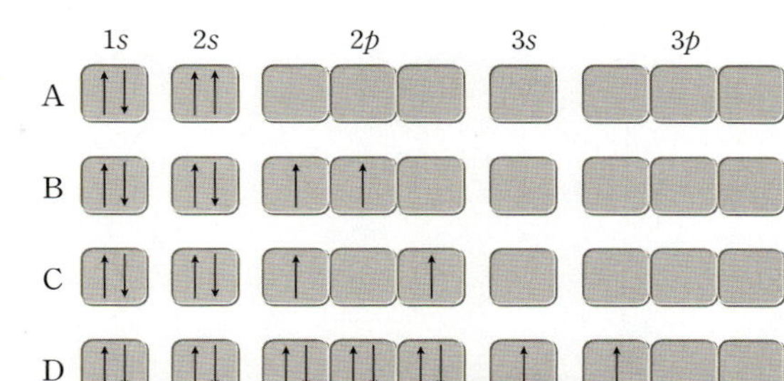

이에 대한 설명으로 옳은 것만을 〈보기〉에서 있는 대로 고른 것은? (단, A~D는 임의의 원소 기호이다.)

| 보기 |
> ㄱ. A는 불가능한 전자 배치이다.
> ㄴ. B와 C는 쌓음 원리를 만족한다.
> ㄷ. D는 파울리 배타 원리를 만족한다.

① ㄱ ② ㄴ ③ ㄷ
④ ㄴ, ㄷ ⑤ ㄱ, ㄴ, ㄷ

16 표는 2, 3주기 원소 X~Z의 바닥상태 전자 배치에서 홀전자 수와 전자가 들어 있는 $\dfrac{p \text{ 오비탈 수}}{s \text{ 오비탈 수}}$ 를 나타낸 것이다.

원자	X	Y	Z
홀전자 수	㉠	2	1
$\dfrac{p \text{ 오비탈 수}}{s \text{ 오비탈 수}}$	0.5	1	1

이에 대한 설명으로 옳은 것만을 〈보기〉에서 있는 대로 고른 것은? (단, X~Z는 임의의 원소 기호이다.)

| 보기 |
> ㄱ. ㉠은 1이다.
> ㄴ. Y는 14족 원소이다.
> ㄷ. Z는 3주기 원소이다.

① ㄱ ② ㄴ ③ ㄱ, ㄷ
④ ㄴ, ㄷ ⑤ ㄱ, ㄴ, ㄷ

02

원소의 주기적 성질

01. 주기율표
02. 원소의 주기적 성질

01 주기율표

A 주기율표

1. 주기율과 주기율표

(1) **주기율**: 원소를 원자 번호 순서대로 배열하였을 때 일정한 간격을 두고 화학적 성질이 비슷한 원소들이 주기적으로 나타나는 것

(2) **주기율표**: 주기율에 따라 원소를 배열한 표

2. 주기율표가 만들어진 과정

(1) **되베라이너의 세 쌍 원소설(1828년)**: 화학적 성질이 비슷한 원소를 3개씩 묶어 세 쌍 원소로 분류하고, 세 쌍 원소를 원자량 순으로 나열했을 때 중간 원소의 원자량은 나머지 원소의 원자량의 평균값이다.

(2) **뉴랜즈의 옥타브설(1864년)**: 원소를 원자량 순서대로 배열하였을 때 8번째 원소마다 성질이 비슷한 원소가 나타난다.

(3) **멘델레예프의 주기율표(1869년)**: 당시에 알려진 63종의 원소를 원자량 순서대로 배열하였을 때 성질이 비슷한 원소가 주기적으로 나타남을 발견하고, 최초의 주기율표를 작성하였다.

① 아직 발견되지 않은 원소의 존재와 그 성질을 예측하였다.

② 원자량 순서대로 배열했을 때 주기성에서 벗어나는 몇몇 원소가 있다. **예** 원자량 39.95인 $_{18}Ar$과 원자량 39.10인 $_{19}K$

(4) **모즐리의 주기율표(1913년)**: 원소를 원자량 순서가 아닌 원자 번호(양성자수) 순서로 배열하여 원소의 주기율을 설명하고, 현대 주기율표의 기초를 완성하였다.

➡ 원소의 주기성이 원자량이 아닌 원자 번호(양성자수)와 관련 있음을 발견하였다.

3. 현대의 주기율표

화학적 성질이 비슷한 원소가 같은 세로줄에 오도록 원소를 원자 번호(양성자수) 순서로 나열한 표이다.

❖ 되베라이너의 세 쌍 원소설

• 세 쌍 원소의 예: Li, Na, K
• Li, Na, K의 원자량

원소	원자량
Li	7.0
Na	23.0
K	39.0

➡ Na의 원자량 $= \dfrac{7+39}{2} = 23$으로 Li과 K의 원자량 평균값과 같다.

❖ 멘델레예프의 예측

원자량이 68인 원소를 에카―알루미늄(Ea)이라 명명하고 그 화학적 성질을 예측하였다. 이 원소는 훗날 갈륨(Ga)으로 명명되었다.

	예측	실제
원소 기호	Ea	Ga
원자량	68	69.9
밀도(g/cm³)	5.9	5.94
녹는점(°C)	낮음	29.8

주기＼족	1	2	3	4	5	6	7	8	9	10	11	12	13	14	15	16	17	18
1	$_1H$ 수소																	$_2He$ 헬륨
2	$_3Li$ 리튬	$_4Be$ 베릴륨											$_5B$ 붕소	$_6C$ 탄소	$_7N$ 질소	$_8O$ 산소	$_9F$ 플루오린	$_{10}Ne$ 네온
3	$_{11}Na$ 나트륨	$_{12}Mg$ 마그네슘											$_{13}Al$ 알루미늄	$_{14}Si$ 규소	$_{15}P$ 인	$_{16}S$ 황	$_{17}Cl$ 염소	$_{18}Ar$ 아르곤
4	$_{19}K$ 칼륨	$_{20}Ca$ 칼슘	$_{21}Sc$ 스칸듐	$_{22}Ti$ 타이타늄	$_{23}V$ 바나듐	$_{24}Cr$ 크로뮴	$_{25}Mn$ 망가니즈	$_{26}Fe$ 철	$_{27}Co$ 코발트	$_{28}Ni$ 니켈	$_{29}Cu$ 구리	$_{30}Zn$ 아연	$_{31}Ga$ 갈륨	$_{32}Ge$ 저마늄	$_{33}As$ 비소	$_{34}Se$ 셀레늄	$_{35}Br$ 브로민	$_{36}Kr$ 크립톤
5	$_{37}Rb$ 루비듐	$_{38}Sr$ 스트론튬	$_{39}Y$ 이트륨	$_{40}Zr$ 지르코늄	$_{41}Nb$ 나이오븀	$_{42}Mo$ 몰리브데넘	$_{43}Tc$ 테크네튬	$_{44}Ru$ 루테늄	$_{45}Rh$ 로듐	$_{46}Pd$ 팔라듐	$_{47}Ag$ 은	$_{48}Cd$ 카드뮴	$_{49}In$ 인듐	$_{50}Sn$ 주석	$_{51}Sb$ 안티모니	$_{52}Te$ 텔루륨	$_{53}I$ 아이오딘	$_{54}Xe$ 제논
6	$_{55}Cs$ 세슘	$_{56}Ba$ 바륨	$_{57}La^*$ 란타넘	$_{72}Hf$ 하프늄	$_{73}Ta$ 탄탈럼	$_{74}W$ 텅스텐	$_{75}Re$ 레늄	$_{76}Os$ 오스뮴	$_{77}Ir$ 이리듐	$_{78}Pt$ 백금	$_{79}Au$ 금	$_{80}Hg$ 수은	$_{81}Tl$ 탈륨	$_{82}Pb$ 납	$_{83}Bi$ 비스무트	$_{84}Po$ 폴로늄	$_{85}At$ 아스타틴	$_{86}Rn$ 라돈
7	$_{87}Fr$ 프랑슘	$_{88}Ra$ 라듐	$_{89}Ac^{**}$ 악티늄	$_{104}Rf$ 러더포듐	$_{105}Db$ 더브늄	$_{106}Sg$ 시보귬	$_{107}Bh$ 보륨	$_{108}Hs$ 하슘	$_{109}Mt$ 마이트너륨	$_{110}Ds$ 다름슈타튬	$_{111}Rg$ 뢴트게늄	$_{112}Cn$ 코페르니슘	$_{113}Nh$ 니호늄	$_{114}Fl$ 플레로븀	$_{115}Mc$ 모스코븀	$_{116}Lv$ 리버모륨	$_{117}Ts$ 테네신	$_{118}Og$ 오가네손

*란타넘족	$_{58}Ce$ 세륨	$_{59}Pr$ 프라세오디뮴	$_{60}Nd$ 네오디뮴	$_{61}Pm$ 프로메튬	$_{62}Sm$ 사마륨	$_{63}Eu$ 유로퓸	$_{64}Gd$ 가돌리늄	$_{65}Tb$ 터븀	$_{66}Dy$ 디스프로슘	$_{67}Ho$ 홀뮴	$_{68}Er$ 어븀	$_{69}Tm$ 툴륨	$_{70}Yb$ 이터븀	$_{71}Lu$ 루테튬
**악티늄족	$_{90}Th$ 토륨	$_{91}Pa$ 프로트악티늄	$_{92}U$ 우라늄	$_{93}Np$ 넵투늄	$_{94}Pu$ 플루토늄	$_{95}Am$ 아메리슘	$_{96}Cm$ 퀴륨	$_{97}Bk$ 버클륨	$_{98}Cf$ 캘리포늄	$_{99}Es$ 아인슈타이늄	$_{100}Fm$ 페르뮴	$_{101}Md$ 멘델레븀	$_{102}No$ 노벨륨	$_{103}Lr$ 로렌슘

▲ 현대의 주기율표

(1) **주기**: 주기율표의 가로줄(1주기~7주기)

• 같은 주기 원소들은 전자가 들어 있는 전자 껍질 수가 같다. ➡ 전자 껍질 수는 주기 번호와 같다.

(2) **족**: 주기율표의 세로줄(1족~18족)

① 같은 족 원소들은 원자가 전자 수가 같아 화학적 성질이 비슷하다. (단, 수소 제외)

② 족의 끝자리 숫자는 원자의 원자가 전자 수와 같다. (단, 18족과 전이 금속 제외)
　　　　　　　　　　　　　　　└─ 원자가 전자 수: 0

Ⓑ 주기율표와 원소의 분류

1. 원소의 분류　주기율표의 원소들은 금속 원소, 비금속 원소, 준금속 원소로 분류할 수 있다.

분류	특징
금속	• 주로 주기율표의 왼쪽과 가운데에 위치한다. (단, 수소 제외) • 상온에서 대부분 고체 상태로 존재한다. (단, 수은은 액체) • 전기 전도성과 열 전도성이 있고, 은색 광택이 있으며, 연성과 전성이 있다. • 금속성(전자를 잃기 쉬운 성질)을 나타낸다.
비금속	• 주로 주기율표의 오른쪽에 위치한다. (단, 수소 제외) • 상온에서 대부분 고체 또는 기체 상태로 존재한다. (단, 브로민은 액체) • 전기 전도성과 열 전도성이 없다.　┌─ 주기율표의 오른쪽 위로 갈수록 비금속성 증가 • 비금속성(전자를 얻기 쉬운 성질)을 나타낸다. (단, 18족 제외)
준금속	• 금속과 비금속의 중간 성질을 갖거나 금속 원소와 비금속 원소의 성질을 모두 나타낸다. • 순수한 준금속은 상온에서 고체 상태로 전기 전도성이 없으나, 조건에 따라 전기 전도성을 나타내기도 한다.

2. 동족 원소

알칼리 금속	• 수소(H)를 제외한 1족 금속 원소이다. ➡ +1가 양이온이 되기 쉽다. • 물, 산소, 17족 원소와 격렬하게 반응한다.
할로젠 원소	• 17족 비금속 원소이다. ➡ −1가 음이온이 되기 쉽다. • 알칼리 금속과의 반응성이 매우 크다.
비활성 기체	• 18족 비금속 원소이다. • 매우 안정하여 다른 원소들과 거의 반응하지 않는다.

개념 바로 확인

정답 및 해설 | 14쪽

01 멘델레예프는 원소를 [　　　] 순서로, 모즐리는 원소를 [　　　] 순서로 배열하여 주기율표를 완성하였다.

01 다음은 현대의 주기율표에 대한 설명이다. (　　) 안에 알맞은 말을 쓰시오.

(1) 현대의 주기율표는 화학적 성질이 비슷한 원소가 같은 (　　　　)줄에 오도록 원소를 (　　　　) 순서로 배열한 표이다.

(2) 같은 주기 원소는 (　　　　)가 같다.

(3) 같은 족 원소는 (　　　　)가 같으며, 1족~(　　　) 족으로 구성된다.

02 주기율표의 가로줄은 [　　　], 세로줄은 [　　　]이다.

02 금속 원소, 비금속 원소, 준금속 원소에 대한 설명으로 옳은 것은 ○, 옳지 <u>않은</u> 것은 ✕로 표시하시오.

(1) 주기율표의 왼쪽과 가운데 주로 위치하는 원소는 금속 원소이다. (　　)

(2) 금속 원소는 전기 전도성이 있다. (　　)

(3) 비금속 원소는 상온에서 고체 또는 기체 상태로만 존재한다. (　　)

(4) 준금속은 금속 원소와 비금속 원소의 중간 성질을 가지거나 금속과 비금속의 성질을 모두 가진다. (　　)

A 주기율표

01 다음은 주기율표의 발견 과정에 관한 학생들의 대화이다.

> 미영: 뉴랜즈는 화학적 성질이 비슷한 원소들이 3개씩 쌍을 이루어 존재하는 것을 발견했어. 이 3개의 원소는 나중에 같은 주기 원소임이 밝혀졌지.
>
> 성진: 멘델레예프는 원자량 순서로 원소를 나열하여 최초의 주기율표를 완성했어.
>
> 하영: 모즐리는 원소의 성질을 결정하는 것은 원자량이 아니라 양성자수임을 발견하고, 원자 번호 순서로 원소를 나열하여 주기율표를 완성했어.

제시한 의견이 옳은 학생만을 있는 대로 고른 것은?

① 미영   ② 성진   ③ 하영
④ 성진, 하영   ⑤ 미영, 성진, 하영

02 다음은 주기율표가 만들어진 과정을 순서 없이 나열한 것이다.

> ㉠ 멘델레예프의 주기율표
> ㉡ 뉴랜즈의 옥타브설
> ㉢ 되베라이너의 세 쌍 원소설
> ㉣ 모즐리의 주기율표

주기율표가 만들어진 과정을 옳게 나열한 것은?

① ㉡ → ㉢ → ㉠ → ㉣
② ㉡ → ㉢ → ㉣ → ㉠
③ ㉢ → ㉠ → ㉡ → ㉣
④ ㉢ → ㉡ → ㉠ → ㉣
⑤ ㉢ → ㉡ → ㉣ → ㉠

03 그림은 주기율표의 일부를 나타낸 것이다.

족 주기	1	2	13	14	15	16	17	18
1	H							He
2	Li	Be	B	C	N	O	F	Ne
3	Na	Mg	Al	Si	P	S	Cl	Ar

이에 대한 설명으로 옳은 것만을 〈보기〉에서 있는 대로 고른 것은?

> ┤ 보기 ├
> ㄱ. 같은 가로줄에 위치한 원소는 화학적 성질이 비슷하다.
> ㄴ. 같은 가로줄에 위치한 원소는 전자 껍질 수가 같다.
> ㄷ. 같은 세로줄에 위치한 원소는 원자가 전자 수가 같다.

① ㄱ   ② ㄴ   ③ ㄱ, ㄷ
④ ㄴ, ㄷ   ⑤ ㄱ, ㄴ, ㄷ

04 그림은 주기율표를 나타낸 것이다.

영역 (가)~(다)에 대한 설명으로 옳은 것만을 〈보기〉에서 있는 대로 고른 것은?

> ┤ 보기 ├
> ㄱ. (가)에 속하는 원소들의 원자가 전자 수는 1이다.
> ㄴ. (나)에 속하는 원소들은 오른쪽으로 갈수록 양성자 수가 증가한다.
> ㄷ. (다)에 속하는 원소들의 최외각 전자 수는 모두 8이다.

① ㄱ   ② ㄷ   ③ ㄱ, ㄴ
④ ㄴ, ㄷ   ⑤ ㄱ, ㄴ, ㄷ

B 주기율표와 원소의 분류

05 그림은 주기율표에 속하는 원소들을 분류한 것이다.

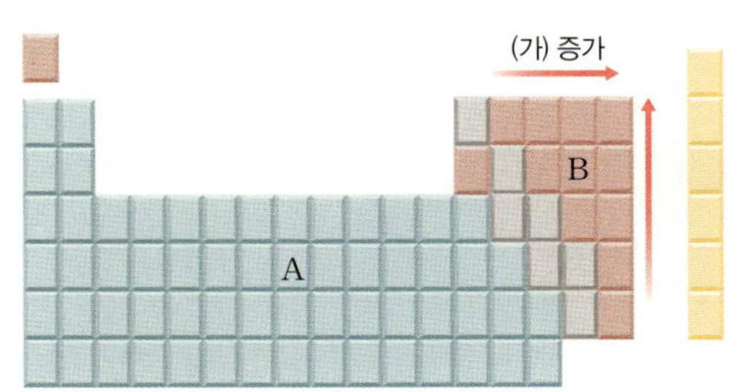

이에 대한 설명으로 옳은 것만을 〈보기〉에서 있는 대로 고른 것은?

| 보기 |
ㄱ. A 영역에 속하는 원소는 전기 전도성이 있다.
ㄴ. (가)는 전자 껍질 수이다.
ㄷ. B 영역에 속하는 원소는 음이온이 되기 쉽다.

① ㄱ   ② ㄴ   ③ ㄷ
④ ㄱ, ㄷ   ⑤ ㄱ, ㄴ, ㄷ

06 다음은 6가지 원소를 3가지 분류 기준에 따라 분류한 것이다.

$_1H$, $_3Li$, $_4Be$, $_9F$, $_{11}Na$, $_{17}Cl$

분류 기준	예	아니요
1족 원소인가?	⑤	
(가)	Li, Be, Na	H, F, Cl
음이온이 되기 쉬운가?	ⓒ	

이에 대한 설명으로 옳은 것만을 〈보기〉에서 있는 대로 고른 것은?

| 보기 |
ㄱ. ⑤에 해당하는 원소는 모두 전기 전도성이 있다.
ㄴ. '전기 전도성이 있는가?'는 (가)로 적절하다.
ㄷ. ⓒ에 해당하는 원소는 2가지이다.

① ㄱ   ② ㄴ   ③ ㄷ
④ ㄱ, ㄷ   ⑤ ㄴ, ㄷ

07 그림은 원자 (가)~(다)를 전자 배치 모형으로 나타낸 것이다.

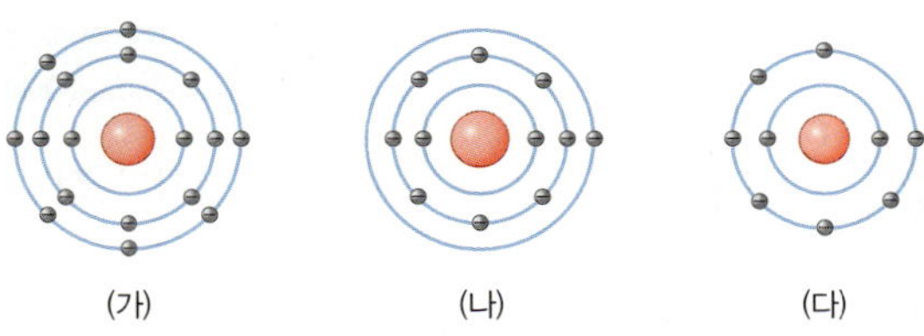

이에 대한 설명으로 옳은 것만을 〈보기〉에서 있는 대로 고른 것은?

| 보기 |
ㄱ. (가)와 (다)의 화학적 성질은 비슷하다.
ㄴ. (나)는 고체 상태에서 전기 전도성이 있다.
ㄷ. (가)와 (나)는 3주기 금속 원소이다.

① ㄱ   ② ㄷ   ③ ㄱ, ㄴ
④ ㄴ, ㄷ   ⑤ ㄱ, ㄴ, ㄷ

서술형 이렇게!

08 멘델레예프의 주기율표와 모즐리의 주기율표의 차이점을 쓰시오.

09 그림은 주기율표의 일부를 나타낸 것이다.

족\주기	1	2	13	14	15	16	17	18
1	H							He
2	Li	Be	B	C	N	O	F	Ne
3	Na	Mg	Al	Si	P	S	Cl	Ar

(1) 같은 족 원소들의 화학적 성질이 비슷한 까닭을 쓰시오.

(2) 산소(O)와 플루오린(F)의 바닥상태 전자 배치에서의 공통점을 쓰시오.

02 원소의 주기적 성질

먼저 알아야 할 "용어!"

* **반발력** | 서로 밀어내는 힘
* **인력** | 서로 당기는 힘

⊗ 먼저 알아야 할 내용

1. 원자가 전자 최외각 전자 중 [㉠]에 참여하는 전자로, 원소의 화학적 성질을 결정한다.

단, 헬륨(He)은 2

족	1	2	13	14	15	16	17	18
최외각 전자 수	1	2	3	4	5	6	7	8
원자가 전자 수	1	2	3	4	5	6	7	0

➡ 1족~17족 원소는 최외각 전자 수와 원자가 전자 수가 같지만, 18족 원소는 화학 결합을 하지 않으므로 원자가 전자 수가 0이다.

2. 원소의 주기적 성질이 나타나는 까닭 원자 번호가 증가함에 따라 [㉡]가 주기적으로 변하기 때문이다.

답 ㉠ 화학 결합 ㉡ 원자가 전자 수

Ⓐ 유효 핵전하

1. 가려막기 효과 다전자 원자에서 전자 사이의 반발력이 전자에 작용하는 원자핵의 인력을 약하게 만드는 현상

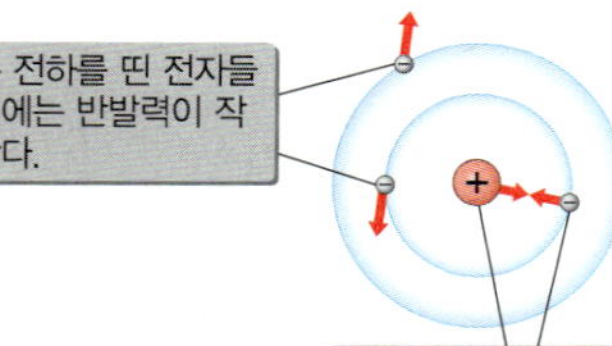

❖ 가려막기 효과

같은 전자 껍질에 있는 전자 사이의 가려막기 효과보다 안쪽 전자 껍질에 있는 전자에 의한 가려막기 효과가 더 크다. 따라서 바깥 전자 껍질의 전자는 안쪽 전자 껍질에 있는 전자들에 의해 큰 가려막기 효과를 받는다.

2. 유효 핵전하 가려막기 효과를 고려했을 때 전자에 실제로 작용하는 원자핵의 전하

(1) 유효 핵전하의 주기성

① 같은 주기: 원자 번호가 커질수록 유효 핵전하가 증가한다.

➡ 전자 수 증가에 따른 가려막기 효과의 증가보다 양성자수 증가에 따른 핵전하의 증가 효과가 더 크기 때문이다.

② 원자 번호가 연속인 원소에서 주기가 바뀔 때 유효 핵전하가 급격히 감소한다.

➡ 핵전하 증가 효과보다 전자 껍질 수 증가에 따른 원자핵과 전자 사이의 인력 감소효과가 더 크기 때문이다.

③ 같은 족: 원자 번호가 커질수록(주기가 증가할수록) 유효 핵전하가 증가한다.

❖ 수소의 유효 핵전하

수소는 전자 수가 1이므로 전자 사이의 반발력이 작용하지 않는다. 따라서 수소의 유효 핵전는 원자핵의 전하량과 같은 +1이다.

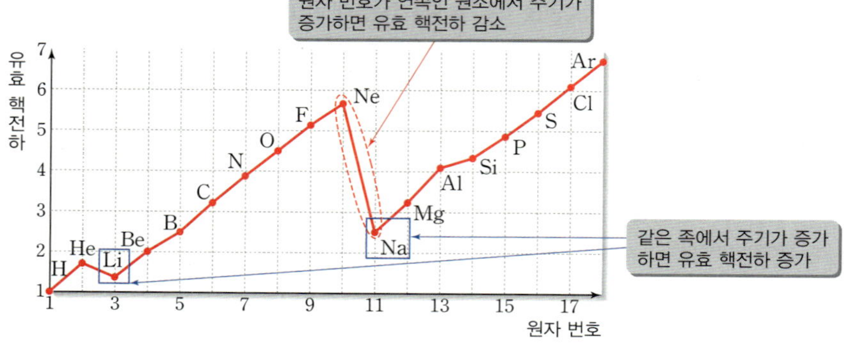

B 원자 반지름

1. **원자 반지름** 같은 종류의 두 원자가 결합하고 있을 때 두 원자핵 사이 거리의 $\frac{1}{2}$로 정의한다.

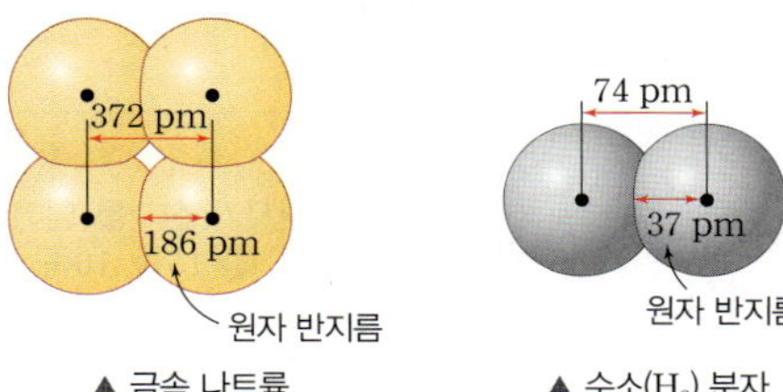

▲ 금속 나트륨   ▲ 수소(H_2) 분자

2. **원자 반지름의 주기성**
   (1) **같은 주기**: 원자 번호가 커질수록 원자 반지름이 감소한다. ➡ 전자가 들어 있는 전자 껍질 수가 같고, 원자 번호가 커질수록 유효 핵전하가 증가하여 원자핵과 전자 사이의 인력이 증가하기 때문이다.

   예 2주기 원소의 원자 반지름: $_4Be > _5B > _6C$

   (2) **같은 족**: 원자 번호가 커질수록 원자 반지름이 증가한다. ➡ 원자 번호가 커지면서 유효 핵전하가 증가하는 효과보다 전자가 들어 있는 전자 껍질 수가 증가하는 효과가 더 크기 때문이다.

   예 1족 원소의 원자 반지름: $_3Li < _{11}Na < _{19}K$

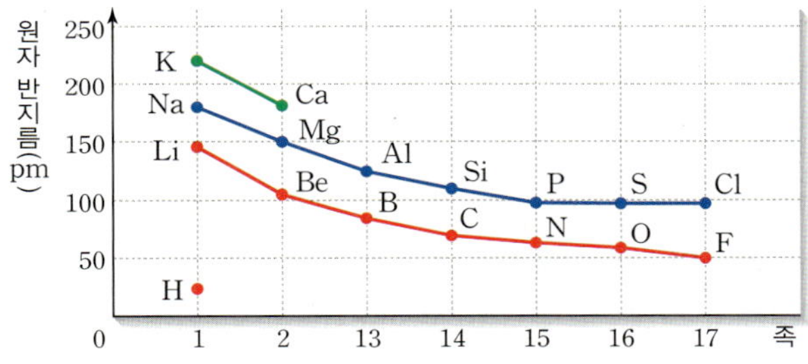

정답 및 해설 | 15쪽

01 ⬜⬜⬜⬜는 다전자 원자에서 전자의 가려막기 효과로 인해 전자에 실제로 작용하는 원자핵의 전하이다.

02 ⬜⬜⬜은 같은 종류의 두 원자가 결합하고 있을 때 두 원자의 원자핵 사이 거리의 $\frac{1}{2}$로 정의한다.

01 ( ) 안에 알맞은 말을 쓰시오.

   (1) 같은 주기에서는 원자 번호가 커질수록 유효 핵전하가 (   )한다.
   (2) 같은 주기에서는 원자 번호가 커질수록 원자 반지름이 (   )한다.
   (3) 같은 족에서는 원자 번호가 커질수록 원자 반지름이 (   )한다.

02 그림은 주기율표의 일부를 나타낸 것이다.

족 주기	1	2	13	14	15	16	17	18
1	H							He
2	Li	Be	B	C	N	O	F	Ne
3	Na	Mg	Al	Si	P	S	Cl	Ar

제시된 원소 중 유효 핵전하가 가장 큰 원소를 쓰시오.

❖ **원자 반지름**
현대 원자 모형에서는 원자핵 주위에 전자가 존재할 확률을 오비탈로 나타내므로 원자의 경계를 정하기가 쉽지 않다. 따라서 같은 종류의 두 원자가 결합을 형성하고 있을 때 원자핵 사이의 거리의 절반을 원자 반지름으로 정한다.

❖ **18족 원소의 원자 반지름**
18족 원소는 공유 결합을 형성하지 않는다. 따라서 결정으로 만든 후 가장 근접한 원자핵 사이의 거리의 절반을 반지름으로 정한다.

❖ **원자 반지름의 단위**
원자 반지름의 단위는 피코미터(pm)를 사용한다.
$1\,pm = 10^{-12}\,m$

C 이온 반지름

1. 이온 반지름

양이온 반지름	음이온 반지름

• 원자가 전자를 잃고 양이온이 되면 반지름이 감소한다. 예 1족, 2족, 13족 금속 원소
• 전자 껍질 수가 감소하여 반지름이 감소한다.
  ➡ 원자 반지름 > 이온 반지름
  예 $Na > Na^+$, $Mg > Mg^{2+}$
	• 원자가 전자를 얻어 음이온이 되면 반지름이 증가한다. 예 15족, 16족, 17족 비금속 원소
	• 전자 껍질 수는 같지만 전자 수가 증가하여 전자 사이의 반발력이 증가하므로 반지름이 증가한다.
	  ➡ 원자 반지름 < 이온 반지름
	  예 $F < F^-$, $O < O^{2-}$

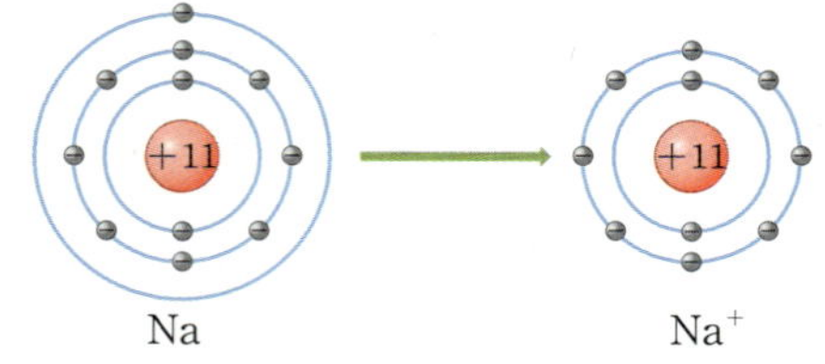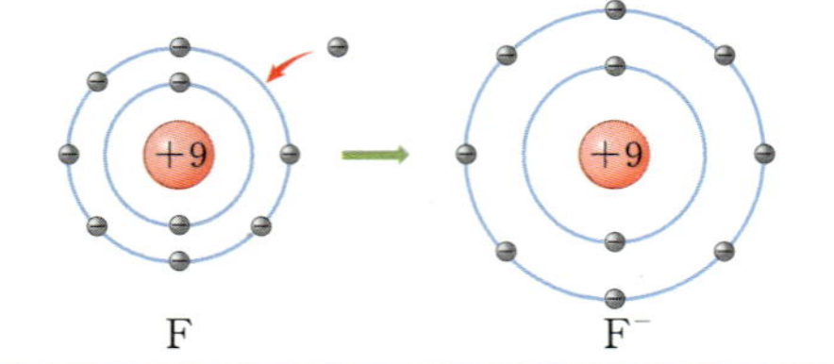

2. 이온 반지름의 주기성

(1) **같은 주기**: 양이온과 음이온 모두 원자 번호가 커질수록 이온 반지름이 감소한다.

➡ 원자 번호가 커질수록 유효 핵전하가 증가하기 때문이다.

예 $_{11}Na^+ > _{12}Mg^{2+} > _{13}Al^{3+}$, $_8O^{2-} > _9F^-$

(2) **같은 족**: 양이온과 음이온 모두 원자 번호가 커질수록 이온 반지름이 증가한다.

➡ 원자 번호가 커질수록 전자 껍질 수가 증가하기 때문이다.

예 $_3Li^+ < _{11}Na^+ < _{19}K^+$, $_9F^- < _{17}Cl^- < _{35}Br^-$

3. 금속 원소와 비금속 원소의 이온 반지름
같은 주기에서 금속 원소는 양이온이 되고 비금속 원소는 음이온이 된다. ➡ 이온이 되었을 때 금속 원소는 비금속 원소보다 전자 껍질 수가 1개 적으므로 이온 반지름이 더 작다.

예 $Na^+ < Cl^-$

족 / 주기	금속 원소 원자 반지름 > 양이온 반지름			비금속 원소 원자 반지름 < 음이온 반지름		
	1	2	···	15	16	17
2	Li Li⁺ 152 76	Be Be²⁺ 112 31		N N³⁻ 75 146	O O²⁻ 73 140	F F⁻ 72 133
3	Na Na⁺ 186 102	Mg Mg²⁺ 160 72		P P³⁻ 110 212	S S²⁻ 104 184	Cl Cl⁻ 99 181

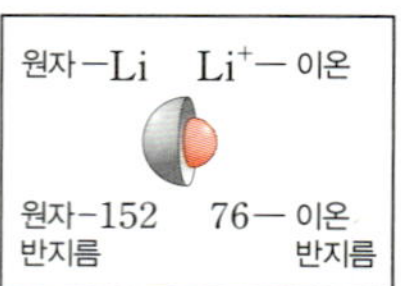

(단위 | 피코 미터(pm))

▲ 몇 가지 2, 3주기 원소의 원자 반지름과 이온 반지름

4. 등전자 이온의 반지름

(1) **등전자 이온**: 동일한 비활성 기체의 전자 배치를 가져 전자 수가 같은 이온이다.

예 Ne의 전자 배치를 갖는 등전자 이온: $_8O^{2-}$, $_9F^-$, $_{11}Na^+$, $_{12}Mg^{2+}$
　　　└─ 2주기 비금속, 3주기 금속

　Ar의 전자 배치를 갖는 등전자 이온: $_{16}S^{2-}$, $_{17}Cl^-$, $_{19}K^+$, $_{20}Ca^{2+}$
　　　└─ 3주기 비금속, 4주기 금속

❖ 금속 원소와 비금속 원소의 원자 반지름, 이온 반지름 비교
• 이온 반지름 < 원자 반지름
　➡ 금속 원소
• 원자 반지름 < 이온 반지름
　➡ 비금속 원소

❖ 같은 주기에서 금속 원소와 비금속 원소의 반지름 비교
3주기 1족 원소인 Na은 이온이 될 때 전자 1개를 잃고 Ne의 전자 배치를 하고, 3주기 17족 원소인 Cl는 이온이 될 때 전자 1개를 얻어 Ar의 전자 배치를 한다. 따라서 Na^+의 반지름은 Cl^-의 반지름보다 작다.

❖ 등전자 이온
등전자 이온은 동일한 비활성 기체의 전자 배치를 갖는 이온으로, 전자 껍질 수와 전자 수가 같고, 가려막기 효과의 크기 또한 같다. 따라서 양성자수가 클수록 유효 핵전하가 증가하므로 이온 반지름은 작아진다.

(2) **등전자 이온의 반지름**: 등전자 이온은 전자 껍질 수와 전자 수가 같으므로 가려막기 효과가 같다. ➡ 양성자수가 클수록 이온 반지름이 작다.

예 $_8O^{2-} > {}_9F^- > {}_{11}Na^+ > {}_{12}Mg^{2+}$, $_{16}S^{2-} > {}_{17}Cl^- > {}_{19}K^+ > {}_{20}Ca^{2+}$

실전 자료 | **원자 반지름과 등전자 이온의 반지름**

그림은 몇 가지 2, 3주기 원소의 원자 반지름과 이온 반지름을 나타낸 것이다.

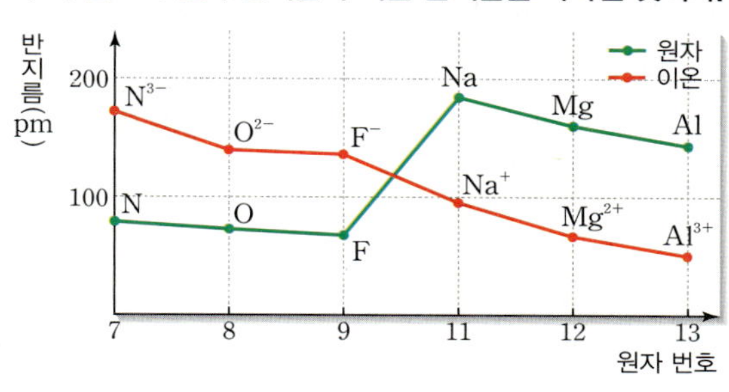

❶ 이온 반지름과 원자 반지름의 대소 비교를 통해 금속 원소와 비금속 원소를 구분할 수 있다.
➡ 비금속 원소인 N, O, F은 음이온을 형성하므로 이온 반지름이 원자 반지름보다 크다.
➡ 금속 원소인 Na, Mg, Al은 양이온을 형성하므로 이온 반지름이 원자 반지름보다 작다.
❷ 원자 반지름은 같은 주기에서 원자 번호가 커질수록 감소한다.
➡ 2주기 비금속 원소의 원자 번호: N<O<F → 원자 반지름: N>O>F
➡ 3주기 금속 원소의 원자 번호: Na<Mg<Al → 원자 반지름: Na>Mg>Al
❸ 등전자 이온의 반지름은 원자 번호(양성자수)가 클수록 작다.
➡ N, O, F과 Na, Mg, Al은 모두 Ne의 전자 배치를 하는 등전자 이온이다. 원자 번호는 N<O<F Na<Mg<Al이므로 이온 반지름은 $N^{3-} > O^{2-} > F^- > Na^+ > Mg^{2+} > Al^{3+}$이다.

> ❖ **원자 반지름과 이온 반지름에 영향을 주는 요인**
> - 유효 핵전하: 유효 핵전하가 클수록 반지름이 감소한다.
> - 전자 껍질 수: 전자 껍질 수가 클수록 반지름이 증가한다.
> - 전자 수: 전자 수가 많을수록 반지름이 증가한다.

D 이온화 에너지

1. **이온화 에너지**   기체 상태의 원자 1몰에서 전자 1몰을 떼어 내어 기체 상태의 양이온 1몰을 만드는 데 필요한 최소한의 에너지이다. ➡ 원자핵과 전자 사이의 인력이 클수록 이온화 에너지가 크다.

예 기체 상태의 Na 원자 1몰에 495 kJ의 에너지를 가했을 때 전자 1몰을 떼어 낼 수 있다. 따라서 Na의 이온화 에너지는 495 kJ/mol이다.

> ❖ **이온화 에너지**
> 원자에서 전자 1몰을 떼어 낼 때는 원자핵과의 인력이 가장 작은 전자가 먼저 분리된다.

> **필수 용어** 정리
> * **등전자 이온** | 동일한 비활성 기체의 전자 배치를 갖는 이온

개념 바로 확인

정답 및 해설 | 15쪽

03 금속 원소는 이온 반지름이 원자 반지름보다 [   ], 비금속 원소는 이온 반지름이 원자 반지름보다 [   ].

03 이온 반지름에 대한 설명으로 옳은 것은 ○, 옳지 <u>않은</u> 것은 ×로 표시하시오.

(1) 양이온의 반지름은 원자 반지름보다 작다. (   )
(2) 같은 주기에서 음이온의 반지름은 양이온의 반지름보다 작다. (   )
(3) 등전자 이온의 이온 반지름은 원자 번호가 클수록 작다. (   )

2. 이온화 에너지의 주기성

(1) **같은 주기**: 원자 번호가 커질수록 이온화 에너지는 대체로 증가한다.

➡ 원자 번호가 커질수록 유효 핵전하가 증가하여 원자핵과 전자 사이의 인력이 증가하므로 전자를 떼어 내기가 어려워지기 때문이다.

• 이온화 에너지의 예외적인 경향: 같은 주기에서 원자 번호가 증가할수록 이온화 에너지가 대체로 증가하지만 2족과 13족, 15족과 16족에서는 예외적인 경향을 보인다.

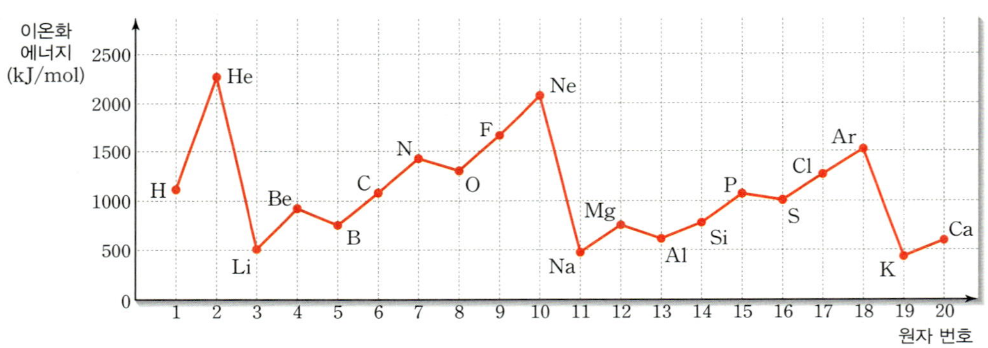

2족과 13족	15족과 16족
오비탈의 에너지 준위는 $2p$ 오비탈이 $2s$ 오비탈보다 높으므로, $_5$B의 $2p$ 오비탈에 있는 전자를 떼어 내는 것이 $_4$Be의 $2s$ 오비탈에 있는 전자를 떼어 내는 것보다 쉽다. ➡ 이온화 에너지: $_5$B(13족)<$_4$Be(2족)	$_8$O는 $2p$ 오비탈에 2개의 전자가 짝을 이루고 있어 두 전자 사이에 반발력이 작용한다. 따라서 $_7$N의 $2p$ 오비탈에 있는 홀전자를 떼어 내는 것보다 $_8$O의 $2p$ 오비탈에 있는 전자를 떼어 내는 것이 더 쉽다. ➡ 이온화 에너지: $_8$O(16족)<$_7$N(15족)

(2) **같은 족**: 원자 번호가 커질수록 이온화 에너지가 감소한다.

➡ 원자 번호가 커질수록 전자 껍질 수가 증가하여 원자핵과 전자 사이의 인력이 작아지므로 전자를 떼어 내기가 쉬워지기 때문이다.

▲ 원자 번호 1~20인 원소의 이온화 에너지

❖ **이온화 에너지**

이온화 에너지는 원자핵과 전자 사이의 인력이 클수록 증가하므로, 이온화 에너지가 작은 원소일수록 양이온이 되기 쉽다. 따라서 각 주기에서 알칼리 금속(1족)의 이온화 에너지가 가장 작고, 비활성 기체(18족)의 이온화 에너지가 가장 크다.

ⓔ 순차 이온화 에너지

1. 순차 이온화 에너지 기체 상태의 원자 1몰에서 전자를 1몰씩 차례로 떼어 낼 때 필요한 각각의 에너지이다.

$$M(g) \longrightarrow M^+(g) + e^-, \; E_1 = 735\,kJ/mol \quad (E_1: \text{제1 이온화 에너지})$$
$$M^+(g) \longrightarrow M^{2+}(g) + e^-, \; E_2 = 1451\,kJ/mol \quad (E_2: \text{제2 이온화 에너지})$$
$$M^{2+}(g) \longrightarrow M^{3+}(g) + e^-, \; E_3 = 7733\,kJ/mol \quad (E_3: \text{제3 이온화 에너지})$$

2. 순차 이온화 에너지의 크기

(1) 순차 이온화 에너지는 차수가 커질수록 증가한다.

➡ 전자의 개수가 줄어들수록 전자 사이의 반발력이 감소하여 유효 핵전하가 증가하기 때문이다.

❖ **Mg 원자 1몰을 Mg 이온(Mg^{2+})으로 만드는 데 필요한 에너지**

원소	순차 이온화 에너지(E_n)		
	E_1	E_2	E_3
Mg	738	1451	7733

➡ Mg 1몰을 Mg^{2+}으로 만들기 위해서는 Mg 원자에서 전자 2몰을 떼어 내어야 하므로 738+1451=2189(kJ/mol)의 에너지가 필요하다.

(2) 전자 껍질 수가 감소할 때 순차 이온화 에너지가 크게 증가한다. ➡ 원자가 전자를 모두 떼어 내고 안쪽 전자 껍질의 전자를 떼어 낼 때는 원자핵과 전자 사이의 거리가 감소하므로 인력이 증가하여 순차 이온화 에너지가 크게 증가한다. 따라서 E_n이 크게 증가하면 원자가 전자 수는 $(n-1)$이다.

실전 자료 순차 이온화 에너지

표는 2주기 원소의 순차 이온화 에너지(E_n)를 나타낸 것이다.

	순차 이온화 에너지(E_n, kJ/mol)						
	E_1	E_2	E_3	E_4	E_5	E_6	E_7
Li	520	7298	11815				
Be	899	1757	14848	21006			
B	801	2472	3660	25025	32826		
C	1086	2353	4620	6222	37829	47276	
N	1402	2857	4578	7475	9445	53265	64358
O	1314	3388	5300	7469	10989	13326	71333
F	1681	3374	6020	8407	11022	15164	17867
Ne	2081	3952	6122	9370	12177	15238	19998

❶ 순차 이온화 에너지는 차수가 커질수록 증가한다.
➡ 원자핵과 전자 사이의 인력이 증가하기 때문이다.
❷ 전자 껍질 수가 달라질 때 순차 이온화 에너지가 크게 증가한다.
➡ 순차 이온화 에너지가 크게 증가하는 차수로부터 원자의 원자가 전자 수(족)를 알 수 있다.
• Li의 순차 이온화 에너지는 $E_1 \ll E_2$이므로 Li은 원자가 전자 수가 1인 1족 원소이다.
• Be의 순차 이온화 에너지는 $E_1 < E_2 \ll E_3$이므로 Be은 원자가 전자 수가 2인 2족 원소이다.
• N의 순차 이온화 에너지는 $E_1 < E_2 < E_3 < E_4 < E_5 \ll E_6$이므로 N는 원자가 전자 수가 5인 15족 원소이다.

개념 바로 확인

정답 및 해설 | 15쪽

04 [   ]는 기체 상태의 원자 1몰에서 전자 1몰을 떼어내는 데 필요한 최소한의 에너지이다.

04 다음 원소의 이온화 에너지를 부등호로 비교하시오.

(1) Na (   ) K
(2) Na (   ) Mg
(3) Mg (   ) Al
(4) Al (   ) Si
(5) C (   ) N
(6) N (   ) O

05 이온화 에너지는 같은 족에서는 원자 번호가 커질수록 [   ]하고, 같은 주기에서는 원자 번호가 커질수록 대체로 [   ]한다.

05 표는 3주기 원소 A~C의 순차 이온화 에너지(E_n)를 나타낸 것이다. (단, A~C는 임의의 원소 기호이다.)

원소	순차 이온화 에너지(E_n, kJ/mol)			
	E_1	E_2	E_3	E_4
A	496	4562	6912	9544
B	738	1451	7733	10540
C	578	1817	2745	11578

(1) A~C의 원자가 전자 수를 각각 쓰시오.
(2) 1몰의 B가 B^{2+}이 되기 위해 필요한 최소한의 에너지(kJ/mol)를 구하시오.

· 원소의 주기적 성질 ·

원리1 유효 핵전하, 원자 반지름, 이온 반지름의 주기성

그림은 몇 가지 2, 3주기 원소의 원자 반지름, 이온 반지름, 유효 핵전하를 나타낸 것이다. (가)~(다)는 각각 원자 반지름, 이온 반지름, 유효 핵전하 중 하나이다.

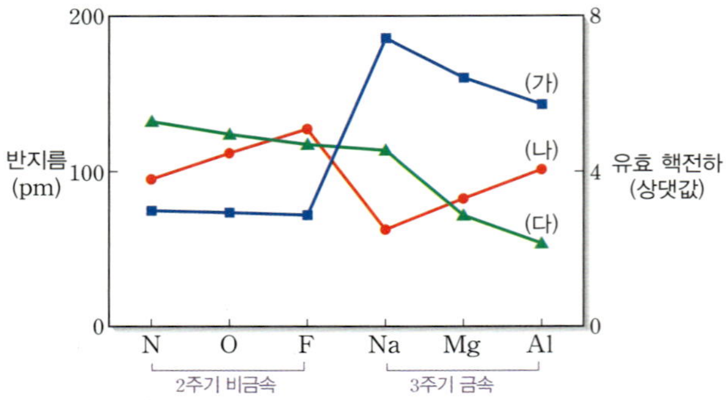

(1) 유효 핵전하, 원자 반지름, 이온 반지름의 주기성

구분	같은 주기	같은 족
유효 핵전하	• 원자 번호가 커질수록 증가한다. • 주기가 바뀔 때 급격히 감소한다.	• 원자 번호가 커질수록 증가한다.
원자 반지름	• 원자 번호가 커질수록 감소한다.	• 원자 번호가 커질수록 증가한다.
이온 반지름	• 원자 번호가 커질수록 감소한다. • 금속 원소의 이온 반지름은 비금속 원소의 이온 반지름보다 작다.	• 원자 번호가 커질수록 증가한다.

- (가): 같은 주기에서 원자 번호가 커질수록 감소하고, 주기가 바뀔 때 크게 증가한다. ➡ 원자 반지름
- (나): 같은 주기에서 원자 번호가 커질수록 증가하고, 주기가 바뀔 때 크게 감소한다. ➡ 유효 핵전하
- (다): 원자 번호가 커질수록 감소한다. ➡ 이온 반지름

원리2 주기율표와 원소의 주기적 성질

(1) 주기율표의 오른쪽 위로 갈수록 원자 반지름이 감소하고, 이온화 에너지가 대체로 증가한다. (2족과 13족, 15족과 16족 제외)

(2) 주기율표의 왼쪽 아래로 갈수록 원자 반지름이 증가하고, 이온화 에너지가 대체로 감소한다.

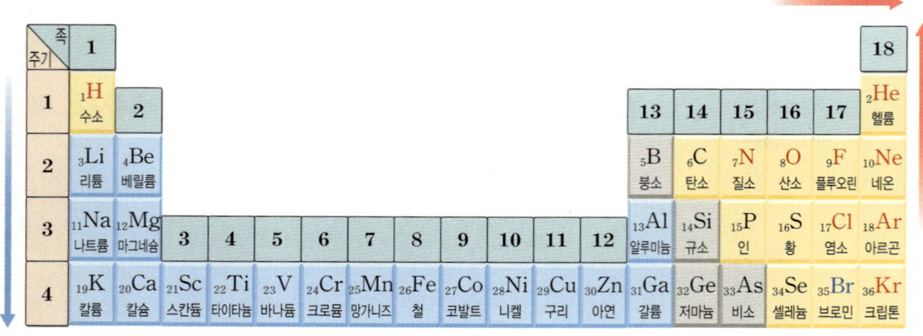

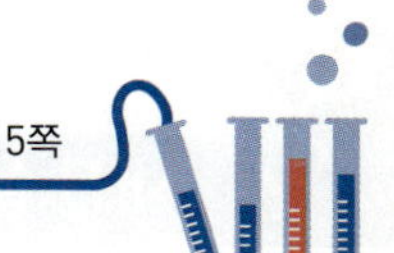

A 유효 핵전하

01 다음은 유효 핵전하에 대한 학생들의 대화이다.

제시한 의견이 옳은 학생만을 있는 대로 고른 것은?

① 용현 　② 영혜 　③ 민수
④ 용현, 영혜 　⑤ 용현, 영혜

02 그림은 원자 번호에 따른 (가)의 크기 변화를 나타낸 것이다.

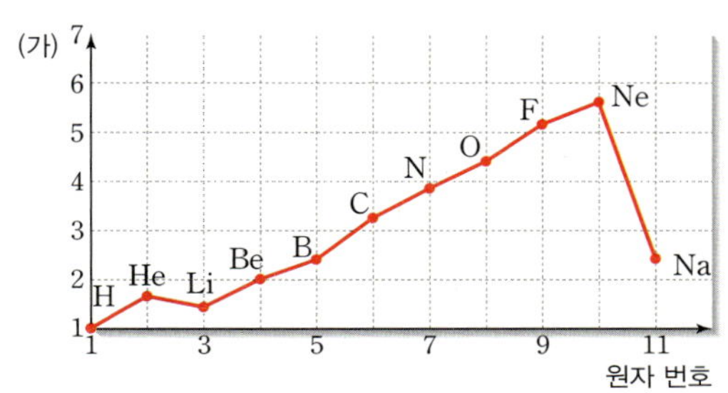

(가)로 가장 적절한 것은?

① 핵전하 　② 유효 핵전하
③ 원자 반지름 　④ 이온 반지름
⑤ 이온화 에너지

B 원자 반지름　C 이온 반지름

03 그림은 주기율표의 일부를 나타낸 것이다.

족 주기	1	2	13	14	15	16	17	18
1								
2					A		B	
3	C	D					E	

A~E에 대한 설명으로 옳은 것만을 〈보기〉에서 있는 대로 고른 것은? (단, A~E는 임의의 원소 기호이다.)

보기

ㄱ. 이온 반지름은 A>B이다.
ㄴ. 원자 반지름이 가장 작은 것은 B이다.
ㄷ. 원자가 전자가 느끼는 유효 핵전하는 C<D<E 이다.

① ㄱ 　② ㄷ 　③ ㄱ, ㄴ
④ ㄴ, ㄷ 　⑤ ㄱ, ㄴ, ㄷ

04 다음 중 원자 번호에 따른 원자 반지름의 크기를 나타낸 그래프의 개형으로 옳은 것은?

①
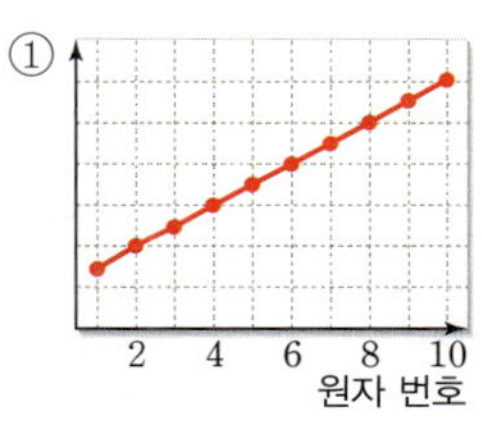

②
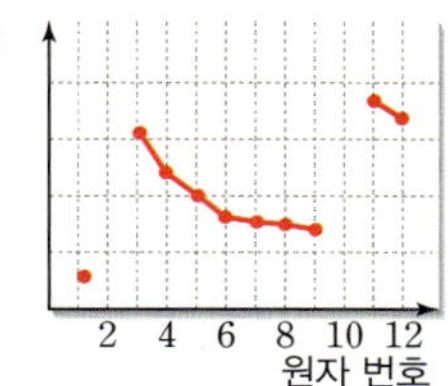

③
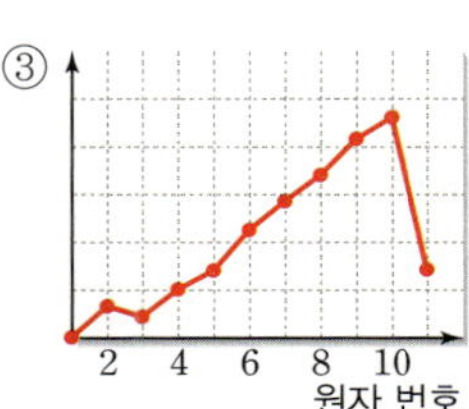

④
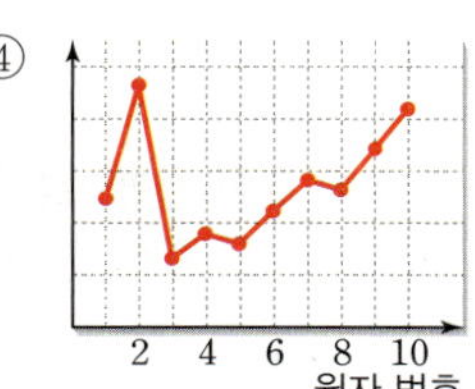

⑤
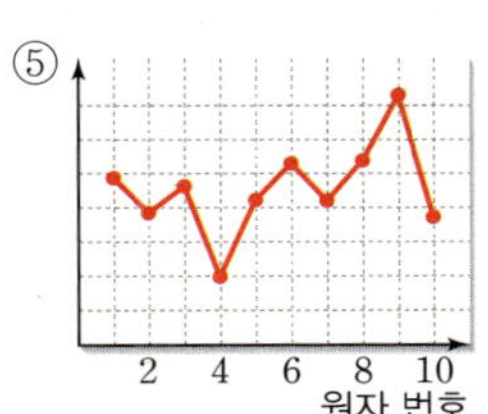

05 표는 Ne을 제외하고 원자 번호가 연속인 2, 3주기 원소 A~D의 유효 핵전하와 $\dfrac{\text{이온 반지름}}{\text{원자 반지름}}$ 을 나타낸 것이다.

원소	A	B	C	D
유효 핵전하	2.5	3.3	4.8	5.5
이온 반지름 원자 반지름	0.53	0.41	1.93	1.79

A~D에 대한 설명으로 옳은 것만을 〈보기〉에서 있는 대로 고른 것은? (단, A~D는 임의의 원소 기호이고, A~D의 이온은 모두 Ne의 전자 배치를 이룬다.)

┤ 보기 ├
ㄱ. 금속 원소는 2가지이다.
ㄴ. 원자 반지름은 A가 가장 크다.
ㄷ. 이온 반지름은 C<D이다.

① ㄱ   ② ㄴ   ③ ㄷ
④ ㄱ, ㄴ   ⑤ ㄱ, ㄴ, ㄷ

06 그림은 2, 3주기 원소 A~F의 원자 반지름과 이온 반지름을 나타낸 것이다.

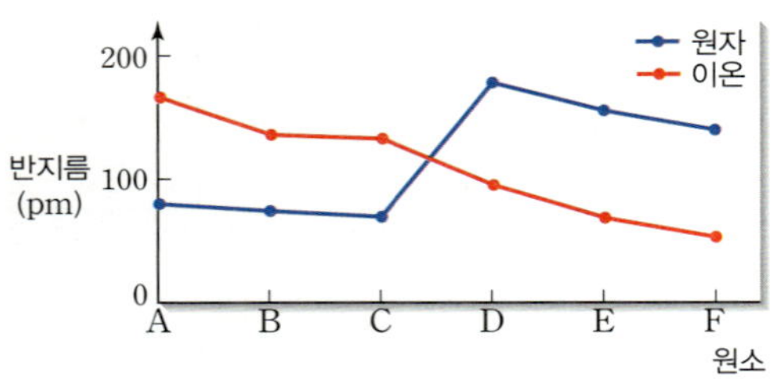

이에 대한 설명으로 옳은 것만을 〈보기〉에서 있는 대로 고른 것은? (단, A~F는 임의의 원소 기호이다.)

┤ 보기 ├
ㄱ. A와 C는 비금속 원소이다.
ㄴ. 원자가 전자 수는 B가 D보다 크다.
ㄷ. E와 F는 안정한 이온의 전자 배치가 같다.

① ㄱ   ② ㄴ   ③ ㄷ
④ ㄱ, ㄴ   ⑤ ㄱ, ㄴ, ㄷ

07 그림은 원자 번호가 연속인 2, 3주기 원소 A~F의 원자 반지름, 유효 핵전하, 이온 반지름을 나타낸 것이다. (가)~(다)는 각각 원자 반지름, 이온 반지름, 유효 핵전하 중 하나이다.

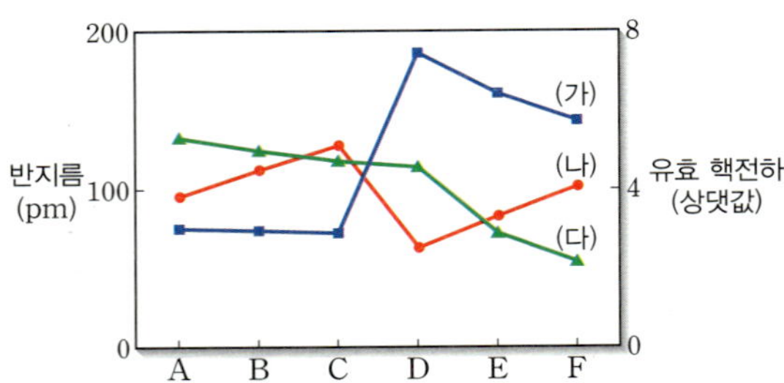

이에 대한 설명으로 옳은 것만을 〈보기〉에서 있는 대로 고른 것은? (단, A~F는 임의의 원소 기호이고, Ne은 제외하며, 이온은 Ne의 전자 배치를 이룬다.)

┤ 보기 ├
ㄱ. 원자 반지름은 (가)에 해당한다.
ㄴ. 원자가 전자 수는 C가 가장 크다.
ㄷ. 원자 번호가 가장 큰 원소는 F이다.

① ㄱ   ② ㄴ   ③ ㄷ
④ ㄱ, ㄴ   ⑤ ㄱ, ㄴ, ㄷ

D 이온화 에너지   **E** 순차 이온화 에너지

08 그림은 2, 3주기 원소의 이온화 에너지를 족에 따라 나타낸 것이다.

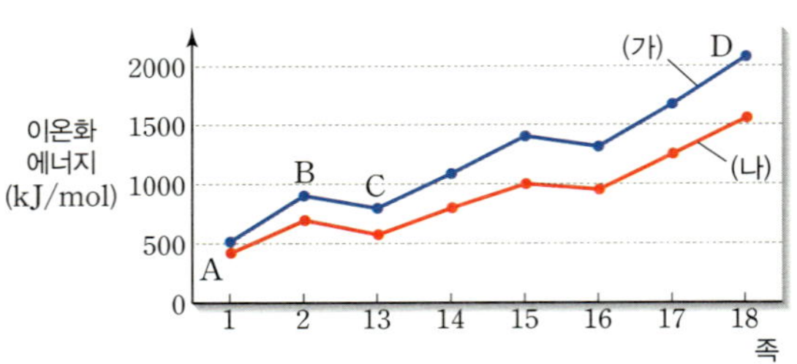

이에 대한 설명으로 옳은 것만을 〈보기〉에서 있는 대로 고른 것은?

┤ 보기 ├
ㄱ. (가)는 3주기 원소의 이온화 에너지이다.
ㄴ. 제2 이온화 에너지는 B<C이다.
ㄷ. 원자가 전자가 느끼는 유효 핵전하는 A<D이다.

① ㄱ   ② ㄷ   ③ ㄱ, ㄴ
④ ㄴ, ㄷ   ⑤ ㄱ, ㄴ, ㄷ

09 그림은 2, 3주기 원소 A~C의 순차 이온화 에너지(E_n)를 나타낸 것이다.

중요

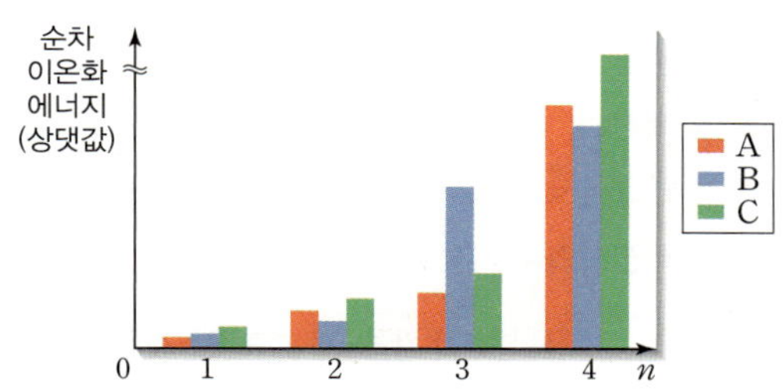

이에 대한 설명으로 옳은 것만을 〈보기〉에서 있는 대로 고른 것은? (단, A~C는 임의의 원소 기호이다.)

| 보기 |

ㄱ. 2주기 원소는 A와 B이다.
ㄴ. B의 안정한 이온은 B^{2+}이다.
ㄷ. C는 13족 원소이다.

① ㄱ
② ㄴ
③ ㄱ, ㄷ
④ ㄴ, ㄷ
⑤ ㄱ, ㄴ, ㄷ

10 표는 2주기 원소 A와 B의 순차 이온화 에너지(E_n)를 나타낸 것이다.

원소	순차 이온화 에너지(E_n, $\times 10^3$ kJ/mol)						
	E_1	E_2	E_3	E_4	E_5	E_6	E_7
A	1.4	2.9	4.6	7.5	9.4	53.3	64.4
B	1.3	3.4	5.3	7.5	11.0	13.3	71.3

이에 대한 설명으로 옳은 것만을 〈보기〉에서 있는 대로 고른 것은? (단, A와 B는 임의의 원소 기호이다.)

| 보기 |

ㄱ. A는 16족 원소이다.
ㄴ. B의 안정한 이온은 B^{2-}이다.
ㄷ. 원자 반지름은 B < A이다.

① ㄱ
② ㄴ
③ ㄱ, ㄴ
④ ㄱ, ㄷ
⑤ ㄴ, ㄷ

이렇게!

11 그림은 주기율표의 일부를 나타낸 것이다.

족 / 주기	1	2	13	14	15	16	17
1	H						
2	Li	Be	B	C	N	O	F
3	Na	Mg	Al	Si	P	S	Cl

(1) 2주기 원소의 원자 반지름을 비교하고, 그렇게 판단한 까닭을 유효 핵전하, 전자가 들어 있는 전자 껍질 수와 연관지어 설명하시오.

(2) O^{2-}, F^-, Na^+, Mg^{2+}의 반지름을 비교하고, 그렇게 판단한 까닭을 서술하시오.

(3) 3주기 원소의 이온화 에너지를 비교하고, 그렇게 판단한 까닭을 서술하시오.

12 표는 2주기 원소 A의 순차 이온화 에너지를 나타낸 것이다.

원소	순차 이온화 에너지(E_n, $\times 10^3$ kJ/mol)								
	E_1	E_2	E_3	E_4	E_5	E_6	E_7	E_8	E_9
A	1.7	3.4	6.0	8.4	11.0	15.2	17.8	92.1	106.4

A가 주기율표에서 어떤 족에 해당하는지 쓰고, 그렇게 판단한 까닭을 서술하시오. (단, A는 임의의 원소 기호이다.)

01 주기율표 ➡ 074~077쪽

1. 주기율과 주기율표

(1) **주기율**: 원소를 (㉠　　　　) 순서로 배열하였을 때 일정한 간격을 두고 화학적 성질이 비슷한 원소들이 주기적으로 나타나는 것

(2) **주기율표가 만들어진 과정**

되베라이너	세 쌍 원소설(1828년)
↓	
뉴랜즈	옥타브설(1864년)
↓	
멘델레예프	원소를 원자량 순서대로 배열하여 최초의 주기율표를 작성하였다.(1869년)
↓	
(㉡　　　　)	원소를 원자 번호 순서대로 배열하여 현대 주기율표의 기초를 완성하였다.(1913년)

(3) **현대의 주기율표**: 화학적 성질이 비슷한 원소가 같은 세로줄에 오도록 원소를 원자 번호(양성자수) 순으로 나열한 표이다.

주기	• 주기율표의 가로줄 • 1주기~7주기로 구성되어 있다. • 같은 주기 원소들은 전자 껍질 수가 같다.
족	• 주기율표의 세로줄 • 1족~18족으로 구성되어 있다. • 같은 족 원소들은 (㉢　　　　)가 같아 화학적 성질이 비슷하다. (수소 제외) • 족의 끝자리 숫자는 원자가 전자 수와 같다. (18족과 전이 금속 제외)

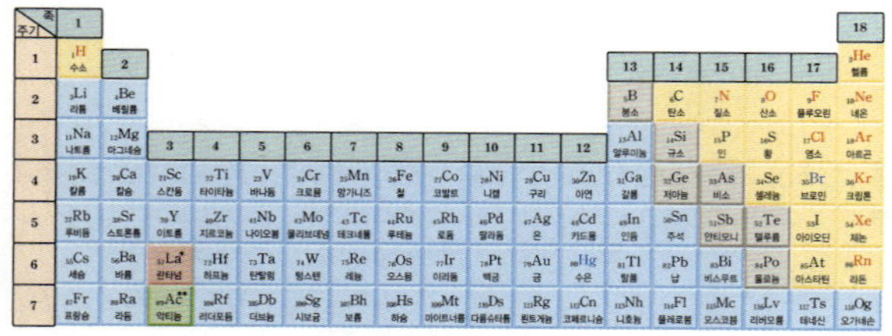
▲ 현대의 주기율표

2. 주기율표와 원소의 분류

금속	• 주기율표의 왼쪽과 가운데에 위치한다. (단, 수소 제외) • 전기 전도성과 열 전도성이 있다. • 전성과 연성이 있다. • 상온에서 대부분 고체 상태로 존재한다. (단, 수은은 액체) • 금속성(전자를 잃기 쉬운 성질)을 나타낸다.
비금속	• 주기율표의 오른쪽에 위치한다. (단, 수소 제외) • 전기 전도성과 열 전도성이 없다. • 상온에서 대부분 고체 또는 기체 상태로 존재한다. (단, 브로민은 액체) • 비금속성(전자를 얻기 쉬운 성질)을 나타낸다. (단, 18족 제외)
준금속	• 금속과 비금속의 중간 성질을 갖거나, 금속과 비금속의 성질을 모두 갖는다.

02 원소의 주기적 성질 ➡ 078~087쪽

1. 유효 핵전하

(1) **유효 핵전하**: 다전자 원자에서 가려막기 효과를 고려했을 때 전자에 실제로 작용하는 원자핵의 전하이다.

(2) **유효 핵전하의 주기성**

같은 주기	원자 번호가 커질수록 유효 핵전하가 증가한다. 예 Li < Be
같은 족	원자 번호가 커질수록 유효 핵전하가 증가한다. 예 Li < Na, Be < Mg

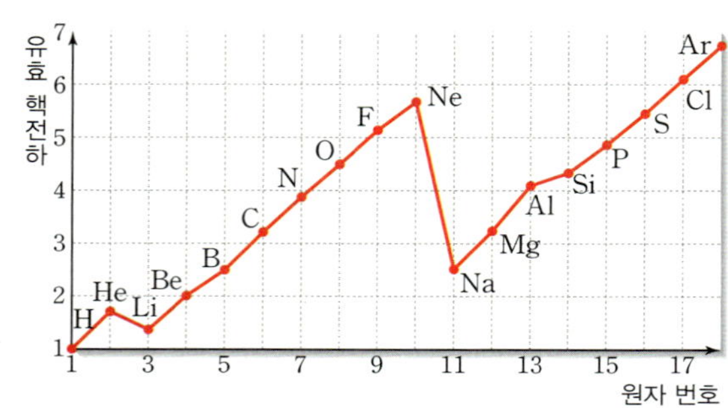

• 원자 번호가 연속인 원소에서 주기(전자 껍질 수)가 증가하면 유효 핵전하는 크게 감소한다.

2. 원자 반지름

(1) **원자 반지름**: 같은 종류의 두 원자가 결합하고 있을 때 두 원자핵 사이 거리의 절반으로 정의한다.

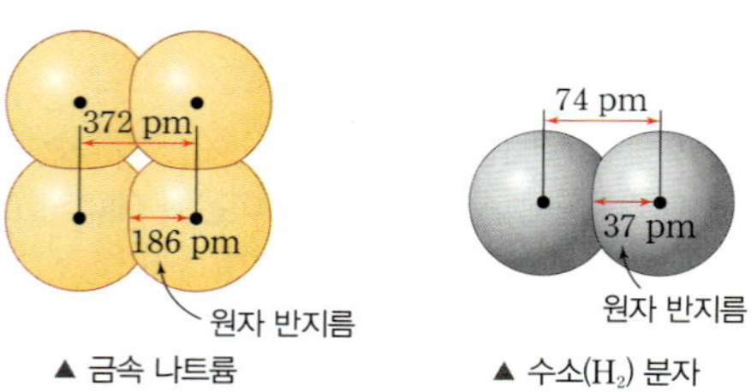

(2) **원자 반지름의 주기성**

같은 주기	같은 주기 원소들은 전자 껍질 수가 같고, 원자 번호가 커질수록 유효 핵전하가 증가한다. ➡ 원자핵과 전자 사이의 인력이 증가하므로 원자 반지름이 (㉣　　　　)한다.
같은 족	같은 족 원소들은 원자 번호가 증가함에 따라 전자 껍질 수가 증가한다. ➡ 원자 반지름이 (㉤　　　　)한다.

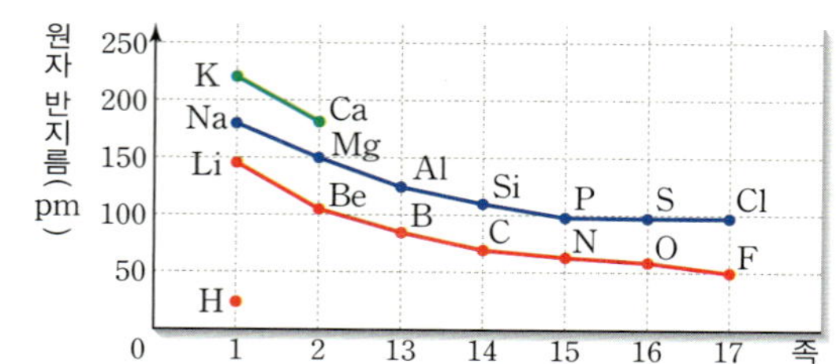

3. 이온 반지름

(1) 이온 반지름

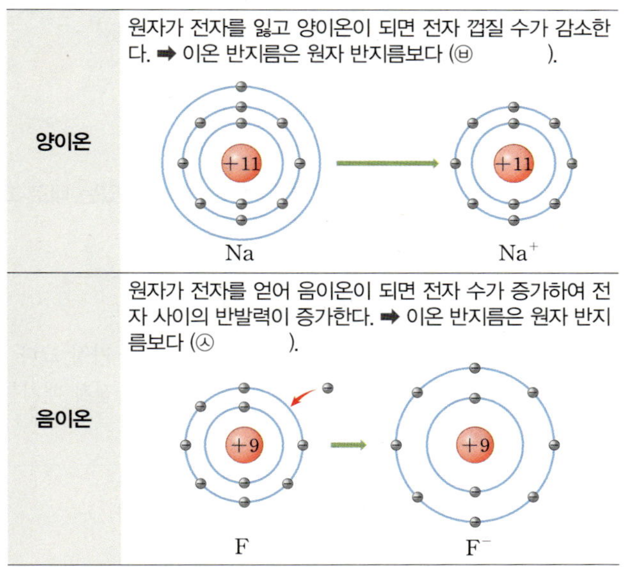

양이온	원자가 전자를 잃고 양이온이 되면 전자 껍질 수가 감소한다. ➡ 이온 반지름은 원자 반지름보다 (ⓑ). Na Na$^+$
음이온	원자가 전자를 얻어 음이온이 되면 전자 수가 증가하여 전자 사이의 반발력이 증가한다. ➡ 이온 반지름은 원자 반지름보다 (ⓐ). F F$^-$

(2) 이온 반지름의 주기성

같은 주기	양이온과 음이온 모두 원자 번호가 커질수록 이온 반지름이 감소한다.
같은 족	양이온과 음이온 모두 원자 번호가 커질수록 이온 반지름이 증가한다.

(3) 금속 원소와 비금속 원소의 이온 반지름: 금속 원소는 양이온을 형성하고, 비금속 원소는 음이온을 형성하므로 같은 주기 원소에서 이온 반지름은 금속 원소< 비금속 원소이다.

(4) 등전자 이온의 반지름: 등전자 이온은 전자 수와 전자 껍질 수가 같으므로 가려막기 효과의 크기도 같다. ➡ 이온 반지름은 원자 번호가 커질수록 감소한다.

　예 $_{17}Cl^-$의 반지름 > $_{19}K^+$의 반지름

4. 이온화 에너지

(1) 이온화 에너지: 기체 상태의 원자 1몰에서 전자 1몰을 떼어내어 기체 상태의 양이온 1몰을 만드는 데 필요한 최소한의 에너지이다.

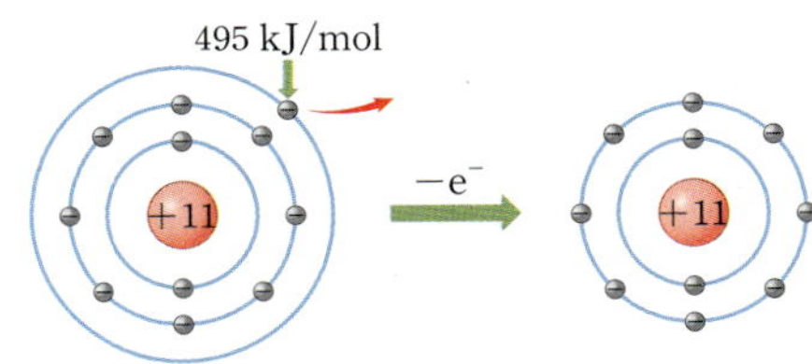

➡ $_{11}$Na의 이온화 에너지는 495 kJ/mol이다.

(2) 이온화 에너지의 주기성

같은 주기	원자 번호가 커질수록 이온화 에너지는 대체로 (ⓒ)한다. ➡ 원자 번호가 커질수록 유효 핵전하가 증가하고 원자핵과 전자 사이의 인력이 커져 전자를 떼어 내기가 어려워지기 때문이다.
같은 족	원자 번호가 커질수록 이온화 에너지가 대체로 (ⓩ)한다. ➡ 원자 번호가 커질수록 전자 껍질 수가 증가하여 원자핵과 전자 사이의 인력이 작아져 전자를 떼어 내기가 쉬워지기 때문이다.

(3) 이온화 에너지의 예외적인 경향: 이온화 에너지는 같은 주기에서는 원자 번호가 증가할수록 대체로 증가하지만, 2족과 (ⓩ   )족, 15족과 (ⓙ   )족에서 예외적인 경향을 보인다.

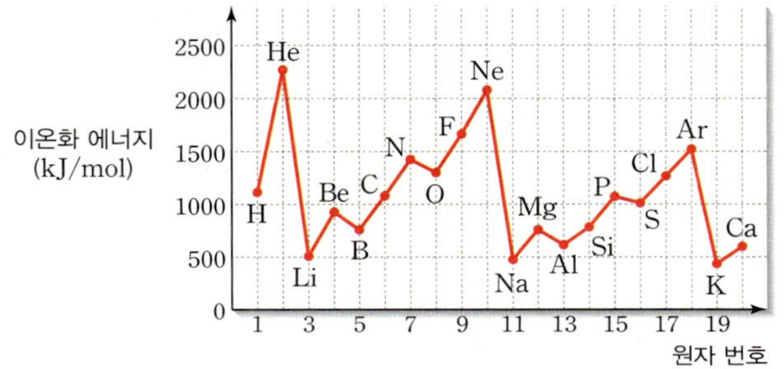

5. 순차 이온화 에너지

(1) 순차 이온화 에너지: 기체 상태의 원자 1몰에서 전자를 1몰씩 차례로 떼어 낼 때 필요한 각각의 에너지이다.

(2) 순차 이온화 에너지의 크기

① 순차 이온화 에너지는 차수가 커질수록 증가한다. ➡ 전자의 개수가 줄어들수록 전자 사이의 (ⓔ   )이 감소하고 원자핵과 전자 사이의 (ⓜ   )이 증가하기 때문이다.

② 전자 껍질 수가 감소할 때는 순차 이온화 에너지가 크게 증가한다. ➡ 안쪽 전자 껍질의 전자를 떼어 낼 때는 원자핵과 전자 사이의 인력이 증가하기 때문이다.

원소	순차 이온화 에너지(E_n, kJ/mol)						
	E_1	E_2	E_3	E_4	E_5	E_6	E_7
Li	520	7298	11815				
Be	899	1757	14848	21006			
B	801	2472	3660	25025	32826		
C	1086	2353	4620	6222	37829	47276	
N	1402	2857	4578	7475	9445	53265	64358
O	1314	3388	5300	7469	10989	13326	71333
F	1681	3374	6020	8407	11022	15164	17867
Ne	2081	3952	6122	9370	12177	15238	19998

▲ 2주기 원소의 순차 이온화 에너지

01 주기율표

01 다음은 주기율표의 완성 과정에 관한 학생들의 대화이다.

> 민하: 되베라이너가 주장한 세 쌍 원소설은 화학적 성질이 비슷한 3종류의 원소가 존재하고, 이를 원자량 순서로 나열하면 가운데 원소의 원자량은 다른 두 원소 원자량의 평균값과 같다는 내용이야.
> 성미: 멘델레예프는 원소의 화학적 성질을 결정하는 것은 원자량이 아니라 양성자수임을 발견했어.
> 진석: 모즐리는 원자 번호 순서대로 원소를 나열해서 주기율표를 완성했어.

대화 내용이 옳은 학생만을 있는 대로 고른 것은?

① 민하　　　　② 성미　　　　③ 진석
④ 민하, 진석　　⑤ 민하, 성미, 진석

02 다음 중 현대의 주기율표에 대한 설명으로 옳은 것은?

① 원소들을 원자량 순서로 배열하였다.
② 1족 원소는 모두 알칼리 금속이다.
③ 할로젠 원소는 모두 상온에서 기체 상태로 존재한다.
④ 주기율표의 오른쪽 위로 갈수록 금속성이 커진다.
⑤ 같은 주기 원소는 전자가 들어 있는 전자 껍질 수가 같다.

03 그림은 원소 A~C의 원자 또는 이온의 전자 배치를 모형으로 나타낸 것이다.

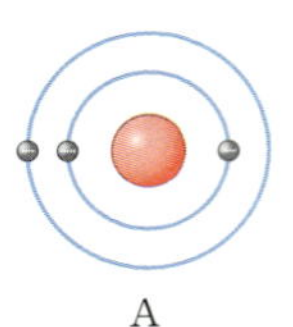
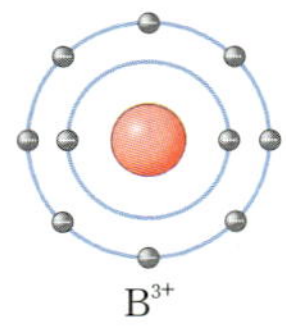
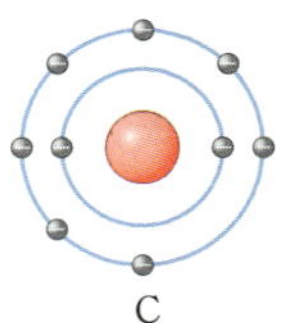

이에 대한 설명으로 옳은 것만을 〈보기〉에서 있는 대로 고른 것은? (단, A~C는 임의의 원소 기호이다.)

> **보기**
> ㄱ. A와 C는 같은 주기 원소이다.
> ㄴ. 전자가 들어 있는 전자 껍질 수는 B가 가장 크다.
> ㄷ. C는 안정한 이온이 될 때 B^{3+}과 같은 전자 배치를 가진다.

① ㄴ　　　　② ㄷ　　　　③ ㄱ, ㄴ
④ ㄱ, ㄷ　　⑤ ㄱ, ㄴ, ㄷ

04 표는 원자 A~E의 전자 배치를 나타낸 것이다.

원자	전자 배치
A	$1s^2 2s^1$
B	$1s^2 2s^2 2p^3$
C	$1s^2 2s^2 2p^5$
D	$1s^2 2s^2 2p^6 3s^2$
E	$1s^2 2s^2 2p^6 3s^2 3p^3$

A~E에 대한 설명으로 옳은 것만을 〈보기〉에서 있는 대로 고른 것은? (단, A~E는 임의의 원소 기호이다.)

> **보기**
> ㄱ. 금속 원소는 1가지이다.
> ㄴ. 바닥상태에서 홀전자 수가 1인 원소는 2가지이다.
> ㄷ. B와 E는 같은 족 원소이다.

① ㄱ　　　　② ㄷ　　　　③ ㄱ, ㄴ
④ ㄴ, ㄷ　　⑤ ㄱ, ㄴ, ㄷ

05 그림은 주기율표의 일부를 나타낸 것이다.

족 주기	1	2	13	14	15	16	17	18
1								A
2							B	C
3	D					E		

이에 대한 설명으로 옳은 것만을 〈보기〉에서 있는 대로 고른 것은? (단, A~E는 임의의 원소 기호이다.)

┤ 보기 ├
ㄱ. A와 C의 원자가 전자 수는 같다.
ㄴ. B와 D의 안정한 이온의 전자 껍질 수는 같다.
ㄷ. E는 전자를 잃기 쉽다.

① ㄱ   ② ㄷ   ③ ㄱ, ㄴ
④ ㄴ, ㄷ   ⑤ ㄱ, ㄴ, ㄷ

02 원소의 주기적 성질

06 다음은 원소 A~D에 대한 자료이다. A~D는 각각 주기율표의 빗금 친 부분에 위치한다.

족 주기	1	2	13	14	15	16	17	18
1								
2								
3								

- A와 D는 바닥상태 원자의 홀전자 수가 같다.
- B와 D는 상온에서 기체 상태이다.

이에 대한 설명으로 옳은 것만을 〈보기〉에서 있는 대로 고른 것은? (단, A~D는 임의의 원소 기호이다.)

┤ 보기 ├
ㄱ. A와 B는 2주기 원소이다.
ㄴ. B의 안정한 이온은 B^-이다.
ㄷ. 원자 반지름은 C<D이다.

① ㄱ   ② ㄴ   ③ ㄱ, ㄷ
④ ㄴ, ㄷ   ⑤ ㄱ, ㄴ, ㄷ

07 다음은 원자 번호가 8~12인 원소 A~D에 대한 설명이다. Ne은 제외한다.

- 안정한 이온의 전자 배치는 Ne과 같다.
- 원자 반지름은 A가 가장 작다.
- 이온 반지름은 D가 가장 작다.
- 바닥상태 원자의 홀전자 수는 B>A=C이다.

A~D에 대한 설명으로 옳은 것만을 〈보기〉에서 있는 대로 고른 것은? (단, A~D는 임의의 원소 기호이다.)

┤ 보기 ├
ㄱ. 3주기 원소는 1가지이다.
ㄴ. B의 원자가 전자 수는 6이다.
ㄷ. D의 안정한 이온은 D^{3+}이다.

① ㄱ   ② ㄴ   ③ ㄱ, ㄷ
④ ㄴ, ㄷ   ⑤ ㄱ, ㄴ, ㄷ

08 다음은 원소 A와 B에 대한 자료이다.

중요

- A와 B는 각각 K과 Cl 중 하나이다.
- 그림은 K과 Cl의 원자 반지름과 이온 반지름을 나타낸 것이다. R_A와 R_B는 각각 K^+ 또는 Cl^-의 반지름 중 하나이고, ㉠과 ㉡은 각각 K 또는 Cl의 원자 반지름 중 하나이다.

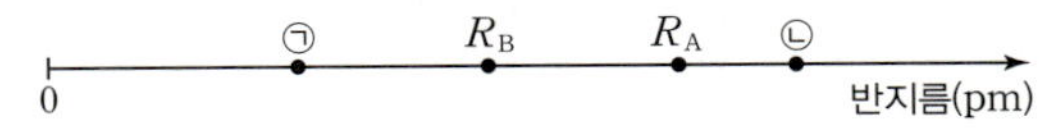

이에 대한 설명으로 옳은 것만을 〈보기〉에서 있는 대로 고른 것은?

┤ 보기 ├
ㄱ. R_B는 K^+의 반지름이다.
ㄴ. 유효 핵전하는 ㉡이 ㉠보다 크다.
ㄷ. 이온화 에너지는 ㉠이 ㉡보다 크다.

① ㄱ   ② ㄴ   ③ ㄱ, ㄴ
④ ㄱ, ㄷ   ⑤ ㄱ, ㄴ, ㄷ

09 다음은 2, 3주기 원소 A~D에 대한 자료이다.

- A~D의 원자 번호는 Ne을 제외하고 연속이다.
- A~D는 안정한 이온이 될 때 네온(Ne)의 전자 배치를 이룬다.
- 제1 이온화 에너지는 A<B이고, 제2 이온화 에너지는 C가 가장 크다.
- A~D의 이온 반지름

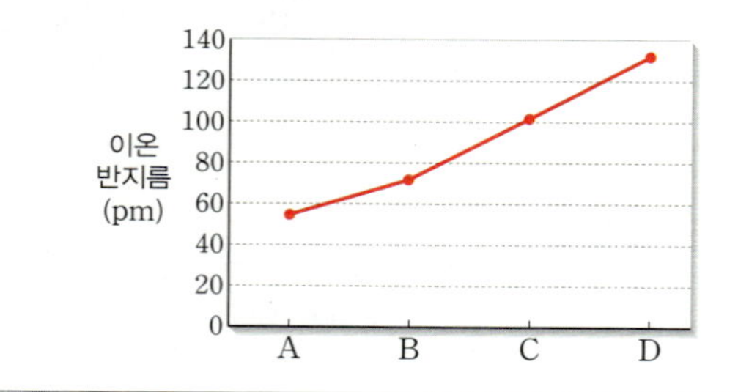

A~D에 대한 설명으로 옳은 것만을 〈보기〉에서 있는 대로 고른 것은? (단, A~D는 임의의 원소 기호이다.)

┤ 보기 ├
ㄱ. 2주기 원소는 2가지이다.
ㄴ. A의 안정한 이온은 A^{3+}이다.
ㄷ. C와 D는 1:1로 결합하여 화합물을 형성한다.

① ㄱ 　　② ㄴ 　　③ ㄱ, ㄷ
④ ㄴ, ㄷ 　　⑤ ㄱ, ㄴ, ㄷ

10 표는 2, 3주기 원소 A~D의 원자가 전자 수와 원자 반지름을 나타낸 것이다. A~D 중 2주기 원소는 2가지이다.

원소	A	B	C	D
원자가 전자 수	1	2	3	4
원자 반지름(pm)	134	90	118	111

이에 대한 설명으로 옳은 것만을 〈보기〉에서 있는 대로 고른 것은? (단, A~D는 임의의 원소 기호이다.)

┤ 보기 ├
ㄱ. 2주기 원소는 A와 B이다.
ㄴ. 바닥상태 원자의 홀전자 수는 B와 D가 같다.
ㄷ. 제2 이온화 에너지는 A<B이다.

① ㄱ 　　② ㄴ 　　③ ㄷ
④ ㄱ, ㄷ 　　⑤ ㄱ, ㄴ, ㄷ

11 그림은 원자 번호가 연속인 2주기 원소 A~G의 원자 반지름에 따른 이온화 에너지를 나타낸 것이다.

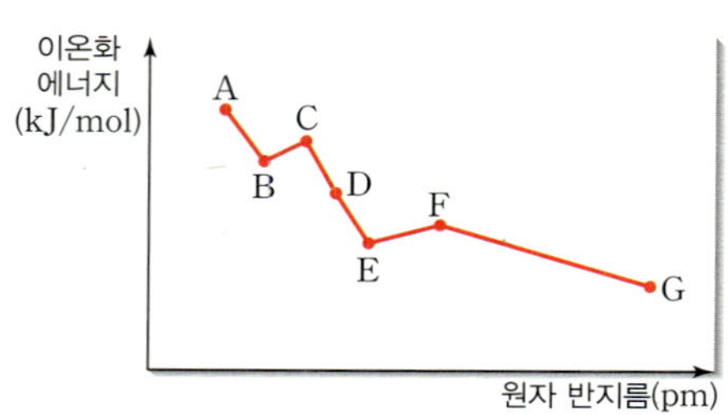

이에 대한 설명으로 옳은 것만을 〈보기〉에서 있는 대로 고른 것은? (단, A~G는 임의의 원소 기호이다.)

┤ 보기 ├
ㄱ. A의 원자가 전자 수는 1이다.
ㄴ. 원자가 전자가 느끼는 유효 핵전하는 G가 가장 크다.
ㄷ. 안정한 이온의 반지름은 A<B이다.

① ㄱ 　　② ㄴ 　　③ ㄷ
④ ㄱ, ㄷ 　　⑤ ㄱ, ㄴ, ㄷ

12 그림은 원자 번호 1~20인 원소의 주기율표를 나타낸 것이고, 자료는 그림의 주기율표 상에 위치하는 원소 A~C에 대한 설명이다.

족＼주기	1	2	13	14	15	16	17	18
1	H							He
2	Li	Be	B	C	N	O	F	Ne
3	Na	Mg	Al	Si	P	S	Cl	Ar

- A: 제1 이온화 에너지가 가장 크다.
- B: 원자가 전자가 느끼는 유효 핵전하가 가장 크다.
- C: 바닥상태에서 홀전자 수가 2인 원자 중 원자 반지름이 가장 작다.

A~C의 양성자수의 합으로 옳은 것은? (단, A~C는 임의의 원소 기호이다.)

① 27 　　② 28 　　③ 30
④ 37 　　⑤ 47

13 그림은 원소 $A \sim D$의 원자 반지름과 이온 반지름을 나타낸 것이다.

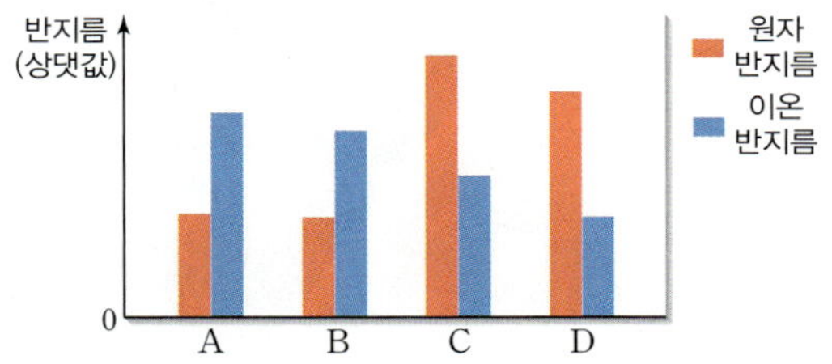

이에 대한 설명으로 옳은 것만을 〈보기〉에서 있는 대로 고른 것은? (단, 이온의 전자 배치는 Ne과 같다.)

┤ 보기 ├

ㄱ. 원자가 전자가 느끼는 유효 핵전하는 $A > B$이다.

ㄴ. 제1 이온화 에너지는 $B < C$이다.

ㄷ. 원자 번호는 $A < B < C < D$이다.

① ㄱ   ② ㄴ   ③ ㄷ
④ ㄴ, ㄷ   ⑤ ㄱ, ㄴ, ㄷ

14 다음은 3주기 원소 A에 대한 자료이다.

- 양성자수가 x이다.
- A의 순차 이온화 에너지(E_n)

원소	순차 이온화 에너지$(E_n,$ kJ/mol$)$				
	E_1	E_2	E_3	E_4	E_5
A	580	1820	2740	11580	14830

A에 대한 설명으로 옳은 것만을 〈보기〉에서 있는 대로 고른 것은? (단, A는 임의의 원소 기호이다.)

┤ 보기 ├

ㄱ. 원자가 전자 수는 3이다.

ㄴ. $x = 13$이다.

ㄷ. $\dfrac{\text{이온 반지름}}{\text{원자 반지름}} > 1$이다.

① ㄱ   ② ㄷ   ③ ㄱ, ㄴ
④ ㄴ, ㄷ   ⑤ ㄱ, ㄴ, ㄷ

15 그림은 2주기 원소 $A \sim D$의 이온화 에너지를 나타낸 것이다. $A \sim D$의 원자 번호는 연속이고, 원자 번호 순서가 아니며, $A \sim D$는 모두 원자가 전자 수가 4 이하이다.

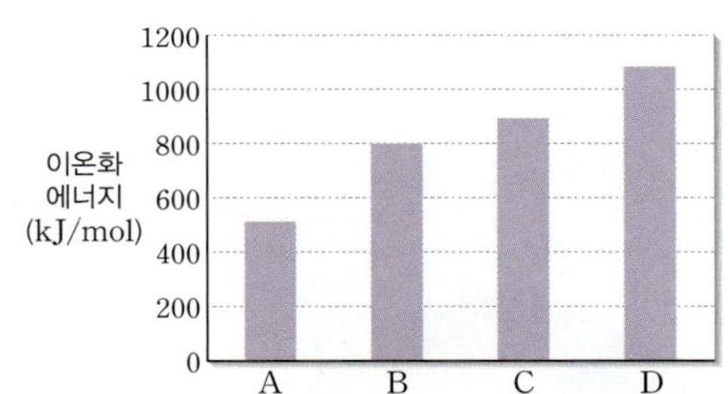

이에 대한 설명으로 옳은 것만을 〈보기〉에서 있는 대로 고른 것은? (단, $A \sim D$는 임의의 원소 기호이다.)

┤ 보기 ├

ㄱ. C는 바닥상태에서 홀전자 수가 0이다.

ㄴ. 제2 이온화 에너지는 A가 가장 크다.

ㄷ. 원자가 전자가 느끼는 유효 핵전하는 $A < C < B < D$이다.

① ㄱ   ② ㄷ   ③ ㄱ, ㄴ
④ ㄴ, ㄷ   ⑤ ㄱ, ㄴ, ㄷ

16 그림은 3, 4주기 원소 $A \sim D$의 순차 이온화 에너지(E_n)를 나타낸 것이다. $A \sim D$의 원자 번호는 각각 $11 \sim 20$ 중 하나이다.

원소	E_1	E_2	E_3	E_4
A	590	1140	4900	6460
B	420	3050	4400	5870
C	738	1451	7733	10542
D	496	4596	6910	9546

(단위: kJ/mol)

이에 대한 설명으로 옳은 것만을 〈보기〉에서 있는 대로 고른 것은? (단, $A \sim D$는 임의의 원소 기호이다.)

┤ 보기 ├

ㄱ. A의 안정한 이온은 A^{2+}이다.

ㄴ. B와 D는 1족 원소이다.

ㄷ. 원자 번호는 C가 가장 크다.

① ㄱ   ② ㄷ   ③ ㄱ, ㄴ
④ ㄴ, ㄷ   ⑤ ㄱ, ㄴ, ㄷ

01

화학 결합

01. 이온 결합
02. 공유 결합과 금속 결합

01 이온 결합

⊗ 먼저 알아야 할 내용

1. 이온의 형성

(1) [㉠] : 원자가 전자를 잃어 형성 ➡ (+)전하를 띤다.

(2) [㉡] : 원자가 전자를 얻어 형성 ➡ (−)전하를 띤다.

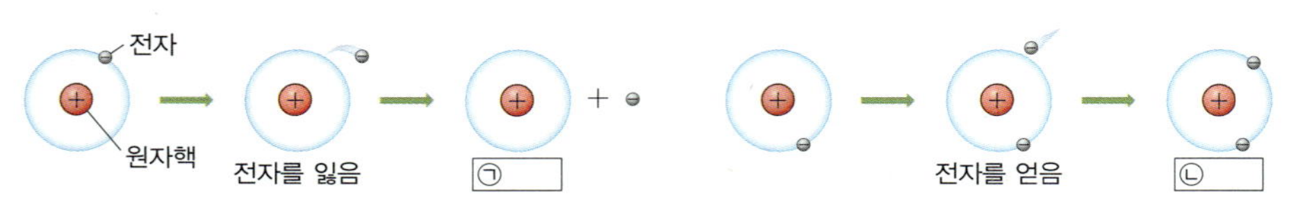

답 ㉠ 양이온 ㉡ 음이온

Ⓐ 화학 결합의 전기적 성질

예) 황산 나트륨(Na_2SO_4), 수산화 나트륨($NaOH$)

1. 물(H_2O)의 전기 분해　물에 소량의 전해질을 녹이고 전기 분해하면 (+)극에서 산소(O_2) 기체가, (−)극에서 수소(H_2) 기체가 발생한다. ➡ 물(H_2O) 분자를 이루는 수소 원자와 산소 원자의 공유 결합에 전자가 관여함을 알 수 있다.　🧪탐구 활동 102쪽

> **실전 자료**　**물의 전기 분해**
>
> 그림은 물의 전기 분해 장치를 나타낸 것이다.
>
> 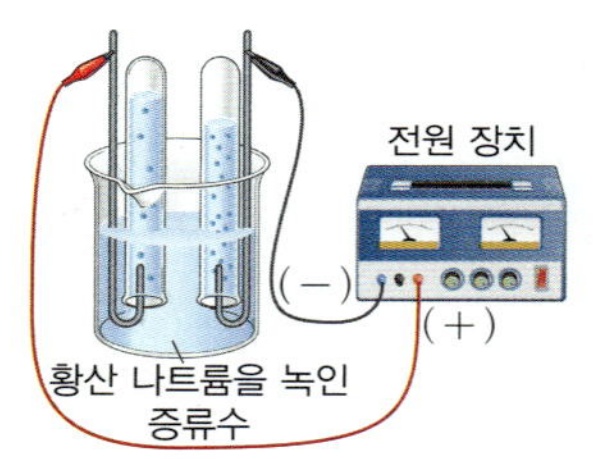
>
>
> ❶ 물을 전기 분해했을 때 각 전극에서의 반응은 다음과 같다.
> - (+)극: $2H_2O \longrightarrow O_2 + 4H^+ + 4e^-$
> - (−)극: $4H_2O + 4e^- \longrightarrow 2H_2 + 4OH^-$
>
> ❷ 물을 전기 분해했을 때 화학 반응식은 $2H_2O \longrightarrow 2H_2 + O_2$이다.
>
> ➡ (−)극에서 발생하는 수소(H_2) 기체와 (+)극에서 발생하는 산소(O_2) 기체의 부피 비는 $H_2 : O_2 = 2 : 1$이다.

2. 염화 나트륨($NaCl$)의 전기 분해　염화 나트륨($NaCl$) 용융액에 전류를 흘려 주면 전기 분해가 일어나 (+)극에서는 염소(Cl_2) 기체가, (−)극에서는 금속 나트륨(Na)이 생성된다.

➡ 염화 나트륨($NaCl$)을 이루는 Na 이온과 Cl 이온의 결합에 전자가 관여함을 알 수 있다.

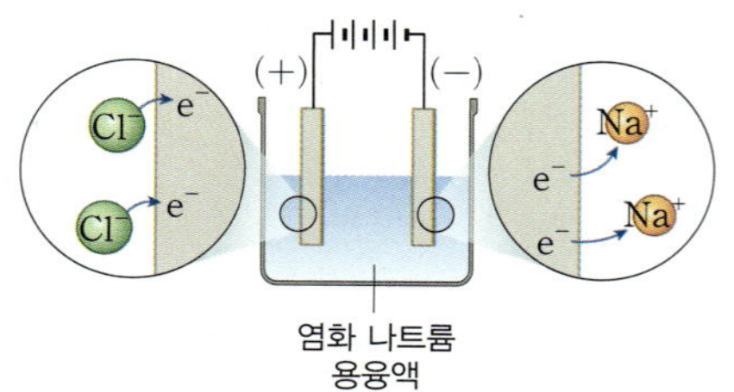

(+)극: $2Cl^- \longrightarrow Cl_2 + 2e^-$

(−)극: $2Na^+ + 2e^- \longrightarrow 2Na$

B 화학 결합과 옥텟 규칙

1. 옥텟 규칙   주기율표의 18족에 속하지 않는 원소들이 18족 원소와 같이 가장 바깥 전자 껍질에 전자 8개를 채워 안정한 전자 배치를 가지려는 경향이다. (수소(H) 제외)

(1) **18족 원소의 전자 배치**: 주기율표의 18족에 속하는 원소는 가장 바깥 전자 껍질에 8개의 전자가 배치되어 있다. (단, He은 2개) ➡ 화학적으로 안정하다.

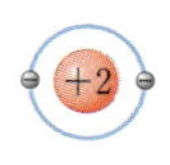 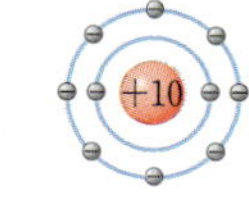 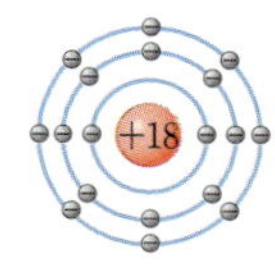

헬륨($_2$He)   네온($_{10}$Ne)   아르곤($_{18}$Ar)

(2) **화학 결합과 옥텟 규칙**: 18족 이외의 원소는 화학 결합을 통해 전자를 잃거나 얻어서, 또는 전자를 공유하여 옥텟 규칙을 만족한다.

2. 이온의 형성과 옥텟 규칙

(1) **양이온의 형성**: 금속 원소는 전자를 잃고 18족 원소와 같은 전자 배치를 이룬다.

(2) **음이온의 형성**: 비금속 원소는 전자를 얻어 18족 원소와 같은 전자 배치를 이룬다.

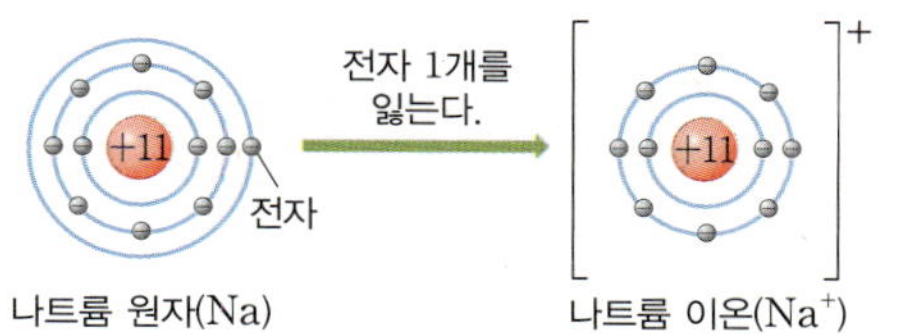

나트륨 원자(Na)   나트륨 이온(Na$^+$)   염소 원자(Cl)   염화 이온(Cl$^-$)

▲ 나트륨 이온의 형성   ▲ 염화 이온의 형성

개념 바로 확인

정답 및 해설 | 19쪽

01 물(H$_2$O)을 전기 분해하면 [ ] 기체와 [ ] 기체가 발생하는 것으로부터 화학 결합에는 [ ]가 관여함을 알 수 있다.

01 그림은 물의 전기 분해 장치를 나타낸 것이다.

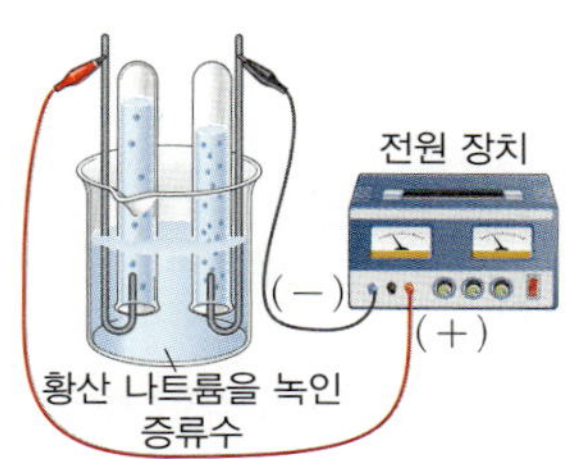

각 전극에서 발생하는 기체의 종류와 기체의 부피 비를 쓰시오.

02 원자들이 18족 원소와 같이 가장 바깥 전자 껍질에 8개의 전자를 채워 안정한 전자 배치를 가지려는 경향을 [ ] 규칙이라고 한다.

02 표는 몇 가지 원소의 전자 배치를 나타낸 것이다. (   ) 안에 알맞은 말을 쓰시오.

원소	A	B	C	D
전자 배치	$1s^2$	$1s^2 2s^1$	$1s^2 2s^2 2p^5$	$1s^2 2s^2 2p^6$

(1) 18족 원소는 (   )와 (   )이다.

(2) B는 전자 (   )개를 잃고 안정한 (   )이 된다.

(3) C는 전자 (   )개를 얻어 (   )와 같은 전자 배치를 하는 안정한 (   )이 된다.

01 이온 결합

ⓒ 이온 결합

1. 이온 결합   금속 원소의 양이온과 비금속 원소의 음이온 사이의 정전기적 인력에 의해 형성되는 결합

(1) **이온의 형성:** 금속 원소는 전자를 잃고 양이온이 되고, 비금속 원소는 전자를 얻어 음이온이 된다.

(2) **이온 결합의 형성:** 금속 원소와 비금속 원소는 서로 전자를 주고받아 이온을 형성한 후, 정전기적 인력에 의하여 결합한다.

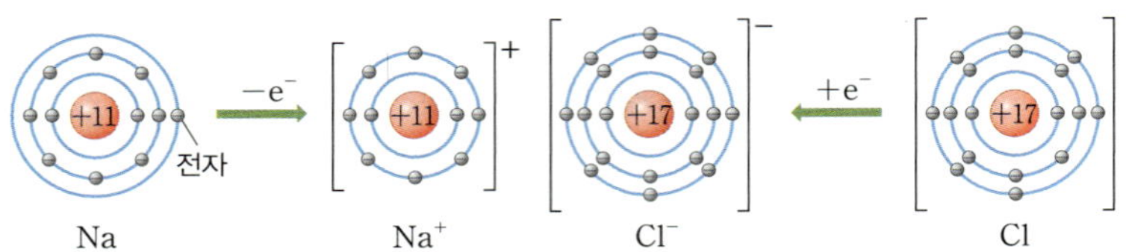

2. 이온 결합의 형성과 에너지

(1) 양이온과 음이온 사이에는 정전기적 인력과 반발력이 작용한다. ➡ 이온 사이의 거리가 가까워질수록 정전기적 인력이 작용하여 에너지가 낮아지지만, 두 이온 사이의 거리가 너무 가까워지면 반발력이 커지므로 에너지가 급격하게 높아진다.

(2) 양이온과 음이온은 인력과 반발력에 의한 에너지가 가장 낮은 거리(r_0)에서 이온 결합을 형성하며, 이때 가장 안정한 상태가 된다.

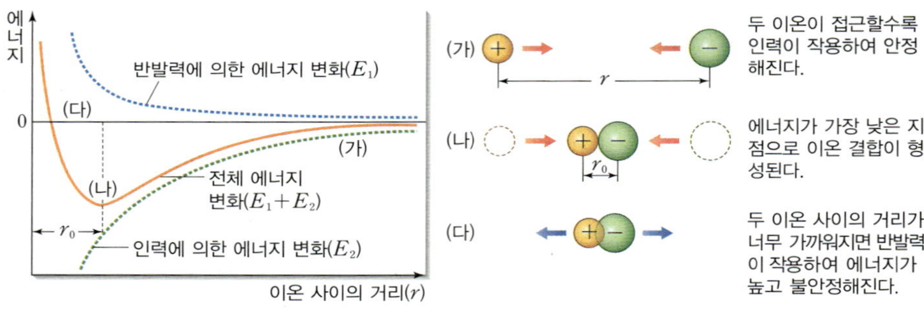

E_1+E_2의 크기가 클수록 이온 결합력이 강하다.

3. 이온 결합 물질   이온 결합에 의해 생성된 물질로, 이온 결정이라고도 한다.

(1) **이온 결합 물질의 구조:** 수많은 양이온과 음이온이 3차원적으로 서로를 둘러싸며 규칙적으로 배열되어 있다.

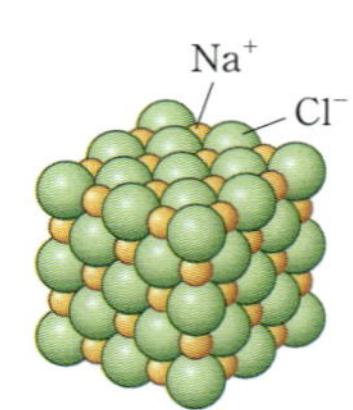

Cl⁻ 1개는 6개의 Na⁺로 둘러싸여 있고, Na⁺ 1개는 6개의 Cl⁻로 둘러싸여 있다.

▲ 염화 나트륨($NaCl$) 결정

(2) **이온 결합 물질의 화학식**

① 이온의 종류와 전하에 따라 결합하는 이온의 개수가 달라지므로 화합물을 구성하는 원소의 가장 간단한 결합 개수비(정수비)로 나타낸다.

❖ 쿨롱힘

양이온과 음이온 사이에는 쿨롱힘이라는 정전기적 인력이 작용한다.

$$F=k\frac{q_1 q_2}{r^2}$$

F: 쿨롱힘
r: 두 이온 사이의 거리
q_1, q_2: 이온의 전하

❖ 이온 결합력

서로 다른 종류의 전하를 가진 이온 사이에 작용하는 정전기적 인력이다.

❖ 이온 결합 물질의 구조

이온 결합 물질은 양이온과 음이온이 결합한 1쌍이 독립적으로 존재하는 것이 아니라 수많은 양이온과 음이온이 서로를 둘러싸며 규칙적으로 결합하고 있다.

② 이온 결합 물질은 전기적으로 중성이므로 양이온의 총(+)전하량과 음이온의 총(−) 전하량의 합이 0이 되어야 한다.

$$(\text{양이온의 전하} \times \text{양이온의 수}) + (\text{음이온의 전하} \times \text{음이온의 수}) = 0$$

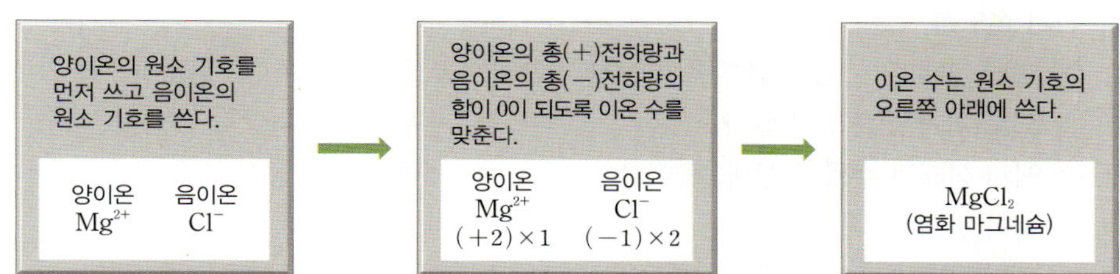

❖ **이온 결합 물질의 화학식**

이온 결합 물질을 화학식으로 나타낼 때는 양이온의 원소 기호를 먼저 쓴 후 음이온의 원소 기호를 쓰고, 각각의 원소 기호 뒤에 이온의 개수비를 나타낸다.

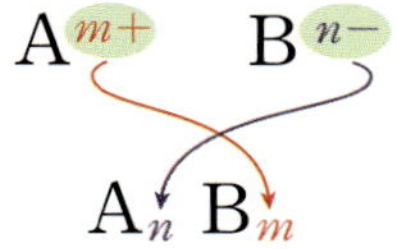

양이온	음이온	개수비(양이온:음이온)	화학식	이름
Na^+	Cl^-	1:1	$NaCl$	염화 나트륨
Na^+	CO_3^{2-}	2:1	Na_2CO_3	탄산 나트륨
Mg^{2+}	OH^-	1:2	$Mg(OH)_2$	수산화 마그네슘
Ca^{2+}	O^{2-}	1:1	CaO	산화 칼슘
Cu^{2+}	SO_4^{2-}	1:1	$CuSO_4$	황산 구리(Ⅱ)
Al^{3+}	O^{2-}	2:3	Al_2O_3	산화 알루미늄

❖ **이온 결합 물질의 이름**

이온 결합 물질의 이름을 읽을 때는 음이온의 이름을 먼저 읽은 후 양이온의 이름을 읽는다.

개념 바로 확인

정답 및 해설 | 19쪽

03 이온 결합은 [   ] 원소의 양이온과 [   ] 원소의 음이온 사이의 정전기적 인력에 의해 형성되는 결합이다.

03 이온 결합 물질만을 〈보기〉에서 있는 대로 고른 것은?

┤ 보기 ├
ㄱ. H_2O 　　　ㄴ. $CaCl_2$ 　　　ㄷ. CH_4

① ㄱ 　　② ㄴ 　　③ ㄱ, ㄷ 　　④ ㄴ, ㄷ 　　⑤ ㄱ, ㄴ, ㄷ

04 양이온과 음이온 사이의 [   ]과 [   ]이 균형을 이루어 에너지가 가장 [   ] 거리에서 이온 결합이 형성된다.

04 그림은 이온 사이의 거리에 따른 에너지 변화를 나타낸 것이다.

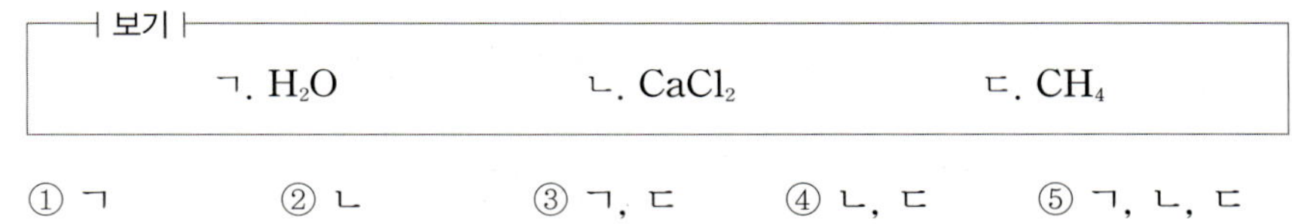

(1) a~c 중 이온 결합이 형성되는 지점을 쓰시오.
(2) a~c 중 인력이 반발력보다 우세한 지점을 쓰시오.

05 Na_2SO_4의 이름은 [   ]이다.

05 다음 이온들이 결합하여 생성된 물질의 화학식과 이름을 쓰시오.

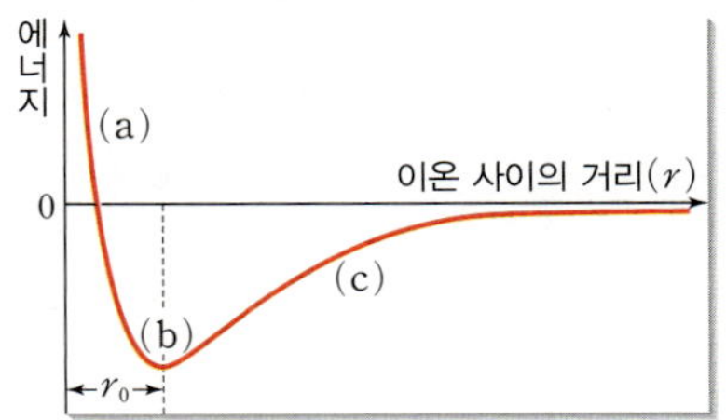

(1) Mg^{2+}, S^{2-} 　　(2) Al^{3+}, O^{2-} 　　(3) Na^+, O^{2-}

이온 결합

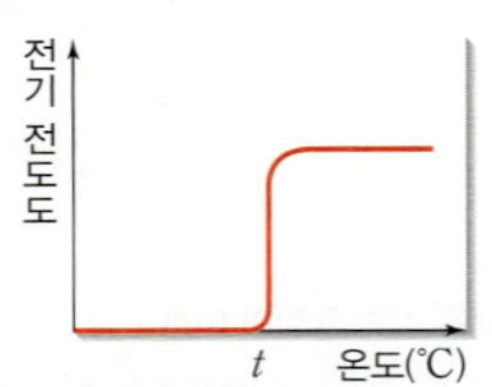

❖ 이온 결합 물질의 온도에 따른 전기 전도도

전기 전도도 / 온도(℃)

- 녹는점 : t℃
- t℃보다 낮은 온도에서는 고체 상태이므로 전기 전도성이 없다.
- t℃보다 높은 온도에서는 액체 상태이므로 전기 전도성이 있다.

❖ 이온 결합 물질의 녹는점과 끓는점이 높은 까닭

양이온과 음이온이 3차원적인 배열을 이루며 강하게 결합하고 있으므로 액체 상태로 만들기 위해서는 수많은 결합을 끊어야 하기 때문이다.

❖ 이온 결합 물질의 녹는점

이온 결합 물질의 녹는점은 이온의 전하량에 더 많은 영향을 받는다.

D 이온 결합 물질의 성질

1. 전기 전도성

(1) **고체 상태**: 양이온과 음이온이 강하게 결합하고 있어 이온이 자유롭게 이동할 수 없으므로 전기 전도성이 없다.

(2) **액체 상태와 수용액 상태**: 양이온과 음이온이 자유롭게 이동할 수 있으므로 전기 전도성이 있다.

고체 상태	액체 상태	수용액 상태
이온이 자유롭게 이동할 수 없어 전기 전도성이 없다.	이온이 반대 전하를 띠는 극 쪽으로 자유롭게 이동할 수 있으므로 전기 전도성이 있다.	

2. 녹는점과 끓는점
이온 결합 물질은 녹는점과 끓는점이 매우 높아 상온에서 대부분 고체 상태로 존재한다.

(1) 이온 결합 물질의 녹는점은 이온의 전하량과 이온 사이의 거리에 따라 달라진다.

➡ 이온의 전하량이 클수록, 이온 사이의 거리가 짧을수록 정전기적 인력이 커지므로 녹는점이 높아진다.

(2) **쿨롱힘(F)**: 양이온과 음이온 사이에는 쿨롱힘(F)이라는 정전기적 인력이 작용한다.

$$F = k\frac{q_1 q_2}{r^2} \ (r: \text{두 이온 사이의 거리}, \ q_1, \ q_2: \text{이온의 전하})$$

실전 자료 이온 결합 물질의 녹는점

표는 몇 가지 이온 결합 물질의 이온 사이의 거리와 녹는점을 나타낸 것이다.

이온 결합 물질	이온 사이의 거리(pm)	녹는점(℃)
NaF	231	996
NaCl	276	801
MgO	210	2852
CaO	240	2572

❶ 양이온과 음이온의 전하량이 같은 경우 : 이온 사이의 거리가 짧을수록 녹는점이 높다.
- 이온 사이의 거리 NaCl>NaF ⟶ 녹는점 NaCl<NaF
- 이온 사이의 거리 CaO>MgO ⟶ 녹는점 CaO<MgO

❷ 이온 사이의 거리가 비슷한 경우 : 이온의 전하량이 클수록 녹는점이 높다.
- 이온의 전하량 MgO>NaF ⟶ 녹는점 MgO>NaF
- 이온의 전하량 CaO>NaCl ⟶ 녹는점 CaO>NaCl

➡ 이온 결합 물질의 녹는점은 이온 사이의 거리가 짧을수록, 이온의 전하량이 클수록 높다.

3. **결정의 쪼개짐과 부스러짐** 이온 결정은 매우 단단하지만 외부에서 힘을 가하면 쉽게 쪼개지거나 부스러진다. ➡ 외부에서 힘을 가하면 이온 층이 밀리면서 같은 전하를 띠는 이온들이 만나게 되고, 이들 사이에 반발력이 작용하기 때문이다.

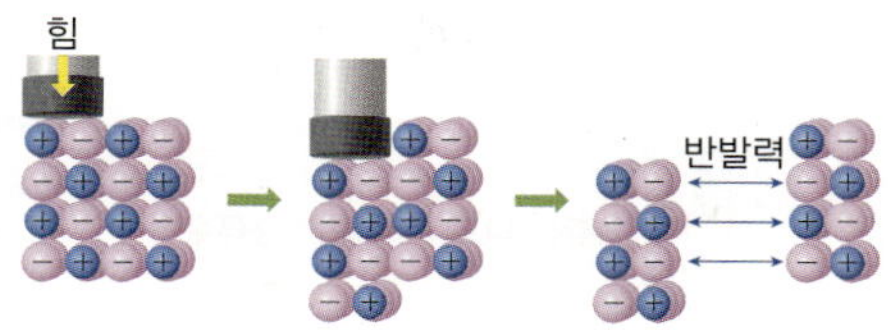

4. **물에 대한 용해성** 이온 결합 물질은 대체로 극성 용매인 물에 잘 녹는다. ➡ 양이온과 음이온이 물 분자에 둘러쌓인 상태(수화된 상태)로 존재하여 물속으로 고르게 분산되기 때문이다.

예 염화 나트륨($NaCl$)의 물에 대한 용해

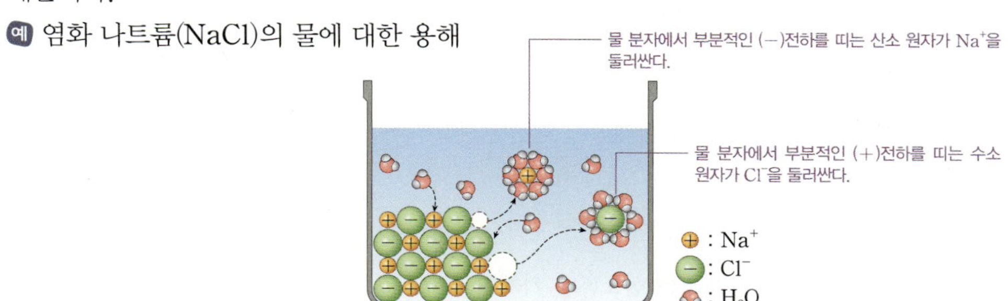

❖**물 분자의 극성**

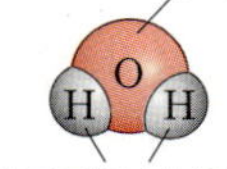

물 분자는 산소 원자가 부분적인 (−)전하, 수소 원자가 부분적인 (+)전하를 띠고 있는 극성 분자이다.

개념 바로 확인

정답 및 해설 | 19쪽

06 이온 결합력이 강할수록 이온 결합 물질의 녹는점은 〔   〕.

06 이온 결합 물질의 성질에 대한 설명으로 옳은 것은 ○, <u>옳지 않은</u> 것은 ×로 표시하시오.

(1) 이온 결합 물질은 고체 상태에서 전기 전도성이 있다. (   )
(2) 이온 결합 물질은 상온에서 대부분 액체 상태로 존재한다. (   )
(3) 이온 결합 물질은 이온 사이의 거리가 짧을수록 녹는점이 높다. (   )
(4) 이온 결합 물질은 외부에서 힘을 가하면 쉽게 부서진다. (   )

07 이온 결합 물질은 고체 상태에서 전기 전도성이 〔   〕, 액체 상태에서 전기 전도성이 〔   〕.

07 그림은 원자 A~C를 전자 배치 모형으로 나타낸 것이다. (단, A~C는 임의의 원소 기호이다.)

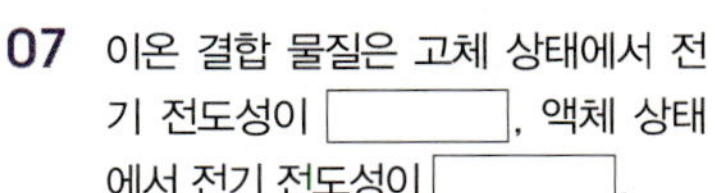
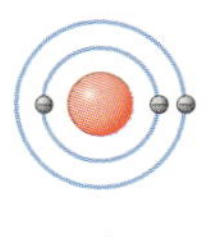
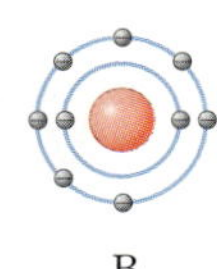
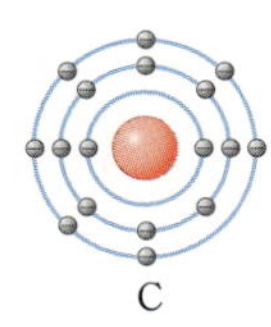

(1) A와 B가 안정한 화합물을 만들 때 형성하는 화학 결합의 종류를 쓰시오.
(2) A와 B가 결합하여 생성된 물질의 화학식을 쓰시오.
(3) A와 B로 이루어진 화합물과 A와 C로 이루어진 화합물의 녹는점을 비교하시오.

08 이온 결합 물질의 녹는점은 이온 사이의 거리가 〔   〕, 이온의 전하량이 〔   〕 높다.

08 다음 물질의 녹는점을 비교하시오.

(1) $NaCl$ (   ) NaF (2) MgO (   ) NaF

탐구 활동

· 물의 전기 분해 ·

과정

1. 비커에 증류수 100 mL를 넣고 황산 나트륨을 소량 녹인다.

2. 빨대 2개의 한쪽 끝을 각각 실리콘 빨대 뚜껑과 마개로 막은 뒤 과정 1의 수용액을 가득 채운다.

3. 홈판의 한 홈에 플라스틱 병을 끼우고, 과정 1의 용액을 병에 절반 정도 채운다.

4. 플라스틱 병에 과정 2의 빨대를 뒤집어 세운 뒤, 빨대의 아래쪽에 침핀을 꽂고 건전지에 연결한다.

5. 각 전극에서 일어나는 변화를 관찰하고, 생성된 기체의 부피를 비교한다.

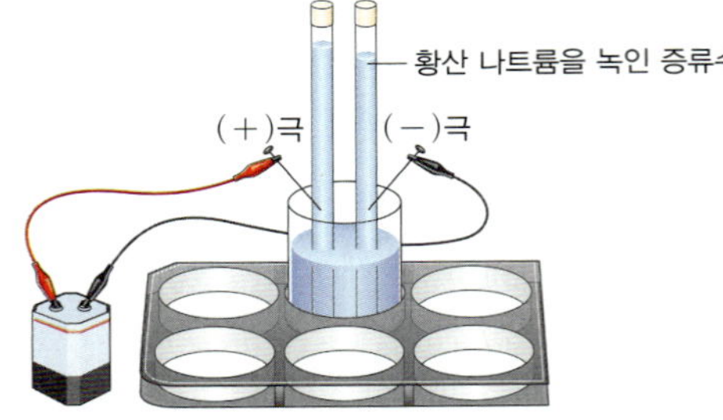

결과

1. 각 전극에서 발생하는 기체는 무엇인가? ➡ (+)극에서는 산소(O_2) 기체가 발생하고, (−)극에서는 수소(H_2) 기체가 발생한다.

2. 각 전극에서 발생한 기체의 부피 비는? ➡ (+)극 : (−)극 = 1 : 2이다.

정리

• 물의 전기 분해를 화학 반응식으로 나타내면 $2H_2O \longrightarrow 2H_2 + O_2$이다.

• 소량의 전해질이 녹아 있는 물을 전기 분해했을 때, 성분 원소인 수소(H_2) 기체와 산소(O_2) 기체가 생성되는 것으로 보아 물 분자를 구성하는 수소 원자와 산소 원자의 화학 결합에는 전자가 관여함을 알 수 있다.

▶ 목표

물의 전기 분해 현상을 관찰하고, 화학 결합에 전자가 관여함을 이해한다.

❖ 전해질

순수한 물은 전류가 흐르지 않는다. 따라서 물을 전기 분해하기 위해서는 소량의 전해질을 넣어 녹여준다.

예 황산 나트륨(Na_2SO_4)
수산화 나트륨($NaOH$)

❖ 물의 전기 분해 생성물 확인

• (+)극 : 꺼져가는 향불을 가까이 하면 다시 타오른다. ➡ 산소(O_2) 기체
• (−)극 : 성냥불을 가까이 하면 '퍽' 소리를 내며 탄다. ➡ 수소(H_2) 기체

정답 및 해설 | 19쪽

---

01 오른쪽 그림은 전해질을 소량 녹인 물을 전기 분해하는 모습을 나타낸 것이다.
이에 대한 설명으로 옳은 것만을 〈보기〉에서 있는 대로 고른 것은?

┤ 보기 ├

ㄱ. (+)극에서 수소(H_2) 기체가 발생한다.

ㄴ. 각 전극에서 발생한 기체의 부피 비는 (+)극 : (−)극 = 1 : 2이다.

ㄷ. 이 실험을 통해 수소와 산소가 결합하여 물이 생성될 때 전자가 관여함을 알 수 있다.

① ㄱ　　　② ㄴ　　　③ ㄱ, ㄷ
④ ㄴ, ㄷ　　　⑤ ㄱ, ㄴ, ㄷ

02 다음은 학생이 수행한 실험이다.

[탐구 목표]
화합물의 ⃟ ㉠ 을(를) 통하여 화합물이 형성될 때 전자가 관여함을 확인한다.

[실험]

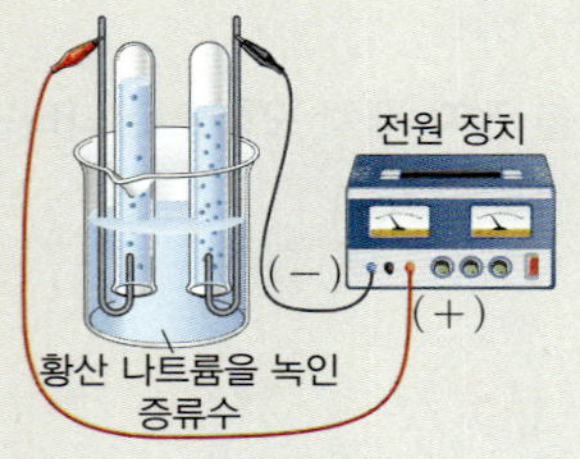

㉠에 해당하는 것으로 가장 적절한 것은?

① 녹는점 측정　　② 끓는점 측정　　③ 용해도 조사
④ 부피 측정　　⑤ 전기 분해

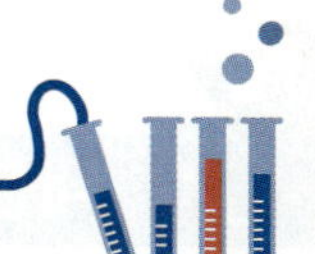

A 화학 결합의 전기적 성질

B 화학 결합과 옥텟 규칙

01

그림은 물의 전기 분해 장치를 나타낸 것이다.

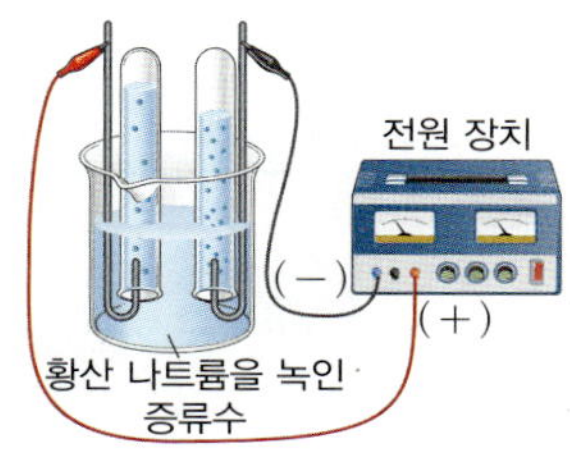

이에 대한 설명으로 옳은 것만을 〈보기〉에서 있는 대로 고른 것은?

| 보기 |

ㄱ. 황산 나트륨은 전해질이다.
ㄴ. (−)극에서 수소(H_2) 기체가 발생한다.
ㄷ. 수소와 산소가 결합하여 물이 생성될 때 전자가 관여한다.

① ㄱ   ② ㄴ   ③ ㄱ, ㄷ
④ ㄴ, ㄷ   ⑤ ㄱ, ㄴ, ㄷ

02

염화 나트륨(NaCl) 용융액의 전기 분해에 대한 설명으로 옳은 것만을 〈보기〉에서 있는 대로 고른 것은?

| 보기 |

ㄱ. (+)극에서 염소(Cl_2) 기체가 발생한다.
ㄴ. (−)극에서 금속 나트륨(Na)이 생성된다.
ㄷ. (+)극과 (−)극에서 생성되는 물질의 몰수 비는 (+)극 : (−)극 = 1 : 1이다.

① ㄱ   ② ㄷ   ③ ㄱ, ㄴ
④ ㄴ, ㄷ   ⑤ ㄱ, ㄴ, ㄷ

03

그림은 원소 A~D를 전자 배치 모형으로 나타낸 것이다.

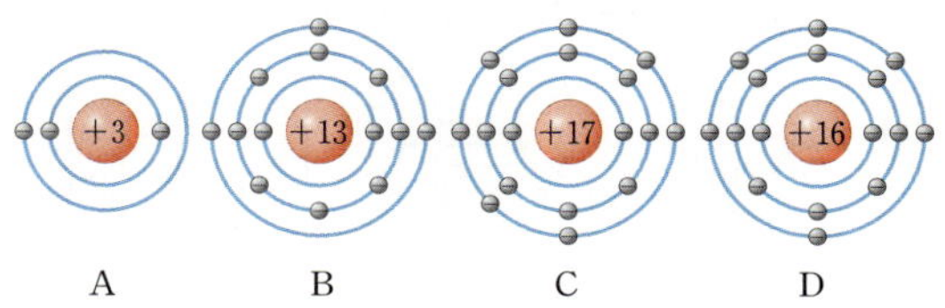

A~D에 대한 설명으로 옳은 것만을 〈보기〉에서 있는 대로 고른 것은? (단, A~D는 임의의 원소 기호이다.)

| 보기 |

ㄱ. A는 전자 1개를 잃고 비활성 기체와 같은 전자 배치를 이룬다.
ㄴ. B와 C는 안정한 이온이 되었을 때 전자가 들어 있는 전자 껍질 수가 서로 같다.
ㄷ. A~D 중 안정한 이온이 될 때 Ne과 같은 전자 배치를 이루는 원소는 1가지이다.

① ㄱ   ② ㄴ   ③ ㄱ, ㄷ
④ ㄴ, ㄷ   ⑤ ㄱ, ㄴ, ㄷ

04

그림은 주기율표의 일부를 나타낸 것이다.

족 주기	1	2	13	14	15	16	17	18
1								A
2	B						C	
3		D	E					

A~E에 대한 설명으로 옳은 것만을 〈보기〉에서 있는 대로 고른 것은? (단, A~E는 임의의 원소 기호이다.)

| 보기 |

ㄱ. 비활성 기체는 1가지이다.
ㄴ. 음이온이 되기 쉬운 원소는 1가지이다.
ㄷ. B와 C는 비활성 기체의 전자 배치를 이루기 위해 잃거나 얻는 전자 수가 서로 같다.

① ㄱ   ② ㄴ   ③ ㄱ, ㄷ
④ ㄴ, ㄷ   ⑤ ㄱ, ㄴ, ㄷ

C 이온 결합

05 그림은 나트륨(Na)과 염소(Cl)가 반응하여 염화 나트륨(NaCl)을 생성하는 것을 전자 배치 모형으로 나타낸 것이다.

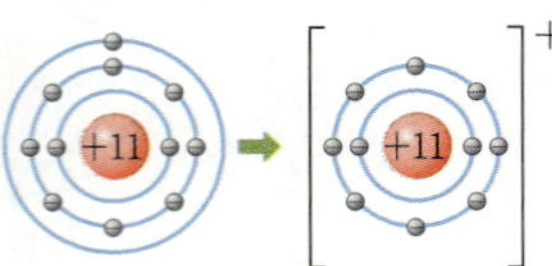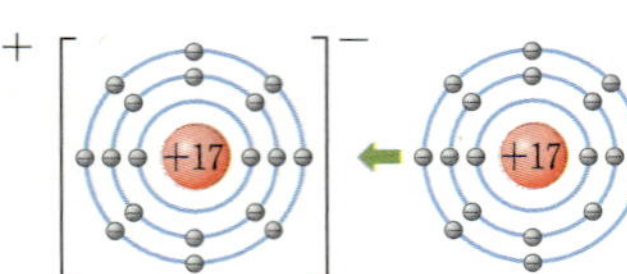

이에 대한 설명으로 옳은 것만을 〈보기〉에서 있는 대로 고른 것은?

| 보기 |

ㄱ. Na 이온과 Cl 이온의 전자 배치는 서로 같다.
ㄴ. Na과 Cl가 결합할 때 전자는 Na에서 Cl로 이동한다.
ㄷ. Na 이온과 Cl 이온은 1:1의 개수비로 결합하여 화합물을 형성한다.

① ㄱ　　　② ㄴ　　　③ ㄱ, ㄷ
④ ㄴ, ㄷ　　⑤ ㄱ, ㄴ, ㄷ

06 그림은 양이온과 음이온이 이온 결합을 형성할 때, 이온 사이의 거리에 따른 에너지 변화를 나타낸 것이다.

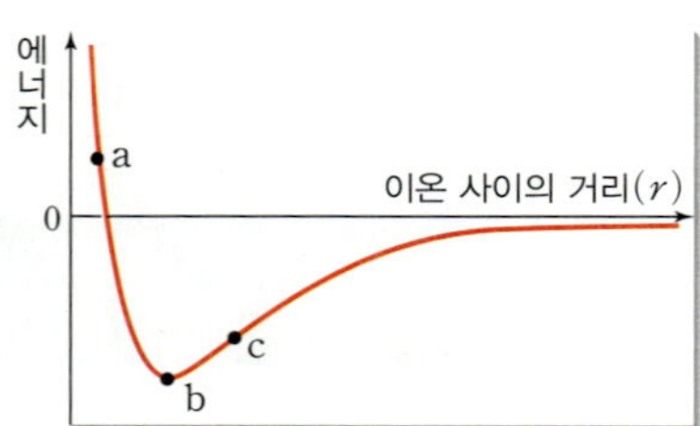

이에 대한 설명으로 옳은 것만을 〈보기〉에서 있는 대로 고른 것은?

| 보기 |

ㄱ. a점에서는 인력이 반발력보다 우세하게 작용한다.
ㄴ. b점에서 이온 결합이 형성된다.
ㄷ. c점에서는 반발력이 인력보다 우세하게 작용한다.

① ㄱ　　　② ㄴ　　　③ ㄱ, ㄷ
④ ㄴ, ㄷ　　⑤ ㄱ, ㄴ, ㄷ

D 이온 결합 물질의 성질

[07~08] 그림은 주기율표의 일부를 나타낸 것이다. A~F는 임의의 원소 기호이다.

족 주기	1	2	13	14	15	16	17	18
1	A							
2		B				C	D	E
3		F						

07 A~F에 대한 설명으로 옳은 것만을 〈보기〉에서 있는 대로 고른 것은?

| 보기 |

ㄱ. A와 C로 이루어진 물질은 액체 상태에서 전기 전도성이 있다.
ㄴ. B와 C는 1:1의 개수비로 결합하여 화합물을 형성한다.
ㄷ. 녹는점은 B와 C로 이루어진 물질이 C와 F로 이루어진 물질보다 높다.

① ㄱ　　　② ㄴ　　　③ ㄱ, ㄷ
④ ㄴ, ㄷ　　⑤ ㄱ, ㄴ, ㄷ

08 다음은 어떤 물질의 성질을 설명한 것이다.

• 상온에서 고체 상태로 존재한다.
• 고체 상태에서는 전류가 흐르지 않지만, 수용액 상태와 액체 상태에서 전류가 흐른다.

A~F 중 2가지 원소가 결합하여 화합물을 형성할 때 위와 같은 성질이 나타나는 것으로 옳게 짝 지어진 것만을 〈보기〉에서 있는 대로 고른 것은?

| 보기 |

ㄱ. A와 C　　　ㄴ. B와 C　　　ㄷ. D와 F

① ㄱ　　　② ㄷ　　　③ ㄱ, ㄴ
④ ㄴ, ㄷ　　⑤ ㄱ, ㄴ, ㄷ

09 그림은 양이온과 음이온이 이온 결합을 형성할 때, 이온 사이의 거리에 따른 에너지 변화를 나타낸 것이다.

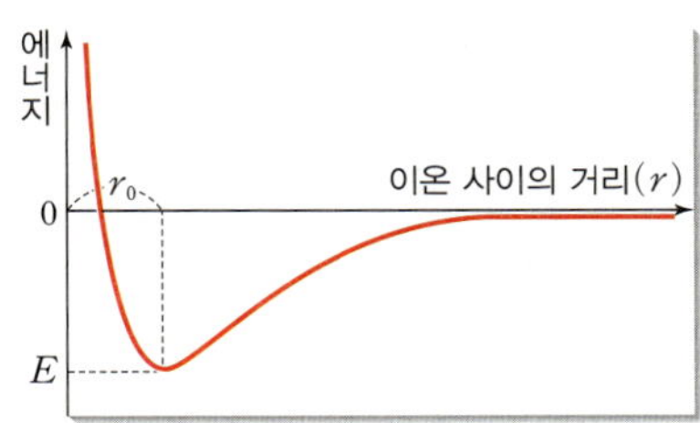

이에 대한 설명으로 옳은 것만을 〈보기〉에서 있는 대로 고른 것은?

| 보기 |
ㄱ. E의 크기가 클수록 녹는점이 높다.
ㄴ. NaF이 NaCl보다 E가 더 크다.
ㄷ. Na_2O이 MgO보다 r_0가 더 크다.

① ㄱ 　　② ㄴ 　　③ ㄱ, ㄷ
④ ㄴ, ㄷ 　　⑤ ㄱ, ㄴ, ㄷ

10 표는 몇 가지 이온 결합 물질의 이온 사이의 거리와 녹는점을 나타낸 것이다.

이온 결합 물질	NaF	NaCl	MgO	CaO
이온 사이의 거리(pm)	231	276	210	240
녹는점(℃)	996	801	x	2572

이에 대한 설명으로 옳은 것만을 〈보기〉에서 있는 대로 고른 것은?

| 보기 |
ㄱ. 이온 결합력은 NaF이 NaCl보다 크다.
ㄴ. x는 2572보다 작다.
ㄷ. NaF과 MgO의 녹는점을 비교하면 이온의 전하량이 녹는점에 미치는 영향을 알 수 있다.

① ㄱ 　　② ㄴ 　　③ ㄱ, ㄷ
④ ㄴ, ㄷ 　　⑤ ㄱ, ㄴ, ㄷ

이렇게!

11 다음은 원자 A와 B의 전자 배치를 나타낸 것이다.

$$A: 1s^2 2s^2 2p^5 \qquad B: 1s^2 2s^2 2p^6 3s^2$$

(1) A와 B가 결합하여 형성된 화합물의 화학식을 쓰시오.

(2) A와 B가 결합을 형성하는 과정을 전자와 관련지어 설명하시오.

12 표는 몇 가지 이온 결합 물질에서 이온 사이의 거리를 나타낸 것이다.

이온 결합 물질	NaF	NaCl	NaBr
이온 사이의 거리(pm)	231	276	298

녹는점이 가장 높을 것으로 예상되는 물질을 쓰고, 그렇게 판단한 까닭을 서술하시오.

13 그림은 양이온과 음이온이 이온 결합을 형성할 때, 이온 사이의 거리에 따른 에너지 변화를 나타낸 것이다.

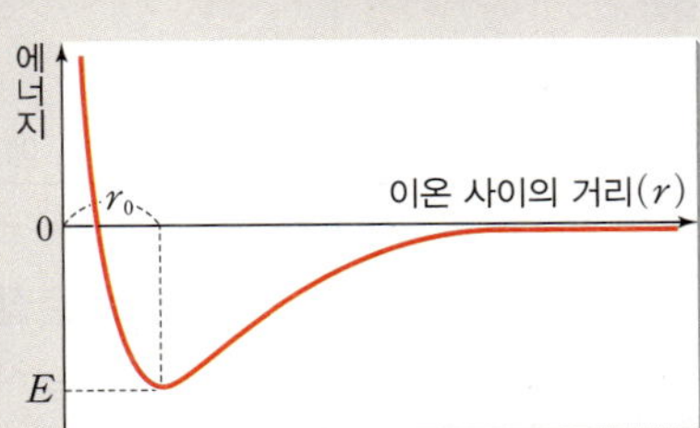

(1) 이온 사이의 거리가 r_0보다 클 때 인력과 반발력 중 어떤 힘이 더 우세하게 작용하는지 설명하시오.

(2) MgO과 CaO에서 r_0와 E를 비교하시오.

공유 결합과 금속 결합

A 공유 결합

1. 공유 결합 비금속 원소의 원자들이 전자쌍을 공유하여 형성되는 결합 ➡ 비금속 원소의 원자들이 각각 원자가 전자를 내놓아 전자쌍을 만들고, 이 전자쌍을 공유한다.

(1) **수소(H_2) 분자의 형성**: 2개의 수소(H) 원자가 각각 전자 1개를 내놓아 전자쌍을 만들고, 이것을 공유하여 수소(H_2) 분자를 형성한다.

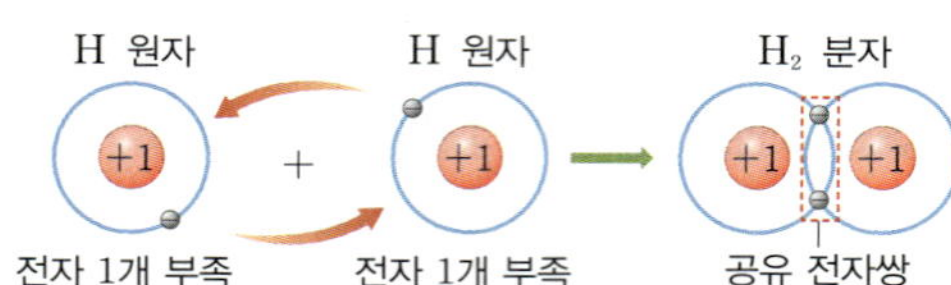

(2) **물(H_2O) 분자의 형성**: 산소 원자 1개는 수소 원자 2개와 각각 1개의 전자쌍을 공유하여 물(H_2O) 분자를 형성한다.

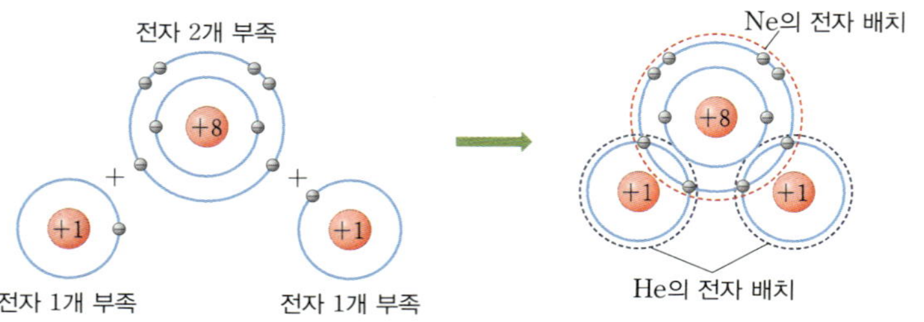

2. 공유 결합의 종류 두 원자 사이에 공유한 전자쌍의 개수에 따라 구분한다.

구분	3중 결합	2중 결합	단일 결합
공유 전자쌍 수	3개	2개	1개
결합 모형	N_2	O_2	F_2
예	N_2, HCN	CO_2, O_2	HF, CH_4

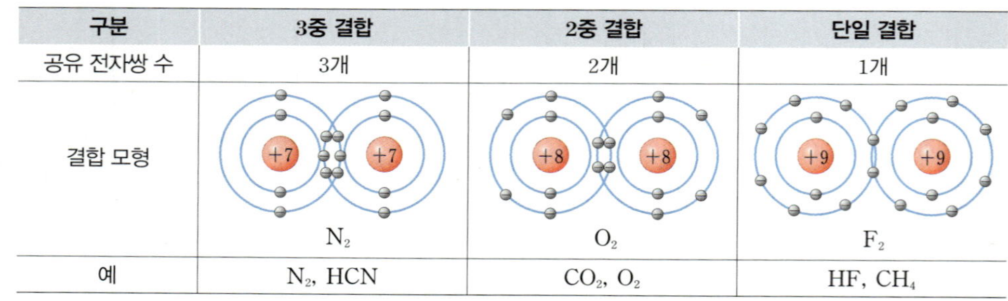

3. 공유 결합의 형성과 에너지 변화 두 원자의 거리가 가까워질수록 인력이 증가하여 에너지가 낮아진다. 하지만 두 원자의 거리가 너무 가까워지면 반발력이 증가하여 에너지가 높아진다. ➡ 에너지가 가장 낮아 안정한 지점에서 공유 결합이 형성된다.

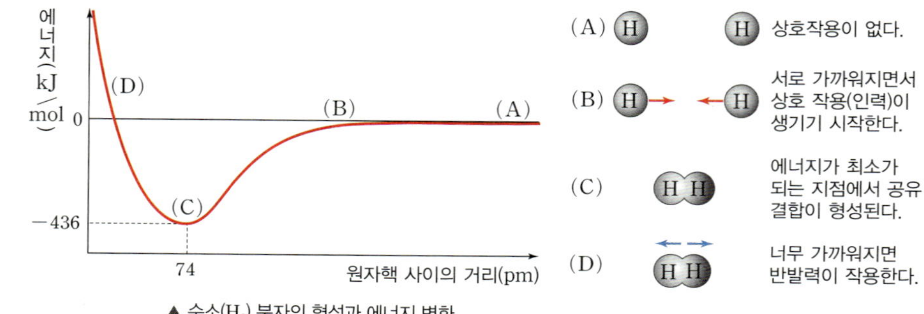

▲ 수소(H_2) 분자의 형성과 에너지 변화

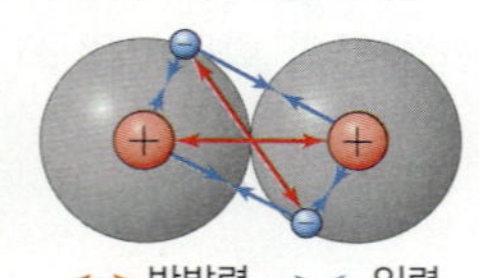

❖ **수소 원자 사이의 상호 작용**

수소 원자의 원자핵과 전자 사이에는 인력이 작용하고, 원자핵과 원자핵, 전자와 전자 사이에는 반발력이 작용한다.

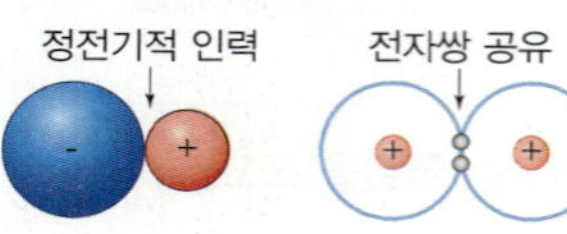

❖ **이온 결합과 공유 결합**

❖ **다중 결합**
두 원자 사이에 여러 개의 전자쌍을 공유하는 결합이다.
예 2중 결합, 3중 결합

❖ **원자가 전자 수와 공유 전자쌍 수**
원자 사이에 공유 결합이 형성될 때는 한 원자가 옥텟 규칙을 만족하기 위해 필요한 전자 수만큼 전자쌍을 공유한다.
→ 공유 전자쌍 수=8−(원자가 전자 수)

(1) **공유 결합 길이**: 두 원자가 공유 결합을 형성했을 때 두 원자핵 사이의 거리

(2) **공유 결합 에너지(결합 에너지)**: 기체 상태의 분자 1몰에서 공유 결합을 끊어 기체 상태의 원자로 만드는 데 필요한 에너지

➡ 결합 에너지는 분자를 이루는 원자 사이의 결합의 세기를 나타내는 척도로, 결합 에너지가 클수록 결합이 강하고 안정하다.

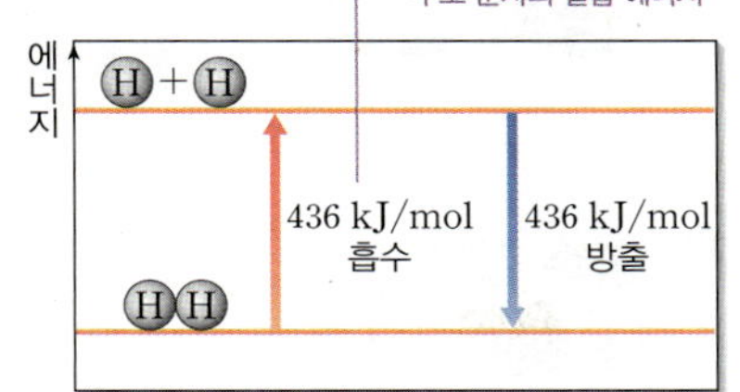

4. 공유 결합 물질의 성질

(1) **공유 결합 물질**: 공유 결합으로 생성되는 물질로, 대부분 분자 상태로 존재한다.

① 분자 결정: 분자들로 이루어진 고체 물질

② 원자 결정(공유 결정): 원자들이 연속적으로 공유 결합을 형성하여 그물처럼 연결된 물질

(2) **공유 결합 물질의 성질**

① 전기 전도성: 고체와 액체 상태에서 전기 전도성이 없다. ➡ 전자가 자유롭게 이동할 수 없기 때문이다. (단, 흑연, 그래핀 제외)

② 물에 대한 용해성: 대부분 물에 잘 녹지 않는다. (단, 암모니아(NH_3) 제외)

③ 녹는점과 끓는점

구분	분자 결정		원자 결정(공유 결정)	
기본 단위	분자		원자	
예	▲ 드라이 아이스(CO_2)	▲ 아이오딘(I_2)	▲ 흑연(C)	▲ 다이아몬드(C)
녹는점과 끓는점	분자 사이의 인력이 약해 녹는점과 끓는점이 낮은 편이다. ➡ 상온에서 대부분 액체 또는 기체 상태로 존재한다.		원자 사이의 공유 결합을 끊어야 하므로 녹는점과 끓는점이 매우 높다. ➡ 상온에서 대부분 고체 상태로 존재한다.	

드라이아이스, 아이오딘, 얼음 / 흑연, 다이아몬드, 석영

❖ **공유 결합 길이와 공유 결합 반지름**

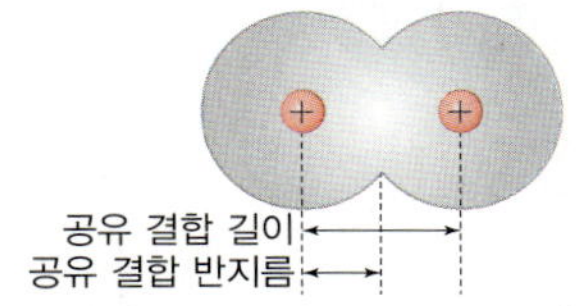

공유 결합 반지름은 공유 결합 길이의 $\frac{1}{2}$이다.

❖ **공유 결합 길이와 공유 결합 에너지**

분자	공유 결합 길이(pm)	공유 결합 에너지(kJ/mol)
Cl_2	199	240
Br_2	229	190
I_2	267	148

원자 번호가 커질수록 원자 반지름이 증가하므로 공유 결합 길이는 길어지며, 일반적으로 결합 길이가 짧을수록 공유 결합 에너지가 증가한다.

❖ **흑연과 그래핀**

공유 결합 물질은 일반적으로 고체 상태와 액체 상태에서 전기 전도성이 없지만, 흑연과 그래핀은 예외적으로 고체 상태에서 전기 전도성이 있는 공유 결합 물질이다.

❖ **결정의 부스러짐**

분자 결정은 분자 사이의 인력이 약해 쉽게 부스러지지만, 원자 결정은 공유 결합된 원자들이 강하게 결합되어 있어 단단하다.

개념 바로 확인

정답 및 해설 | 20쪽

01 공유 결합은 [　　　] 원소 사이에 [　　　]을 공유하여 형성된다.

02 일반적으로 분자는 [　　　] 결합으로 형성된다.

03 N_2 분자의 공유 전자쌍 수는 [　] 개이다.

01 그림은 수소(H_2) 분자가 형성될 때 원자핵 사이의 거리에 따른 에너지 변화를 나타낸 것이다.

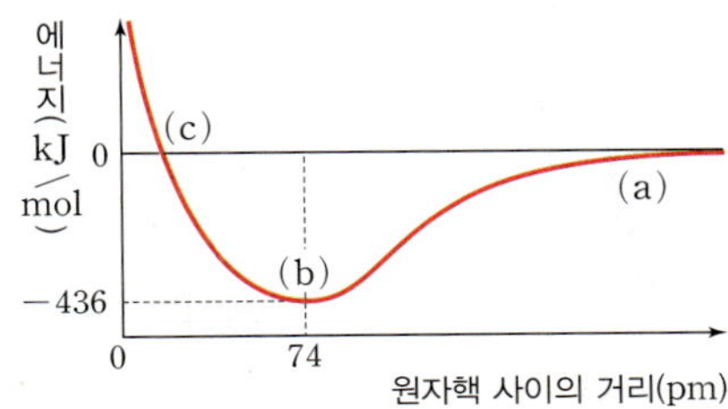

(1) a~c 중 인력이 반발력보다 우세한 지점을 쓰시오.

(2) a~c 중 수소(H_2) 분자가 생성되는 지점을 쓰시오.

(3) 수소(H_2) 분자의 공유 결합 반지름은?

(4) 수소(H_2) 분자의 공유 결합 에너지는?

B 금속 결합

1. **금속 결합**   금속 양이온과 자유 전자 사이의 정전기적 인력에 의해 형성되는 결합
   (1) **자유 전자**: 금속 원자에서 떨어져 나온 전자로, 한 원자에 속해 있지 않고 수많은 금속 양이온 사이의 공간을 자유롭게 이동한다.
   (2) **금속 결합 물질**: 금속 결합으로 이루어진 물질로, 금속 결정이라고도 한다.
   (3) **전자 바다 모형**: 금속 결정을 나타낸 모형이다. ➡ 전자의 바다에 금속 양이온이 잠겨 있는 것으로 생각할 수 있다.

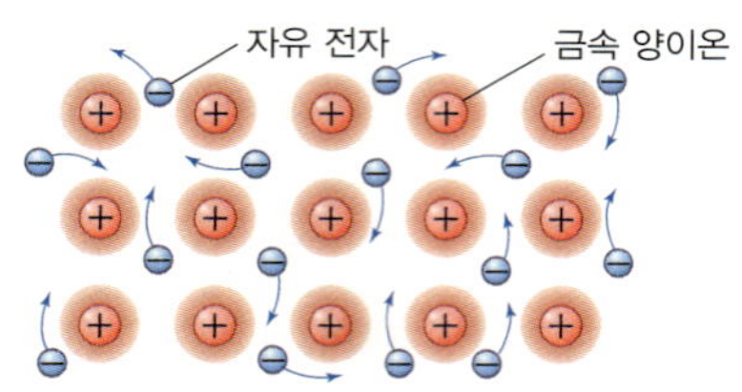

2. **금속 결합 물질의 성질**   자유 전자에 의해 나타난다.
   (1) **전기 전도성**: 고체 상태와 액체 상태에서 전기 전도성이 있다. ➡ 금속에 전압을 걸어 주면 자유 전자들이 쉽게 (+)극 쪽으로 이동할 수 있기 때문이다.

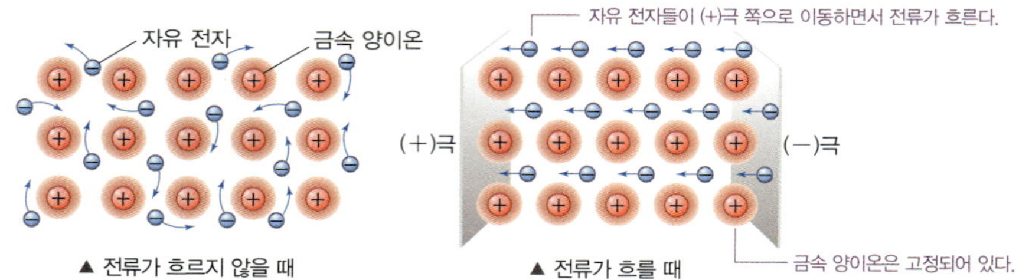

   (2) **열 전도성**: 크다. ➡ 금속을 가열하면 자유 전자가 열에너지를 얻어 인접한 자유 전자와 금속 양이온에 열에너지를 자유롭게 전달할 수 있기 때문이다.
   (3) **연성과 전성**: 크다. ➡ 금속에 힘을 가해 형태가 변형되어도 자유 전자는 금속 양이온 사이로 쉽게 이동하여 금속 양이온들을 결합시켜 주기 때문이다.

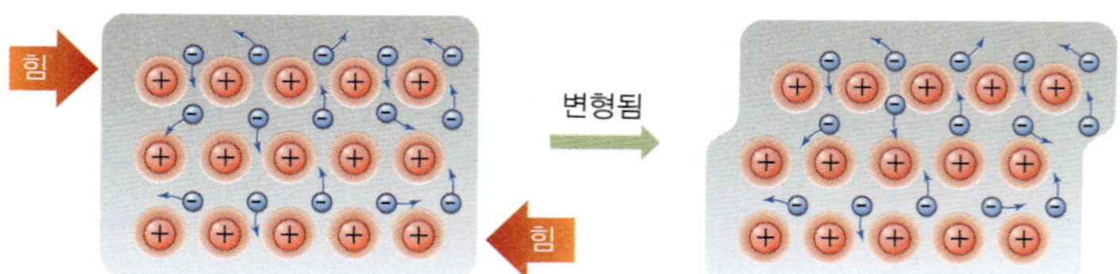

   ① 연성: 실처럼 가늘고 길게 뽑아 낼 수 있는 성질로, 늘림성 또는 뽑힘성이라고도 한다.
   ② 전성: 얇은 판처럼 넓게 펼칠 수 있는 성질로, 펴짐성이라고도 한다.
   (4) **녹는점과 끓는점**: 높다. ➡ 금속 양이온과 자유 전자 사이에 강한 정전기적 인력이 작용하므로 상온에서 대부분 고체 상태로 존재한다.
      └ 수은은 상온에서 유일하게 액체 상태로 존재하는 금속이다.

C 화학 결합과 물질의 성질   🧪 탐구 활동 110쪽

1. **화학 결합과 물질의 성질**   화학 결합의 종류에 따라 물질의 성질이 달라지므로 전기 전도성, 녹는점 등 물질의 성질로부터 물질을 이루는 화학 결합의 종류를 알 수 있다.

❖ 전자 바다 모형
금속 결정을 나타낸 모양으로, 자유 전자가 금속 양이온 사이를 자유롭게 이동하는 것을 바다에 비유한 것이다.

❖ 금속의 광택
금속은 대부분 은백색의 광택을 나타낸다. (단, 금은 노란색, 구리는 붉은색)

❖ 연성과 전성을 이용한 예
• 연성: 구리 전선
• 전성: 금박, 알루미늄 포일

❖ 알칼리 금속의 녹는점
대부분의 금속은 녹는점이 높지만 알칼리 금속은 녹는점이 낮고 무르다.

(1) **화학 결합의 세기와 녹는점**: 화학 결합의 세기는 일반적으로 공유 결합 > 이온 결합 > 금속 결합이다.

구분	원자 결정	분자 결정	금속 결정	이온 결정
결합의 종류	공유 결합	공유 결합	금속 결합	이온 결합
녹는점	매우 높음	낮음	비교적 높음	높음

➡ 화학 결합의 세기가 강할수록 녹는점이 높다.

 화학 결합의 종류와 물질의 성질

표는 몇 가지 물질의 녹는점과 전기 전도성을 나타낸 것이다.

물질	녹는점($\degree$C)	전기 전도성	
		고체	액체
설탕	185	×	×
산화 알루미늄	2054	×	○
다이아몬드	4440	×	×
알루미늄	660	○	○

(○: 있음, ×: 없음)

❶ 설탕은 녹는점이 낮고 고체 상태와 액체 상태에서 모두 전기 전도성이 없다.
➡ 설탕은 공유 결합으로 이루어진 물질이며, 녹는점이 낮으므로 분자 결정이다.
❷ 산화 알루미늄은 고체 상태에서는 전기 전도성이 없으나 액체 상태에서 전기 전도성이 있다.
➡ 산화 알루미늄은 이온 결합으로 이루어진 물질이다.
❸ 다이아몬드는 녹는점이 매우 높고 고체 상태와 액체 상태에서 모두 전기 전도성이 없다.
➡ 다이아몬드는 공유 결합으로 이루어진 물질이며, 녹는점이 매우 높으므로 원자 결정이다.
❹ 알루미늄은 고체 상태와 액체 상태에서 모두 전기 전도성이 있다.
➡ 고체 상태와 액체 상태에서 모두 전기 전도성이 있는 물질은 금속 결정이다.
❺ 물질의 녹는점 비교: 다이아몬드 > 산화 알루미늄 > 알루미늄 > 설탕
➡ 화학 결합의 세기가 강할수록 녹는점이 높다.

❖ 화학 결합의 종류와 녹는점

물질	녹는점	결정
다이아몬드	4440	원자 결정
산화 칼슘	2613	이온 결정
칼슘	846	금속 결정

➡ 녹는점은 원자 결정인 다이아몬드가 가장 높고, 금속 결정인 칼슘이 가장 낮다. 화학 결합의 세기가 강할수록 녹는점이 높으므로 화학 결합의 세기는 공유 결합 > 이온 결합 > 금속 결합임을 알 수 있다.

* **자유 전자** | 금속 결정에서 금속 양이온 사이를 자유롭게 이동하는 전자

개념 바로 확인

정답 및 해설 | 20쪽

04 금속 결합은 금속 양이온과 ☐ 사이의 정전기적 인력에 의해 형성되는 결합이다.

05 이온 결정, 공유 결정, 금속 결정 중 고체 상태와 액체 상태에서 모두 전기 전도성이 있는 물질은 ☐ 이다.

02 금속 결합에 대한 설명으로 옳은 것은 ○, 옳지 <u>않은</u> 것은 ×로 표시하시오.

(1) 금속 결합은 금속 양이온 사이에 형성되는 결합이다. (　　)
(2) 금속의 특성은 자유 전자 때문에 나타난다. (　　)
(3) 일반적으로 금속 결합은 이온 결합보다 결합의 세기가 강하다. (　　)

03 표는 몇 가지 고체 결정의 성질을 나타낸 것이다. ㉠~㉢에 알맞은 말을 쓰시오.

물질		(가)	(나)	(다)
녹는점($\degree$C)		185	2613	4440
물에 대한 용해성		녹지 않음	잘 녹음	녹지 않음
전기 전도성	고체	없음	없음	없음
	액체	없음	있음	없음
결정의 종류		㉠	㉡	㉢

· 공유 결합 물질과 이온 결합 물질의 전기 전도성 비교 ·

과정

1. 염화 나트륨, 황산 구리(Ⅱ), 포도당, 설탕을 각각 페트리 접시에 담은 뒤 전기 전도도 측정 장치의 전극을 대어 전류가 흐르는지 관찰한다.

2. 4개의 비커에 증류수를 담고 염화 나트륨, 황산 구리(Ⅱ), 포도당, 설탕을 각각 녹인다.

3. 증류수와 과정 2의 수용액에 각각 전기 전도도 측정 장치의 전극을 담가 전류가 흐르는지 관찰한다.

목표

물질의 전기 전도성을 화학 결합의 종류와 관련지어 설명할 수 있다.

결과

물질	증류수	염화 나트륨		황산 구리(Ⅱ)		포도당		설탕	
		고체	수용액	고체	수용액	고체	수용액	고체	수용액
전기 전도성	없음	없음	있음	없음	있음	없음	없음	없음	없음

정리

- 염화 나트륨, 황산 구리(Ⅱ)는 이온 결합 물질이다. ➡ 이온 결합 물질은 고체 상태에서는 전류가 흐르지 않지만 수용액 상태에서는 전류가 흐른다.
- 물, 포도당, 설탕은 공유 결합 물질이다. ➡ 공유 결합 물질은 일반적으로 고체 상태와 수용액 상태에서 모두 전류가 흐르지 않는다.

❖ **수용액 상태에서 전기 전도성이 있는 공유 결합 물질**

공유 결합 물질은 일반적으로 수용액 상태에서 전기 전도성이 없지만, 염화 수소(HCl)나 암모니아(NH_3)는 예외적으로 전기 전도성이 있다.

정답 및 해설 | 21쪽

---

01 표는 물질 (가)와 (나)에 대한 자료이다.

물질	(가)	(나)
고체 상태에서 전기 전도성	없음	없음
수용액 상태에서 전기 전도성	없음	있음

이에 대한 설명으로 옳은 것은 ○, 옳지 <u>않은</u> 것은 ×로 표시하시오.

(1) (가)는 이온 결합 물질이다. (　　)
(2) 액체 상태에서 전류가 흐르는 것은 (나)이다. (　　)
(3) (나)는 (가)보다 물에 더 잘 녹는다. (　　)
(4) 포도당은 (가)에 해당하는 물질이다. (　　)
(5) (나)는 (가)보다 화학 결합의 세기가 강하다. (　　)

02 다음은 4가지 물질을 분류 기준 (가)로 분류한 것이다.

[물질]
$CuSO_4$, $NaOH$, $C_6H_{12}O_6$, CH_2O

기준	예	아니요
(가)	$CuSO_4$, $NaOH$	$C_6H_{12}O_6$, CH_2O

(가)로 적절한 것은?

① 비금속 원소로만 이루어진 물질인가?
② 고체 상태에서 전기 전도성이 있는가?
③ 수용액 상태에서 전기 전도성이 있는가?
④ 공유 결합으로 이루어진 물질인가?
⑤ 금속 원소로만 이루어진 물질인가?

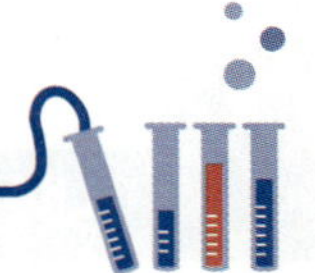

내신 실력 Up

A 공유 결합

01 공유 결합에 대한 설명으로 옳지 <u>않은</u> 것은?

① 비금속 원소 사이에 형성된다.
② 원자들이 전자쌍을 공유하여 형성된다.
③ 분자에서 원자는 원자가 전자 수만큼 전자쌍을 공유한다.
④ 공유 전자쌍은 공유 결합에 참여하는 전자쌍이다.
⑤ 분자에서 원자는 18족 원소와 같은 전자 배치를 갖는다.

02 그림은 원소 A~C를 전자 배치 모형으로 나타낸 것이다.

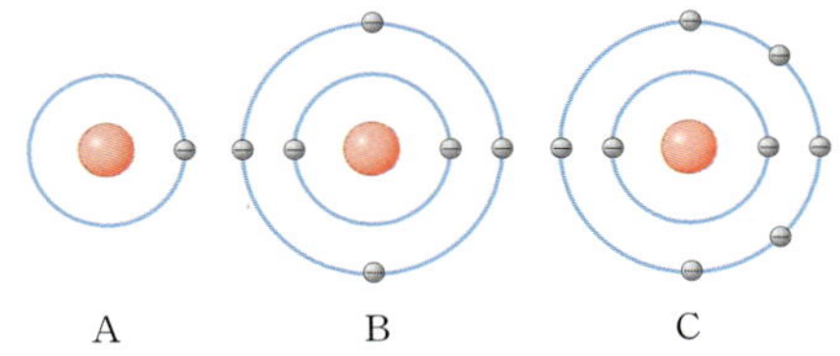

이에 대한 설명으로 옳은 것만을 〈보기〉에서 있는 대로 고른 것은? (단, A~C는 임의의 원소 기호이다.)

> 보기
> ㄱ. C_2에는 2중 결합이 있다.
> ㄴ. 공유 전자쌍 수는 BC_2가 BA_4보다 많다.
> ㄷ. A_2C에서 C는 Ne과 같은 전자 배치를 이룬다.

① ㄱ ② ㄴ ③ ㄱ, ㄷ
④ ㄴ, ㄷ ⑤ ㄱ, ㄴ, ㄷ

03 다중 결합이 있는 분자를 옳게 짝 지은 것은?

① H_2O, CO_2 ② CH_4, NH_3 ③ HCN, NH_3
④ CO_2, HCN ⑤ H_2O, O_2

04 표는 원소 A~E의 전자 배치를 나타낸 것이다.

원소	전자 배치
A	$1s^1$
B	$1s^2 2s^1$
C	$1s^2 2s^2 2p^3$
D	$1s^2 2s^2 2p^4$
E	$1s^2 2s^2 2p^5$

이에 대한 설명으로 옳은 것만을 〈보기〉에서 있는 대로 고른 것은? (단, A~E는 임의의 원소 기호이다.)

> 보기
> ㄱ. A와 B는 공유 결합한다.
> ㄴ. C와 E로 이루어진 물질은 액체 상태에서 전기 전도성이 있다.
> ㄷ. DE_2에서 모든 원자는 옥텟 규칙을 만족한다.

① ㄱ ② ㄷ ③ ㄱ, ㄴ
④ ㄴ, ㄷ ⑤ ㄱ, ㄴ, ㄷ

05  그림은 수소 원자가 공유 결합하여 수소(H_2) 분자를 형성할 때, 두 원자핵 사이의 거리에 따른 에너지 변화를 나타낸 것이다.

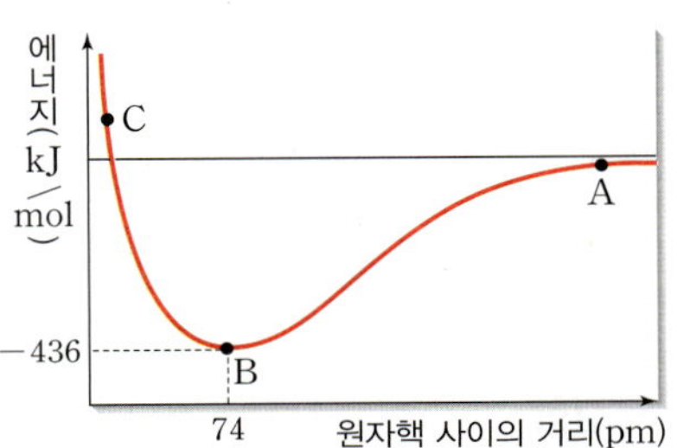

이에 대한 설명으로 옳은 것만을 〈보기〉에서 있는 대로 고른 것은?

> 보기
> ㄱ. 수소(H_2) 분자가 형성되는 지점은 B이다.
> ㄴ. H−H의 결합 에너지는 $436\,kJ/mol$이다.
> ㄷ. 수소 원자의 공유 결합 반지름은 $74\,pm$이다.

① ㄱ ② ㄷ ③ ㄱ, ㄴ
④ ㄴ, ㄷ ⑤ ㄱ, ㄴ, ㄷ

06 공유 결합 물질의 성질에 해당하는 것만을 〈보기〉에서 있는 대로 고른 것은?

┤ 보기 ├
ㄱ. 일반적으로 고체 상태와 액체 상태에서 전기 전도성이 없다.
ㄴ. 원자 결정은 상온에서 기체 상태로 존재한다.
ㄷ. 분자 결정의 녹는점은 매우 높다.

① ㄱ   ② ㄴ   ③ ㄱ, ㄷ
④ ㄴ, ㄷ   ⑤ ㄱ, ㄴ, ㄷ

07 그림은 원소 A와 C로 이루어진 화합물 (가)와 원소 B와 C로 이루어진 화합물 (나)의 화학 결합 모형을 나타낸 것이다.

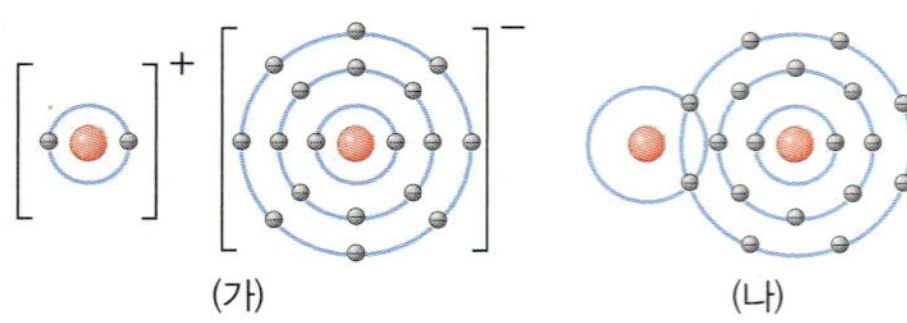

(가)   (나)

이에 대한 설명으로 옳은 것만을 〈보기〉에서 있는 대로 고른 것은? (단, A~C는 임의의 원소 기호이다.)

┤ 보기 ├
ㄱ. 원자 번호는 A가 가장 작다.
ㄴ. (가)는 액체 상태에서 전기 전도성이 있다.
ㄷ. (가)와 (나)에서 C는 모두 18족 원소의 전자 배치를 이룬다.

① ㄱ   ② ㄷ   ③ ㄱ, ㄴ
④ ㄴ, ㄷ   ⑤ ㄱ, ㄴ, ㄷ

B 금속 결합

08 금속 결합 물질에 대한 설명으로 옳지 <u>않은</u> 것은?

① 정전기적 인력에 의해 형성된다.
② 고체와 액체 상태에서 전기 전도성이 있다.
③ 가늘고 길게 뽑을 수 있다.
④ 전류가 흐를 때 (+)전하를 띠는 입자가 (−)극 쪽으로 이동한다.
⑤ 일반적으로 녹는점이 높아 상온에서 고체 상태로 존재한다.

09 그림은 금속 결합 물질을 모형으로 나타낸 것이다.

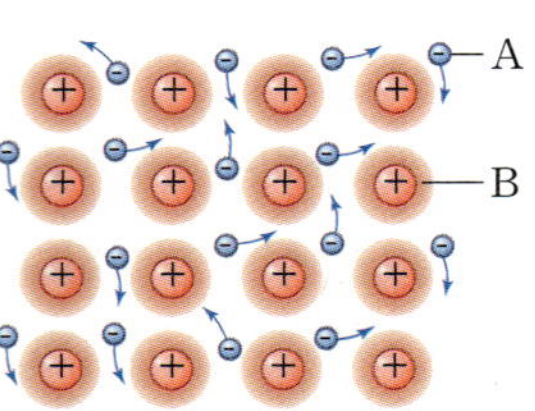

이에 대한 설명으로 옳은 것만을 〈보기〉에서 있는 대로 고른 것은?

┤ 보기 ├
ㄱ. A와 B 사이에 정전기적 인력이 작용한다.
ㄴ. B는 금속 양이온이다.
ㄷ. 전류가 흐를 때 A가 (+)극 쪽으로 이동한다.

① ㄱ   ② ㄷ   ③ ㄱ, ㄴ
④ ㄴ, ㄷ   ⑤ ㄱ, ㄴ, ㄷ

C 화학 결합과 물질의 성질

10 다음은 물질 (가)~(다)를 모형으로 나타낸 것이다.

중요

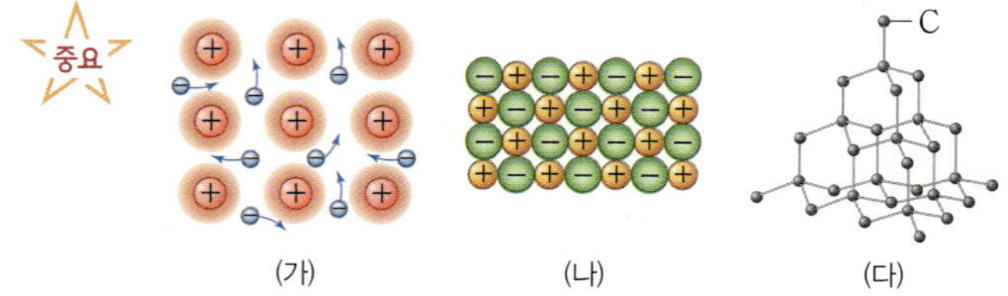

(가)   (나)   (다)

이에 대한 설명으로 옳지 <u>않은</u> 것은?

① 정전기적 인력에 의해 형성된 물질은 2가지이다.
② (나)는 외부 힘에 의해 쉽게 부서진다.
③ (다)는 녹는점과 끓는점이 낮다.
④ 고체 상태에서 전기 전도성이 있는 물질은 (가)이다.
⑤ 원자가 전자를 공유하여 형성된 물질은 (다)이다.

11 다음은 몇 가지 물질의 화학식을 나타낸 것이다.

$$H_2O \quad Cu \quad MgO \quad CH_4 \quad C(흑연)$$

이에 대한 설명으로 옳지 <u>않은</u> 것은?

① 공유 결합으로 형성된 물질은 2가지이다.
② 이온 결합으로 형성된 물질은 1가지이다.
③ 얇게 펴거나 가늘게 뽑을 수 있는 물질은 1가지이다.
④ 분자인 물질은 2가지이다.
⑤ CH_4은 MgO보다 녹는점이 낮다.

12 그림은 원소 A~C를 전자 배치 모형으로 나타낸 것이다.

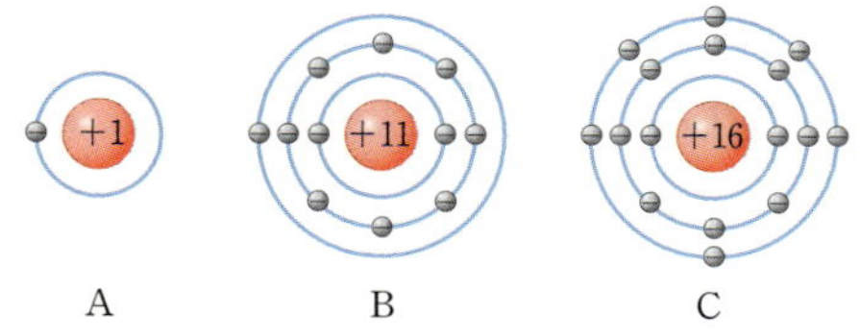

A   B   C

이에 대한 설명으로 옳은 것만을 〈보기〉에서 있는 대로 고른 것은? (단, A~C는 임의의 원소 기호이다.)

┌─ 보기 ├─────────────────────────
ㄱ. 고체 상태의 B는 열 전도성이 있다.
ㄴ. 끓는점은 A_2가 B_2C보다 높다.
ㄷ. 액체 상태의 BA는 전기 전도성이 없다.
└──────────────────────────────────

① ㄱ   ② ㄴ   ③ ㄱ, ㄷ
④ ㄴ, ㄷ   ⑤ ㄱ, ㄴ, ㄷ

13 표는 물질 A~D의 몇 가지 성질을 나타낸 것이다.

물질	녹는점(℃)	전기 전도성	
		고체	액체
A	−101	없음	없음
B	801	없음	있음
C	1410	없음	없음
D	97.8	있음	있음

A~D에 대한 설명으로 옳은 것은?

① A는 이온 결정이다.
② B는 상온에서 액체 상태로 존재한다.
③ C는 힘을 가하면 쉽게 부스러진다.
④ 입자의 정전기적 인력으로 형성된 물질은 2가지이다.
⑤ 상온에서 분자로 존재하는 물질은 2가지이다.

이렇게!

14 다음은 원자 A와 B에 대한 자료이다.

• A는 2주기 16족 원소이다.
• B는 바닥상태 전자 배치에서 전자가 들어 있는 오비탈 수가 4이다.

A와 B가 결합을 형성할 때 공유하는 전자쌍 수를 쓰고, 그렇게 생각한 까닭을 원자가 전자 수와 연관지어 서술하시오.

15 그림은 수소(H) 원자가 결합하여 수소 분자(H_2)를 형성할 때 원자핵 사이의 거리에 따른 에너지 변화를 나타낸 것이다.

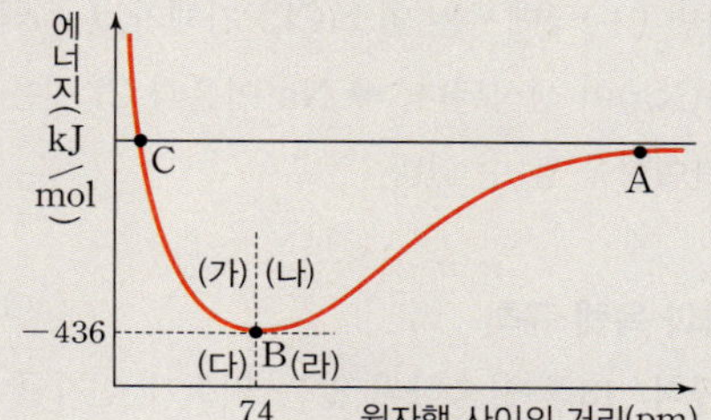

플루오린(F) 원자가 결합하여 플루오린(F_2) 분자를 형성할 때 영역 (가)~(라) 중 B 지점이 위치하는 곳을 쓰고, 그렇게 생각한 까닭을 서술하시오. (단, 결합 에너지는 H_2가 F_2보다 크다.)

16 표는 원소 A~C로 이루어진 물질 (가)~(다)에 대한 자료이다. A~C는 임의의 원소 기호이다.

물질	원소	녹는점(℃)	전기 전도성	
			고체	액체
(가)	A, B	205	없음	있음
(나)	B, C	0	없음	없음
(다)	A	650	있음	있음

(1) (가)~(다)를 이루는 화학 결합을 쓰고, 그렇게 생각한 까닭을 서술하시오.

(2) A~C를 금속 원소와 비금속 원소로 분류하시오.

01 이온 결합

➡ 96~105쪽

1. 화학 결합의 전기적 성질

(1) **물(H_2O)의 전기 분해**: 순수한 물은 전류가 흐르지 않으므로 전해질을 소량 넣어 전기 분해한다.

① 물을 전기 분해할 때 ($+$)극에서 발생하는 산소(O_2) 기체와 ($-$)극에서 발생하는 수소(H_2) 기체의 부피 비는 산소(O_2) : 수소(H_2)$=1:2$이다.

② 물을 전기 분해하면 성분 원소인 수소(H)와 산소(O)로 분해된다. ➡ 수소(H)와 산소(O)가 결합하여 물(H_2O)을 생성할 때 (㉠⠀⠀⠀)가 관여함을 알 수 있다.

(2) **염화 나트륨의 전기 분해**: 염화 나트륨($NaCl$) 용융액을 전기 분해하면 ($+$)극에서는 염소(Cl_2) 기체가, ($-$)극에서는 금속 나트륨(Na)이 생성된다. ➡ Na 이온과 Cl 이온의 결합에 전자가 관여함을 알 수 있다.

2. 화학 결합과 옥텟 규칙

(1) **옥텟 규칙**: 18족에 속하지 않는 원소가 전자를 잃거나 얻어서 주기율표 상에서 가장 가까운 18족 원소와 같은 전자 배치를 가지려는 경향이다.

(2) **18족 원소의 전자 배치**: 가장 바깥 전자 껍질에 전자가 8개 채워져 있어 화학적으로 안정하다. (단, 헬륨(He) 제외)

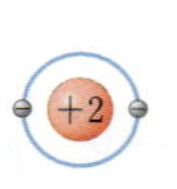
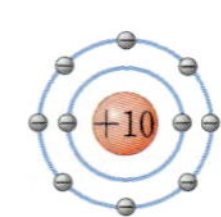
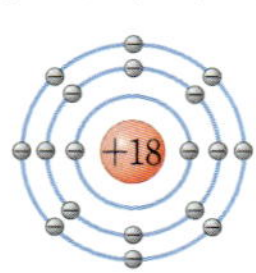

헬륨($_2He$)⠀⠀⠀네온($_{10}Ne$)⠀⠀⠀아르곤($_{18}Ar$)

3. 이온의 형성

(1) **양이온의 형성**: 금속 원소가 전자를 잃어 형성된다.

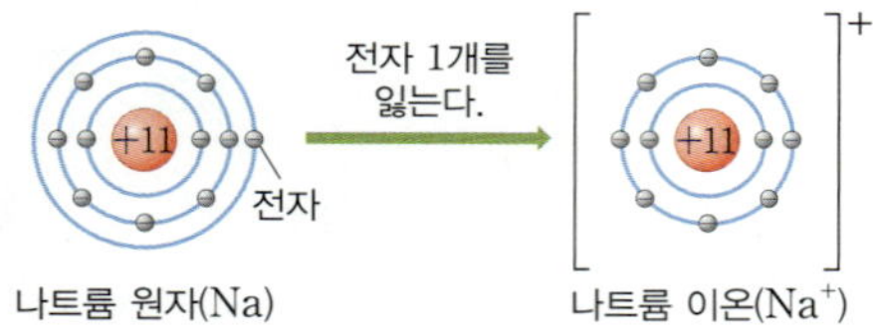

(2) **음이온의 형성**: 비금속 원소가 전자를 얻어 형성된다.

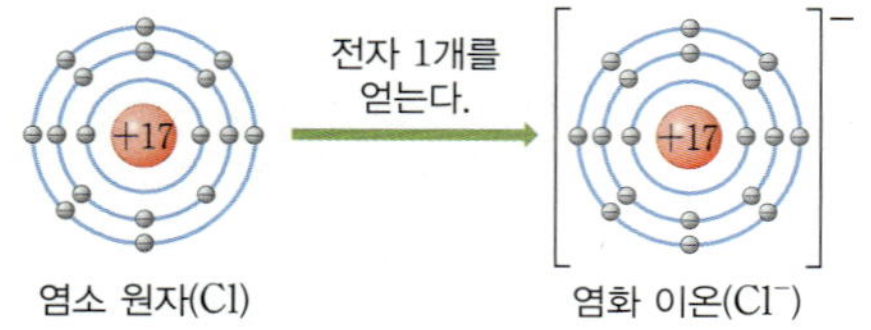

4. 이온 결합

(1) **이온 결합**: (㉡⠀⠀⠀⠀) 원소의 양이온과 (㉢⠀⠀⠀⠀) 원소의 음이온 사이의 (㉣⠀⠀⠀⠀)에 의한 결합

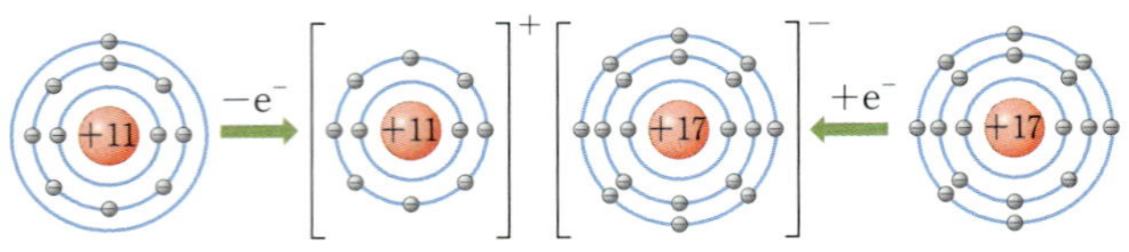

① 금속 원소는 전자를 잃기 쉽고, 비금속 원소는 전자를 얻기 쉽다. ➡ 이온 결합이 형성될 때 전자는 금속 원소에서 비금속 원소로 이동한다.

② 이온 결합력은 양이온과 음이온 사이의 거리가 (㉤⠀⠀⠀⠀)수록, 이온의 전하량이 (㉥⠀⠀⠀⠀)수록 크다.

(2) **이온 결합의 형성과 에너지**: 인력과 반발력이 균형을 이루어 에너지가 가장 (Ⓐ⠀⠀⠀⠀) 지점에서 이온 결합이 형성된다.

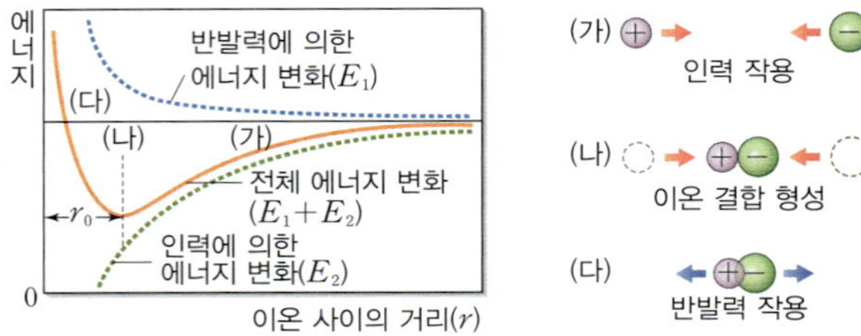

➡ (가)~(다) 중 이온 결합이 형성되는 지점은 (나)이다.

5. 이온 결합 물질

(1) **이온 결합 물질의 구조**: 이온 결합 물질은 양이온과 음이온이 3차원적으로 서로를 둘러싸며 규칙적으로 배열되어 있다.

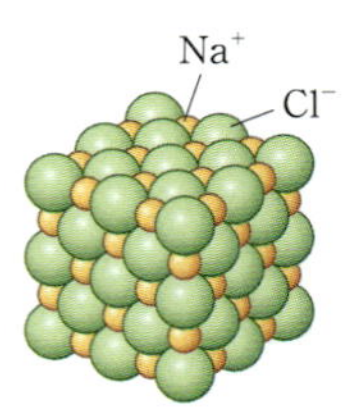

(2) **이온 결합 물질의 화학식**

① 양이온과 음이온의 (Ⓞ⠀⠀⠀⠀)를 가장 간단한 정수비로 나타낸다.

② 이온 결합 물질은 전기적으로 (Ⓩ⠀⠀⠀⠀)이다. 따라서 양이온의 총 ($+$)전하량과 음이온의 총 ($-$)전하량이 같다.

> (양이온의 전하×양이온의 수)
> ⠀⠀⠀$+$(음이온의 전하×음이온의 수)$=0$

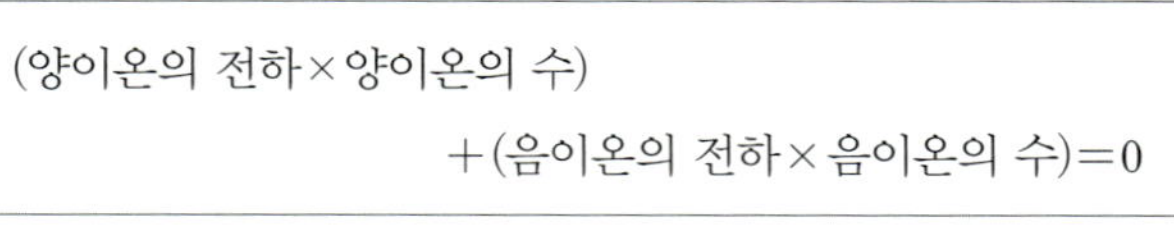

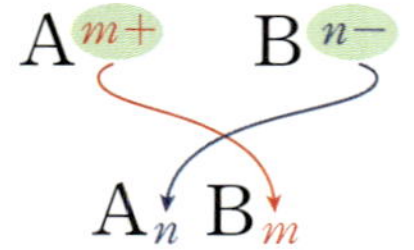

6. 이온 결합 물질의 성질

(1) 녹는점과 끓는점이 높다.

- 상온에서 대부분 고체 상태로 존재한다.
- 이온 사이의 거리가 (㉩   )수록, 이온의 전하량이
  (㉠   )수록 녹는점과 끓는점이 높다.

  예 NaF > NaCl, NaF < MgO

(2) 고체 상태에서 전기 전도성이 없고, 액체 상태와 수용액 상태
에서 전기 전도성이 있다. ➡ 이온이 자유롭게 이동할 수 있
기 때문이다.

(3) 단단하지만 외부에서 힘을 가하면 쉽게 부스러진다. ➡ 외부
에서 힘을 가하면 이온 층이 밀리면서 같은 전하를 띠는 이
온들 사이에 (㉢   ) 이 작용하기 때문이다.

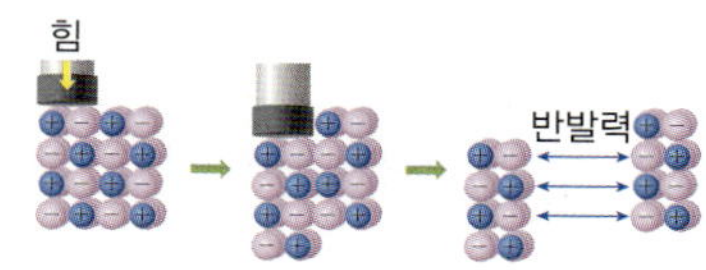

02 공유 결합과 금속 결합

➡ 106~113쪽

1. 공유 결합
비금속 원소의 원자들이 각각 원자가 전자를 내놓
아 형성된 전자쌍을 공유하여 이루어지는 결합

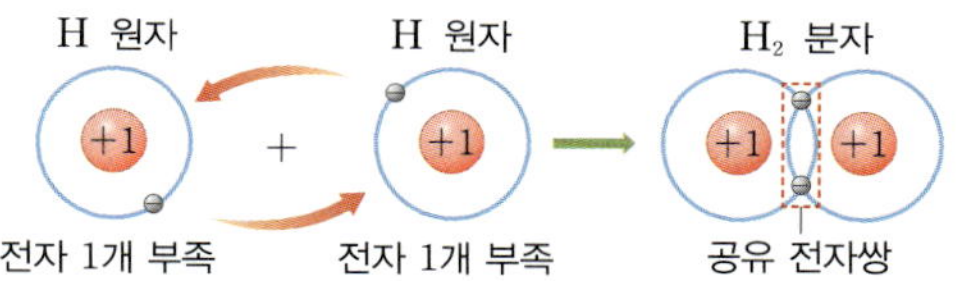

2. 공유 결합의 종류
공유 전자쌍 수에 따라 구분한다.

구분	단일 결합	2중 결합	3중 결합
공유 전자쌍 수	1	2	3

3. 공유 결합의 형성과 에너지
인력과 반발력이 균형을 이루어
에너지가 가장 낮은 지점에서 공유 결합이 형성된다.

(1) **결합 길이:** 공유 결합을 형성했을 때 두 원자핵 사이의 거리

(2) **결합 에너지:** 기체 상태의 분자 1몰에서 공유 결합을 끊어 기
체 상태의 원자로 만드는 데 필요한 에너지

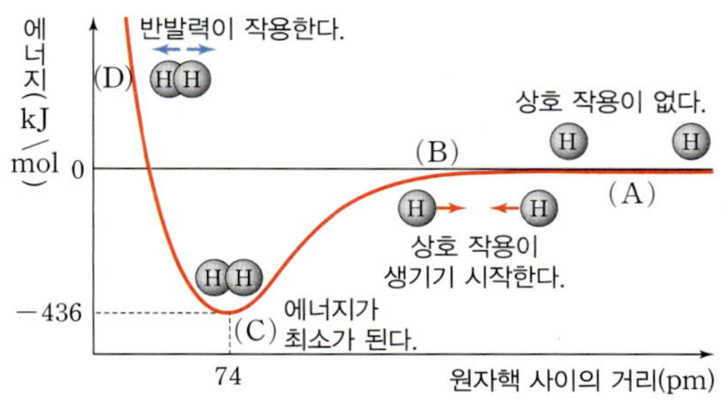

4. 공유 결합 물질의 성질

① 분자 결정은 기본 단위가 분자이며, 분자 사이의 인력이 약
하므로 녹는점과 끓는점이 비교적 낮다.

② 원자 결정은 기본 단위가 원자이므로 녹는점과 끓는점이 높다.

③ 일반적으로 고체와 액체 상태에서 전기 전도성이 없다.

④ HCl, NH_3와 같은 분자는 물에 잘 녹지만, Cl_2, I_2와 같은 분
자는 물에 잘 녹지 않는다.

5. 금속 결합

(1) **금속 결합:** 금속 양이온과 (Ⅱ   ) 사이의 정전기적
인력에 의해 형성된다.

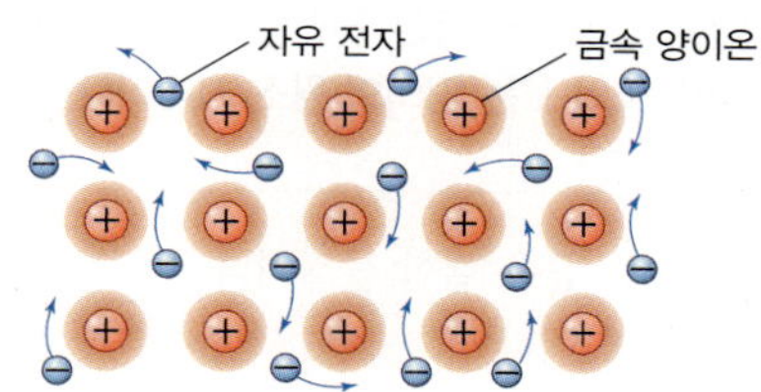

(2) **금속 결합 물질의 성질:** 자유 전자에 의해 나타난다.

① 녹는점과 끓는점이 높다.

② 고체 상태와 액체 상태에서 전기 전도성이 있다. ➡ 자유 전
자가 자유롭게 이동할 수 있기 때문이다.

③ 가늘고 길게 뽑히는 연성과 얇고 넓게 펴지는 전성이 있다.

➡ 외부에서 힘을 가하여 형태가 변형되어도 자유 전자가 이
동하여 금속 결합이 유지되기 때문이다.

6. 화학 결합과 물질의 성질

(1) 화학 결합의 종류에 따라 물질의 성질(녹는점, 전기 전도성)
이 달라진다.

(2) 화학 결합의 세기가 강할수록 녹는점이 높다.

➡ 일반적으로 화학 결합의 세기는 (ⓗ   ) > 이온
결합 > 금속 결합이다.

(3) **여러 가지 결정의 성질**

결정	이온 결정	분자 결정	원자 결정	금속 결정
예				
화학 결합	이온 결합	공유 결합		금속 결합
물질의 기본 단위	이온	분자	원자	금속 양이온, 자유 전자
녹는점	높음	낮음	매우 높음	높음
전기 전도성 고체	없음	없음	없음	있음
전기 전도성 액체	있음	없음	없음	있음

01 이온 결합

01 그림 (가)는 화합물 X_2Y의 화학 결합 모형을, (나)는 액체 X_2Y에 소량의 전해질을 넣고 전기 분해하는 모습을 나타낸 것이다. (나)에서 ㉠과 ㉡은 각각 X_2와 Y_2 중 하나이다.

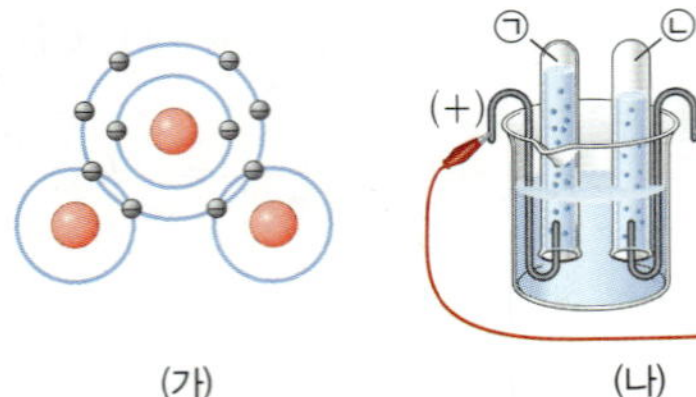

이에 대한 설명으로 옳은 것만을 〈보기〉에서 있는 대로 고른 것은? (단, X와 Y는 임의의 원소 기호이다.)

| 보기 |

ㄱ. X_2Y는 공유 결합 물질이다.
ㄴ. ㉠은 X_2이다.
ㄷ. (나)의 결과로부터 X와 Y가 반응하여 X_2Y가 생성될 때 전자가 관여함을 알 수 있다.

① ㄱ   ② ㄴ   ③ ㄱ, ㄷ
④ ㄴ, ㄷ   ⑤ ㄱ, ㄴ, ㄷ

02 표는 화합물 (가)와 (나)를 2몰씩 각각 전기 분해했을 때 각 전극에서 생성된 물질의 몰수에 대한 자료이다. (가)와 (나)는 각각 H_2O, NaCl 중 하나이다.

물질	전기 분해 결과 생성된 물질의 몰수	
	(+)극	(−)극
(가)	A_2 기체 x몰	B_2 기체 y몰
(나)	C_2 기체 z몰	금속 D 2몰

이에 대한 설명으로 옳은 것만을 〈보기〉에서 있는 대로 고른 것은?

| 보기 |

ㄱ. (가)는 H_2O이다.
ㄴ. $x+y+z=4$이다.
ㄷ. C_2에는 2중 결합이 있다.

① ㄴ   ② ㄷ   ③ ㄱ, ㄴ
④ ㄱ, ㄷ   ⑤ ㄱ, ㄴ, ㄷ

03 다음은 물질 (가)와 (나)에 대한 자료이다. (가)와 (나)는 각각 H_2O과 NaCl 중 하나이다.

- 특성 Ⅰ은 (가)에만 해당한다.
- 특성 Ⅱ는 (가)와 (나)에 모두 해당한다.
- 특성 Ⅲ은 (나)에만 해당한다.

특성 Ⅰ이 '액체 상태와 고체 상태에서 전기 전도성이 없다'일 때, 이에 대한 설명으로 옳은 것만을 〈보기〉에서 있는 대로 고른 것은?

| 보기 |

ㄱ. (가)는 NaCl이다.
ㄴ. 특성 Ⅱ로 '물질이 형성될 때 전자가 관여한다.'가 적절하다.
ㄷ. (나)는 분자로 이루어진 물질이다.

① ㄴ   ② ㄷ   ③ ㄱ, ㄴ
④ ㄱ, ㄷ   ⑤ ㄱ, ㄴ, ㄷ

04 다음은 원자 A~C의 전자 배치이다.

- A: K(2)L(1)
- B: K(2)L(7)
- C: K(2)L(8)M(3)

이에 대한 설명으로 옳은 것만을 〈보기〉에서 있는 대로 고른 것은? (단, A~C는 임의의 원소 기호이다.)

| 보기 |

ㄱ. A와 B가 반응할 때 전자는 A에서 B로 이동한다.
ㄴ. A~C 이온의 전자 배치는 모두 Ne과 같다.
ㄷ. B와 C로 이루어진 물질은 액체 상태에서 전기 전도성이 있다.

① ㄱ   ② ㄴ   ③ ㄱ, ㄷ
④ ㄴ, ㄷ   ⑤ ㄱ, ㄴ, ㄷ

05 그림은 물질 A에 힘을 가했을 때의 모습을 나타낸 것이다.

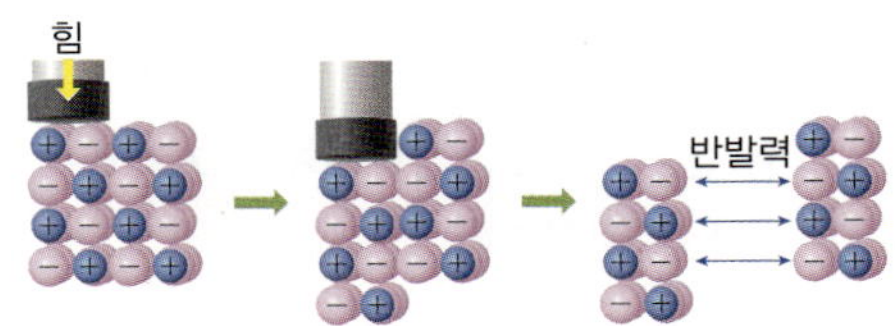

물질 A로 적절한 것만을 〈보기〉에서 있는 대로 고른 것은?

| 보기 |

ㄱ. $CaCl_2$　　ㄴ. CO_2　　ㄷ. H_2O　　ㄹ. NaH

① ㄱ　　　　② ㄴ　　　　③ ㄱ, ㄹ
④ ㄷ, ㄹ　　　⑤ ㄱ, ㄴ, ㄷ

06 그림은 $NaCl$이 생성될 때 두 이온 사이의 거리에 따른 에너지 변화를 나타낸 것이다.

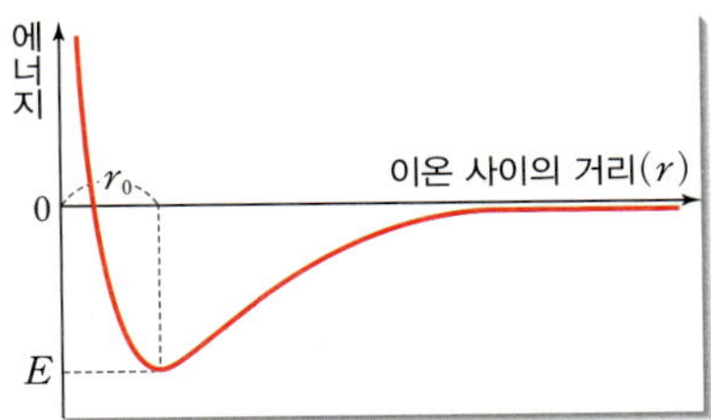

이에 대한 설명으로 옳은 것만을 〈보기〉에서 있는 대로 고른 것은?

| 보기 |

ㄱ. $NaCl$에서 Na^+과 Cl^- 사이의 거리는 r_0이다.
ㄴ. KCl이 생성될 때 r_0는 $NaCl$보다 크다.
ㄷ. NaF은 $NaCl$보다 E가 크다.

① ㄱ　　　　② ㄴ　　　　③ ㄱ, ㄷ
④ ㄴ, ㄷ　　　⑤ ㄱ, ㄴ, ㄷ

07 그림은 2주기 원소 A와 B로 이루어진 화합물 (가)의 온도에 따른 전기 전도도를 나타낸 것이다.

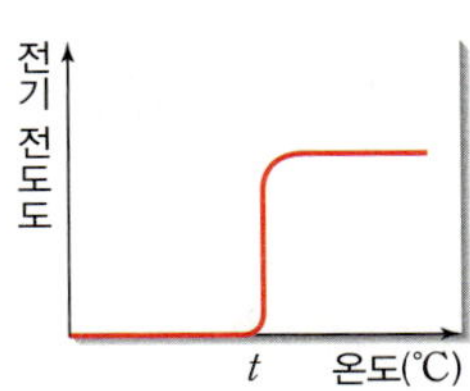

이에 대한 설명으로 옳은 것만을 〈보기〉에서 있는 대로 고른 것은? (단, A와 B는 임의의 원소 기호이다.)

| 보기 |

ㄱ. (가)의 끓는점은 t ℃이다.
ㄴ. (가)는 이온 결합 물질이다.
ㄷ. (가)에서 구성 입자의 전자 배치는 서로 같다.

① ㄱ　　　　② ㄴ　　　　③ ㄱ, ㄷ
④ ㄴ, ㄷ　　　⑤ ㄱ, ㄴ, ㄷ

08 그림은 주기율표의 일부를 나타낸 것이다.

족 주기	1	2	13	14	15	16	17	18
1	A							
2			B				C	
3	D					E		

이에 대한 설명으로 옳은 것만을 〈보기〉에서 있는 대로 고른 것은? (단, A~E는 임의의 원소 기호이다.)

| 보기 |

ㄱ. A와 C가 결합한 화합물은 이온 결합 물질이다.
ㄴ. DC를 구성하는 입자의 전자 배치는 서로 같다.
ㄷ. EC_2는 DC보다 녹는점이 높다.

① ㄴ　　　　② ㄷ　　　　③ ㄱ, ㄴ
④ ㄱ, ㄷ　　　⑤ ㄱ, ㄴ, ㄷ

02 공유 결합과 금속 결합

09 그림은 원자 A와 B의 전자 배치 모형을 나타낸 것이다.

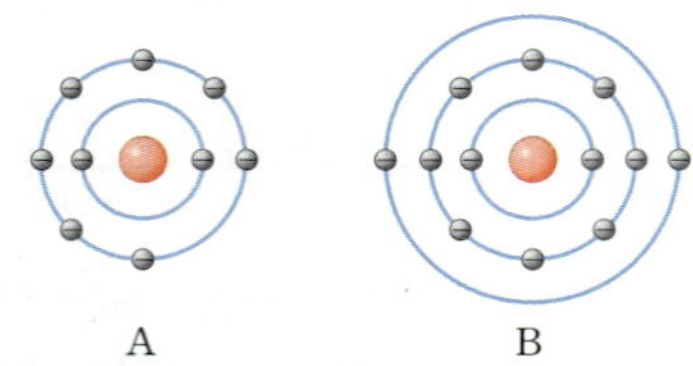

이에 대한 설명으로 옳지 **않은** 것은? (단, A와 B는 임의의 원소 기호이다.)

① A_2에서 A는 옥텟 규칙을 만족한다.
② B는 고체 상태에서 전기 전도성이 있다.
③ A와 B로 이루어진 물질은 액체 상태에서 전기 전도성이 있다.
④ A와 B는 A:B=1:2의 개수비로 결합하여 화합물을 형성한다.
⑤ A와 B가 결합할 때 전자는 B에서 A로 이동한다.

10 그림은 1, 2주기 원소로 이루어진 분자 (가)와 (나)를 화학 결합 모형으로 나타낸 것이다.

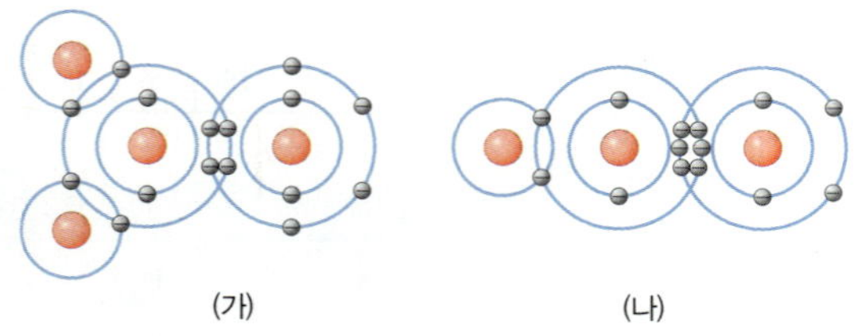

(가)가 (나)보다 큰 값을 갖는 것만을 〈보기〉에서 있는 대로 고른 것은?

┤ 보기 ├
ㄱ. 분자당 원자 수
ㄴ. 공유 전자쌍 수
ㄷ. 다중 결합 수

① ㄱ   ② ㄴ   ③ ㄱ, ㄷ
④ ㄴ, ㄷ   ⑤ ㄱ, ㄴ, ㄷ

11 다음은 물질 X와 Y의 성질을 알아보는 실험이다.

[실험 과정]
(가) 고체 상태의 X와 Y에 전극을 대어 전류가 흐르는지 관찰한다.
(나) 액체 상태의 X와 Y로 과정 (가)를 반복한다.
(다) 25 ℃에서 고체 상태인 X와 Y를 망치로 두드려 본다.

[실험 결과]
• (가)와 (나)에서 전기 전도성

물질	전기 전도성	
	고체	액체
X	있음	있음
Y	없음	있음

• (다)에서 X는 모양이 변했고, Y는 부서졌다.

이에 대한 설명으로 옳은 것만을 〈보기〉에서 있는 대로 고른 것은?

┤ 보기 ├
ㄱ. X는 한 가지 원소로 이루어진 물질이다.
ㄴ. Y는 금속 원소와 비금속 원소로 이루어져 있다.
ㄷ. 25 ℃에서 X와 Y는 분자로 존재한다.

① ㄱ   ② ㄷ   ③ ㄱ, ㄴ
④ ㄴ, ㄷ   ⑤ ㄱ, ㄴ, ㄷ

12 표는 원자 A~D의 바닥상태 전자 배치를 나타낸 것이다.

원자	전자 배치
A	$1s^2 2s^2 2p^5$
B	$1s^2 2s^2 2p^6 3s^2$
C	$1s^2 2s^2 2p^6 3s^1$
D	$1s^2 2s^2 2p^4$

이에 대한 설명으로 옳은 것만을 〈보기〉에서 있는 대로 고른 것은? (단, A~D는 임의의 원소 기호이다.)

┤ 보기 ├
ㄱ. CA(s)는 B(s)보다 전기 전도도가 크다.
ㄴ. 녹는점은 BD가 CA보다 높다.
ㄷ. D_2A_2는 공유 결합 물질이다.

① ㄱ   ② ㄴ   ③ ㄱ, ㄷ
④ ㄴ, ㄷ   ⑤ ㄱ, ㄴ, ㄷ

13 다음은 X와 Y_2가 반응하여 XY를 생성하는 반응의 화학 반응식과 물질 Y_2와 XY에 대한 자료이다. X와 Y는 각각 1족, 17족 원소 중 하나이다.

$$2X + Y_2 \longrightarrow 2XY$$

물질	녹는점(℃)	끓는점(℃)	전기 전도성	
			고체	액체
Y_2	-101	-34	없음	없음
XY	801	1465	없음	있음

이에 대한 설명으로 옳지 <u>않은</u> 것은? (단, X와 Y는 임의의 3주기 원소이다.)

① X의 원자가 전자 수는 1이다.
② X의 녹는점은 -101 ℃보다 높다.
③ Y_2의 공유 전자쌍 수는 1이다.
④ X는 액체 상태에서 전기 전도성이 있다.
⑤ XY에서 구성 입자의 전자 배치는 서로 같다.

14 다음은 4가지 물질을 기준 (가)와 (나)에 따라 분류한 것이다.

[물질] 다이아몬드, 물, 구리, 염화 나트륨

[분류]

기준	예	아니요
(가)	구리, 염화 나트륨	물, 다이아몬드
(나)	구리	염화 나트륨, 물, 다이아몬드

기준 (가)와 (나)로 적절한 것을 옳게 짝 지은 것은?

	(가)	(나)
①	액체 상태에서 전기 전도성이 있는가?	고체 상태에서 전기 전도성이 있는가?
②	고체 상태에서 전기 전도성이 있는가?	공유 결합 물질인가?
③	공유 결합 물질인가?	금속 결합 물질인가?
④	금속 결합 물질인가?	고체 상태에서 전기 전도성이 있는가?
⑤	수용액 상태에서 전기 전도성이 있는가?	공유 결합 물질인가?

15 그림은 4가지 물질을 기준에 따라 분류한 것이다.

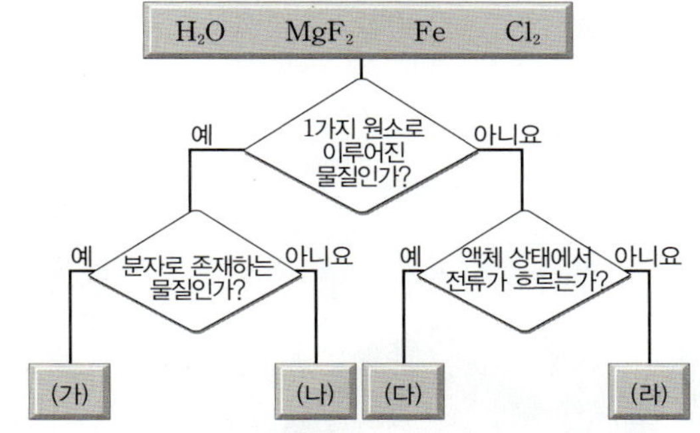

(가)~(라)에 해당하는 물질로 옳은 것은?

	(가)	(나)	(다)	(라)
①	Cl_2	Fe	H_2O	MgF_2
②	Cl_2	Fe	MgF_2	H_2O
③	Fe	Cl_2	H_2O	MgF_2
④	Fe	Cl_2	MgF_2	H_2O
⑤	H_2O	MgF_2	Fe	Cl_2

16 그림은 화합물 AB와 CD를 각각 화학 결합 모형으로 나타낸 것이고, 표는 원소 A~D로 이루어진 물질 (가)와 (나)에 대한 자료이다.

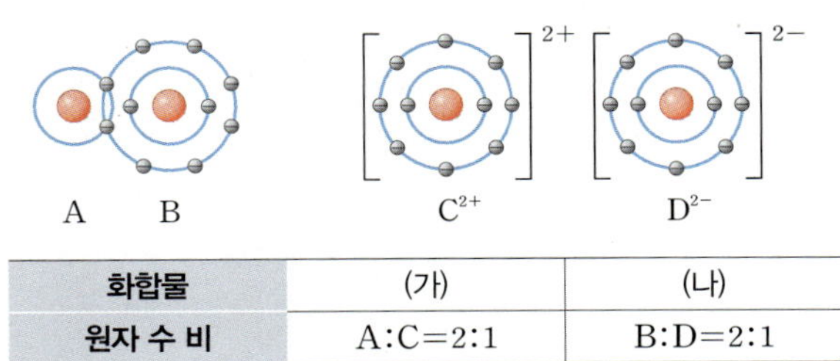

화합물	(가)	(나)
원자 수 비	A:C=2:1	B:D=2:1

이에 대한 설명으로 옳은 것만을 〈보기〉에서 있는 대로 고른 것은? (단, A~D는 임의의 원소 기호이다.)

| 보기 |

ㄱ. (가)는 공유 결합 물질이다.
ㄴ. (나)는 액체 상태에서 전기 전도성이 있다.
ㄷ. (나)를 구성하는 입자는 모두 Ne의 전자 배치를 이룬다.

① ㄱ   ② ㄷ   ③ ㄱ, ㄴ
④ ㄴ, ㄷ   ⑤ ㄱ, ㄴ, ㄷ

02

분자의 구조와 극성

01. 결합의 극성

02. 분자의 구조와 성질

결합의 극성

A 전기 음성도

1. 전기 음성도 두 원자가 공유 결합할 때 각 원자가 공유 전자쌍을 끌어당기는 힘의 크기를 상대적으로 나타낸 값이다. ➡ 상대적인 값으로 단위가 없다.

(1) **전기 음성도의 기준**: 공유 전자쌍을 끌어당기는 힘이 가장 큰 플루오린(F)의 전기 음성도를 4.0으로 정하고, 이 값을 기준으로 다른 원소들의 전기 음성도를 정하였다. (폴링 척도)

> 예 몇 가지 원소의 전기 음성도: $F(4.0) > O(3.5) > N(3.0) > C(2.5) > H(2.1)$

(2) 공유 결합을 이루고 있는 두 원자의 전기 음성도 차이에 따라 결합의 종류가 달라진다.

2. 전기 음성도의 주기성

(1) **같은 주기**: 원자 번호가 커질수록 전기 음성도는 대체로 커진다. ➡ 원자 번호가 커질수록 원자 반지름이 작아지고 유효 핵전하가 증가하므로, 원자핵과 전자 사이의 인력이 증가하여 공유 전자쌍을 끌어당기는 힘이 강해지기 때문이다.

(2) **같은 족**: 원자 번호가 커질수록 전기 음성도는 대체로 작아진다. ➡ 원자 번호가 커질수록 전자 껍질 수가 증가하여 원자 반지름이 커지므로, 원자핵과 전자 사이의 인력이 감소하여 공유 전자쌍을 끌어당기는 힘이 약해지기 때문이다.

(3) 주기와 족에 따른 전기 음성도 비교

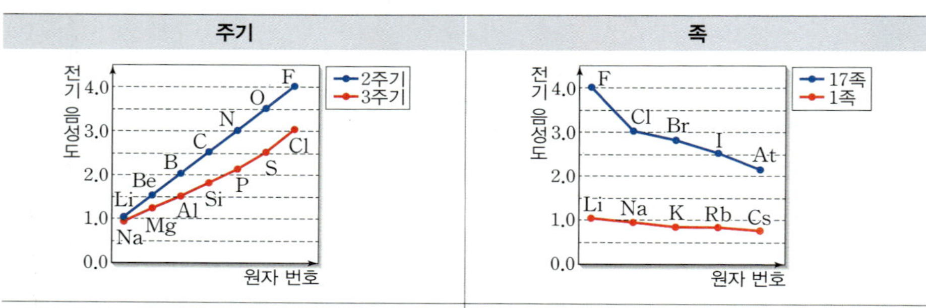

주기	족
2주기 원소는 3주기 원소보다 전기 음성도가 크고, 같은 주기에서는 원자 번호가 클수록 전기 음성도가 크다.	17족 원소는 1족 원소보다 전기 음성도가 크고, 같은 족에서는 원자 번호가 클수록 전기 음성도가 작다.

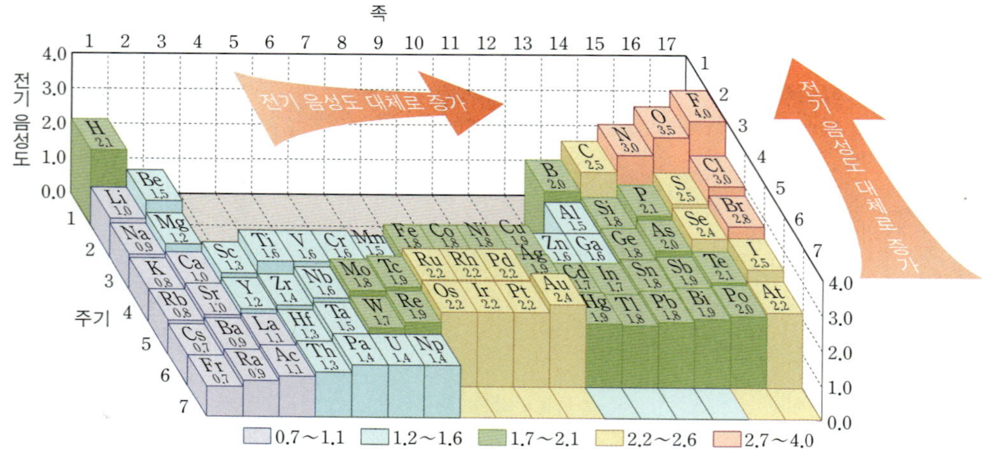

옆단 내용

* **유효 핵전하** | 원자에서 어떤 전자 껍질에 채워진 전자가 실제로 느끼는 핵전하

❖ **전기 음성도의 척도**
• 폴링 척도: 1932년에 L.C.폴링이 제창한 것으로, 결합 에너지로부터 계산하는 방법이다.
• 밀리컨 척도: 1934년 로버트 밀리컨이 제창한 것으로, 식은 다음과 같다.

$$\frac{전자\ 친화도 + 이온화\ 에너지}{2}$$

❖ **전기 음성도의 표현**
전기 음성도는 보통 소숫점 첫째 자리까지 나타낸다.

❖ **금속 원소와 비금속 원소의 전기 음성도**

금속 원소	전자를 잃기 쉬운 금속 원소의 전기 음성도는 대부분 2.0보다 작다.
비금속 원소	전자를 얻기 쉬운 비금속 원소의 전기 음성도는 대부분 2.0보다 크다.

Ⓑ 결합의 극성

1. 전기 음성도와 결합의 극성

(1) **무극성 공유 결합과 극성 공유 결합:** 공유 결합할 때 결합을 형성한 두 원자의 전기 음성도 차이에 따라 공유 전자쌍은 두 원자에 똑같이 공유되거나 한 원자에 치우쳐 공유된다.

구분	무극성 공유 결합	극성 공유 결합
정의	종류가 같은 원자 사이의 공유 결합	종류가 다른 원자 사이의 공유 결합
모형	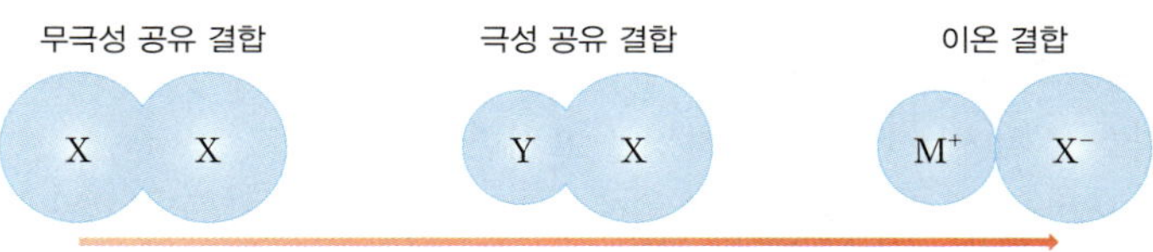	
부분 전하	공유 전자쌍이 어느 한 원자 쪽으로 치우치지 않으므로 부분 전하가 생기지 않는다.	공유 전자쌍이 전기 음성도가 큰 원자 쪽으로 치우치므로 전기 음성도가 작은 원자는 부분적인 $(+)$전하(δ^+)를 띠고, 전기 음성도가 큰 원자는 부분적인 $(-)$전하(δ^-)를 띤다.

(2) **전기 음성도 차이에 따른 화학 결합의 구분:** 전기 음성도 차이가 클수록 공유 결합의 극성이 커지고, 부분 전하도 커진다. 전기 음성도 차이가 매우 큰 원자들은 이온 결합을 형성한다.
　　전자쌍이 치우치는 것이 아니라 전자가 완전히 이동하여 이온 결합을 형성한다.

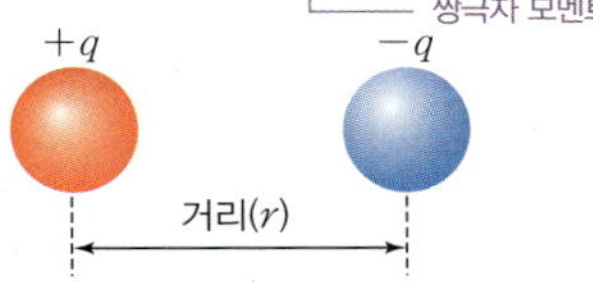

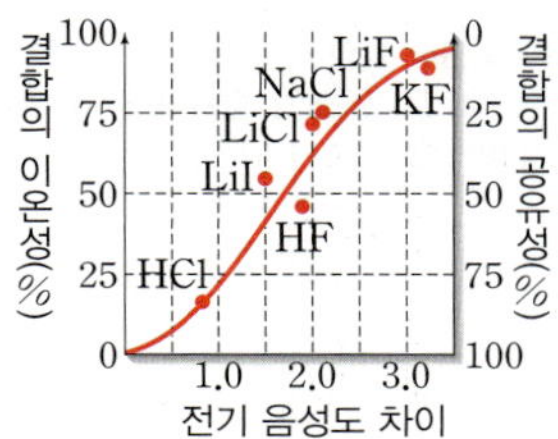

2. 쌍극자 모멘트

(1) **쌍극자:** 극성 공유 결합으로 생성된 분자는 일정 거리(r)를 두고 크기가 같고 부호가 반대인 전하($+q$, $-q$)를 띠는 부분이 존재하는데, 이를 쌍극자라고 한다.

(2) **쌍극자 모멘트(μ):** 결합의 극성 크기를 나타내는 척도이다. ➡ 전하량(q)과 거리(r)의 곱으로 나타내며, 분리된 전하의 크기가 클수록, 두 전하 사이의 거리가 멀수록 커진다.
　　└ 쌍극자 모멘트가 클수록 결합의 극성이 크다.　└ 공유 결합 길이

$$\mu = q \times r$$

(3) **쌍극자 모멘트와 결합의 극성:** 무극성 공유 결합에서는 쌍극자 모멘트가 0이고, 극성 공유 결합에서는 쌍극자 모멘트가 0이 아니다.

개념 바로 확인

정답 및 해설 | 24쪽

01 전기 음성도는 같은 주기에서 원자 번호가 커질수록 대체로 [　]지고, 같은 족에서 원자 번호가 커질수록 대체로 [　]진다.

02 원자가 공유 결합을 형성할 때 공유 전자쌍이 어느 한 쪽으로 치우치지 않는 결합을 [　] 공유 결합이라고 한다.

01 그림은 주기율표의 일부를 나타낸 것이다. A~J는 임의의 원소 기호이다.

족 주기	1	2	13	14	15	16	17	18
1	A							B
2	C	D	E	F	G	H	I	J

(1) A~J 중 전기 음성도가 가장 큰 원소를 쓰시오.

(2) 다음 중 결합의 극성이 가장 큰 결합을 고르시오.

① A－E　　② A－F　　③ A－G　　④ A－H　　⑤ A－I

01 결합의 극성

❖ **루이스**
미국의 화학자로 옥텟 규칙, 전자쌍 등의 개념을 활용하여 공유 결합의 본질을 설명하였다.

❖ **루이스 전자점식**
공유 결합을 설명하기 위해 루이스가 제안한 것으로, 원소의 원자가 전자 수를 쉽게 파악할 수 있다.

C 루이스 전자점식

1. **루이스 전자점식** 원소 기호 주위에 원자가 전자를 점으로 찍어 나타낸 식

2. **원자의 루이스 전자점식** 원소 기호의 오른쪽, 왼쪽, 위, 아래에 원자가 전자를 1개씩 점으로 표시한 뒤, 5번째 전자부터 쌍을 이루도록 표시한다.

	1족	2족	13족	14족	15족	16족	17족
1주기	H·						
2주기	Li·	·Be·	·Ḃ·	·C̈·	·N̈·	:Ö·	:F̈·
3주기	Na·	·Mg·	·Äl·	·S̈i·	·P̈·	:S̈·	:C̈l·

▲ 1~3주기 원소의 루이스 전자점식

- **홀전자**: 원자가 전자 중 쌍을 이루지 않은 전자 ➡ 화학 결합을 형성할 때 쌍을 이룬다.

3. **공유 결합 물질의 루이스 전자점식** 두 원자의 원소 기호 사이에 공유 전자쌍을 표시하고, 원소 기호 주위에는 비공유 전자쌍을 표시한다.

(1) **공유 전자쌍**: 두 원자 사이에 공유되어 공유 결합에 참여하는 전자쌍

(2) **비공유 전자쌍**: 공유 결합에 참여하지 않고 한 원자에만 속해 있는 전자쌍

$$4H· + ·C̈· \longrightarrow H:C̈:H$$

└ H 원자는 He과 같은 전자 배치를 한다.

수소　　　탄소　　　　　　메테인

$$H· + ·C̈l: \longrightarrow H:C̈l:$$

홀전자　　　비공유 전자쌍　　공유 전자쌍

❖ **루이스 구조식에서 결합선 수**
단일 결합은 결합선 1개로, 2중 결합은 결합선 2개로, 3중 결합은 결합선 3개로 나타낸다.

➡ 분자의 루이스 전자점식을 나타낼 때는 분자를 구성하는 각 원자들이 옥텟 규칙을 만족해야 한다. —— 붕소(B), 베릴륨(Be), 황(S)과 같이 옥텟 규칙을 만족하지 않는 경우도 있다.

(3) **루이스 구조**: 루이스 전자점식에서 공유 전자쌍은 결합선(−)으로 나타내고 비공유 전자쌍은 그대로 나타내거나 생략한 식 ➡ 루이스 구조식 또는 구조식이라고 한다.

❖ **이산화 탄소(CO_2)의 루이스 전자점식과 루이스 구조식**

루이스 전자점식	:Ö::C::Ö:
루이스 구조식	:Ö=C=Ö:

물질	물(H_2O)	에텐(C_2H_4)	질소(N_2)
루이스 전자점식	:Ö:H H	H·C::C·H (H, H)	:N:::N:
루이스 구조식	:Ö−H | H	H₂C=CH₂	:N≡N:

4. **이온 결합 물질의 루이스 전자점식**

(1) **이온의 루이스 전자점식**

① 양이온: 잃은 전자 수만큼 전자(점)를 빼서 표시한다.

② 음이온: 얻은 전자 수만큼 전자(점)를 더해서 표시한다.

(2) **이온 결합 물질의 전자점식**: 양이온과 음이온의 전자점식을 대괄호([ ])로 구분하고, 각 이온의 전자점식 오른쪽 위에 이온의 전하를 표시한다.

$$\text{Na} \cdot \ + \ \cdot \ddot{\underset{..}{\text{F}}} : \ \Rightarrow \ [\text{Na}]^+ \ [: \ddot{\underset{..}{\text{F}}} :]^-$$

나트륨 원자   플루오린 원자   플루오린화 나트륨

5. 배위 공유 결합 물질의 루이스 전자점식

(1) **배위 공유 결합**: 한 원자가 비공유 전자쌍을 다른 원자에 일방적으로 제공하고, 이 전자쌍을 두 원자가 공유하여 이루어지는 결합

(2) **배위 공유 결합 물질의 루이스 전자점식**

예 암모늄 이온(NH_4^+)의 형성

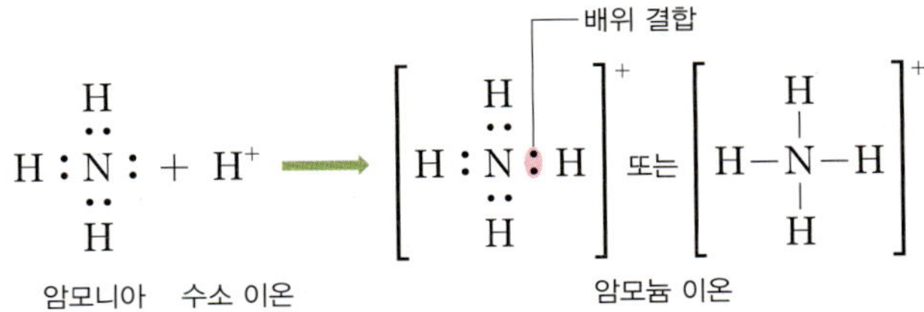

❖ **음이온의 루이스 전자점식**

음이온이 되면 18족 원소와 같은 전자 배치를 이루게 되어 원자가 전자 수가 0이 된다. 하지만 음이온의 루이스 전자점식에서는 가장 바깥 껍질에 있는 전자 8개를 모두 표시해야 한다.

❖ **하이드로늄 이온(H_3O^+)의 루이스 전자점식**

$$\left[H : \ddot{\underset{..}{\text{O}}} : H \atop H \right]^+$$

필수 용어 정리

* **홀전자** | 원자가 전자 중 쌍을 이루지 않는 전자
* **공유 전자쌍** | 공유 결합에 참여하는 전자쌍
* **비공유 전자쌍** | 공유 결합에 참여하지 않는 전자쌍

개념 바로 확인

정답 및 해설 | 24쪽

03 원소 기호의 주위에 원자가 전자를 점으로 찍어 나타낸 식을 [　　　　　]이라고 한다.

04 공유 결합 물질에서 공유 결합에 참여하는 전자쌍은 [　　　], 공유 결합에 참여하지 않는 전자쌍은 [　　　]이다.

05 공유 결합 물질에서 공유 전자쌍을 결합선으로 간단히 나타낸 식을 [　　　　　]이라고 한다.

02 다음 중 원소를 루이스 전자점식으로 나타냈을 때, 홀전자 수가 가장 많은 것은?

① Li   ② B   ③ C   ④ N   ⑤ O

03 다음은 몇 가지 분자 또는 이온의 화학식이다.

N_2	H_3O^+	CO_2	CH_4

(1) 2중 결합이 있는 물질은?

(2) 3중 결합이 있는 물질은?

(3) 비공유 전자쌍이 없는 물질은?

04 그림은 마그네슘(Mg)과 산소(O)의 루이스 전자점식을 나타낸 것이다.

$$\cdot \text{Mg} \cdot \qquad : \ddot{\underset{..}{\text{O}}} \cdot$$

마그네슘(Mg)과 산소(O)가 결합하여 생성된 물질의 루이스 전자점식을 그리시오.

· 루이스 전자점식 ·

원자가 공유 결합을 형성하거나 이온이 되어 이온 결합을 형성할 때, 루이스 전자점식으로부터 원소의 원자가 전자 수, 18족 원소의 전자 배치를 만족하기 위해 필요한 전자 수 등을 쉽게 파악할 수 있습니다.

원리1 분자에서 원자 사이의 공유 전자쌍 수

(1) 원자는 공유 결합을 형성함으로써 18족 원소와 같은 전자 배치를 이룬다. 따라서, 18족 원소의 전자 배치를 이루기 위해 필요한 전자 수만큼 다른 원자와 전자쌍을 공유한다.

원자	H	C	N	O	F
원자가 전자 수	1	4	5	6	7
공유 전자쌍 수	1	4	3	2	1

➡ 원자가 전자 수＋원자의 공유 전자쌍 수＝8이다. (단, 수소(H)는 1주기 원소이므로 원자가 전자 수＋원자의 공유 전자쌍 수＝2이다.)

원리2 분자, 이온, 화합물의 루이스 전자점식과 루이스 구조식 나타내기

(1) 이산화 탄소(CO_2) 분자의 루이스 전자점식과 루이스 구조식을 나타내는 과정은 다음과 같다.

① 분자의 전체 공유 전자쌍 수를 구한다.	분자의 전체 공유 전자쌍 수＝(각 원자가 18족 원소의 전자 배치를 가질 때 전자 수의 합)－(각 원자의 원자가 전자 수 합) ➡ $(8+8+8)-(4+6+6)=4$(개)
② 분자를 구성하는 각 원자의 루이스 전자점식을 그리고 공유 전자쌍 수를 구한다.	·C̈· :Ö· ➡ C의 공유 전자쌍 수는 $8-4=4$이고, O의 공유 전자쌍 수는 $8-6=2$이다.
③ ①과 ②를 모두 만족하는 분자의 루이스 전자점식을 그린다.	:Ö::C::Ö:　C는 2개의 O 원자와 각각 2개의 전자쌍을 공유한다.
④ 공유 전자쌍을 결합선(—)으로 표시하여 루이스 구조식을 완성한다.	:Ö=C=Ö:　결합선 1개는 공유 전자쌍 1개와 같다.

(2) 몇 가지 분자, 이온, 화합물의 루이스 전자점식과 루이스 구조식

분자, 이온, 화합물	구성 원자	루이스 전자점식	루이스 구조식
메테인(CH_4)	H· H··C̈··H ·H	H H:C:H H	H H–C–H H
암모니아(NH_3)	H··N̈··H ·H	H:N:H H	H–N–H H
물(H_2O)	:Ö··H H·	:O:H H	:O–H H
수산화 이온(OH^-)	:Ö··H·	$\left[:\ddot{O}:H\right]^-$	$\left[:\ddot{O}-H\right]^-$
염화 암모늄(NH_4Cl)	·H H··N̈: H⁺　:C̈l:⁻ ·H	$\left[\begin{matrix}H\\H:N:H\\H\end{matrix}\right]^+$ $\left[:\ddot{C}\ddot{l}:\right]^-$	$\left[\begin{matrix}H\\H-N-H\\H\end{matrix}\right]^+$ $\left[:\ddot{C}\ddot{l}:\right]^-$

A 전기 음성도 **B** 결합의 극성

01 전기 음성도에 대한 설명으로 옳지 <u>않은</u> 것은?

① 전기 음성도는 공유 결합을 형성한 원자가 공유 전자 쌍을 끌어당기는 힘의 크기를 상대적으로 나타낸 값 이다.
② 단위는 kJ/mol이다.
③ 주기율표에서 F의 전기 음성도가 가장 크다.
④ 같은 주기에서 원자 번호가 커질수록 커진다.
⑤ 같은 족에서 원자 번호가 커질수록 작아진다.

02 다음 중 무극성 공유 결합이 존재하지 <u>않는</u> 분자는?

① H_2 ② CH_4 ③ N_2
④ N_2H_2 ⑤ H_2O_2

03 표는 원소 A~D의 전기 음성도를 나타낸 것이다.

중요

원소	전기 음성도
A	4.0
B	3.5
C	3.0
D	2.1

A~C가 각각 D와 공유 결합을 형성할 때, 결합의 극성을 옳게 비교한 것은? (단, A~D는 임의의 원소 기호이다.)

① $A-D > B-D > C-D$
② $A-D > C-D > B-D$
③ $B-D > A-D > C-D$
④ $B-D > C-D > A-D$
⑤ $C-D > A-D > B-D$

04 그림은 원자 A~D의 전자 배치를 모형으로 나타낸 것이다.

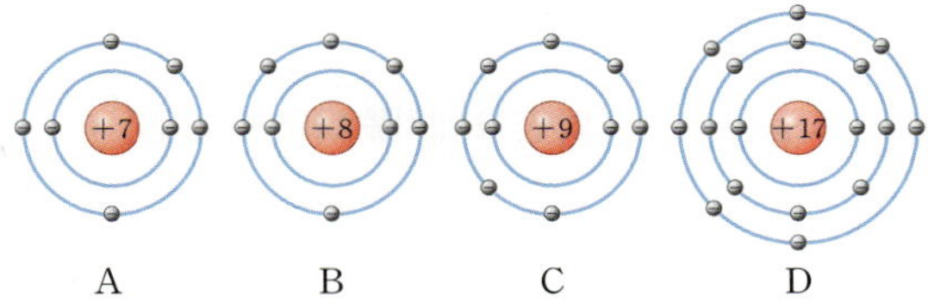

이에 대한 설명으로 옳은 것만을 〈보기〉에서 있는 대로 고른 것은? (단, A~D는 임의의 원소 기호이다.)

┤ 보기 ├

ㄱ. A~D 중 전기 음성도는 C가 가장 크다.
ㄴ. 공유 전자쌍 수는 A_2가 B_2보다 크다.
ㄷ. B와 C의 결합에서 B는 부분적인 (−)전하를 띤다.

① ㄱ   ② ㄷ   ③ ㄱ, ㄴ
④ ㄴ, ㄷ   ⑤ ㄱ, ㄴ, ㄷ

[05~06] 그림은 주기율표의 일부를 나타낸 것이다. A~D는 임의의 원소 기호이다.

주기＼족	1	2	13	14	15	16	17
1	A						
2					B	C	D

05 다음 중 결합의 쌍극자 모멘트가 가장 큰 결합은?

① $A-B$ ② $A-C$ ③ $A-D$
④ $B-D$ ⑤ $C-D$

06 다음은 분자 (가)~(다)의 분자식이다.

(가) BD_3 (나) B_2A_2 (다) CD_2

이에 대한 설명으로 옳은 것만을 〈보기〉에서 있는 대로 고른 것은?

┤ 보기 ├

ㄱ. (가)에는 극성 공유 결합만 존재한다.
ㄴ. 결합의 쌍극자 모멘트는 $B-D$가 $C-D$보다 크다.
ㄷ. (나)에는 무극성 공유 결합이 존재한다.

① ㄱ   ② ㄴ   ③ ㄱ, ㄷ
④ ㄴ, ㄷ   ⑤ ㄱ, ㄴ, ㄷ

ⓒ 루이스 전자점식

07 다음은 원소 A의 전자 배치를 나타낸 것이다.

$$1s^2 2s^2 2p^3$$

A의 루이스 전자점식으로 옳은 것은? (단, A는 임의의 원소 기호이다.)

① ·A̤·   ② ·A̤·   ③ ·A̤·

④ ·A̤:   ⑤ ·A̤:

09 다음은 분자 (가)~(다)를 루이스 전자점식으로 나타낸 것이다.

$$\begin{array}{ccc}
\text{H} & & \\
\text{H:A:H} & \text{H:B:H} & \text{:C:H} \\
\text{H} & \text{H} & \text{H} \\
\text{(가)} & \text{(나)} & \text{(다)}
\end{array}$$

이에 대한 설명으로 옳은 것만을 〈보기〉에서 있는 대로 고른 것은? (단, A~C는 임의의 원소 기호이다.)

┤ 보기 ├
ㄱ. A~C 중 원자가 전자 수는 A가 가장 크다.
ㄴ. (가)~(다)에는 모두 극성 공유 결합이 존재한다.
ㄷ. 분자에서 중심 원자는 모두 옥텟 규칙을 만족한다.

① ㄱ   ② ㄴ   ③ ㄱ, ㄷ
④ ㄴ, ㄷ   ⑤ ㄱ, ㄴ, ㄷ

08  그림은 2주기 원소 A~D의 루이스 전자점식을 나타낸 것이다.

·A̤:   ·B̤·   ·C̤:   ·D·

이에 대한 설명으로 옳은 것만을 〈보기〉에서 있는 대로 고른 것은? (단, A~D는 임의의 원소 기호이다.)

┤ 보기 ├
ㄱ. A와 B로 이루어진 화합물은 액체 상태에서 전기 전도성이 있다.
ㄴ. CA_2 분자의 비공유 전자쌍 수는 7이다.
ㄷ. D 원자 1개와 A 원자가 결합하여 생성된 화합물의 화학식은 DA_4이다.

① ㄴ   ② ㄷ   ③ ㄱ, ㄷ
④ ㄴ, ㄷ   ⑤ ㄱ, ㄴ, ㄷ

10  그림은 2주기 원소 X~Z로 이루어진 분자의 루이스 전자점식을 나타낸 것이다.

:X̤:Y⫶Z:

이에 대한 설명으로 옳은 것만을 〈보기〉에서 있는 대로 고른 것은? (단, X~Z는 임의의 원소 기호이다.)

┤ 보기 ├
ㄱ. 전기 음성도는 X가 가장 크다.
ㄴ. Y와 Z가 공유하고 있는 3개의 전자쌍은 Z 쪽으로 치우쳐 있다.
ㄷ. Z_2에는 3중 결합이 존재한다.

① ㄱ   ② ㄷ   ③ ㄱ, ㄴ
④ ㄴ, ㄷ   ⑤ ㄱ, ㄴ, ㄷ

11 그림은 바닥상태 원자 A~D의 전자 배치를 나타낸 것이다.

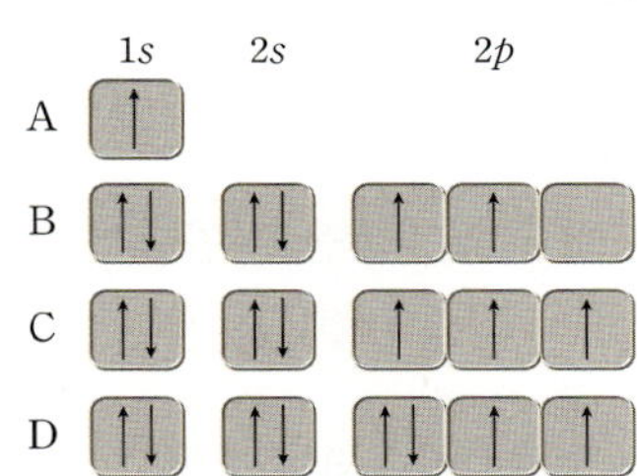

A~D로 이루어진 분자를 루이스 구조식으로 표현했을 때, 분자당 결합선 수가 가장 많은 것은? (단, A~D는 임의의 원소 기호이다.)

① A_2
② C_2
③ D_2
④ CA_3
⑤ BD_2

12 그림은 (가)와 (나)가 반응하여 (다)를 생성하는 반응을 루이스 전자점식으로 나타낸 것이다.

$$
\begin{array}{ccc}
& \text{H} & \text{H} & \text{H}\;\;\text{H} \\
& \ddot{}\; & \ddot{}\; & \\
\text{H}:\text{B} & + & :\text{N}:\text{H} \longrightarrow \;\; \text{H}:\text{B}:\text{N}:\text{H} \\
& \ddot{}\; & \ddot{}\; & \\
& \text{H} & \text{H} & \text{H}\;\;\text{H} \\
& \text{(가)} & \text{(나)} & \text{(다)}
\end{array}
$$

이에 대한 설명으로 옳은 것만을 〈보기〉에서 있는 대로 고른 것은?

┤ 보기 ├
ㄱ. B는 (가)와 (다)에서 모두 옥텟 규칙을 만족하지 않는다.
ㄴ. B의 원자가 전자 수는 3이다.
ㄷ. (다)에서 B와 N의 결합은 배위 공유 결합이다.

① ㄱ
② ㄴ
③ ㄱ, ㄷ
④ ㄴ, ㄷ
⑤ ㄱ, ㄴ, ㄷ

13 그림은 원자 A~D의 전자 배치를 모형으로 나타낸 것이다.

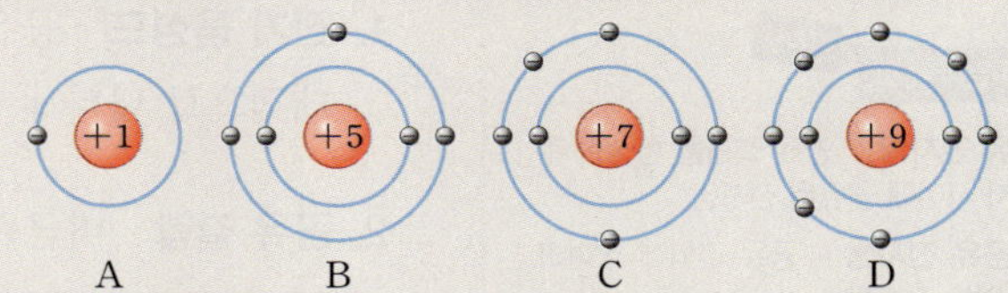

BD_3와 CA_3의 루이스 전자점식을 그리고, 분자 내 각 결합에서 원자가 가지는 부분 전하(δ^+, δ^-)를 나타내시오. (단, A~D는 임의의 원소 기호이다.)

14 그림은 HCOF 분자의 구조식을 나타낸 것이다. 전기 음성도는 H<C<O<F이다.

$$
\begin{array}{c}
:\!\ddot{\text{O}}\!: \\
\| \\
\text{H}-\text{C}-\ddot{\text{F}}: \\
\end{array}
$$

HCOF 분자의 각 공유 결합에서 형성되는 결합의 쌍극자 모멘트를 구조식에 표시하시오.

02 분자의 구조와 성질

먼저 알아야 할 **용어!**

* **공유 전자쌍** | 공유 결합을 형성한 두 원자 사이에 공유된 전자쌍
* **비공유 전자쌍** | 공유 결합에 참여하지 않는 전자쌍

⊗ 먼저 알아야 할 내용

1. 전기 음성도   공유 결합을 형성한 원자가 공유 전자쌍을 끌어당기는 힘의 크기를 상대적으로 나타낸 값

2. 공유 결합   비금속 원소 사이에 전자를 공유하여 형성되는 결합

⑦　　　　 공유 결합	ⓒ　　　　 공유 결합
• 다른 종류의 원자 사이에 이루어지는 공유 결합 • 결합의 쌍극자 모멘트가 0아니다.	• 같은 종류의 원자 사이에 이루어지는 공유 결합 • 결합의 쌍극자 모멘트가 0이다.

3. 공유 결합의 분류

단일 결합	ⓒ　　　 결합	ⓔ　　　 결합
1개의 전자쌍을 공유하는 결합	2개의 전자쌍을 공유하는 결합	3개의 전자쌍을 공유하는 결합

답 ⑦ 극성 ⓒ 무극성 ⓒ 2중 ⓔ 3중

Ⓐ 전자쌍 반발 이론

1. 전자쌍 반발 이론   분자에서 중심 원자 주위의 전자쌍들은 서로 같은 전하를 띠고 있으므로 정전기적 반발력이 작용하여 가능한 멀리 떨어져 있으려 한다는 이론

(1) **전자쌍 반발 이론에 의한 전자쌍 배치**: 전자쌍의 배치는 중심 원자 주위의 전자쌍 수에 따라 달라지며, 이에 따라 분자의 구조가 결정된다.

전자쌍 수	2개	3개	4개
풍선 모형			
전자쌍의 배치			
	전자쌍이 서로 정반대 위치에 놓일 때 반발력이 최소이다.	전자쌍이 정삼각형의 꼭지점에 놓일 때 반발력이 최소이다.	전자쌍이 정사면체의 꼭지점에 놓일 때 반발력이 최소이다.
결합각	180°	120°	109.5°
분자 모형			
분자의 구조	직선형	평면 삼각형	정사면체

❖ **결합각**

결합각은 원자가 3개 이상인 분자에서 중심 원자의 원자핵과 주위에 결합한 원자의 원자핵을 연결한 선이 이루는 각도이다. 결합각은 중심 원자 주위의 전자쌍 수와 종류에 의해 결정된다.

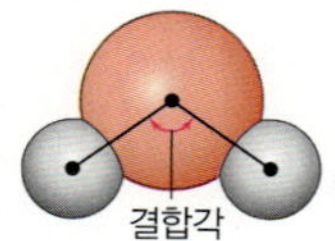

❖ **중심 원자 주위의 전자쌍 수에 따른 분자의 구조**

전자쌍 수		분자의 구조
공유	비공유	
2	0	직선형
3	0	평면 삼각형
4	0	정사면체형
3	1	삼각뿔형
2	2	굽은 형

(2) **전자쌍 사이의 반발력 크기**

비공유 전자쌍 사이의 반발력	>	비공유 전자쌍 —공유 전자쌍 사이의 반발력	>	공유 전자쌍 사이의 반발력

- 비공유 전자쌍 사이의 반발력은 공유 전자쌍 사이의 반발력보다 크다.
  ➡ 비공유 전자쌍은 공유 전자쌍보다 더 넓은 공간을 차지하기 때문이다.

2. 전자쌍 반발 이론과 분자의 구조

- 분자의 구조는 중심 원자 주위의 전자쌍 수, 전자쌍의 종류(비공유 전자쌍, 공유 전자쌍)에 따라 결정된다.

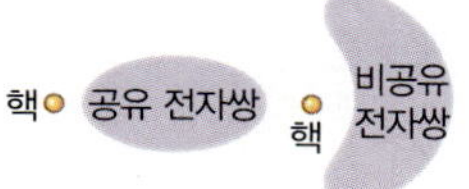

공유 결합 분자에서 비공유 전자쌍은 한 원자의 핵에 의한 인력을 받지만, 공유 전자쌍은 두 원자의 핵에 의한 인력을 받는다. 따라서 비공유 전자쌍은 공유 전자쌍보다 주변의 공간을 더 많이 차지하므로 주변의 전자쌍과 더 큰 반발력을 형성한다.

개념 바로 확인

정답 및 해설 ｜ 25쪽

01 중심 원자 주위의 전자쌍들이 서로 반발하여 가능한 멀리 떨어져 있으려고 한다는 이론은 ☐☐☐☐☐ 이다.

01 전자쌍 반발 이론에 대한 설명으로 옳은 것은 ○, 옳지 <u>않은</u> 것은 ×로 표시하시오.

(1) 분자에서 중심 원자 주위의 전자쌍들은 서로 다른 전하를 띤다. (　　　)
(2) 중심 원자 주위의 전자쌍 수에 따라 결합각이 달라진다. (　　　)

02 표는 중심 원자 주위의 전자쌍 수에 따른 전자쌍의 배치와 결합각, 분자의 구조를 나타낸 것이다.

중심 원자 주위의 전자쌍 수	2개	3개	4개
전자쌍의 배치	전자쌍 / 중심 원자		
결합각	180°	ⓛ	109.5°
분자의 구조	㉠	평면 삼각형	㉢

㉠~㉢에 알맞은 말을 쓰시오.

02 중심 원자 주위에 있는 전자쌍 수에 따라 전자쌍의 배치가 달라지며, 이에 따라 분자의 ☐☐☐☐가 결정된다.

03 (　　) 안에 알맞은 말을 쓰시오.

> 전자쌍 사이의 반발력 크기를 비교하면 (　　　　　) 전자쌍 사이의 반발력 > 비공유 전자쌍—공유 전자쌍 사이의 반발력 > (　　　　) 전자쌍 사이의 반발력 순서이다.

분자의 구조와 성질

❖다중 결합과 분자의 구조

중심 원자에 다중 결합이 있는 경우, 다중 결합은 전자쌍 1개로 취급하여 분자의 구조를 결정한다.

· CO_2의 구조

루이스 전자점식	:O::C::O:
결합각	180°
분자의 구조	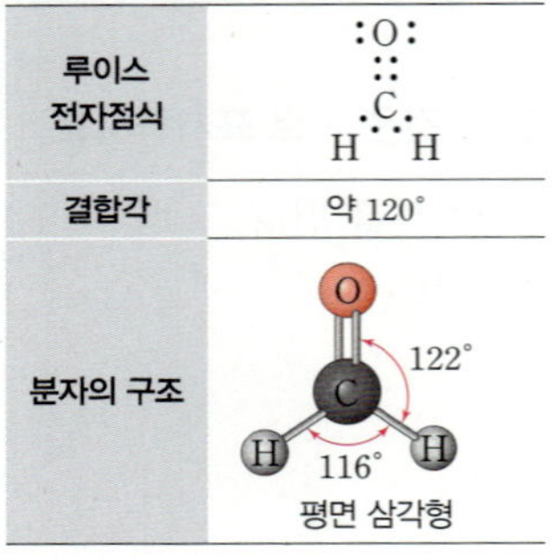 직선형

· CH_2O의 구조

루이스 전자점식	:O: ∴ ∴C∴ H H
결합각	약 120°
분자의 구조	직선형 · 평면 삼각형

❖ 비공유 전자쌍과 결합각

공유 전자쌍 사이의 반발력보다 비공유 전자쌍과 공유 전자쌍 사이의 반발력이 더 크므로 중심 원자 주위에 존재하는 비공유 전자쌍 수가 많을수록 결합각은 작아진다.

B 분자의 구조

1. 중심 원자 주위에 공유 전자쌍만 존재하는 경우 중심 원자 주위의 공유 전자쌍 수에 따라 분자의 구조가 결정된다. Be과 B는 옥텟 규칙을 만족하지 않는 원소이다.

공유 전자쌍 수	2개	3개	4개
분자	$BeCl_2$	BF_3	CH_4
루이스 전자점식	:Cl:Be:Cl:	:F:B:F: :F:	H H:C:H H
결합각	180°	120°	109.5°
분자의 구조	직선형	평면 삼각형	정사면체형

2. 중심 원자 주위에 비공유 전자쌍이 존재하는 경우 중심 원자 주위에 비공유 전자쌍이 존재할 때는 전체 전자쌍을 배치한 후 공유 전자쌍의 배열로 분자의 구조를 결정한다. ➡ 중심 원자 주위의 공유 전자쌍 수와 비공유 전자쌍 수에 따라 분자의 구조가 결정된다.

(1) 중심 원자 주위에 비공유 전자쌍이 1개 존재하는 경우

분자	NH_3	NF_3
루이스 전자점식	H:N:H H	:F:N:F: :F:
공유 전자쌍 수	3개	3개
비공유 전자쌍 수	1개	1개
분자의 구조	삼각뿔형	삼각뿔형

(2) 중심 원자 주위에 비공유 전자쌍이 2개 존재하는 경우

분자	H_2O	OF_2
루이스 전자점식	:O: H H	:O: :F: :F:
공유 전자쌍 수	2개	2개
비공유 전자쌍 수	2개	2개
분자의 구조	굽은 형	굽은 형

 루이스 전자점식과 분자의 구조

표는 몇 가지 분자의 구조에 대한 자료이다.

분자	BeF_2	BF_3	CH_4	NH_3	H_2O
루이스 전자점식	$:F:Be:F:$	$:F:B:F:$ 밑에 $:F:$	H 위 $H:C:H$ 아래 H	$H:N:H$ 아래 H	$:O:$ H H
공유 전자쌍 수	2	3	4	3	2
비공유 전자쌍 수	0	0	0	1	2
분자의 구조					
	직선형	평면 삼각형	정사면체	삼각뿔형	굽은 형
결합각	$180°$	$120°$	$109.5°$	$107°$	$104.5°$

❶ BeF_2, BF_3, H_2O은 평면 구조이고, CH_4, NH_3는 입체 구조이다.

❷ 비공유 전자쌍 수가 많을수록 결합각이 작아진다.

CH_4, NH_3, H_2O은 중심 원자 주위의 전자쌍 수가 4로 같지만, 결합각은 $CH_4 > NH_3 > H_2O$이다.

➡ 비공유 전자쌍이 많을수록 결합각이 작아진다.

❸ 결합각은 $BeF_2 > BF_3 > CH_4 > NH_3 > H_2O$이다.

❖ **CF_4와 CH_3Cl의 구조**

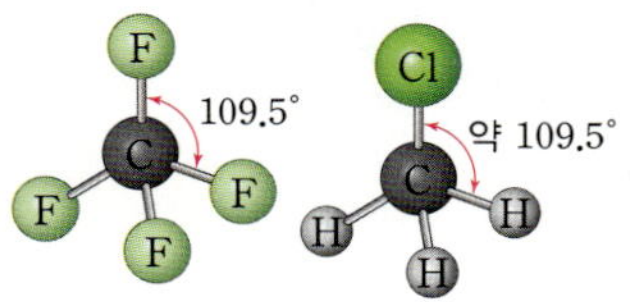

CF_4와 CH_3Cl은 중심 원자 주위의 공유 전자쌍 수가 4개로 같다. 하지만 CH_3Cl처럼 중심 원자와 결합한 원자의 종류가 서로 다른 경우 결합한 원자의 크기와 전기 음성도가 달라 결합각이 약간 달라진다.

❖ **BF_3와 BCl_3의 구조**

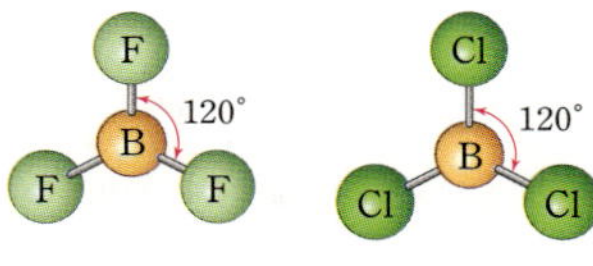

BF_3와 BCl_3의 경우 중심 원자 주위의 공유 전자쌍 수가 3개로 같고, 각각의 분자에서 중심 원자와 결합한 원자의 종류가 모두 같으므로 결합각이 $120°$로 같다.

개념 바로 확인

정답 및 해설 | 25쪽

03 중심 원자 주위의 공유 전자쌍 수가 3개인 경우 분자의 구조는 [ ]이다.

04 중심 원자 주위의 비공유 전자쌍 수가 많을수록 결합각은 [ ].

04 다음은 4가지 분자의 분자식이다.

> CO_2 NH_3 H_2O CH_4

(1) 결합각이 가장 큰 분자를 쓰시오.

(2) 평면 구조인 분자를 모두 쓰시오.

(3) 중심 원자에 비공유 전자쌍이 없는 분자를 모두 쓰시오.

05 다음은 어떤 분자의 구조에 대한 설명이다.

> • 분자에서 중심 원자는 옥텟 규칙을 만족한다.
> • 중심 원자에 비공유 전자쌍이 있다.
> • 입체 구조이다.

이 분자로 가장 적절한 것은?

① CCl_4　　② HF　　③ CO_2

④ NF_3　　⑤ OF_2

분자의 구조와 성질

C 분자의 극성

1. 극성 분자와 무극성 분자

(1) **극성 분자**: 분자 내에 전하가 고르게 분포하지 않아 부분적인 (+)전하와 (−)전하를 띠는 분자 ➡ 분자의 쌍극자 모멘트의 합이 0이 아니다.

① 2원자 분자: 서로 다른 종류의 원자가 극성 공유 결합을 하여 생성된 분자

예 플루오린화 수소(HF), 염화 수소(HCl)

▲ 플루오린화 수소(HF)　　▲ 염화 수소(HCl)

② 다원자 분자: 분자의 구조가 비대칭 구조를 이루어 쌍극자 모멘트 합이 0이 되지 않는 분자

분자	NH_3	H_2O
분자 모형		
분자의 구조	삼각뿔형	굽은 형
	비대칭 구조	비대칭 구조
결합의 종류	$N-H$ 극성 공유 결합	$O-H$ 극성 공유 결합
결합의 쌍극자 모멘트 합	0이 아님	0이 아님

(2) **무극성 분자**: 분자 내에 전하가 고르게 분포하여 부분 전하를 띠지 않는 분자 ➡ 분자의 쌍극자 모멘트의 합이 0이다.

① 2원자 분자: 같은 종류의 원자끼리 무극성 공유 결합을 하여 생성된 분자

예 수소(H_2), 질소(N_2)

▲ 수소(H_2)　　▲ 질소(N_2)

➡ 같은 종류의 원자가 결합하고 있으므로 부분 전하를 띠지 않는다.

② 다원자 분자: 극성 공유 결합으로 생성되었지만 분자의 구조가 대칭 구조를 이루어 쌍극자 모멘트 합이 0이 되는 분자

분자	BeF_2	BF_3	CH_4	CO_2
분자 모형				
분자의 구조	직선형	평면 삼각형	정사면체형	직선형
	대칭 구조	대칭 구조	대칭 구조	대칭 구조
결합의 종류	$Be-F$ 극성 공유 결합	$B-F$ 극성 공유 결합	$C-H$ 극성 공유 결합	$C-O$ 극성 공유 결합
결합의 쌍극자 모멘트 합	0	0	0	0

❖ **극성 공유 결합으로 이루어진 분자의 쌍극자 모멘트(μ) 합**

쌍극자 모멘트 합은 분자의 구조에 의해 결정된다. 분자의 구조에 의해 각 결합의 쌍극자 모멘트가 모두 상쇄되면 쌍극자 모멘트 합은 0이 된다.

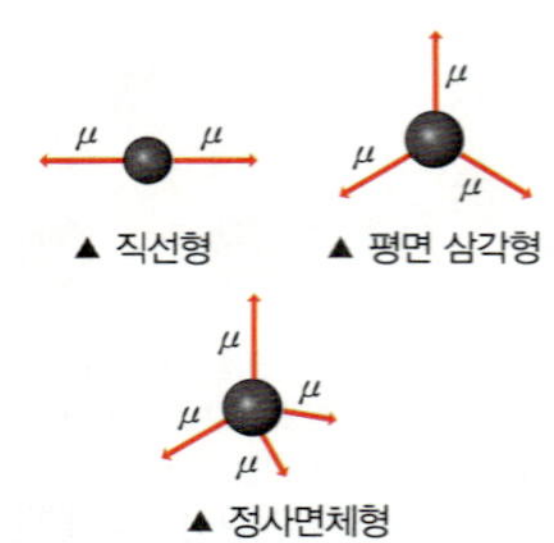

▲ 직선형　　▲ 평면 삼각형

▲ 정사면체형

❖ **분자의 극성 파악하기**

루이스 전자점식

↓ 전자쌍 반발 원리 적용

분자의 구조 파악하기

↓ 결합의 쌍극자 모멘트 합 구하기

분자의 극성 결정하기

❖ **극성**

(+)전하를 띠는 극과 (−)전하를 띠는 극이 나뉘어져 나타나는 성질

2. 극성 분자와 무극성 분자의 성질
결합의 극성과 분자의 구조로부터 알 수 있는 분자의 극성은 분자의 물리적, 화학적 성질에 영향을 미친다. 🔬 **탐구 활동 136쪽**

분자	극성 분자	무극성 분자
끓는점	분자량이 비슷한 경우, 극성 물질이 무극성 물질보다 녹는점과 끓는점이 높다. 예 NH_3(분자량 17)와 CH_4(분자량 16)은 분자량이 비슷하지만 끓는점은 NH_3가 $-33\,°C$, CH_4이 $-161\,°C$로 극성 물질인 NH_3가 무극성 물질인 CH_4보다 높다.	
용해도	극성 용매에 잘 녹는다. 예 극성 물질인 에탄올은 극성 용매인 물과 잘 섞인다.	무극성 용매에 잘 녹는다. 예 무극성 용매인 사염화 탄소는 극성 용매인 물과 잘 섞이지 않지만, 무극성 용매인 벤젠과는 잘 섞인다.
전하를 띤 대전체에 대한 영향	액체 상태의 극성 물질에 전하를 띤 대전체를 가까이 하면 대전체 쪽으로 액체 줄기가 끌려온다.	액체 상태의 무극성 물질에 전하를 띤 대전체를 가까이 하면 대전체 쪽으로 액체 줄기가 끌려오지 않는다.
전기장에서의 배열	기체 상태의 극성 분자는 전기장 안에서 규칙적으로 배열한다.	기체 상태의 무극성 분자는 전기장 안에서 규칙적으로 배열하지 않는다.

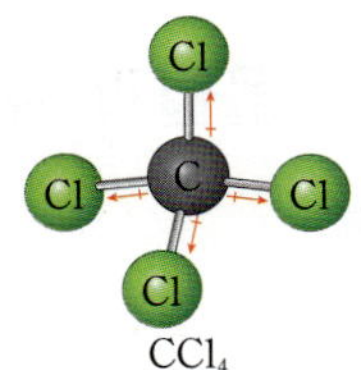

❖ **사염화 탄소(CCl_4)**

정사면체형 구조를 이루어 결합의 쌍극자 모멘트 합이 0인 무극성 분자이다.

CCl_4

❖ **물에 대전체를 가져다 대었을 때**

극성 분자인 물은 부분적인 전하를 띠므로 대전체를 가까이 가져다 대었을 때 물 줄기가 대전체 쪽으로 끌려온다.

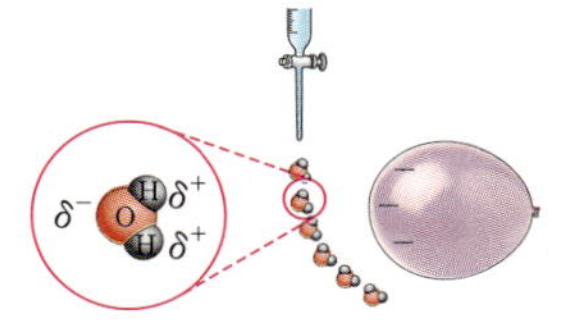

➡ 풍선이 ($-$)전하를 띠고 있으므로 물 분자에서 부분적인 ($+$)전하를 띤 수소 부분이 끌려온다.

❖ **대전체**

물체 사이에서 전자가 이동하여 전기를 띠게 되는 현상을 대전이라 하고, 대전된 물체를 대전체라고 한다.

개념 바로 확인

정답 및 해설 | 25쪽

05 분자 내 결합의 쌍극자 모멘트의 합이 0인 분자를 [ ]라고 하고, 분자 내 결합의 쌍극자 모멘트의 합이 0이 아닌 분자를 [ ]라고 한다.

06 극성 물질은 [ ] 용매에, 무극성 물질은 [ ] 용매에 잘 녹는다.

06 분자의 극성에 대한 설명으로 옳은 것은 ○, 옳지 <u>않은</u> 것은 × 로 표시하시오.

(1) 같은 종류의 원자끼리 공유 결합하여 형성된 2원자 분자는 무극성 분자이다. ( )

(2) 분자의 구조가 비대칭 구조인 다원자 분자는 극성 분자이다. ( )

(3) 극성 공유 결합으로 이루어진 분자는 모두 극성 분자이다. ( )

07 물질 X가 극성 물질인지 무극성 물질인지 알아 볼 수 있는 실험 방법으로 옳은 것만을 〈보기〉에서 있는 대로 고르시오.

| 보기 |
ㄱ. 물에 넣어 녹여본다.
ㄴ. 가늘게 흐르는 액체 줄기에 대전체를 가까이 가져가 대어본다.
ㄷ. 분자의 쌍극자 모멘트의 합을 조사한다.

· 극성 물질과 무극성 물질의 성질 ·

목표

전하를 띤 대전체를 이용하여 극성 물질과 무극성 물질을 구분할 수 있다.

과정

1. 물을 채운 뷰렛을 스텐드에 고정한 후, 뷰렛의 꼭지를 열어 물줄기가 가늘게 흐르게 한다.

2. 털가죽으로 문지른 고무 풍선과 명주 헝겊으로 문지른 유리 막대를 각각 물줄기에 가까이 가져다 대어본다.

    (−)전하를 띤다.　　(+)전하를 띤다.

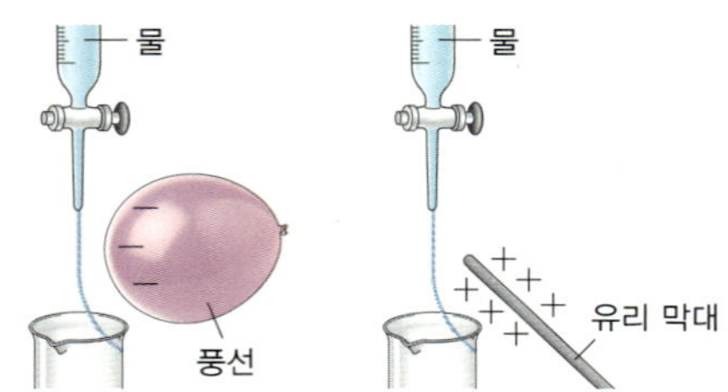

3. 물 대신 에탄올, $n-$헥세인, 벤젠을 이용하여 과정 1과 2를 반복한다.

결과

물질	물	에탄올	$n-$헥세인	벤젠
고무 풍선	끌려옴	끌려옴	끌려오지 않음	끌려오지 않음
유리 막대	끌려옴	끌려옴	끌려오지 않음	끌려오지 않음

정리

• 물과 에탄올은 대전체를 가까이 했을 때 끌려온다. ➡ 물과 에탄올은 극성 물질이다.

• $n-$헥세인과 벤젠은 대전체를 가까이 했을 때 끌려오지 않는다. ➡ $n-$헥세인과 벤젠은 무극성 물질이다.

▶ 또 다른 탐구

과정

1. 물이 들어 있는 시험관 2개와 사염화 탄소가 들어 있는 시험관 2개를 준비한다.

2. 황산 구리($CuSO_4$)와 아이오딘(I_2)을 물과 사염화 탄소에 각각 녹인다.

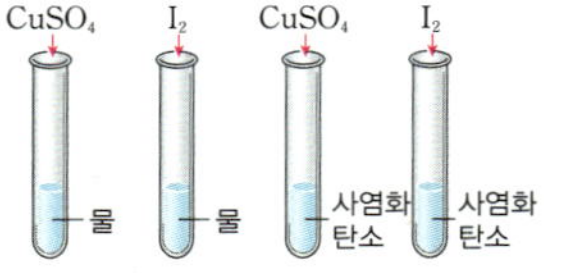

결과

1. 무극성 물질인 아이오딘(I_2)은 무극성 용매인 사염화 탄소에 잘 녹는다.

2. 이온 결합 물질인 황산 구리($CuSO_4$)는 극성 용매인 물에 잘 녹는다.

정답 및 해설 | 26쪽

01 위 실험에 대한 설명으로 옳은 것은 ○, 옳지 <u>않은</u> 것은 ×로 표시하시오.

(1) 에탄올, $n-$헥세인, 벤젠 중 물과 잘 섞이지 않는 것은 에탄올이다. (　　　)

(2) 에탄올과 벤젠 중 분자의 쌍극자 모멘트의 합이 0인 것은 벤젠이다. (　　　)

(3) 기체 상태의 에탄올을 전기장에 넣으면 에탄올 분자는 전기장 안에서 규칙적으로 배열한다. (　　　)

02 그림은 액체 A와 B의 가느다란 줄기에 (−)로 대전된 막대를 가까이 했을 때의 모습을 나타낸 것이다.

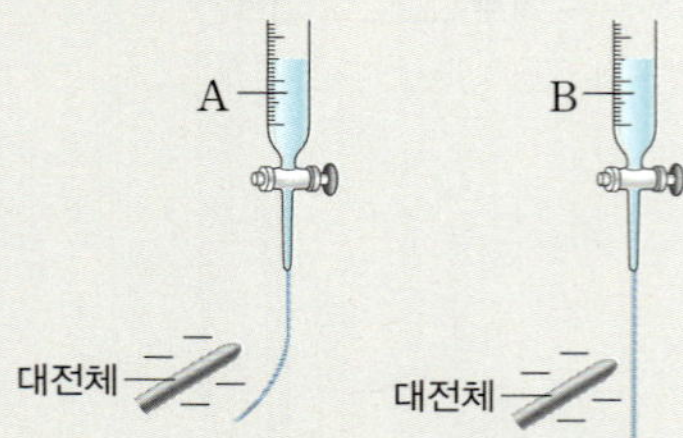

이에 대한 설명으로 옳은 것만을 〈보기〉에서 있는 대로 고른 것은?

┤ 보기 ├

ㄱ. A는 극성 물질이다.

ㄴ. (+)로 대전된 막대를 이용하여 실험해도 실험 결과는 같다.

ㄷ. 사염화 탄소는 B에 해당한다.

① ㄴ　　　② ㄷ　　　③ ㄱ, ㄴ

④ ㄱ, ㄷ　　　⑤ ㄱ, ㄴ, ㄷ

내신 실력 Up

A 전자쌍 반발 이론 **B** 분자의 구조

01 전자쌍 반발 이론과 분자의 구조에 대한 설명으로 옳지 <u>않은</u> 것은?

① 전자쌍 반발 이론은 분자 구조를 예측하는 데 유용하다.
② 공유 전자쌍 사이의 반발력은 비공유 전자쌍 사이의 반발력보다 작다.
③ 3원자 분자는 평면 구조이다.
④ 중심 원자 주위의 공유 전자쌍 수가 4일 때 분자의 구조는 항상 정사면체형이다.
⑤ 중심 원자 주위에 공유 전자쌍만 2개 있을 때 전자쌍들이 이루는 각도는 $180°$이다.

02 그림은 NH_3와 BF_3의 구조식을 나타낸 것이다.

$$H-N-H \qquad F-B-F$$
$$\qquad | \qquad\qquad\quad |$$
$$\quad H \qquad\qquad\quad F$$

이에 대한 설명으로 옳은 것만을 〈보기〉에서 있는 대로 고른 것은?

┤ 보기 ├
ㄱ. 결합각은 BF_3가 NH_3보다 크다.
ㄴ. 비공유 전자쌍 수는 BF_3가 NH_3보다 크다.
ㄷ. BF_3와 NH_3는 모두 평면 구조이다.

① ㄱ ② ㄷ ③ ㄱ, ㄴ
④ ㄴ, ㄷ ⑤ ㄱ, ㄴ, ㄷ

03 그림은 OCl_2와 $BeCl_2$의 구조식을 나타낸 것이다.

$$Cl-O-Cl \qquad Cl-Be-Cl$$

이에 대한 설명으로 옳은 것만을 〈보기〉에서 있는 대로 고른 것은?

┤ 보기 ├
ㄱ. 중심 원자 주위의 비공유 전자쌍 수는 OCl_2가 $BeCl_2$보다 2만큼 크다.
ㄴ. $BeCl_2$의 분자 구조는 직선형이다.
ㄷ. OCl_2와 $BeCl_2$는 모두 평면 구조이다.

① ㄱ ② ㄴ ③ ㄱ, ㄷ
④ ㄴ, ㄷ ⑤ ㄱ, ㄴ, ㄷ

04 다음 중 분자식과 분자의 구조가 옳게 짝 지어진 것은?

① HF - 굽은 형 ② BF_3 - 삼각뿔형
③ NH_3 - 평면 삼각형 ④ OF_2 - 정사면체형
⑤ CO_2 - 직선형

05 그림은 2주기 원소 A∼C의 루이스 전자점식을 나타낸 것이다.

$$\cdot \ddot{\underset{\cdot\cdot}{A}} : \quad \cdot \dot{B} \cdot \quad \cdot \ddot{\underset{\cdot\cdot}{C}} :$$

이에 대한 설명으로 옳은 것만을 〈보기〉에서 있는 대로 고른 것은? (단, A∼C는 임의의 원소 기호이다.)

┤ 보기 ├
ㄱ. BC_2에서 공유 전자쌍 수는 2이다.
ㄴ. 비공유 전자쌍 수는 CA_2가 BA_4보다 크다.
ㄷ. 결합각은 BC_2가 CA_2보다 크다.

① ㄱ ② ㄷ ③ ㄱ, ㄴ
④ ㄴ, ㄷ ⑤ ㄱ, ㄴ, ㄷ

06 그림은 2주기 원소인 X, Y와 수소(H)로 이루어진 분자의 구조식을 나타낸 것이다. 분자에서 X와 Y는 옥텟 규칙을 만족한다.

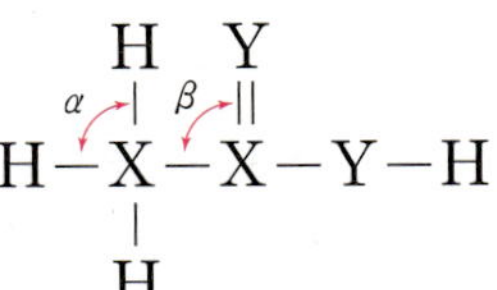

이에 대한 설명으로 옳은 것만을 〈보기〉에서 있는 대로 고른 것은? (단, X와 Y는 임의의 원소 기호이다.)

┤ 보기 ├
ㄱ. 원자가 전자 수는 X가 Y보다 크다.
ㄴ. $\alpha > \beta$이다.
ㄷ. 비공유 전자쌍 수는 4이다.

① ㄱ ② ㄷ ③ ㄱ, ㄴ
④ ㄴ, ㄷ ⑤ ㄱ, ㄴ, ㄷ

07 그림은 2주기 원소 X~Z로 이루어진 분자 (가)와 (나)의 구조식을 나타낸 것이다.

$$Y-X\equiv X-Y \qquad Y-X\equiv Z$$
$$\text{(가)} \qquad\qquad \text{(나)}$$

이에 대한 설명으로 옳은 것만을 〈보기〉에서 있는 대로 고른 것은? (단, X~Z는 임의의 원소 기호이다.)

┌─ 보기 ┐

ㄱ. 원자 번호는 X>Y>Z이다.
ㄴ. (가)와 (나)는 구성 원자가 모두 동일 평면에 존재한다.
ㄷ. 결합각은 (가)와 (나)가 같다.

① ㄱ　　　　② ㄴ　　　　③ ㄱ, ㄷ
④ ㄴ, ㄷ　　　⑤ ㄱ, ㄴ, ㄷ

08 다음은 어떤 분자 X에 대한 설명이다.

• 평면 구조이다.
• 중심 원자에 비공유 전자쌍이 있다.

X로 가장 적절한 것은?

① BF_3　　　② CH_4　　　③ CO_2
④ NH_3　　　⑤ OF_2

C 분자의 극성

09 그림은 1, 2주기 원소 W~Z로 이루어진 분자 (가)~(다)의 루이스 전자점식을 나타낸 것이다.

$$:X::W::X: \qquad Y:X:Y \qquad :Z:X:Z:$$
$$\text{(가)} \qquad\qquad \text{(나)} \qquad\qquad \text{(다)}$$

이에 대한 설명으로 옳지 <u>않은</u> 것은? (단, W~Z는 임의의 원소 기호이다.)

① 비공유 전자쌍 수는 (다)가 가장 크다.
② 결합각은 (가)가 가장 크다.
③ (가)~(다)는 모두 극성 공유 결합으로만 이루어져 있다.
④ (가)~(다)는 모두 평면 구조이다.
⑤ (가)~(다) 중 극성 분자인 것은 1가지이다.

10  표는 2주기 원소가 플루오린(F)과 결합하여 형성된 화합물 (가)~(라)에서 중심 원자 주위의 전자쌍 수를 나타낸 것이다.

	(가)	(나)	(다)	(라)
공유 전자쌍 수	3	4	3	2
비공유 전자쌍 수	0	0	1	2

(가)~(라)에 대한 설명으로 옳은 것만을 〈보기〉에서 있는 대로 고른 것은?

┌─ 보기 ┐

ㄱ. 결합각은 (나)가 가장 작다.
ㄴ. 평면 구조는 2가지이다.
ㄷ. 극성 분자는 1가지이다.

① ㄴ　　　　② ㄷ　　　　③ ㄱ, ㄴ
④ ㄱ, ㄷ　　　⑤ ㄴ, ㄷ

11 그림은 원자 A~D의 바닥상태 전자 배치를 나타낸 것이다.

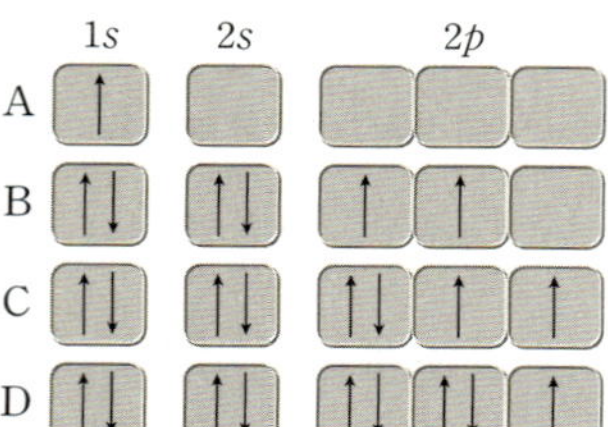

A~D로 이루어진 화합물 중 ㉠ 입체 구조인 분자와 ㉡ 극성 분자로 옳은 것은? (단, A~D는 임의의 원소 기호이다.)

	㉠	㉡
①	A_2C	BA_4
②	BA_4	CD_2
③	BC_2	BD_4
④	BD_4	BC_2
⑤	CD_2	A_2C

12 그림은 주기율표의 일부를 나타낸 것이다.

주기\\족	1	2	13	14	15	16	17	18
1	A							
2					B	C	D	E

이에 대한 설명으로 옳은 것만을 〈보기〉에서 있는 대로 고른 것은? (단, A~E는 임의의 원소 기호이다.)

| 보기 |

ㄱ. 분자의 쌍극자 모멘트의 합은 CA_3가 BA_4보다 크다.
ㄴ. 결합각은 A_2D가 BD_2보다 크다.
ㄷ. 기체 상태의 AE를 전기장 속에 넣으면 AE 분자는 규칙적으로 배열한다.

① ㄱ   ② ㄴ   ③ ㄱ, ㄷ
④ ㄴ, ㄷ   ⑤ ㄱ, ㄴ, ㄷ

13 그림은 물과 액체 A의 가느다란 물줄기에 대전체를 가까이 가져갔을 때의 모습을 나타낸 것이다.

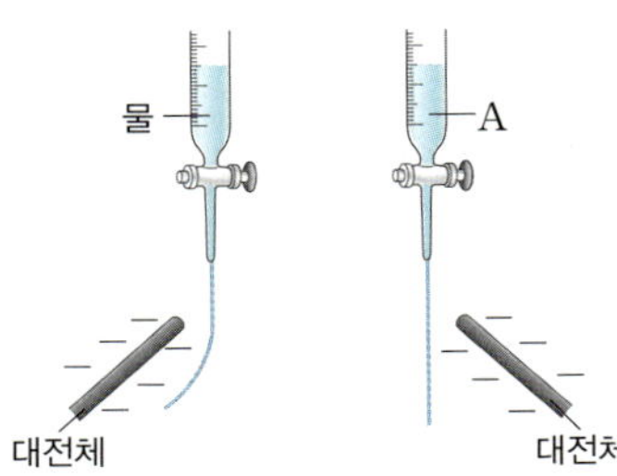

이에 대한 설명으로 옳은 것만을 〈보기〉에서 있는 대로 고른 것은?

| 보기 |

ㄱ. 분자의 쌍극자 모멘트의 합은 물이 A보다 크다.
ㄴ. 액체 A는 (+)전하로 대전된 물체에 끌려온다.
ㄷ. 기체 상태의 A를 전기장 속에 넣으면 분자들이 규칙적으로 배열한다.

① ㄱ   ② ㄴ   ③ ㄱ, ㄷ
④ ㄴ, ㄷ   ⑤ ㄱ, ㄴ, ㄷ

14 그림은 NH_3와 BCl_3의 분자 구조를 모형으로 나타낸 것이다.

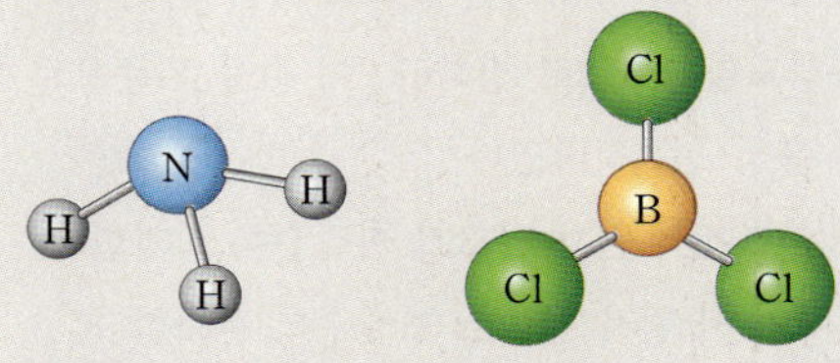

2가지 분자 모두 중심 원자에 결합한 원자 수가 3이지만 분자의 구조가 다르다. 각 분자의 구조를 쓰고 분자의 구조가 서로 다른 까닭을 서술하시오.

15 그림은 CH_4, NH_3, H_2O의 루이스 전자점식을 나타낸 것이다.

$$\text{H:C:H}\qquad \text{H:N:H}\qquad \text{H:O:}$$

3가지 분자의 결합각을 비교하고, 그 까닭을 비공유 전자쌍 수와 연관지어 설명하시오.

16 그림은 시험관 (가)와 (나)에 물(H_2O)과 사염화 탄소(CCl_4)를 5 mL씩 넣은 모습을, 표는 (가)에 X를, (나)에 Y를 각각 1 g씩 넣고 잘 흔들었을 때 용액의 색 변화를 나타낸 것이다. X와 Y는 각각 $CuSO_4$와 I_2 중 하나이다.

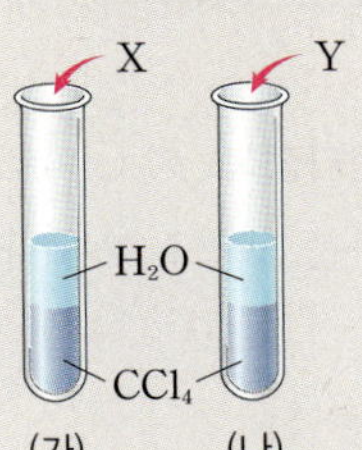

시험관		(가)	(나)
용액의 색깔	물 층	무색	푸른색
	사염화 탄소 층	보라색	무색

X와 Y에 해당하는 물질을 쓰고, 그 까닭을 물질의 극성과 연관지어 서술하시오.

01 결합의 극성 → 122~129쪽

1. 전기 음성도 공유 결합하고 있는 두 원자가 공유 전자쌍을 당기는 힘의 크기를 상대적인 값으로 나타낸 것 → 플루오린(F)의 전기 음성도를 4.0으로 정하고, 이 값을 기준으로 다른 원소들의 전기 음성도를 정하였다.

(1) 같은 주기에서 원자 번호가 커질수록 증가한다.

(2) 같은 족에서 원자 번호가 커질수록 감소한다.

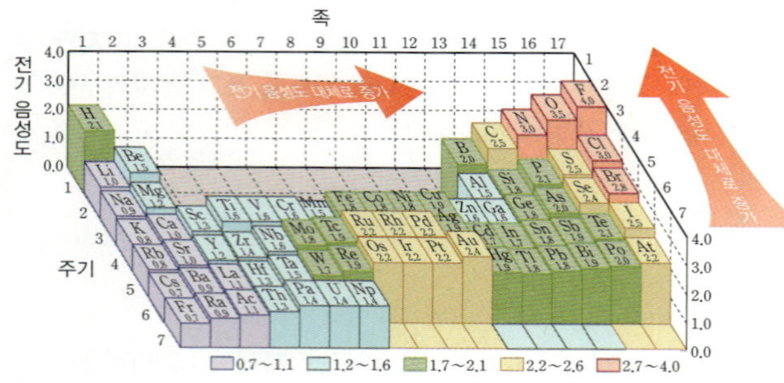

2. 결합의 극성

(1) **결합의 극성**

(㉠) 공유 결합	• 종류가 다른 원자 사이의 공유 결합 • 공유 전자쌍이 전기 음성도가 큰 원자 쪽으로 치우치므로 부분 전하가 생성된다.
(㉡) 공유 결합	• 종류가 같은 원자 사이의 공유 결합 • 공유 전자쌍이 어느 한 원자 쪽으로 치우치지 않으므로 부분 전하가 생성되지 않는다.

(2) 공유 결합한 원자의 전기 음성도 차이가 (㉢) 결합의 극성이 크다.

(3) **쌍극자 모멘트(μ)**: 결합의 극성 크기를 나타내는 척도이다.

① 전하량(q)과 거리(r)의 곱으로 나타낸다. ($\mu = q \times r$)

② 극성 공유 결합의 쌍극자 모멘트는 0이 아니고, 무극성 공유 결합의 쌍극자 모멘트는 0이다.

3. 루이스 전자점식

(1) **원자의 루이스 전자점식**: 원소 기호의 오른쪽, 왼쪽과 위 아래에 원자가 전자를 점으로 찍어 나타낸다.

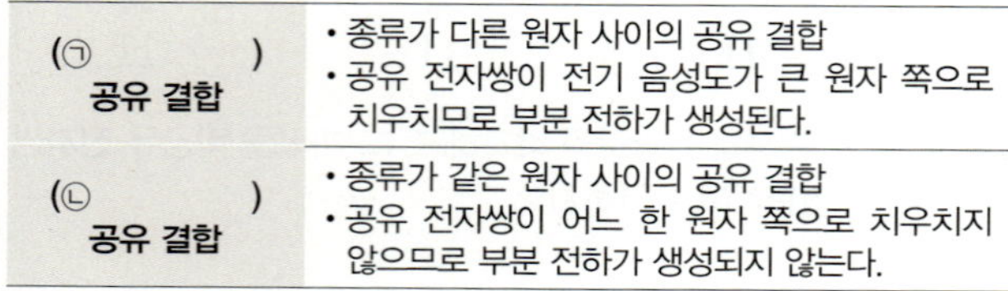

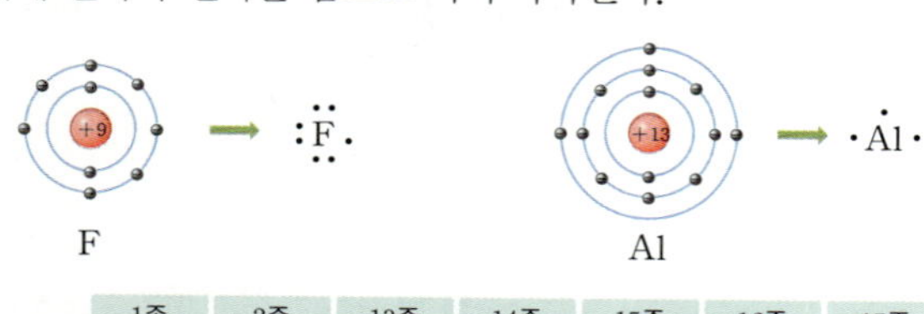

	1족	2족	13족	14족	15족	16족	17족
1주기	H·						
2주기	Li·	·Be·	·B·	·C·	·N·	·O·	·F·
3주기	Na·	·Mg·	·Al·	·Si·	·P·	·S·	·Cl·

▲ 1~3주기 원소의 루이스 전자점식

(2) **이온 결합의 물질의 루이스 전자점식**

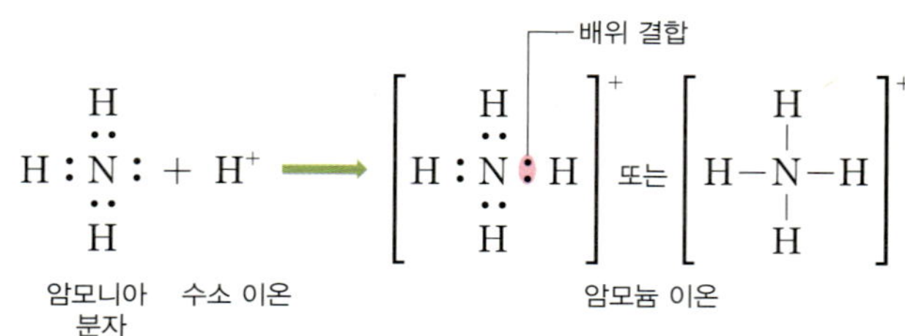

(3) **분자의 루이스 전자점식과 루이스 구조식**

예 NH_3의 루이스 전자점식과 루이스 구조식

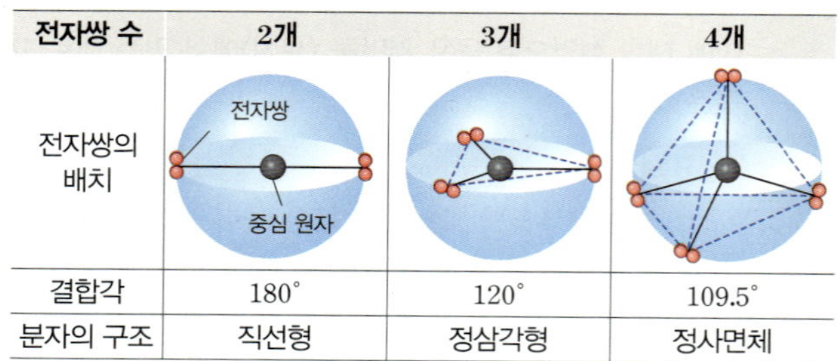

• (㉣) 전자쌍: 두 원자 사이에 공유되어 결합에 참여하는 전자쌍

• (㉤) 전자쌍: 두 원자 중 하나의 원자에만 속하여 결합에 참여하지 않는 전자쌍

(4) (㉥) **공유 결합 물질의 루이스 전자점식과 루이스 구조식**

• 배위 공유 결합: 비공유 전자쌍을 가진 원자가 다른 이온이나 분자에게 일방적으로 비공유 전자쌍을 제공하여 이루어지는 결합

02 분자의 구조와 성질 → 130~139쪽

1. 전자쌍 반발 이론 분자에서 중심 원자 주위의 전자쌍들은 서로 같은 전하를 띠고 있으므로 정전기적 반발력이 작용하여 가능한 멀리 떨어져 있으려 한다는 이론

전자쌍 수	2개	3개	4개
전자쌍의 배치			
결합각	180°	120°	109.5°
분자의 구조	직선형	정삼각형	정사면체

(1) **결합각**: 원자가 3개 이상인 분자에서 중심 원자의 원자핵과 주위에 결합한 원자의 원자핵을 연결한 선이 이루는 각도

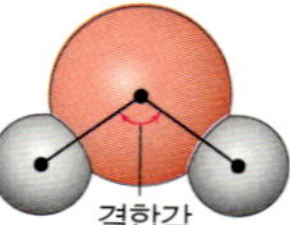

(2) 전자쌍 사이의 반발력 크기

비공유 전자쌍 사이의 반발력	>	비공유 전자쌍 −공유 전자쌍 사이의 반발력	>	공유 전자쌍 사이의 반발력

2. 분자의 구조

(1) 중심 원자에 공유 전자쌍만 존재하는 경우

전자쌍 수	2개	3개	4개
분자	$BeCl_2$	BF_3	CH_4
모형	Cl–Be–Cl 180°	F–B–F 120°	H–C–H 109.5°
분자의 구조	직선형	평면 삼각형	정사면체형
결합각	180°	120°	109.5°

(2) 중심 원자에 비공유 전자쌍이 존재하는 경우: 비공유 전자쌍 수가 많을수록 결합각이 작아진다.

공유 전자쌍 수	3개	2개
비공유 전자쌍 수	1개	2개
분자	NH_3	H_2O
모형	비공유 전자쌍, N, H, 107°	비공유 전자쌍, O, H, 104.5°
분자의 구조	삼각뿔형	굽은 형
결합각	107°	104.5°

(3) 다중 결합이 존재하는 경우: 다중 결합은 전자쌍 1개로 취급한다.

분자식	CH_2O	CO_2
분자의 구조	평면 삼각형	직선형
모형	O, C, H, H, 122°, 116°	O–C–O 180°
결합각	약 120°	180°

3. 분자의 극성

(1) (Ⓐ   ) 분자: 분자를 이루는 결합의 쌍극자 모멘트 합이 0이 아닌 분자 ➡ 분자 내에 전하가 고르게 분포하지 않아 부분적으로 (＋)전하와 (−)전하를 띤다.

(2) (◎   ) 분자: 분자를 이루는 결합의 쌍극자 모멘트 합이 0인 분자 ➡ 분자 내에 전하가 고르게 분포하여 부분 전하를 띠지 않는다.

(3) 분자의 극성 판단하기

2원자 분자	• 서로 다른 종류의 원자가 극성 공유 결합을 하여 생성된 분자 ➡ 극성 분자 • 같은 종류의 원자끼리 무극성 공유 결합을 하여 생성된 분자 ➡ 무극성 분자
다원자 분자	• 분자의 구조가 비대칭 구조를 이루어 분자를 이루는 결합의 쌍극자 모멘트 합이 0이 되지 않는 분자 ➡ 극성 분자 • 극성 공유 결합으로 생성되었지만 분자의 구조가 대칭 구조를 이루어 분자를 이루는 결합의 쌍극자 모멘트 합이 0이 되는 분자 ➡ 무극성 분자

(4) 극성 공유 결합으로 이루어진 분자의 쌍극자 모멘트 합이 0인 경우

▲ 직선형　　▲ 평면 삼각형　　▲ 정사면체형

(5) 여러 가지 분자의 구조와 극성

분자식	BeF_2	BF_3	CH_4	NH_3	H_2O
루이스 전자점식	:F:Be:F:	:F:B:F: :F:	H:C:H H H	H:N:H H	:O: H H
분자의 구조	직선형	평면 삼각형	정사면체형	삼각뿔형	굽은 형
결합각	180°	120°	109.5°	107°	104.5°
극성	무극성	무극성	무극성	극성	극성

4. 극성 분자와 무극성 분자의 성질

성질	극성 분자	무극성 분자
끓는점	분자량이 비슷한 경우, 끓는점은 극성 물질이 무극성 물질보다 (Ⓧ).	
용해도	극성 용매에 잘 녹는다.	무극성 용매에 잘 녹는다.
전하를 띤 대전체에 대한 영향	전하를 띤 대전체를 가까이 하면 대전체 쪽으로 액체 줄기가 끌려온다. 물, 대전체	전하를 띤 대전체를 가까이 해도 대전체 쪽으로 액체 줄기가 끌려오지 않는다. n−헥세인, 대전체
전기장 내에서의 배열	기체 상태의 극성 분자는 전기장 안에서 (Ⓧ) 배열한다. (−)극　　(＋)극 δ^+ δ^-	기체 상태의 무극성 분자는 전기장 안에서 불규칙적으로 배열한다. (−)극　　(＋)극

01 결합의 극성

01 다음은 1, 2주기 원소 A~C의 루이스 전자점식과 A~C로 구성된 분자 (가)~(다)에 대한 자료이다.

$$A\cdot \quad \cdot \overset{\cdot}{\underset{\cdot}{B}}\cdot \quad :\overset{\cdot\cdot}{\underset{\cdot}{C}}\cdot$$

분자	구성 원자	분자당 원자 수
(가)	A, B	5
(나)	A, C	3
(다)	B, C	3

(가)~(다)에 대한 설명으로 옳은 것만을 〈보기〉에서 있는 대로 고른 것은? (단, A~C는 임의의 원소 기호이다.)

> **보기**
> ㄱ. 전기 음성도는 B가 C보다 크다.
> ㄴ. 다중 결합이 존재하는 것은 1가지이다.
> ㄷ. 중심 원자에 비공유 전자쌍이 존재하는 것은 1가지이다.

① ㄴ ② ㄷ ③ ㄱ, ㄴ
④ ㄱ, ㄷ ⑤ ㄴ, ㄷ

02 다음은 원자 A~C의 바닥상태 전자 배치와 원자 A~C로 이루어진 분자 (가)~(다)의 분자식을 나타낸 것이다.

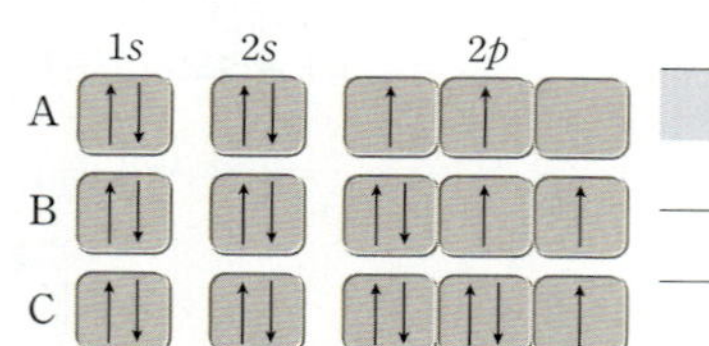

분자	분자식
(가)	AB_x
(나)	AC_y
(다)	BC_x

(가)~(다)에 대한 설명으로 옳은 것만을 〈보기〉에서 있는 대로 고른 것은? (단, A~C는 임의의 원소 기호이다.)

> **보기**
> ㄱ. 모두 극성 공유 결합으로만 이루어져 있다.
> ㄴ. $2x = y$이다.
> ㄷ. (나)에서 C는 부분적인 (−)전하를 띤다.

① ㄱ ② ㄷ ③ ㄱ, ㄴ
④ ㄴ, ㄷ ⑤ ㄱ, ㄴ, ㄷ

03 그림은 주기율표의 일부를 나타낸 것이다.

족 주기	1	2	13	14	15	16	17	18
1								
2			A		B	C		D
3							E	

A~E로 이루어진 분자에 대한 설명으로 옳은 것만을 〈보기〉에서 있는 대로 고른 것은? (단, A~E는 임의의 원소 기호이다.)

> **보기**
> ㄱ. AE_3와 BE_3에서 A와 B는 모두 D와 같은 전자 배치를 이룬다.
> ㄴ. C_2E_2는 극성 공유 결합으로만 이루어진 분자이다.
> ㄷ. B_2E_2의 비공유 전자쌍 수는 8개이다.

① ㄱ ② ㄷ ③ ㄱ, ㄴ
④ ㄴ, ㄷ ⑤ ㄱ, ㄴ, ㄷ

04 그림은 18족 원소를 제외한 2주기 비금속 원소 A~D의 전기 음성도를 나타낸 것이다.

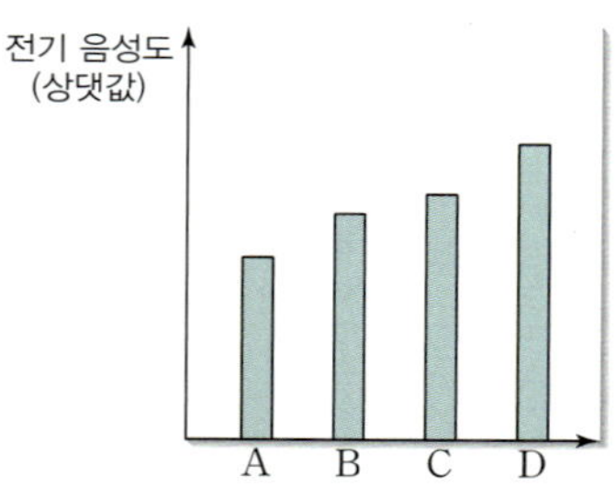

표는 원소 A~D로 이루어진 3원자 분자 (가)~(다)에 대한 자료이다. (가)~(다)에서 구성 원자는 모두 옥텟 규칙을 만족한다.

	(가)	(나)	(다)
구성 원소	A, C	A, B, D	C, D

이에 대한 설명으로 옳은 것만을 〈보기〉에서 있는 대로 고른 것은? (단, A~D는 임의의 원소 기호이다.)

> **보기**
> ㄱ. 중심 원자의 비공유 전자쌍 수는 (나)가 가장 크다.
> ㄴ. (가)~(다) 중 다중 결합이 존재하는 분자는 1가지이다.
> ㄷ. (가)와 (다)에서 C가 띠는 부분 전하는 서로 다르다.

① ㄴ ② ㄷ ③ ㄱ, ㄴ
④ ㄱ, ㄷ ⑤ ㄱ, ㄴ, ㄷ

05 그림은 분자 (가)~(다)의 구조식을 나타낸 것이다. 구조식에서 다중 결합은 나타내지 않았다.

$$H{-}C{-}C{-}H \qquad H{-}N{-}N{-}H \qquad H{-}O{-}O{-}H$$

(가) (나) (다)

(가)~(다)에 대한 설명으로 옳은 것만을 〈보기〉에서 있는 대로 고른 것은?

| 보기 |

ㄱ. 단일 결합만으로 이루어진 분자는 1가지이다.
ㄴ. 비공유 전자쌍 수는 (다)가 가장 크다.
ㄷ. 모두 무극성 공유 결합이 존재한다.

① ㄱ   ② ㄴ   ③ ㄱ, ㄷ
④ ㄴ, ㄷ   ⑤ ㄱ, ㄴ, ㄷ

---

02 분자의 구조와 성질

06 그림은 2주기 원소의 플루오린(F) 화합물 (가)~(다)에서 중심 원자 주위의 공유 전자쌍 수와 비공유 전자쌍 수를 나타낸 것이다. (가)~(다)에서 중심 원자는 각각 1개이다.

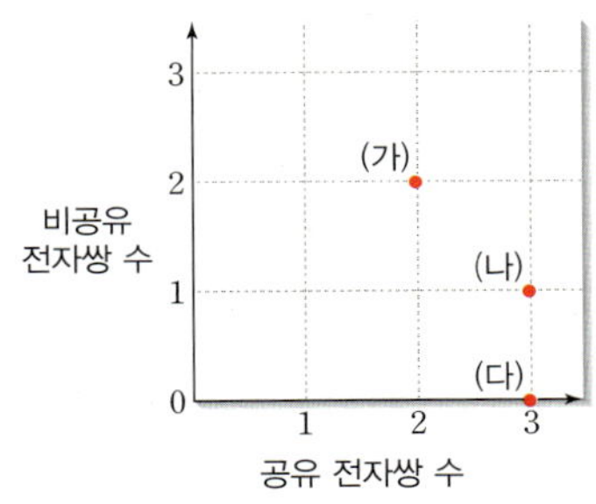

(가)~(다)에 대한 설명으로 옳은 것만을 〈보기〉에서 있는 대로 고른 것은?

| 보기 |

ㄱ. 분자를 구성하는 모든 원자는 옥텟 규칙을 만족한다.
ㄴ. 결합각은 (다)가 가장 크다.
ㄷ. 평면 구조인 것은 2가지이다.

① ㄱ   ② ㄴ   ③ ㄱ, ㄷ
④ ㄴ, ㄷ   ⑤ ㄱ, ㄴ, ㄷ

---

07 다음은 몇 가지 화합물의 화학식을 나타낸 것이다.

(가) BeF_2 (나) CO_2 (다) OF_2 (라) CF_4

이에 대한 설명으로 옳은 것만을 〈보기〉에서 있는 대로 고른 것은?

| 보기 |

ㄱ. 결합각은 (가)가 (나)보다 크다.
ㄴ. (다)의 분자 구조는 굽은 형이다.
ㄷ. 비공유 전자쌍 수는 (라)가 (가)의 2배이다.

① ㄱ   ② ㄴ   ③ ㄱ, ㄷ
④ ㄴ, ㄷ   ⑤ ㄱ, ㄴ, ㄷ

---

08 표는 BF_3, CH_4, H_2S, CH_2O을 기준 (가)~(다)로 분류한 결과를 나타낸 것이다. (가)~(다)는 각각 ㉠~㉢ 중 1가지이다.

분류 기준	예	아니요
(가)	CH_4, H_2S, CH_2O	BF_3
(나)	CH_4	BF_3, H_2S, CH_2O
(다)	H_2S, CH_2O	BF_3, CH_4

㉠ 입체 구조인가?
㉡ 극성 분자인가?
㉢ 중심 원자가 옥텟 규칙을 만족하는가?

(가)~(다)에 해당하는 것으로 옳게 짝 지어진 것은?

	(가)	(나)	(다)
①	㉠	㉡	㉢
②	㉠	㉢	㉡
③	㉡	㉢	㉠
④	㉢	㉡	㉠
⑤	㉢	㉡	㉠

09 다음은 4가지 분자의 분자식과 이 분자들을 분류 기준 (가)~(다)에 따라 분류한 벤 다이어그램이다.

[분자]
OF_2, BF_3, CH_2O, CO_2

[분류 기준]
(가) 다중 결합이 있다.
(나) 평면 구조이다.
(다) 극성 분자이다.

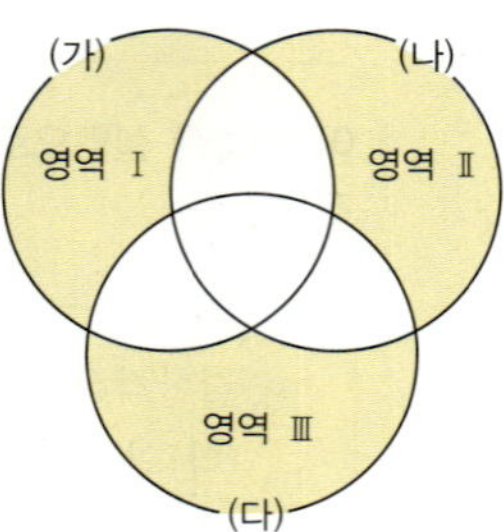

영역 Ⅰ~Ⅲ에 해당하는 분자의 가짓수로 옳은 것은?

	Ⅰ	Ⅱ	Ⅲ
①	0	0	1
②	0	1	0
③	1	1	0
④	1	1	1
⑤	1	2	2

10 그림은 원자 A~D의 전자 배치 모형을 나타낸 것이다.

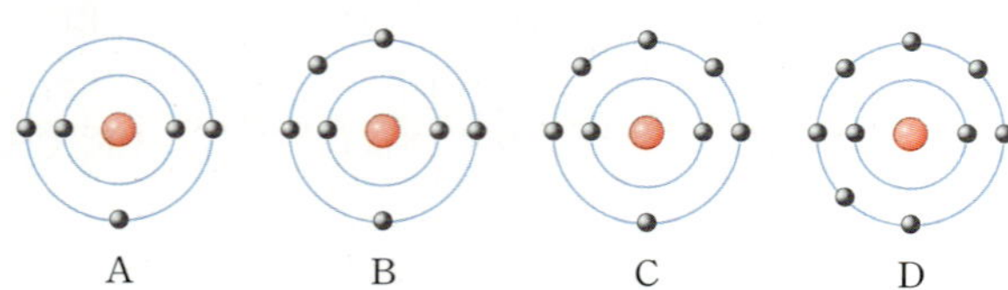

이에 대한 설명으로 옳은 것만을 〈보기〉에서 있는 대로 고른 것은? (단, A~D는 임의의 원소 기호이다.)

┤ 보기 ├
ㄱ. 결합각은 BD_3가 AD_3보다 크다.
ㄴ. CD_2는 극성 공유 결합으로만 이루어진 분자이다.
ㄷ. 분자의 쌍극자 모멘트의 합은 BCD가 AD_3보다 크다.

① ㄱ　　　　② ㄴ　　　　③ ㄱ, ㄷ
④ ㄴ, ㄷ　　　⑤ ㄱ, ㄴ, ㄷ

11 그림은 2주기 원소의 플루오린(F) 화합물 (가)~(다)에 대한 자료이다.

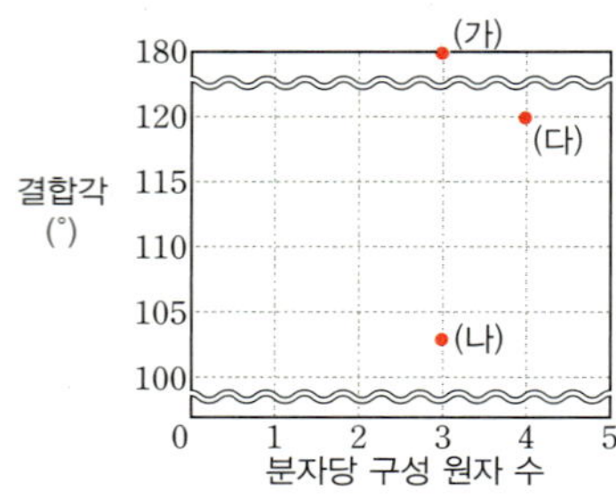

이에 대한 설명으로 옳은 것만을 〈보기〉에서 있는 대로 고른 것은?

┤ 보기 ├
ㄱ. 중심 원자의 원자 번호는 (가)가 가장 크다.
ㄴ. 비공유 전자쌍 수는 (다)가 (나)보다 1개 더 많다.
ㄷ. 분자의 쌍극자 모멘트의 합은 (나)가 가장 크다.

① ㄱ　　　　② ㄴ　　　　③ ㄱ, ㄷ
④ ㄴ, ㄷ　　　⑤ ㄱ, ㄴ, ㄷ

12 그림은 분자 (가)와 (나)의 구조식을 나타낸 것이다. 구조식에 다중 결합과 비공유 전자쌍은 나타내지 않았고, (가)와 (나)에서 C와 N는 모두 옥텟 규칙을 만족한다.

$$\text{H} - \overset{|}{\underset{|}{\text{C}}} - \overset{|}{\underset{|}{\text{C}}} - \text{H} \qquad \text{H} - \overset{|}{\underset{|}{\text{N}}} - \overset{|}{\underset{|}{\text{N}}} - \text{H}$$

이에 대한 설명으로 옳은 것만을 〈보기〉에서 있는 대로 고른 것은?

┤ 보기 ├
ㄱ. $\alpha > \beta$이다.
ㄴ. 공유 전자쌍 수는 (가) > (나)이다.
ㄷ. 분자의 쌍극자 모멘트의 합은 (나) > (가)이다.

① ㄱ　　　　② ㄴ　　　　③ ㄱ, ㄷ
④ ㄴ, ㄷ　　　⑤ ㄱ, ㄴ, ㄷ

13 표는 분자 (가)~(다)에 대한 자료이다.

분자	(가)	(나)	(다)
중심 원자 주위의 전자쌍 수	2	4	4
공유 전자쌍 수	2	㉠	㉡
분자 구조	㉢	삼각뿔형	사면체형

(가)~(다)에 대한 설명으로 옳지 <u>않은</u> 것은?

① ㉠+㉡=7이다.
② ㉢은 '직선형'이다.
③ 결합각은 (가)가 가장 크다.
④ 중심 원자의 비공유 전자쌍 수는 (다)가 가장 크다.
⑤ 모두 극성 공유 결합으로 이루어져 있다.

14 다음은 물질 X와 Y의 성질을 알아보는 실험이다.

[실험]
(가) 뷰렛에 액체 X를 넣고 가는 줄기가 되도록 흘려보내면서 ($-$)전하를 띤 대전체를 가까이 대어본다.
(나) 다른 뷰렛에 액체 Y를 넣고 가는 줄기가 되도록 흘려보내면서 ($-$)전하를 띤 대전체를 가까이 대어본다.

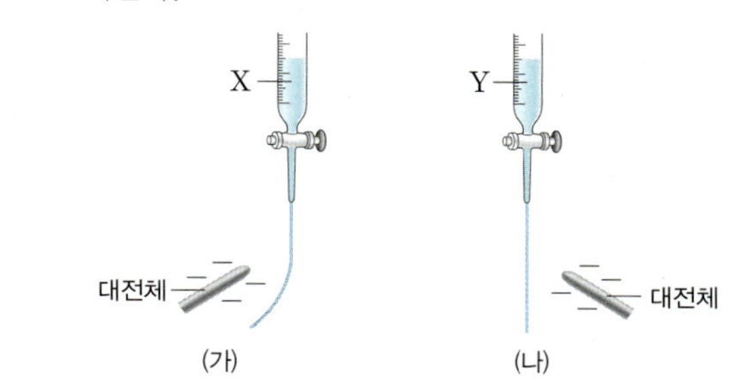

이에 대한 설명으로 옳은 것만을 〈보기〉에서 있는 대로 고른 것은?

| 보기 |
ㄱ. X의 쌍극자 모멘트의 합은 0이다.
ㄴ. (나)에서 ($+$)로 대전된 대전체를 액체 줄기에 가까이 대어보면 액체 줄기는 대전체 쪽으로 휘어진다.
ㄷ. X와 Y를 각각 기체 상태로 전기장 속에 넣었을 때 X만 규칙적으로 배열한다.

① ㄱ   ② ㄷ   ③ ㄱ, ㄴ
④ ㄴ, ㄷ   ⑤ ㄱ, ㄴ, ㄷ

15 그림은 4가지 분자를 몇 가지 기준에 따라 분류하는 과정을 나타낸 것이다.

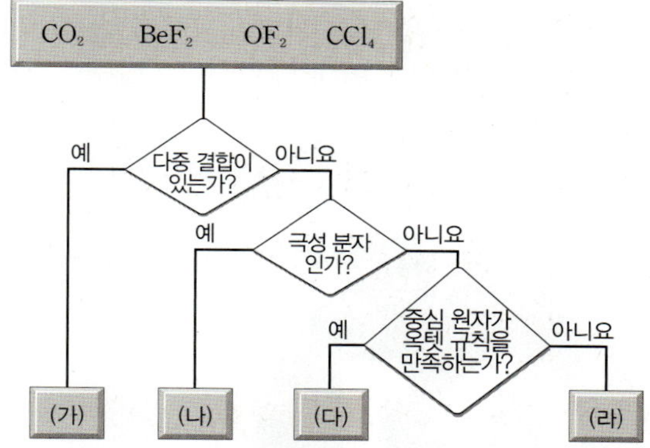

이에 대한 설명으로 옳은 것만을 〈보기〉에서 있는 대로 고른 것은?

| 보기 |
ㄱ. 결합각은 (가)가 (나)보다 크다.
ㄴ. (가)와 (다)는 공유 전자쌍 수가 같다.
ㄷ. 중심 원자의 비공유 전자쌍 수는 (나)가 가장 크다.

① ㄱ   ② ㄴ   ③ ㄷ
④ ㄴ, ㄷ   ⑤ ㄱ, ㄴ, ㄷ

16 그림은 분자 (가)와 (나)를 화학 결합 모형으로 나타낸 것이다. (가)와 (나)의 분자식은 각각 AB_2, CA_2이다.

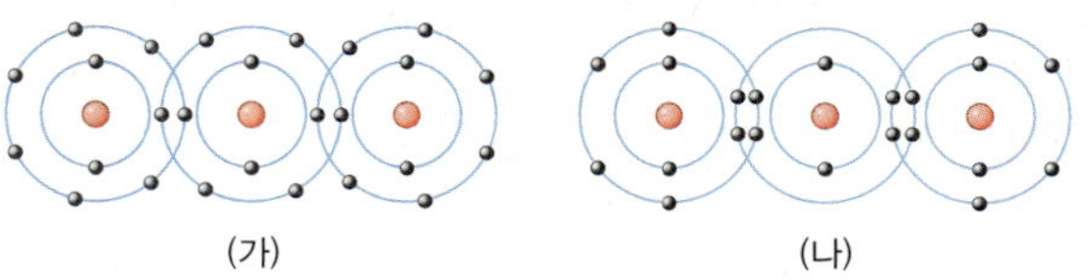

이에 대한 설명으로 옳은 것만을 〈보기〉에서 있는 대로 고른 것은? (단, A~C는 임의의 원소 기호이다.)

| 보기 |
ㄱ. 분자의 쌍극자 모멘트의 합은 (가)가 (나)보다 크다.
ㄴ. (나)의 분자 구조는 직선형이다.
ㄷ. CAB_2는 평면 구조이다.

① ㄱ   ② ㄴ   ③ ㄱ, ㄷ
④ ㄴ, ㄷ   ⑤ ㄱ, ㄴ, ㄷ

01

화학 반응에서의 동적 평형

01. 동적 평형
02. 물의 자동 이온화
03. 산 염기 중화 반응

01 동적 평형

A 가역 반응과 비가역 반응

1. 가역 반응 반응 조건에 따라 정반응과 역반응이 모두 일어날 수 있는 반응
└─ 농도, 압력, 온도 등

(1) 정반응과 역반응

① 정반응: 화학 반응식에서 오른쪽으로 진행되는 반응으로, '→'로 나타낸다.

② 역반응: 화학 반응식에서 왼쪽으로 진행되는 반응으로, '←'로 나타낸다.

(2) 가역 반응은 화학 반응식에서 '⇌'로 나타낸다.

• 가역 반응의 예

물의 상태 변화	$H_2O(l) \underset{액화}{\overset{기화}{\rightleftharpoons}} H_2O(g)$
광합성과 호흡	$6CO_2(g) + 6H_2O(l) \underset{호흡}{\overset{광합성}{\rightleftharpoons}} C_6H_{12}O_6(s) + 6O_2(g)$
석회 동굴과 종유석의 생성	$CaCO_3(s) + CO_2(g) + H_2O(l) \underset{종유석 생성}{\overset{석회 동굴 생성}{\rightleftharpoons}} Ca(HCO_3)_2(aq)$

2. 비가역 반응 정반응만 일어나거나, 역반응이 거의 일어나지 않는 반응
└─ 역반응이 정반응에 비해 무시할 수 있다.

• 비가역 반응의 예

연소 반응	$CH_4(g) + 2O_2(g) \longrightarrow CO_2(g) + 2H_2O(l)$
기체 발생 반응	$Mg(s) + 2HCl(aq) \longrightarrow MgCl_2(aq) + H_2(g)$
산과 염기의 중화 반응	$HCl(aq) + NaOH(aq) \longrightarrow NaCl(aq) + H_2O(l)$

실전 자료 염화 코발트 종이의 색 변화

그림 (가)는 푸른색 염화 코발트 종이에 물을 떨어뜨렸을 때의 모습을, (나)는 (가)의 염화 코발트 종이를 헤어드라이어로 가열했을 때의 모습을 나타낸 것이다.

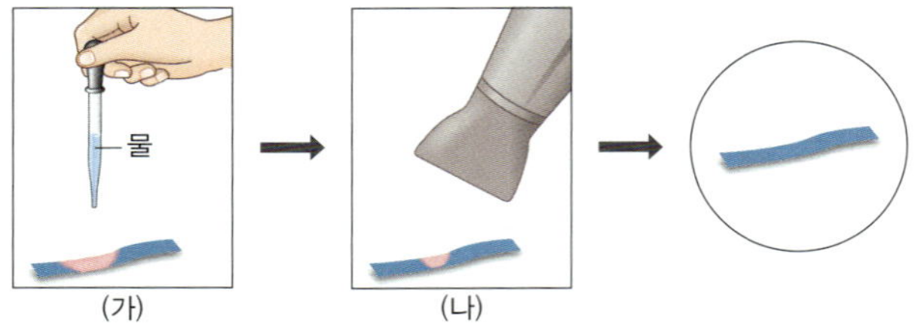

❶ (가)에서 푸른색의 염화 코발트 종이가 물을 흡수하므로 붉은색으로 변한다.

$$CoCl_2 + 6H_2O \longrightarrow CoCl_2 \cdot 6H_2O$$
푸른색　　　　　　　　　붉은색

❷ (나)에서 붉은색의 염화 코발트 종이에서 물이 빠져나가 다시 푸른색으로 변한다.

$$CoCl_2 \cdot 6H_2O \longrightarrow CoCl_2 + 6H_2O$$
붉은색　　　　　　　　　푸른색

❸ 실험을 통해 염화 코발트의 색 변화는 가역 반응임을 알 수 있다.

$$CoCl_2 + 6H_2O \rightleftharpoons CoCl_2 \cdot 6H_2O$$
푸른색　　　　　　　　　붉은색

먼저 알아야 할 용어!

* **상태 변화** | 물질이 어떤 상태에서 다른 상태로 바뀌는 것

* **기화** | 액체 상태에서 기체 상태로 바뀌는 물질 변화

* **액화** | 기체 상태에서 액체 상태로 바뀌는 물질 변화

* **용해** | 용매에 용질이 균일하게 섞이는 현상

❖ **가역 반응에서 화살표의 의미**

화학 반응식에서 정반응은 '→', 역반응은 '←'로 나타내며, 가역 반응은 '⇌'를 사용하여 나타낸다.

❖ **염화 코발트 종이**

염화 코발트 수용액을 묻힌 종이를 건조한 것으로, 연소 반응 결과 생성된 물을 확인할 때 주로 사용한다.

❖ **이온 결합 물질의 수화물**

이온 결합 물질이 물을 포함하고 있는 것으로, 수화물을 나타낼 때에는 이온 결합 물질의 화학식에 수화물에 포함된 물 분자 수를 써서 나타낸다.
예 $CaCl_2 \cdot 6H_2O$
　 $CaSO_4 \cdot 5H_2O$

❖ **물의 검출**

무수 염화 코발트 종이는 물을 흡수할 때 붉은색으로 색이 변하므로 이를 이용하여 물을 검출할 수 있다.

다음은 이산화 질소(NO_2)가 반응하여 사산화 이질소(N_2O_4)를 생성하는 반응의 화학 반응식이다.

$$2NO_2(g) \rightleftharpoons N_2O_4(g)$$
적갈색   무색

그림은 25℃에서 둥근바닥 플라스크에 N_2O_4와 NO_2를 넣은 후, 혼합 기체의 온도를 0℃, 100℃로 각각 변화시켰을 때의 모습을 나타낸 것이다.

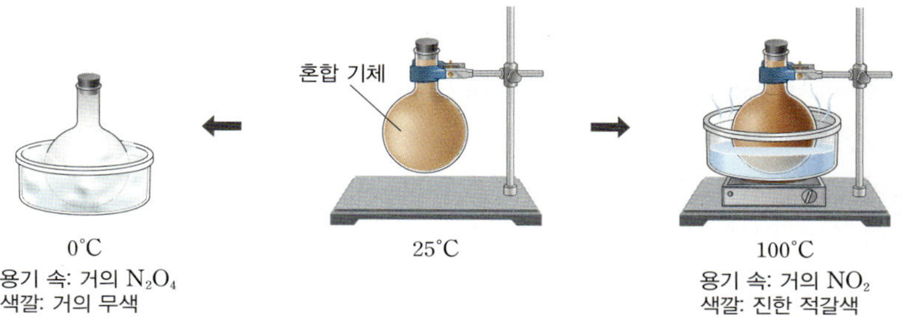

❶ 혼합 기체의 온도를 25℃에서 0℃로 낮췄을 때, 혼합 기체의 색깔이 무색으로 변하였다.

➡ 0℃에서 N_2O_4의 분자 수가 NO_2의 분자 수보다 크다.

➡ 온도를 낮추면 N_2O_4의 생성 반응(정반응)이 일어나기 때문이다.

❷ 혼합 기체의 온도를 25℃에서 100℃로 높였을 때, 혼합 기체의 색깔이 적갈색으로 변하였다.

➡ 100℃에서 NO_2의 분자 수가 N_2O_4의 분자 수보다 크다.

➡ 온도를 높이면 N_2O_4의 분해 반응(역반응)이 일어나기 때문이다.

❸ N_2O_4의 생성 반응과 분해 반응은 정반응과 역반응이 모두 일어난다.

➡ 조건에 따라 정반응과 역반응이 모두 일어나므로 가역 반응이다.

❖ 가역 반응의 다른 예

• 황산 구리(Ⅱ) 오수화물의 생성과 분해 반응

$$CuSO_4 \cdot 5H_2O \rightleftharpoons CuSO_4 + 5H_2O$$
푸른색   흰색

황산 구리(Ⅱ) 오수화물($CuSO_4 \cdot 5H_2O$)을 가열하면 물이 빠져나가 황산 구리(Ⅱ)($CuSO_4$)가 생성되는 정반응이 일어나고, 황산 구리(Ⅱ)($CuSO_4$)에 물을 떨어뜨리면 물과 결합하여 황산 구리(Ⅱ) 오수화물($CuSO_4 \cdot 5H_2O$)이 생성되는 역반응이 일어난다.

❖ 연소 반응

연소는 물질이 산소와 반응하여 열과 빛을 내는 현상이다. 연소 반응에서 생성되는 이산화 탄소와 물이 공기 중으로 날아가므로 역반응이 일어나기 어렵다.

개념 바로 확인

정답 및 해설 ┃ 30쪽

01 반응 조건에 따라 정반응과 역반응이 모두 일어날 수 있는 반응을 ☐ 반응이라고 한다.

01 가역 반응에 대한 설명으로 옳은 것은 ○, 옳지 **않은** 것은 ×로 표시하시오.

(1) 반응 조건에 따라 정반응과 역반응이 모두 일어날 수 있다. ( )

(2) 화학 반응식에서 가역 반응은 '$\rightleftharpoons$' 기호로 표시한다. ( )

(3) 메테인의 연소 반응은 가역 반응이다. ( )

02 연소 반응, 산과 염기의 중화 반응, 기체 발생 반응과 같이 한 방향으로만 일어나는 반응을 ☐ 반응이라고 한다.

02 다음은 염화 코발트와 물의 반응에 대한 화학 반응식이다. ( ) 안에 알맞은 말을 쓰시오.

$$CoCl_2 + 6H_2O \rightleftharpoons CoCl_2 \cdot 6H_2O$$

(1) 무수 염화 코발트 종이에 물을 떨어뜨리면 염화 코발트 종이의 색은 ㉠( )으로 변한다.

(2) 염화 코발트 종이의 색이 변한 부분에 열을 가하면 염화 코발트 종이의 색은 다시 ㉡( )으로 변한다.

(3) 염화 코발트와 물의 반응은 반응 조건에 따라 정반응과 역반응이 모두 일어나므로 ㉢( ) 반응이다.

03 $H_2O(l) \rightleftharpoons H_2O(g)$ 반응에서 물이 기화되는 반응은 ☐ 이고, 수증기가 액화되는 반응은 ☐ 이다.

동적 평형

❖ **동적 평형과 가역 반응**

• 가역 반응에서는 항상 정반응과 역반응이 동시에 진행되므로 반응물과 생성물이 함께 존재한다.

• 반응 조건이 일정하게 유지되면 정반응과 역반응이 일어나는 속도가 같아져서 반응물과 생성물의 농도가 변하지 않는 동적 평형을 이루게 된다.

❖ **상평형**

물질의 3가지 상인 고체, 액체, 기체 중 2가지 이상의 서로 다른 상이 동적 평형을 이루며 공존하는 상태이다.

❖ **증발 속도와 응축 속도**

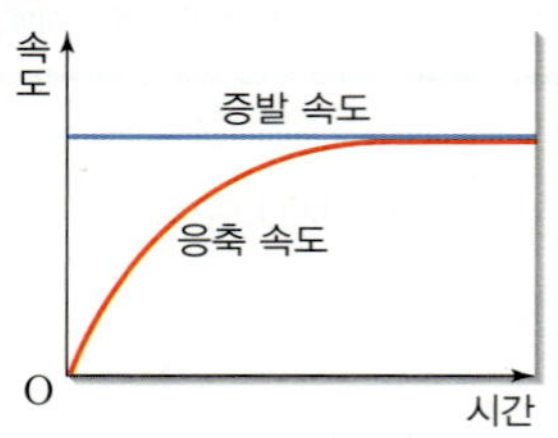

• 증발 속도는 수면에서 일정한 속도로 물 분자가 증발하므로 일정하다.

• 응축 속도는 수증기의 분자 수에 비례한다. 초기 상태에서 평형 상태로 갈수록 수증기의 분자 수가 증가하므로 응축 속도는 증가한다.

• 시간이 지날수록 증발 속도는 일정하지만 응축 속도는 증가하므로 증발 속도와 응축 속도가 같아질 때 동적 평형을 이룬다.

B 동적 평형

1. 동적 평형   가역 반응에서 정반응과 역반응의 속도가 같아서 겉보기에는 변화가 일어나지 않는 것처럼 보이는 상태

2. 상평형   액체의 증발 속도와 기체의 응축 속도가 같아서 겉보기에는 변화가 일어나지 않는 것처럼 보이지만 서로 다른 상이 공존하는 상태   탐구 활동 152쪽

예 밀폐 용기에서 물의 증발과 응축(물과 수증기의 동적 평형)

일정한 온도에서 밀폐 용기에 물을 넣고 뚜껑을 닫아두면 물이 서서히 줄어들다가 더 이상 물이 줄어들지 않고 수면이 일정하게 유지된다.

➡ 물의 증발 속도와 수증기의 응축 속도가 같아져 동적 평형에 도달하기 때문이다.

➡ 동적 평형 상태에서는 물의 증발과 수증기의 응축이 같은 속도로 끊임없이 일어나므로 겉보기에는 증발하지 않는 것처럼 보인다.

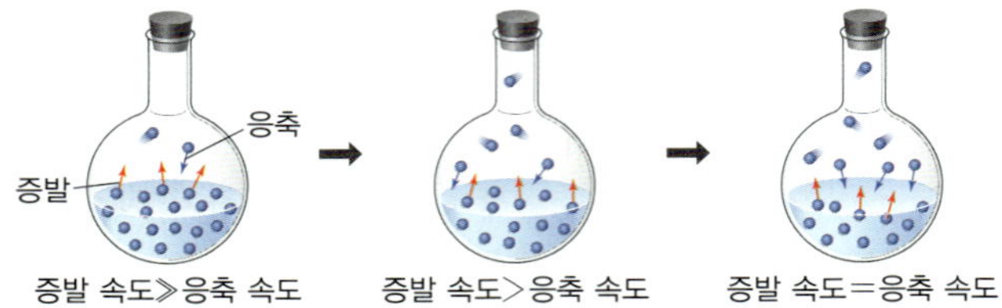

실전 자료   **상평형**

그림 (가)는 비커에 물을 넣은 것을, (나)는 물을 넣은 비커를 밀폐 용기 속에 넣은 것을 나타낸 것이다. (가)와 (나)에 들어 있는 물의 질량은 같다.

❶ (가): 비커 속의 물이 점점 줄어들다가 결국에는 모두 없어진다.

➡ 증발 속도가 응축 속도보다 크기 때문이다.

➡ 증발하는 물 분자 수>응축하는 수증기 분자 수: 물의 양이 감소한다.

❷ (나): 닫힌 공간에서 물이 조금씩 줄어들다가 더 이상 물이 줄어들지 않고 수면이 일정하게 유지되는 동적 평형 상태에 도달한다.

➡ 동적 평형 상태이므로 물의 증발 속도와 응축 속도가 같다.

➡ 증발하는 물 분자 수=응축하는 수증기 분자 수: 물의 양이 일정하다.

❸ 충분한 시간이 흐른 뒤 비커 속 물의 양은 (나)에서가 (가)에서보다 많다.

➡ (가)에서는 물이 계속 줄어들고, (나)에서는 물의 양이 일정하게 유지되기 때문이다.

---

3. 용해 평형   고체가 액체에 녹을 때 용질이 용해되는 속도와 석출되는 속도가 같아서 겉보기에는 용해나 석출이 일어나지 않는 것처럼 보이는 상태

예 설탕의 용해 평형

일정한 온도에서 일정량의 물에 설탕을 넣어 주면 설탕이 녹다가 어느 순간부터 더 이상 녹지 않고 가라앉는다.

➡ 설탕의 용해 속도와 석출 속도가 같아져 동적 평형에 도달하기 때문이다.

➡ 동적 평형 상태에서는 설탕의 용해와 석출이 같은 속도로 끊임없이 일어나므로 겉보기에는 용해되지 않는 것처럼 보인다.

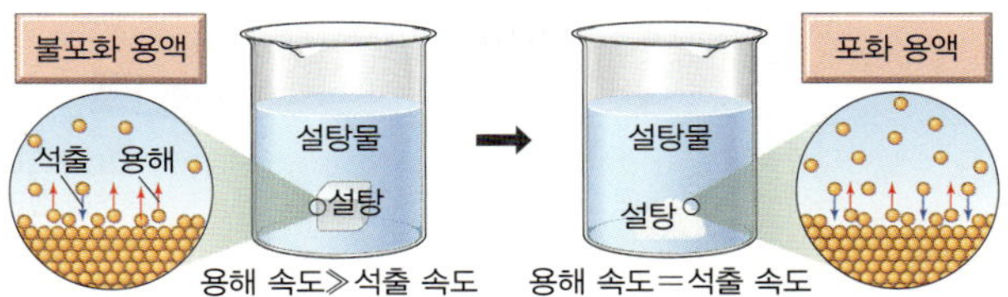

❖ 용해도

물 100 g에 최대로 녹을 수 있는 용질의 질량으로, 용해 평형에서 물의 질량이 100 g인 포화 용액에 녹아 있는 용질의 질량과 같다.

실전 자료 · **용해 평형**

그림은 25℃의 물 100 g에 염화 나트륨($NaCl$)을 각각 10 g, 40 g을 넣어 녹였더니, (나)에서 염화 나트륨 3 g이 녹지 않고 가라앉은 모습을 나타낸 것이다.

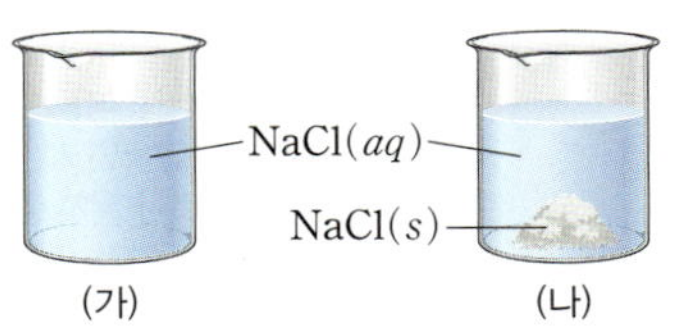

❶ (가)에서 용해 속도가 석출 속도보다 빠르다.

➡ 용해되는 $NaCl$ 입자 수＞석출되는 $NaCl$ 입자 수: $NaCl$이 용해된다. ➡ (가)는 불포화 용액이다.

❷ (나)에서 용해 속도와 석출 속도가 같다.

➡ 용해되는 $NaCl$ 입자 수＝석출되는 $NaCl$ 입자 수: 용해 평형에 도달하였다. ➡ (나)는 포화 용액이다.

❸ 25℃에서 물 100 g에 최대로 녹을 수 있는 염화 나트륨($NaCl$)의 질량은 37 g이다. — 용해도 37

❖ 용액의 종류

· 포화 용액: 용해 평형을 이루고 있는 용액으로, 용질을 최대로 녹인 용액
· 불포화 용액: 포화 용액보다 용질이 적게 녹아 있는 용액
· 과포화 용액: 포화 용액보다 용질이 더 많이 녹아 있는 용액으로, 불안정하여 저어 주거나 소량의 용질을 가하면 과량으로 녹아 있던 용질이 석출되어 포화 용액이 된다.

개념 바로 확인

정답 및 해설 | 30쪽

04 가역 반응에서 정반응과 역반응의 속도가 같아서 겉으로는 변화가 일어나지 않는 것처럼 보이는 상태를 ☐☐☐☐이라고 한다.

03 오른쪽 그림은 25℃에서 밀폐 용기 속에 물을 넣고 충분한 시간이 지난 후, 수면의 높이가 더 이상 변하지 않았을 때의 모습을 나타낸 것이다. 이에 대한 설명으로 옳은 것은 ○, 옳지 <u>않은</u> 것은 ×로 표시하시오.

(1) 동적 평형에 도달한 상태이다. ( )
(2) 물의 증발 속도와 수증기의 응축 속도는 같다. ( )
(3) 증발과 응축은 더 이상 일어나지 않는다. ( )
(4) 시간이 지나면 물 분자 수는 점점 감소한다. ( )

05 상평형은 일정한 온도에서 밀폐 용기 속에 있는 액체의 ☐☐☐ 속도와 기체의 ☐☐☐ 속도가 같아서 겉보기에는 변화가 없는 것처럼 보이는 상태이다.

04 그림은 물 100 g에 염화 나트륨($NaCl$)의 질량을 달리하여 녹였을 때 수용액 (가)와 (나)를 나타낸 것이다. (나)에서 염화 나트륨($NaCl$)의 일부가 녹지 않고 가라앉았다.

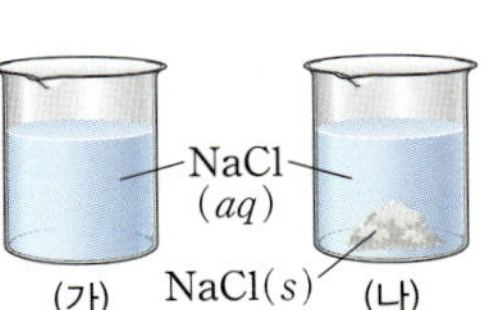

(1) (가)에서 용해 속도 (＞ , ＝ , ＜) 석출 속도이다.
(2) (나)에서 용해 속도 (＞ , ＝ , ＜) 석출 속도이다.
(3) (나)에 염화 나트륨($NaCl$)을 더 넣어 주었을 때, 용해된 $NaCl$의 질량 변화를 쓰시오.

06 용해 평형을 이루고 있는 용액을 ☐☐ 용액이라고 한다.

· 에탄올(C_2H_5OH)의 상평형 ·

과정
1. 25℃에서 2개의 비커에 100 g의 에탄올을 각각 넣는다.
2. 과정 1의 비커를 밀폐 용기 속의 저울과 공기 중 저울에 각각 올려놓고 질량을 측정한다.
3. 1시간마다 비커의 질량을 측정한다.

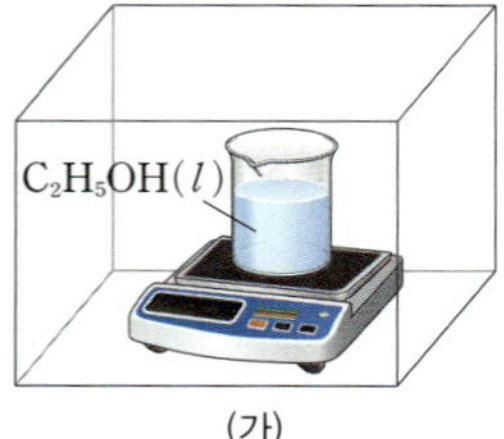

결과
1. (가)의 밀폐 용기 속 에탄올의 질량은 초기에는 서서히 감소하다가 충분한 시간이 지난 후 일정하게 유지된다.
2. (나)의 공기 중 에탄올의 질량은 계속 감소한다.

정리
- 초기에 (가)에서 에탄올의 질량이 감소한 까닭
  ➡ 에탄올의 증발 속도가 응축 속도보다 빠르기 때문이다.
- 충분한 시간이 지난 후 (가)에서 에탄올의 질량이 일정하게 유지되는 까닭
  ➡ 시간이 지날수록 에탄올 증기의 응축 속도가 빨라지면서 증발 속도와 응축 속도가 같아져 동적 평형에 도달하기 때문이다.
- 충분히 시간이 지난 후 (나)에서 에탄올의 질량이 계속 감소하는 까닭
  ➡ 에탄올의 증발 속도가 응축 속도보다 빠르고, 동적 평형에 도달하지 않기 때문이다.

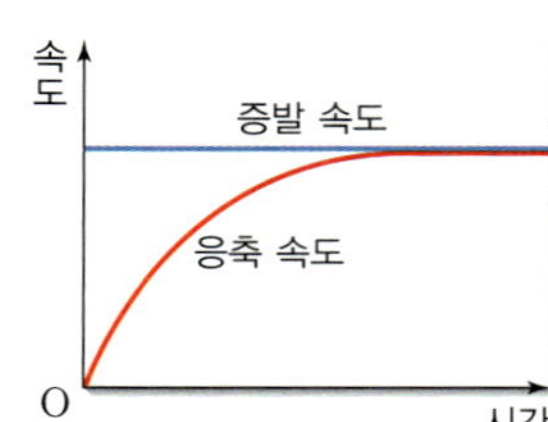

목표
- 에탄올(C_2H_5OH)의 액체와 기체의 상평형을 설명할 수 있다.
- 동적 평형에서 증발 속도와 응축 속도를 비교할 수 있다.

또 다른 탐구

· 브로민(Br_2)의 상평형 ·

브로민(Br_2)은 적갈색을 띠므로 밀폐된 용기 속에 $Br_2(l)$을 넣으면 시간이 지날수록 $Br_2(g)$ 분자 수가 커져 용기 내부의 색깔이 점점 진해지다가 어느 순간부터 색 변화가 일어나지 않는다. $Br_2(l)$의 색 변화로 상평형에 도달하는 모습을 관찰하는 것이 에탄올의 질량 변화를 통해 상평형을 관찰하는 것보다 쉽다.

정답 및 해설 | 30쪽

---

01 위 실험에 대한 설명으로 옳은 것은 ○, 옳지 <u>않은</u> 것은 × 로 표시하시오.

(1) (가)와 (나)에서 초기 에탄올의 질량이 감소하는 까닭은 증발 속도가 응축 속도보다 빠르기 때문이다.
( )
(2) 충분한 시간이 지난 후 (가)에서 증발하는 에탄올 분자 수와 응축하는 에탄올 분자 수가 같아진다. ( )
(3) 충분한 시간이 지난 후 (나)에서 증발 속도와 응축 속도가 같아져 동적 평형에 도달한다. ( )
(4) 충분한 시간이 지난 후 액체 상태의 에탄올 분자 수는 (가)에서가 (나)에서보다 크다. ( )

02 그림과 같이 삼각 플라스크 속에 액체 브로민(Br_2)을 넣었더니, 삼각 플라스크 내부의 색이 점점 진해지다가 어느 순간부터 더 이상 색 변화가 없었다.

이에 대한 설명으로 옳은 것만을 〈보기〉에서 있는 대로 고른 것은? (단, 온도는 일정하다.)

| 보기 |
ㄱ. (가)에서 Br_2의 증발 속도는 응축 속도보다 크다.
ㄴ. Br_2의 증발 속도는 (가)에서가 (나)에서보다 크다.
ㄷ. (나)에서 증발하는 Br_2 분자 수와 응축하는 Br_2 분자 수는 같다.

① ㄱ　　② ㄴ　　③ ㄱ, ㄴ
④ ㄱ, ㄷ　　⑤ ㄴ, ㄷ

A 가역 반응과 비가역 반응

01 가역 반응에 대한 설명으로 옳은 것만을 〈보기〉에서 있는 대로 고른 것은?

┤ 보기 ├
ㄱ. 화학 반응식에서 '⇌' 기호로 표시한다.
ㄴ. 역반응이 정반응에 비해 무시할 수 있을 만큼 거의 일어나지 않는다.
ㄷ. 조건에 따라 정반응과 역반응이 모두 일어날 수 있는 반응이다.

① ㄱ   ② ㄷ   ③ ㄱ, ㄷ
④ ㄴ, ㄷ   ⑤ ㄱ, ㄴ, ㄷ

02 다음 중 역반응이 일어날 수 있는 반응은?

① 뷰테인은 산소와 반응하여 연소된다.
② 석회암 지대에서 석회 동굴이 생성된다.
③ 탄산 칼슘을 가열하면 이산화 탄소 기체가 생성된다.
④ 묽은 염산에 마그네슘 리본을 넣으면 수소 기체가 발생한다.
⑤ 수산화 나트륨 수용액에 묽은 염산을 넣는다.

03 그림은 우리 주변에서 일어나는 2가지 현상을 나타낸 것이다.

(가) 메테인의 연소   (나) 광합성

이에 대한 설명으로 옳은 것만을 〈보기〉에서 있는 대로 고른 것은?

┤ 보기 ├
ㄱ. (가)는 비가역 반응이다.
ㄴ. (나)는 조건에 따라 역반응이 일어날 수 있다.
ㄷ. (나)는 (가)의 생성물이 반응하여 일어나는 현상이다.

① ㄴ   ② ㄷ   ③ ㄱ, ㄴ
④ ㄱ, ㄷ   ⑤ ㄱ, ㄴ, ㄷ

B 동적 평형

04 동적 평형에 대한 설명으로 옳은 것만을 〈보기〉에서 있는 대로 고른 것은?

┤ 보기 ├
ㄱ. 반응이 더 이상 일어나지 않는다.
ㄴ. 반응물과 생성물이 모두 존재한다.
ㄷ. 반응물과 생성물의 몰 농도가 항상 같다.
ㄹ. 정반응과 역반응이 같은 속도로 일어난다.

① ㄱ, ㄴ   ② ㄱ, ㄹ   ③ ㄴ, ㄷ
④ ㄴ, ㄹ   ⑤ ㄷ, ㄹ

05 그림은 밀폐된 용기에 일정량의 물을 넣었을 때, 용기에서 일어나는 변화를 모형으로 나타낸 것이다.

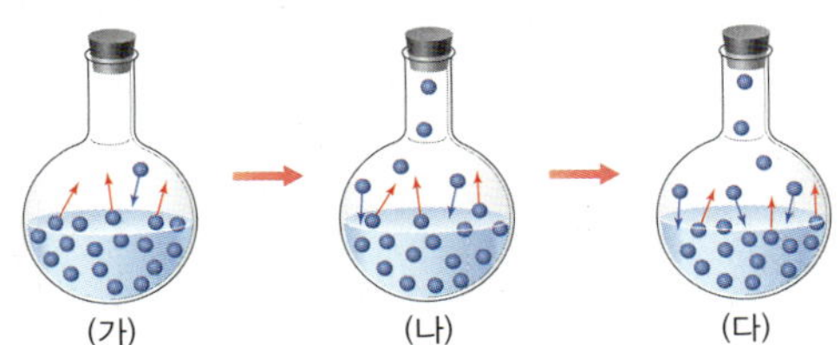

(가)   (나)   (다)

이에 대한 설명으로 옳은 것만을 〈보기〉에서 있는 대로 고른 것은?

┤ 보기 ├
ㄱ. (가)에서는 증발만 일어난다.
ㄴ. (나)에서 증발 속도가 응축 속도보다 빠르다.
ㄷ. (다) 이후 더 이상 증발과 응축이 일어나지 않는다.

① ㄱ   ② ㄴ   ③ ㄱ, ㄷ
④ ㄴ, ㄷ   ⑤ ㄱ, ㄴ, ㄷ

06 다음은 암모니아(NH_3)의 분해 반응이다.

$$2NH_3(g) \rightleftharpoons N_2(g) + 3H_2(g)$$

밀폐 용기 속에 $NH_3(g)$를 넣어 두었더니 분해 반응이 일어났다. 충분한 시간이 지난 후 동적 평형에 도달하였을 때 용기 안에 들어 있는 기체만을 있는 대로 고른 것은?

① $N_2(g)$ ② $H_2(g)$
③ $NH_3(g)$, $H_2(g)$ ④ $N_2(g)$, $H_2(g)$
⑤ $NH_3(g)$, $N_2(g)$, $H_2(g)$

07 다음은 3가지 반응의 화학 반응식이다.

$$(가)\ H_2O(l) \rightleftharpoons H_2O(g)$$
$$(나)\ CH_4(g) + 2O_2(g) \longrightarrow CO_2(g) + 2H_2O(l)$$
$$(다)\ CaCO_3(s) + CO_2(g) + H_2O(l)$$
$$\rightleftharpoons Ca(HCO_3)_2(aq)$$

(가)~(다)에 대한 설명으로 옳은 것만을 〈보기〉에서 있는 대로 고른 것은?

| 보기 |
ㄱ. 비가역 반응은 2가지이다.
ㄴ. 동적 평형에 도달할 수 있는 반응은 2가지이다.
ㄷ. 조건에 따라 역반응이 일어날 수 있는 반응은 2가지이다.

① ㄱ　　　　② ㄴ　　　　③ ㄱ, ㄷ
④ ㄴ, ㄷ　　　⑤ ㄱ, ㄴ, ㄷ

08 그림은 일정한 온도에서 밀폐 용기 속에 물을 넣었을 때, 시간에 따른 증발 속도와 응축 속도를 나타낸 것이다.

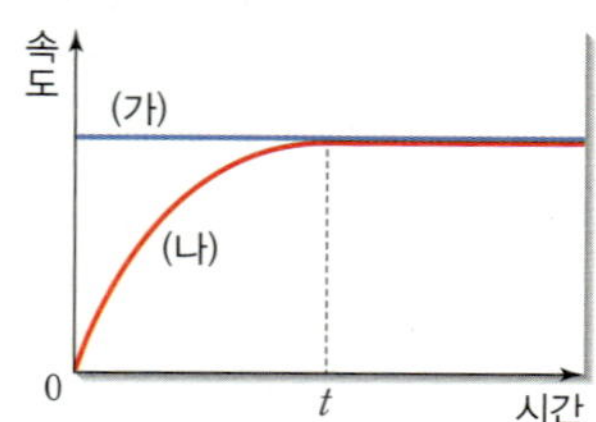

이에 대한 설명으로 옳은 것만을 〈보기〉에서 있는 대로 고른 것은?

| 보기 |
ㄱ. (가)는 증발 속도를 나타낸 것이다.
ㄴ. t에서 동적 평형을 이룬다.
ㄷ. t 이후 증발과 응축은 더 이상 일어나지 않는다.

① ㄴ　　　　② ㄷ　　　　③ ㄱ, ㄴ
④ ㄱ, ㄷ　　　⑤ ㄱ, ㄴ, ㄷ

09 그림은 밀폐 용기에 에탄올(C_2H_5OH) 100 g을 넣은 다음 충분한 시간이 지난 후 액체 표면의 높이가 일정하게 유지되는 상태를 나타낸 것이다.

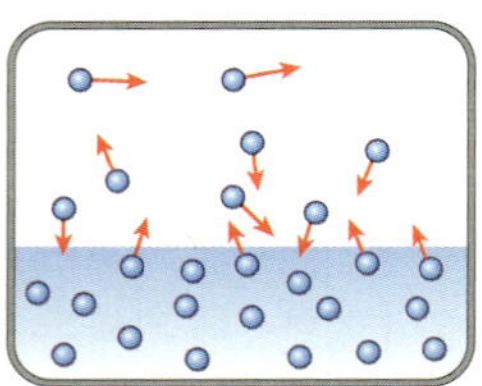

이에 대한 설명으로 옳은 것만을 〈보기〉에서 있는 대로 고른 것은?

| 보기 |
ㄱ. 동적 평형에 도달한 상태이다.
ㄴ. $C_2H_5OH(l)$의 질량은 100 g보다 작다.
ㄷ. 시간이 지나면 용기 속 $C_2H_5OH(g)$의 분자 수는 증가한다.

① ㄱ　　　　② ㄷ　　　　③ ㄱ, ㄴ
④ ㄴ, ㄷ　　　⑤ ㄱ, ㄴ, ㄷ

10 다음은 브로민(Br_2)의 상태 변화의 화학 반응식이다.

$$Br_2(l) \rightleftharpoons Br_2(g)$$

그림 (가)는 밀폐 용기에 $Br_2(l)$을 넣은 모습을, (나)는 충분한 시간이 지난 후 기체의 색이 더 이상 진해지지 않았을 때의 모습을 나타낸 것이다.

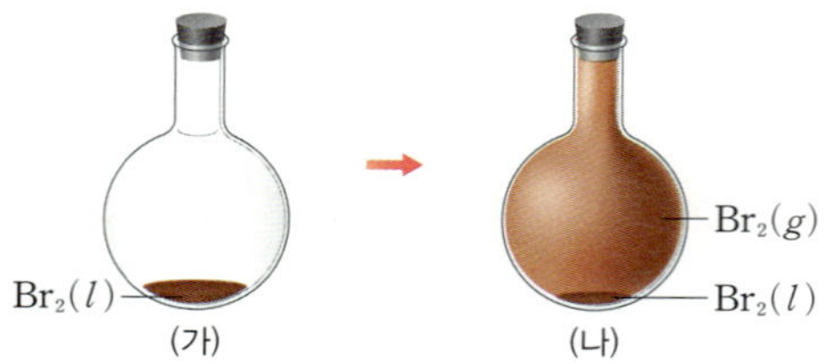

이에 대한 설명으로 옳은 것만을 〈보기〉에서 있는 대로 고른 것은? (단, 온도는 일정하다.)

| 보기 |
ㄱ. (가)에서 Br_2의 증발 속도는 응축 속도보다 빠르다.
ㄴ. $Br_2(l)$의 증발 속도는 (나)에서가 (가)에서보다 빠르다.
ㄷ. $Br_2(g)$의 분자 수는 (가)에서와 (나)에서가 같다.

① ㄱ　　　　② ㄴ　　　　③ ㄱ, ㄷ
④ ㄴ, ㄷ　　　⑤ ㄱ, ㄴ, ㄷ

11 그림 (가)는 일정량의 물에 설탕 1조각을 넣은 모습을, (나)는 (가)의 용액에 설탕을 추가로 넣었을 때 녹지 않고 남은 설탕이 가라앉은 모습을 나타낸 것이다. 이에 대한 설명으로 옳은 것만을 〈보기〉에서 있는 대로 고른 것은?

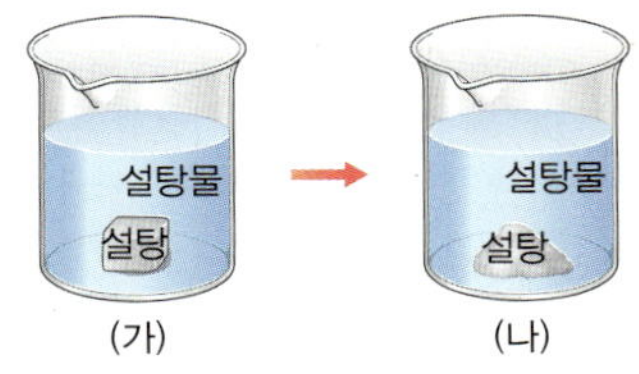

| 보기 |

ㄱ. (가)에서 석출되는 설탕 분자 수는 0이다.
ㄴ. (나)의 설탕 용액은 포화 용액이다.
ㄷ. (가)와 (나)에서 용해 속도는 서로 같다.

① ㄱ   ② ㄴ   ③ ㄱ, ㄷ
④ ㄴ, ㄷ   ⑤ ㄱ, ㄴ, ㄷ

12 그림과 같은 장치에 액체 A를 넣고 충분한 시간이 지났을 때 수은의 높이 차가 h_a로 일정하게 유지되는 모습을 나타낸 것이다.

(중요)

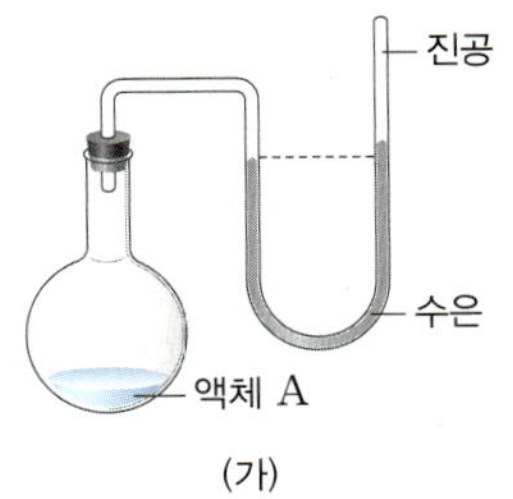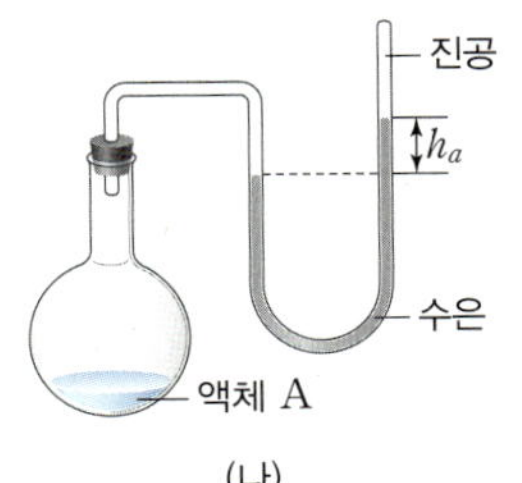

(나)에서가 (가)에서보다 큰 값만을 〈보기〉에서 있는 대로 고른 것은? (단, 온도는 일정하다.)

| 보기 |

ㄱ. A의 응축 속도
ㄴ. 용기 속 A(g)의 분자 수
ㄷ. 같은 시간 동안 증발하는 A 분자 수

① ㄱ   ② ㄷ   ③ ㄱ, ㄴ
④ ㄴ, ㄷ   ⑤ ㄱ, ㄴ, ㄷ

 이렇게!

13 그림은 적갈색의 이산화 질소(NO_2)와 무색의 사산화 이질소(N_2O_4)의 혼합 기체가 들어 있는 삼각 플라스크의 온도를 변화시켰을 때 플라스크 속 기체의 색 변화를 나타낸 것이다.

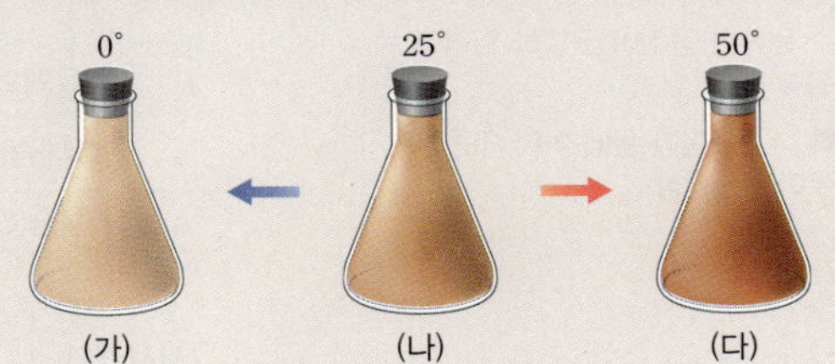

(1) 삼각 플라스크에 들어 있는 NO_2 분자 수를 비교하시오.

(2) 삼각 플라스크에 들어 있는 혼합 기체의 색이 온도에 따라 달라지는 까닭을 서술하시오.

14 그림은 20 ℃에서 물 100 g에 염화 나트륨($NaCl$) 50 g을 녹였을 때, 염화 나트륨($NaCl$) 14 g이 녹지 않고 가라앉은 모습을 나타낸 것이다.

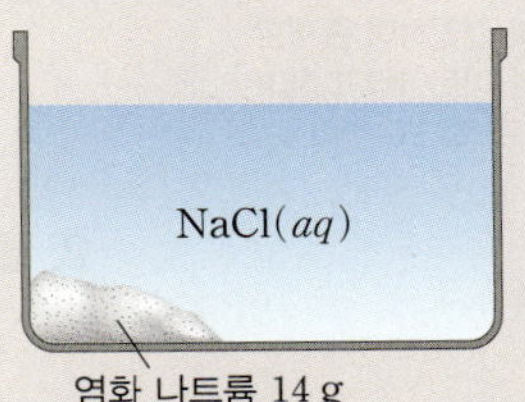

(1) 20 ℃에서 염화 나트륨($NaCl$)의 용해도를 구하시오.

(2) 위 상태에서 겉으로 보기에 용해가 일어나지 않는 것처럼 보이는 까닭을 서술하시오.

15 그림 (가)는 비커에 물을 넣은 모습을, (나)는 (가)와 동일한 질량의 물을 넣은 비커를 밀폐 용기 속에 넣은 모습을 나타낸 것이다.

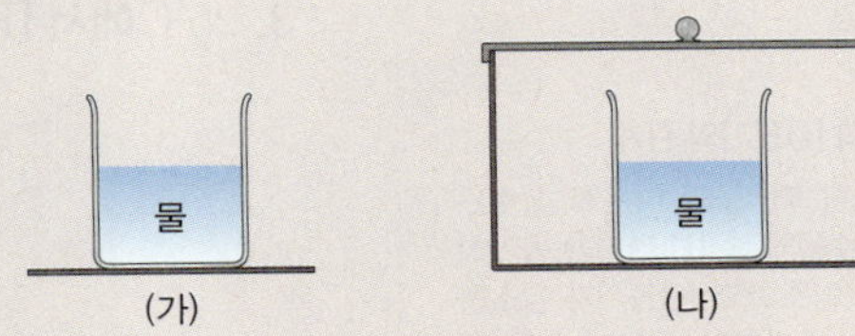

충분한 시간이 지났을 때 수면의 높이를 비교하고, 그렇게 생각한 까닭을 서술하시오.

02 물의 자동 이온화

먼저 알아야 할 내용

1. 산과 염기의 공통적인 성질

물에 녹아 수산화 이온(OH^-)을 내놓는 물질

물에 녹아 수소 이온(H^+)을 내놓는 물질

성질		산	염기
수용액의 전기 전도성		있다.	있다.
마그네슘(Mg)과의 반응		㉠ 기체 발생	반응하지 않는다.
탄산 칼슘($CaCO_3$)과의 반응		이산화 탄소 기체 발생	반응하지 않는다.
지시약의 색 변화	리트머스 종이	붉은색	푸른색
	BTB 용액	노란색	㉡
	페놀프탈레인 용액	무색	붉은색
	메틸 오렌지 용액	빨간색	노란색

답 ㉠ 수소(H_2) ㉡ 파란색

먼저 알아야 할 용어!

* **용액** | 용매와 용질이 균일하게 섞여 있는 물질
* **이온화** | 전해질이 물에 녹아 이온으로 나누어지는 현상

❖ **물의 자동 이온화에 따른 전류의 세기**

순수한 물에서 매우 적은 양의 물 분자가 이온화하므로 이온 수가 매우 작다. 따라서 전류의 세기는 매우 작다.

❖ **하이드로늄 이온**

H^+은 전자가 없어 반응성이 매우 크므로 물속에서 H^+은 물과 결합하여 존재한다. H_3O^+은 하이드로늄 이온이라고 하며 H_3O^+을 편의상 H^+으로 쓰기도 한다.

❖ **온도에 따른 물의 이온화 상수(K_w)**

온도(℃)	K_w
0	1.1×10^{-15}
10	2.9×10^{-15}
25	1.0×10^{-14}
50	5.5×10^{-14}

❖ **$[H_3O^+]$과 $[OH^-]$의 관계**

온도가 일정할 때, 물의 이온화 상수는 일정하므로 수용액 속 $[H_3O^+]$가 증가하면 $[OH^-]$는 감소하고, $[OH^-]$가 감소하면 $[H_3O^+]$는 증가한다. 온도가 같은 산성 용액, 중성 용액, 염기성 용액이 있을 때 수용액 속 $[H_3O^+]$는 모두 다르지만, $[H_3O^+] \times [OH^-]$의 값은 모두 같다.

Ⓐ 물의 자동 이온화

1. 물의 자동 이온화 순수한 물에서 매우 적은 양의 물(H_2O) 분자끼리 수소 이온(H^+)을 주고 받아 하이드로늄 이온(H_3O^+)과 수산화 이온(OH^-)으로 이온화하는 반응

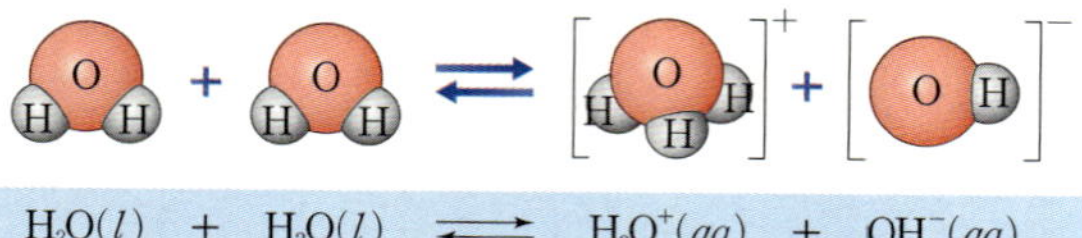

$$H_2O(l) + H_2O(l) \rightleftharpoons H_3O^+(aq) + OH^-(aq)$$

2. 물의 이온화 상수(K_w) =물의 이온곱 상수

일정한 온도에서 물이 자동 이온화하여 동적 평형을 이루면 하이드로늄 이온(H_3O^+)의 농도와 수산화 이온(OH^-)의 농도가 일정하게 유지되는데, 이때 H_3O^+과 OH^-의 몰 농도를 곱한 값이다.

$$K_w = [H_3O^+][OH^-] \text{ — 일정}$$

(1) 물의 이온화 상수(K_w)는 온도가 일정하면 수용액의 종류에 관계없이 일정한 값을 가지며, 25℃에서 $K_w = 1.0 \times 10^{-14}$이다. 이온화 상수($K_w$)는 온도가 높을수록 커진다.

(2) 순수한 물에는 하이드로늄 이온(H_3O^+)과 수산화 이온(OH^-)의 농도가 같다.

➡ 25℃에서 $K_w = [H_3O^+][OH^-] = 1.0 \times 10^{-14}$이므로 25℃에서 $[H_3O^+] = [OH^-] = 1.0 \times 10^{-7}$ M이다.

3. 25℃에서 $[H_3O^+]$와 $[OH^-]$에 따른 수용액의 액성

농도(M)			
1.0×10^{-14}	1.0×10^{-7}	1.0×10^{0}	
산성 용액	$[OH^-]$	$[H_3O^+]$	$[H_3O^+] > [OH^-]$
중성 용액		$[H_3O^+]$ $[OH^-]$	$[H_3O^+] = [OH^-]$
염기성 용액	$[H_3O^+]$	$[OH^-]$	$[H_3O^+] < [OH^-]$

1. 수소 이온 농도 지수(pH)   수용액의 $[H_3O^+]$을 이용하여 수용액의 액성을 나타낸 값

$$pH = \log \frac{1}{[H_3O^+]} = -\log [H_3O^+]$$

└─ 수소 이온 농도의 역수의 상용로그 값

(1) 수용액의 $[H_3O^+]$가 커지면 pH는 작아진다. ── pH가 작을수록 산성이 강하다.

(2) pH가 1만큼 작아지면 $[H_3O^+]$는 10배로 커지고, pH가 1만큼 커지면 $[H_3O^+]$는 $\frac{1}{10}$배로 작아진다.

2. pH와 pOH의 관계   25℃ 수용액에서 $K_w = [H_3O^+][OH^-] = 1.0 \times 10^{-14}$이므로 25℃ 수용액의 pH+pOH=14이다.

3. 25℃에서 pH와 pOH에 따른 수용액의 액성

수용액의 액성	$[H_3O^+]$와 $[OH^-]$	pH와 pOH
산성	$[H_3O^+] > 1.0 \times 10^{-7} > [OH^-]$	pH<7, pOH>7
중성	$[H_3O^+] = 1.0 \times 10^{-7} = [OH^-]$	pH=7, pOH=7
염기성	$[H_3O^+] < 1.0 \times 10^{-7} < [OH^-]$	pH>7, pOH<7

4. 생활 주변 여러 가지 물질의 pH

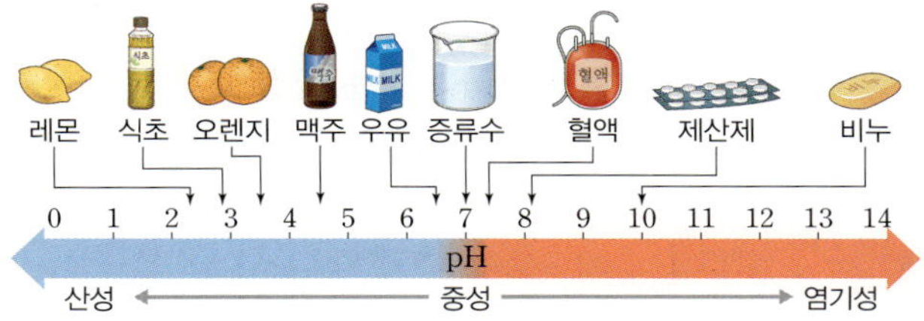

5. 용액의 pH 측정

① **지시약 사용**: 지시약은 용액의 pH에 따라 색이 달라지는 물질로, 수용액의 액성을 구별하거나 중화 반응 실험에서 중화점을 찾는 데 사용한다.

② **pH 미터**: $[H_3O^+]$에 따른 전기 전도도 차이를 이용한 것으로 정확한 pH를 측정할 수 있다.

❖ **pOH**

수용액의 $[OH^-]$를 이용하여 수용액의 액성을 나타낸 값이다.

$$pOH = -\log [OH^-]$$

❖ **pH와 pOH**

25℃에서 pH+pOH=14이므로 pH와 pOH는 각각 0~14까지의 숫자로 나타낸다.

❖ **pH의 측정**

지시약은 수용액의 성질을 구별할 때 사용하므로 정확한 pH를 알 수 없다. 수용액의 pH 측정은 pH 시험지를 이용하여 대략적인 pH를 알아내거나, pH 미터를 이용하여 정확한 pH를 측정할 수 있다.

개념 바로 확인

정답 및 해설 | 32쪽

01 물 분자끼리 수소 이온(H^+)을 주고받아 이온화하는 반응을 [   ]라고 한다.

02 물의 자동 이온화 반응이 동적 평형에 도달했을 때, 생성된 하이드로늄 이온의 농도와 수산화 이온의 농도 곱을 물의 [   ]라고 한다.

03 수용액에서 수소 이온 농도의 역수의 상용로그 값을 [   ]라고 한다.

01 물의 자동 이온화 반응과 물의 이온화 상수(K_w)에 대한 설명으로 옳은 것은 ○, 옳지 않은 것은 ×로 표시하시오.

(1) 물 분자가 H^+을 주고받아 이온화하는 반응이다. (   )

(2) 순수한 물에도 H_3O^+과 OH^-이 존재한다. (   )

(3) 25℃에서 K_w은 염기성 용액에서가 순수한 물에서보다 크다. (   )

02 오른쪽 그림은 25℃에서 부피가 같은 산 HA 수용액과 염기 BOH 수용액에 들어 있는 이온 중 A^-과 B^+만을 모형으로 나타낸 것이다. (가)와 (나)에서 다음의 값을 등호 또는 부등호를 이용하여 비교하시오.

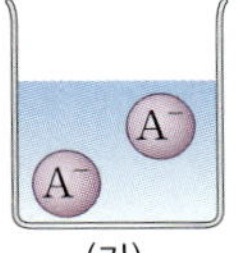
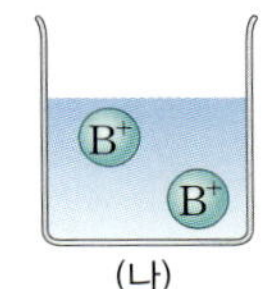

(1) 수용액의 pH:

(2) $[H_3O^+] \times [OH^-]$:

(3) (가)의 pH와 (나)의 pOH:

물의 자동 이온화

❖ 아레니우스 산 염기 정의의 한계점

① 아레니우스는 수용액에서 산과 염기를 정의한 것이므로 수용액이 아닌 조건에서 물질이 산과 염기로 작용하는 경우에는 적용할 수 없다.

② 아레니우스 정의와 달리 수용액에서 수소 이온(H^+)은 물(H_2O)과 결합하여 하이드로늄 이온(H_3O^+)으로 존재한다.

③ 수용액에서 수소 이온(H^+)이나 수산화 이온(OH^-)을 직접 내놓지 않는 물질에는 적용할 수 없다.

예 암모니아(NH_3)
└ 염기이지만 OH^-을 직접 내놓지 않는다.

C 산과 염기의 정의

1. 아레니우스 산 염기

(1) **산**: 물에 녹아 수소 이온(H^+)을 내놓는 물질

• 산의 이온화 예

$$HCl(aq) \longrightarrow H^+(aq) + Cl^-(aq)$$
$$H_2SO_4(aq) \longrightarrow 2H^+(aq) + SO_4^{2-}(aq)$$
$$CH_3COOH(aq) \longrightarrow H^+(aq) + CH_3COO^-(aq)$$

(2) **염기**: 물에 녹아 수산화 이온(OH^-)을 내놓는 물질

• 염기의 이온화 예

$$NaOH(aq) \longrightarrow Na^+(aq) + OH^-(aq)$$
$$KOH(aq) \longrightarrow K^+(aq) + OH^-(aq)$$
$$Ca(OH)_2(aq) \longrightarrow Ca^{2+}(aq) + 2OH^-(aq)$$

2. 브뢴스테드·로리 산 염기 — 아레니우스 산 염기 정의보다 확장된 개념이다.

(1) **산**: 다른 물질에게 양성자(H^+)를 주는 물질

(2) **염기**: 다른 물질로부터 양성자(H^+)를 받는 물질

(3) **짝산-짝염기**: 양성자(H^+)의 이동에 의해 산과 염기가 되는 한 쌍의 산과 염기

❖ 브뢴스테드(Brönsted)와 로리(Lowry)

덴마크 화학자 브뢴스테드는 1923년에 아레니우스의 산 염기 개념을 확장한 새로운 산 염기 이론을 발표하였다. 영국 화학자 로리도 같은 시기에 같은 이론을 내놓았기 때문에 이 이론을 브뢴스테드·로리 산 염기 이론이라고 한다.

❖ 짝산과 짝염기

짝산과 짝염기는 같은 화학종을 포함하므로 산의 화학식에서 H^+을 빼면 짝염기가 되고, 염기의 화학식에서 H^+을 더하면 짝산이 된다.

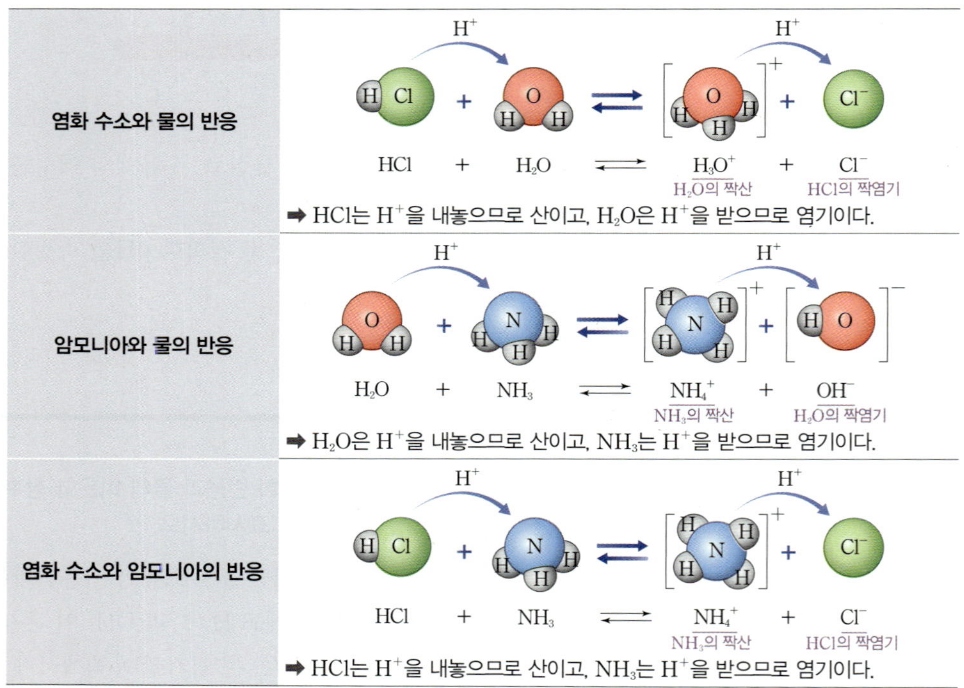

(4) **양쪽성 물질** 반응에 따라 양성자(H^+)를 주는 산으로 작용하기도 하고, 양성자(H^+)를 받는 염기로 작용하기도 하는 물질

• 양쪽성 물질로 작용하는 물(H_2O)

① $H_2CO_3(aq) + H_2O(l) \longrightarrow HCO_3^-(aq) + H_3O^+(aq)$
　　산　　　　　염기

② $HCO_3^-(aq) + H_2O(l) \longrightarrow H_2CO_3(aq) + OH^-(aq)$
　　염기　　　　　산

➡ ①에서 H_2O은 양성자(H^+)를 받는 염기로, ②에서 H_2O은 양성자(H^+)를 주는 산으로 작용한다.

➡ H_2O은 산과 염기로 모두 작용할 수 있는 양쪽성 물질이다.

실전 자료　**산과 염기의 정의**

다음은 25°C에서 HCl, NH_3를 이용한 실험이다.

[실험 과정]
(가) 물 100 mL에 염화 수소(HCl) 0.01몰을 넣어 모두 용해시킨다.
(나) 물 100 mL에 암모니아(NH_3) 0.02몰을 넣어 모두 용해시킨다.
(다) (가)의 수용액에 (나)의 수용액을 넣는다.
(라) (다)의 최종 혼합 용액에 페놀프탈레인 용액 2~3방울을 떨어뜨린다.

[실험 결과]
(라)에서 혼합 용액이 붉은색으로 변하였다.

❶ 산과 염기의 정의
- (가)에서 HCl는 H^+을 H_2O에게 주므로 HCl는 브뢴스테드 · 로리 산으로, H_2O은 브뢴스테드 · 로리 염기로 작용한다.
- (나)에서 H_2O은 NH_3에게 H^+을 주므로 H_2O은 브뢴스테드 · 로리 산으로, NH_3는 브뢴스테드 · 로리 염기로 작용한다.
- H_2O은 (가)에서 염기, (나)에서 산으로 작용하므로 양쪽성 물질이다.

❷ $[H_3O^+]$과 $[OH^-]$의 관계
- (가)에서 $HCl(aq)$은 산성 용액이므로 $[H_3O^+] > [OH^-]$이고, pH < 7이다.
- (나)의 $NH_3(aq)$과 (다)의 혼합 용액은 모두 염기성 용액이므로 $[H_3O^+] < [OH^-]$이고, pH > 7이다.
- (가)~(다)에서 만든 용액에서 $[H_3O^+] \times [OH^-]$은 1.0×10^{-14}로 모두 같다.

개념 바로 확인

정답 및 해설 ｜ 32쪽

04 아레니우스 정의에 따르면 산은 수용액에서 [　　]을 내놓는 물질이고, 염기는 수용액에서 [　　]을 내놓는 물질이다.

03 산과 염기의 정의에 대한 설명으로 옳은 것은 ○, 옳지 <u>않은</u> 것은 ×로 표시하시오.

(1) HNO_3은 수용액에서 H^+을 내놓으므로 아레니우스 산이다.　　　(　　　)

(2) 브뢴스테드 · 로리는 양성자(H^+)의 이동으로 산과 염기를 정의하였다.
　　　(　　　)

(3) 브뢴스테드·로리 정의에 의하면 반응물에 항상 산과 염기가 존재한다.
　　　(　　　)

05 HCl를 물에 녹일 때, HCl는 H_2O에게 [　　]을 주므로 브뢴스테드 · 로리 [　　]이고, H_2O은 브뢴스테드 · 로리 [　　]로 작용한다.

04 다음은 2가지 화학 반응식이다. (　　) 안에 알맞은 말을 쓰시오.

(가) $HCl(g) + H_2O(l) \longrightarrow H_3O^+(aq) + Cl^-(aq)$
(나) $NH_3(g) + H_2O(l) \longrightarrow NH_4^+(aq) + OH^-(aq)$

(1) (가)에서 HCl는 브뢴스테드 · 로리 ㉠ (　　　)으로 작용하고, H_2O은 브뢴스테드 · 로리 ㉡ (　　　)로 작용한다.

(2) (가)와 (나)에서 ㉢ (　　　)은 양쪽성 물질이다.

(3) $HCl(aq)$에 $NH_3(g)$를 넣으면 HCl는 브뢴스테드 · 로리 ㉣ (　　　)으로 작용하고, NH_3는 브뢴스테드 · 로리 ㉤ (　　　)로 작용한다.

06 H_2O과 같이 반응에 따라 양성자(H^+)를 주는 산으로 작용하기도 하고, 양성자(H^+)를 받는 염기로 작용하기도 하는 물질을 [　　　　]이라고 한다.

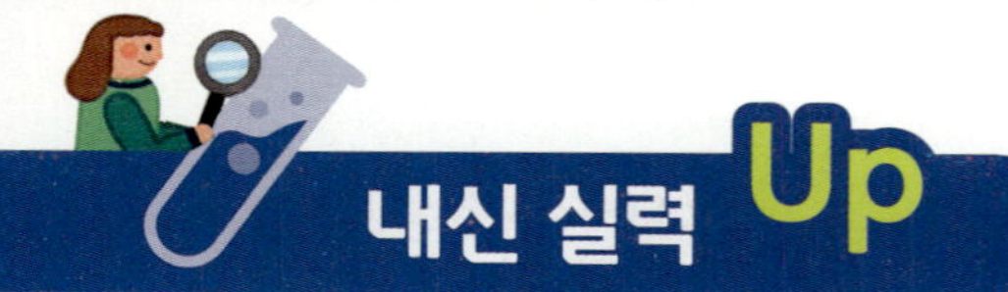

A 물의 자동 이온화   **B** 용액의 pH

01 그림은 물의 자동 이온화를 모형으로 나타낸 것이다.

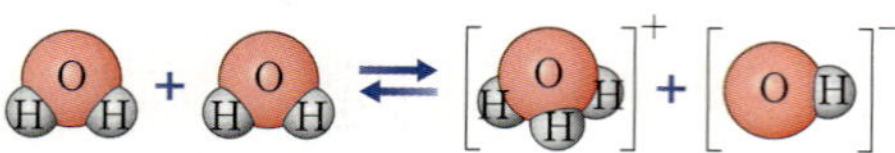

이에 대한 설명으로 옳은 것만을 〈보기〉에서 있는 대로 고른 것은?

| 보기 |

ㄱ. 가역 반응이다.

ㄴ. 물 분자가 H^+을 주고받아 이온화한다.

ㄷ. 순수한 물에서 $[H_3O^+]$와 $[OH^-]$는 같다.

① ㄱ   ② ㄷ   ③ ㄱ, ㄴ
④ ㄴ, ㄷ   ⑤ ㄱ, ㄴ, ㄷ

02 표는 온도에 따른 물의 이온화 상수(K_w)를 나타낸 것이다.

온도($℃$)	10	25	50
K_w	2.9×10^{-15}	1.0×10^{-14}	5.5×10^{-14}

순수한 물에 대한 설명으로 옳은 것만을 〈보기〉에서 있는 대로 고른 것은?

| 보기 |

ㄱ. 온도가 높을수록 물의 자동 이온화가 잘 일어난다.

ㄴ. 물이 $10℃$일 때 pH는 7보다 작다.

ㄷ. 물이 $50℃$일 때 $[OH^-] > [H_3O^+]$이다.

① ㄱ   ② ㄴ   ③ ㄱ, ㄷ
④ ㄴ, ㄷ   ⑤ ㄱ, ㄴ, ㄷ

03 다음은 수용액 (가)~(다)의 $[H_3O^+]$와 $[OH^-]$를 비교한 자료이다. (가)~(다)의 액성은 각각 산성, 중성, 염기성 중 하나이다.

- $[OH^-]$는 (가)가 (나)보다 크다.
- $[H_3O^+]$는 (다)가 (나)보다 크다.

(가)~(다)에 대한 설명으로 옳은 것만을 〈보기〉에서 있는 대로 고른 것은? (단, (가)~(다)의 온도는 같다.)

| 보기 |

ㄱ. $[H_3O^+]$는 (다) > (가)이다.

ㄴ. pH는 (다)가 (나)보다 크다.

ㄷ. $[H_3O^+]$와 $[OH^-]$의 곱은 (가)가 (다)보다 크다.

① ㄱ   ② ㄴ   ③ ㄱ, ㄷ
④ ㄴ, ㄷ   ⑤ ㄱ, ㄴ, ㄷ

04 그림은 $25℃$에서 3가지 수용액을 나타낸 것이다.

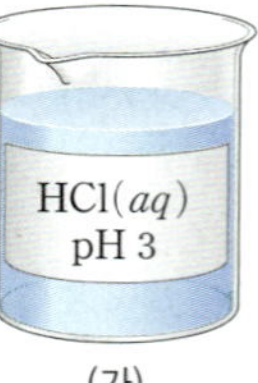
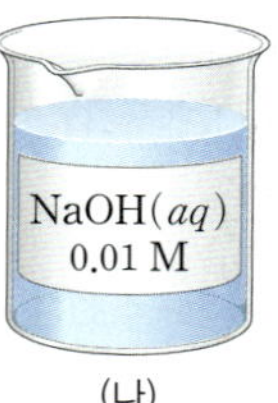
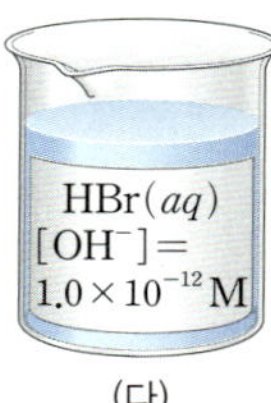

이에 대한 설명으로 옳은 것만을 〈보기〉에서 있는 대로 고른 것은? (단, $25℃$에서 물의 이온화 상수(K_w)는 1.0×10^{-14}이다.)

| 보기 |

ㄱ. 수용액의 몰 농도는 (나)가 (가)보다 크다.

ㄴ. $[H_3O^+]$는 (다)가 (가)의 10배이다.

ㄷ. (나)의 $[H_3O^+]$는 (다)의 $[OH^-]$보다 크다.

① ㄱ   ② ㄷ   ③ ㄱ, ㄴ
④ ㄴ, ㄷ   ⑤ ㄱ, ㄴ, ㄷ

05 그림은 $25℃$에서 부피가 같은 $HA(aq)$과 $BOH(aq)$에 들어 있는 이온 중 A^-과 B^+만을 모형으로 나타낸 것이다. 모형 1개는 0.1몰에 해당한다.

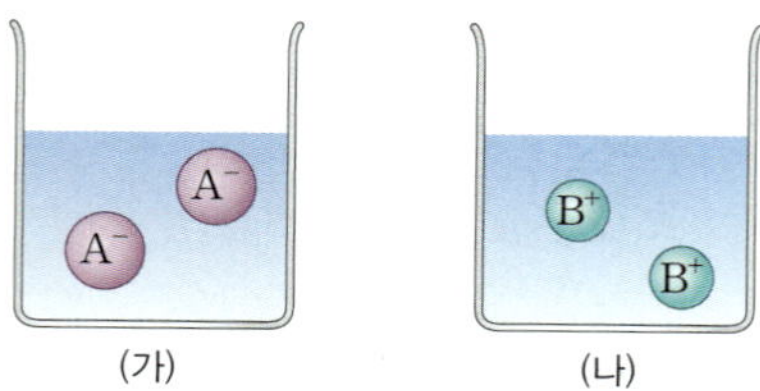

(가)와 (나)를 비교한 것으로 옳은 것만을 〈보기〉에서 있는 대로 고른 것은? (단, $25℃$에서 물의 이온화 상수(K_w)는 1.0×10^{-14}이다.)

| 보기 |

ㄱ. (가)의 몰 농도 = (나)의 몰 농도

ㄴ. (가)의 pH = (나)의 pOH

ㄷ. (가)의 K_w = (나)의 K_w

① ㄱ   ② ㄷ   ③ ㄱ, ㄴ
④ ㄴ, ㄷ   ⑤ ㄱ, ㄴ, ㄷ

C 산과 염기의 정의

06 그림은 염화 수소(HCl)와 암모니아(NH_3)가 반응하여 염화 암모늄(NH_4Cl)이 생성되는 과정을 모형으로 나타낸 것이다.

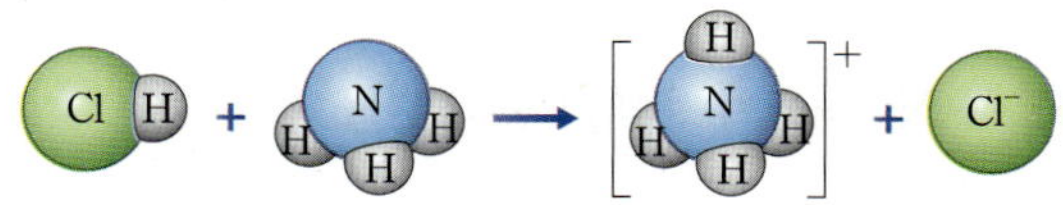

이에 대한 설명으로 옳은 것만을 〈보기〉에서 있는 대로 고른 것은?

| 보기 |
ㄱ. HCl는 수용액에서 아레니우스 산이다.
ㄴ. NH_3은 브뢴스테드 · 로리 염기이다.
ㄷ. NH_3의 짝산은 HCl이다.

① ㄱ　　　　② ㄷ　　　　③ ㄱ, ㄴ
④ ㄴ, ㄷ　　　⑤ ㄱ, ㄴ, ㄷ

07 다음은 산 염기와 관련된 반응 (가)와 (나)에 대한 설명이다.

> (가) 염화 수소(HCl)를 물에 녹이면 염화 이온(Cl^-)과 하이드로늄 이온(H_3O^+)이 생성된다.
> $$HCl(g) + H_2O(l) \rightleftharpoons H_3O^+(aq) + Cl^-(aq)$$
> (나) 암모니아(NH_3)를 물에 녹이면 암모늄 이온(NH_4^+)과 수산화 이온(OH^-)이 생성된다.
> $$NH_3(g) + H_2O(l) \rightleftharpoons NH_4^+(aq) + OH^-(aq)$$

이에 대한 설명으로 옳은 것만을 〈보기〉에서 있는 대로 고른 것은?

| 보기 |
ㄱ. (가)에서 HCl는 아레니우스 산이다.
ㄴ. (나)에서 NH_3의 짝산은 NH_4^+이다.
ㄷ. (가)와 (나)에서 H_2O은 양쪽성 물질이다.

① ㄱ　　　　② ㄷ　　　　③ ㄱ, ㄴ
④ ㄴ, ㄷ　　　⑤ ㄱ, ㄴ, ㄷ

08 다음은 산과 염기를 이용한 실험이다. X와 Y는 각각 아레니우스 산, 염기 중 하나이다.

> [실험 과정]
> (가) X를 물에 넣어 용해시킨다.
> (나) Y를 물에 넣어 용해시킨다.
> (다) (가)와 (나)의 수용액에 각각 페놀프탈레인 용액 2~3방울을 떨어뜨린다.
> (라) (가)와 (나)의 수용액에 각각 같은 질량의 마그네슘(Mg) 조각을 넣어 반응시킨다.
>
> [실험 결과]
> • (다)에서 $X(aq)$의 색이 붉은색으로 변하였다.
> • (라)의 $Y(aq)$에서 [㉠] 기체가 발생하였다.

이에 대한 설명으로 옳은 것만을 〈보기〉에서 있는 대로 고른 것은?

| 보기 |
ㄱ. ㉠은 '수소'이다.
ㄴ. (나)에서 Y는 브뢴스테드 · 로리 염기로 작용한다.
ㄷ. $X(aq)$에서 $[H_3O^+] > [OH^-]$이다.

① ㄱ　　　　② ㄴ　　　　③ ㄱ, ㄴ
④ ㄱ, ㄷ　　　⑤ ㄴ, ㄷ

서술형 이렇게!

09 그림은 $25\,^\circ\mathrm{C}$에서 $0.2\,\mathrm{M}$ $HCl(aq)$ $50\,\mathrm{mL}$에 증류수를 추가하여 $x\,\mathrm{M}$ $HCl(aq)$ $100\,\mathrm{mL}$를 만든 것을 나타낸 것이다.

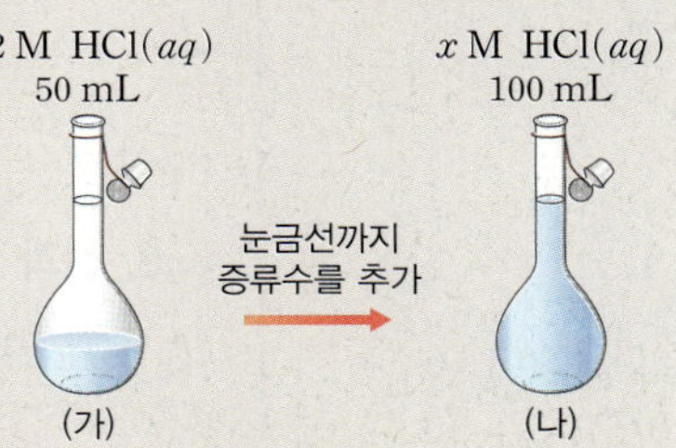

(1) (나)에 들어 있는 $HCl(aq)$의 pH를 구하시오.

(2) (가)와 (나)에서 물의 이온화 상수(K_w)를 비교하시오.

03 산 염기 중화 반응

❸ 먼저 알아야 할 내용

1. **중화 반응** 산과 염기가 반응하여 [㉠]과 염이 생성되는 반응

2. **중화 반응의 전체 반응식**

   예 묽은 염산(HCl)과 수산화 나트륨($NaOH$) 수용액의 중화 반응

   $$HCl(aq) + NaOH(aq) \longrightarrow \boxed{\text{㉡}} + H_2O(l)$$
   　　　산　　　　염기　　　　　염　　　　물

3. [㉢] **이온 반응식** 반응에 실제로 참여한 이온만으로 나타낸 화학 반응식

   $$H^+(aq) + OH^-(aq) \longrightarrow H_2O(l)$$

4. [㉣] **이온** 반응에 참여하지 않고 반응 후에도 그대로 남아 있는 이온

답 ㉠ 물 ㉡ $NaCl(aq)$ ㉢ 알짜 ㉣ 구경꾼

❖ 중화열

H^+과 OH^-이 반응하여 물을 생성할 때 발생하는 열을 중화열이라고 하며, 반응하는 H^+과 OH^-의 양(mol)이 많을수록 중화열이 많이 발생한다.

❖ 혼합 용액 속 $[H_3O^+]$와 $[OH^-]$의 관계
• 산성: $[H_3O^+]>[OH^-]$
• 중성: $[H_3O^+]=[OH^-]$
• 염기성: $[H_3O^+]<[OH^-]$

❖ 가수

산 또는 염기 1몰이 내놓을 수 있는 H^+이나 OH^-의 양(mol)

가수(n)	산	염기
1	HCl, CH_3COOH	$NaOH$, KOH
2	H_2SO_4, H_2CO_3	$Ca(OH)_2$, $Ba(OH)_2$
3	H_3PO_4	$Al(OH)_3$

Ⓐ 중화 반응의 양적 관계

1. **중화 반응의 양적 관계** 산의 H^+과 염기의 OH^-이 항상 $1:1$의 몰비로 반응하여 물을 생성한다.

2. **혼합 용액의 성질** 수용액의 성질은 H^+과 OH^-이 반응한 후 남은 이온 수에 의해 달라진다.
   • (가): H^+ 수$>OH^-$ 수 ➡ $pH<7$ ➡ 산성
   • (나): H^+ 수$=OH^-$ 수 ➡ $pH=7$ ➡ 중성
   • (다): H^+ 수$<OH^-$ 수 ➡ $pH>7$ ➡ 염기성

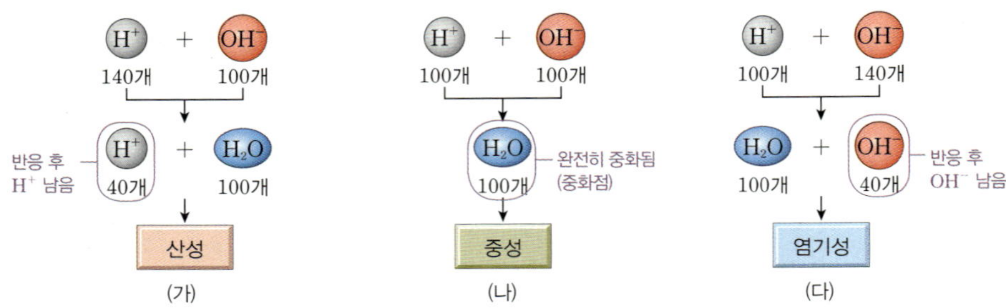

3. **산과 염기가 완전히 중화되는 조건** 산과 염기가 완전히 중화되려면 산이 내놓는 H^+의 양(mol)과 염기가 내놓는 OH^-의 양(mol)이 같아야 한다.

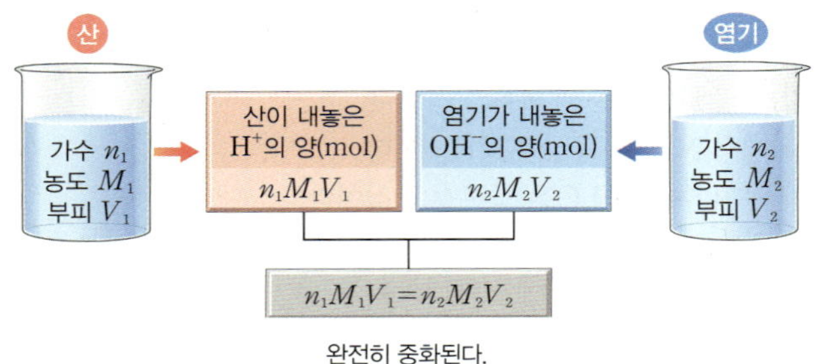

표는 묽은 염산(HCl)과 수산화 나트륨(NaOH) 수용액을 서로 다른 부피로 혼합한 용액에 BTB 용액 2~3방울을 떨어뜨렸을 때 혼합 용액의 색 변화를 나타낸 것이다.

용액	(가)	(나)	(다)	(라)	(마)
HCl(aq)의 부피(mL)	20	15	10	5	0
NaOH(aq)의 부피(mL)	0	5	10	15	20
용액의 액성	산성	중성	염기성	염기성	염기성
BTB 용액의 색	노란색	초록색	파란색	파란색	파란색
용액에 존재하는 이온	H^+, Cl^-	Na^+, Cl^-	Na^+, Cl^-, OH^-	Na^+, Cl^-, OH^-	Na^+, OH^-

❶ 혼합 용액 (나)~(라)에서 $[H_3O^+]$와 $[OH^-]$의 관계

용액	용액의 액성	$[H_3O^+]$와 $[OH^-]$	pH
(나)	중성	$[H_3O^+]=[OH^-]$	$pH=7$
(다)	염기성	$[H_3O^+]<[OH^-]$	$pH>7$
(라)	염기성	$[H_3O^+]<[OH^-]$	$pH>7$

❷ (가)와 (마)의 몰 농도 비
- (나) 용액이 중성이므로 반응한 수소 이온(H^+)과 수산화 이온(OH^-)의 양(mol)은 같다.
- (가)와 (마)의 몰 농도 비는 (나)에서 반응한 HCl(aq)과 NaOH(aq)의 부피비의 역수와 같다.

➡ 몰 농도 비는 (가):(마)$=\dfrac{1}{15}:\dfrac{1}{5}=1:3$이다.

❖ 1가 산과 1가 염기의 용액 속 H^+과 OH^-의 양(mol)

- 몰 농도(M)$=\dfrac{\text{용질의 양(mol)}}{\text{용액의 부피(L)}}$
- H^+의 양(mol)
  =산 수용액의 몰 농도(mol/L)×부피(L)
- OH^-의 양(mol)
  =염기 수용액의 몰 농도(mol/L)×부피(L)

❖ 생활 속의 중화 반응
- 속이 쓰릴 때 제산제를 먹는다.
- 산성화된 토양이나 호수에 석회 가루를 뿌린다.
- 김치의 신맛을 줄이기 위해 달걀 껍데기를 넣어 준다.
- 공장의 배기가스를 탈황 장치를 이용하여 제거한다.
- 화장실의 찌든 때를 식초로 제거한다.
- 벌에 쏘이면 묽은 암모니아수를 바른다.
- 생선을 손질한 도마나 칼에 레몬즙을 뿌린다.
- 비누로 머리를 감은 후, 식초를 떨어뜨린 물에 머리를 헹군다.

개념 바로 확인

정답 및 해설 ｜ 33쪽

01 중화 반응에서 H^+과 OH^-은 ☐ 의 몰비로 반응한다.

02 25 °C에서 HCl(aq)과 NaOH(aq)을 혼합했을 때 H^+이 남아 있는 경우 혼합 용액의 pH는 7보다 ☐ .

03 25 °C에서 0.1 M HCl(aq)에 0.2 M NaOH(aq)을 넣어 완전히 중화시켰을 때, 반응한 용액의 부피비는 HCl(aq):NaOH(aq)=☐ 이다.

01 산 염기 중화 반응에 대한 설명으로 옳은 것은 ○, 옳지 <u>않은</u> 것은 ×로 표시하시오.

(1) 산의 음이온과 염기의 음이온이 반응하여 물을 생성한다. (　　)

(2) 혼합 전 H^+의 양(mol)이 OH^-의 양(mol)보다 많은 경우 혼합 용액의 pH는 7보다 작다. (　　)

(3) 혼합 용액 속 이온의 농도가 $[H_3O^+]<[OH^-]$인 용액은 염기성이다. (　　)

02 0.1 M 묽은 염산(HCl) 20 mL를 완전히 중화시키는 데 필요한 0.05 M 수산화 나트륨(NaOH) 수용액의 부피를 구하시오.

03 오른쪽 그림은 25 °C에서 묽은 염산(HCl) 5 mL와 수산화 나트륨(NaOH) 수용액 10 mL를 혼합한 용액에 존재하는 입자를 모형으로 나타낸 것이다. 이에 대한 설명으로 옳은 것만을 〈보기〉에서 있는 대로 고르시오.

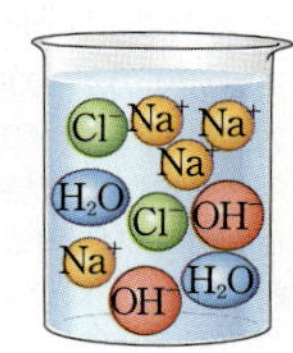

┤ 보기 ├
- ㄱ. 수용액의 pH>7이다.
- ㄴ. 생성된 물의 양(mol)은 Cl^-의 양(mol)과 같다.
- ㄷ. 혼합 전 용액의 몰 농도는 HCl(aq)이 NaOH(aq)의 2배이다.

산 염기 중화 반응

B 중화 적정

1. 중화 적정 중화 반응의 양적 관계를 이용하여 농도를 모르는 산이나 염기의 농도를 알아내는 실험적 방법 ➡ 중화 반응의 양적 관계($n_1M_1V_1=n_2M_2V_2$)를 이용한다.

(1) 중화 적정에 필요한 실험 도구

부피 플라스크	뷰렛	피펫
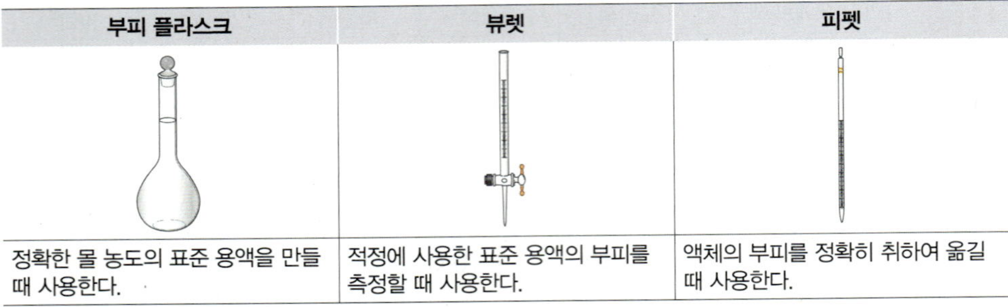		
정확한 몰 농도의 표준 용액을 만들 때 사용한다.	적정에 사용한 표준 용액의 부피를 측정할 때 사용한다.	액체의 부피를 정확히 취하여 옮길 때 사용한다.

(2) 중화점: 중화 적정에서 산이 내놓는 H^+의 양(mol)과 염기가 내놓는 OH^-의 양(mol)이 같아져 산과 염기가 완전히 중화되는 지점

(3) 중화 적정 방법 〔탐구 활동 166쪽〕

예 농도를 모르는 $HCl(aq)$을 표준 용액인 $NaOH(aq)$으로 적정하는 실험 과정

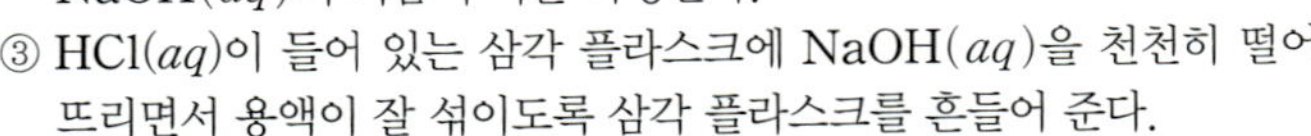

① 농도를 모르는 $HCl(aq)$을 피펫으로 일정량 취하여 삼각 플라스크에 넣고, 페놀프탈레인 용액을 2~3방울 떨어뜨린다. ─── 표준 용액

② 뷰렛에 농도를 알고 있는 $NaOH(aq)$을 넣고 조금 흘려 뷰렛의 꼭지 아랫부분에도 용액이 채워지도록 한 후, 뷰렛의 눈금을 읽어 $NaOH(aq)$의 처음 부피를 측정한다.

③ $HCl(aq)$이 들어 있는 삼각 플라스크에 $NaOH(aq)$을 천천히 떨어뜨리면서 용액이 잘 섞이도록 삼각 플라스크를 흔들어 준다.

④ 용액 전체의 색이 붉은색으로 변하는 순간 뷰렛의 꼭지를 잠그고, 뷰렛의 눈금을 읽어 $NaOH(aq)$의 나중 부피를 측정한다.

⑤ $n_1M_1V_1=n_2M_2V_2$를 이용하여 농도를 모르는 $HCl(aq)$의 농도를 구한다.

2. 중화 적정과 이온 수 변화

예 농도를 모르는 $HCl(aq)$을 $0.1\,M\,NaOH(aq)$으로 적정하는 경우

용액	(가)	(나)	(다)	(라)
$HCl(aq)$의 부피	20 mL	20 mL	20 mL	20 mL
$NaOH(aq)$의 부피	0 mL	10 mL	20 mL	30 mL
이온 모형				
$[H_3O^+]$와 $[OH^-]$	$[H_3O^+]>[OH^-]$	$[H_3O^+]>[OH^-]$	$[H_3O^+]=[OH^-]$	$[H_3O^+]<[OH^-]$
용액의 액성	산성	산성	중성	염기성
수용액의 pH	pH<7	pH<7	pH=7	pH>7
BTB 용액의 색	노란색	노란색	초록색	파란색

➡ (다)가 중화점이므로 (다)까지 넣어 준 $NaOH(aq)$의 부피를 측정하여 $HCl(aq)$의 농도를 구할 수 있다. ── $1\times HCl(aq)$의 몰 농도$\times 20\,mL=1\times 0.1\,M\times 20\,mL$로부터 $HCl(aq)$의 몰 농도는 $0.1\,M$이다.

❖ **표준 용액**

농도를 정확히 알고 있는 용액으로, 부피 플라스크를 이용하여 만든다.

❖ **뷰렛과 피펫**

뷰렛과 피펫은 용액의 부피를 정확히 측정할 때 사용하는 실험 기구이지만, 뷰렛은 적정할 때 스탠드에 고정시켜 사용하며, 피펫은 정확한 부피의 용액을 옮길 때 사용한다.

❖ **중화점의 확인**

• 지시약의 색 변화: 지시약을 넣은 후 산이나 염기 수용액을 중화시키면 중화점 전후에서 액성이 변하므로 용액의 색이 변한다.

• 혼합 용액의 온도 변화: 중화점에서 중화열이 가장 많이 발생하므로 혼합 용액의 온도가 가장 높은 지점이 중화점이다.

❖ **중화점에서 지시약의 색 변화**

중화점에 가까워지면 용액을 한 방울 떨어뜨릴 때마다 색이 변할 수 있지만, 용액의 색이 전체적으로 변하는 순간이 중화점이다. 지시약의 종류에 따라 색이 변하는 pH가 다르므로 중화점 부근에서 색이 변하는 지시약을 사용해야 한다.

지시약의 종류	변색 범위(pH)
페놀프탈레인 용액	8.0~10.0
BTB 용액	6.0~7.6
메틸 오렌지 용액	3.1~4.4

그림은 $x\,\text{M}$ 묽은 염산(HCl) $20\,\text{mL}$를 $0.1\,\text{M}$ 수산화 나트륨(NaOH) 수용액으로 적정할 때, 넣어 준 수산화 나트륨(NaOH) 수용액의 부피에 따른 혼합 용액 속 이온 수를 나타낸 것이다.

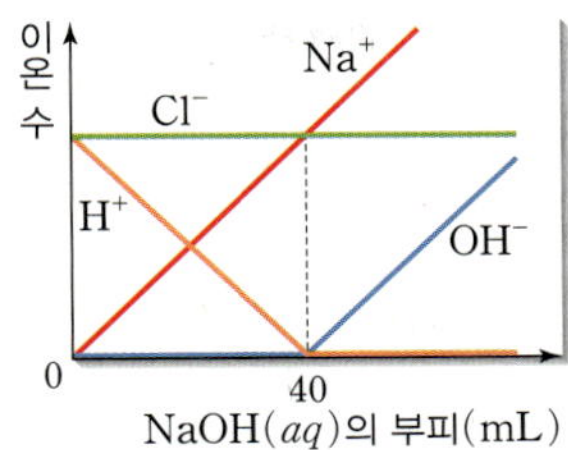

❖ 중화점과 종말점
- 중화점: 산과 염기가 완전히 중화되는 지점 — 이론값
- 종말점: 중화 적정 실험에서 중화점에 도달하였다고 판단하여 표준 용액의 첨가를 중지하는 지점 — 실험값
➡ 중화 적정 실험에서 구한 부피는 종말점에서의 값으로, 실제 중화점에서의 값과 오차가 발생한다.

❶ 이온 수 변화
- H^+: 넣어 준 OH^-과 반응하여 점점 감소하다가 중화점 이후 존재하지 않는다.
- Cl^-: 반응에 참여하지 않으므로 이온 수가 일정하다.
- Na^+: 반응에 참여하지 않으므로 넣어 주는 대로 이온 수가 증가한다.
- OH^-: 넣어 주는 대로 H^+과 반응하므로 존재하지 않다가 중화점 이후부터 증가한다.

❷ 혼합 용액의 성질
- 중화점 이전: H^+ 수$>$$OH^-$ 수 ➡ 산성
- 중화점: H^+ 수$=$$OH^-$ 수 ➡ 중성
- 중화점 이후: H^+ 수$<$$OH^-$ 수 ➡ 염기성

❸ $HCl(aq)$의 몰 농도(x) 구하기
- 그림에서 H^+ 수가 0이 되는 지점이 중화점이다.
➡ $HCl(aq)$ $20\,\text{mL}$에 $NaOH(aq)$ $40\,\text{mL}$를 넣으면 완전히 중화되므로 $n_1 M_1 V_1 = n_2 M_2 V_2$를 이용하여 $HCl(aq)$의 몰 농도를 구할 수 있다.
➡ $1 \times x\,\text{M} \times 20\,\text{mL} = 1 \times 0.1\,\text{M} \times 40\,\text{mL}$로부터 $x=0.2$이다. 따라서 $HCl(aq)$의 몰 농도는 $0.2\,\text{M}$이다.

개념 바로 확인

정답 및 해설 ㅣ 33쪽

04 중화 반응의 양적 관계를 이용하여 농도를 모르는 산이나 염기의 농도를 알아내는 실험적 방법을 [　　] 이라고 한다.

05 중화 적정에서 산이 내놓는 H^+의 양(mol)과 염기가 내놓는 OH^-의 양(mol)이 같아지는 지점을 [　　] 이라고 한다.

06 중화점에서 산이 내놓은 H^+과 염기가 내놓은 OH^-이 모두 반응하므로 중화 반응의 양적 관계 [　　　　] 를 이용하여 농도를 구한다.

07 중화 적정에서 넣어 준 표준 용액의 부피를 측정할 때 사용하는 실험 기구는 [　　] 이다.

04 페놀프탈레인 용액을 넣은 묽은 염산(HCl)을 $0.1\,\text{M}$ 수산화 나트륨(NaOH) 수용액으로 적정할 때, 이에 대한 설명으로 옳은 것은 ○, 옳지 <u>않은</u> 것은 ×로 표시하시오.

(1) $NaOH(aq)$과 같이 농도를 알고 있는 용액을 표준 용액이라고 한다.　　　　　　　　　　　(　　　)

(2) 스포이트로 $HCl(aq)$의 정확한 부피를 측정하여 삼각 플라스크에 넣는다.　　　　　　　　　　(　　　)

(3) 혼합 용액의 색이 붉은색이 되었다가 사라지는 순간 뷰렛을 잠그고 $NaOH(aq)$의 부피를 측정한다.　　　　　　　　　　　(　　　)

05 오른쪽 그림과 같이 $x\,\text{M}$ 묽은 염산(HCl) $20\,\text{mL}$를 $0.1\,\text{M}$ 수산화 나트륨(NaOH) 수용액으로 적정하였을 때 이에 대한 설명으로 옳은 것만을 〈보기〉에서 있는 대로 고르시오.

| 보기 |
ㄱ. 지시약으로 페놀프탈레인 용액을 사용할 수 있다.
ㄴ. 중화점에서 H^+과 OH^-의 반응 몰비는 1:1이다.
ㄷ. 중화점까지 넣어 준 $NaOH(aq)$의 부피가 $30\,\text{mL}$일 때 $x=0.15$이다.

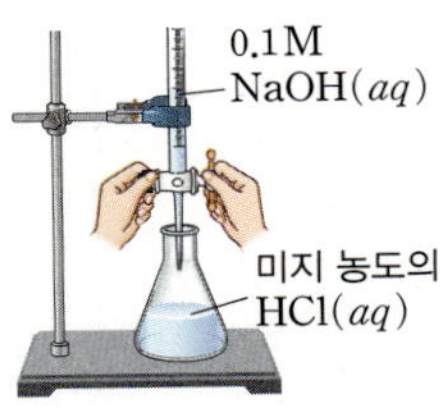

· 식초 속 아세트산(CH_3COOH)의 농도 구하기 ·

과정

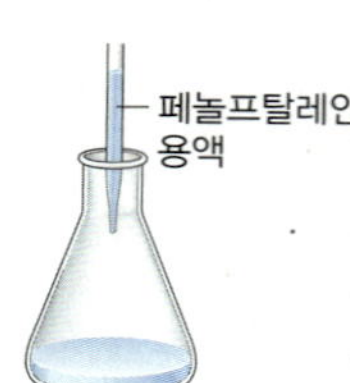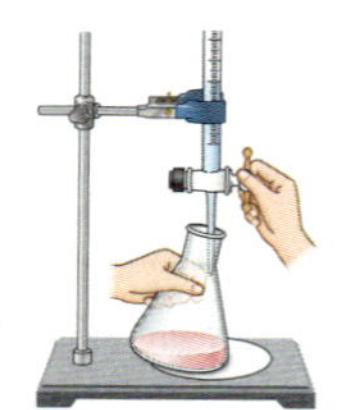

1. 식초 10 mL를 100 mL 부피 플라스크에 넣은 다음 눈금선까지 증류수를 넣고 잘 흔들어 준다.

2. 과정 1의 용액 20 mL를 삼각 플라스크에 넣고, 페놀프탈레인 용액 2~3방울을 떨어뜨려 용액의 색 변화를 관찰한다.

3. 0.1 M NaOH(aq)을 뷰렛에 넣고 처음 부피를 측정한다. 과정 2의 삼각 플라스크에 조금씩 떨어뜨리면서 삼각 플라스크를 천천히 흔들어 준다.

4. 삼각 플라스크 속 용액이 전체적으로 붉게 변하면 뷰렛의 꼭지를 잠근 다음, 뷰렛에 남아 있는 NaOH(aq)의 부피를 측정한다.

결과

1. 중화 적정에 사용된 0.1 M NaOH(aq)의 부피: 24.5 mL

2. 삼각 플라스크에 들어 있는 식초 속 아세트산의 몰 농도 ➡ $\frac{1}{10}$로 묽힌 식초 속 아세트산의 몰 농도를 x라고 하면 중화 반응의 양적 관계는 다음과 같다. $n_1M_1V_1=n_2M_2V_2$에서 $1×x×20\,mL=1×0.1\,M×24.5\,mL$이므로 $x≒0.12\,M$이다.

3. 식초 속 아세트산의 몰 농도 ➡ 결과 2에서 구한 농도는 과정 1에서 식초를 $\frac{1}{10}$로 묽힌 용액의 몰 농도이므로 과정 1의 식초 속 실제 아세트산의 몰 농도는 약 1.2 M이다.

정리
- 화학 반응식: $CH_3COOH(aq) + NaOH(aq) \longrightarrow H_2O(l) + CH_3COONa(aq)$
- 중화점에서 반응한 H^+의 양(mol)과 OH^-의 양(mol)이 같음을 이용하여 용액의 몰 농도를 구한다.

$$n_1M_1V_1=n_2M_2V_2$$

목표
- 중화 적정을 이용하여 식초 속 아세트산의 농도를 구할 수 있다.
- 중화 적정 실험에 필요한 실험 기구를 용도에 맞게 사용할 수 있다.

유의점

실험에 사용한 실험 기구는 용도에 맞게 사용한다.
- 부피 플라스크: 정확한 농도의 표준 용액을 만드는 데 사용한다.
- 피펫: 정확한 부피의 용액을 옮길 때 사용한다.
- 삼각 플라스크: 농도를 모르는 산 또는 염기 수용액을 담을 때 사용한다.
- 뷰렛: 중화 적정에 사용된 표준 용액의 부피를 측정하는 데 사용한다.

* 중화 적정에 사용된 NaOH(aq)의 부피는 뷰렛의 눈금 차이로 알 수 있다.

정답 및 해설 | 33쪽

---

01 위 실험에 대한 설명으로 옳은 것은 ○, 옳지 <u>않은</u> 것은 ×로 표시하시오.

(1) 중화 적정에 사용되는 농도를 알고 있는 산 또는 염기 수용액을 표준 용액이라고 한다. ( )

(2) 과정 2에서 식초를 옮길 때와 페놀프탈레인 용액을 넣을 때 필요한 실험 기구는 모두 스포이트이다. ( )

(3) 과정 3에서 흰 종이를 사용하는 까닭은 혼합 용액의 색 변화를 쉽게 관찰하기 위해서이다. ( )

(4) 과정 3에서 붉은색이 나타나면 중화점에 도달한 것이므로 뷰렛 꼭지를 잠그고 넣어 준 NaOH(aq)의 부피를 측정한다. ( )

(5) 과정 3에서 혼합 용액 속 $[H_3O^+]>[OH^-]$이다. ( )

02 다음은 25℃에서 농도를 모르는 HCl(aq)을 0.1 M NaOH(aq)으로 적정했을 때의 실험 자료이다. 사용한 지시약은 페놀프탈레인 용액이다.

- HCl(aq)의 부피: 20 mL
- 적정 전 뷰렛의 눈금: 19.8 mL
- 적정 후 뷰렛의 눈금: 50 mL

이에 대한 설명으로 옳은 것만을 〈보기〉에서 있는 대로 고른 것은?

| 보기 |

ㄱ. HCl(aq)의 몰 농도는 약 0.2 M이다.

ㄴ. 중화점에서 혼합 용액의 색은 무색에서 붉은색으로 변한다.

ㄷ. 중화점까지 넣어 준 NaOH(aq)의 부피는 19.8 mL이다.

① ㄱ　　② ㄴ　　③ ㄱ, ㄴ　　④ ㄱ, ㄷ　　⑤ ㄱ, ㄴ, ㄷ

A 중화 반응의 양적 관계

01 다음은 묽은 염산(HCl)에 수산화 나트륨(NaOH) 수용액을 넣었을 때 일어나는 반응에 대한 화학 반응식이다.

$$HCl(aq) + NaOH(aq) \longrightarrow \boxed{\ \ \bigcirc\ \ } + H_2O(l)$$

이에 대한 설명으로 옳은 것만을 〈보기〉에서 있는 대로 고른 것은?

| 보기 |
ㄱ. ㉠은 $NaCl(aq)$이다.
ㄴ. H^+과 OH^-은 1:1의 몰비로 반응한다.
ㄷ. 생성된 H_2O 분자 수는 반응한 HCl 분자 수와 같다.

① ㄱ 　② ㄷ 　③ ㄱ, ㄴ
④ ㄴ, ㄷ 　⑤ ㄱ, ㄴ, ㄷ

02 그림은 25℃에서 산 HA 수용액과 염기 BOH 수용액에 들어 있는 이온 중 A^-과 B^+만을 모형으로 나타낸 것이다. 모형 1개는 0.1몰에 해당한다.

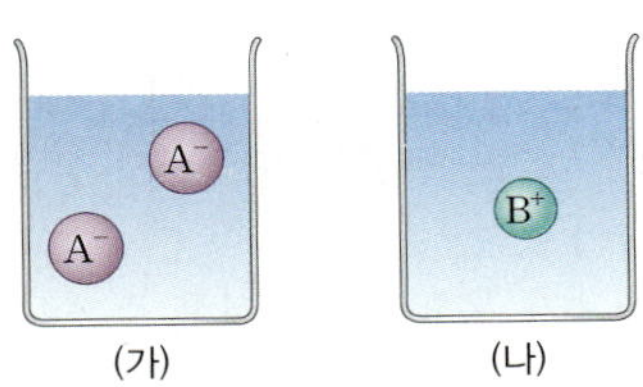

(가)와 (나)를 혼합했을 때, 이에 대한 설명으로 옳은 것만을 〈보기〉에서 있는 대로 고른 것은? (단, 온도는 일정하고, 25℃에서 물의 이온화 상수(K_w)는 1.0×10^{-14}이다.)

| 보기 |
ㄱ. 생성된 물의 양(mol)은 0.1몰이다.
ㄴ. 혼합 용액의 pH > 7이다.
ㄷ. 혼합 용액의 $[H_3O^+][OH^-]$는 1.0×10^{-14}보다 작다.

① ㄱ 　② ㄷ 　③ ㄱ, ㄴ
④ ㄱ, ㄷ 　⑤ ㄴ, ㄷ

03 0.1 M 수산화 나트륨(NaOH) 수용액 100 mL를 완전히 중화시키기 위해 필요한 0.2 M 묽은 황산(H_2SO_4)의 최소 부피는?

① 25 mL 　② 50 mL 　③ 75 mL
④ 100 mL 　⑤ 200 mL

04 그림은 25℃에서 묽은 염산(HCl)과 수산화 나트륨(NaOH) 수용액을 혼합한 용액에 들어 있는 이온 중 Na^+과 Cl^-만을 모형으로 나타낸 것이다.

이 혼합 용액에 대한 설명으로 옳은 것만을 〈보기〉에서 있는 대로 고른 것은? (단, 25℃에서 물의 이온화 상수(K_w)는 1.0×10^{-14}이다.)

| 보기 |
ㄱ. $[OH^-] < 1 \times 10^{-7}$ M이다.
ㄴ. 마그네슘(Mg) 리본을 넣으면 수소 기체가 발생한다.
ㄷ. 생성된 물의 양(mol)은 Na^+의 양(mol)과 같다.

① ㄱ 　② ㄴ 　③ ㄱ, ㄷ
④ ㄴ, ㄷ 　⑤ ㄱ, ㄴ, ㄷ

05 그림은 25℃에서 산 HA 수용액과 염기 $B(OH)_2$ 수용액을 혼합하는 과정을 이온 모형으로 나타낸 것이다.

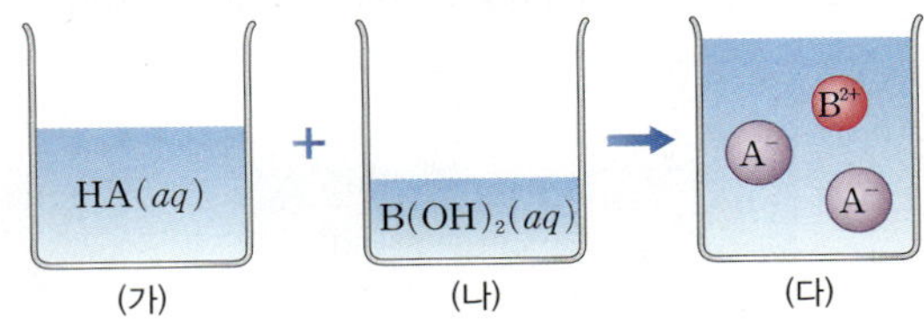

이에 대한 설명으로 옳은 것만을 〈보기〉에서 있는 대로 고른 것은? (단, 온도는 일정하고, 25℃에서 물의 이온화 상수(K_w)는 1.0×10^{-14}이다.)

| 보기 |
ㄱ. 반응 전 음이온의 몰 농도는 (가)에서가 (나)에서보다 작다.
ㄴ. 수용액의 pH는 (다)가 (나)보다 크다.
ㄷ. (가)~(다)에서 $[H_3O^+][OH^-]$은 모두 같다.

① ㄱ 　② ㄷ 　③ ㄱ, ㄴ
④ ㄱ, ㄷ 　⑤ ㄱ, ㄴ, ㄷ

06 표는 25°C에서 묽은 염산(HCl)과 수산화 나트륨(NaOH) 수용액의 부피만을 달리하여 혼합한 용액에 대한 자료이고, 그림은 (가)에 들어 있는 이온을 모형으로 나타낸 것이다.

혼합 용액	(가)	(나)	(다)
HCl(aq)의 부피(mL)	10	20	30
NaOH(aq)의 부피(mL)	30	20	10

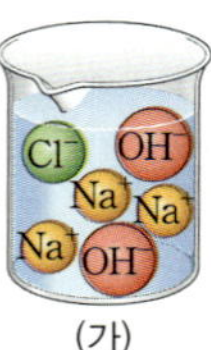
(가)

(가)~(다)에 대한 설명으로 옳은 것만을 〈보기〉에서 있는 대로 고른 것은?

> | 보기 |
> ㄱ. (가)의 pH는 7보다 크다.
> ㄴ. 생성된 물의 질량비는 (나) : (다) = 2 : 3이다.
> ㄷ. 혼합 전 수용액의 몰 농도비는 HCl(aq) : NaOH(aq)
>   = 1 : 3이다.

① ㄱ   　② ㄴ   　③ ㄱ, ㄷ
④ ㄴ, ㄷ   　⑤ ㄱ, ㄴ, ㄷ

07 그림은 25°C에서 부피가 각각 20mL인 산 또는 염기 수용액 (가)~(다)를 이온 모형으로 나타낸 것이다. 산과 염기는 모두 아레니우스 산과 염기이며, (가)~(다) 중 염기 수용액은 2가지이다.

(가)　　　　(나)　　　　(다)

이에 대한 설명으로 옳은 것만을 〈보기〉에서 있는 대로 고른 것은?

> | 보기 |
> ㄱ. ⭐은 OH⁻이다.
> ㄴ. 물의 이온화 상수는 (나)가 (다)보다 크다.
> ㄷ. (가) 10mL, (나) 10mL, (다) 20mL를 혼합한
>   용액의 pH > 7이다.

① ㄱ   　② ㄴ   　③ ㄱ, ㄴ
④ ㄱ, ㄷ   　⑤ ㄴ, ㄷ

08 중화 적정 실험에 필요한 실험 기구 중 넣어 준 표준 용액의 부피를 측정할 때 사용하는 것은?

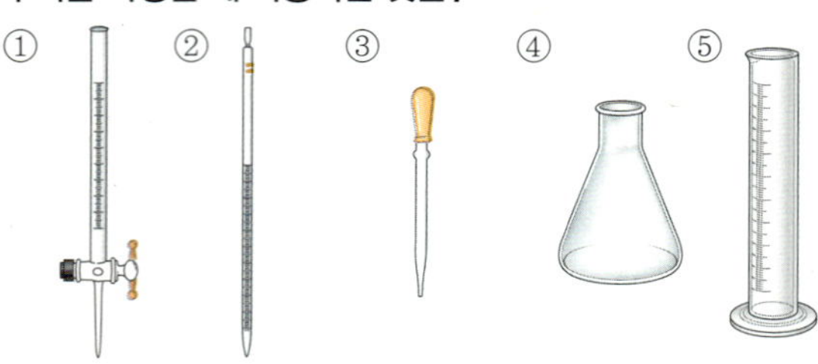

[09~10] 다음은 산 HA 수용액의 몰 농도를 알아내는 실험 과정이다.

> [실험 과정]
> (가) ⎡ ㉠ ⎤ 을/를 이용하여 농도를 모르는 HA(aq)
>   10mL를 정확히 취한 후 삼각 플라스크에 넣는다.
> (나) (가)의 삼각 플라스크에 ⎡ ㉡ ⎤ 로 페놀프탈레인 용액
>   2~3방울을 떨어뜨린다.
> (다) (나)의 삼각 플라스크에 ⎡ ㉢ ⎤ 을/를 이용하여 0.1M
>   NaOH(aq)을 조금씩 넣으면서 삼각 플라스크를 천천
>   히 흔들어 준다.
> (라) 용액 전체가 붉은색으로 변한 순간 ⎡ ㉢ ⎤ 의 꼭지를
>   잠근다.
> (마) 넣어 준 NaOH(aq)의 부피를 측정한다.

09 ㉠~㉢에 해당하는 실험 기구를 옳게 짝 지은 것은?

　　㉠　　㉡　　㉢　　　　　㉠　　㉡　　㉢
① 피펫　피펫　뷰렛　　② 피펫　스포이트　뷰렛
③ 스포이트　피펫　뷰렛　　④ 뷰렛　스포이트　피펫
⑤ 스포이트　뷰렛　피펫

10 (마)에서 측정한 수산화 나트륨(NaOH) 수용액의 부피가 15mL일 때, 산 HA 수용액의 몰 농도는?

① 0.05M   　② 0.1M   　③ 0.15M
④ 0.2M   　⑤ 0.3M

11 그림은 x M 묽은 염산(HCl) 20 mL의 농도를 알아보기 위해 수행한 적정 실험을 나타낸 것이다. 묽은 염산(HCl)에 BTB 용액을 넣고 적정하였을 때, 초록색으로 변할 때까지 넣어 준 0.1 M 수산화 나트륨(NaOH) 수용액의 부피는 30 mL였다.

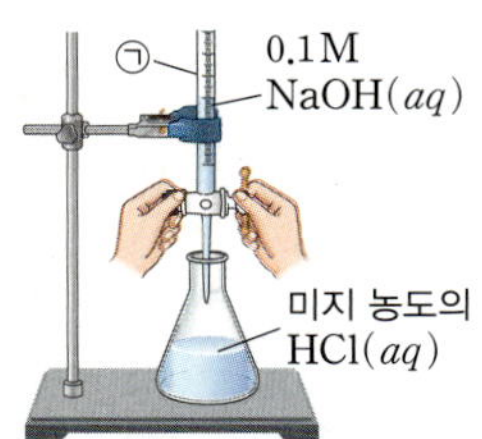

이에 대한 설명으로 옳은 것만을 〈보기〉에서 있는 대로 고른 것은?

| 보기 |

ㄱ. ㉠은 뷰렛이다.
ㄴ. $x=0.15$이다.
ㄷ. NaOH 수용액 10 mL를 넣었을 때까지 생성된 물의 양(mol)은 0.001몰이다.

① ㄱ   ② ㄷ   ③ ㄱ, ㄴ
④ ㄴ, ㄷ   ⑤ ㄱ, ㄴ, ㄷ

12 그림은 수산화 나트륨(NaOH) 수용액 50 mL를 묽은 염산 (HCl)으로 적정할 때, 넣어 준 묽은 염산(HCl)의 부피에 따른 이온 수(상댓값)를 나타낸 것이다.

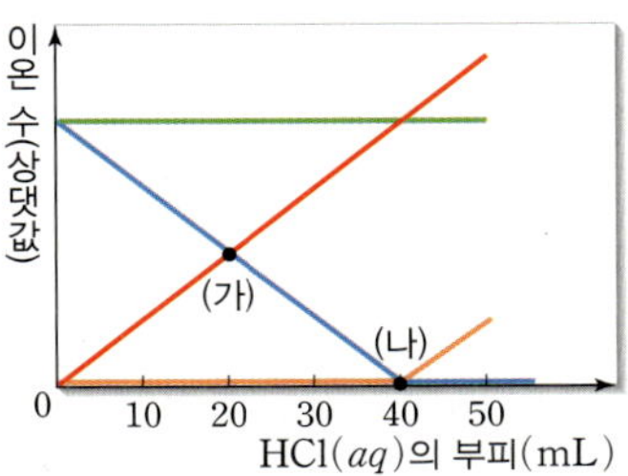

이에 대한 설명으로 옳은 것만을 〈보기〉에서 있는 대로 고른 것은? (단, 온도는 일정하다.)

| 보기 |

ㄱ. 단위 부피당 Na^+의 양(mol)은 (가)에서와 (나)에서가 같다.
ㄴ. $[H_3O^+][OH^-]$는 (나)에서가 (가)보다 크다.
ㄷ. 혼합 전 용액의 몰 농도비는 NaOH(aq):HCl(aq) $=4:5$이다.

① ㄱ   ② ㄷ   ③ ㄱ, ㄴ
④ ㄴ, ㄷ   ⑤ ㄱ, ㄴ, ㄷ

서술형 이렇게!

13 그림은 25 ℃에서 0.01 M 수산화 나트륨(NaOH) 수용액 20 mL에 x M 묽은 염산(HCl)을 조금씩 넣을 때, 넣어 준 묽은 염산(HCl)의 부피에 따른 혼합 용액 속 전체 이온의 양 (mol)을 나타낸 것이다.

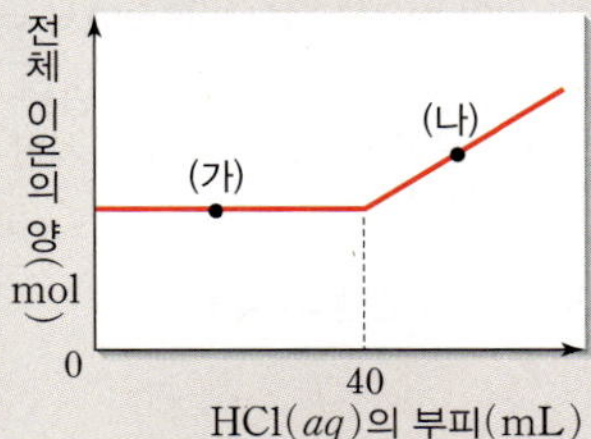

(1) x를 구하시오.

(2) (가)와 (나)에서 $[H_3O^+] \times [OH^-]$의 값을 비교하시오.

14 그림 (가)는 수산화 나트륨(NaOH) 수용액 20 mL와 묽은 염산(HCl) 20 mL를, (나)는 수산화 칼륨(KOH) 수용액 20 mL와 묽은 염산(HCl) 20 mL를 혼합한 용액에 들어 있는 이온을 모형으로 나타낸 것이다.

(1) (가)와 (나)에서 생성된 물의 몰비를 구하고, 그 까닭을 서술하시오.

(2) (나)를 완전히 중화시키기 위해 필요한 HCl(aq)의 부피를 구하시오.

15 그림은 묽은 염산(HCl) 20 mL와 수산화 나트륨(NaOH) 수용액 30 mL를 혼합한 용액에 들어 있는 이온을 모형으로 나타낸 것이다.

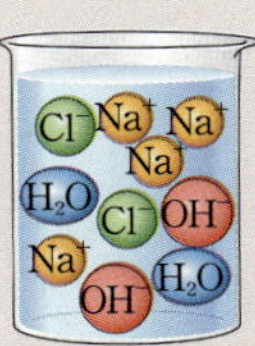

혼합 전 두 수용액의 몰 농도비를 구하고, 그 까닭을 서술하시오.

01 동적 평형

➡ 148~155쪽

1. 가역 반응과 비가역 반응

(1) 가역 반응과 비가역 반응

(㉠) 반응	• 반응 조건(농도, 압력, 온도 등)에 따라 정반응과 역반응이 모두 일어날 수 있는 반응 • 가역 반응은 화학 반응식에서 '⇌'로 나타낸다.
(㉡) 반응	• 한쪽 방향으로만 진행되는 반응 • 역반응이 정반응에 비해 무시할 수 있을 만큼 거의 일어나지 않는다.

(2) 가역 반응과 비가역 반응의 예

① 가역 반응

물의 상태 변화	$H_2O(l) \underset{액화}{\overset{기화}{\rightleftharpoons}} H_2O(g)$
광합성과 호흡	$6CO_2(g) + 6H_2O(l) \underset{호흡}{\overset{광합성}{\rightleftharpoons}} C_6H_{12}O_6(s) + 6O_2(g)$
석회 동굴과 종유석의 생성	$CaCO_3(s) + CO_2(g) + H_2O(l)$ $\underset{종유석\ 생성}{\overset{석회\ 동굴\ 생성}{\rightleftharpoons}} Ca(HCO_3)_2(aq)$

② 비가역 반응

(㉢) 반응	$CH_4(g) + 2O_2(g) \longrightarrow CO_2(g) + 2H_2O(l)$
기체 발생 반응	$Mg(s) + 2HCl(aq) \longrightarrow MgCl_2(aq) + H_2(g)$
산 염기 (㉣) 반응	$HCl(aq) + NaOH(aq) \longrightarrow NaCl(aq) + H_2O(l)$

2. 동적 평형

(1) **동적 평형**: 가역 반응에서 정반응과 역반응이 같은 속도로 일어나서 겉보기에 변화가 일어나지 않는 것처럼 보이는 상태

(2) **상평형**: 물과 수증기의 동적 평형과 같이 한 물질의 2가지 이상의 상이 동적 평형을 이루는 상태

• 액체의 증발 속도와 기체의 응축 속도가 같아서 겉으로는 변화가 일어나지 않는 것처럼 보이지만 서로 다른 상이 공존하는 상태

> • **밀폐 용기에서 물의 증발과 동적 평형**
> 일정한 온도에서 밀폐 용기에 물을 넣고 충분한 시간이 지나면 물의 증발 속도와 수증기의 응축 속도가 같아져 동적 평형에 도달한다.

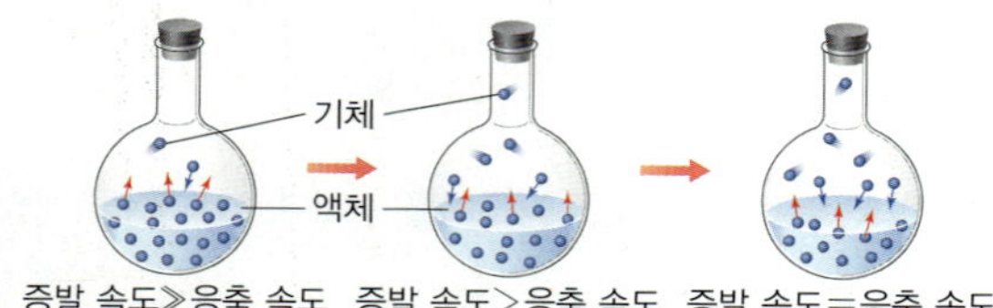

(3) **용해 평형**: 고체가 액체에 녹을 때 용질이 용해되는 속도와 석출되는 속도가 같아서 겉보기에 용해나 석출이 일어나지 않는 것처럼 보이는 상태

> • **설탕의 용해 평형**
> 일정한 온도에서 일정량의 물에 설탕을 넣어 주면 설탕의 용해 속도와 석출 속도가 같아져 동적 평형에 도달한다.

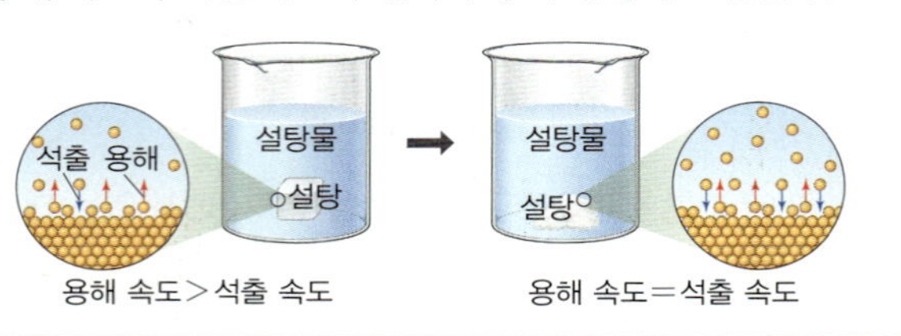

02 물의 자동 이온화

➡ 156~161쪽

1. 물의 자동 이온화

(1) 물은 대부분 분자 상태로 존재하지만, 매우 적은 양의 물이 이온화하여 동적 평형을 이룬다.

(2) (㉤): 물(H_2O) 분자가 스스로 이온화하여 하이드로늄 이온(H_3O^+)과 수산화 이온(OH^-)을 생성하는 반응

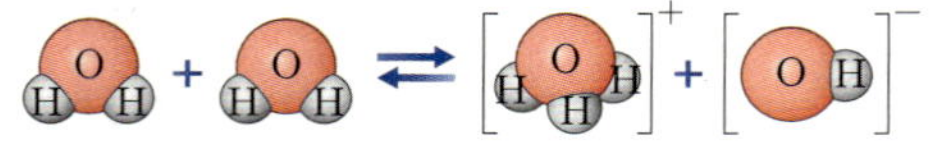

$$H_2O(l) + H_2O(l) \rightleftharpoons H_3O^+(aq) + OH^-(aq)$$

2. 물의 이온화 상수(K_w)
물의 자동 이온화 과정에서 생성된 하이드로늄 이온(H_3O^+)의 농도와 수산화 이온(OH^-)의 농도의 곱을 이온화 상수라고 한다.

$$K_w = (㉥)$$

(1) 물의 이온화 상수(K_w)는 온도가 일정하면 일정한 값을 가지며, 온도가 높을수록 커진다.

(2) 순수한 물에는 H_3O^+과 OH^-의 농도가 같다.

➡ 25℃에서 $K_w = [H_3O^+][OH^-] = (㉦)$이므로 25℃에서 $[H_3O^+] = [OH^-] = 1.0 \times 10^{-7}$M이다.

(3) $[H_3O^+]$와 $[OH^-]$에 따른 수용액의 액성(25℃)

농도(M) 1.0×10^{-14}　　　1.0×10^{-7}　　　1.0×10^{0}	
산성 용액	$[H_3O^+]$ $[OH^-]$　　$[H_3O^+] > [OH^-]$
중성 용액	$[H_3O^+]$ $[OH^-]$　　$[H_3O^+] = [OH^-]$
염기성 용액	$[H_3O^+]$ $[OH^-]$　　$[H_3O^+] < [OH^-]$

3. 수소 이온 농도 지수(pH)

① pH: $[H_3O^+]$를 이용하여 수용액의 액성을 나타낸 값
— 수소 이온 농도의 역수의 상용로그 값

$$pH = \log \frac{1}{[H_3O^+]} = -\log[H_3O^+]$$

② pH가 1만큼 작아지면 $[H_3O^+]$는 10배로 커지고, pH가 1만큼 커지면 $[H_3O^+]$는 $\frac{1}{10}$배로 작아진다.

③ $25°C$ 수용액에서 $K_w = [H_3O^+][OH^-] = 1.0 \times 10^{-14}$이므로 $25°C$ 수용액의 $pH + pOH = (\bigcirc\!\!\!\bigcirc$ $)$이다.

4. pH와 수용액의 액성(25°C)

산성	$[H_3O^+] > 1.0 \times 10^{-7} > [OH^-]$	$pH < 7,\ pOH > 7$
중성	$[H_3O^+] = 1.0 \times 10^{-7} = [OH^-]$	$pH = 7,\ pOH = 7$
염기성	$[H_3O^+] < 1.0 \times 10^{-7} < [OH^-]$	$pH > 7,\ pOH < 7$

5. 산과 염기의 정의

(1) 아레니우스 산과 염기

① 산: 물에 녹아 H^+을 내놓는 물질

② 염기: 물에 녹아 OH^-을 내놓는 물질

③ 산과 염기의 이온화의 예

산	$\cdot\ HCl(aq) \longrightarrow H^+(aq) + Cl^-(aq)$ $\cdot\ H_2SO_4(aq) \longrightarrow 2H^+(aq) + SO_4^{2-}(aq)$ $\cdot\ CH_3COOH(aq) \longrightarrow H^+(aq) + CH_3COO^-(aq)$
염기	$\cdot\ NaOH(aq) \longrightarrow Na^+(aq) + OH^-(aq)$ $\cdot\ KOH(aq) \longrightarrow K^+(aq) + OH^-(aq)$ $\cdot\ Ca(OH)_2(aq) \longrightarrow Ca^{2+}(aq) + 2OH^-(aq)$

(2) 브뢴스테드·로리 산과 염기

산	염기
다른 물질에게 양성자(H^+)를 주는 물질	다른 물질로부터 양성자(H^+)를 받는 물질

· 염화 수소와 암모니아의 반응

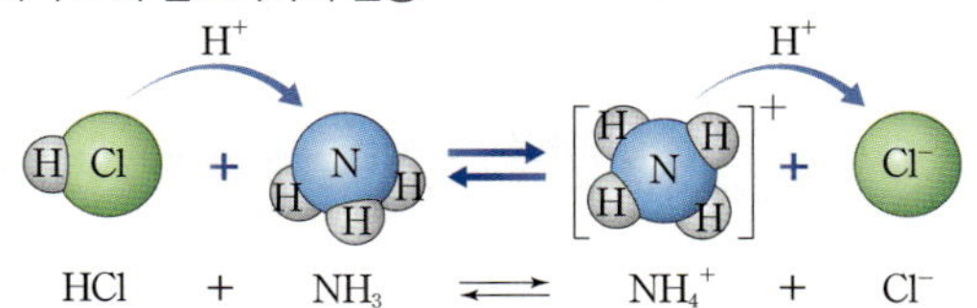

➡ HCl는 H^+을 내놓으므로 산이고, NH_3는 H^+을 받으므로 염기이다.

(3) ($\bigcirc$) 물질: 반응에 따라 양성자(H^+)를 주는 산으로 작용하기도 하고, 양성자(H^+)를 받는 염기로 작용하기도 하는 물질이다.

 ## 산 염기 중화 반응

➡ 162~169쪽

1. 중화 반응
산과 염기가 반응하여 물과 염이 생성되는 반응

2. 중화 반응의 양적 관계
산의 H^+과 염기의 OH^-이 항상 ($\bigcirc$)의 몰비로 반응하여 물을 생성한다.

· 산과 염기가 완전히 중화되는 조건: 산과 염기가 완전히 중화되려면 산이 내놓는 H^+의 양(mol)과 염기가 내놓는 OH^-의 양(mol)이 같아야 한다.

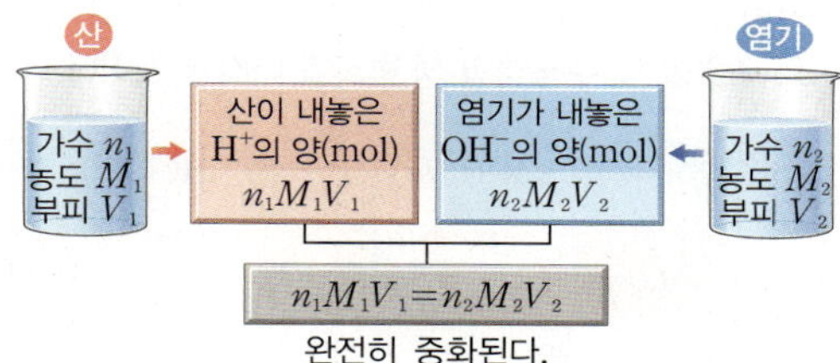

3. 산 염기 중화 적정

(1) **중화 적정**: 중화 반응의 양적 관계를 이용하여 농도를 모르는 산이나 염기의 농도를 알아내는 실험적 방법

➡ 중화 반응의 양적 관계($n_1 M_1 V_1 = n_2 M_2 V_2$)를 이용한다.

(2) **중화 적정에 필요한 실험 도구**

· 부피 플라스크: 정확한 몰 농도의 표준 용액을 만들 때 사용

· 뷰렛: 넣어 준 표준 용액의 부피를 측정할 때 사용

· 피펫: 액체의 부피를 정확히 취하여 옮길 때 사용

(3) ($\ominus$) : 농도를 알고 있는 용액

(4) ($\oplus$) : 산과 염기가 완전히 중화되는 지점

(5) **중화 적정 방법**

> · 그림과 같이 농도를 모르는 묽은 염산(HCl)을 삼각 플라스크에 넣고, 뷰렛에 농도를 알고 있는 수산화 나트륨($NaOH$) 수용액을 넣고 적정한다.
>
> 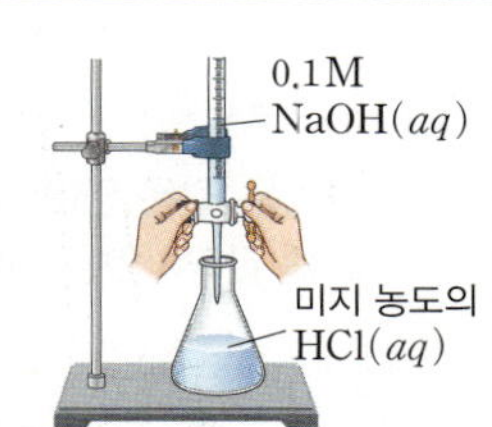
>
>
> · 중화점까지 넣어 준 $NaOH(aq)$의 부피를 측정한 후, $n_1 M_1 V_1 = n_2 M_2 V_2$를 이용하여 산 수용액의 농도를 구한다.

[양쪽성 물질로 작용하는 물(H_2O)]

① $H_2CO_3(aq) + H_2O(l) \longrightarrow HCO_3^-(aq) + H_3O^+(aq)$
    산   염기

② $HCO_3^-(aq) + H_2O(l) \longrightarrow H_2CO_3(aq) + OH^-(aq)$
    염기   산

➡ ①에서 H_2O은 H^+을 받는 염기로, ②에서 H_2O은 H^+을 내놓는 산으로 작용한다.

➡ H_2O은 산과 염기로 모두 작용할 수 있는 양쪽성 물질이다.

01 다음은 다이크로뮴산 칼륨($K_2Cr_2O_7$)을 물에 녹였을 때 일어나는 반응의 화학 반응식이다.

$$Cr_2O_7{}^{2-}(aq) + H_2O(l) \rightleftharpoons 2CrO_4{}^{2-}(aq) + 2H^+(aq)$$

그림은 $K_2Cr_2O_7(aq)$에 $NaOH(aq)$과 $HCl(aq)$을 차례대로 넣었을 때 수용액의 색 변화를 나타낸 것이다.

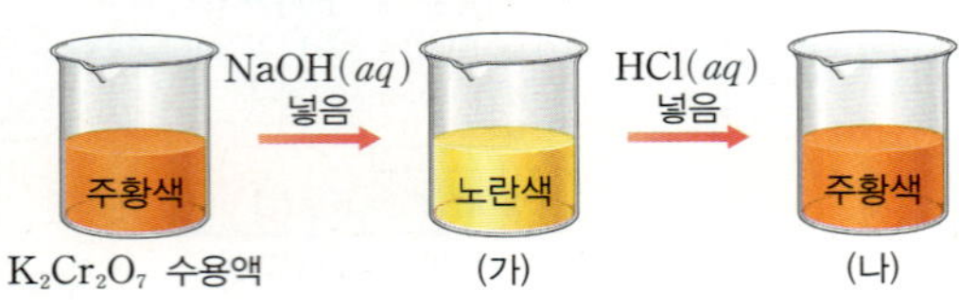

이에 대한 설명으로 옳은 것만을 〈보기〉에서 있는 대로 고른 것은?

┤ 보기 ├
ㄱ. 수용액에서 $CrO_4{}^{2-}$은 노란색을 나타낸다.
ㄴ. $NaOH(aq)$을 넣었을 때 정반응이 일어난다.
ㄷ. (나)에서 이온의 양(mol)은 $Cr_2O_7{}^{2-} > CrO_4{}^{2-}$이다.

① ㄱ　　　② ㄷ　　　③ ㄱ, ㄴ
④ ㄴ, ㄷ　　　⑤ ㄱ, ㄴ, ㄷ

02 다음은 무색의 사산화 이질소(N_2O_4)가 분해되어 적갈색의 이산화 질소(NO_2)가 생성되는 반응의 화학 반응식이다.

$$N_2O_4(g) \rightleftharpoons 2NO_2(g)$$

그림은 같은 양(mol)의 $N_2O_4(g)$와 $NO_2(g)$를 혼합하여 온도를 달리하였을 때의 색 변화를 나타낸 것이다.

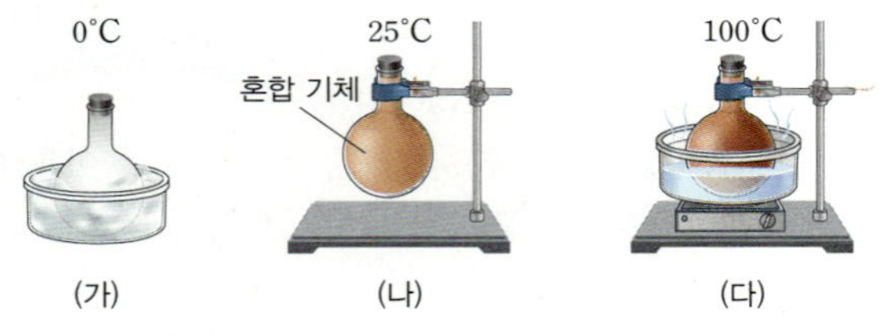

이에 대한 설명으로 옳은 것만을 〈보기〉에서 있는 대로 고른 것은?

┤ 보기 ├
ㄱ. N_2O_4의 분해 반응은 가역 반응이다.
ㄴ. NO_2의 분자 수는 (가)에서가 (나)에서보다 크다.
ㄷ. 전체 기체의 분자 수는 (다)에서가 (나)에서보다 크다.

① ㄱ　　② ㄴ　　③ ㄱ, ㄴ　　④ ㄱ, ㄷ　　⑤ ㄴ, ㄷ

03 그림은 일정한 온도에서 물이 든 비커를 밀폐 용기 속에 넣은 모습과 시간에 따른 밀폐 용기 속 물의 증발 속도와 수증기의 응축 속도를 나타낸 것이다.

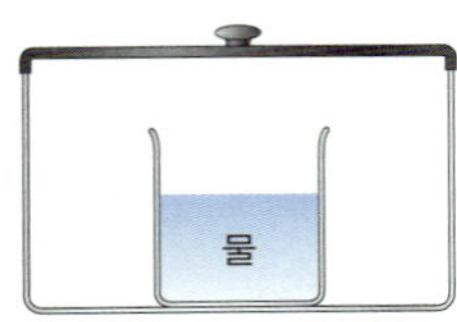

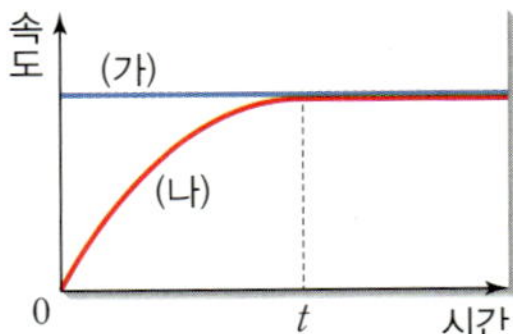

이에 대한 설명으로 옳은 것만을 〈보기〉에서 있는 대로 고른 것은?

┤ 보기 ├
ㄱ. (가)는 응축 속도이다.
ㄴ. t일 때 동적 평형에 도달하였다.
ㄷ. t 이후 증발과 응축은 일어나지 않는다.

① ㄱ　　　② ㄴ　　　③ ㄱ, ㄷ
④ ㄴ, ㄷ　　　⑤ ㄱ, ㄴ, ㄷ

04 그림 (가)는 용기에 휘발성 액체 A를 넣은 다음 수은의 높이 차(h)를 측정한 실험을 나타낸 것이고, (나)는 시간에 따른 수은의 높이 차(h)를 나타낸 것이다.

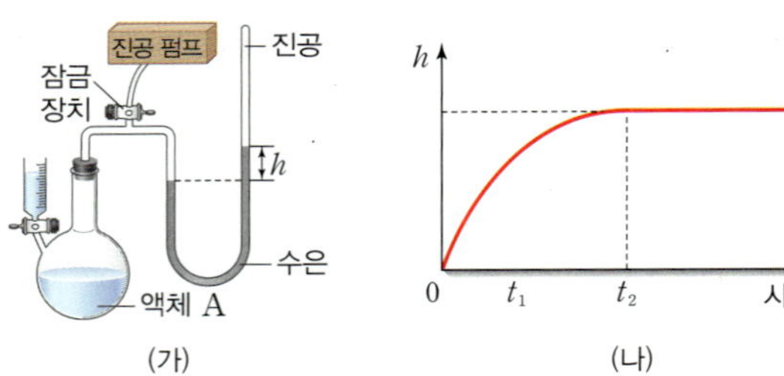

이에 대한 설명으로 옳은 것만을 〈보기〉에서 있는 대로 고른 것은? (단, 온도는 일정하다.)

┤ 보기 ├
ㄱ. t_2일 때 동적 평형을 이룬다.
ㄴ. 증발 속도는 t_2일 때가 t_1일 때보다 크다.
ㄷ. 응축 속도는 t_2일 때가 t_1일 때보다 크다.

① ㄱ　　　② ㄴ　　　③ ㄱ, ㄷ
④ ㄴ, ㄷ　　　⑤ ㄱ, ㄴ, ㄷ

05 다음은 에탄올(C_2H_5OH)을 이용한 실험 과정이다.

[실험 과정]
(가) 25℃에서 2개의 비커에 $C_2H_5OH(l)$ 100 g을 각각 넣는다.
(나) (가)의 비커를 밀폐 용기 속의 저울(Ⅰ)과 공기 중 저울(Ⅱ)에 각각 올려놓고 질량을 측정한다.
(다) 1시간마다 비커의 질량을 측정한다.

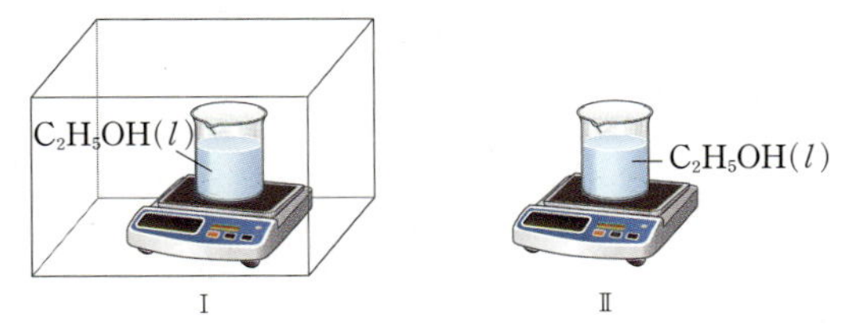

이에 대한 설명으로 옳은 것만을 〈보기〉에서 있는 대로 고른 것은? (단, 온도는 일정하다.)

보기
ㄱ. (나)에서 $C_2H_5OH(l)$의 증발 속도는 Ⅰ과 Ⅱ에서 같다.
ㄴ. Ⅰ에서 충분한 시간이 지났을 때 $C_2H_5OH(l)$의 질량은 일정하게 유지된다.
ㄷ. 충분한 시간이 지났을 때 남아 있는 $C_2H_5OH(l)$의 질량은 Ⅱ에서가 Ⅰ에서보다 크다.

① ㄱ　② ㄷ　③ ㄱ, ㄴ　④ ㄴ, ㄷ　⑤ ㄱ, ㄴ, ㄷ

06 그림 (가)는 한쪽 용기에 액체 브로민(Br_2)을 넣은 모습을, (나)는 (가)의 콕을 열고 충분한 시간이 지난 후의 모습을 나타낸 것이다.

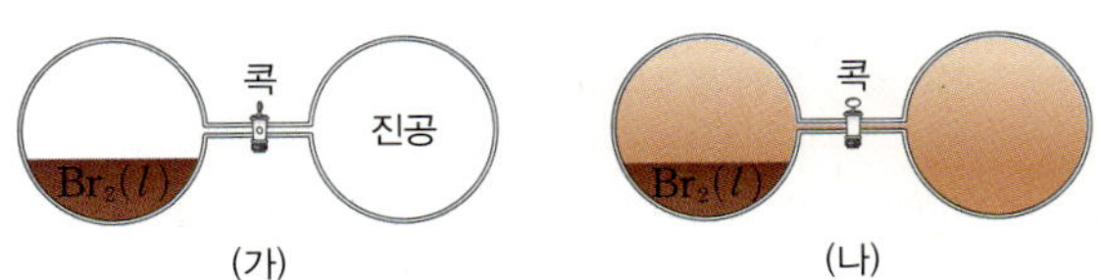

이에 대한 설명으로 옳은 것만을 〈보기〉에서 있는 대로 고른 것은? (단, 온도는 일정하다.)

보기
ㄱ. $Br_2(l)$의 증발 속도는 (가)에서와 (나)에서가 같다.
ㄴ. (나)에서 $Br_2(l)$의 증발 속도와 $Br_2(g)$의 응축 속도는 같다.
ㄷ. $Br_2(l)$의 분자 수는 (가)에서가 (나)에서보다 크다.

① ㄱ　② ㄷ　③ ㄱ, ㄴ　④ ㄴ, ㄷ　⑤ ㄱ, ㄴ, ㄷ

07 그림은 t℃에서 용질 X 30 g을 물 50 g에 넣고 녹여 주었을 때, X 13 g이 남아 있는 모습을 나타낸 것이다.

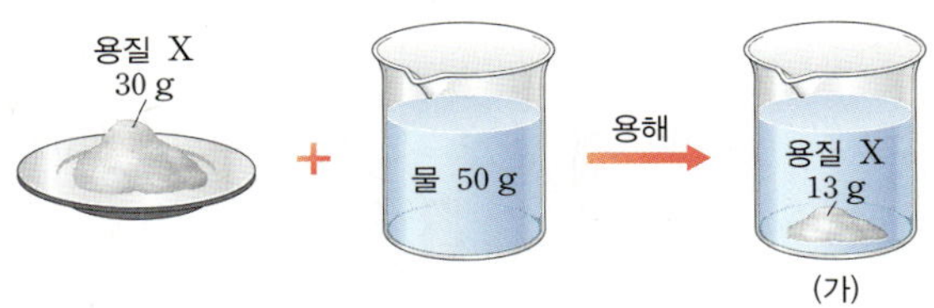

이에 대한 설명으로 옳은 것만을 〈보기〉에서 있는 대로 고른 것은? (단, 온도는 t℃로 일정하다.)

보기
ㄱ. t℃에서 X의 용해도는 17이다.
ㄴ. (가)에서 용해 속도와 석출 속도는 같다.
ㄷ. (가)에 물을 추가로 넣고 녹여 주면 석출 속도가 용해 속도보다 빨라진다.

① ㄱ　② ㄴ　③ ㄱ, ㄷ
④ ㄴ, ㄷ　⑤ ㄱ, ㄴ, ㄷ

08 그림은 농도를 모르는 수산화 나트륨($NaOH$) 수용액 40 g을 1 M 묽은 염산(HCl) 100 mL로 적정하여 중화점에 도달한 상태를 나타낸 것이다.

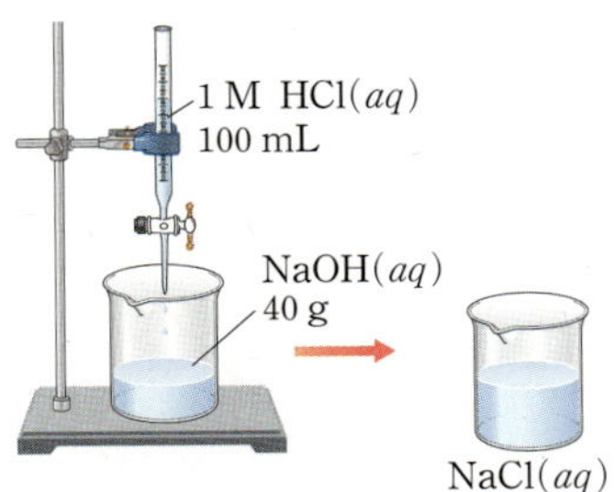

이에 대한 설명으로 옳은 것만을 〈보기〉에서 있는 대로 고른 것은? (단, NaOH의 화학식량은 40이고, 온도는 일정하다.)

보기
ㄱ. 적정 전 $NaOH(aq)$의 퍼센트 농도는 10%이다.
ㄴ. 적정 후 $NaCl(aq)$에 들어 있는 Na^+의 양(mol)은 0.1몰이다.
ㄷ. $[H_3O^+][OH^-]$은 적정 전 $NaOH(aq)$이 적정 후 $NaCl(aq)$보다 크다.

① ㄱ　② ㄷ　③ ㄱ, ㄴ
④ ㄴ, ㄷ　⑤ ㄱ, ㄴ, ㄷ

09 그림은 25℃에서 3가지 수용액 (가)~(다)에 들어 있는 $[H_3O^+]$와 $[OH^-]$를 나타낸 것이다.

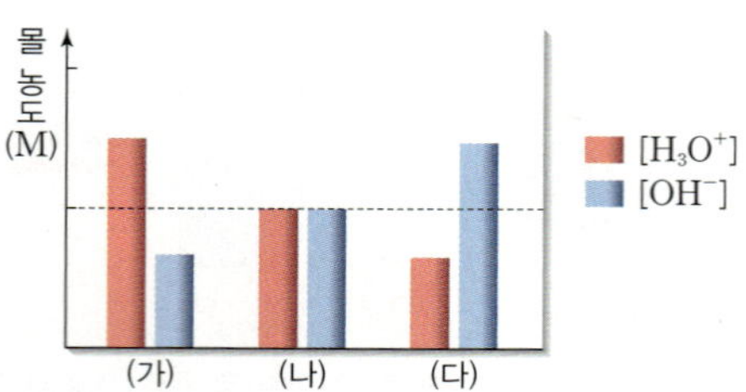

이에 대한 설명으로 옳은 것만을 〈보기〉에서 있는 대로 고른 것은? (단, 온도는 25℃로 일정하고, 25℃에서 물의 이온화 상수(K_w)는 1.0×10^{-14}이다.)

| 보기 |

ㄱ. 수용액의 pOH는 (나)>(가)이다.

ㄴ. (가)~(다)에서 pH+pOH는 모두 같다.

ㄷ. (가)와 (다)를 혼합한 용액의 $[H_3O^+] \times [OH^-]$는 K_w와 같다.

① ㄱ   ② ㄴ   ③ ㄱ, ㄷ

④ ㄴ, ㄷ   ⑤ ㄱ, ㄴ, ㄷ

10 표는 25℃에서 0.1M 묽은 황산(H_2SO_4)과 0.2M 수산화 나트륨(NaOH) 수용액을 혼합했을 때, 혼합 용액 A~D의 혼합 전 용액의 부피를 나타낸 것이다. A에서 $[H_3O^+]=[OH^-]$이다.

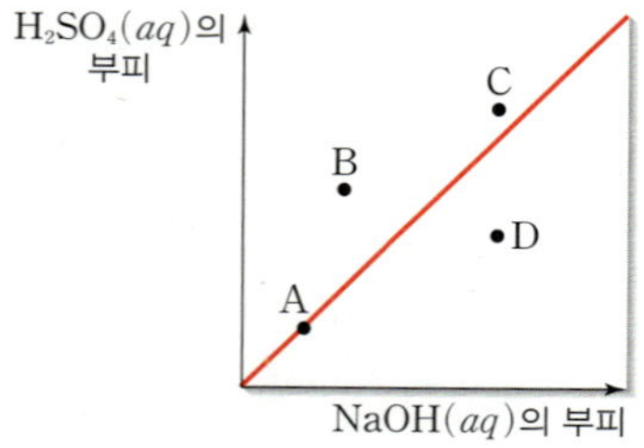

이에 대한 설명으로 옳은 것만을 〈보기〉에서 있는 대로 고른 것은? (단, 온도는 25℃로 일정하고, 혼합 용액의 부피는 혼합 전 각 용액의 부피의 합과 같다.)

| 보기 |

ㄱ. $[H_3O^+]$는 B에서가 D에서보다 크다.

ㄴ. $\dfrac{pH}{pOH}$ 는 C에서가 D에서보다 크다.

ㄷ. A에서 혼합 전 용액의 부피비는 $H_2SO_4(aq)$: NaOH$(aq)=2:1$이다.

① ㄱ   ② ㄴ   ③ ㄱ, ㄷ

④ ㄴ, ㄷ   ⑤ ㄱ, ㄴ, ㄷ

11 표는 2종류의 산 수용액과 염기 수용액을 각각 5mL씩 반응시켜 만든 혼합 용액 (가)~(라)를 나타낸 것이다. (가)와 (라)는 중성 용액이고, 생성된 물의 양(mol)은 (라)에서가 (가)에서의 2배이다.

염기 수용액　＼　산 수용액	HCl(aq) 5mL	$H_2SO_4(aq)$ 5mL
NaOH(aq) 5mL	(가)	(나)
Ca(OH)$_2(aq)$ 5mL	(다)	(라)

이에 대한 설명으로 옳은 것만을 〈보기〉에서 있는 대로 고른 것은? (단, 온도는 25℃로 일정하고, 25℃에서 물의 이온화 상수(K_w)는 1.0×10^{-14}이다.)

| 보기 |

ㄱ. 몰 농도는 Ca(OH)$_2(aq)$이 HCl(aq)의 2배이다.

ㄴ. 수용액의 $[H_3O^+]$는 (나)>(다)이다.

ㄷ. 전체 양이온의 양(mol)은 (다)가 (나)의 2배이다.

① ㄱ   ② ㄴ   ③ ㄱ, ㄷ

④ ㄴ, ㄷ   ⑤ ㄱ, ㄴ, ㄷ

12 표는 묽은 염산(HCl)과 수산화 나트륨(NaOH) 수용액을 부피를 달리하여 혼합한 용액 (가), (나)에 대한 자료이다.

혼합 용액		(가)	(나)
혼합 전 용액의 부피(mL)	HCl(aq)	30	V
	NaOH(aq)	$2V$	20
혼합 용액 속 이온의 몰비		$\dfrac{OH^-}{Cl^-}=\dfrac{1}{3}$	$\dfrac{Na^+}{H^+}=\dfrac{1}{3}$

이에 대한 설명으로 옳은 것만을 〈보기〉에서 있는 대로 고른 것은? (단, 온도는 25℃로 일정하고, 25℃에서 물의 이온화 상수(K_w)는 1.0×10^{-14}이다.)

| 보기 |

ㄱ. $V=40$이다.

ㄴ. 혼합 전 몰 농도비는 HCl(aq) : NaOH$(aq)=$ 2:1이다.

ㄷ. (가)와 (나)를 혼합한 용액의 pH<7이다.

① ㄱ   ② ㄷ   ③ ㄱ, ㄴ

④ ㄴ, ㄷ   ⑤ ㄱ, ㄴ, ㄷ

13 표는 25℃에서 묽은 염산(HCl)에 수산화 나트륨(NaOH) 수용액과 수산화 칼륨(KOH) 수용액을 각각 혼합한 용액에 대한 자료이다. 이온 모형 1개는 0.01몰에 해당한다.

혼합 용액		(가)	(나)
혼합 전 용액의 부피 (mL)	HCl(aq)	50	50
	NaOH(aq)	25	0
	KOH(aq)	0	50
혼합 용액의 이온 모형			

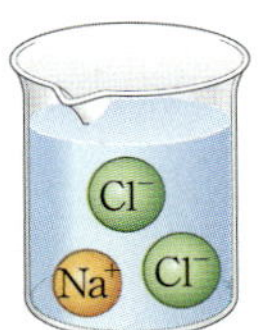

이에 대한 설명으로 옳은 것만을 〈보기〉에서 있는 대로 고른 것은? (단, 혼합 용액의 부피는 혼합 전 각 용액의 부피의 합과 같고, 25℃에서 물의 이온화 상수(K_w)는 1.0×10^{-14}이다.)

┤ 보기 ├

ㄱ. 혼합 전 NaOH(aq)의 몰 농도는 0.2 M이다.

ㄴ. 혼합 용액의 $[H_3O^+]$비는 (가) : (나) $= 2 \times 10^6$: 1이다.

ㄷ. 생성된 물의 양(mol)은 (가) > (나)이다.

① ㄱ　　　　② ㄴ　　　　③ ㄱ, ㄷ
④ ㄴ, ㄷ　　　⑤ ㄱ, ㄴ, ㄷ

14 그림은 25℃에서 0.1 M 묽은 염산(HCl) V_1 mL와 0.2 M 수산화 나트륨(NaOH) 수용액 V_2 mL를 혼합하였을 때, 혼합 용액에 들어 있는 이온 중 Na^+과 Cl^-만을 모형으로 나타낸 것이다.

혼합 용액

이에 대한 설명으로 옳은 것만을 〈보기〉에서 있는 대로 고른 것은? (단, 온도는 25℃로 일정하고, 25℃에서 물의 이온화 상수(K_w)는 1.0×10^{-14}이다.)

┤ 보기 ├

ㄱ. $V_1 : V_2 = 4 : 1$이다.

ㄴ. 혼합 용액에서 $\dfrac{[H_3O^+]}{[OH^-]} > 1$이다.

ㄷ. 혼합 용액에 25℃의 KOH(aq)을 추가로 넣으면 $[H_3O^+][OH^-]$는 감소한다.

① ㄱ　　② ㄷ　　③ ㄱ, ㄴ　　④ ㄴ, ㄷ　　⑤ ㄱ, ㄴ, ㄷ

15 다음은 식초 속의 아세트산(CH_3COOH)의 몰 농도를 알아내기 위한 실험이다.

[실험 과정]

(가) 식초의 농도를 $\dfrac{1}{10}$로 묽힌 수용액 20 mL를 삼각 플라스크에 넣는다.

(나) (가)의 용액에 페놀프탈레인 용액 2~3방울을 넣는다.

(다) 그림과 같이 0.1 M NaOH(aq)을 삼각 플라스크에 조금씩 떨어뜨리며 천천히 흔들어 준다.

(라) 용액 전체가 붉은색으로 변하면 적정을 멈추고 넣어 준 NaOH(aq)의 부피를 측정한다.

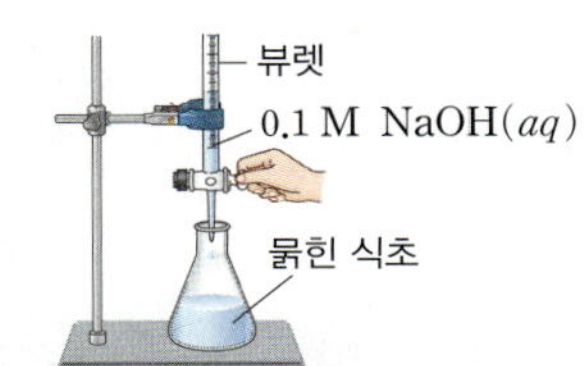

[실험 결과]

• 적정에 사용한 NaOH(aq)의 부피는 22 mL였다.

이에 대한 설명으로 옳은 것만을 〈보기〉에서 있는 대로 고른 것은?

┤ 보기 ├

ㄱ. 식초 속 CH_3COOH의 몰 농도는 1.1 M이다.

ㄴ. (가)에서 스포이트를 사용하여 용액을 넣는다.

ㄷ. 적정에 사용한 NaOH(aq)의 부피는 적정 전과 후의 뷰렛의 눈금 차이로부터 구할 수 있다.

① ㄱ　　② ㄴ　　③ ㄱ, ㄷ　　④ ㄴ, ㄷ　　⑤ ㄱ, ㄴ, ㄷ

16 표는 25℃에서 묽은 염산(HCl)과 수산화 나트륨(NaOH) 수용액의 부피를 달리하여 혼합한 수용액 (가)와 (나)에 대한 자료이다.

혼합 용액	HCl(aq)의 부피(mL)	NaOH(aq)의 부피(mL)	전체 이온의 양(mol)
(가)	10	15	n
(나)	20	5	n

이에 대한 설명으로 옳은 것만을 〈보기〉에서 있는 대로 고른 것은? (단, 25℃에서 물의 이온화 상수(K_w)는 1.0×10^{-14}이다.)

┤ 보기 ├

ㄱ. (가)에서 $[OH^-] > 1.0 \times 10^{-7}$ M이다.

ㄴ. 생성된 물의 양(mol)은 (가)에서가 (나)에서의 1.5배이다.

ㄷ. (가)와 (나)를 혼합한 용액에서 $[Na^+] = [Cl^-]$이다.

① ㄱ　　② ㄷ　　③ ㄱ, ㄴ　　④ ㄴ, ㄷ　　⑤ ㄱ, ㄴ, ㄷ

02

화학 반응과 열의 출입

01. 산화 환원 반응

02. 화학 반응에서의 열 출입

01 산화 환원 반응

먼저 알아야 할 **용어!**

- **금속** | 전자를 잃고 양이온이 되기 쉬운 물질
- **비금속** | 전자를 얻고 음이온이 되기 쉬운 물질
- **전기 음성도** | 공유 결합에서 원자가 공유 전자쌍을 끌어당기는 힘의 정도

⊗ 먼저 알아야 할 내용

1. 산소의 이동에 의한 산화 환원 반응

(1) ⊙ [   ] : 산소를 얻는 반응   (2) ⓒ [   ] : 산소를 잃는 반응

2. 산소의 이동에 의한 여러 가지 산화 환원 반응

(1) ⓒ [   ] : 물질이 산소와 빠르게 반응하면서 열과 빛을 내는 현상

(2) 철의 ② [   ] : 산화 철(Ⅲ)(Fe_2O_3)이 주성분인 철광석에서 순수한 철(Fe)을 얻는 방법

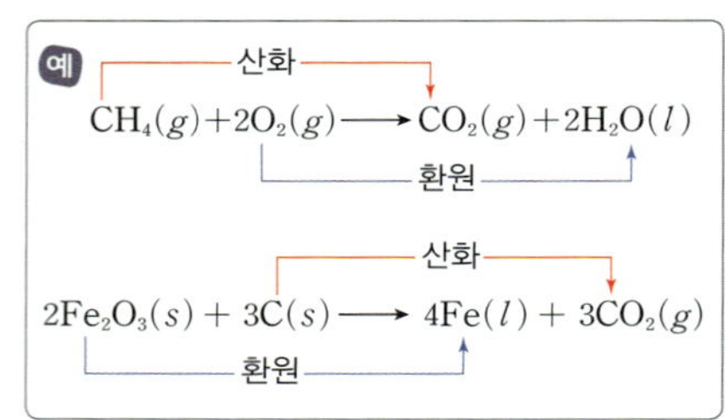

답 ⊙ 산화 ⓒ 환원 ⓒ 연소 ② 제련

Ⓐ 전자의 이동에 의한 산화 환원 반응

1. 전자의 이동과 산화 환원 반응

산화	환원
원자나 이온이 전자를 잃는 반응	원자나 이온이 전자를 얻는 반응
예 $Mg \longrightarrow Mg^{2+} + 2e^-$	예 $Cu^{2+} + 2e^- \longrightarrow Cu$

2. 산소가 관여하는 산화 환원 반응에서의 전자의 이동

예 **마그네슘(Mg)과 산소(O_2)의 반응**
- Mg이 전자를 잃고 산화되어 Mg^{2+}이 되고, O가 전자를 얻어 환원되어 O^{2-}이 된다.

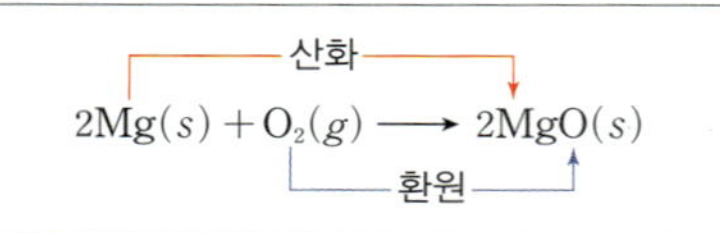

3. 산소가 관여하지 않는 산화 환원 반응에서의 전자의 이동

예 **금속과 비금속의 반응**
- 금속 원소의 원자에서 비금속 원소의 원자로 전자가 이동한다.

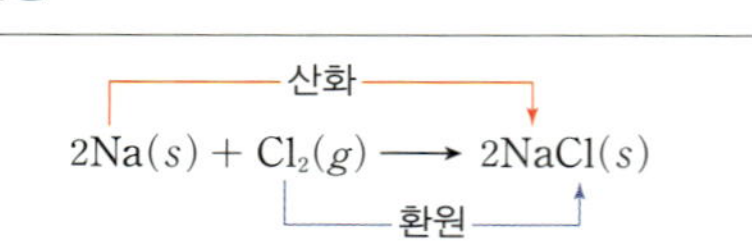

예 **금속과 금속 이온의 반응**
- 금속 이온이 녹아 있는 수용액에 금속을 넣어 주면 반응성이 큰 금속은 전자를 잃고 산화되고, 반응성이 작은 금속의 양이온은 전자를 얻어 환원된다.

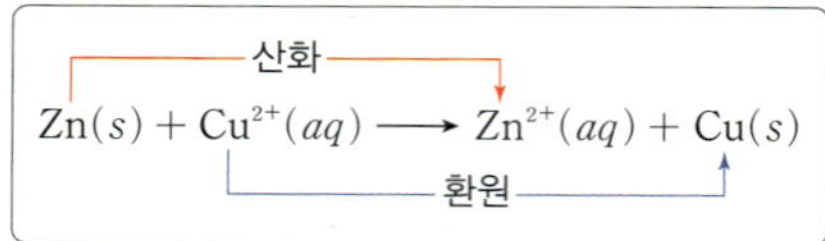

4. 산화 환원 반응의 동시성
산화 환원 반응은 항상 동시에 일어나므로 한 반응에서 산소를 얻거나 전자를 잃어 산화된 물질이 있으면, 반드시 산소를 잃거나 전자를 얻어 환원된 물질이 있다.

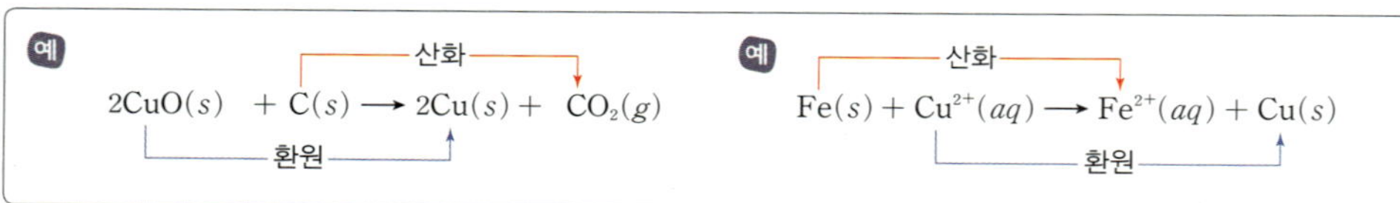

❖ **산화와 환원**

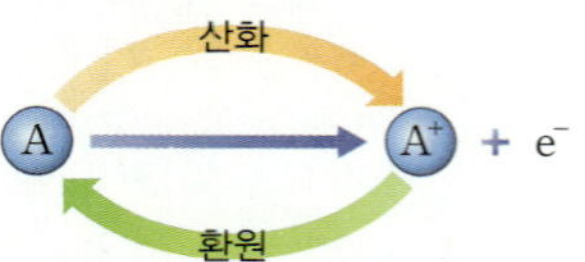

전자를 잃는 반응은 산화, 전자를 얻는 반응은 환원이라고 한다.

❖ **산소의 이동에 의한 산화 환원 정의의 한계**

Mg과 O_2의 반응에서 산소의 이동에 의한 산화는 설명할 수 있지만, 산소의 이동에 의한 환원은 설명할 수 없다. 그러나 Mg과 O_2가 결합할 때 전자가 Mg에서 O로 이동하므로 전자의 이동에 의한 산화 환원을 설명할 수 있다.

❖ **금속의 반응성**

금속은 전자를 잃고 양이온이 되기 쉬운 물질이므로 금속의 반응성이 클수록 전자를 잃기 쉽다. 따라서 반응성이 큰 금속은 반응성이 작은 금속보다 산화되기 쉽다.

다음은 금속 A∼C의 산화 환원 반응 실험이다. (단, 물과 음이온은 반응에 참여하지 않는다.)

[실험 과정]

(가) A^{a+}과 B^{b+}이 들어 있는 수용액을 준비한다.

(나) (가)의 수용액에 C 3몰을 넣어 반응시킨다.

(다) (나)의 수용액에서 석출된 금속을 제거하고, C 3몰을 넣어 반응시킨다.

[실험 결과]

1. (나)와 (다)에서 각각 C 3몰은 모두 반응하였다.

2. (나)에서 A만 석출되었다.

3. (다)에서 석출된 A와 B의 몰비는 1:1이다.

4. 각 과정 후 수용액에 들어 있는 양이온의 종류와 전체 양이온의 양(mol)

과정	(가)	(나)	(다)
양이온의 종류	A^{a+}, B^{b+}	A^{a+}, B^{b+}, C^{c+}	B^{b+}, C^{c+}
전체 양이온의 양(mol)	13	10	9

❶ [실험 결과 1]로부터 알 수 있는 사실: (나)와 (다)에서 각각 C^{c+} 3몰씩 생성된다.
- (나) 과정 후 수용액에 들어 있는 이온의 양(mol): $A^{a+} + B^{b+}$=7몰, C^{c+}=3몰
- (다) 과정 후 수용액에 들어 있는 이온의 양(mol): B^{b+}=3몰, C^{c+}=6몰

❷ [실험 결과 3]으로부터 알 수 있는 사실: (나) 과정 후 수용액에 들어 있는 A^{a+}과 B^{b+}의 양(mol)
- (나)와 (다) 과정 후 C^{c+}을 제외한 다른 이온의 양(mol) 차이는 4몰이다.
  - ➡ (다)에서 반응한 A^{a+}과 B^{b+}의 양(mol)은 각각 2몰이다.
  - ➡ (나) 과정 후 수용액에 들어 있는 A^{a+}은 2몰, B^{b+}은 5몰이다.

❸ [실험 결과 2]로부터 알 수 있는 사실: A^{a+}, B^{b+}, C^{c+}의 전하
- (가)와 (나) 과정 후 수용액에 들어 있는 B^{b+}의 양(mol)은 같다.
  - ➡ (가)에는 A^{a+} 8몰, B^{b+}은 5몰이 들어 있다.
  - ➡ (나)에서 반응한 A^{a+}의 양(mol)은 6몰이므로 반응 몰비는 A^{a+}:C=2 : 1이다. 따라서 $a=1$, $c=2$이다.
- (다)에서 C 1몰은 A^{a+} 2몰과 반응하였고 C 2몰은 B^{b+} 2몰과 반응하였다.
  - ➡ 반응 몰비는 B^{b+}:C=1:1이므로 $b=c=2$이다.

❖ **금속과 금속 이온의 반응**
- $A + B^{2+} \longrightarrow A^{2+} + B$
- ➡ A가 산화되면서 B^{2+}을 환원시키므로 반응성은 A가 B보다 크다.
- $A + C^{2+} \longrightarrow$ 반응하지 않음
- ➡ A가 C^{2+}을 환원시키지 못하므로 반응성은 C가 A보다 크다.

❖ **금속 이온의 반응 몰비**

반응 전후 수용액 속 금속 양이온의 총 전하량은 일정하므로 금속 이온의 반응 몰비는 금속 이온의 전하의 역수에 비례한다.

❖ **황산 구리(Ⅱ) 수용액과 아연(Zn)의 반응**
- 산화 환원 반응식

$$Zn(s) + Cu^{2+}(aq) \longrightarrow Zn^{2+}(aq) + Cu(s)$$

$CuSO_4(aq)$에 아연판을 넣어 반응시키면 Zn은 전자를 잃고 Zn^{2+}으로 산화되어 수용액에 녹아 들어가고, Cu^{2+}은 전자를 얻어 Cu로 환원되어 석출된다. 이때, 수용액의 푸른색이 점점 옅어지고, 아연판 표면에 붉은색 물질이 석출된다.

개념 바로 확인

정답 및 해설 | 36쪽

01 물질이 전자를 잃는 반응을 [   ], 물질이 전자를 얻는 반응을 [   ]이라고 한다.

02 Na과 Cl_2의 반응에서 Na은 [   ]되고, Cl_2는 [   ]된다.

03 Mg을 HCl(aq)에 넣으면 Mg은 전자를 잃고 산화되어 Mg^{2+}이 되고, [   ]은 전자를 얻고 환원되어 $H_2(g)$가 된다.

01 그림은 푸른색의 황산 구리(Ⅱ) 수용액에 아연 줄을 넣었을 때, 아연 줄 표면에 금속이 석출된 모습을 나타낸 것이다.

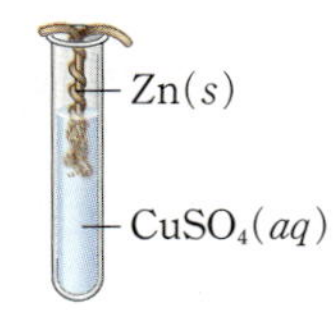

이에 대한 설명으로 옳은 것만을 〈보기〉에서 있는 대로 고르시오.

| 보기 |

ㄱ. SO_4^{2-}은 전자를 잃는다.

ㄴ. 수용액의 푸른색은 점점 짙어진다.

ㄷ. Zn 1몰이 반응할 때 이동한 전자의 양(mol)은 2몰이다.

ㄹ. 수용액의 전체 이온의 양(mol)은 감소한다.

산화 환원 반응

B 산화수 변화와 산화 환원 반응 탐구 활동 182쪽

— 전자를 잃어 산화된 상태는 '+'로, 전자를 얻어 환원된 상태는 '−'로 나타낸다.

1. 산화수 어떤 물질에서 성분 원소의 원자가 어느 정도 산화되었는지를 나타내는 가상적인 전하

(1) **이온 결합 물질에서의 산화수**: 이온 결합 물질은 양이온과 음이온이 결합된 물질이므로 각 이온의 전하가 그 이온의 산화수이다.

> 예 $NaCl$: Na^+과 Cl^-으로 이루어짐 ➡ Na의 산화수: $+1$, Cl의 산화수 : -1

(2) **공유 결합 물질에서의 산화수**: 구성 원자 중 전기 음성도가 큰 원자가 공유 전자쌍을 모두 가진다고 가정할 때 각 구성 원자가 가지는 전하와 같다. *— 전기 음성도가 큰 원자는 '−', 전기 음성도가 작은 원자는 '+' 산화수를 갖는다.*

2. 산화수를 정하는 규칙

규칙	예
원소를 구성하는 원자의 산화수는 0이다.	Cu, H_2, O_2에서 Cu, H, O의 산화수는 모두 0이다.
화합물을 구성하는 각 원자의 산화수의 총합은 0이다.	H_2O: (H의 산화수)$\times 2+$(O의 산화수)$\times 1=0$ $+1$　-2
일원자 이온의 산화수는 그 이온의 전하와 같다.	Cu^{2+}에서 Cu의 산화수: $+2$, Cl^-에서 Cl의 산화수: -1
다원자 이온에서 원자의 산화수의 총합은 그 이온의 전하와 같다.	$SO_4{}^{2-}$: (S의 산화수)$\times 1+$(O의 산화수)$\times 4=-2$ $+6$　-2
화합물에서 H의 산화수는 $+1$이다.(단, 금속의 수소 화합물에서는 -1이다.)	• H_2O, HCl, CH_4에서 H의 산화수: $+1$ • NaH, MgH_2에서 H의 산화수: -1 *— 금속의 수소 화합물*
화합물에서 O의 산화수는 -2이다.(단, 과산화물에서는 -1이며, 플루오린 화합물에서는 $+1$, $+2$이다.)	• H_2O, CO_2에서 O의 산화수: -2 • H_2O_2에서 O의 산화수: -1 • OF_2에서 O의 산화수: $+2$, O_2F_2에서 O의 산화수: $+1$

3. 산화수와 산화 환원 반응

산화	산화수가 증가하는 반응	예
환원	산화수가 감소하는 반응	$N_2(g) + 3H_2(g) \longrightarrow 2NH_3(g)$ 산화 / 환원

4. 산화 환원 반응의 동시성

• 한 원자의 산화수가 증가하면 다른 원자의 산화수가 감소하므로 산화와 환원은 항상 동시에 일어난다. ➡ 산화되는 물질에서 증가한 산화수＝환원되는 물질에서 감소한 산화수

5. 산화제와 환원제

산화제	다른 물질을 산화시키고 자신은 환원되는 물질	예
환원제	다른 물질을 환원시키고 자신은 산화되는 물질	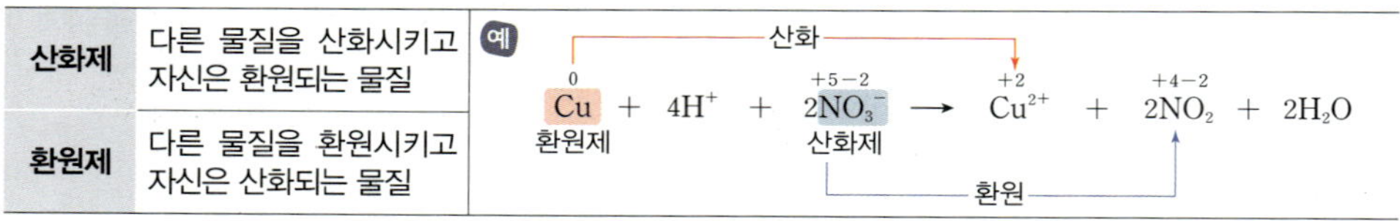

• **산화제와 환원제의 상대성**: 같은 물질이라도 반응에 따라 산화제로 작용할 수도 있고 환원제로 작용할 수도 있다.

C 산화 환원 반응식

1. 산화 환원 반응식

(1) **산화수법**: 산화 환원 반응에서 증가하는 총 산화수와 감소하는 총 산화수가 같다는 것을 이용하여 산화 환원 반응식을 완성하는 방법

➡ 증가한 산화수의 총합＝감소한 산화수의 총합

❖ 물(H_2O)에서 각 원자의 산화수

공유 전자쌍을 O가 모두 가진다고 가정한다.

$H \!:\! \ddot{O} \!:\! H$

부분적인 (−)전하 ┐　┌ 부분적인 (+)전하

• 전기 음성도: $O > H$
• H의 산화수: $+1$
• O의 산화수: -2

O와 H는 전자쌍 1개를 공유하여 단일 결합을 형성하므로 O는 H로부터 전자 1개를 얻고, H는 전자 1개를 잃은 것으로 가정한다. 따라서 O의 산화수는 -2, H의 산화수는 $+1$이다.

❖ 금속의 수소 화합물과 H의 산화수

금속 원소와 H는 이온 결합을 형성하므로 금속 원자는 전자를 잃고, 비금속인 H는 전자를 얻는다. 따라서 금속의 수소 화합물에서 H의 산화수는 -1이다.

❖ 과산화물

산화물에서 O 원자가 더해진 화합물
예 H_2O_2

❖ 플루오린(F)의 산화수

F은 전기 음성도가 가장 큰 원소이므로 어느 원소와 결합을 하더라도 항상 전자를 얻는다. 따라서 F은 항상 -1의 산화수를 갖는다.

❖ 산화제와 환원제의 상대성

예 이산화 황(SO_2)
이산화 황(SO_2)은 반응에 따라 산화제로 작용할 수 있고, 환원제로 작용할 수 있다.

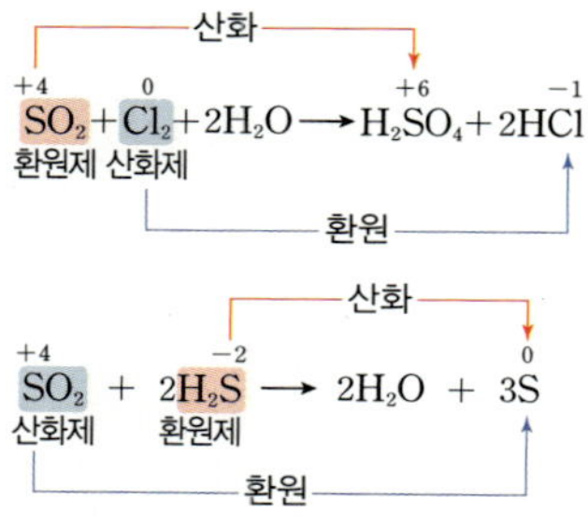

산 수용액에서 주석 이온(Sn^{2+})과 과망가니즈산 이온(MnO_4^-)의 반응

1단계 각 원자의 산화수를 구한다.

$$\overset{+2}{Sn^{2+}}(aq) + \overset{+7}{MnO_4^{-}}(aq) + H^+(aq) \longrightarrow \overset{+4}{Sn^{4+}}(aq) + \overset{+2}{Mn^{2+}}(aq) + H_2O(l)$$

2단계 반응 전후의 각 원자의 산화수 변화를 확인한다.

(산화수 2 증가: 산화)
$$\overset{+2}{Sn^{2+}}(aq) + \overset{+7}{MnO_4^{-}}(aq) + H^+(aq) \longrightarrow \overset{+4}{Sn^{4+}}(aq) + \overset{+2}{Mn^{2+}}(aq) + H_2O(l)$$
(산화수 5 감소: 환원)

3단계 증가한 산화수와 감소한 산화수가 같도록 계수를 맞춘다.

$(+2) \times 5$
$$5Sn^{2+}(aq) + 2MnO_4^{-}(aq) + H^+(aq) \longrightarrow 5Sn^{4+}(aq) + 2Mn^{2+}(aq) + H_2O(l)$$
$(-5) \times 2$

4단계 산화수 변화가 없는 원자들의 수가 같도록 계수를 맞춘다.
$$5Sn^{2+}(aq) + 2MnO_4^{-}(aq) + 16H^+(aq) \longrightarrow 5Sn^{4+}(aq) + 2Mn^{2+}(aq) + 8H_2O(l)$$

(2) **산화 환원 반응의 양적 관계**: 완성된 산화 환원 반응식으로부터 산화나 환원에 필요한 환원제, 산화제의 양(mol)을 알 수 있다.

예 $5Sn^{2+}(aq) + 2MnO_4^{-}(aq) + 16H^+(aq) \longrightarrow 5Sn^{4+}(aq) + 2Mn^{2+}(aq) + 8H_2O(l)$

➡ 산화제: MnO_4^-, 환원제: Sn^{2+}

➡ 산화제와 환원제의 반응 몰비: $MnO_4^- : Sn^{2+} = 2 : 5$

실전 자료 **산화수 구하기**

다음은 분자 (가)~(다)의 루이스 구조식과 자료이다.

$$H-\underset{H}{\overset{H}{X}}-H \qquad H-\underset{H}{\overset{H}{X}}=\ddot{Y} \qquad H-\underset{H}{\overset{H}{X}}-\ddot{Y}-\ddot{Z}:$$

(가)   (나)   (다)

- X~Z는 2, 3주기 원소이다.
- X의 산화수는 (나)에서가 (가)에서보다 크다.
- Y의 산화수는 (다)에서가 (나)에서보다 크다.

❶ **공유 결합을 이루는 원자들의 전기 음성도와 산화수의 관계**

➡ 전기 음성도가 큰 원자의 산화수=−(공유 전자쌍 수)   ➡ 전기 음성도가 작은 원자=+(공유 전자쌍 수)

❷ **분자 (가)~(다)에서 원자 X~Z의 산화수 구하기**

- (가)에서 H의 산화수는 +1이므로 X의 산화수는 −4이다.
- X의 산화수는 (나)에서가 (가)에서보다 크므로 (나)에서 X의 산화수는 0이다.
  ➡ 분자를 구성하는 원자의 산화수 합은 0이므로 Y의 산화수는 −2이다.
- Y의 산화수는 (다)에서가 (나)에서보다 크므로 (다)에서 Y의 산화수는 0이다.
  ➡ (다)에서 X의 산화수는 −2이고, Z의 산화수는 −1이다.
- X~Z의 전기 음성도 비교: Z > Y > X

개념 바로 확인

정답 및 해설 | 36쪽

04 공유 결합을 이루는 두 원자에서 전기 음성도가 작은 원자는 (− / +)의 산화수를, 전기 음성도가 큰 원자는 (− / +)의 산화수를 갖는다.

05 다른 물질을 환원시키는 물질을 　　　, 다른 물질을 산화시키는 물질을 　　　라고 한다.

02 산화수를 정하는 규칙에 대한 설명으로 옳은 것은 ○, 옳지 않은 것은 ×로 표시하시오.

(1) 대부분의 화합물에서 O의 산화수는 −2이다. 　　(　　)

(2) NaH과 같은 금속의 수소 화합물에서 H의 산화수는 +1이다. 　　(　　)

(3) 원자의 최대 산화수는 원자가 전자 수와 같다. 　　(　　)

❖ **산화수의 주기성**

원자의 산화수는 원자의 전자 배치와 관련이 있어 주기성을 나타낸다. 1족, 2족, 13족은 원자들은 각각 +1, +2, +3의 산화수를 가지며, F을 제외한 15족, 16족, 17족 원자들은 다양한 산화수를 가질 수 있다.

❖ **화합물의 종류에 따른 원자의 다양한 산화수**

N	$\overset{-3}{NH_3}$	$\overset{0}{N_2}$	$\overset{+1}{N_2O}$	$\overset{+2}{NO}$
O	$\overset{-2}{H_2O}$	$\overset{-1}{H_2O_2}$	$\overset{0}{O_2}$	$\overset{+2}{OF_2}$

❖ **산화 환원 반응식**

완성된 산화 환원 반응식에서 반응 전후 원소의 종류와 수, 산화수의 합이 항상 같아야 한다.

· 산화 환원 반응 ·

과정

1. 도가니에 4 g의 붉은색의 구리 가루를 넣고 알코올램프로 구리 가루가 검은색이 될 때까지 충분히 가열한 후 식힌다.

2. 시험관에 과정 1에서 가열한 구리 가루와 탄소 가루 0.5 g을 넣고 그림과 같이 장치한 후, 석회수에 변화가 일어날 때까지 시험관을 가열한다.

결과

1. 공기 중에서 붉은색을 띠고 있는 구리 가루를 가열하면 구리 가루가 검은색으로 변하는 까닭은 무엇인가? ➡ 붉은색의 구리(Cu)를 가열하면 공기 중의 산소와 반응하여 검은색의 산화 구리(Ⅱ)(CuO)가 생성되기 때문이다.

2. 석회수가 뿌옇게 흐려진 까닭은 무엇인가? ➡ 탄소(C)가 산소를 얻어 이산화 탄소(CO_2)로 산화되고, 이때 생성된 이산화 탄소(CO_2)가 석회수와 반응하여 탄산 칼슘($CaCO_3$)의 앙금을 생성했기 때문이다.

목표

- 연소와 같이 산소와 결합하는 산화 환원 반응을 전자의 이동으로 설명할 수 있어야 한다.
- 산화수 변화로부터 산화제 및 환원제를 찾고, 산화 환원 반응의 양적 관계를 파악할 수 있어야 한다.

과정 1	과정 2
산화 $2\overset{0}{Cu}(s) + \overset{0}{O_2}(g) \longrightarrow 2\overset{+2\ -2}{CuO}(s)$ 구리　산소　산화 구리(Ⅱ) 환원	산화 $2\overset{+2}{CuO}(s) + \overset{0}{C}(s) \longrightarrow 2\overset{0}{Cu}(s) + \overset{+4}{CO_2}(g)$ 산화 구리(Ⅱ)　탄소　구리　이산화 탄소 환원

산화제	O_2	산화제	CuO
환원제	Cu	환원제	C

각 반응에서 환원제 1몰과 반응하는 산화제의 양(mol)	
O_2 0.5몰	CuO 2몰

반응 몰비는 화학 반응식의 계수비와 같다.

❖ **과정 2의 비커에서 일어나는 반응**

$$Ca(OH)_2 + CO_2 \longrightarrow CaCO_3\downarrow + H_2O$$

석회수($Ca(OH)_2$)와 이산화 탄소(CO_2)의 반응에서 원자들의 산화수 변화가 없으므로 이 반응은 산화 환원 반응이 아니다.

정답 및 해설 | 36쪽

---

01 위 실험에 대한 설명으로 옳은 것은 ○, 옳지 않은 것은 ×로 표시하시오. (단, Cu의 원자량은 64이다.)

(1) 과정 1에서 Cu의 산화수는 증가하고, O의 산화수는 감소한다. (　　)

(2) 과정 1에서 도가니에 넣은 Cu가 모두 반응했을 때, 반응한 O_2의 양(mol)은 0.2몰이다. (　　)

(3) 과정 2의 시험관에서 반응이 일어날 때, O의 산화수는 감소한다. (　　)

(4) 과정 2의 시험관에서 생성되는 기체는 이산화 탄소이다. (　　)

(5) 과정 2의 비커에서 일어나는 반응은 산화 환원 반응이다. (　　)

02 그림 (가)는 구리판을 알코올램프의 겉불꽃 속에, (나)는 (가)의 검게 변한 구리판을 속불꽃 속에 넣고 가열하는 모습을 나타낸 것이다.

이에 대한 설명으로 옳은 것만을 〈보기〉에서 있는 대로 고른 것은?

| 보기 |

ㄱ. (가)에서 생성되는 물질은 CuO이다.

ㄴ. (가)와 (나)의 반응에서 O의 산화수는 모두 감소한다.

ㄷ. (가)와 (나)의 반응에서 산화제 1몰이 반응할 때 이동한 전자의 양(mol)은 서로 같다.

① ㄱ　　② ㄷ　　③ ㄱ, ㄴ　④ ㄴ, ㄷ　⑤ ㄱ, ㄴ, ㄷ

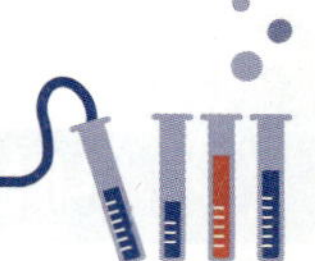

A 전자의 이동에 의한 산화 환원 반응

01 다음은 2가지 화학 반응식이다.

> (가) $2Na + Cl_2 \longrightarrow 2NaCl$
> (나) $Mg + Br_2 \longrightarrow MgBr_2$

(가)와 (나)에서 산화되는 물질로 옳은 것은?

	(가)	(나)			(가)	(나)
①	Na	Mg		②	Na	Br_2
③	Cl_2	Mg		④	Cl_2	Br_2
⑤	Na	없다.				

02 다음은 2가지 화학 반응식이다.

> (가) $2Mg + O_2 \longrightarrow 2MgO$
> (나) $4Al + 3O_2 \longrightarrow 2Al_2O_3$

환원제 1몰이 반응할 때 이동하는 전자의 몰비((가):(나))는?

① 1:3 ② 2:3 ③ 1:1 ④ 3:1 ⑤ 3:2

03 다음은 2가지 산화 환원 반응식이다.

> (가) $Mg(s) + 2HCl(aq)$
> $\longrightarrow MgCl_2(aq) + $ ⊙
> (나) $2CuO(s) + C(s) \longrightarrow 2Cu(s) + 2CO_2(g)$

이에 대한 설명으로 옳은 것만을 〈보기〉에서 있는 대로 고른 것은?

> ┤ 보기 ├
> ㄱ. ⊙은 $H_2(g)$이다.
> ㄴ. (가)에서 HCl는 환원된다.
> ㄷ. (나)에서 산화제는 C이다.

① ㄱ ② ㄷ ③ ㄱ, ㄴ
④ ㄴ, ㄷ ⑤ ㄱ, ㄴ, ㄷ

04 그림은 질산 은($AgNO_3$) 수용액에 구리(Cu)판을 넣었을 때 은(Ag)이 석출되는 모습을 나타낸 것이다.

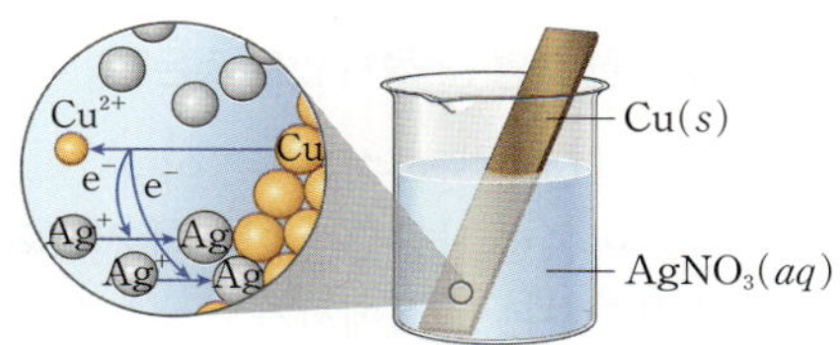

이에 대한 설명으로 옳은 것만을 〈보기〉에서 있는 대로 고른 것은?

> ┤ 보기 ├
> ㄱ. Ag^+은 산화제이다.
> ㄴ. NO_3^-은 산화된다.
> ㄷ. Cu 1몰이 반응할 때 이동한 전자의 양(mol)은 2몰이다.

① ㄱ ② ㄴ ③ ㄱ, ㄴ
④ ㄱ, ㄷ ⑤ ㄴ, ㄷ

05 그림은 금속 X 이온이 들어 있는 수용액에 금속 Y와 Z를 차례대로 넣었을 때, 수용액 속에 존재하는 금속 양이온만을 모형으로 나타낸 것이다. 모형 1개는 1몰에 해당한다.

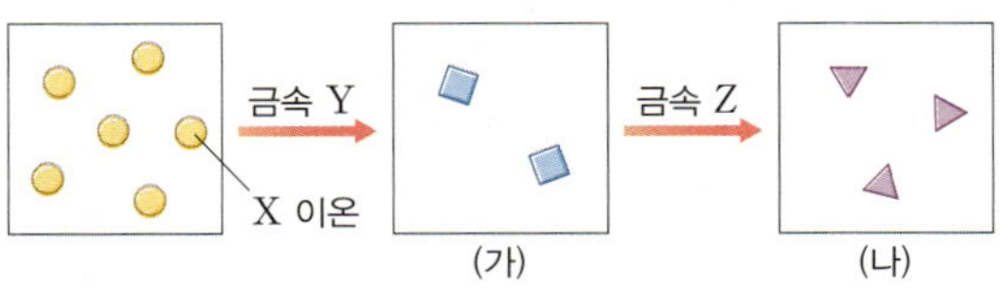

이에 대한 설명으로 옳은 것만을 〈보기〉에서 있는 대로 고른 것은? (단, 물과 음이온은 반응에 참여하지 않는다.)

> ┤ 보기 ├
> ㄱ. (가)에서 양이온의 총 전하량은 증가한다.
> ㄴ. (나)에서 Z는 환원제이다.
> ㄷ. (가)와 (나)에서 이동한 전자의 전체 양(mol)은 같다.

① ㄱ ② ㄴ ③ ㄱ, ㄷ
④ ㄴ, ㄷ ⑤ ㄱ, ㄴ, ㄷ

B 산화수 변화와 산화 환원 반응

06 산화수에 대한 설명 중 옳지 <u>않은</u> 것은?

① H_2O에서 O의 산화수는 -2이다.
② 일원자 이온의 산화수는 이온의 전하와 같다.
③ H의 산화수는 HCl에서가 NaH에서보다 크다.
④ 공유 결합 화합물에서 전기 음성도가 큰 원자의 산화수는 $(-)$값을 갖는다.
⑤ F의 산화수는 최소 -1에서 최대 $+7$의 산화수를 가질 수 있다.

07 다음은 3가지 물질의 화학식이다.

> (가) $\underline{Na}_2O$ (나) $H_2\underline{S}O_4$ (다) $H\underline{Cl}O$

(가)~(다)에서 밑줄 친 원자의 산화수로 옳은 것은?

	(가)	(나)	(다)
①	$+1$	$+4$	-1
②	$+1$	$+6$	-1
③	$+1$	$+6$	$+1$
④	$+2$	$+4$	$+1$
⑤	$+2$	$+6$	$+1$

08 다음은 묽은 염산(HCl)의 성질을 알아보는 2가지 반응이다.

> (가) $HCl(aq)$에 달걀 껍데기를 넣으면 이산화 탄소(CO_2) 기체가 발생한다.
> $$2HCl(aq) + CaCO_3(s) \longrightarrow CaCl_2(aq) + H_2O(l) + CO_2(g)$$
> (나) $HCl(aq)$에 마그네슘 조각을 넣으면 수소(H_2) 기체가 발생한다.
> $$2HCl(aq) + Mg(s) \longrightarrow MgCl_2(aq) + H_2(g)$$

이에 대한 설명으로 옳은 것만을 〈보기〉에서 있는 대로 고른 것은?

> ┤ 보기 ├
> ㄱ. (가)에서 C의 산화수는 증가한다.
> ㄴ. (나)에서 Mg은 환원제이다.
> ㄷ. (가)와 (나)에서 H의 산화수는 모두 감소한다.

① ㄱ   ② ㄴ   ③ ㄱ, ㄷ   ④ ㄴ, ㄷ   ⑤ ㄱ, ㄴ, ㄷ

09 다음은 3가지 화학 반응식이다.

> (가) $2NO + O_2 \longrightarrow 2NO_2$
> (나) $2NO_2 + H_2O \longrightarrow HNO_3 + HNO_2$
> (다) $HNO_3 + H_2O \longrightarrow H_3O^+ + NO_3^-$

이에 대한 설명으로 옳은 것은?

① (가)에서 NO는 환원된다.
② (나)에서 H_2O은 환원제이다.
③ (다)에 제시된 물질에서 O의 산화수는 모두 같다.
④ (가)와 (다)에서 N의 산화수는 모두 증가한다.
⑤ (나)와 (다)에서 H의 산화수는 모두 감소한다.

10 다음은 구리(Cu)와 관련된 산화 환원 반응 실험이다.

> [실험 과정 및 결과]
> (가) 붉은색 구리(Cu)를 가열하였더니 검은색의 산화 구리(Ⅱ)(CuO)가 생성되었다.
> (나) 검은색의 산화 구리(Ⅱ)(CuO)를 수소(H_2) 기체와 반응시켰더니 붉은색의 구리(Cu)로 변하였고 X가 생성되었다.

이에 대한 설명으로 옳은 것만을 〈보기〉에서 있는 대로 고른 것은?

> ┤ 보기 ├
> ㄱ. X는 H_2O이다.
> ㄴ. (가)에서 O_2는 산화제이다.
> ㄷ. (나)에서 Cu의 산화수는 $+2 \rightarrow 0$으로 감소한다.

① ㄱ   ② ㄷ   ③ ㄱ, ㄴ
④ ㄴ, ㄷ   ⑤ ㄱ, ㄴ, ㄷ

ⓒ 산화 환원 반응식

11 다음은 황(S)과 관련된 2가지 화학 반응식이다.

> (가) $SO_2 + aH_2S \longrightarrow 2H_2O + bS$ (a, b는 반응 계수)
> (나) $SO_2 + 2H_2O + Cl_2 \longrightarrow H_2SO_4 + 2HCl$

이에 대한 설명으로 옳은 것만을 〈보기〉에서 있는 대로 고른 것은?

> ┤ 보기 ├
> ㄱ. $b > a$이다.
> ㄴ. (가)와 (나)에서 SO_2은 모두 산화제이다.
> ㄷ. 다른 물질을 산화시키는 능력은 H_2S가 Cl_2보다 크다.

① ㄱ   ② ㄴ   ③ ㄱ, ㄷ
④ ㄴ, ㄷ   ⑤ ㄱ, ㄴ, ㄷ

12 다음은 어떤 산화 환원 반응의 알짜 이온 반응식이다.

> $aCr_2O_7{}^{2-}(aq) + bSn^{2+}(aq) + cH^+(aq)$
> $\longrightarrow dCr^{3+}(aq) + eSn^{4+}(aq) + 7H_2O(l)$
> ($a \sim e$는 반응 계수)

이에 대한 설명으로 옳은 것만을 〈보기〉에서 있는 대로 고른 것은?

> ┤ 보기 ├
> ㄱ. $3(a+b) = c$이다.
> ㄴ. Cr의 산화수는 $+6 \rightarrow +3$으로 감소한다.
> ㄷ. Sn^{2+} 1몰이 반응할 때 생성되는 Cr^{3+}의 양은(mol)은 2몰이다.

① ㄱ   ② ㄴ   ③ ㄱ, ㄷ
④ ㄴ, ㄷ   ⑤ ㄱ, ㄴ, ㄷ

---

13 다음은 산화 구리(Ⅱ)(CuO)와 관련된 실험이다.

> (가) 산화 구리(Ⅱ)(CuO)와 탄소(C) 가루를 혼합하여 가열하였더니 구리(Cu)와 이산화 탄소(CO_2)가 생성되었다.
> $$2CuO(s) + C(s) \longrightarrow 2Cu(s) + CO_2(g)$$
> (나) 산화 구리(Ⅱ)(CuO)와 수소(H_2) 기체를 반응시켰더니 구리(Cu)와 물(H_2O)이 생성되었다.
> $$CuO(s) + H_2(g) \longrightarrow Cu(s) + H_2O(l)$$

(가)와 (나)에서 각각 산화제 1몰이 반응할 때, 반응하는 환원제의 몰비((가):(나))를 구하시오.

14 다음은 메테인(CH_4)의 연소 반응식이다.

> $$CH_4(g) + 2O_2(g) \longrightarrow CO_2(g) + 2H_2O(l)$$

(1) C의 산화수 변화를 서술하시오.

(2) 산화제 1몰이 반응할 때 생성되는 H_2O의 질량을 구하시오. (단, H, O의 원자량은 각각 1, 16이다.)

15 다음은 구리(Cu)와 묽은 질산(HNO_3)의 반응의 산화 환원 반응식이다.

> $aCu + bNO_3{}^- + cH^+$
> $\longrightarrow aCu^{2+} + bX + dH_2O$
> ($a \sim d$는 반응 계수)

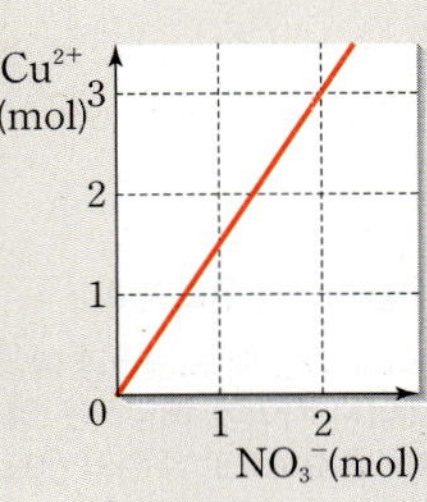

오른쪽 그림은 이 반응에서 반응한 $NO_3{}^-$의 양(mol)에 따른 생성물 Cu^{2+}의 양(mol)을 나타낸 것이다.

(1) X의 화학식을 쓰시오.

(2) $c + d$를 구하시오.

화학 반응에서의 열 출입

먼저 알아야 할 용어!

* **에너지** | 일을 할 수 있는 능력
* **융해** | 고체가 액체로 상태가 변화하는 현상

❖ **발열 반응과 온도 변화**

반응이 일어날 때 반응물과 생성물이 가진 에너지 차이에 해당하는 열을 주위로 방출하므로 주위의 온도는 높아진다.

❖ **반응열**

화학 반응이 일어날 때 방출하거나 흡수하는 열

❖ **흡열 반응과 온도 변화**

반응이 일어날 때 반응물과 생성물이 가진 에너지 차이에 해당하는 열을 주위로부터 흡수하므로 주위의 온도는 낮아진다.

Ⓐ 발열 반응과 흡열 반응

1. 화학 반응과 열의 출입 화학 반응이 일어나면 반응물과 생성물이 가지고 있는 에너지가 다르므로 열을 방출하거나 흡수한다.

2. 발열 반응

(1) **발열 반응**: 화학 반응이 일어날 때 주위로 열을 방출하는 반응

(2) **발열 반응의 특징**

① 발열 반응이 일어나면 열을 방출하므로 주위의 온도가 높아진다.

② 발열 반응에서는 반응물의 에너지 합이 생성물의 에너지 합보다 크다.

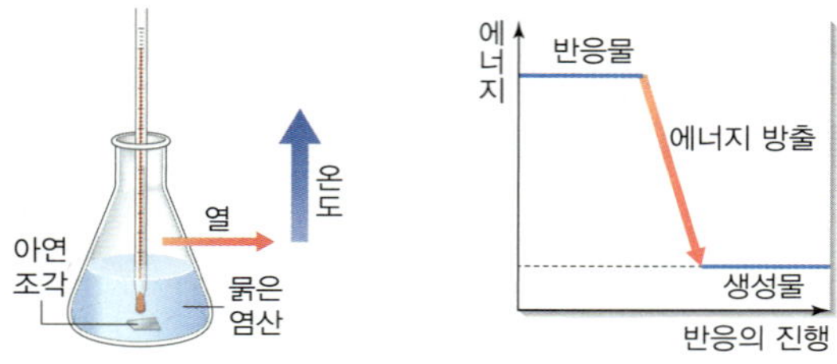

(3) **발열 반응의** 예

• 연소 반응: $CH_4(g) + 2O_2(g) \longrightarrow CO_2(g) + 2H_2O(l) +$ 열

• 중화 반응: $NaOH(aq) + HCl(aq) \longrightarrow H_2O(l) + NaCl(aq) +$ 열

• 금속과 산의 반응: $Zn(s) + 2HCl(aq) \longrightarrow ZnCl_2(aq) + H_2(g) +$ 열

• 금속의 산화 환원 반응: $4Fe(s) + 3O_2(g) \longrightarrow 2Fe_2O_3(s) +$ 열

3. 흡열 반응

(1) **흡열 반응**: 화학 반응이 일어날 때 주위의 열을 흡수하는 반응

(2) **흡열 반응의 특징**

① 흡열 반응이 일어나면 열을 흡수하므로 주위의 온도가 낮아진다.

② 흡열 반응에서는 생성물의 에너지 합이 반응물의 에너지 합보다 크다.

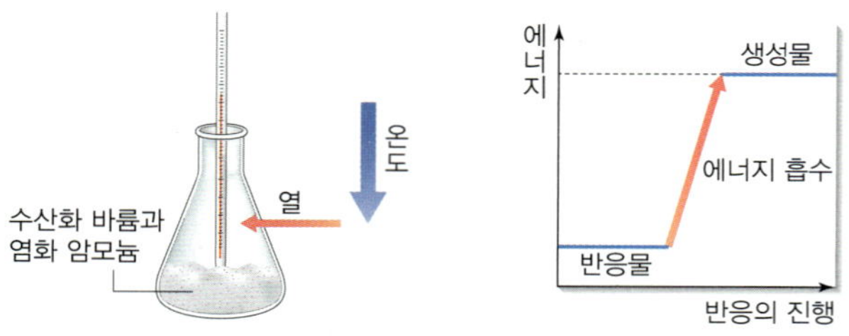

(3) **흡열 반응의** 예

• 광합성: $6CO_2(g) + 6H_2O(g) \xrightarrow{\text{빛에너지}} C_6H_{12}O_6(s) + 6O_2(g)$

• 질산 암모늄(NH_4NO_3)의 용해: $NH_4NO_3(s) +$ 열 $\longrightarrow NH_4^+(aq) + NO_3^-(aq)$

• 탄산수소 나트륨($NaHCO_3$)의 열분해: $2NaHCO_3(s) +$ 열 $\longrightarrow$
$$Na_2CO_3(s) + H_2O(l) + CO_2(g)$$

• 수산화 바륨 팔수화물($Ba(OH)_2 \cdot 8H_2O$)과 질산 암모늄(NH_4NO_3)의 반응:
$$Ba(OH)_2 \cdot 8H_2O(s) + 2NH_4NO_3(s) + 열 \longrightarrow Ba(NO_3)_2(aq) + 10H_2O(l) + 2NH_3(g)$$

그림 (가)는 묽은 염산(HCl)에 아연(Zn) 조각을 넣은 모습을, (나)는 수산화 바륨(Ba(OH)₂)과 염화 암모늄(NH₄NO₃)을 혼합한 모습을 나타낸 것이다.

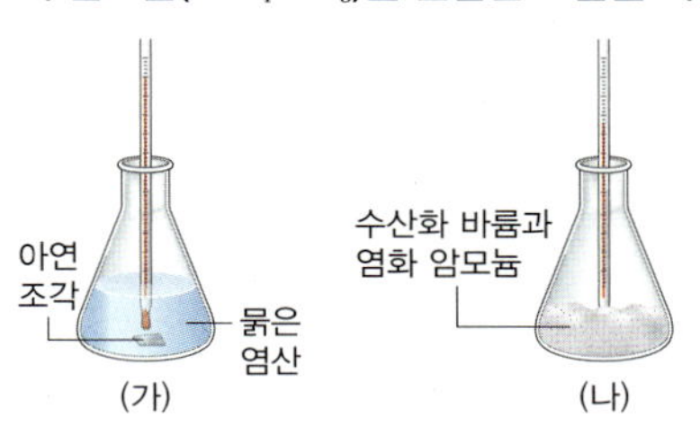

❶ 실험 결과: (가)에서 온도가 높아지고, (나)에서 온도가 낮아진다.

❷ (가)와 (나)에서 온도 변화가 나타나는 까닭
- (가): 묽은 염산과 아연 조각이 반응하면 주위로 열을 방출한다.
- (나): 수산화 바륨과 질산 암모늄이 반응하면 주위의 열을 흡수한다.

Ⓑ 화학 반응에서 출입하는 열의 측정  탐구 활동 188쪽

(1) 열량(비열, 열용량)

① 비열: 물질 1 g의 온도를 1℃ 높이는 데 필요한 열량으로, 단위는 $J/g·℃$이다.

② 열용량(C): 물질의 온도를 1℃ 높이는 데 필요한 열량으로, 단위는 $J/℃$이다.

　➡ 열용량(C)＝비열(c)×질량(m)

③ 열량(Q): 물질이 방출하거나 흡수하는 총 열량은 물질의 비열에 질량과 온도 변화를 곱하여 구한다.

$$\text{열량}(Q)=\underbrace{\text{비열}(c)×\text{질량}(m)}_{=\text{열용량}(C)}×\text{온도 변화}(\varDelta t) \quad (\text{단위: J 또는 kJ})$$

(2) 열량계: 화학 반응에서 출입하는 열을 측정하는 장치

구분	간이 열량계	통열량계
구조	온도계, 젓개, 고무마개, 뚜껑, 물, 스타이로폼 컵	젓개, 점화선, 온도계, 단열재, 물, 시료 접시
특징	• 구조가 간단하여 쉽게 사용할 수 있으나 열 손실이 많으므로 정확한 열량을 측정하기는 어렵다. • 주로 중화열, 용해열 등의 반응열을 측정하는 데 사용한다.	• 단열이 잘되도록 만들어져 열 손실이 거의 없으므로 화학 반응에서 출입하는 열량을 비교적 정확하게 측정할 수 있다. • 주로 연소 반응에서 출입하는 열량을 측정하는 데 사용한다.
열량의 측정	비열($c_{용액}$)×질량($m_{용액}$)×온도 변화($\varDelta t$)	열량계 속 물이 얻거나 잃은 열량＋통열량계가 얻거나 잃은 열량＝($c_물×m_물×\varDelta t$)＋($C_{통열량계}×\varDelta t$)

❖ 다른 종류의 간이 열량계

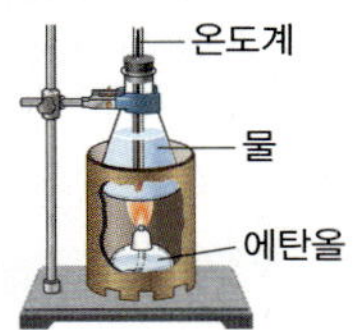

❖ 간이 열량계를 이용한 열량의 측정

기본적으로 뚜껑이 있는 단열 반응 용기, 온도계, 젓개로 구성되며, 주로 기체가 발생하지 않는 용액의 출입하는 열량을 측정하는 데 사용한다. 발생한 열은 열량계 속의 물이나 용액이 모두 흡수한다고 가정하고, 열량계 속의 물이나 용액의 온도 변화를 측정한다.

> 화학 반응에서 발생한 열량(Q)
> ＝열량계 속의 용액이 흡수한 열량

❖ 통열량계를 이용한 열량의 측정

발생한 열은 모두 통열량계 속 물과 통열량계가 흡수한다고 가정한다. 이때, 통열량계의 온도 변화는 물의 온도 변화와 같다고 가정하고, 통열량계가 흡수한 열은 통열량계의 열용량($C_{통열량계}$)에 온도 변화($\varDelta t$)를 곱하여 구한다.

개념 바로 확인

정답 및 해설 | 38쪽

01 ⬚⬚⬚ 반응이 일어나면 주위의 온도가 높아지고, ⬚⬚⬚ 반응이 일어나면 주위의 온도가 낮아진다.

02 발열 반응에서는 반응물의 에너지 합이 생성물의 에너지 합보다 ⬚⬚⬚ 다.

01 화학 반응에서 열의 출입에 대한 설명으로 옳은 것은 ○, 옳지 않은 것은 ×로 표시하시오.

(1) 흡열 반응에서는 반응물과 생성물의 에너지 차이에 해당하는 열을 주위로부터 흡수한다. (　　)

(2) 산과 염기의 중화 반응에서는 열을 방출한다. (　　)

(3) 철이 녹스는 현상은 흡열 반응이므로 반응이 일어날 때 주위의 온도는 낮아진다. (　　)

· 화학 반응에서 출입하는 열량 구하기 ·

과정

1. 전자저울 위에 시약포지를 올려놓고 영점을 조절한다. 과자의 질량(w_1)을 측정한 후 증발 접시에 담는다.
2. 둥근바닥 플라스크에 물 100 g을 넣고 스탠드에 고정한 후 물의 온도(t_1)를 측정한다.
3. 과자에 불을 붙인 후 둥근바닥 플라스크의 물을 가열한다.
4. 과자를 연소시킨 후 둥근바닥 플라스크 속 물의 온도(t_2)를 측정한다.
5. 전자저울 위에 시약포지를 올려놓고 영점을 조절한 후 타고 남은 과자의 질량(w_2)을 측정한다.

결과

과자의 질량(g)		연소한 과자의 질량(g) (w_1-w_2)	물의 온도($℃$)		물의 온도 변화($℃$) (t_2-t_1)
처음(w_1)	나중(w_2)		처음(t_1)	나중(t_2)	
10	5	5	23	73	50

1. 과자가 연소할 때 방출한 열량(J) 구하기 (단, 물의 비열은 $4.2 \, J/g \cdot ℃$이다.)

   ➡ 물이 흡수한 열량＝과자가 연소할 때 방출한 열량

   ➡ $Q = c \times m \times \Delta t = 4.2 \, J/g \cdot ℃ \times 100 \, g \times 50℃ = 21000 \, J$

2. 과자 1g이 연소할 때 방출한 열량(J/g) — 물이 흡수한 열량을 연소한 과자의 질량으로 나눈 값이다.

   ➡ 과자 1g이 연소할 때 방출한 열량＝물이 흡수한 열량÷연소한 과자의 질량

   $$= \frac{21000 \, J}{5 \, g} = 4200 \, J/g$$

정리

- 과자가 연소될 때 물의 온도가 높아진다.

   ➡ 과자의 연소 반응은 발열 반응이므로 주위의 온도가 높아진다.
- 물질이 연소할 때 방출한 열량은 물이 얻은 열량과 같다고 가정하고 열량을 구한다.

   $$Q = c \times m \times \Delta t \ (Q: 열량, \ c: 비열, \ m: 질량, \ \Delta t: 온도 변화)$$

- 과자가 연소할 때 주위로 열이 방출되고, 불완전 연소가 일어나므로 실제 과자의 열량과 측정한 열량은 오차가 발생한다.

목표

- 과자가 연소하는 반응에서 발생한 열량을 구할 수 있다.
- 연소 반응에서 열 출입을 설명할 수 있다.

또 다른 탐구

간이 열량계를 이용하여 염화 칼슘($CaCl_2$)이 증류수에 용해될 때 방출하는 열량 구하기

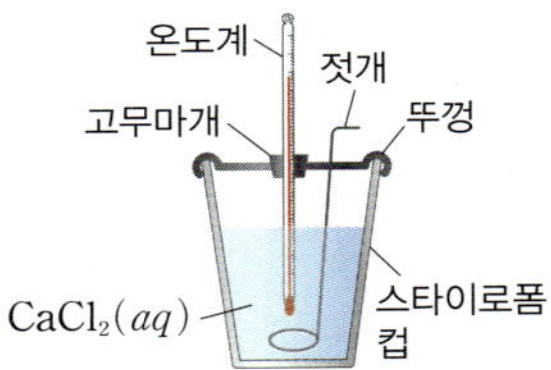

$CaCl_2(s)$이 증류수에 용해될 때 방출하는 열량은 열량계 속 용액($CaCl_2$ 수용액)이 흡수한 열량과 같다고 가정해야 한다.

> $CaCl_2(s)$이 용해될 때 방출하는 열량
> ＝$CaCl_2$ 수용액이 흡수한 열량

정리

- 염화 칼슘이 물에 용해될 때 용액의 온도가 높아진다.

   ➡ 발열 반응 $CaCl_2(aq)$

> 열량계 속 용액이 흡수한 열량
> ＝$c_{용액} \times m_{용액} \times \Delta t$

이때 용액의 질량($m_{용액}$)은 증류수와 용질의 질량을 합한 값과 같다. $CaCl_2(s)$ $CaCl_2(aq)$

정답 및 해설 | 38쪽

---

01 위 실험에 대한 설명으로 옳은 것은 ○, 옳지 <u>않은</u> 것은 ×로 표시하시오.

(1) 과자가 연소할 때 방출하는 열량을 물이 모두 흡수한다고 가정한다. ( )

(2) 물의 온도 변화는 처음 온도에서 나중 온도를 뺀 값으로 구한다. ( )

(3) 과자가 연소할 때 방출하는 열량은 물의 비열×과자의 질량×물의 온도 변화로 구한다. ( )

02 위 실험에서 측정한 열량과 과자 봉지에 표시된 열량이 달랐다. 그 까닭으로 옳은 것만을 〈보기〉에서 있는 대로 고른 것은?

┤ 보기 ├

ㄱ. 온도계를 물에 넣어 온도를 측정하였다.

ㄴ. 연소할 때 발생한 열량이 공기 중으로 손실되었다.

ㄷ. 연소할 때 발생한 열량이 둥근바닥 플라스크를 가열하는 데 사용되었다.

① ㄱ   ② ㄴ   ③ ㄱ, ㄷ

④ ㄴ, ㄷ   ⑤ ㄱ, ㄴ, ㄷ

A 발열 반응과 흡열 반응

01 화학 반응과 열의 출입에 대한 설명으로 옳은 것만을 〈보기〉에서 있는 대로 고른 것은?

| 보기 |

ㄱ. 화학 반응이 일어날 때 열을 흡수하거나 방출한다.
ㄴ. 발열 반응이 일어나면 주위의 온도가 높아진다.
ㄷ. 반응물의 에너지 합이 생성물의 에너지 합보다 클 때 흡열 반응이 일어난다.

① ㄱ ② ㄷ ③ ㄱ, ㄴ
④ ㄴ, ㄷ ⑤ ㄱ, ㄴ, ㄷ

02 다음은 알코올의 증발에 관한 설명이다.

소독용 알코올을 손등에 바르면 시원해진다. 손등에서 알코올이 증발하는 과정은 (가) 반응이고, 이 과정에서 주위의 온도는 (나)

다음 중 (가)와 (나)로 옳은 것은?

	(가)	(나)			(가)	(나)
①	흡열	높아진다.		②	흡열	낮아진다.
③	흡열	일정하다.		④	발열	높아진다.
⑤	발열	낮아진다.				

03 다음은 3가지 현상에 대한 설명이다.

• 수영을 하고 난 후 몸의 ㉠물이 증발하므로 추워진다.
• 페인트가 벗겨진 철문에 ㉡붉은 녹이 슨다.
• ㉢가스가 연소하여 찌개가 끓는다.

㉠~㉢에 대한 설명으로 옳은 것만을 〈보기〉에서 있는 대로 고른 것은?

| 보기 |

ㄱ. 흡열 반응은 2가지이다.
ㄴ. 산화 환원 반응은 2가지이다.
ㄷ. 주위의 온도가 높아지는 반응은 2가지이다.

① ㄱ ② ㄴ ③ ㄱ, ㄷ
④ ㄴ, ㄷ ⑤ ㄱ, ㄴ, ㄷ

04 다음은 실생활과 관련 있는 2가지 현상이다.

| ㉠ 얼음이 녹으면서 음료수가 시원해진다. | ㉡ 뷰테인이 연소하면서 찌개가 끓는다. |

㉠과 ㉡에 대한 설명으로 옳은 것만을 〈보기〉에서 있는 대로 고른 것은?

| 보기 |

ㄱ. ㉠은 흡열 반응이다.
ㄴ. ㉡이 일어나면 주위의 온도는 높아진다.
ㄷ. ㉠과 ㉡에서 모두 반응물의 에너지 합이 생성물의 에너지 합보다 크다.

① ㄱ ② ㄷ ③ ㄱ, ㄴ
④ ㄴ, ㄷ ⑤ ㄱ, ㄴ, ㄷ

05 그림은 수소(H_2)의 연소 반응에서 반응물과 생성물의 에너지 변화를 나타낸 것이다.

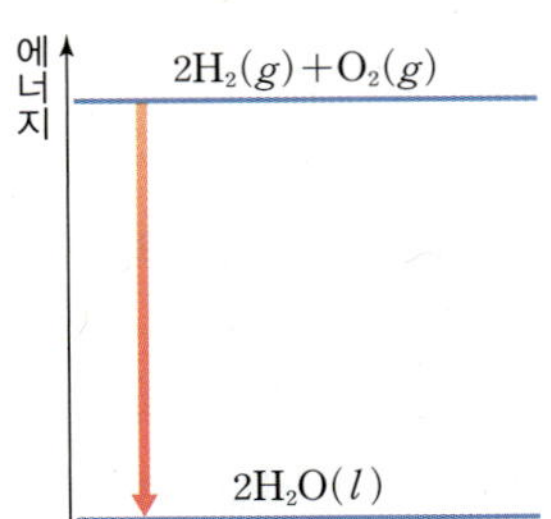

이에 대한 설명으로 옳은 것만을 〈보기〉에서 있는 대로 고른 것은?

| 보기 |

ㄱ. H_2가 연소될 때 반응 몰비는 $H_2:O_2=2:1$이다.
ㄴ. 반응이 일어날 때 열을 방출한다.
ㄷ. 반응이 일어날 때 주위의 온도가 높아진다.

① ㄱ ② ㄴ ③ ㄱ, ㄷ
④ ㄴ, ㄷ ⑤ ㄱ, ㄴ, ㄷ

06 다음은 2가지 반응 (가)와 (나)에 대한 자료이다.

> (가) 반응이 일어날 때 주위의 온도가 낮아진다.
> (나) 반응물의 에너지 합이 생성물의 에너지 합보다 크다.

이에 대한 설명으로 옳은 것만을 〈보기〉에서 있는 대로 고른 것은?

> ┤ 보기 ├
> ㄱ. (가)는 흡열 반응이다.
> ㄴ. (나)가 일어날 때 열을 흡수한다.
> ㄷ. 광합성은 (가)에, 연소 반응은 (나)에 해당된다.

① ㄱ   ② ㄴ   ③ ㄱ, ㄷ
④ ㄴ, ㄷ   ⑤ ㄱ, ㄴ, ㄷ

07 다음은 2가지 반응 (가)와 (나)의 화학 반응식이다.

> (가) $HCl(aq) + NaOH(aq) \longrightarrow NaCl(aq) + $ ⓐ
> (나) $2HCl(aq) + Mg(s) \longrightarrow MgCl_2(aq) + $ ⓑ

이에 대한 설명으로 옳은 것만을 〈보기〉에서 있는 대로 고른 것은?

> ┤ 보기 ├
> ㄱ. ⓑ을 연소시키면 ⓐ이 생성된다.
> ㄴ. (가)는 발열 반응이다.
> ㄷ. (나)가 일어날 때 주위의 온도는 낮아진다.

① ㄱ   ② ㄷ   ③ ㄱ, ㄴ
④ ㄴ, ㄷ   ⑤ ㄱ, ㄴ, ㄷ

08 다음은 질산 암모늄(NH_4NO_3)을 이용한 실험이다.

> [실험 과정]
> (가) 물이 든 밀봉된 비닐 봉지와 $NH_4NO_3(s)$을 지퍼 백에 넣는다.
> (나) 지퍼 백을 닫고 손으로 눌러 물이 든 비닐봉지를 터뜨린다.
>
> 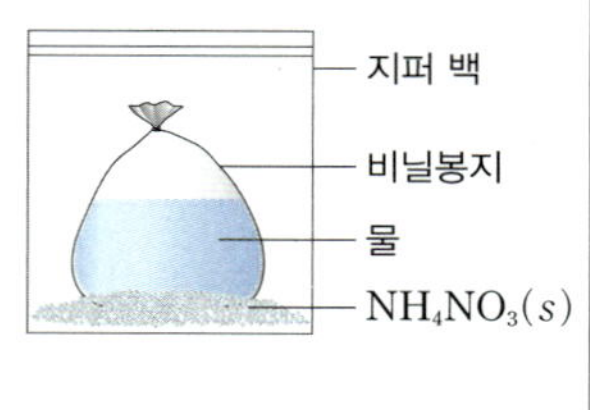
>
>
> [실험 결과]
> • (나)에서 $NH_4NO_3(s)$이 녹으면서 차가워졌다.

이에 대한 설명으로 옳은 것만을 〈보기〉에서 있는 대로 고른 것은?

> ┤ 보기 ├
> ㄱ. (나)의 용해 반응은 흡열 반응이다.
> ㄴ. (나)에서 반응물이 생성물로 변할 때 에너지가 증가한다.
> ㄷ. 이 실험의 원리를 냉각 팩에 이용할 수 있다.

① ㄱ   ② ㄷ   ③ ㄱ, ㄴ
④ ㄴ, ㄷ   ⑤ ㄱ, ㄴ, ㄷ

09 그림과 같이 물에 수산화 나트륨($NaOH$)을 넣고 녹였더니 온도가 높아졌다.

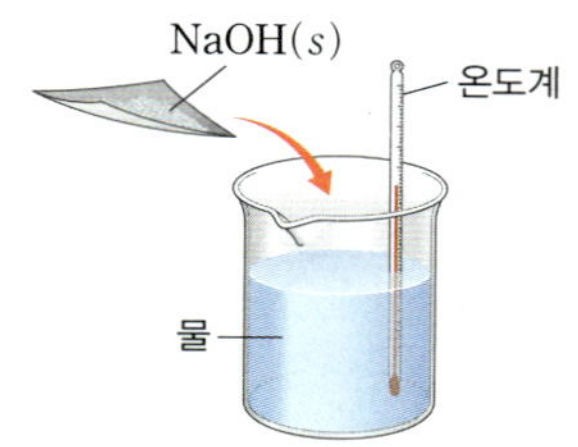

이 반응에 대한 설명으로 옳은 것만을 〈보기〉에서 있는 대로 고른 것은?

> ┤ 보기 ├
> ㄱ. 발열 반응이다.
> ㄴ. $NaOH(s)$은 물속에서 이온화된다.
> ㄷ. 반응물의 에너지 합이 생성물의 에너지 합보다 작다.

① ㄱ   ② ㄷ   ③ ㄱ, ㄴ
④ ㄴ, ㄷ   ⑤ ㄱ, ㄴ, ㄷ

B 화학 반응에서 출입하는 열의 측정

10 그림은 에탄올이 연소할 때 발생한 열량을 측정하기 위한 실험 장치를 나타낸 것이다.

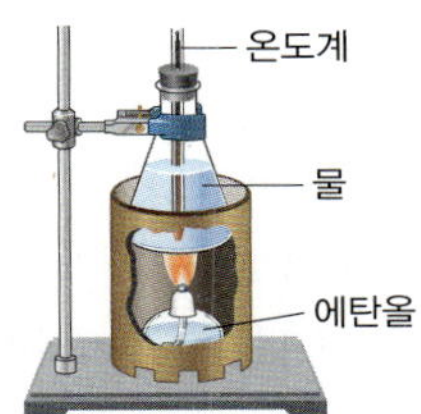

에탄올 1 g이 연소할 때 발생하는 열량을 구하기 위해 측정하거나 조사해야 하는 자료만을 〈보기〉에서 있는 대로 고른 것은? (단, 에탄올이 연소할 때 발생한 열량은 물이 모두 흡수한다고 가정한다.)

| 보기 |
ㄱ. 물의 비열
ㄴ. 에탄올 1 g이 연소할 때 물의 온도 변화
ㄷ. 에탄올 1 g이 연소할 때 가열한 물의 질량

① ㄱ   ② ㄷ   ③ ㄱ, ㄴ
④ ㄴ, ㄷ   ⑤ ㄱ, ㄴ, ㄷ

11 그림과 같이 20℃의 물 99 g이 들어 있는 간이 열량계에 20℃의 용질 A(s) 1 g을 완전히 녹이고 온도를 측정하였더니 22℃가 되었다.

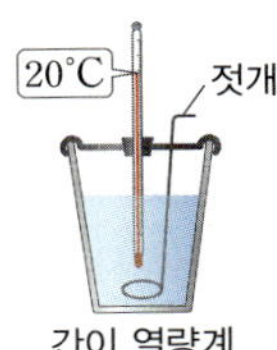

이에 대한 설명으로 옳은 것만을 〈보기〉에서 있는 대로 고른 것은? (단, 수용액의 비열은 4.2 J/g·℃이다.)

| 보기 |
ㄱ. A의 용해 반응은 발열 반응이다.
ㄴ. A 1 g이 용해될 때 발생한 열량은 840 J이다.
ㄷ. A의 용해 반응에서 반응물의 에너지 합은 생성물의 에너지 합보다 작다.

① ㄱ   ② ㄷ   ③ ㄱ, ㄴ
④ ㄴ, ㄷ   ⑤ ㄱ, ㄴ, ㄷ

서술형 이렇게!

12 다음은 간이 열량계를 이용하여 물질 X가 용해될 때 출입하는 열량을 구하는 실험에 대한 자료이다.

- 열량계 속 물의 질량: 96 g
- 용해시킨 X의 질량: 4 g
- 물의 처음 온도: 20℃
- X가 완전히 용해된 후 물의 온도: 27℃

이 반응에서 발생한 열량을 구하시오. (단, 수용액의 비열은 4.2 J/g·℃이다.)

13 그림은 2가지 열량계를 나타낸 것이다.

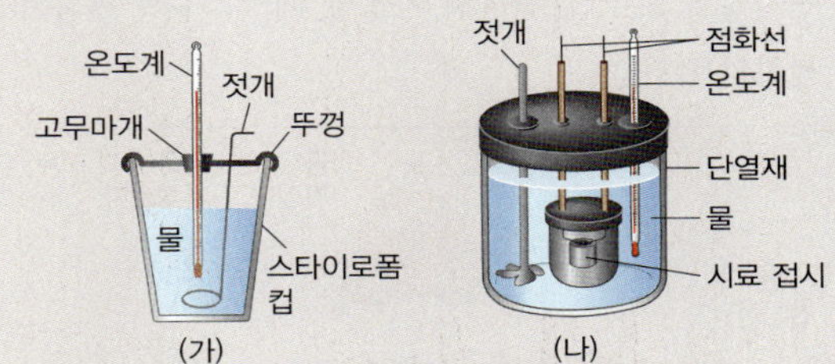

(가)와 (나)를 이용하여 출입하는 열량을 측정할 수 있는 반응을 1가지씩 예를 들어 서술하시오.

14 그림은 에탄올이 들어 있는 알코올램프로 물 100 g이 들어 있는 삼각 플라스크를 가열하는 모습을 나타낸 것이고, 표는 물의 온도와 알코올램프의 질량을 측정한 자료이다.

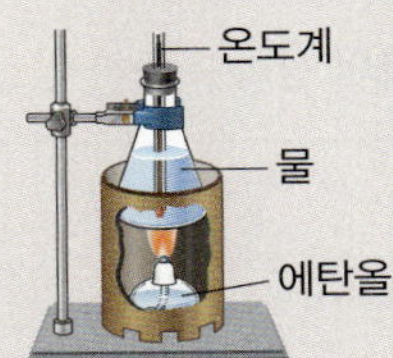

구분	연소 전	연소 후
물의 온도(℃)	25.2	60.2
알코올램프의 질량(g)	112.8	112.0

(1) 에탄올 1 g이 연소할 때 방출하는 열량을 구하시오. (단, 물의 비열은 4.2 J/g·℃이다.)

(2) (1)에서 구한 에탄올의 열량이 실험값과 차이가 있을 때, 그 까닭을 설명하시오.

01 산화 환원 반응

→ 178~185쪽

1. 산화 환원 반응의 정의

구분	산화	환원
산소의 이동	산소 (㉠)	산소 (㉡)
전자의 이동	전자 (㉢)	전자 (㉣)
산화수 변화	산화수 증가	산화수 감소

2. 산화수: 어떤 물질에서 성분 원소의 원자가 어느 정도 산화되었는지를 나타내는 가상적인 전하

(1) **이온 결합 물질에서의 산화수**: 이온 결합 물질은 양이온과 음이온이 결합된 물질이므로 각 이온의 전하가 그 이온의 산화수와 같다.

　예 $NaCl$ ➡ Na의 산화수: $+1$, Cl의 산화수: -1

(2) **공유 결합 물질에서의 산화수**: 전기 음성도가 큰 원자가 공유 전자쌍을 모두 가진다고 가정할 때 각 구성 원자가 가지는 전하와 같다.

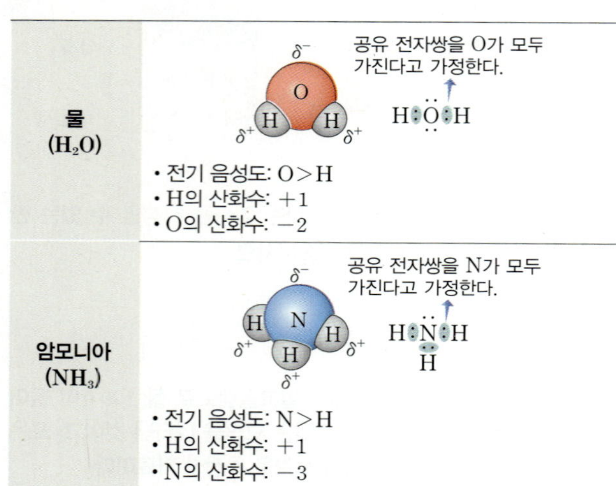

　예 아세트산(CH_3COOH)에서 C 원자의 산화수 구하기

$$\begin{array}{c} H \quad\quad O \\ | \quad\quad\; || \\ H - \overset{①}{C} - \overset{②}{C} - O - H \\ | \\ H \end{array}$$

• ①번 C 원자의 산화수: -3

➡ 전기 음성도는 C>H이므로 C는 공유 전자쌍 3개를 모두 가져온다.

• ②번 C 원자의 산화수: (㉤   )

➡ 전기 음성도는 O>C이므로 C는 공유 전자쌍 3개를 모두 O에게 빼앗긴다.

3. 산화수를 정하는 규칙

① 원소를 이루는 원자의 산화수는 0이다.

➡ Cu, H_2, O_2에서 Cu, H, O의 산화수는 모두 0이다.

② 화합물을 이루는 각 원자의 산화수의 총합은 0이다.

➡ H_2O: $\overset{+1}{(\text{H의 산화수})} \times 2 + \overset{-2}{(\text{O의 산화수})} \times 1 = 0$

③ 일원자 이온의 산화수는 그 이온의 전하와 같다.

➡ Cu^{2+}에서 Cu의 산화수: $+2$, Cl^-에서 Cl의 산화수: -1

④ 다원자 이온에서 원자의 산화수의 총합은 그 이온의 전하와 같다.

➡ SO_4^{2-}: $\overset{+6}{(\text{S의 산화수})} \times 1 + \overset{-2}{(\text{O의 산화수})} \times 4 = -2$

⑤ 화합물에서 H의 산화수는 $+1$이다.

(단, 금속의 수소 화합물에서는 (㉥   )이다.)

➡ H_2O, HCl, CH_4에서 H의 산화수: $+1$

➡ NaH, MgH_2에서 H의 산화수: (Ⓐ   )

⑥ 화합물에서 O의 산화수는 -2이다.

(단, 과산화물에서는 -1이며, 플루오린 화합물에서는 $+1$, $+2$이다.)

➡ H_2O, CO_2에서 O의 산화수: -2

➡ H_2O_2에서 O의 산화수: -1

➡ OF_2에서 O의 산화수: $+2$, O_2F_2에서 O의 산화수: $+1$

4. 산화 환원 반응의 동시성: 산화 환원 반응에서 산화수가 증가한 물질이 있으면 반드시 산화수가 감소한 물질이 있다.

➡ 산화 환원 반응은 항상 동시에 일어난다.

5. 산화제와 환원제

(1) **산화제와 환원제**

산화제	다른 물질을 산화시키고 자신은 환원되는 물질
환원제	다른 물질을 환원시키고 자신은 산화되는 물질

(2) **산화제와 환원제의 상대성**: 같은 물질이라도 반응에 따라 산화제로 작용할 수도 있고 환원제로 작용할 수도 있다.

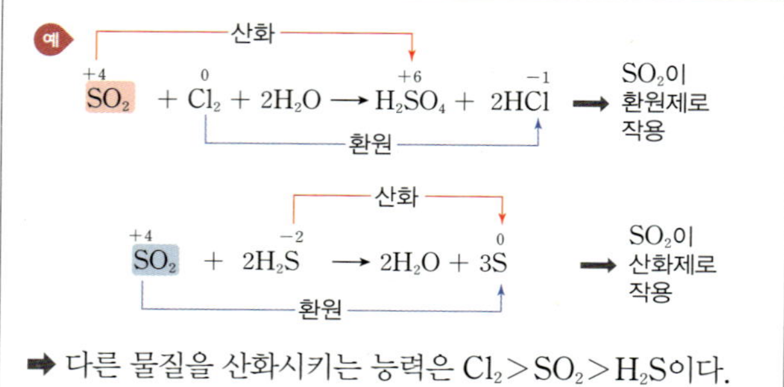

➡ 다른 물질을 산화시키는 능력은 $Cl_2 > SO_2 > H_2S$이다.

6. 산화 환원 반응식

(1) 산화 환원 반응식의 계수를 통해 산화된 물질과 환원된 물질의 양적 관계를 알 수 있다.

(2) **산화수법**: 증가하는 총 산화수와 감소하는 총 산화수가 같다는 것을 이용하여 산화 환원 반응식을 완성하는 방법

> 증가한 산화수의 총합＝감소한 산화수의 총합

예 $Sn^{2+} + MnO_4^- + H^+ \longrightarrow Sn^{4+} + Mn^{2+} + H_2O$

1단계 각 원자의 산화수를 구한다.

$$\underset{(+2)}{Sn^{2+}} + \underset{(+7)}{MnO_4^-} + H^+ \longrightarrow \underset{(+4)}{Sn^{4+}} + \underset{(+2)}{Mn^{2+}} + H_2O$$

2단계 각 원자의 산화수 변화를 확인한다.

(산화수 2 증가: 산화)

$$\underset{(+2)}{Sn^{2+}} + \underset{(+7)}{MnO_4^-} + H^+ \longrightarrow \underset{(+4)}{Sn^{4+}} + \underset{(+2)}{Mn^{2+}} + H_2O$$

(산화수 5 감소: 환원)

3단계 증가한 산화수와 감소한 산화수가 같도록 계수를 맞춘다.

$(+2) \times 5$

$$5Sn^{2+} + 2MnO_4^- + H^+ \longrightarrow 5Sn^{4+} + 2Mn^{2+} + H_2O$$

$(-5) \times 2$

4단계 산화수가 변하지 않은 원자들의 수가 같도록 계수를 맞춘다.

$$5Sn^{2+} + 2MnO_4^- + 16H^+ \longrightarrow 5Sn^{4+} + 2Mn^{2+} + 8H_2O$$

(3) **산화 환원 반응의 양적 관계**: 완성된 산화 환원 반응식으로부터 산화나 환원에 필요한 환원제, 산화제의 양을 알 수 있다.

예 $5Sn^{2+} + 2MnO_4^- + 16H^+ \longrightarrow 5Sn^{4+} + 2Mn^{2+} + 8H_2O$

➡ 산화제: (◎　　　), 환원제: (㊈　　　)

➡ 산화제와 환원제의 반응 몰비: $MnO_4^- : Sn^{2+} = 2 : 5$

---

02 화학 반응에서의 열의 출입 　➡ 186~191쪽

1. 발열 반응

(1) **발열 반응**: 화학 반응이 일어날 때 주위로 열을 방출하는 반응

(2) **발열 반응의 특징**

- 발열 반응이 일어나면 열을 방출하므로 주위의 온도가 높아진다.
- 발열 반응에서는 반응물의 에너지 합이 생성물의 에너지 합보다 크다.

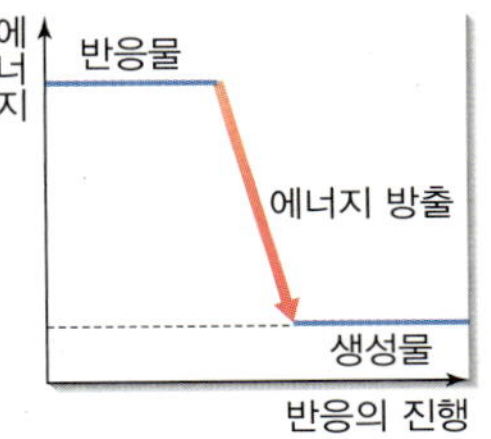

2. 흡열 반응

(1) **흡열 반응**: 화학 반응이 일어날 때 주위의 열을 흡수하는 반응

(2) **흡열 반응의 특징**

- 흡열 반응이 일어나면 열을 흡수하므로 주위의 온도가 낮아진다.
- 흡열 반응에서는 생성물의 에너지 합이 반응물의 에너지 합보다 크다.

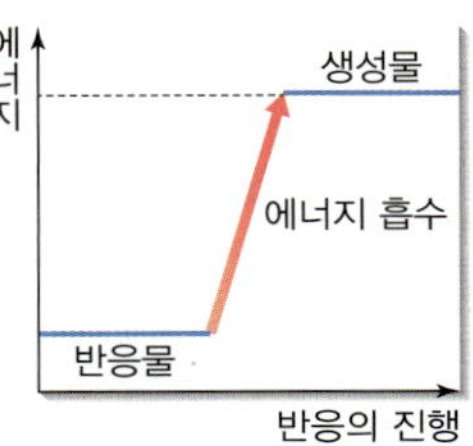

3. 발열 반응과 흡열 반응의 예

발열 반응	흡열 반응
• 연소 반응 • 중화 반응 • 금속과 산의 반응 • 금속의 산화 환원 반응	• 광합성 • 질산 암모늄(NH_4NO_3)의 용해 • 탄산수소 나트륨($NaHCO_3$)의 열분해 • 수산화 바륨 팔수화물($Ba(OH)_2 \cdot 8H_2O$)과 질산 암모늄(NH_4NO_3)의 반응

4. 화학 반응에서 출입하는 열의 측정

(1) **열량(비열, 열용량)**

① (㊈　　　): 물질 1g의 온도를 1℃ 높이는 데 필요한 열량으로, 단위는 J/g · ℃이다.

② **열용량**: 물질의 온도를 1℃ 높이는 데 필요한 열량으로, 단위는 J/℃이다.

③ **열량(Q)**: 물질이 방출하거나 흡수하는 총 열량은 물질의 비열에 질량과 온도 변화를 곱하여 구한다.

> $Q = c \times m \times \Delta t$ (단위: J 또는 kJ)
>
> (c: 용액의 비열, m: 용액의 질량, Δt: 용액의 온도 변화)

(2) **간이 열량계를 이용한 열의 측정**: 화학 반응에서 발생하는 열은 열량계를 이용하여 측정할 수 있다.

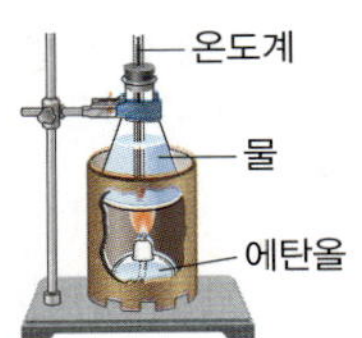

- 발생한 열량은 열량계 속의 물이나 용액이 모두 흡수한다고 가정하고, 열량계 속 물이나 용액의 온도 변화를 측정하여 구할 수 있다.
- 화학 반응에서 발생한 열량(Q) ＝열량계 속의 물이 흡수한 열량＝$c_물 \times m_물 \times \Delta t$
- 간이 열량계는 발생한 열의 일부가 실험 기구의 온도를 변화시키는 데 쓰이거나, 열량계 밖으로 빠져나가는 등의 열 손실이 많으므로 정확한 열량을 측정하기는 어렵다.

01 그림은 마그네슘(Mg)과 관련된 반응을 모식적으로 나타낸 것이다.

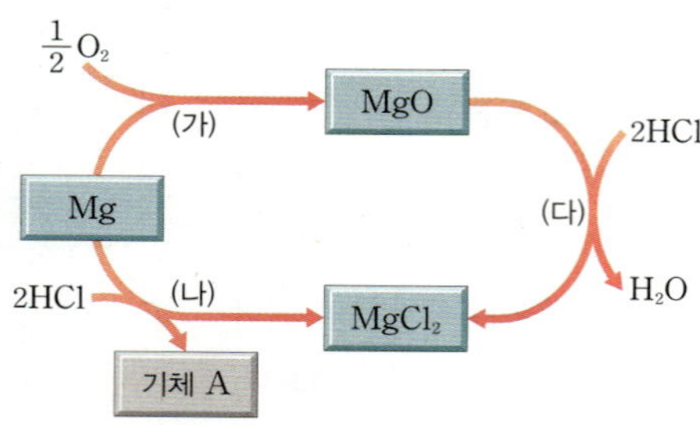

이에 대한 설명으로 옳은 것만을 〈보기〉에서 있는 대로 고른 것은?

---- 보기 ----
ㄱ. (가)에서 O의 산화수는 감소한다.
ㄴ. (나)와 (다)에서 Mg의 산화수는 모두 증가한다.
ㄷ. 산화제 1몰이 반응할 때 이동한 전자의 양(mol)은 (가)에서가 (나)에서의 2배이다.

① ㄱ　　　　② ㄴ　　　　③ ㄱ, ㄷ
④ ㄴ, ㄷ　　　⑤ ㄱ, ㄴ, ㄷ

02 그림은 물(H_2O)이 생성되는 2가지 반응을 모식적으로 나타낸 것이다.

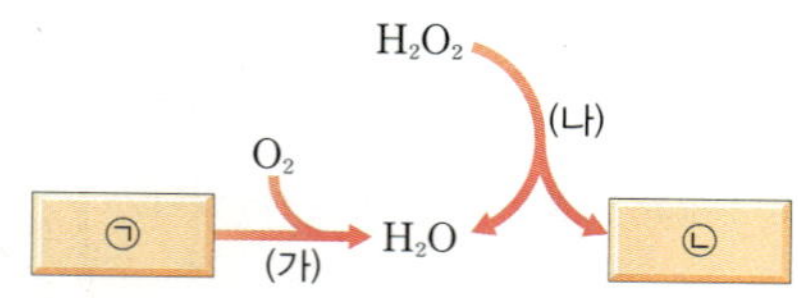

이에 대한 설명으로 옳은 것만을 〈보기〉에서 있는 대로 고른 것은?

---- 보기 ----
ㄱ. (가)에서 ㉠은 산화된다.
ㄴ. (나)에서 산화제와 환원제는 같은 물질이다.
ㄷ. 이 반응에서 제시된 물질에서 O가 가질 수 있는 산화수의 총합은 -2이다.

① ㄱ　　　　② ㄷ　　　　③ ㄱ, ㄴ
④ ㄴ, ㄷ　　　⑤ ㄱ, ㄴ, ㄷ

03 그림은 불이 붙은 마그네슘(Mg)을 드라이아이스(CO_2)에 넣고 반응시켰을 때 반응 후 검은색 가루가 생성된 모습을 나타낸 것이다.

반응 (가)에 대한 설명으로 옳은 것만 〈보기〉에서 있는 대로 고른 것은?

---- 보기 ----
ㄱ. C의 산화수 변화량은 4이다.
ㄴ. 드라이아이스는 산화제이다.
ㄷ. 검은색 가루에는 MgO이 포함되어 있다.

① ㄱ　　　　② ㄴ　　　　③ ㄱ, ㄷ
④ ㄴ, ㄷ　　　⑤ ㄱ, ㄴ, ㄷ

04 다음은 묽은 염산(HCl)과 이산화 망가니즈(MnO_2)의 반응을 화학 반응식으로 나타낸 것이다.

$$MnO_2(s) + aHCl(aq)$$
$$\longrightarrow MnCl_2(aq) + bH_2O(l) + cCl_2(g)$$
$$(a\sim c\text{는 반응 계수})$$

그림은 $MnO_2(s)$와 $HCl(aq)$이 반응할 때, 반응한 HCl의 양(mol)에 따른 생성된 $MnCl_2$의 양(mol)을 나타낸 것이다.

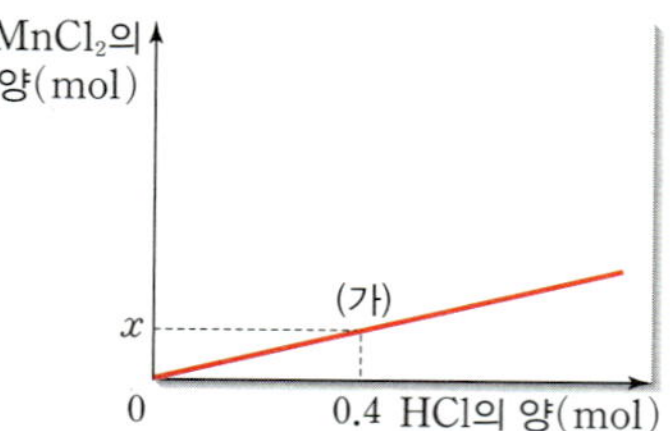

이에 대한 설명으로 옳은 것만을 〈보기〉에서 있는 대로 고른 것은?

---- 보기 ----
ㄱ. $x=0.2$이다.
ㄴ. MnO_2는 산화제이다.
ㄷ. (가)에서 이동한 전자의 양(mol)은 0.4몰이다.

① ㄱ　　　　② ㄴ　　　　③ ㄱ, ㄷ
④ ㄴ, ㄷ　　　⑤ ㄱ, ㄴ, ㄷ

05 그림은 XNO_3 수용액에 금속 Y를 넣어 반응시킨 후, 충분한 양의 금속 Z를 넣어 반응시켰을 때 수용액 속에 존재하는 금속 양이온만을 모형으로 나타낸 것이다. 용액 (나)에는 금속 Z가 남아 있다.

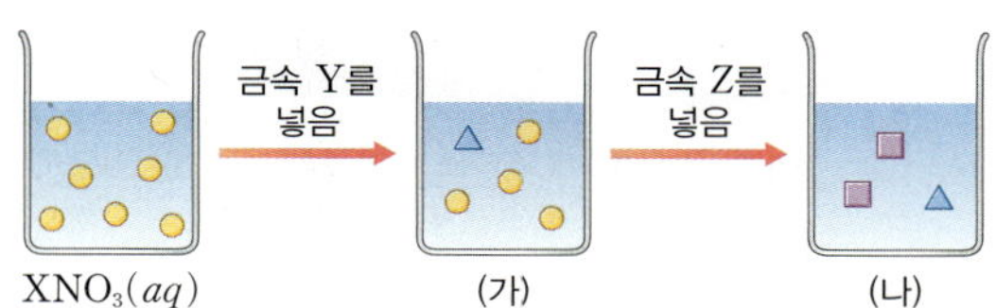

이에 대한 설명으로 옳은 것만을 〈보기〉에서 있는 대로 고른 것은? (단, X~Z는 임의의 원소 기호이고, 물과 음이온은 반응에 참여하지 않는다.)

| 보기 |
ㄱ. 이온의 산화수 비는 △ : ▦ = 3 : 2이다.
ㄴ. 양이온의 총 전하량은 (가)에서가 (나)에서보다 크다.
ㄷ. (나)에 금속 Y를 넣으면 ▦는 산화제로 작용한다.

① ㄱ ② ㄴ ③ ㄱ, ㄷ
④ ㄴ, ㄷ ⑤ ㄱ, ㄴ, ㄷ

06 그림은 금속 A 이온이 들어 있는 수용액에 금속 B를 넣어 반응시켰을 때, 반응한 B 원자 수에 따른 수용액의 전체 금속 이온 수를 나타낸 것이다.

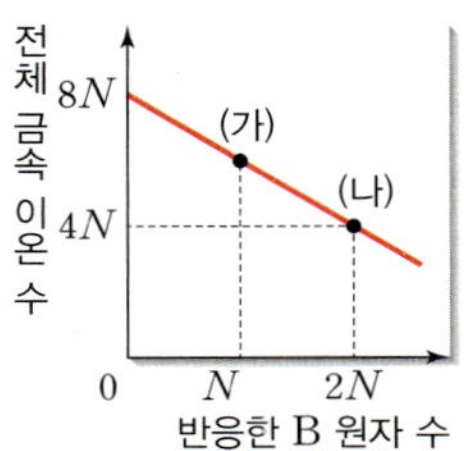

이에 대한 설명으로 옳은 것만을 〈보기〉에서 있는 대로 고른 것은? (단, A와 B는 임의의 원소 기호이고, 물과 음이온은 반응에 참여하지 않는다.)

| 보기 |
ㄱ. 산화수는 B 이온이 A 이온의 3배이다.
ㄴ. A 이온 수비는 (가) : (나) = 3 : 2이다.
ㄷ. (나)에서 양이온 수비는 A 이온 : B 이온 = 2 : 1이다.

① ㄱ ② ㄴ ③ ㄱ, ㄷ
④ ㄴ, ㄷ ⑤ ㄱ, ㄴ, ㄷ

07 그림 (가)는 수용액에 들어 있는 금속 양이온 A^{3+}과 B^+의 이온 수의 비율을, (나)와 (다)는 (가)의 수용액에 차례대로 금속 C를 넣었을 때, 반응이 완결된 후 수용액 속에 존재하는 양이온의 수의 비율을 이온의 종류에 관계없이 나타낸 것이다. (나)와 (다)에서 생성된 C^{2+}의 양(mol)은 각각 0.3몰, 0.6몰이고, 용액 (가)~(다)에는 각각 2가지의 양이온만 존재한다.

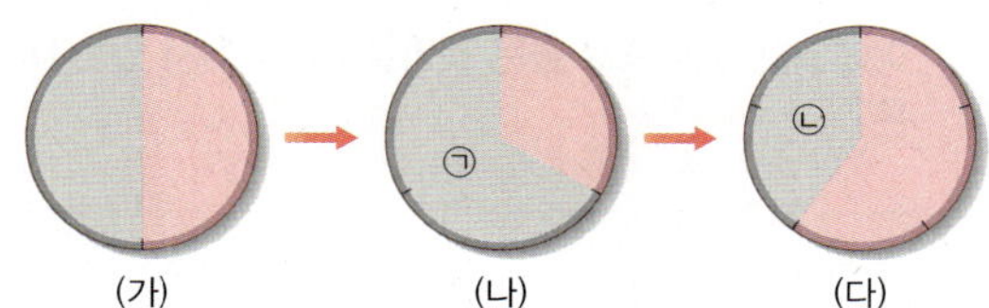

이에 대한 설명으로 옳은 것만을 〈보기〉에서 있는 대로 고른 것은? (단, A~C는 임의의 원소 기호이고, 물과 음이온은 반응에 참여하지 않는다.)

| 보기 |
ㄱ. (가)에서 B^+의 양(mol)은 0.15몰이다.
ㄴ. 이온 수비는 ㉠ : ㉡ = 3 : 2이다.
ㄷ. 전체 양이온 수비는 $\dfrac{(나)}{(다)} = \dfrac{9}{10}$이다.

① ㄱ ② ㄴ ③ ㄱ, ㄷ
④ ㄴ, ㄷ ⑤ ㄱ, ㄴ, ㄷ

08 표는 질소(N)를 포함한 분자나 이온에서 N의 산화수를 나타낸 것이다. X와 Y는 각각 1, 2주기 원소 중 하나이다.

분자 또는 이온	NX_2	NX_3^-	NY_3	NY_4^+
N의 산화수	$+4$	a	-3	-3

이에 대한 설명으로 옳은 것만을 〈보기〉에서 있는 대로 고른 것은? (단, X와 Y는 임의의 원소 기호이다.)

| 보기 |
ㄱ. a는 $+4$이다.
ㄴ. Y_2X_2에서 X의 산화수는 -1이다.
ㄷ. $2NX + X_2 \longrightarrow 2NX_2$에서 N의 산화수는 $+2 \rightarrow +4$로 증가한다.

① ㄱ ② ㄴ ③ ㄱ, ㄷ
④ ㄴ, ㄷ ⑤ ㄱ, ㄴ, ㄷ

09 다음은 어떤 산화 환원 반응의 화학 반응식이다.

$$aH_2O_2(l) + bCr_2O_7^{2-}(aq) + cH^+(aq)$$
$$\longrightarrow dCr^{3+}(aq) + eO_2(g) + 7H_2O(l)$$
(단, $a \sim e$는 반응 계수)

이에 대한 설명으로 옳은 것만을 〈보기〉에서 있는 대로 고른 것은?

┤ 보기 ├
ㄱ. $\dfrac{c}{d}=4$이다.
ㄴ. H_2O_2는 환원제이다.
ㄷ. O_2 6몰이 생성될 때 반응한 산화제의 양(mol)은 2몰이다.

① ㄱ   ② ㄷ   ③ ㄱ, ㄴ
④ ㄴ, ㄷ   ⑤ ㄱ, ㄴ, ㄷ

10 다음은 산화 환원 반응식을 완성하는 과정을 나타낸 것이다.

[화학 반응식]
$$Sn^{2+} + MnO_4^- + H^+ \longrightarrow Sn^{4+} + Mn^{2+} + H_2O$$
[과정]
① 각 원자의 산화수를 조사한다.
② 각 원자의 산화수 변화를 조사한다.
· Sn의 산화수: x 증가
· Mn의 산화수: y 감소
③ 증가한 산화수와 감소한 산화수가 같도록 계수를 맞춘다.
$$aSn^{2+} + bMnO_4^- + H^+ \longrightarrow aSn^{4+} + bMn^{2+} + H_2O$$
④ 산화수가 변하지 않은 원자의 수가 같도록 계수를 맞춘다.
$$aSn^{2+} + bMnO_4^- + 16H^+ \longrightarrow aSn^{4+} + bMn^{2+} + 8H_2O$$

이에 대한 설명으로 옳은 것만을 〈보기〉에서 있는 대로 고른 것은?

┤ 보기 ├
ㄱ. MnO_4^-에서 Mn의 산화수는 $+7$이다.
ㄴ. $|x-y| = |a-b|$이다.
ㄷ. 산화제 1몰과 반응하는 환원제의 양(mol)은 0.2 몰이다.

① ㄱ   ② ㄷ   ③ ㄱ, ㄴ
④ ㄴ, ㄷ   ⑤ ㄱ, ㄴ, ㄷ

11 다음은 실생활에서 일어나는 3가지 현상이다.

㉠ 철가루와 산소가 반응하여 손난로가 뜨거워진다.
㉡ 가스가 연소하여 국이 끓는다.
㉢ 물이 증발하여 시원해진다.

㉠~㉢에 대한 설명으로 옳은 것만을 〈보기〉에서 있는 대로 고른 것은?

┤ 보기 ├
ㄱ. ㉠과 ㉡은 모두 산화 환원 반응이다.
ㄴ. ㉡과 ㉢이 일어날 때 모두 열을 흡수한다.
ㄷ. ㉠과 ㉢에서 반응물의 에너지 합은 생성물의 에너지 합보다 크다.

① ㄱ   ② ㄷ   ③ ㄱ, ㄴ
④ ㄱ, ㄷ   ⑤ ㄴ, ㄷ

12 그림은 숯(C)을 연소시킬 때 반응물과 생성물의 에너지 관계를 나타낸 것이다.

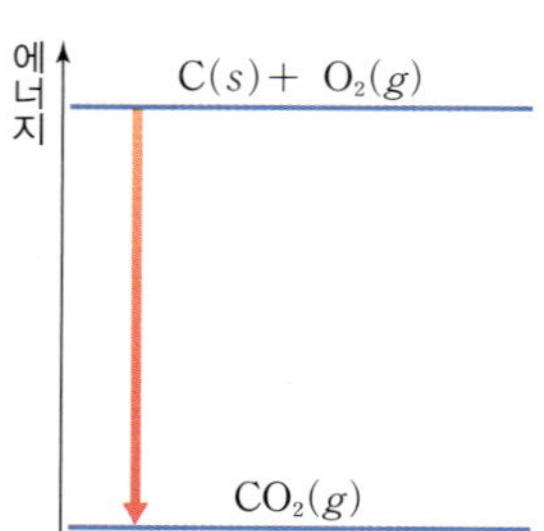

이 반응이 일어날 때, 이에 대한 설명으로 옳은 것만을 〈보기〉에서 있는 대로 고른 것은?

┤ 보기 ├
ㄱ. 주위의 온도는 높아진다.
ㄴ. O의 산화수는 $0 \rightarrow -2$로 감소한다.
ㄷ. 반응 몰비는 $C : O_2 = 1 : 1$이다.

① ㄱ   ② ㄴ   ③ ㄱ, ㄷ
④ ㄴ, ㄷ   ⑤ ㄱ, ㄴ, ㄷ

13 다음은 에탄올이 연소할 때 발생하는 열량을 구하는 실험이다.

> [실험 과정]
> (가) 삼각 플라스크에 100 g의 물을 넣은 후 물의 온도(t_1)를 측정한다.
> (나) 알코올 램프로 가열한 후 물의 온도(t_2)를 측정한다.
>
> 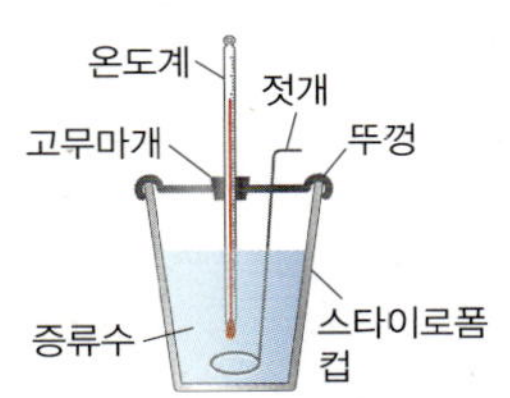
>
>
> [실험 결과]
> • 연소한 에탄올의 질량: 2 g
> • $t_1 = 23.8℃$, $t_2 = 33.8℃$

이에 대한 설명으로 옳은 것만을 〈보기〉에서 있는 대로 고른 것은? (단, 물의 비열은 $4.2\,J/g·℃$이다.)

> ┤ 보기 ├
> ㄱ. 에탄올의 연소 반응에서 생성물의 에너지 합이 반응물의 에너지 합보다 크다.
> ㄴ. 에탄올이 연소될 때 방출하는 열량을 물이 모두 흡수한다고 가정해야 한다.
> ㄷ. 에탄올 1 g이 연소될 때 방출하는 열량은 2100 J이다.

① ㄱ   ② ㄴ   ③ ㄱ, ㄷ
④ ㄴ, ㄷ   ⑤ ㄱ, ㄴ, ㄷ

14 그림 (가)는 물에 수산화 나트륨(NaOH)을 넣은 것을, (나)는 (가)의 수용액에 묽은 염산(HCl)을 넣는 것을 나타낸 것이다. (가)에서 온도가 높아졌다.

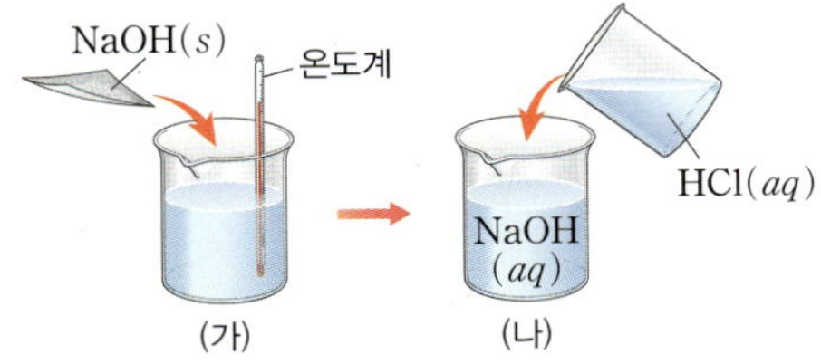

(가)와 (나)에 대한 설명으로 옳은 것만을 〈보기〉에서 있는 대로 고른 것은?

> ┤ 보기 ├
> ㄱ. (가)는 발열 반응이다.
> ㄴ. 수용액의 온도는 (나)가 (가)보다 높다.
> ㄷ. (가)와 (나)에서 모두 반응물의 에너지 합이 생성물의 에너지 합보다 크다.

① ㄱ   ② ㄷ   ③ ㄱ, ㄴ
④ ㄴ, ㄷ   ⑤ ㄱ, ㄴ, ㄷ

15 다음은 25℃에서 수산화 나트륨(NaOH)과 묽은 염산(HCl)의 반응에서 출입하는 열량을 구하는 실험이다.

> [실험 과정]
> (가) 그림과 같은 장치에 물 100 mL를 넣고 NaOH(s) 2.0 g을 녹인 후, 최고 온도(t_1)를 측정한다.
>
>
>
> (나) 25℃까지 식힌 후, (가)의 용액에 0.5 M HCl(aq) 100 mL를 넣고 최고 온도(t_2)를 측정한다.
>
> [실험 결과]
> • $t_1 = 28℃$, $t_2 = 30℃$

이에 대한 설명으로 옳은 것만을 〈보기〉에서 있는 대로 고른 것은? (단, NaOH의 화학식량은 40이다.)

> ┤ 보기 ├
> ㄱ. NaOH의 용해 반응은 발열 반응이다.
> ㄴ. (나)에서 생성된 물의 양(mol)은 0.5몰이다.
> ㄷ. 발생한 열량은 (나)에서가 (가)에서보다 작다.

① ㄱ   ② ㄴ   ③ ㄱ, ㄷ
④ ㄴ, ㄷ   ⑤ ㄱ, ㄴ, ㄷ

16 그림은 20℃의 물 100 g이 들어 있는 간이 열량계를 나타낸 것이고, 표는 열량계에 20℃의 용질 A와 B를 각각 녹인 수용액 (가)와 (나)에 대한 자료이다.

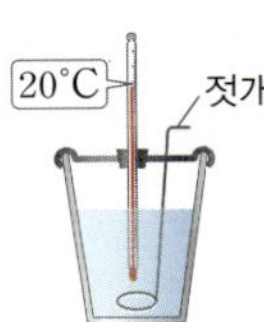

수용액	용질의 질량(g)		최종 온도(℃)
	A(s)	B(s)	
(가)	1	0	19
(나)	0	1	22

이에 대한 설명으로 옳은 것만을 〈보기〉에서 있는 대로 고른 것은? (단, 수용액 (가)와 (나)의 비열은 모두 $4\,J/g·℃$이다.)

> ┤ 보기 ├
> ㄱ. A의 용해 반응은 흡열 반응이다.
> ㄴ. (나)에서 방출한 열량은 808 J이다.
> ㄷ. 용해가 일어날 때 출입한 열량은 (나)에서가 (가)에서보다 크다.

① ㄱ   ② ㄷ   ③ ㄱ, ㄴ
④ ㄴ, ㄷ   ⑤ ㄱ, ㄴ, ㄷ

# memo

memo

 memo

15 개정
교육과정
新 수학의
바이블
수학 I

2015 개정
교육과정
新 수학의 바이블 유형서
BOB
수학의 밥과 같은 존재
유형!
수학 I

BON 본

CHEMISTRY I

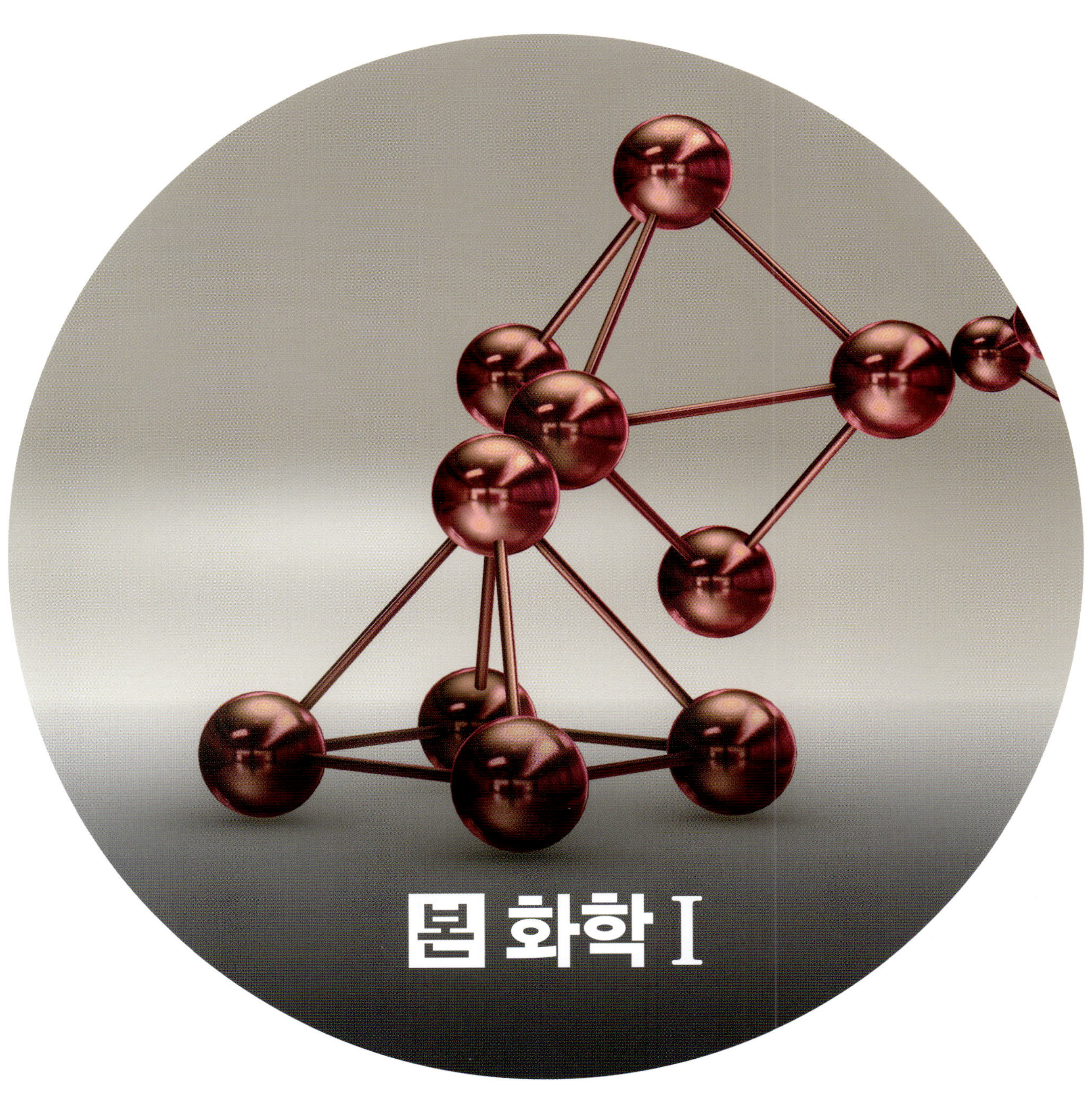

본 화학 I

시험 대비 워크북

이투스북

BON. 본

BON 본
CHEMISTRY I

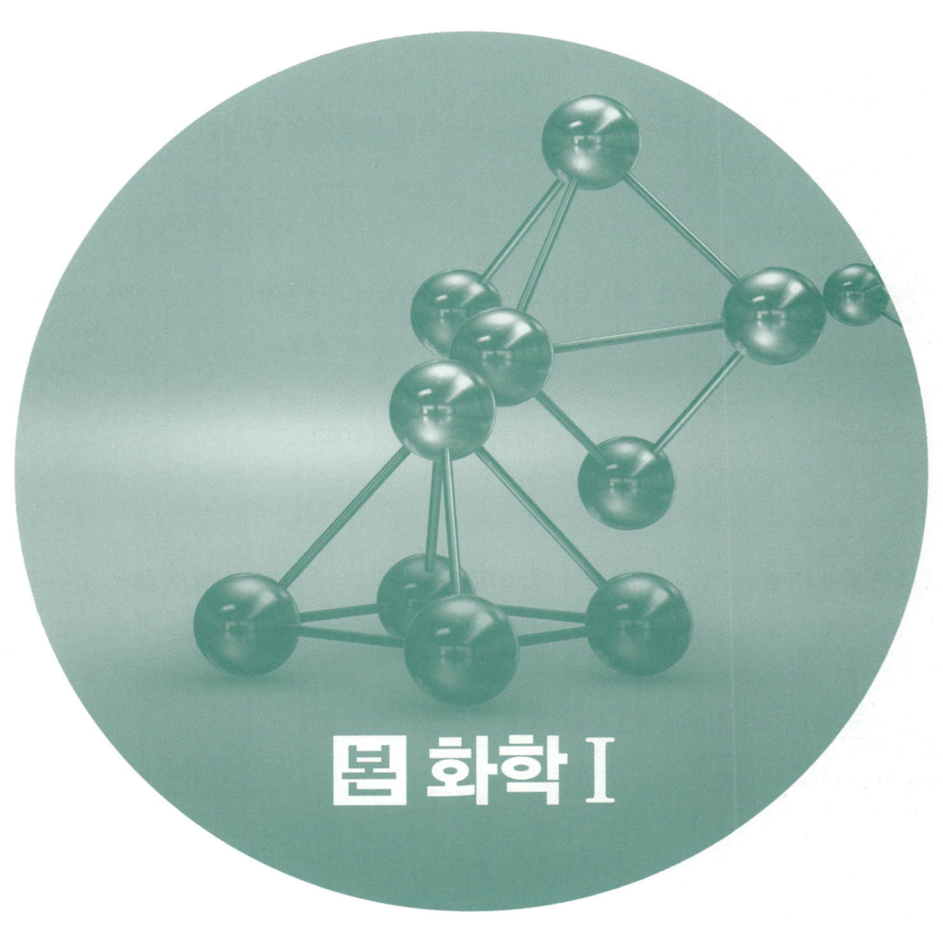

시험 대비 워크북

쪽지 시험

I-01. 화학의 첫걸음 | **01 화학과 우리 생활**

01 대부분의 식물은 공기 중의 (　　　　)를 직접 이용할 수 없으므로 암모니아를 원료로 화학 비료를 대량 생산하여 농업 생산성을 크게 증가시켰다.

02 하버는 질소와 (　　　　)를 반응시켜 암모니아를 합성하였다.

03 마, 면, 견, 모 등은 (　　　　)이고, 나일론, 폴리에스터, 폴리아크릴 등은 (　　　　)이다.

04 가장 널리 사용되는 합성 섬유로, 물에 젖어도 빨리 마르며, 탄성과 내구성이 좋아 구김에 강하므로 일반 의복과 커튼에 많이 사용되는 합성 섬유는 (　　　　)이다.

05 안락한 주거 환경을 위한 난방, 조리, 합성 섬유, 플라스틱, 합성 고무 등에 (　　　　)가 사용된다.

06 콘크리트는 (　　　　)에 물, 모래, 자갈 등을 섞은 건축 재료이다.

07 탄소는 최대 4개의 (　　　　)을 할 수 있으므로 다양한 구조의 화합물을 만들 수 있다.

08 표는 대표적인 탄소 화합물에 대한 자료이다. (　　) 안에 알맞은 말을 쓰시오.

탄소 화합물	메테인	(ⓛ　　　　)	아세트산
구조식	$\begin{matrix} & H & \\ & | & \\ H - & C & - H \\ & | & \\ & H & \end{matrix}$	$\begin{matrix} H & H \\ | & | \\ H - C - & C - O - H \\ | & | \\ H & H \end{matrix}$	$\begin{matrix} & H & \\ & | & \\ H - & C - C & \diagdown O \\ & | & \diagup \\ & H & O - H \end{matrix}$
화학식	(㉠　　　　)	C_2H_5OH	(㉢　　　　)

09 원유를 분별 증류할 때 각 성분 물질의 (　　　　)의 차이를 이용하여 분리한다.

10 원유의 분별 증류에서 가솔린 다음으로 분리되어 나오는 (　　　　)는 여러 가지 석유 화학 제품의 원료가 된다.

01 물질의 상대적인 질량을 의미하는 용어로 원자량, 분자량 등이 있으며, 분자로 존재하지 않는 물질의 상대적인 질량을 의미하는 용어는 (　　　　　)이다.

02 (　　　　　)은 질량수 12인 탄소 원자(^{12}C)의 질량을 12로 정하고, 이것을 기준으로 하여 다른 원자들의 질량을 상대적으로 나타낸 값이며, 단위가 없다.

03 분자를 이루는 원자들의 원자량을 모두 합한 값은 (　　　　　)이다.

04 다음 물질의 화학식량을 구하시오. (단, H, C, O의 원자량은 각각 1, 12, 16이다.)

(1) C_4H_{10}　　　　　　(2) H_2O　　　　　　(3) $C_6H_{12}O_6$　　　　　　(4) $C_{12}H_{22}O_{11}$

05 1몰은 입자 6.02×10^{23}개를 의미하며, 기체 1몰의 부피는 0 ℃, 1기압에서 (　　　　　)L이다.

06 분자 1몰의 질량은 (　　　　　)에 g을 붙인 값이다.

07 다음은 물질의 양(mol)으로부터 물질의 여러 가지 물리량을 구하는 방법을 모식적으로 나타낸 것이다. (　　) 안에 알맞은 말을 쓰시오.

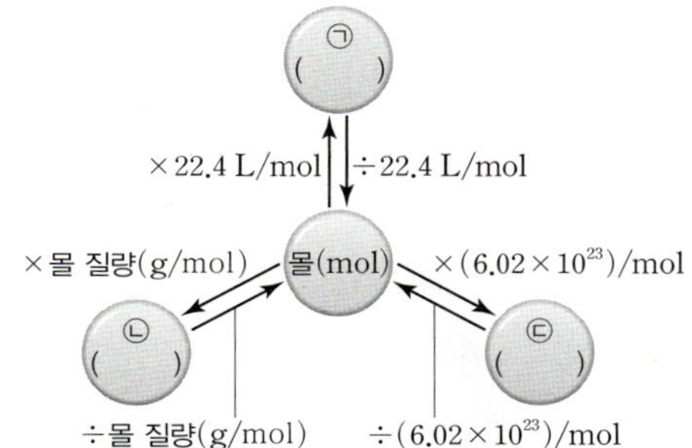

08 일정한 온도와 압력에서 기체의 밀도는 (　　　　　)에 비례한다.

쪽지 시험

I-01. 화학의 첫걸음 · **03** 화학 반응식과 용액의 농도

01 화학 반응을 화학식, '+'와 '→' 기호를 이용하여 나타낸 식을 (　　　　)이라고 한다.

02 물질의 상태를 기호로 나타낼 때, 고체는 (　　　　), 액체는 (　　　　), 기체는 (　　　　), 수용액은 (　　　　)로 표시한다.

03 화학 반응식의 (　　　　)는 부피비, 분자 수비, 몰비와 같고, 질량비와는 같지 않다.

04 2가지 이상의 반응물이 서로 반응하여 생성물을 만들 때, 반응물 중 1가지가 모두 소모되는 순간에 반응이 (　　　　)되었다고 한다.

05 $2A \rightarrow aB$ 반응에서 전체 물질의 양(mol)이 감소하는 반응이라면 $a = ($　　　　$)$이다.

06 퍼센트 농도는 (　　　　) 100 g에 녹아 있는 (　　　　)의 질량을 의미한다.

07 몰 농도는 용액 (　　　　)에 녹아 있는 용질의 (　　　　)을 의미한다.

08 몰 농도는 용액의 (　　　　)가 기준이므로 온도에 따라서 변하는 농도이다.

09 그림과 같이 특정한 몰 농도의 수용액을 만들 때, 일정량의 용질을 녹인 용액을 (　　　　)에 넣고 증류수를 눈금선까지 채운 다음 잘 흔들어 섞는다.

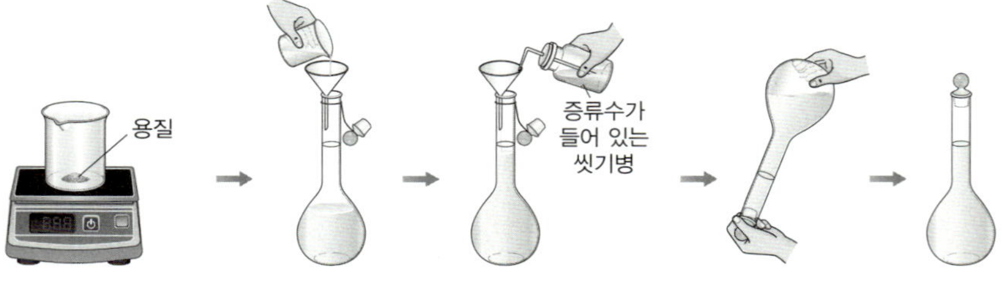

10 용액을 혼합하거나 묽힐 때, 혼합 전후 (　　　　)의 양(mol)이 일정하다는 것을 이용하여 혼합 또는 묽힌 용액의 몰 농도를 구한다.

쪽지 시험

01 톰슨의 (　　　　) 실험에 의해 발견된 입자는 (−)전하를 띤 (　　　　)이다.

02 (　　　　)의 α 입자 산란 실험에 의해 발견된 입자는 (＋)전하를 띤 (　　　　)이다.

03 골드스타인은 (　　　　)의 존재를 확인하였으며, 러더퍼드는 질소 등의 기체에 α 입자를 충돌시켰을 때 공통으로 튀어 나오는 입자를 발견하고 이를 (　　　　)라고 명명하였다.

04 다음은 원자를 이루는 입자의 발견과 관련된 실험 2가지와 각 실험의 결과로 제안된 원자 모형을 순서 없이 나타낸 것이다. 실험과 원자 모형을 바르게 연결하시오.

(1)

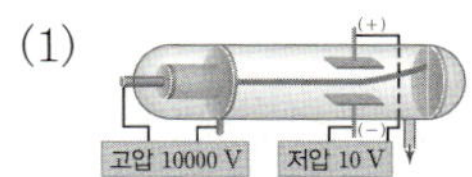

·

(가)

(2)

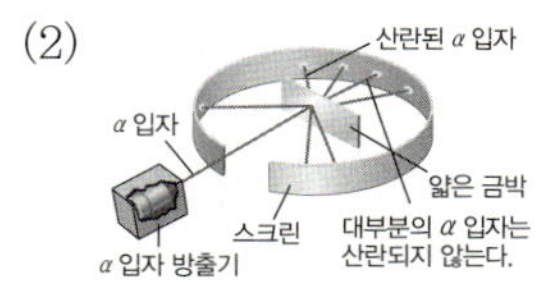

·

(나)

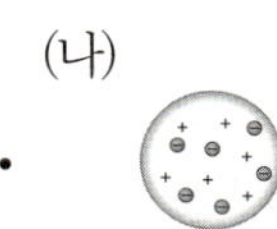

05 원자는 원자핵과 (　　　　)로 구성되며, 원자핵은 (＋)전하를 띠는 (　　　　)와 전하를 띠지 않는 (　　　　)로 구성되어 있다. (　　　　)는 원자핵 주위를 돌고 있는 (−)전하를 띤 입자이다.

06 원자를 구성하는 (　　　　)와 전자 수는 같다. 따라서 원자는 전기적으로 중성이다.

07 동위 원소는 (　　　　)는 같지만 (　　　　)가 달라 질량수가 다른 원소이다. 동위 원소의 존재 비율을 고려한 원자량을 (　　　　)이라고 한다.

08 표는 칼륨(K)의 원자 또는 이온을 원자 표시법으로 나타낸 것이다. (　　) 안에 알맞은 말을 쓰시오.

구분	$^{39}_{19}\text{K}$	$^{41}_{19}\text{K}^+$
양성자수	(　　　)	19
중성자수	(　　　)	22
전자 수	19	(　　　)

09 그림은 원소 A와 B를 전자 배치 모형으로 나타낸 것이다.

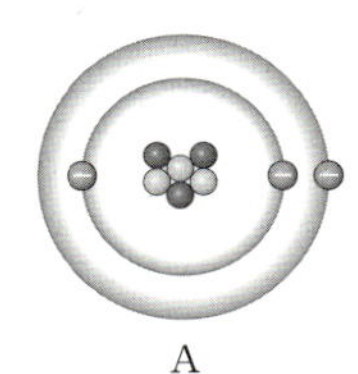
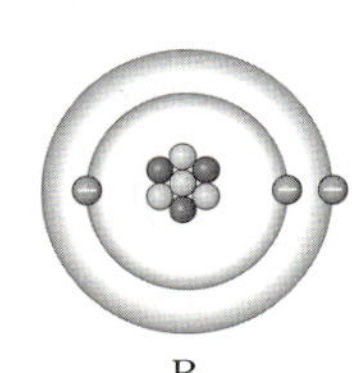

A　　　　　　B

A와 B의 원자 번호는 (　　　　)으로 같고, A와 B의 질량수는 A가 (　　　　), B가 (　　　　)이다.

01 다음 원자 모형을 제안한 과학자의 이름을 쓰시오.

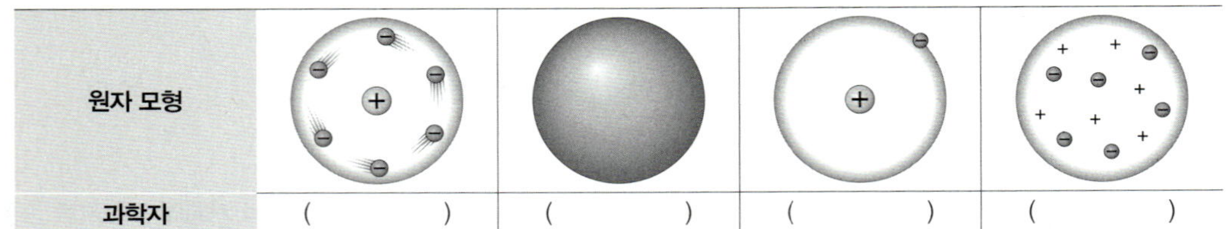

원자 모형				
과학자	( )	( )	( )	( )

02 보어 원자 모형에서 전자가 원운동하고 있는 특정 에너지 준위의 원형 궤도를 ( )이라고 한다.

03 원자핵에 가장 가까운 ( )의 주 양자수(n)는 ( )이다. 주 양자수가 증가할수록 ( )의 에너지 준위는 ( )하며 이웃한 ( ) 사이의 에너지 준위 차이는 ( )한다.

04 표는 주 양자수(n)에 따른 전자 껍질의 이름을 알파벳 기호로 나타낸 것이다. ( ) 안에 알맞은 말을 쓰시오.

주 양자수(n)	1	2	3	4
이름	K	( )	( )	( )

05 오른쪽 그림은 수소 원자의 전자 전이를 나타낸 것이다.

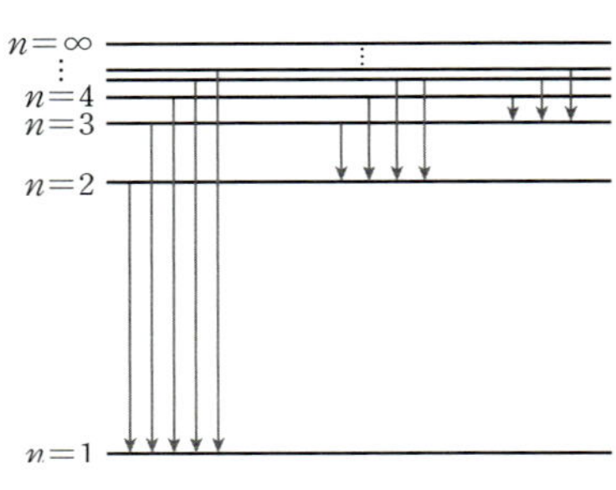

(1) $n \geq 2$에서 $n = 1$로의 전자 전이가 일어날 때 방출하는 빛은 ( ) 영역에 속하는 빛이며, ( ) 계열이라고 한다.

(2) $n \geq 3$에서 $n = 2$로의 전자 전이가 일어날 때 방출하는 빛은 ( ) 영역에 속하는 빛이며, ( ) 계열이라고 한다.

(3) $n \geq 4$에서 $n = 3$으로의 전자 전이가 일어날 때 방출하는 빛은 ( ) 영역에 속하는 빛이며, ( ) 계열이라고 한다.

06 전자 전이가 일어날 때 방출 또는 흡수하는 에너지의 크기는 방출하는 빛의 ( )에 반비례한다.

07 그림은 수소의 선 스펙트럼 중 가시광선 영역을 나타낸 것이다. (단, 수소 원자의 에너지 준위 $E_n = -\dfrac{k}{n^2}$kJ/mol이고, n은 주 양자수, k는 상수이다.)

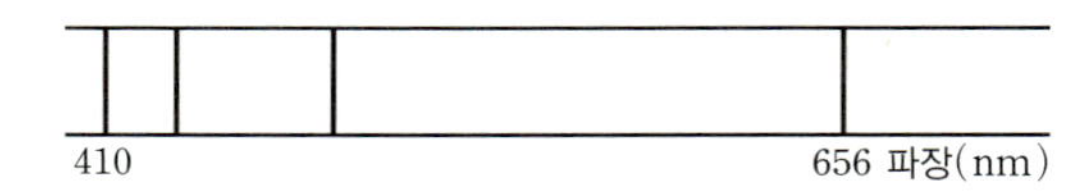

(1) 파장이 656nm인 빛은 $n = ($)에서 $n = ($)로의 전자 전이에서 방출하는 빛이다. 이때 방출하는 빛의 에너지는 ( )kJ/mol이다.

(2) 파장이 410nm인 빛은 $n = ($)에서 $n = ($)로의 전자 전이에서 방출하는 빛이다. 이때 방출하는 빛의 에너지는 ( )kJ/mol이다.

08 오른쪽 그림은 수소 원자의 전자 전이를 나타낸 것이다.

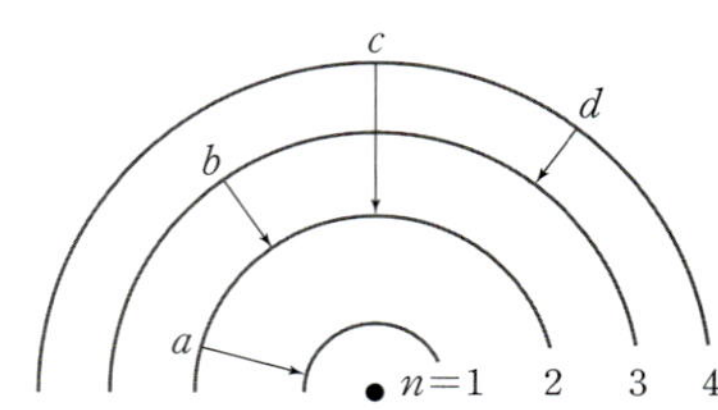

(1) 가장 큰 에너지를 방출하는 전자 전이는 ( )이다.

(2) 파장이 가장 긴 빛을 방출하는 전자 전이는 ( )이다.

(3) 가시광선을 방출하는 전자 전이는 ( )와 ( )이다.

(4) 방출하는 에너지의 크기는 b가 d보다 ( ).

01 그림 (가)~(라)는 몇 가지 원자 모형을 나타낸 것이다.

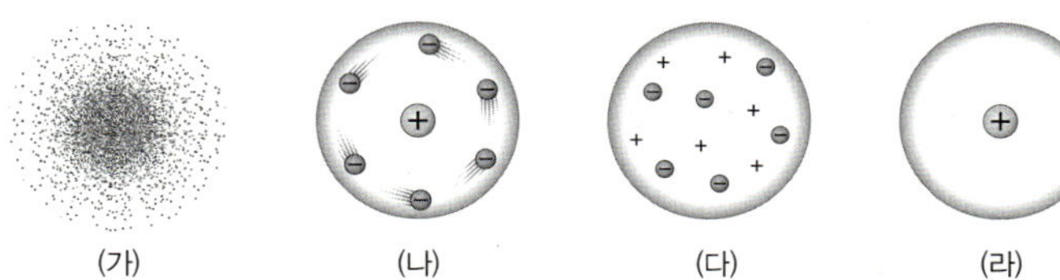

(가)   (나)   (다)   (라)

(1) (가)~(라)를 제안된 순서대로 나열하시오.

(2) 특정한 에너지 준위를 갖는 전자 껍질에서 원운동하는 전자를 표현한 원자 모형은?

(3) 전자가 발견될 확률 분포를 나타낸 원자 모형은?

02 다음은 4가지 양자수에 대한 설명이다. (   ) 안에 알맞은 말을 쓰시오.

(1) 주 양자수(n)는 오비탈의 에너지와 (   )을(를) 결정한다.

(2) (   ) 양자수(l)는 오비탈의 (   )을(를) 결정한다. s 오비탈의 $l =$ (   )이고, p 오비탈의 $l =$ (   ), d 오비탈의 $l =$ (   )이다.

(3) (   ) 양자수(m_l)는 오비탈의 (   )을(를) 결정한다. $l = 0$이면 자기 양자수는 (   )이고, $l = 1$이면 자기 양자수는 (   ), (   ), (   )이다.

(4) (   ) 양자수(m_s)는 전자의 (   ) 방향을 나타내는 양자수로, (   )과 (   )이 있다.

03 그림은 s 오비탈과 p 오비탈을 모형으로 나타낸 것이다.

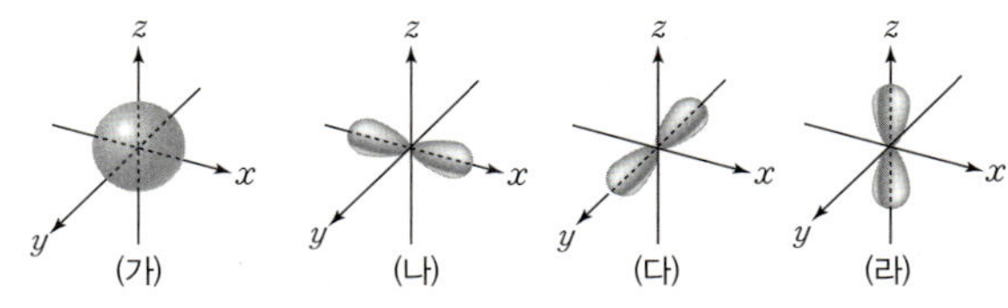

(가)   (나)   (다)   (라)

(1) (가)~(라) 중 s 오비탈에 해당하는 것은 (   )이다.

(2) s 오비탈은 모든 전자 껍질에 존재하며, 원자핵으로부터의 (   )에 따라 전자가 발견될 확률이 다르다. s 오비탈의 주 양자수가 커질수록 에너지 준위는 (   )한다.

(3) p 오비탈은 주 양자수(n)가 (   )인 전자 껍질부터 존재하며, 원자핵으로부터의 거리와 (   )에 따라 전자가 발견될 확률이 다르다.

04 수소 원자에서 $1s$, $2s$, $3s$, $2p$, $3p$, $3d$ 오비탈의 에너지 준위를 비교하시오.

05 현대 원자 모형의 전자 배치에서 (   )는 에너지 준위가 낮은 오비탈부터 전자가 순서대로 채워진다는 원리이고, (   )는 1개의 오비탈에는 (   ) 방향이 서로 다른 전자가 최대 (   )개까지 채워진다는 원리이다. (   )은 에너지 준위가 같은 오비탈이 여러 개 있는 경우, (   )가 최대가 되도록 전자를 배치해야 한다는 원리이다.

06 $_3$Li, $_6$C, $_{16}$S의 바닥상태 전자 배치를 오비탈 기호를 사용하여 나타내고, 바닥상태에서의 홀전자 수를 쓰시오.

원소	바닥상태 전자 배치	바닥상태 홀전자 수
$_3$Li	(1)	(4)
$_6$C	(2)	(5)
$_{16}$S	(3)	(6)

쪽지 시험

Ⅱ-02. 원소의 주기적 성질

 **01 주기율표**

01 다음은 현대의 주기율표가 만들어진 과정과 관련된 이론이다. 각 이론을 제안한 과학자의 이름을 쓰시오.

(1) 원소를 원자량 순서대로 나열하면 8번째마다 성질이 비슷한 원소가 나타난다. ― (　　　　　)

(2) 원소를 원자량 순서대로 나열하여 최초의 주기율표를 완성하였고, 비슷한 성질의 원소가 없으면 빈 칸으로 남겨두어 새로운 원소의 존재를 예측하였다. ― (　　　　　)

(3) 원소를 원자 번호 순서대로 나열하여 현대의 주기율표 완성에 크게 기여하였다. ― (　　　　　)

(4) 화학적 성질이 비슷한 3개의 원소가 쌍을 이루어 존재하는 것을 발견하였다. ― (　　　　　)

02 다음은 현대의 주기율표에 대한 설명이다. (　　) 안에 알맞은 말을 쓰시오.

> 현대의 주기율표는 (　　　　　)이 비슷한 원소가 같은 (　　　　　)에 오도록 원소를 (　　　　　) 순서로 나열한 표이다. 주기율표에서 가로줄은 (　　　　　), 세로줄은 (　　　　　)이라고 하며, 같은 주기 원소는 전자가 들어 있는 (　　　　　) 수가 같고, 같은 족 원소는 (　　　　　)가 같다.

03 금속 원소는 주기율표의 (　　　　　)에 주로 위치하며, 상온에서 대부분 (　　　　　) 상태로 존재한다. (　　　　　)를 제외한 비금속 원소는 주기율표의 (　　　　　)에 주로 위치하며, 상온에서 대부분 고체 또는 (　　　　　) 상태로 존재한다.

04 수소를 제외한 1족 금속 원소를 (　　　　　)이라고 하고, 17족 비금속 원소는 (　　　　　) 원소라고 하며, 18족에 속하여 매우 안정하고 다른 원소들과 거의 반응하지 않는 기체를 (　　　　　) 기체라고 한다.

05 오른쪽 그림은 주기율표의 일부를 나타낸 것이다.

(1) 금속 원소의 원소 기호를 모두 쓰시오.

(2) He, Ne, Ar의 원자가 전자 수를 쓰시오.

족 주기	1	2	13	14	15	16	17	18
1	H							He
2	Li	Be	B	C	N	O	F	Ne
3	Na	Mg	Al	Si	P	S	Cl	Ar

06 오른쪽 그림은 주기율표의 원소들을 분류한 것이다. 다음과 같은 성질을 나타내는 원소가 속한 영역의 기호를 쓰시오.

(1) 고체 상태에서 전기 전도성이 있다.

(2) 상온에서 대부분 고체 상태이다.

(3) 전자를 얻기 쉽다.

01 다전자 원자에서 전자에 실제로 작용하는 원자핵의 전하를 ( )라고 한다.

02 다음은 원자 반지름과 이온 반지름의 주기적 성질에 대한 설명이다. ( ) 안에 알맞은 말을 쓰시오.

> (1) 같은 주기에서 원자 번호가 증가할수록 유효 핵전하가 증가하므로 원자 반지름은 ( )하고, 같은
>   족에서는 원자 번호가 증가할수록 전자 껍질 수가 ( )하므로 원자 반지름은 ( )한다.
> (2) 1족, 2족, 13족 금속 원소가 안정한 양이온이 되면 전자 껍질 수가 ( )하므로 양이온의 반지름은
>   원자 반지름보다 ( ). 16족, 17족 비금속 원소가 안정한 음이온이 되면 전자 껍질 수는 같지만 전
>   자 사이의 ( )이 증가하여 음이온의 반지름은 원자 반지름보다 ( ).

03 그림은 Ne을 제외한 2, 3주기 원소의 원자 반지름과 이온 반지름을 원자 번호에 따라 나타낸 것이다.

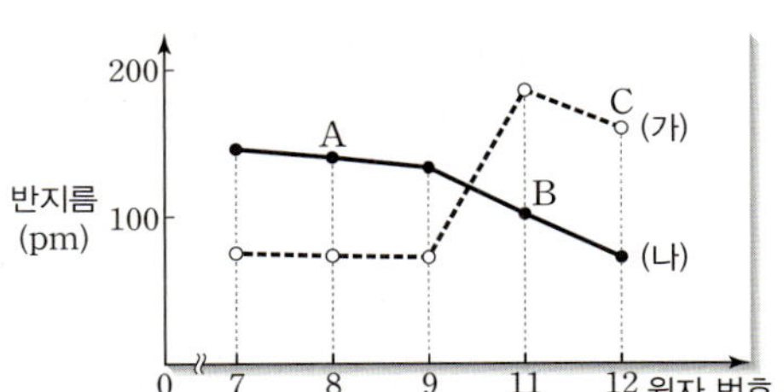

(1) (가)와 (나)가 각각 원자 반지름과 이온 반지름 중 어떤 것에
  해당하는지 쓰시오.
(2) A, B, C가 안정한 이온이 되었을 때 이온식을 쓰시오.

04 기체 상태의 원자 1몰에서 전자 1몰을 떼어내어 기체 상태의 양이온 1몰을 만드는 데 필요한 최소한의 에너지를
( )라고 한다.

05 그림은 원자 번호가 연속인 2, 3주기 원소 A~H의 이온화 에너지를 나타낸
것이다. (단, A~H는 임의의 원소 기호이다.)

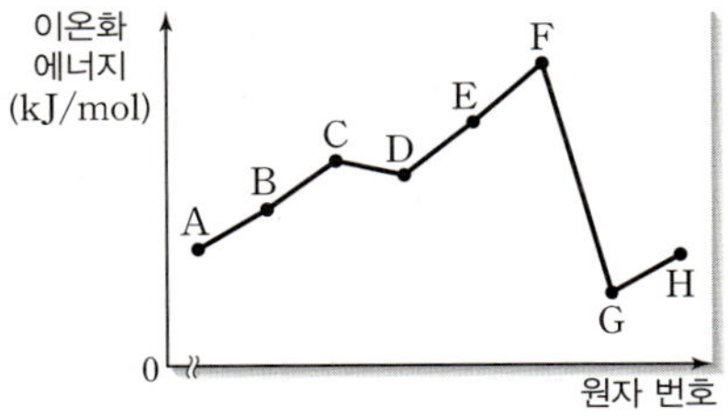

(1) 3주기 원소의 기호를 적으시오.
(2) F와 G의 유효 핵전하의 크기를 비교하시오.
(3) D, E, G, H의 이온 반지름을 비교하시오.

06 그림은 주기율표의 일부를 나타낸 것이다.

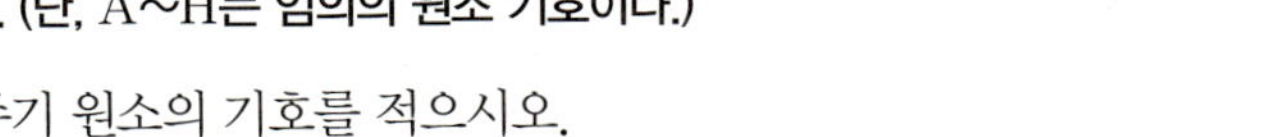

족\주기	1	2	13	14	15	16	17	18
1	H							He
2	Li	Be	B	C	N	O	F	Ne
3	Na	Mg	Al	Si	P	S	Cl	Ar

2주기 원소의 제1 이온화 에너지의 크기를 작은 것부터 순서대로 나열하시오.

07 표는 3주기 원소 A, B의 순차 이온화 에너지(E_n)를 나타낸 것이다. A와 B의 원자가 전자 수를 쓰시오.

원소	순차 이온화 에너지(E_n, kJ/mol)					
	E_1	E_2	E_3	E_4	E_5	E_6
A	787	1577	3232	4356	16091	19805
B	578	1817	2745	11577	14842	18379

쪽지 시험

Ⅲ-01. 화학 결합 | **01** 이온 결합

01 물(H_2O)을 전기 분해했을 때 (＋)극과 (－)극에서 각각 산소(O_2) 기체와 수소(H_2) 기체가 발생하는 것으로부터 수소와 산소가 반응하여 물이 생성될 때 (   )가 관여함을 알 수 있다.

02 염화 나트륨(NaCl)을 전기 분해했을 때 (＋)극에서는 (   )가, (－)극에서는 (   )이 생성된다.

03 옥텟 규칙은 원자가 전자를 잃거나 얻어서 (   )족 원소와 같은 안정한 전자 배치를 가지려는 경향이다. 리튬(Li)은 전자 (   )개를 잃고 (   )과 같은 안정한 전자 배치를 하며, 산소(O)는 전자 (   )개를 얻어 (   )과 같은 안정한 전자 배치를 한다.

04 이온 결합은 (   ) 원소가 전자를 잃고 형성된 (   )과 (   ) 원소가 전자를 얻어 생성된 (   ) 사이의 (   )에 의해 형성된다.

05 표의 (   ) 안에 알맞은 말을 쓰시오.

이온		양이온 Al^{3+}	음이온 S^{2-}	양이온 Mg^{2+}	음이온 OH^-	양이온 Ca^{2+}	음이온 O^{2-}
이온 결합 물질	화학식	(	)	(	)	(	)
	이름	(	)	(	)	(	)

06 오른쪽 그림은 NaCl이 생성될 때 이온 사이의 거리에 따른 에너지를 나타낸 것이다. (   ) 안에 알맞은 말을 쓰시오.

(1) ㉠~㉢ 중 NaCl이 형성되는 지점은 (   )이다.

(2) KCl이 형성될 때 이온 사이의 거리는 ㉡보다 (   )고, 결합 에너지의 크기는 E보다 (   )다.

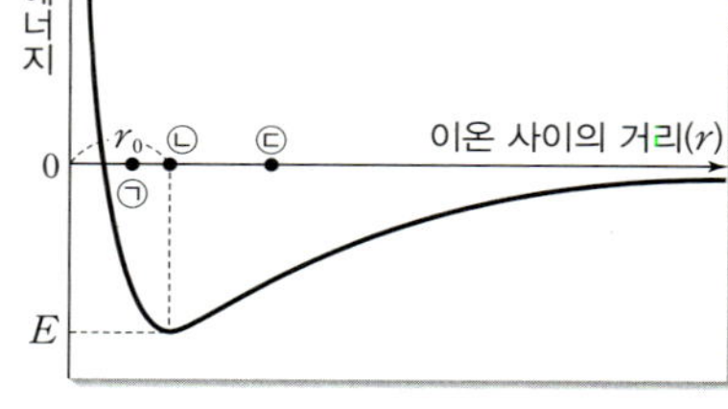

07 이온 결합 물질은 (   ) 상태에서는 전기 전도성이 없지만, (   ) 상태와 (   ) 상태에서는 전기 전도성이 있다.

08 이온 결합력은 양이온과 음이온 사이에 작용하는 정전기적 인력으로, 이온 결합력이 클수록 이온 결합 물질의 녹는점과 끓는점이 (   )다.

09 이온 결합력은 이온 사이의 거리가 (   ) 크고, 이온의 전하량이 (   )수록 크다.

10 표는 2가지 이온 결합 물질의 녹는점을 비교한 것이다. (   ) 안에 알맞은 말을 쓰시오.

이온 결합력에 영향을 주는 요인	( )	( )
녹는점 비교	NaF > NaCl	MgO > NaF

쪽지 시험

Ⅲ-01. 화학 결합 | **02** 공유 결합과 금속 결합

01 공유 결합은 (　　　　) 사이에 (　　　　　　)을 공유하여 형성되는 결합이다.

02 두 원자 사이에 공유한 전자쌍의 개수가 1개이면 (　　　　　) 결합, 2개이면 (　　　　　) 결합, 3개이면 (　　　　) 결합이라고 한다.

03 그림은 F_2과 H_2O을 화학 결합 모형으로 나타낸 것이다. (　　) 안에 알맞은 말을 쓰시오.

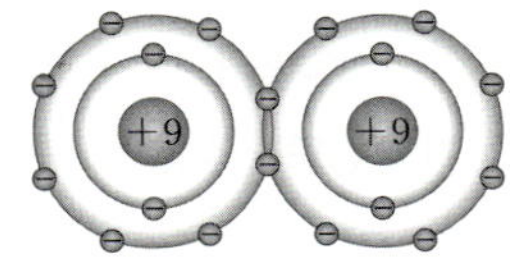

F₂　　　　　　　　H₂O

(1) F_2에서 공유 전자쌍 수는 (　　　　)이다.
(2) F의 원자가 전자 수는 (　　　　)이다.
(3) H_2O에서 공유 전자쌍 수는 (　　　　)이다.
(4) H의 원자가 전자 수는 (　　　　)이고, O의 원자가 전자 수는 (　　　　)이다.

04 분자를 구성하는 각 원자는 공유 결합을 형성하여 18족 원소와 같은 전자 배치를 한다. 따라서 공유 결합에서 원자가 공유하는 전자쌍 수＝18족 원소와 같은 전자 배치를 이루었을 때의 전자 수－(　　　　)와 같다.

05 공유 결합이 형성될 때, 두 원자는 (　　　　)과 (　　　　)에 의한 에너지가 (　　　　)가 되는 지점에서 결합을 형성한다. 이때 두 원자의 원자핵 사이의 거리를 (　　　　)이라고 한다.

06 그림은 H_2가 생성될 때 원자핵 사이의 거리에 따른 에너지를 나타낸 것이다. (　　) 안에 알맞은 말을 쓰시오.

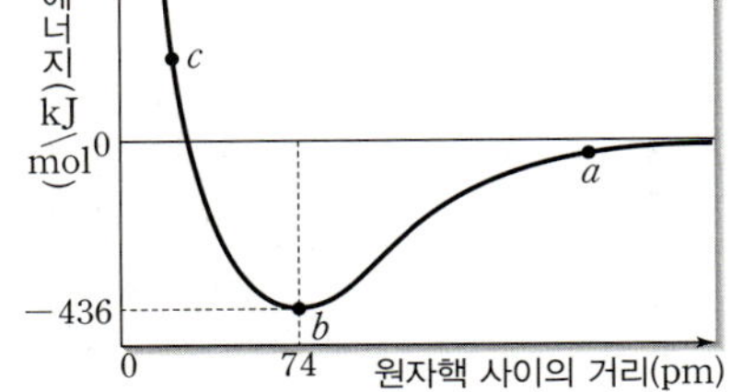

(1) $a{\sim}c$ 중 공유 결합이 형성된 지점은 (　　　　)이다.
(2) H－H의 결합 에너지는 (　　　　)kJ/mol이다.
(3) H 원자의 결합 길이는 (　　　　)pm이다.

07 금속 결합은 금속 양이온과 (　　　　) 사이의 (　　　　) 인력에 의해 형성되는 결합이다.

08 금속은 고체 상태와 (　　　　) 상태에서 전기 전도성이 크고, 열 전도성이 좋다. 이와 같은 금속의 특성은 (　　　　)에 의해 나타난다.

09 표는 몇 가지 결정에 대한 자료이다. (　　) 안에 알맞은 말을 쓰시오.

결정		이온 결정	분자 결정	원자 결정	금속 결정
화학 결합		이온 결합	(　　　)		금속 결합
물질의 기본 단위		양이온, 음이온	분자	(　　　)	금속 양이온, 자유 전자
녹는점		높음	낮음	(　　　)	높음
전기 전도성	고체	없음	없음	없음	있음
	액체	(　　　)	없음	없음	(　　　)

쪽지 시험

III-02. 분자의 구조와 극성 | **01 결합의 극성**

01 (　　　　　)는 두 원자가 공유 결합할 때 공유 전자쌍을 끌어 당기는 힘의 크기를 상대적인 값으로 나타낸 것이다.

02 (　　　　　)는 같은 주기에서 원자 번호가 커질수록 (　　　　　)하며, 같은 족에서 원자 번호가 커질수록 (　　　　　) 한다.

03 극성 공유 결합은 전기 음성도가 (　　　　　) 원자 사이의 공유 결합이다. 두 원자 사이의 공유 전자쌍이 전기 음성도가 (　　　　　) 원자 쪽으로 치우치므로, 전기 음성도가 작은 원자는 부분적인 ($+$)전하를 띠고, 전기 음성도가 큰 원자는 부분적인 ($-$)전하를 띤다.

04 (　　　　　) 공유 결합은 전기 음성도가 (　　　　　) 원자 사이의 공유 결합이다. 공유 전자쌍이 두 원자 주위에 균일하게 존재하므로 부분 전하가 생기지 않는다.

05 (　　　　　)는 결합의 극성을 나타내는 척도로 전하량(q)과 거리(r)의 곱으로 나타내며, 분리된 전하의 크기가 (　　　　　), 두 전하 사이의 거리가 (　　　　　) 커진다.

06 그림은 A_2와 AB를 모형으로 나타낸 것이다. 분자를 구성하는 공유 결합의 종류를 쓰시오.

A_2　　　　　　AB

(　　　　　) 공유 결합　　　(　　　　　) 공유 결합

07 극성 공유 결합을 형성하는 원자들 사이의 (　　　　　) 차이가 클수록 결합의 극성이 크다.

08 다음 5가지 결합의 극성을 비교하시오. (단, 전기 음성도는 $F > O > Cl > N > C > H$이다.)

$$H-C \quad H-N \quad H-O \quad H-F \quad H-Cl$$

06 그림은 분자 XY_3와 ZY_3의 루이스 전자점식을 나타낸 것이다.

:Y:X:Y:　　　:Y:Z:Y:
   :Y:　　　　　:Y:

(1) $X \sim Z$의 원자가 전자 수를 각각 쓰시오.
(2) XY_3의 공유 전자쌍 수와 비공유 전자쌍 수를 쓰시오.

01 (　　　　　　　)은 분자에서 중심 원자 주위의 전자쌍들은 반발력을 최소화하기 위해 가능한 멀리 떨어져 있으려 한다는 이론이다.

02 표의 (　　) 안에 알맞은 말을 쓰시오.

중심 원자 주위의 전자쌍 수	2	3	4
전자쌍이 이루는 각도	(　　　　)	(　　　　)	(　　　　)

03 다음 3가지 전자쌍 사이의 반발력 크기를 비교하시오.

> ㉠ 공유 전자쌍 — 공유 전자쌍　　㉡ 공유 전자쌍 — 비공유 전자쌍　　㉢ 비공유 전자쌍 — 비공유 전자쌍

04 중심 원자 주위에 공유 전자쌍만 3개 존재할 때, 결합각은 (　　　　　)이고 분자의 모양은 (　　　　　)이다.

05 중심 원자 주위에 비공유 전자쌍이 존재하는 경우, 비공유 전자쌍이 (　　　　　) 결합각이 작아진다.

06 표는 몇 가지 분자에서 중심 원자 주위의 공유 전자쌍 수와 비공유 전자쌍 수를 나타낸 것이다. (　　) 안에 알맞은 말을 쓰시오.

분자	NH_3	H_2O	OF_2
중심 원자 주위의 공유 전자쌍 수	3	2	2
중심 원자 주위의 비공유 전자쌍 수	1	2	2
분자의 구조	(　　　　)	(　　　　)	

07 표는 극성 분자와 무극성 분자의 성질을 비교한 것이다. (　　) 안에 알맞은 말을 쓰시오.

(　　　　) 분자	(　　　　) 분자
• 분자를 이루는 결합의 쌍극자 모멘트 합이 (　　　　)인 분자이다. • 분자 내 전하가 고르게 분포하여 부분 전하를 (　　　　) 분자이다.	• 분자를 이루는 결합의 쌍극자 모멘트 합이 (　　　　)이 아닌 분자이다. • 분자 내 전하가 고르게 분포하지 않아 부분 전하를 (　　　　) 분자이다.

08 표는 여러 가지 분자에 대한 자료이다. (　　) 안에 알맞은 말을 쓰시오.

분자	BeF_2	BF_3	CH_4	CO_2	NH_3	H_2O
분자 구조	(　　　　)	평면 삼각형	(　　　　)	직선형	(　　　　)	(　　　　)
결합의 극성	극성 공유 결합	극성 공유 결합	극성 공유 결합	극성 공유 결합	극성 공유 결합	극성 공유 결합
분자의 극성	무극성	(　　　　)	(　　　　)	무극성	(　　　　)	극성

08 (　　) 안에 알맞은 말을 쓰시오.

(1) 분자량이 비슷할 때, 극성 물질의 끓는점은 무극성 물질의 끓는점보다 (　　　　).

(2) 극성 물질은 (　　　　) 용매에 잘 녹는다.

(3) 액체 상태의 극성 분자로 가늘게 흐르는 액체 줄기를 만든 후, 대전체를 가까이 가져가면 물줄기가 (　　　　).

(4) 기체 상태의 극성 분자는 전기장 내에서 (　　　　)으로 배열한다.

01 화학 반응식에서 '⇌'를 기준으로 오른쪽으로 진행되는 반응을 (　　　　)이라 하고, 왼쪽으로 진행되는 반응을 (　　　　)이라 한다.

02 (　　　　)은 조건에 따라 정반응과 역반응이 모두 일어날 수 있는 반응으로, 화학 반응식에서 (　　　　) 기호로 나타낸다.

03 (　　　　)은 가역 반응에서 정반응과 역반응이 같은 속도로 일어나 겉보기에 변화가 일어나지 않는 것처럼 보이는 상태이다.

[04~07] 그림은 일정한 온도에서 밀폐 용기에 물을 넣고 물 표면에서 일어나는 상태 변화를 나타낸 것이다. (다)에서 수면의 높이는 더 이상 변하지 않았다.

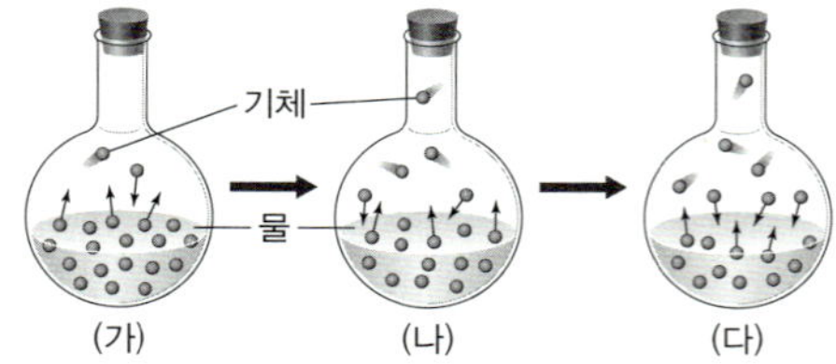

04 (가)~(다)에서 물의 증발 속도를 비교하시오.

05 (가)~(다)에서 수증기의 응축 속도를 비교하시오.

06 (다)에서 동적 평형을 이루므로 (다)에서 물의 (　　　　) 속도는 수증기의 (　　　　) 속도와 같다.

07 (다)에서와 같이 한 물질의 2가지 이상의 상 사이의 평형을 (　　　　)이라고 한다.

[08~10] 그림은 $t\,°C$에서 물 $100\,g$에 염화 나트륨($NaCl$)을 각각 $20\,g$과 $40\,g$을 녹인 수용액을 각각 나타낸 것이다. (나)에서 녹지 않고 남은 염화 나트륨($NaCl$)의 질량은 $5\,g$이다.

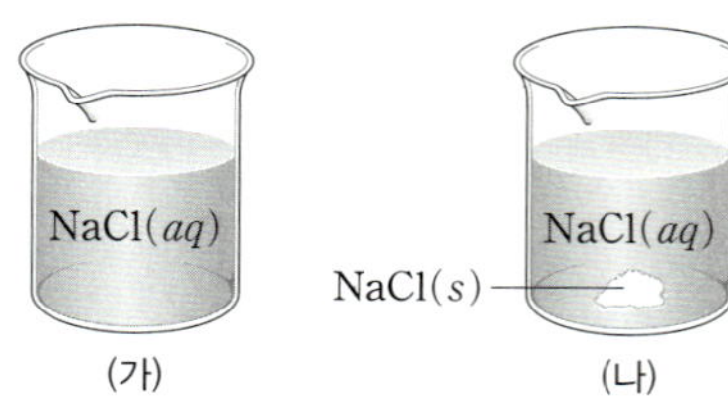

08 (가)에서 $NaCl$의 (　　　　) 속도는 (　　　　) 속도보다 크다.

09 (나)에서 $NaCl$의 용해 속도와 석출 속도는 같으므로 (　　　　) 평형에 도달하였고, 수용액은 (　　　　) 용액이다.

10 $t\,°C$에서 $NaCl(s)$의 용해도를 구하시오.

쪽지 시험

IV-01. 화학 반응에서의 동적 평형 | **02 물의 자동 이온화**

[01~03] 그림은 물속에서 물 분자가 이온화하는 반응을 모형으로 나타낸 것이다.

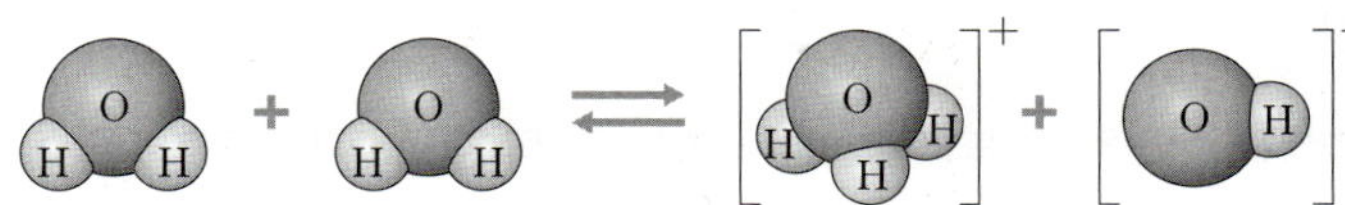

01 그림과 같이 물(H_2O) 분자가 스스로 이온화하여 하이드로늄 이온(H_3O^+)과 수산화 이온(OH^-)을 생성하는 반응을 물의 자동 (   )라고 한다.

02 물의 자동 이온화 과정에서 생성된 하이드로늄 이온(H_3O^+)의 농도와 수산화 이온(OH^-)의 농도의 곱을 물의 (   )라고 하며, $K_w = ($ $)$와 같이 나타낸다.

03 물의 (   )는 온도가 일정하면 일정한 값을 가지며, 온도가 (   ) 커진다.

04 수소 이온 농도의 역수의 상용로그 값을 (   )라고 하며, 25 ℃에서 물의 pH는 (   )이다.

[05~07] 그림은 같은 부피의 산 HA 수용액과 염기 BOH 수용액에 들어 있는 이온을 각각 모형으로 나타낸 것이다. (단, (가)와 (나)의 용액의 온도는 25 ℃이다.)

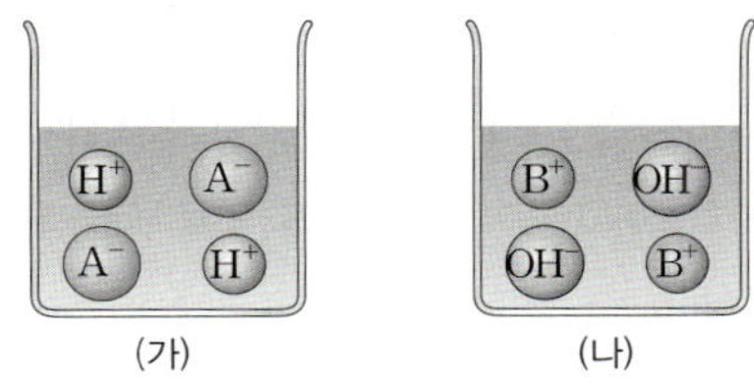

05 수용액의 pH는 (   )가 (   )보다 크다.

06 (나)에서 OH^-의 농도는 (   )의 농도보다 크다.

07 (가)와 (나)에서 물의 이온화 상수를 비교하시오.

[08~10] 그림은 염화 수소(HCl)와 암모니아(NH_3)를 각각 물에 녹였을 때 이온화되는 반응을 모형으로 나타낸 것이다.

08 (가)에서 HCl는 (   )을 내놓고, H_2O은 (   )을 받으므로 HCl는 브뢴스테드·로리 (   ), H_2O은 브뢴스테드·로리 (   )이다.

09 (나)에서 (   )은 브뢴스테드·로리 산이고, (   )는 브뢴스테드·로리 염기이다.

10 H_2O은 (가)에서는 브뢴스테드·로리 염기로, (나)에서는 브뢴스테드·로리 산으로 작용하므로 (   ) 물질이다.

01 중화 반응이 일어날 때 산의 수소 이온(H^+)과 염기의 수산화 이온(OH^-)은 항상 (　　　　　)의 몰비로 반응하여 물을 생성한다.

02 산과 염기가 완전히 중화되려면 산이 내놓는 H^+의 양(mol)과 염기가 내놓는 OH^-의 양(mol)이 같아야 하므로 중화점에서 (　　　　　)의 관계식이 성립한다.

03 수용액의 액성은 H^+과 OH^-이 반응한 후 남아 있는 이온에 따라 달라지므로 반응 후 수용액 속에 H^+이 남아 있다면 이 수용액은 (　　　　)이며, 수용액의 pH는 7보다 (　　　　).

04 0.1 M 묽은 염산(HCl) 100 mL를 완전히 중화시키는 데 필요한 0.2 M 수산화 나트륨($NaOH$) 수용액의 부피는 (　　　)mL이다.

[**05~07**] 그림은 묽은 염산(HCl) 50 mL와 수산화 나트륨($NaOH$) 수용액 100 mL를 혼합한 용액에 들어 있는 이온을 모형으로 나타낸 것이다.

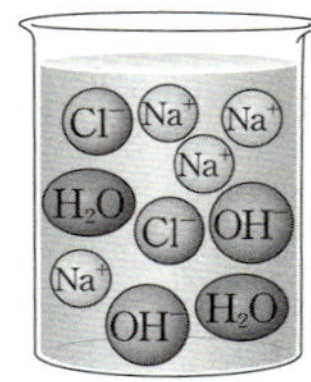

05 혼합 용액의 pH는 7보다 (　　　　)(으)므로 페놀프탈레인 용액을 2~3방울 떨어뜨리면 혼합 용액의 색은 (　　　　)으로 변한다.

06 혼합 전 수용액의 몰 농도 비는 $HCl(aq)$:$NaOH(aq)$=(　　　　)이다.

07 혼합 용액을 중성으로 만들기 위해 필요한 묽은 염산(HCl)의 부피는 (　　　　)mL이다.

08 중화 반응의 양적 관계를 이용하여 농도를 모르는 산이나 염기의 농도를 알아내는 실험적 방법을 (　　　　)이라고 한다.

09 그림은 중화 적정 실험에 사용하는 실험 기구를 나타낸 것이다.

(가)	(나)	(다)

(1) 실험 기구 (가)~(다)의 이름을 쓰시오.
(2) 적정에 사용하는 표준 용액의 부피를 측정할 때 사용하는 실험 기구의 기호를 쓰시오.
(3) 액체의 부피를 정확히 취하여 옮길 때 사용하는 실험 기구의 기호를 쓰시오.

10 묽은 염산(HCl)을 수산화 나트륨($NaOH$) 수용액으로 적정할 때 중화점을 확인하기 위해 넣어 주어야 할 지시약으로 (　　　　)을 사용한다.

쪽지 시험

IV-02. 화학 반응과 열의 출입

01 산화 환원 반응

01 물질이 전자를 잃는 반응을 (　　　　), 물질이 전자를 얻는 반응을 (　　　　)이라고 한다.

02 마그네슘(Mg)의 연소 반응에서 Mg은 전자를 잃고 산화되어 (　　　　)이 되고, O 원자가 전자를 얻어 환원되어 (　　　　)이 된다.

03 다음은 나트륨(Na)과 염소(Cl_2)의 반응을 화학 반응식으로 나타낸 것이다. (　) 안에 '산화' 또는 '환원'을 쓰시오.

$$2Na(s) + Cl_2(g) \longrightarrow 2NaCl(s)$$

(ㄱ)　　　　　(ㄴ)

04 산화 환원 반응은 항상 (　　　　) 일어나므로 한 반응에서 전자를 잃어 산화된 물질이 있으면 반드시 전자를 얻어 (　　　　) 물질이 있다. 이때 산화된 물질이 잃은 총 전자 수와 환원된 물질이 얻은 총 전자 수는 (　　　　).

[**05~07**] 그림은 질산 은($AgNO_3$) 수용액에 구리(Cu)선을 넣었을 때, 구리선 표면에 은(Ag)이 석출되는 모습을 나타낸 것이다.

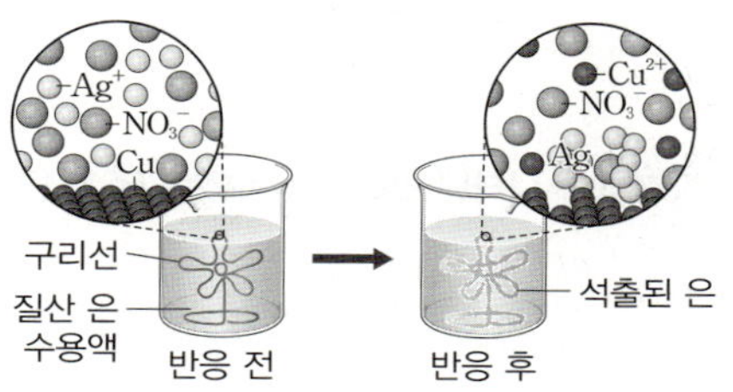

05 이 반응에서 (　　　　)는 전자를 잃고 산화되고, (　　　　)은 전자를 얻어 환원된다.

06 수용액의 색이 무색에서 푸른색으로 변하는 까닭은 (　　　　)이 생성되었기 때문이다.

07 Cu 1몰이 반응할 때 이동한 전자의 양(mol)은 (　　　　)몰이다.

[**08~10**] 그림 (가)는 B^{2+}이 들어 있는 수용액에 금속 A를, (나)는 묽은 염산에 금속 B를 넣었을 때의 모습을 나타낸 것이다. (가)에서 B가 석출되었고, (나)에서 수소 기체가 발생하였다.

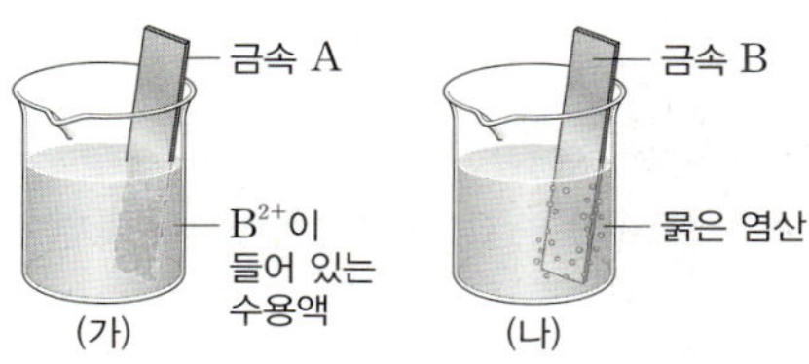

08 (가)에서 A는 전자를 잃고 (　　　　)되고, (나)에서 H^+은 전자를 얻고 (　　　　)된다.

09 (나)에서 B 1몰이 반응할 때 이동한 전자의 양(mol)은 (　　　　)몰이고, 생성된 수소 기체의 양(mol)은 (　　　　)몰이다. 이때 수용액에 들어 있는 이온의 양(mol)은 (　　　　).

10 묽은 염산(HCl)에 금속 A를 넣으면 A는 (　　　　)되고, H^+은 (　　　　)된다.

쪽지 시험

Ⅳ-02. 화학 반응과 열의 출입　｜　**01 산화 환원 반응**

01 어떤 물질에서 성분 원소의 각 원자가 어느 정도 산화되었는지를 나타내는 가상적인 전하를 (　　　　)라고 한다.

02 공유 결합 물질에서의 각 원자의 산화수는 (　　　　)가 큰 원자가 공유 전자쌍을 모두 가진다고 가정할 때 각 구성 원자가 가지는 전하와 같다.

03 대부분의 화합물에서 O의 산화수는 (　　　　), H의 산화수는 (　　　　)이지만, OF_2에서 O의 산화수는 (　　　　), NaH에서 H의 산화수는 (　　　　)이다.

04 산화수가 증가하는 반응을 (　　　　), 산화수가 감소하는 반응을 (　　　　)이라고 한다.

05 다음 물질에서 밑줄 친 원자의 산화수를 구하시오.

(1) $\underline{N}O_2$　　　　(2) $Na_2\underline{Cr}O_3$　　　　(3) $H_2\underline{S}O_4$　　　　(4) $\underline{Mn}O_4^{\,-}$

[06~07] 그림은 3가지 분자의 구조식을 나타낸 것이다. X~Z는 2주기 원소이다.

$$
\begin{array}{ccc}
\overset{\displaystyle H}{\underset{\displaystyle H}{H-\overset{|}{\underset{|}{X}}-H}} &
\overset{\displaystyle H}{H-\overset{|}{X}=\ddot{Y}} &
\overset{\displaystyle H}{\underset{\displaystyle H}{H-\overset{|}{\underset{|}{X}}-\ddot{Y}-\ddot{Z}:}} \\
\text{(가)} & \text{(나)} & \text{(다)}
\end{array}
$$

06 X~Z의 전기 음성도를 비교하시오.

07 (가)~(다)에서 X의 산화수를 각각 구하시오.

08 다른 물질을 산화시키는 물질을 (　　　　)라고 하고, 다른 물질을 환원시키는 물질을 (　　　　)라고 한다.

09 $2CuO(s) + C(s) \longrightarrow 2Cu(s) + CO_2(g)$ 반응에서 산화제 1몰과 반응하는 환원제의 양(mol)은 (　　　　)몰이다.

10 다음은 미완성된 산화 환원 반응식이다.

$$a\mathrm{Fe}^{2+}(aq) + \mathrm{MnO_4}^{-}(aq) + b\mathrm{H}^{+}(aq) \longrightarrow a\mathrm{Fe}^{3+}(aq) + c\mathrm{Mn}^{2+}(aq) + d\mathrm{H_2O}(l)\ (a\text{~}d\text{는 반응 계수})$$

(1) a~d를 구하시오.
(2) 환원제 1몰이 반응할 때 생성되는 Mn^{2+}의 양(mol)을 구하시오.

01 발열 반응이 일어나면 열을 (　　　　　)하므로 주위의 온도는 높아진다.

02 흡열 반응에서는 반응물의 에너지 합이 생성물의 에너지 합보다 (　　　　　).

03 다음의 반응이 발열 반응이면 '발열', 흡열 반응이면 '흡열'이라고 쓰시오.

(1) 묽은 염산과 금속 마그네슘의 반응 (　　　　　)
(2) 메테인의 연소 반응 (　　　　　)
(3) 식물의 광합성 (　　　　　)
(4) 산과 염기의 중화 반응 (　　　　　)
(5) 냉각 팩에서 일어나는 질산 암모늄의 용해 반응 (　　　　　)

04 그림은 실생활과 관련 있는 2가지 현상을 나타낸 것이다. ㉠과 ㉡에 대한 설명으로 옳은 것은 ○, 옳지 <u>않은</u> 것은 ×로 표시하시오.

㉠ 얼음이 녹으면서 음료수가 시원해진다.	㉡ 뷰테인이 연소하면서 찌개가 끓는다.

(1) ㉠이 일어나면 주위의 온도는 낮아진다. (　　　　　)
(2) ㉡에서 반응물의 에너지 합이 생성물의 에너지 합보다 크다. (　　　　　)

05 (　　　　　)는 화학 반응에서 출입하는 열량을 측정하는 장치로, 기본적으로 단열 반응 용기, 온도계, 젓개로 구성된다.

06 물질 $1\,g$의 온도를 $1\,℃$ 높이는 데 필요한 열량을 (　　　　　)이라고 하며, 단위는 $J/g·℃$이다.

07 화학 반응에서 어떤 물질이 방출하거나 흡수하는 열량을 구하는 공식은 다음과 같다.

$$\text{열량}(Q) = (\qquad) \times \text{질량}(m) \times (\qquad) \ (\text{단위: } J \text{ 또는 } kJ)$$

[08~09] 그림은 물 $100\,g$을 삼각 플라스크에 넣고 에탄올을 연소시킬 때 발생하는 열량을 측정하기 위한 실험 장치를 나타낸 것이다.

08 에탄올의 연소에 의해 방출한 열량은 (　　　　　)이 모두 흡수한다고 가정한다.

$$\text{연소에 의해 발생한 열량}(Q) = \text{열량계 속의 } (\qquad) \text{이 흡수한 열량}$$

09 에탄올 $2\,g$을 연소시켰을 때 물의 온도가 처음보다 $40\,℃$ 높아졌을 때 발생한 열량을 구하시오. (단, 물의 비열은 $4\,J/g·℃$이다.)

01 다음은 식물의 생장과 관련된 반응의 2가지 화학 반응식이다.

> (가) $6CO_2 + 6H_2O \longrightarrow C_6H_{12}O_6 + 6O_2$
> (나) $N_2 + 3H_2 \longrightarrow 2NH_3$

이에 대한 설명으로 옳은 것만을 〈보기〉에서 있는 대로 고른 것은?

> **┤ 보기 ├**
> ㄱ. (가) 반응은 녹색 식물의 엽록체에서 일어난다.
> ㄴ. (나) 반응은 식물의 뿌리에서 일어난다.
> ㄷ. 대부분의 식물은 (나) 반응에 포함된 원소를 공기 중에서 직접 흡수하지 못한다.

① ㄴ   ② ㄷ   ③ ㄱ, ㄴ
④ ㄱ, ㄷ   ⑤ ㄱ, ㄴ, ㄷ

02 다음은 어떤 사람의 일상 생활을 나타낸 것이다.

> 아침에 일어나 ㉠면으로 된 속옷 위에 ㉡나일론 스타킹을 신고, ㉢화학 비료로 재배한 채소를 요리해 아침을 먹은 후, ㉣유리로 된 창문을 열고 상쾌한 공기를 들이마신다. 창문 건너편 공사장에는 ㉤시멘트에 자갈과 모래를 섞은 건축 재료를 넣은 레미콘 트럭이 막 시동을 걸고 출발을 하려 한다.

㉠~㉤에 대한 설명으로 옳은 것만을 〈보기〉에서 있는 대로 고른 것은?

> **┤ 보기 ├**
> ㄱ. ㉠과 ㉡은 모두 자연 상태에서 얻어지는 섬유이다.
> ㄴ. ㉢과 ㉣의 주성분은 모두 질소(N)이다.
> ㄷ. ㉤은 콘크리트이다.

① ㄱ   ② ㄷ   ③ ㄱ, ㄴ
④ ㄴ, ㄷ   ⑤ ㄱ, ㄴ, ㄷ

03 다음은 인류의 생활과 관련된 반응의 2가지 화학 반응식이다.

> (가) 암모니아로부터 요소를 생성하는 반응:
> $2NH_3 + \boxed{㉠} \longrightarrow NH_4COONH_2$
> $\longrightarrow (NH_2)_2CO + H_2O$
> (나) 석회석으로부터 시멘트를 만드는 반응:
> • $CaCO_3 \longrightarrow \boxed{㉡} + \boxed{㉠}$
> • $CaO + 점토 \longrightarrow 시멘트$

이에 대한 설명으로 옳은 것만을 〈보기〉에서 있는 대로 고른 것은?

> **┤ 보기 ├**
> ㄱ. (가) 반응의 생성물은 식물의 생장에 도움을 준다.
> ㄴ. 녹색 식물은 ㉠을 공기 중에서 직접 흡수한다.
> ㄷ. ㉠과 ㉡에는 같은 원소가 포함되어 있다.

① ㄱ   ② ㄴ   ③ ㄷ
④ ㄱ, ㄴ   ⑤ ㄱ, ㄴ, ㄷ

04 다음은 섬유를 이용한 제품 (가)~(다)와 이에 대한 설명이다.

  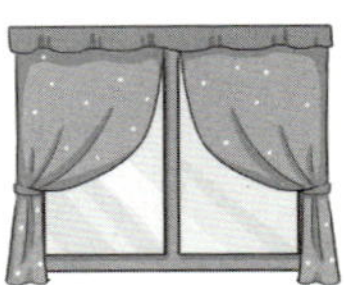

(가) 속옷   (나) 스타킹   (다) 커튼

> (가) 밭에서 재배하는 목화씨에 붙은 솜을 원료로 생산한 섬유로 제작한다.
> (나) 가늘고 마찰에 강한 폴리 아미드계 섬유로 제작한다.
> (다) 구김에 강하고 빠른 시간에 건조되는 섬유로 제작한다.

이에 대한 설명으로 옳은 것만을 〈보기〉에서 있는 대로 고른 것은?

> **┤ 보기 ├**
> ㄱ. (가)는 (나)보다 흡습성이 좋다.
> ㄴ. (다)는 (가)보다 쉽게 닳는다.
> ㄷ. (나)는 (가)보다 질기다.

① ㄱ   ② ㄴ   ③ ㄱ, ㄷ
④ ㄴ, ㄷ   ⑤ ㄱ, ㄴ, ㄷ

05 다음은 탄소 화합물 (가)~(다)에 대한 설명이다. (가)~(다)는 각각 메테인, 에탄올, 아세트산 중 하나이다.

> • 분자당 원자 수는 (다) > (나)이다.
> • (가)에는 2중 결합이 있다.

이에 대한 설명으로 옳은 것만을 〈보기〉에서 있는 대로 고른 것은?

| 보기 |
ㄱ. (가)는 주로 연료로 사용된다.
ㄴ. (나)는 술의 원료로 사용된다.
ㄷ. (다)는 $\dfrac{\text{H 원자 수}}{\text{C 원자 수}}=3$이다.

① ㄴ   ② ㄷ   ③ ㄱ, ㄴ
④ ㄱ, ㄷ   ⑤ ㄱ, ㄴ, ㄷ

06 그림은 3가지 탄소 화합물을 분류 기준 (가)와 (나)에 따라 분류한 결과를 나타낸 것이다.

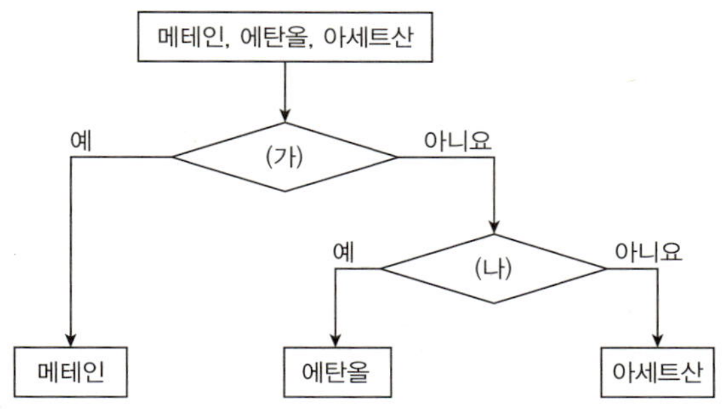

분류 기준 (가), (나)로 적절한 것을 옳게 짝 지은 것은?

	(가)	(나)
①	물에 잘 녹는가?	분자 내에 카복실기가 있는가?
②	물에 잘 녹는가?	2중 결합이 있는가?
③	2중 결합이 있는가?	분자당 H 원자 수가 4인가?
④	탄화수소인가?	분자당 C 원자 수가 2인가?
⑤	탄화수소인가?	분자당 O 원자 수가 1인가?

07 다음은 분자 내에 하이드록시기($-OH$)를 포함한 3가지 탄소 화합물에 대한 자료이다.

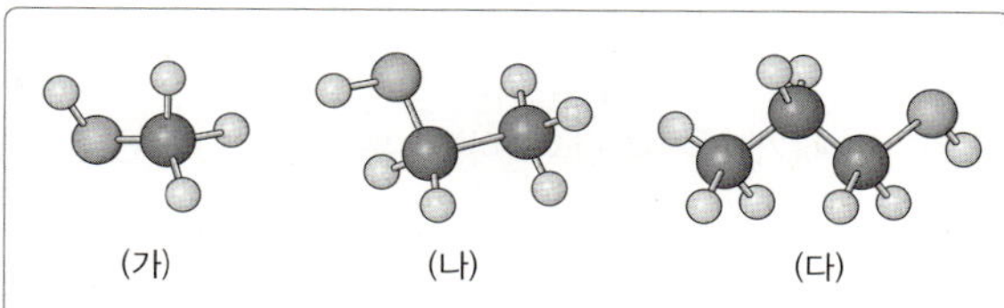

> • 끓는점은 (다) > (나) > (가) 순이다.
> • 물에 대한 용해도는 (가) > (나) > (다) 순이다.

이에 대한 설명으로 옳은 것만을 〈보기〉에서 있는 대로 고른 것은?

| 보기 |
ㄱ. (가)~(다)는 탄화수소이다.
ㄴ. 분자당 탄소 수가 클수록 끓는점이 높다.
ㄷ. 하이드록시기($-OH$)는 물에 잘 녹는 부분이다.

① ㄴ   ② ㄷ   ③ ㄱ, ㄴ
④ ㄱ, ㄷ   ⑤ ㄴ, ㄷ

08 그림은 3가지 탄소 화합물의 구조를 나타낸 것이다.

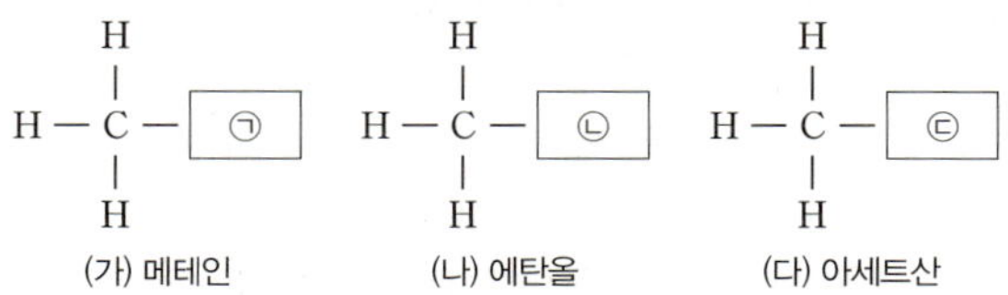

㉠~㉢에 대한 설명으로 옳은 것만을 〈보기〉에서 있는 대로 고른 것은?

| 보기 |
ㄱ. O 원자 수는 ㉢이 ㉡보다 크다.
ㄴ. H 원자 수는 ㉠이 ㉡보다 크다.
ㄷ. ㉠~㉢에 포함된 전체 원자 수는 ㉢이 가장 크다.

① ㄱ   ② ㄴ   ③ ㄱ, ㄴ
④ ㄱ, ㄷ   ⑤ ㄱ, ㄴ, ㄷ

01 다음은 여러 가지 물질의 화학식량에 대한 자료이다.

> - CH_4의 분자량과 (가)의 분자량의 합은 C_2H_5OH의 분자량과 같다.
> - (가)의 분자량과 (나)의 분자량의 합은 O_3의 분자량과 같다.

(가)와 (나)로 적절한 물질을 옳게 짝 지은 것은? (단, H, C, O의 원자량은 각각 1, 12, 16이다.)

	(가)	(나)
①	C_2H_6	CH_4
②	C_2H_6	H_2O
③	C_2H_6	C_2H_2
④	CH_3OH	C_2H_2
⑤	CH_3OH	H_2O

02 다음은 3가지 기체에 대한 자료이다.

> - 조건이 같은 3개의 용기 (가)~(다)에 $NH_3(g)$, $CH_4(g)$, $H_2O(g)$가 각각 들어 있다.
> - (가)~(다)에 들어 있는 기체의 질량은 모두 같다.

이에 대한 설명으로 옳은 것만을 〈보기〉에서 있는 대로 고른 것은? (단, H, C, N, O의 원자량은 각각 1, 12, 14, 16이다.)

> **보기**
> ㄱ. 분자 수비는 $NH_3 : CH_4 = 16 : 17$이다.
> ㄴ. H 원자 수비는 $CH_4 : H_2O = 9 : 4$이다.
> ㄷ. 전체 원자 수비는 $NH_3 : H_2O = 24 : 17$이다.

① ㄱ   ② ㄴ   ③ ㄱ, ㄷ
④ ㄴ, ㄷ   ⑤ ㄱ, ㄴ, ㄷ

03 표는 원소 X와 Y로 이루어진 분자 (가), (나)에 대한 자료이다.

분자	분자량	분자당 구성 원자 수	Y 원자 수 / X 원자 수
(가)	30	8	3
(나)	56	12	2

이에 대한 설명으로 옳은 것만을 〈보기〉에서 있는 대로 고른 것은? (단, X와 Y는 임의의 원소 기호이다.)

> **보기**
> ㄱ. 분자당 Y 원자 수는 (나)가 (가)의 $\frac{4}{3}$배이다.
> ㄴ. 원자량 비는 $X : Y = 12 : 1$이다.
> ㄷ. 1g당 X 원자 수는 (가)가 (나)보다 크다.

① ㄱ   ② ㄴ   ③ ㄷ
④ ㄱ, ㄴ   ⑤ ㄴ, ㄷ

04 그림은 X와 Y의 산화물 (가)와 (나)에서 산화물의 질량과 X 또는 Y의 질량을 나타낸 것이다.

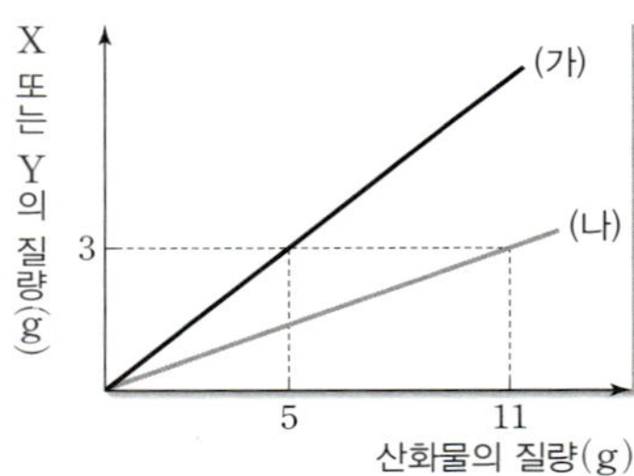

(가)와 (나)의 화학식이 각각 XO, YO_2일때, 이에 대한 설명으로 옳은 것만을 〈보기〉에서 있는 대로 고른 것은? (단, X와 Y는 임의의 원소 기호이고, O의 원자량은 16이다.)

> **보기**
> ㄱ. 원자량 비는 $X : Y = 2 : 1$이다.
> ㄴ. 1g에 포함된 O의 질량비는 (가) : (나) $= 11 : 20$이다.
> ㄷ. 일정량의 산소와 결합한 질량비는 $X : Y = 4 : 1$이다.

① ㄴ   ② ㄷ   ③ ㄱ, ㄴ
④ ㄱ, ㄷ   ⑤ ㄱ, ㄴ, ㄷ

05 그림은 0 °C, 1기압에서 실린더에 들어 있는 3가지 기체를 나타낸 것이다.

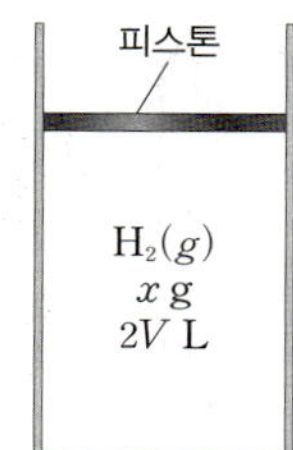
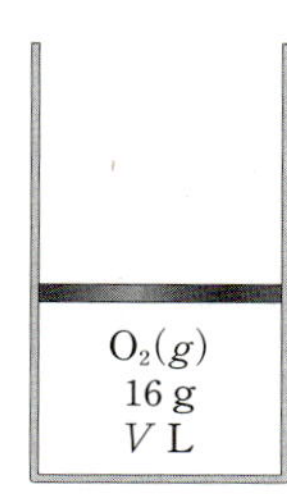
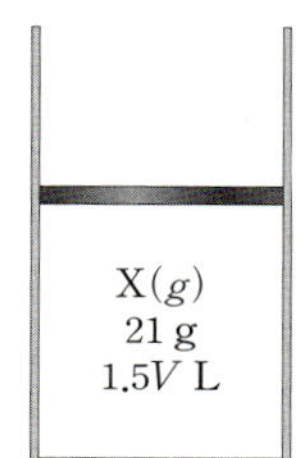

이에 대한 설명으로 옳은 것만을 〈보기〉에서 있는 대로 고른 것은? (단, H, O의 원자량은 각각 1, 16이고, 피스톤의 마찰과 질량은 무시한다.)

> ┤ 보기 ├
>
> ㄱ. $x=4$이다.
> ㄴ. X의 분자량은 28이다.
> ㄷ. $V=22.4$이다.

① ㄴ   ② ㄷ   ③ ㄱ, ㄴ
④ ㄱ, ㄷ   ⑤ ㄱ, ㄴ, ㄷ

06 표는 0 °C, 1기압에서 4가지 기체 (가)~(라)에 대한 자료이다.

기체	분자량	기체의 양(mol)	질량(g)	부피(L)
(가)	28			11.2
(나)			44	22.4
(다)	32	0.5		
(라)		0.1		6.4

기체의 양(mol)이 가장 많은 기체(A)와 같은 온도와 압력에서 밀도가 가장 큰 기체(B)를 옳게 짝 지은 것은?

	A	B
①	(나)	(다)
②	(나)	(라)
③	(다)	(가)
④	(다)	(나)
⑤	(다)	(라)

07 그림 (가)는 피스톤으로 분리된 용기에 He 기체 2.4 g과 O₂ 기체 x몰을 넣은 것을, (나)는 O₂ 기체 쪽에 O₂ 기체 y g을 더 넣은 것을 나타낸 것이다.

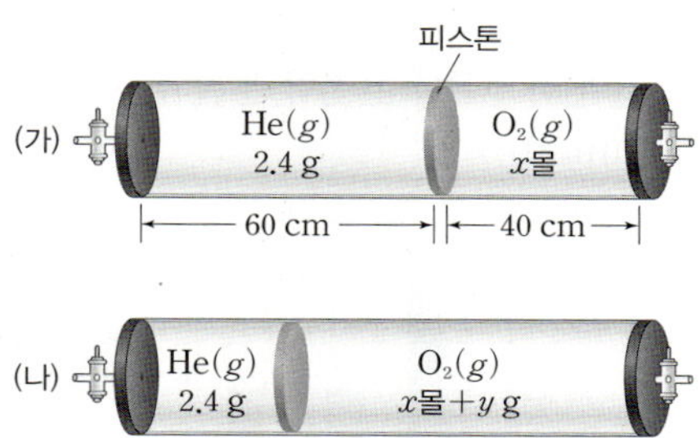

이에 대한 설명으로 옳은 것만을 〈보기〉에서 있는 대로 고른 것은? (단, 온도는 일정하고, He과 O의 원자량은 각각 4, 16이며, 피스톤의 마찰은 무시한다.)

> ┤ 보기 ├
>
> ㄱ. $x=0.4$이다.
> ㄴ. $y=32$이다.
> ㄷ. (나)에서 피스톤의 왼쪽에 헬륨 3.2 g을 더 넣으면 피스톤이 오른쪽으로 20 cm 이동한다.

① ㄴ   ② ㄷ   ③ ㄱ, ㄴ
④ ㄱ, ㄷ   ⑤ ㄱ, ㄴ, ㄷ

08 다음은 설탕 분자 w g에 탄소(C) 원자 $7.2×10^{23}$개가 들어 있을 때 w를 구하는 과정을 나타낸 것이다. 설탕의 분자식은 $C_{12}H_{22}O_{11}$이다.

> (가) 설탕 분자 w g의 양(mol)은 x몰이다.
> (나) x몰의 설탕 분자 안에 포함된 탄소 원자의 양(mol)은 ax이다.
> (다) 탄소 원자 ax몰은 $ax×N$개이다.
> (라) $axN=7.2×10^{23}$으로부터 x를 구한다.
> (마) 설탕의 분자량에 x를 곱하여 w를 구한다.

이에 대한 설명으로 옳은 것만을 〈보기〉에서 있는 대로 고른 것은? (단, H, C, O의 원자량은 각각 1, 12, 16이고, 아보가드로수는 $6.0×10^{23}$이다.)

> ┤ 보기 ├
>
> ㄱ. x를 구하기 위해서는 설탕의 밀도를 알아야 한다.
> ㄴ. $a=12$이다.
> ㄷ. N은 아보가드로수이다.

① ㄱ   ② ㄷ   ③ ㄱ, ㄴ
④ ㄴ, ㄷ   ⑤ ㄱ, ㄴ, ㄷ

01 다음은 일정량의 2가지 물질 (가)와 (나)가 분해되는 반응에 대한 자료이다.

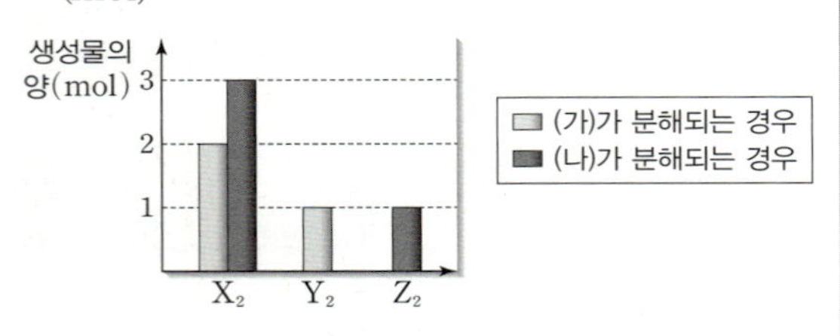

- (가)는 삼원자 분자, (나)는 사원자 분자이다.
- (가)와 (나)가 완전히 분해되었을 때 생성물의 양 (mol)
- X, Y, Z의 원자량은 각각 1, 16, 14이다.

이에 대한 설명으로 옳은 것만을 〈보기〉에서 있는 대로 고른 것은? (단, X~Z는 임의의 원소 기호이다.)

| 보기 |
ㄱ. 분해된 (가)와 (나)의 양(mol)은 같다.
ㄴ. 분해된 질량은 (가)가 (나)보다 크다.
ㄷ. (가) 2몰과 (나) 4몰이 분해 되었을 때 생성되는 물질의 양(mol)의 합은 10몰이다.

① ㄴ   ② ㄷ   ③ ㄱ, ㄴ
④ ㄱ, ㄷ   ⑤ ㄱ, ㄴ, ㄷ

02 표는 기체 A와 B가 반응하여 기체 C를 생성하는 반응에서 반응물의 부피를 달리하여 반응시켰을 때 반응 전후의 기체에 대한 자료이다.

실험	반응물의 부피(mL)		생성물의 부피(mL)	반응하지 않고 남은 기체의 종류와 부피
	A	B	C	
(가)	20	20	20	B, 10 mL
(나)	40	15	30	㉠, x mL

이에 대한 설명으로 옳은 것만을 〈보기〉에서 있는 대로 고른 것은? (단, 온도와 압력은 일정하다.)

| 보기 |
ㄱ. $x=10$이다.
ㄴ. ㉠은 A이다.
ㄷ. A와 B는 2 : 1의 부피비로 반응한다.

① ㄱ   ② ㄴ   ③ ㄱ, ㄷ
④ ㄴ, ㄷ   ⑤ ㄱ, ㄴ, ㄷ

03 그림은 용기에 기체 X_2와 Y_2를 넣고 반응시켰을 때 반응 전후 용기에 들어 있는 기체의 분자 모형을 나타낸 것이다.

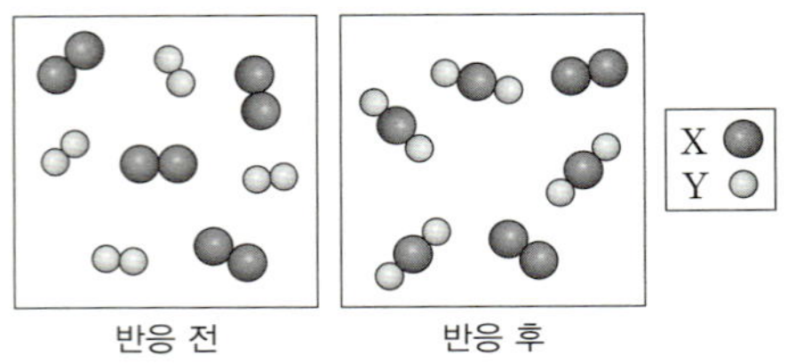

이에 대한 설명으로 옳은 것만을 〈보기〉에서 있는 대로 고른 것은? (단, X와 Y는 임의의 원소 기호이다.)

| 보기 |
ㄱ. 이 반응의 화학 반응식은 $2X_2(g) + 4Y_2(g) \longrightarrow 4XY_2(g)$이다.
ㄴ. 반응이 진행되면 X 원자 수가 감소한다.
ㄷ. 각각 n몰의 X_2와 Y_2를 반응시키면 생성물의 양(mol)은 n몰이다.

① ㄱ   ② ㄷ   ③ ㄱ, ㄴ
④ ㄴ, ㄷ   ⑤ ㄱ, ㄴ, ㄷ

04 그림은 $t\,°C$, 1기압에서 실린더에 프로페인(C_3H_8)과 산소를 넣고 완전 연소시킬 때 반응 전후의 상태를 나타낸 것이다. 반응 전후의 온도는 $t\,°C$로 같다.

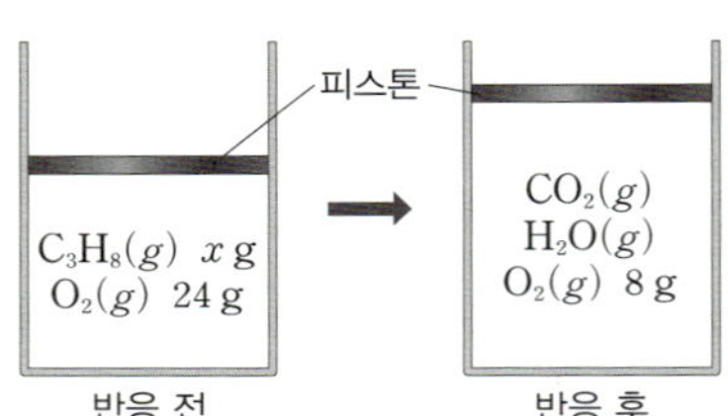

이에 대한 설명으로 옳은 것만을 〈보기〉에서 있는 대로 고른 것은? (단, $t\,°C$, 1기압에서 기체 1몰의 부피는 24 L이고, H, C, O의 원자량은 각각 1, 12, 16이며, 피스톤의 질량 및 마찰은 무시한다.)

| 보기 |
ㄱ. $x=4.4$이다.
ㄴ. 실린더의 부피는 반응 전보다 반응 후가 3.6 L 크다.
ㄷ. 생성된 CO_2의 질량은 12 g이다.

① ㄱ   ② ㄴ   ③ ㄱ, ㄷ
④ ㄴ, ㄷ   ⑤ ㄱ, ㄴ, ㄷ

05 다음은 용액의 농도에 대한 실험이다.

> [실험]
> Ⅰ. $C_nH_{2n+1}COOH$ 3 g을 증류수에 녹여 500 mL 용액을 만든다.
> Ⅱ. $C_nH_{2n+1}COOH$ 10 n g을 40 g의 증류수에 녹인다.
>
> [실험 결과]
> • 각 과정 후 용액의 농도
>
> | 실험 | Ⅰ | Ⅱ |
> |---|---|---|
> | 용액의 농도 | 0.1 M | x % |

n, x의 값으로 옳은 것은? (단, H, C, O의 원자량은 각각 1, 12, 16이다.)

	n	x
①	1	10
②	1	15
③	1	20
④	2	10
⑤	2	20

06 그림은 일정한 온도에서 0.5 M 포도당 수용액 500 mL (가)와 12 % 포도당 수용액 300 g (나)를 혼합하여 1 L 포도당 수용액 (다)를 만드는 과정을 나타낸 것이다.

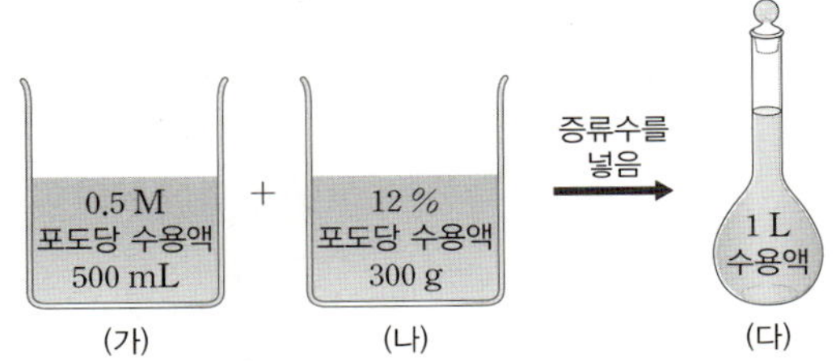

이에 대한 설명으로 옳은 것만을 〈보기〉에서 있는 대로 고른 것은? (단, 포도당의 분자량은 180이다.)

> ┤ 보기 ├
> ㄱ. 수용액에 녹아 있는 포도당의 양(mol)은 (가)가 (나)보다 크다.
> ㄴ. (다) 수용액의 몰 농도는 0.45 M이다.
> ㄷ. 혼합 과정에서 (다)를 만들기 위해 넣어 준 증류수의 부피는 200 mL이다.

① ㄴ   ② ㄷ   ③ ㄱ, ㄴ
④ ㄱ, ㄷ   ⑤ ㄱ, ㄴ, ㄷ

07 다음은 농도 a %, 밀도 d g/mL인 진한 황산의 몰 농도를 구하는 과정을 나타낸 것이다.

> (가) 진한 황산 100 mL(용액 Ⅰ)를 준비한다.
> (나) 용액 Ⅰ의 질량은 100d g이다.
> (다) 용액 Ⅰ에 녹아 있는 황산은 ⎯⎯⎯ g이다.
> (라) 용액 Ⅰ에 녹아 있는 황산의 양(mol)은 ⎯⎯⎯ 몰이다.
> (마) 용액 Ⅰ의 몰 농도는 ⎯⎯⎯ M이다.

㉠~㉢으로 적절한 것을 옳게 짝 지은 것은? (단, H_2SO_4의 분자량은 M이다.)

	㉠	㉡	㉢
①	$100ad$	adM	$\dfrac{10ad}{M}$
②	$100ad$	$\dfrac{ad}{M}$	$\dfrac{ad}{M}$
③	ad	adM	$\dfrac{ad}{M}$
④	ad	$\dfrac{ad}{M}$	$\dfrac{10ad}{M}$
⑤	ad	adM	$\dfrac{10ad}{M}$

08 그림은 25 ℃의 2가지 수산화 나트륨(NaOH) 수용액을 나타낸 것이다.

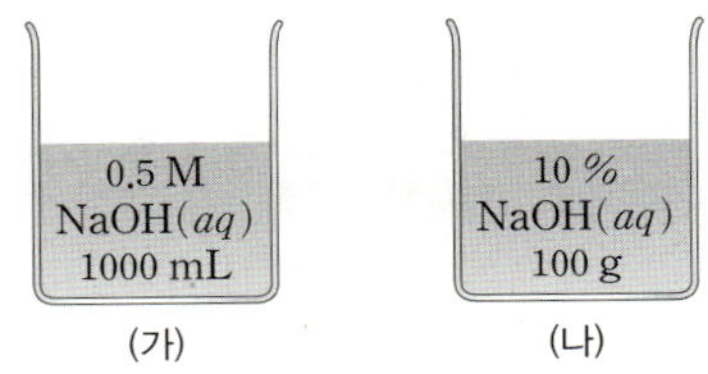

수용액 (가), (나)의 농도를 각각 0.25 M, 5 % 농도로 묽히는 방법으로 옳은 것만을 〈보기〉에서 있는 대로 고른 것은? (단, NaOH의 화학식량은 40이다.)

> ┤ 보기 ├
> ㄱ. (가)에 증류수 1000 g을 넣는다.
> ㄴ. (가)에 20 ℃의 증류수 1000 mL를 넣는다.
> ㄷ. (나)에 증류수 100 g을 넣는다.

① ㄴ   ② ㄷ   ③ ㄱ, ㄴ
④ ㄱ, ㄷ   ⑤ ㄱ, ㄴ, ㄷ

01

그림은 원자를 구성하는 입자를 발견한 실험 (가)와 (나)를 나타낸 것이다.

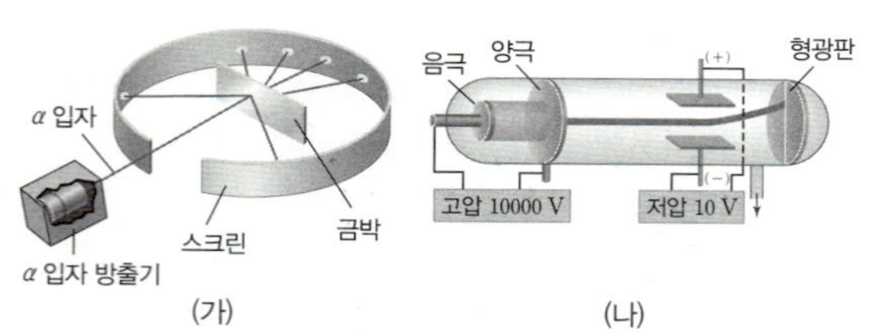

(가)와 (나)에서 각각 발견한 입자를 옳게 짝 지은 것은?

	(가)	(나)
①	원자핵	양성자
②	원자핵	전자
③	양성자	전자
④	전자	원자핵
⑤	전자	양성자

02

중요

그림은 음극선의 성질을 알아보기 위한 실험 (가)와 (나)를 나타낸 것이다.

실험	(가)	(나)
실험 과정	(−)극 / (+)극	(−)극 / (+)극
실험 결과	음극선의 진로에 물체를 놓았더니 그림자가 생겼다.	음극선의 진로에 바람개비를 놓았더니 바람개비가 돌아갔다.

이에 대한 설명으로 옳은 것만을 〈보기〉에서 있는 대로 고른 것은?

보기

ㄱ. (가)를 통해 음극선은 직진하는 성질이 있음을 알 수 있다.
ㄴ. (나)를 통해 음극선은 질량을 지닌 입자의 흐름임을 알 수 있다.
ㄷ. (나)에서 음극선은 파동성을 나타낸다.

① ㄱ   ② ㄷ   ③ ㄱ, ㄴ
④ ㄴ, ㄷ   ⑤ ㄱ, ㄴ, ㄷ

03

다음은 원자를 구성하는 입자를 발견한 과학자에 대한 학생들의 대화이다.

> 보경: 골드스타인은 양극선을 발견했어.
> 민우: 러더퍼드는 α 입자 산란 실험을 통해 원자핵을 발견했고, 이후 질소 등의 기체에 α 입자를 충돌시킨 결과 공통적으로 양성자가 튕겨져 나옴을 확인했어.
> 은혁: 채드윅은 중성자를 발견했어. 중성자는 전하를 띠지 않아 원자의 구성 입자 중 가장 늦게 발견되었어.

대화 내용이 옳은 학생만을 있는 대로 고른 것은?

① 보경   ② 민우   ③ 은혁
④ 보경, 은혁   ⑤ 보경, 민우, 은혁

04

다음은 러더퍼드의 α 입자 산란 실험을 나타낸 것이다.

> [실험]
> α 입자를 얇은 금박에 충돌시키면 대부분의 α 입자는 금박을 통과하지만, 일부 α 입자는 크게 휘고 극소수의 α 입자는 정반대편으로 튕겨져 나온다.
>
> 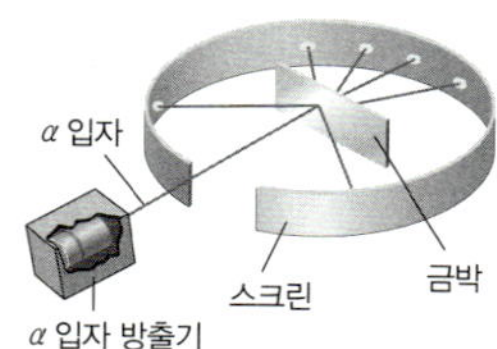
>

이 실험을 통해 러더퍼드가 제안한 원자 모형으로 가장 적절한 것은?

① 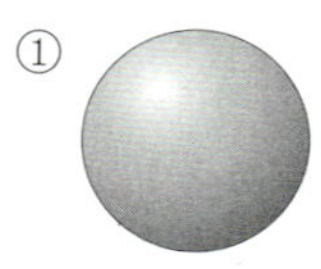   ② 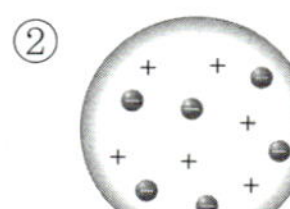   ③ 

④ 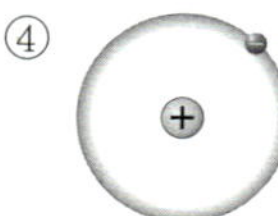   ⑤ 

05 그림은 원자 A~D의 중성자수와 질량수를 나타낸 것이다.

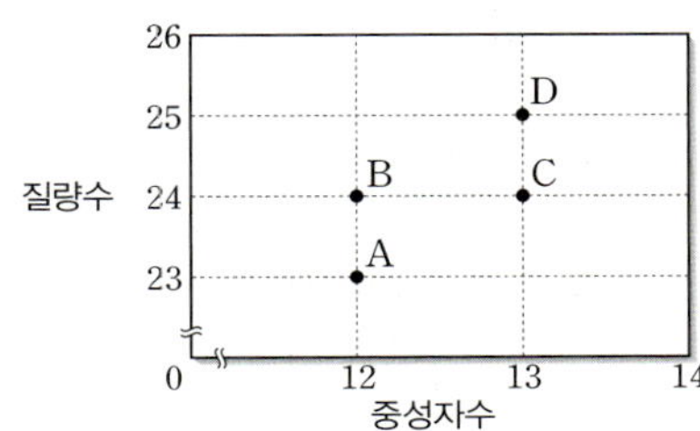

이에 대한 설명으로 옳은 것만을 〈보기〉에서 있는 대로 고른 것은? (단, A~D는 임의의 원소 기호이다.)

┤ 보기 ├

ㄱ. 양성자수는 A가 B보다 크다.

ㄴ. C는 $^{24}_{13}$C로 나타낸다.

ㄷ. B와 D는 동위 원소이다.

① ㄱ   ② ㄴ   ③ ㄷ

④ ㄱ, ㄴ   ⑤ ㄱ, ㄴ, ㄷ

06 그림은 원자 (가)와 (나)를 전자 배치 모형으로 나타낸 것이다. ◐, ●, ○는 원자를 구성하는 입자이다.

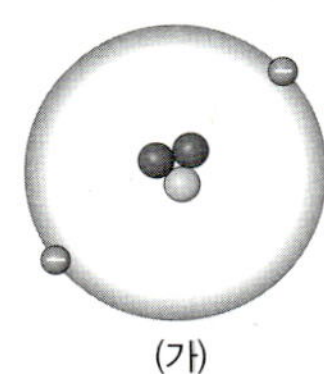
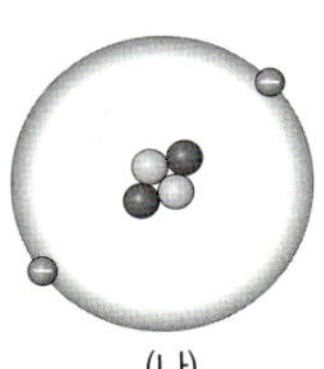

이에 대한 설명으로 옳은 것만을 〈보기〉에서 있는 대로 고른 것은?

┤ 보기 ├

ㄱ. ○는 중성자이다.

ㄴ. (가)와 (나)는 화학적 성질이 비슷하다.

ㄷ. (가)는 $^3_1$H으로 나타낸다.

① ㄱ   ② ㄴ   ③ ㄷ

④ ㄱ, ㄴ   ⑤ ㄱ, ㄴ, ㄷ

07 표는 원소 A~C의 원자 또는 이온의 중성자수와 질량수를 나타낸 것이다.

입자	A	B	C^{2-}
중성자수	12	12	10
질량수	23	24	18

이에 대한 설명으로 옳은 것은? (단, A~C는 임의의 원소 기호이다.)

① A는 $^{23}_{12}$A으로 표시한다.

② A와 B는 동위 원소이다.

③ A의 안정한 이온은 A^{2+}이다.

④ C^{2-}의 양성자수는 10이다.

⑤ C^{2-}의 전자 수는 10이다.

08 표는 붕소(B)의 동위 원소에 대한 자료이다.

동위 원소	중성자수	질량수	존재 비율(%)
(가)	5	10	20
(나)	6	x	80

이에 대한 설명으로 옳은 것만을 〈보기〉에서 있는 대로 고른 것은? (단, 원자량은 질량수와 같다.)

┤ 보기 ├

ㄱ. (가)는 $^{10}_5$B으로 나타낸다.

ㄴ. $x=11$이다.

ㄷ. 붕소의 평균 원자량은 10.8이다.

① ㄱ   ② ㄴ   ③ ㄷ

④ ㄱ, ㄴ   ⑤ ㄴ, ㄷ

01 그림은 3가지 원자 모형을 분류하는 과정을 나타낸 것이다.

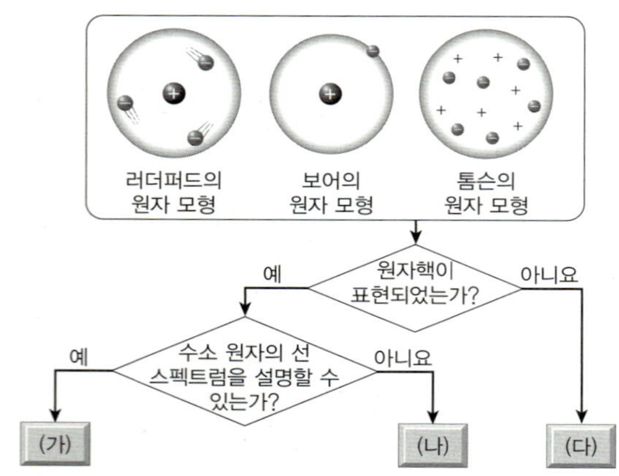

이에 대한 설명으로 옳은 것만을 〈보기〉에서 있는 대로 고른 것은?

| 보기 |

ㄱ. (가)는 보어의 원자 모형이다.
ㄴ. (나)는 양극선의 발견을 설명하기 위해 제안된 모형이다.
ㄷ. (다)는 전자의 발견과 관련이 있는 모형이다.

① ㄱ   ② ㄴ   ③ ㄷ
④ ㄱ, ㄷ   ⑤ ㄱ, ㄴ, ㄷ

02 그림은 보어의 원자 모형을 나타낸 것이다.

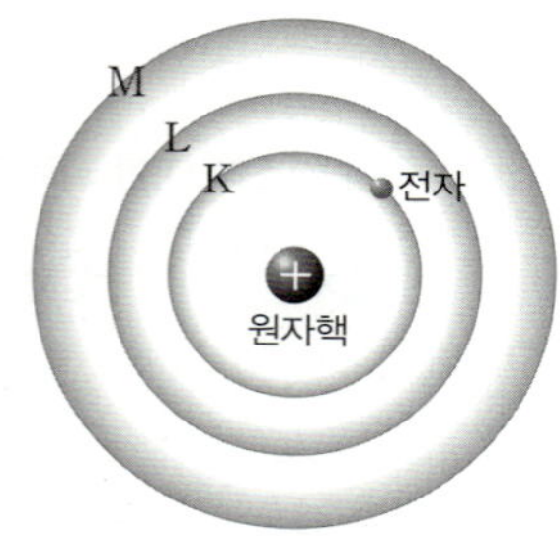

이에 대한 설명으로 옳은 것은?

① 위의 상태는 들뜬상태의 원자 모형이다.
② K 껍질의 주 양자수(n)는 3이다.
③ 에너지 준위는 K < L < M이다.
④ K 껍질의 전자가 L 껍질로 전이할 때 에너지를 방출한다.
⑤ K 껍질과 L 껍질의 에너지 준위 차이는 L 껍질과 M 껍질의 에너지 준위 차이와 같다.

[03~04] 그림은 수소 원자의 에너지 준위와 전자 전이 $a \sim c$를 나타낸 것이다. 다음 물음에 답하시오.

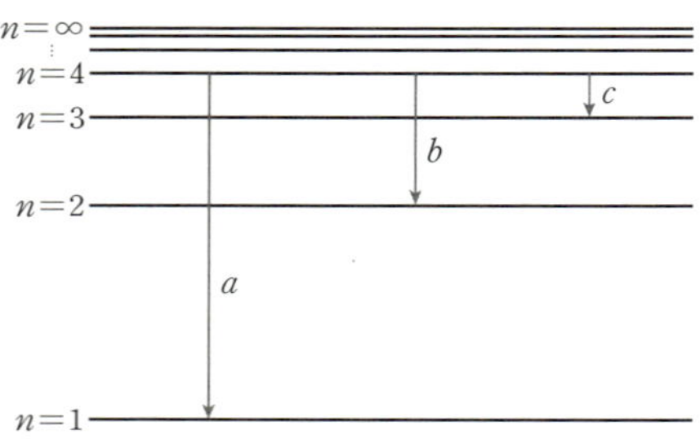

03 전자 전이 $a \sim c$에서 각각 방출한 빛이 속하는 계열을 옳게 짝 지은 것은?

	a	b	c
①	라이먼 계열	발머 계열	파셴 계열
②	라이먼 계열	파셴 계열	발머 계열
③	발머 계열	라이먼 계열	파셴 계열
④	발머 계열	파셴 계열	라이먼 계열
⑤	파셴 계열	발머 계열	라이먼 계열

04 $a \sim c$에 대한 설명으로 옳은 것만을 〈보기〉에서 있는 대로 고른 것은?

| 보기 |

ㄱ. 전자 전이가 일어날 때 방출하는 빛의 파장은 $c < b < a$이다.
ㄴ. b에서 방출하는 빛은 가시광선이다.
ㄷ. c에서 방출하는 빛은 파셴 계열 중 파장이 가장 짧은 빛에 해당한다.

① ㄱ   ② ㄴ   ③ ㄷ
④ ㄱ, ㄷ   ⑤ ㄱ, ㄴ, ㄷ

05 그림은 수소 원자의 선 스펙트럼 중 가시광선 영역을 나타낸 것이다.

이에 대한 설명으로 옳은 것만을 〈보기〉에서 있는 대로 고른 것은?

| 보기 |

ㄱ. 방출하는 빛에너지는 A가 가장 크다.

ㄴ. D는 $n=3$에서 $n=2$로의 전자 전이에서 방출된 빛이다.

ㄷ. A보다 진동수가 큰 영역의 빛은 라이먼 계열이다.

① ㄱ   ② ㄴ   ③ ㄷ
④ ㄱ, ㄷ   ⑤ ㄱ, ㄴ, ㄷ

06 그림은 수소 원자의 선 스펙트럼 중 가시광선 영역과 수소 원자의 전자 전이 Ⅰ~Ⅲ을 나타낸 것이다.

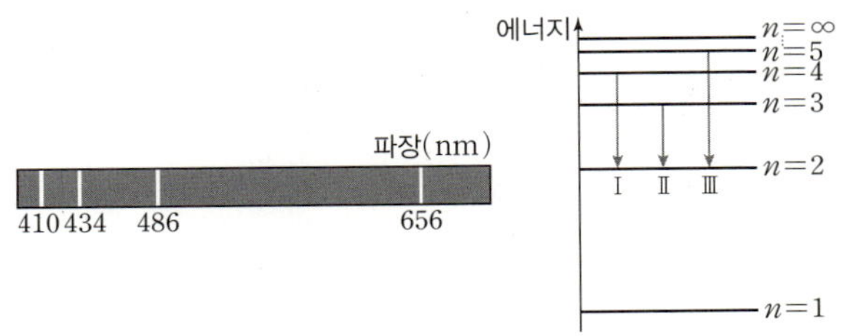

이에 대한 설명으로 옳은 것만을 〈보기〉에서 있는 대로 고른 것은? (단, 수소 원자의 에너지 준위 $E_n=-\dfrac{k}{n^2}$kJ/mol이고, n은 주 양자수, k는 상수이다.)

| 보기 |

ㄱ. Ⅰ과 Ⅱ에서 방출하는 에너지의 비는 4 : 3이다.

ㄴ. Ⅱ에서 방출하는 빛의 파장은 434 nm이다.

ㄷ. Ⅲ에서 방출하는 에너지는 $\dfrac{21}{100}k$ kJ/mol이다.

① ㄱ   ② ㄴ   ③ ㄷ
④ ㄱ, ㄷ   ⑤ ㄱ, ㄴ, ㄷ

07 그림은 수소 원자의 전자 전이 A~D에서 전이 전 주 양자수($n_{전}$)와 전이 후 주 양자수($n_{후}$)를 나타낸 것이다.

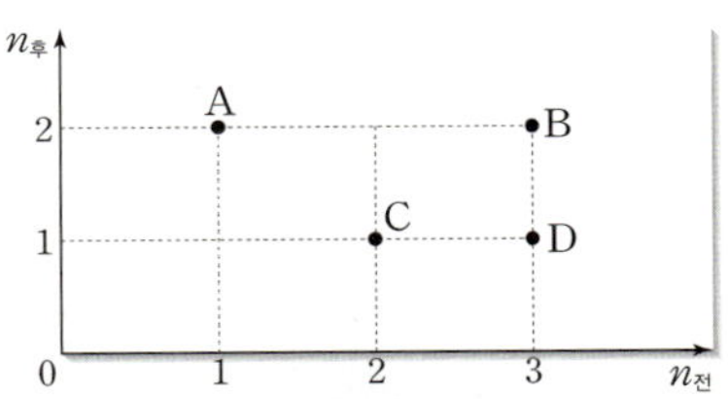

이에 대한 설명으로 옳은 것만을 〈보기〉에서 있는 대로 고른 것은? (단, 수소 원자의 에너지 준위 $E_n=-\dfrac{k}{n^2}$kJ/mol이고, k는 상수이다.)

| 보기 |

ㄱ. B에서는 발머 계열의 빛을 방출한다.

ㄴ. A에 해당하는 에너지와 C에 해당하는 에너지는 크기가 같다.

ㄷ. B와 C에 해당하는 에너지의 합은 D에 해당하는 에너지와 같다.

① ㄱ   ② ㄷ   ③ ㄱ, ㄴ
④ ㄴ, ㄷ   ⑤ ㄱ, ㄴ, ㄷ

08 표는 수소 원자의 전자 전이 (가)~(다)에서 방출하는 빛의 에너지를 나타낸 것이다.

전자 전이	(가)	(나)	(다)
에너지(kJ/mol)	$\dfrac{3}{4}k$	k	$\dfrac{3}{16}k$

이에 대한 설명으로 옳은 것만을 〈보기〉에서 있는 대로 고른 것은? (단, 수소 원자의 에너지 준위 $E_n=-\dfrac{k}{n^2}$kJ/mol이고, n은 주 양자수, k는 상수이다.)

| 보기 |

ㄱ. (가)는 $n=2$에서 $n=1$로의 전자 전이이다.

ㄴ. (가)와 (다)의 파장의 비는 4 : 1이다.

ㄷ. (나)는 라이먼 계열의 빛 중 파장이 가장 짧다.

① ㄱ   ② ㄴ   ③ ㄷ
④ ㄱ, ㄷ   ⑤ ㄱ, ㄴ, ㄷ

01 그림은 수소 원자의 s 오비탈을 모형으로 나타낸 것이다.

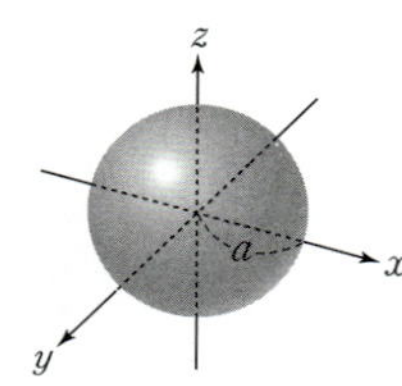

이에 대한 설명으로 옳은 것만을 〈보기〉에서 있는 대로 고른 것은?

┤ 보기 ├

ㄱ. 모든 전자 껍질에 존재한다.
ㄴ. 원자핵으로부터의 거리가 같으면 전자가 발견될 확률이 같다.
ㄷ. 주 양자수가 증가하면 a가 감소한다.

① ㄱ ② ㄷ ③ ㄱ, ㄴ
④ ㄴ, ㄷ ⑤ ㄱ, ㄴ, ㄷ

02 그림은 수소 원자의 3가지 오비탈을 모형으로 나타낸 것이다.

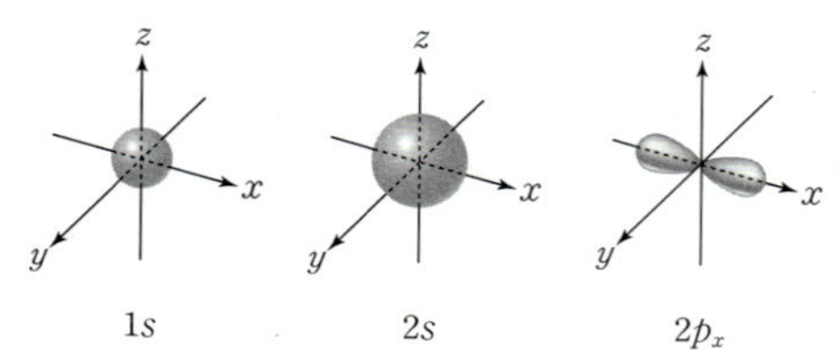

이에 대한 설명으로 옳은 것만을 〈보기〉에서 있는 대로 고른 것은?

┤ 보기 ├

ㄱ. 오비탈의 에너지 준위는 $1s < 2s < 2p_x$이다.
ㄴ. 전자가 $2p_x$ 오비탈에 들어 있는 수소 원자는 들뜬 상태이다.
ㄷ. $2p_x$ 오비탈에서 $1s$ 오비탈로 전자 전이가 일어날 때, 가시광선 영역의 빛이 방출된다.

① ㄴ ② ㄷ ③ ㄱ, ㄴ
④ ㄱ, ㄷ ⑤ ㄱ, ㄴ, ㄷ

03 그림 (가)는 질소(N) 원자의 $2s$ 오비탈을 나타낸 것이고, (나)~(라)는 각각 $2p_x$, $2p_y$, $2p_z$ 오비탈을 나타낸 것이다.

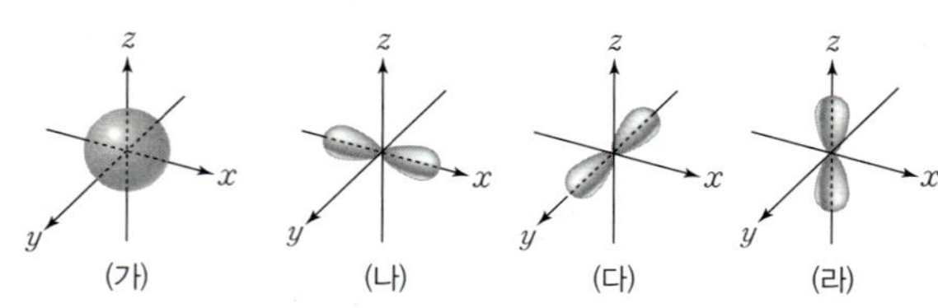

이에 대한 설명으로 옳은 것만을 〈보기〉에서 있는 대로 고른 것은?

┤ 보기 ├

ㄱ. 오비탈의 에너지 준위는 $2s = 2p_x = 2p_y = 2p_z$이다.
ㄴ. 3개의 p 오비탈은 자기 양자수가 모두 같다.
ㄷ. 바닥상태 질소 원자에서 (나)~(라)에 각각 전자가 1개씩 배치된다.

① ㄱ ② ㄴ ③ ㄷ
④ ㄴ, ㄷ ⑤ ㄱ, ㄴ, ㄷ

04 그림은 원자 A~C의 전자 배치를 나타낸 것이다.

중요

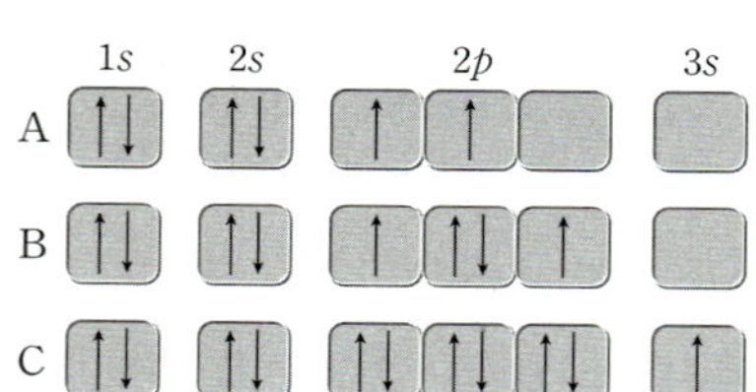

이에 대한 설명으로 옳은 것만을 〈보기〉에서 있는 대로 고른 것은? (단, A~C는 임의의 원소 기호이다.)

┤ 보기 ├

ㄱ. A는 쌓음 원리를 만족한다.
ㄴ. B는 들뜬상태이다.
ㄷ. B^{2-}과 C^+의 바닥상태 전자 배치는 같다.

① ㄱ ② ㄴ ③ ㄷ
④ ㄱ, ㄷ ⑤ ㄱ, ㄴ, ㄷ

05 양자수에 대한 설명으로 옳은 것만을 〈보기〉에서 있는 대로 고른 것은?

┤ 보기 ├
ㄱ. 주 양자수가 n인 전자 껍질에 채워지는 최대 전자 수는 n^2이다.
ㄴ. 주 양자수(n)가 3일 때 가능한 방위 양자수는 1, 2, 3이다.
ㄷ. $3s$ 오비탈의 주 양자수 $n=3$이고, 방위 양자수 $l=0$이다.

① ㄱ   ② ㄴ   ③ ㄷ
④ ㄴ, ㄷ   ⑤ ㄱ, ㄴ, ㄷ

06 다음 중 $_8O^-$의 바닥상태 전자 배치로 옳은 것은?

① $1s^2 2s^2 2p_x^1 2p_y^1 2p_z^1$
② $1s^2 2s^1 2p_x^2 2p_y^2 2p_z^2$
③ $1s^2 2s^2 2p_x^2 2p_y^2 2p_z^1$
④ $1s^1 2s^2 2p_x^2 2p_y^2 2p_z^2$
⑤ $1s^2 2s^2 2p_x^2 2p_y^1 2p_z^1 3s^1$

07 다음 중 바닥상태에서 홀전자 수가 가장 큰 것은?

① $_3Li^+$ ② $_6C$ ③ $_8O^-$
④ $_{15}P$ ⑤ $_{17}Cl^-$

08 그림은 원자 A~D의 전자 배치를 나타낸 것이다.

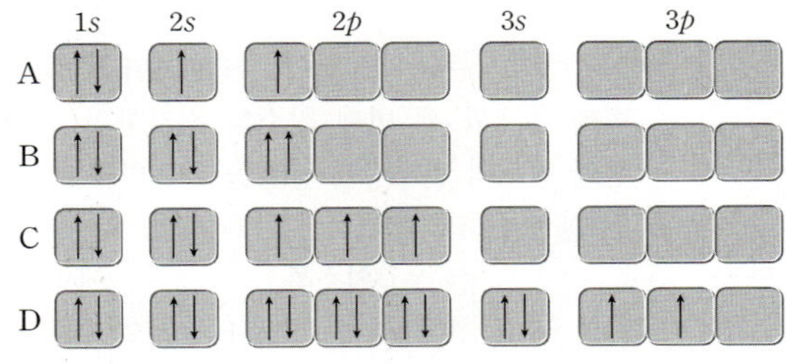

이에 대한 설명으로 옳은 것만을 〈보기〉에서 있는 대로 고른 것은? (단, A~D는 임의의 원소 기호이다.)

┤ 보기 ├
ㄱ. A와 C는 들뜬상태이다.
ㄴ. B는 불가능한 전자 배치이다.
ㄷ. A와 D는 원자가 전자 수가 2로 같다.

① ㄱ   ② ㄴ   ③ ㄷ
④ ㄴ, ㄷ   ⑤ ㄱ, ㄴ, ㄷ

09 그림은 원소 A~C의 원자 또는 이온의 전자 배치를 나타낸 것이다.

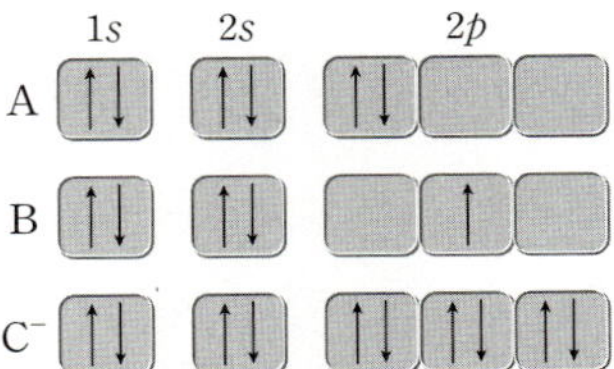

이에 대한 설명으로 옳은 것만을 〈보기〉에서 있는 대로 고른 것은? (단, A~C는 임의의 원소 기호이다.)

┤ 보기 ├
ㄱ. A는 훈트 규칙을 만족한다.
ㄴ. B는 쌓음 원리를 만족한다.
ㄷ. C는 1족 원소이다.

① ㄱ   ② ㄴ   ③ ㄷ
④ ㄴ, ㄷ   ⑤ ㄱ, ㄴ, ㄷ

01 다음은 세 쌍 원소설과 옥타브설에 대한 설명이다.

> - ⊙ 는(은) 성질이 비슷한 3개의 원소 중 첫 번째 원소와 세 번째 원소의 원자량의 평균이 두 번째 원소의 원자량과 같음을 발견하였다. 이를 세 쌍 원소설이라 한다.
> - ⓒ 는(은) 원소를 ⓒ 에 따라 나열하였을 때 8번째마다 비슷한 성질의 원소가 나타나는 것을 발견하였다. 이를 옥타브설이라 한다.

⊙, ⓒ, ⓒ이 바르게 연결된 것은?

	⊙	ⓒ	ⓒ
①	뉴랜즈	모즐리	원자량
②	뉴랜즈	되베라이너	원자량
③	되베라이너	뉴랜즈	원자량
④	되베라이너	뉴랜즈	원자 번호
⑤	되베라이너	멘델레예프	원자 번호

02 멘델레예프의 주기율표에 대한 설명으로 옳은 것만을 〈보기〉에서 있는 대로 고른 것은?

> ┤ 보기 ├
> ㄱ. 원소를 원자 번호 순서로 나열하여 작성하였다.
> ㄴ. 원자량이 40인 $_{20}Ar$이 발견되면서 주기성 설명에 어려움을 겪었다.
> ㄷ. 당시 발견되지 않은 원소의 존재를 예측하였다.

① ㄱ ② ㄴ ③ ㄷ
④ ㄴ, ㄷ ⑤ ㄱ, ㄴ, ㄷ

[03~04] 그림은 주기율표의 일부를 나타낸 것이다. A~F는 임의의 원소 기호이다.

(가)/(나)	1	2	13	14	15	16	17	18
1	A							B
2	C						D	
3	E							F

03 이에 대한 설명으로 옳은 것은?

① (나)로 적절한 것은 '족'이다.
② A와 B는 화학적 성질이 비슷하다.
③ B와 F는 최외각 전자 수가 같다.
④ C와 D는 전자가 들어 있는 전자 껍질 수가 같다.
⑤ 양성자수가 가장 큰 원소는 E이다.

04 A~F 중 ⊙ 원자가 전자 수가 가장 큰 원소와 ⓒ 원자 번호가 가장 큰 원소를 옳게 짝 지은 것은?

	⊙	ⓒ
①	B	E
②	B	F
③	D	E
④	D	F
⑤	F	F

05 다음은 현대의 주기율표에 대한 학생들의 대화이다.

> 성헌: 같은 주기 원소들은 전자 껍질 수가 같아.
> 지영: 16족 원소의 원자가 전자 수는 6이야.
> 지수: 같은 족 원소들은 아래로 갈수록 양성자수가 증가해.

대화 내용이 옳은 학생만을 있는 대로 고른 것은?

① 성헌 ② 지영 ③ 지수
④ 지영, 지수 ⑤ 성헌, 지영, 지수

06 그림은 주기율표의 일부를 나타낸 것이다.

족 주기	1	2	13	14	15	16	17	18
1	H							He
2	Li	Be	B	C	N	O	F	Ne
3	Na	Mg	Al	Si	P	S	Cl	Ar

이에 대한 설명으로 옳은 것은?

① 1족 원소는 상온에서 모두 고체 상태이다.
② 18족 원소의 최외각 전자 수는 8이다.
③ 최외각 전자 수가 2인 원소는 모두 금속이다.
④ 같은 주기에서는 18족 원소의 비금속성이 가장 크다.
⑤ Li과 Na의 화학적 성질이 비슷한 까닭은 원자가 전자 수가 같기 때문이다.

07 그림은 주기율표의 원소를 분류하여 나타낸 것이다.

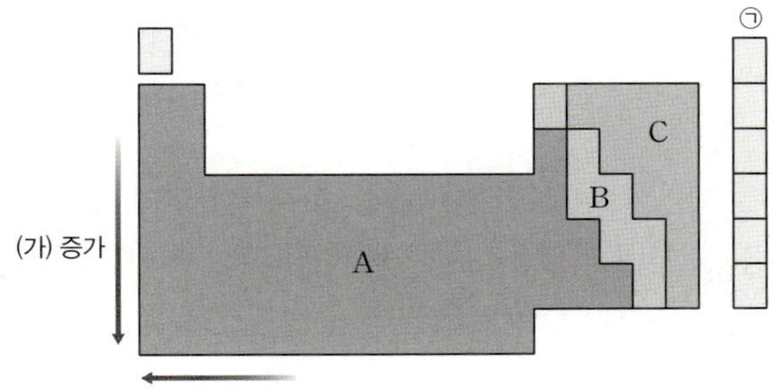

이에 대한 설명으로 옳은 것만을 〈보기〉에서 있는 대로 고른 것은?

〈보기〉

ㄱ. (가)에는 '비금속성'이 적절하다.
ㄴ. B는 준금속이다.
ㄷ. ㉠에 속하는 원소는 비금속으로 분류하지 않는다.

① ㄱ   ② ㄴ   ③ ㄷ
④ ㄱ, ㄷ   ⑤ ㄱ, ㄴ, ㄷ

08 그림은 주기율표의 일부를 나타낸 것이다.

족 주기	1	2	13	14	15	16	17	18
1	A							
2						B		
3	C						D	
4		E						F

A~F에 대한 설명으로 옳은 것만을 〈보기〉에서 있는 대로 고른 것은? (단, A~F는 임의의 원소 기호이다.)

〈보기〉

ㄱ. 비금속 원소는 4가지이다.
ㄴ. 음이온이 되기 쉬운 원소는 3가지이다.
ㄷ. 금속에 해당하는 원소의 원자가 전자 수의 합은 4이다.

① ㄱ   ② ㄴ   ③ ㄷ
④ ㄱ, ㄴ   ⑤ ㄱ, ㄷ

09 그림은 주기율표에서 원소 A~C의 위치와 A~C의 전자 배치 모형을 나타낸 것이다. (가)~(다)는 각각 A~C 중 하나에 해당한다.

족 주기	1	2	13	14	15	16	17	18
1								
2			A			B		
3	C							

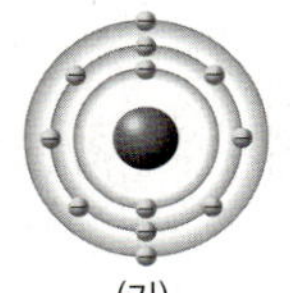 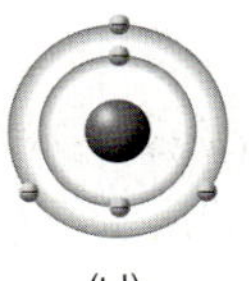 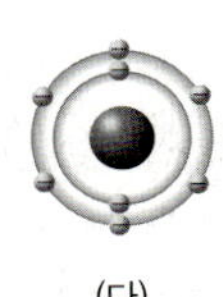

이에 대한 설명으로 옳은 것만을 〈보기〉에서 있는 대로 고른 것은?

〈보기〉

ㄱ. A에 해당하는 원소는 (가)이다.
ㄴ. B는 상온에서 분자 상태로 존재한다.
ㄷ. B와 C의 안정한 화합물의 화학식은 CB이다.

① ㄱ   ② ㄴ   ③ ㄷ
④ ㄱ, ㄴ   ⑤ ㄴ, ㄷ

01 그림은 2, 3주기 원소 A~F의 원자 번호에 따른 원자 반지름, 이온 반지름, 유효 핵전하를 나타낸 것이다. (가)~(다)는 각각 원자 반지름, 이온 반지름, 유효 핵전하 중 하나이고, 6가지 원소의 이온은 모두 Ne의 전자 배치를 이룬다.

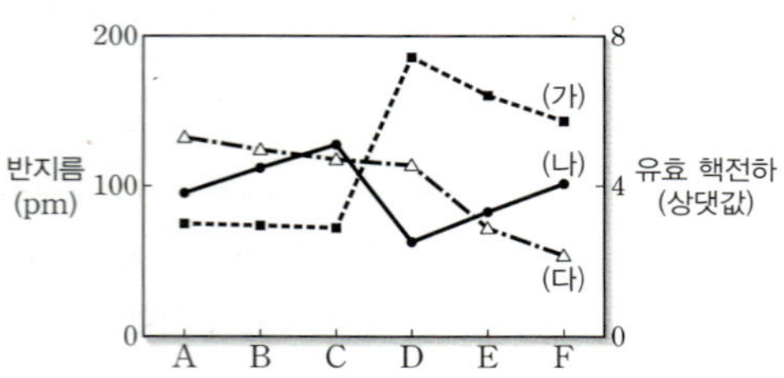

이에 대한 설명으로 옳지 <u>않은</u> 것은? (단, A~F는 임의의 원소 기호이다.)

① (가)는 원자 반지름이다.
② (나)는 유효 핵전하이다.
③ (다)는 이온 반지름이다.
④ 제1 이온화 에너지는 A<B이다.
⑤ A는 15족 원소이다.

02 그림은 2, 3주기 원소 A~C의 원자 반지름과 $\dfrac{\text{이온 반지름}}{\text{원자 반지름}}$ 을 나타낸 것이다. A~C의 이온의 전자 배치는 Ne과 같다.

중요

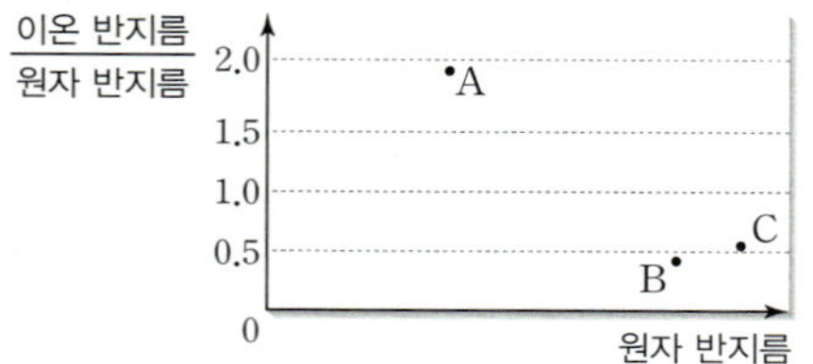

이에 대한 설명으로 옳은 것만을 〈보기〉에서 있는 대로 고른 것은? (단, A~C는 임의의 원소 기호이다.)

┤ 보기 ├

ㄱ. A는 2주기 비금속 원소이다.
ㄴ. B와 C의 이온은 양이온이다.
ㄷ. 원자의 핵전하량은 B<C이다.

① ㄱ　　② ㄴ　　③ ㄷ
④ ㄱ, ㄴ　　⑤ ㄱ, ㄴ, ㄷ

03 표는 원자 A~D의 바닥상태 전자 배치를 나타낸 것이다.

원자	전자 배치
A	$1s^2 2s^2 2p^6$
B	$1s^2 2s^2 2p^6 3s^1$
C	$1s^2 2s^2 2p^6 3s^2$
D	$1s^2 2s^2 2p^6 3s^2 3p^1$

A~D에 대한 설명으로 옳은 것만을 〈보기〉에서 있는 대로 고른 것은? (단, A~D는 임의의 원소 기호이다.)

┤ 보기 ├

ㄱ. 유효 핵전하는 A>B이다.
ㄴ. 제2 이온화 에너지는 B>C이다.
ㄷ. 원자 반지름은 C>D이다.

① ㄱ　　② ㄴ　　③ ㄷ
④ ㄱ, ㄴ　　⑤ ㄱ, ㄴ, ㄷ

04 그림은 원자 A~D의 바닥상태 전자 배치를 나타낸 것이다.

중요

A~D의 제1 이온화 에너지를 옳게 나타낸 것은? (단, A~D는 임의의 원소 기호이다.)

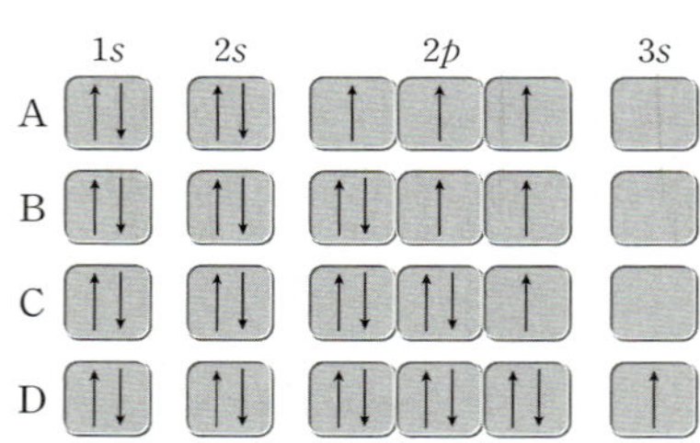
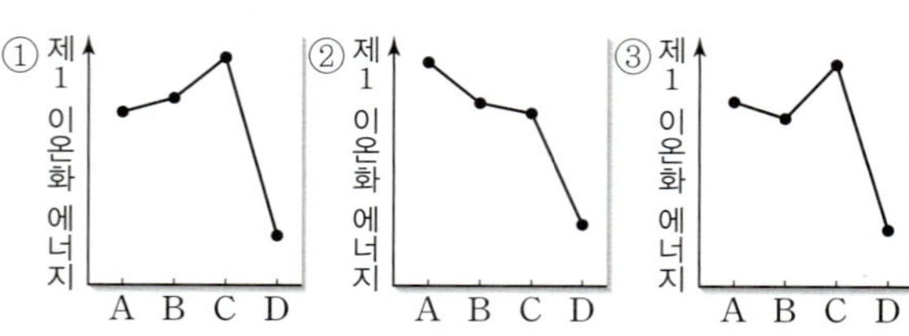
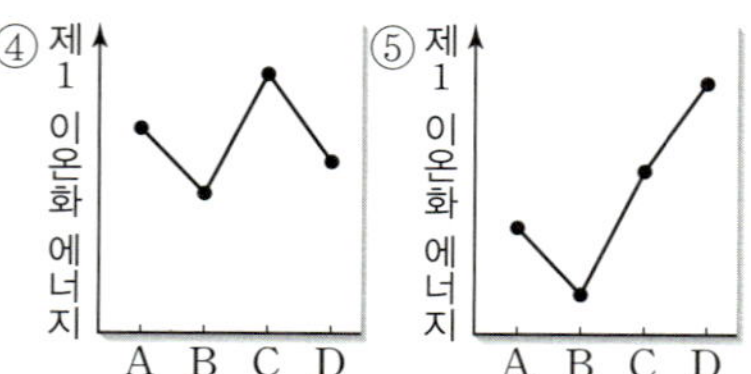

05 그림은 2주기 15족~17족 원소인 A~C의 이온화 에너지를 나타낸 것이다. A~C는 원자 번호 순서가 아니다.

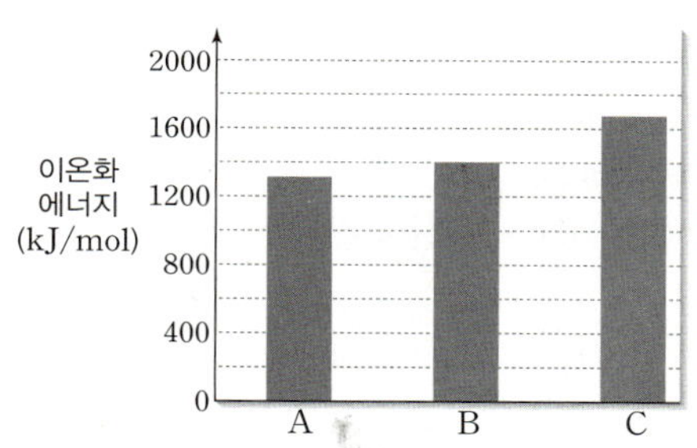

이에 대한 설명으로 옳은 것만을 〈보기〉에서 있는 대로 고른 것은? (단, A~C는 임의의 원소 기호이다.)

┤ 보기 ├

ㄱ. A는 15족 원소이다.

ㄴ. 제2 이온화 에너지는 B<C<A이다.

ㄷ. 원자 반지름은 B가 가장 크다.

① ㄱ   ② ㄴ   ③ ㄷ

④ ㄱ, ㄴ   ⑤ ㄴ, ㄷ

06 그림은 주기율표의 일부를 나타낸 것이다.

족 주기	1	2	13	14	15	16	17	18
1	H							He
2	Li	Be	B	C	N	O	F	Ne
3	Na	Mg	Al	Si	P	S	Cl	Ar

이에 대한 설명으로 옳은 것만을 〈보기〉에서 있는 대로 고른 것은?

┤ 보기 ├

ㄱ. 이온화 에너지가 가장 작은 원소는 H이다.

ㄴ. 원자가 전자가 느끼는 유효 핵전하가 가장 큰 원소는 Ar이다.

ㄷ. 음이온을 형성하는 원소 중 이온 반지름이 가장 작은 원소는 F이다.

① ㄱ   ② ㄴ   ③ ㄱ, ㄷ

④ ㄴ, ㄷ   ⑤ ㄱ, ㄴ, ㄷ

07 표는 원소 X의 순차 이온화 에너지(E_n)를 나타낸 것이다.

순차 이온화 에너지(E_n, $\times 10^3$ kJ/mol)										
E_1	E_2	E_3	E_4	E_5	E_6	E_7	E_8	E_9	E_{10}	E_{11}
0.5	4.5	6.9	9.5	13.4	16.6	20.1	25.5	28.9	146	159

이에 대한 설명으로 옳은 것만을 〈보기〉에서 있는 대로 고른 것은? (단, X는 임의의 원소 기호이다.)

┤ 보기 ├

ㄱ. X는 금속 원소이다.

ㄴ. X의 원자가 전자 수는 2이다.

ㄷ. E_1은 $X^+(g)$ 1몰에서 전자 1몰을 떼어내는 데 필요한 최소 에너지이다.

① ㄱ   ② ㄴ   ③ ㄷ

④ ㄱ, ㄴ   ⑤ ㄱ, ㄴ, ㄷ

08 그림은 3주기 원소 A와 B의 순차 이온화 에너지(E_n)를 나타낸 것이다.

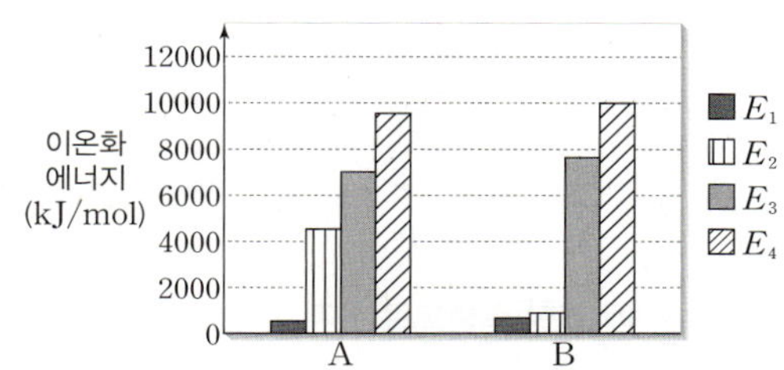

이에 대한 설명으로 옳지 <u>않은</u> 것은? (단, A와 B는 임의의 원소 기호이다.)

① A는 1족 원소이다.

② B의 원자 번호는 12이다.

③ 원자 반지름은 A>B이다.

④ A^+의 전자 배치는 Ne과 같다.

⑤ B의 안정한 이온의 반지름은 원자 반지름보다 크다.

01 그림은 수산화 나트륨(NaOH)을 소량 녹인 물을 전기 분해하는 실험을 나타낸 것이다.

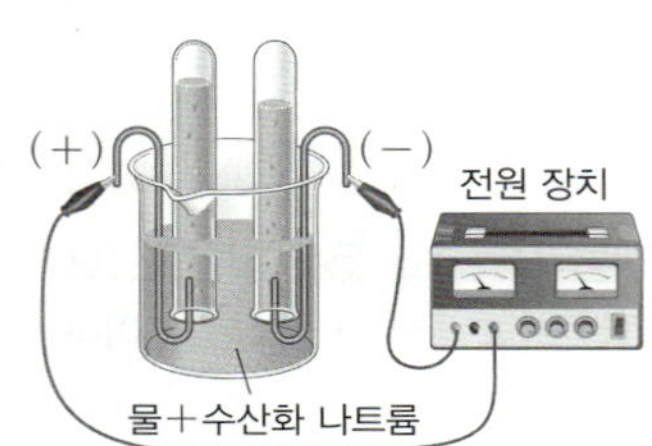

이에 대한 설명으로 옳은 것만을 〈보기〉에서 있는 대로 고른 것은?

| 보기 |
ㄱ. 순수한 물은 전류가 흐르지 않는다.
ㄴ. (+)극에서 생성된 기체는 산소(O_2)이다.
ㄷ. 이 실험을 통해 수소와 산소가 결합하여 물을 생성할 때 전자가 관여함을 알 수 있다.

① ㄱ ② ㄴ ③ ㄱ, ㄷ
④ ㄴ, ㄷ ⑤ ㄱ, ㄴ, ㄷ

02 그림은 원자 A~D를 전자 배치 모형으로 나타낸 것이다.

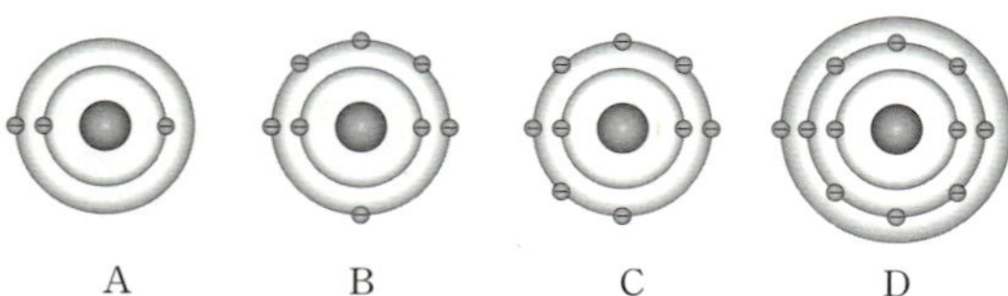

A~D에 대한 설명으로 옳지 <u>않은</u> 것은? (단, A~D는 임의의 원소 기호이다.)

① 금속 원소는 2가지이다.
② 18족 원소와 같은 전자 배치를 갖기 위해 전자를 잃는 원소는 2가지이다.
③ 음이온을 형성하기 쉬운 원소는 2가지이다.
④ 이온이 될 때 He의 전자 배치를 하는 원소는 2가지이다.
⑤ A와 이온 결합을 형성할 수 있는 원소는 2가지이다.

03 이온 결합 물질의 화학식과 이름이 옳게 짝 지어진 것은?

① NaF − 플루오린 나트륨
② MgO − 마그네슘 산소
③ $CaCl_2$ − 염소화 칼슘
④ Na_2SO_4 − 황화 나트륨
⑤ KOH − 수산화 칼륨

04 표는 원소 A~F의 전자 배치를 나타낸 것이다.

A	K(1)	D	K(2)L(7)
B	K(2)L(1)	E	K(2)L(8)
C	K(2)L(6)	F	K(2)L(8)M(2)

A~F에 대한 설명으로 옳지 <u>않은</u> 것은? (단, A~F는 임의의 원소 기호이다.)

① 비금속 원소는 4가지이다.
② 금속 원소는 3가지이다.
③ 이온의 전자 배치가 E와 같은 원소는 3가지이다.
④ B와 D는 1 : 1의 개수비로 이온 결합을 형성한다.
⑤ C와 F로 이루어진 물질은 액체 상태에서 전기 전도성이 있다.

05 그림은 NaCl이 형성될 때 이온 사이의 거리에 따른 에너지를 나타낸 것이다.

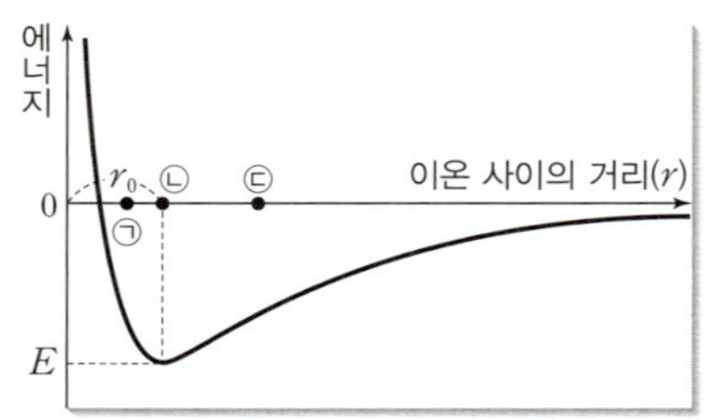

이에 대한 설명으로 옳은 것만을 〈보기〉에서 있는 대로 고른 것은?

| 보기 |
ㄱ. NaCl이 형성되었을 때 이온 사이의 거리는 r_0이다.
ㄴ. 이온 사이의 거리가 r_0보다 짧아질 때 에너지가 증가하는 것은 이온 사이의 인력이 감소하기 때문이다.
ㄷ. 이온 사이의 반발력은 ㉠에서가 ㉡에서보다 작다.

① ㄱ ② ㄴ ③ ㄱ, ㄷ
④ ㄴ, ㄷ ⑤ ㄱ, ㄴ, ㄷ

06 그림은 물질 AB를 화학 결합 모형으로 나타낸 것이다.

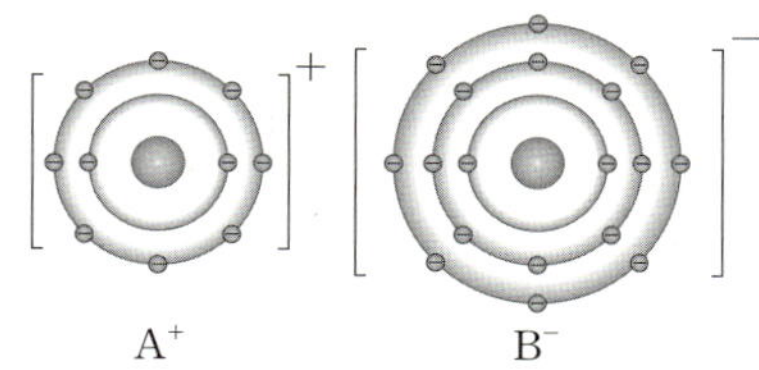

이에 대한 설명으로 옳은 것만을 〈보기〉에서 있는 대로 고른 것은? (단, A와 B는 임의의 원소 기호이다.)

| 보기 |

ㄱ. 원자 번호는 B가 A보다 크다.
ㄴ. AB를 구성하는 입자는 모두 18족 원소의 전자 배치를 이룬다.
ㄷ. AB를 구성하는 입자 사이에는 정전기적 인력이 작용한다.

① ㄱ 　　② ㄴ 　　③ ㄱ, ㄷ
④ ㄴ, ㄷ 　　⑤ ㄱ, ㄴ, ㄷ

07 그림은 어떤 물질에 힘을 가했을 때의 변화를 나타낸 것이다.

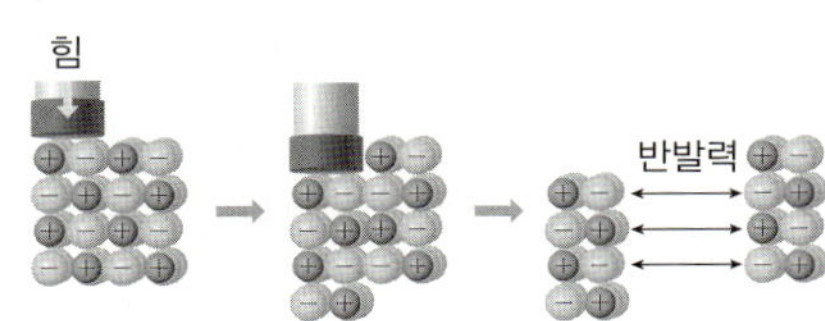

이러한 성질을 갖는 물질에 해당하지 <u>않는</u> 것은?

① LiH 　　② Na_2O 　　③ MgF_2
④ CCl_4 　　⑤ Al_2S_3

08 그림은 2, 3주기 원소 A~D로 이루어진 이온 결합 물질 (가)~(다)에 대한 자료의 일부이다. (가)~(다)에서 A~D의 전자 배치는 Ne과 같다.

물질	화학식	녹는점(°C)
(가)	AB_2	
(나)	CB	996
(다)	AD	2852

A~D에 대한 설명으로 옳은 것만을 〈보기〉에서 있는 대로 고른 것은? (단, A~D는 임의의 원소 기호이다.)

| 보기 |

ㄱ. A와 C는 3주기 원소이다.
ㄴ. 원자 번호는 B가 D보다 크다.
ㄷ. 이온 반지름은 A가 가장 작다.

① ㄱ 　　② ㄴ 　　③ ㄱ, ㄷ
④ ㄴ, ㄷ 　　⑤ ㄱ, ㄴ, ㄷ

09 표는 원소 A~F로 이루어진 4가지 이온 결합 물질에 대한 자료이고, 그림 (가)와 (나)는 A와 E의 전자 배치 모형을 순서 없이 나타낸 것이다. A~F는 각각 O, F, Na, Mg, Cl, Ca 중 하나이다.

중요

물질	AC	AD	EB	FB
이온 사이의 거리(pm)	231	276	210	240
녹는점(°C)	996	801	2852	2572

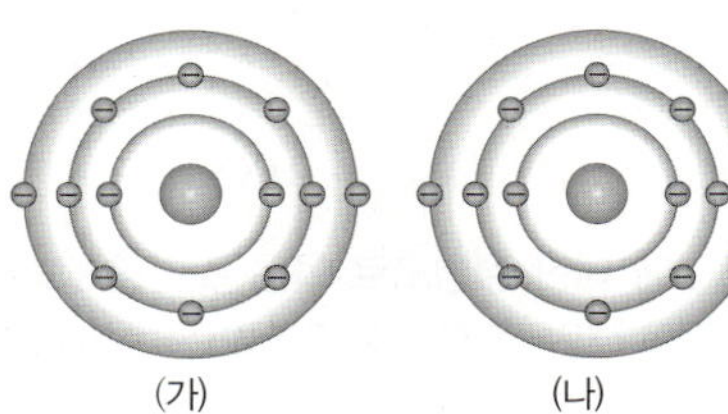

이에 대한 설명으로 옳은 것은?

① (가)는 A의 전자 배치 모형에 해당한다.
② 이온의 전하량은 A가 F보다 크다.
③ 바닥상태 원자에서 홀전자 수는 B가 C보다 크다.
④ 원자 반지름은 C가 D보다 크다.
⑤ 원자 번호는 E가 F보다 크다.

01 공유 결합에 대한 설명으로 옳은 것만을 〈보기〉에서 있는 대로 고른 것은?

┤ 보기 ├

ㄱ. 비금속 원자 사이에 이루어지는 결합이다.
ㄴ. 원자 사이에 전자쌍을 공유하여 형성된다.
ㄷ. 공유 결합 물질은 액체 상태에서 전기 전도성이 없다.

① ㄱ　　　　② ㄷ　　　　③ ㄱ, ㄴ
④ ㄴ, ㄷ　　　⑤ ㄱ, ㄴ, ㄷ

02 다음은 원자 A와 B의 전자 배치를 나타낸 것이다.

- A: K(2)L(5)　　　- B: K(2)L(7)

A와 B의 공유 결합으로 형성된 분자의 분자식으로 적절한 것은?

① AB　　　　② AB_2　　　　③ AB_3
④ AB_4　　　⑤ A_2B

03 그림은 HXY를 화학 결합 모형으로 나타낸 것이다. HXY의 중심 원자는 X이다.

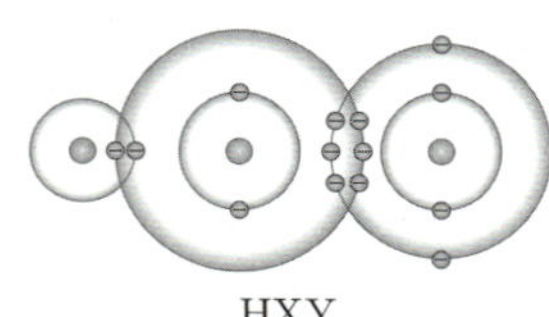

HXY

X와 Y에 대한 설명으로 옳은 것만을 〈보기〉에서 있는 대로 고른 것은? (단, X와 Y는 임의의 원소 기호이다.)

┤ 보기 ├

ㄱ. NaXY에서 X와 Y는 모두 옥텟 규칙을 만족한다.
ㄴ. 공유 전자쌍 수는 X_2H_2가 Y_2보다 크다.
ㄷ. 녹는점은 NaOH이 HXY보다 높다.

① ㄱ　　　　② ㄷ　　　　③ ㄱ, ㄴ
④ ㄴ, ㄷ　　　⑤ ㄱ, ㄴ, ㄷ

04 그림은 X_2가 생성되는 과정을 전자 배치 모형으로 나타낸 것이다.

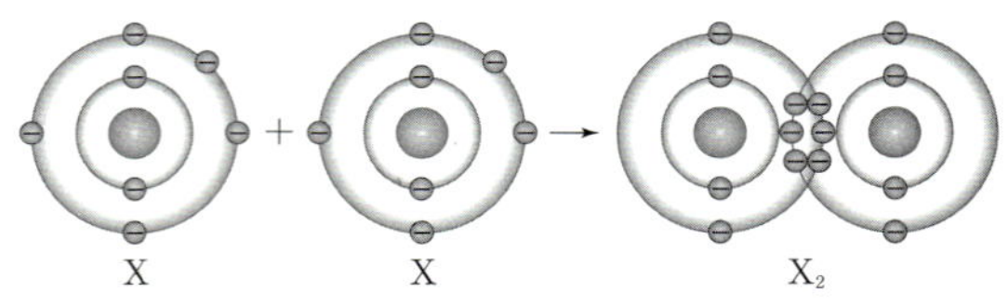

이에 대한 설명으로 옳은 것만을 〈보기〉에서 있는 대로 고른 것은? (단, X는 임의의 원소 기호이다.)

┤ 보기 ├

ㄱ. X_2는 공유 결합 물질이다.
ㄴ. X_2에는 3중 결합이 존재한다.
ㄷ. 바닥상태에서 X의 홀전자 수는 5이다.

① ㄱ　　　　② ㄴ　　　　③ ㄷ
④ ㄱ, ㄴ　　　⑤ ㄱ, ㄴ, ㄷ

05 그림은 원소 A~C의 원자 또는 이온의 전자 배치를 나타낸 것이다.

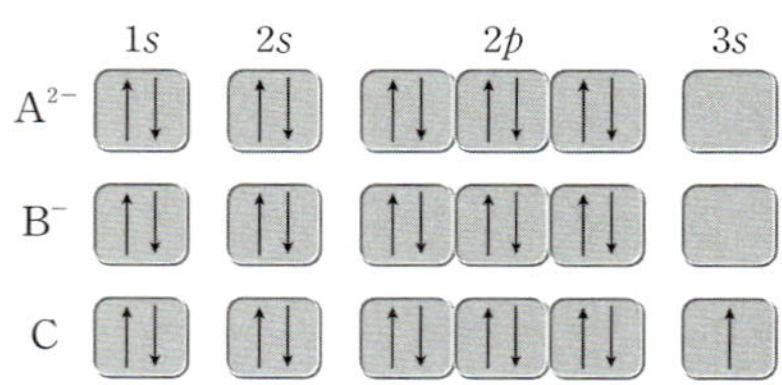

이에 대한 설명으로 옳은 것만을 〈보기〉에서 있는 대로 고른 것은? (단, A~C는 임의의 원소 기호이다.)

┤ 보기 ├

ㄱ. 원자가 전자 수는 A가 가장 크다.
ㄴ. 공유 전자쌍 수는 A_2가 B_2보다 크다.
ㄷ. 액체 상태에서 전기 전도도는 C_2A가 A_2B_2보다 크다.

① ㄱ　　　　② ㄴ　　　　③ ㄱ, ㄷ
④ ㄴ, ㄷ　　　⑤ ㄱ, ㄴ, ㄷ

06 금속 결합 물질에 대한 설명으로 옳지 <u>않은</u> 것은?

① 금속 양이온과 자유 전자의 정전기적 인력에 의해 형성된 물질이다.

② 금속 결합 물질에 전압을 걸어주었을 때 전류가 흐르는 까닭은 금속 양이온은 (−)극 쪽으로, 자유 전자는 (+)극 쪽으로 이동하기 때문이다.

③ 금속 결합 물질의 특성은 자유 전자에 의해 나타난다.

④ 열 전도성과 전기 전도성이 있다.

⑤ 녹는점과 끓는점이 높아 상온에서 대부분 고체 상태로 존재한다.

07 그림은 4가지 물질을 3가지 기준에 따라 분류하는 과정을 나타낸 것이다.

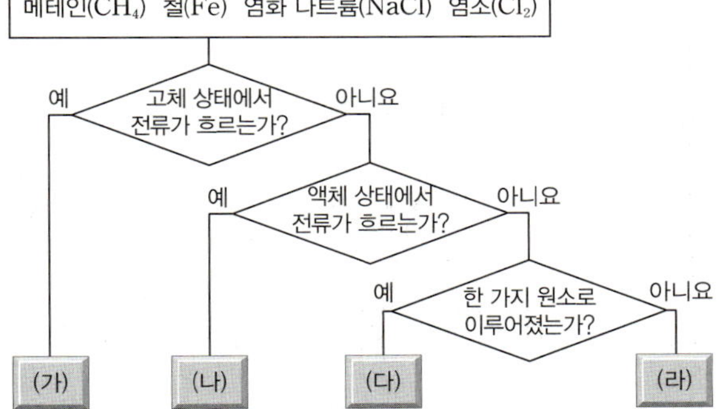

이에 대한 설명으로 옳은 것만을 〈보기〉에서 있는 대로 고른 것은?

보기

ㄱ. (가)는 철(Fe)이다.

ㄴ. (나)와 (다)에는 같은 종류의 원소가 존재한다.

ㄷ. (라)는 수용액 상태에서 전기 전도성이 있다.

---

① ㄱ ② ㄷ ③ ㄱ, ㄴ
④ ㄴ, ㄷ ⑤ ㄱ, ㄴ, ㄷ

08 그림은 물질 AB와 CD를 각각 화학 결합 모형으로 나타낸 것이고, 표는 물질 (가)와 (나)에 대한 자료이다.

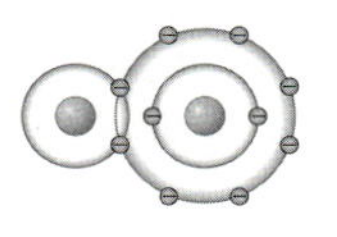
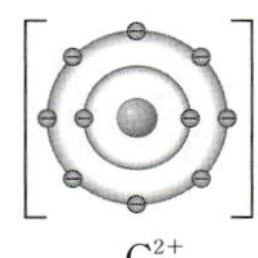
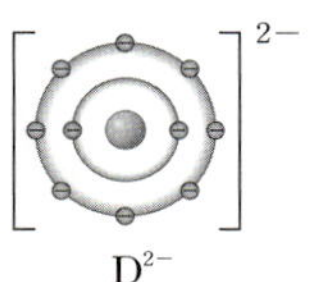

물질	(가)	(나)
원자 수 비	A:C=2:1	B:D=2:1

이에 대한 설명으로 옳은 것만을 〈보기〉에서 있는 대로 고른 것은? (단, A~D는 임의의 원소 기호이다.)

보기

ㄱ. (가)는 액체 상태에서 전기 전도성이 있다.

ㄴ. (나)는 단일 결합으로만 이루어져 있다.

ㄷ. (나)에서 구성 입자는 모두 옥텟 규칙을 만족한다.

---

① ㄱ ② ㄷ ③ ㄱ, ㄴ
④ ㄴ, ㄷ ⑤ ㄱ, ㄴ, ㄷ

09 표는 4가지 물질에 대한 자료이다.

물질	녹는점(°C)	전기 전도성	
		고체	액체
A	4440	×	×
B	2613	×	○
C	185	×	×
D	660	○	○

(○: 있음, ×: 없음)

이에 대한 설명으로 옳은 것만을 〈보기〉에서 있는 대로 고른 것은?

보기

ㄱ. A와 C를 이루는 화학 결합의 종류는 같다.

ㄴ. B는 금속 원소와 비금속 원소의 결합으로 이루어져 있다.

ㄷ. 물질을 이루는 화학 결합의 세기는 C에서가 D에서보다 강하다.

---

① ㄴ ② ㄷ ③ ㄱ, ㄴ
④ ㄱ, ㄷ ⑤ ㄱ, ㄴ, ㄷ

01 그림은 원소 A~C의 원자 또는 이온을 전자 배치 모형으로 나타낸 것이다.

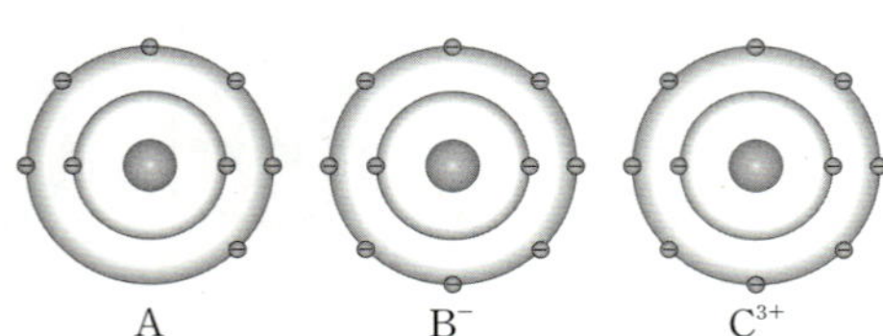

A~C의 전기 음성도를 비교한 것으로 옳은 것은? (단, A~C는 임의의 원소 기호이다.)

① $A>B>C$　② $A>C>B$　③ $B>A>C$
④ $B>C>A$　⑤ $C>A>B$

02 그림은 분자 (가)와 (나)를 루이스 전자점식으로 나타낸 것이다. X~Z는 임의의 2주기 원소이다.

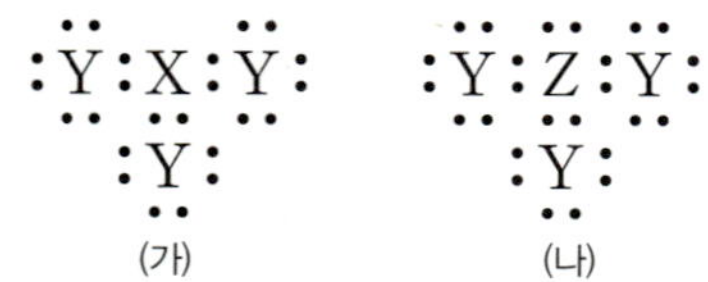

이에 대한 설명으로 옳은 것만을 〈보기〉에서 있는 대로 고른 것은?

┤ 보기 ├
ㄱ. 원자가 전자 수는 X가 Z보다 크다.
ㄴ. 공유 전자쌍 수는 (가)와 (나)가 같다.
ㄷ. (가)의 X−Y 결합과 (나)의 Z−Y 결합에서 Y는 모두 부분적인 (−)전하를 띤다.

① ㄱ　　② ㄷ　　③ ㄱ, ㄴ
④ ㄴ, ㄷ　　⑤ ㄱ, ㄴ, ㄷ

03 그림은 원자 X~Z의 루이스 전자점식을 나타낸 것이다.

$$\cdot \dot{\underset{\cdot}{X}} \cdot \qquad \cdot \dot{\underset{\cdot}{Y}} \cdot \qquad :\dot{\underset{\cdot}{Z}} \cdot$$

이에 대한 설명으로 옳은 것만을 〈보기〉에서 있는 대로 고른 것은? (단, X~Z는 임의의 원소 기호이다.)

┤ 보기 ├
ㄱ. Y_2에는 3중 결합이 있다.
ㄴ. XZ_3에서 X는 옥텟 규칙을 만족한다.
ㄷ. Y_2Z_2는 극성 공유 결합으로만 이루어져 있다.

① ㄱ　　② ㄴ　　③ ㄱ, ㄷ
④ ㄴ, ㄷ　　⑤ ㄱ, ㄴ, ㄷ

04 그림은 주기율표의 일부를 나타낸 것이다.

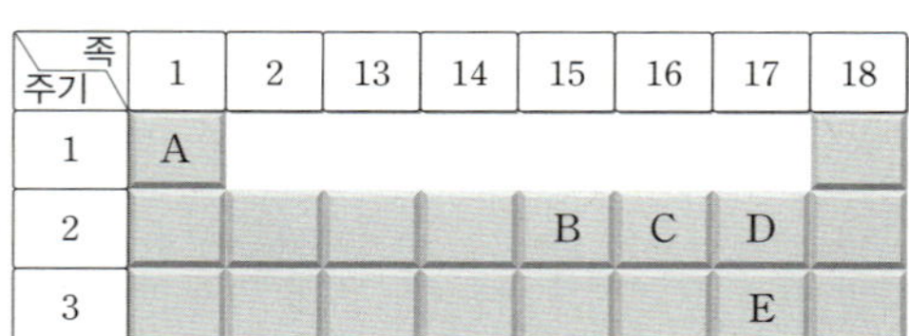

족﹨주기	1	2	13	14	15	16	17	18
1	A							
2					B	C	D	
3							E	

A~E로 이루어진 결합에 대한 설명으로 옳은 것만을 〈보기〉에서 있는 대로 고른 것은? (단, A~E는 임의의 원소 기호이다.)

┤ 보기 ├
ㄱ. 결합의 쌍극자 모멘트는 A−D가 A−E보다 크다.
ㄴ. C−D 결합에서 D는 부분적인 (+)전하를 띤다.
ㄷ. B_2A_2는 극성 공유 결합으로만 이루어져 있다.

① ㄱ　　② ㄴ　　③ ㄱ, ㄷ
④ ㄴ, ㄷ　　⑤ ㄱ, ㄴ, ㄷ

05 그림은 암모늄 이온(NH_4^+)이 생성되는 과정을 루이스 전자점식으로 나타낸 것이다.

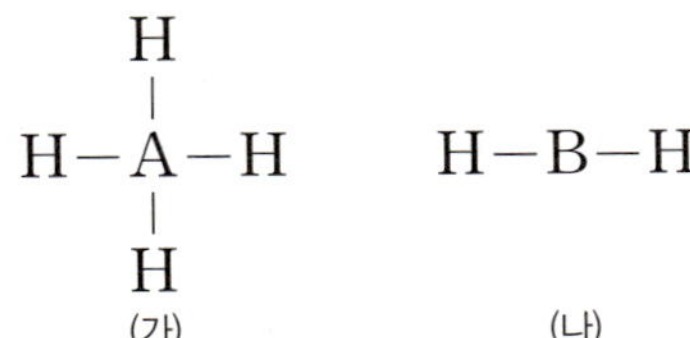

이에 대한 설명으로 옳은 것만을 〈보기〉에서 있는 대로 고른 것은?

| 보기 |
ㄱ. 공유 전자쌍 수는 (나)가 (가)보다 크다.
ㄴ. (가)와 (나)에서 질소(N)는 옥텟 규칙을 만족한다.
ㄷ. (나)에는 배위 결합이 존재한다.

① ㄱ 　② ㄷ 　③ ㄱ, ㄴ
④ ㄴ, ㄷ 　⑤ ㄱ, ㄴ, ㄷ

06 그림은 분자 (가)와 (나)의 루이스 구조식을 나타낸 것이다. A와 B는 2주기 원소이며, 분자에서 옥텟 규칙을 만족한다.

$$\begin{array}{c} H \\ | \\ H-A-H \\ | \\ H \end{array} \qquad H-B-H$$
(가)　　　　　　　　(나)

이에 대한 설명으로 옳은 것만을 〈보기〉에서 있는 대로 고른 것은? (단, A와 B는 임의의 원소 기호이다.)

| 보기 |
ㄱ. A와 B가 결합하여 생성된 물질의 분자식은 A_2B 이다.
ㄴ. B_2에는 2중 결합이 있다.
ㄷ. A와 B의 결합에서 A는 부분적인 (+)전하를 띤다.

① ㄱ 　② ㄴ 　③ ㄱ, ㄷ
④ ㄴ, ㄷ 　⑤ ㄱ, ㄴ, ㄷ

07 그림은 원자 A~C로 이루어진 물질의 루이스 전자점식을 나타낸 것이다.

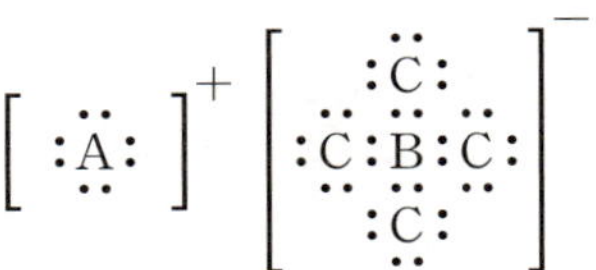

이에 대한 설명으로 옳은 것만을 〈보기〉에서 있는 대로 고른 것은? (단, A~C는 임의의 원소 기호이다.)

| 보기 |
ㄱ. 전기 음성도는 C가 A보다 크다.
ㄴ. BC_3에서 B의 공유 전자쌍 수는 3이다.
ㄷ. B−C결합에서 C는 부분적인 (−)전하를 띤다.

① ㄱ 　② ㄷ 　③ ㄱ, ㄴ
④ ㄴ, ㄷ 　⑤ ㄱ, ㄴ, ㄷ

08 그림은 2주기 원소 W~Z로 이루어진 분자 (가)~(다)의 구조식을 나타낸 것이다. 구조식에 다중 결합은 표시하지 않았으며, W~Z의 원자가 전자 수는 4 이상 7 이하이다.

★중요

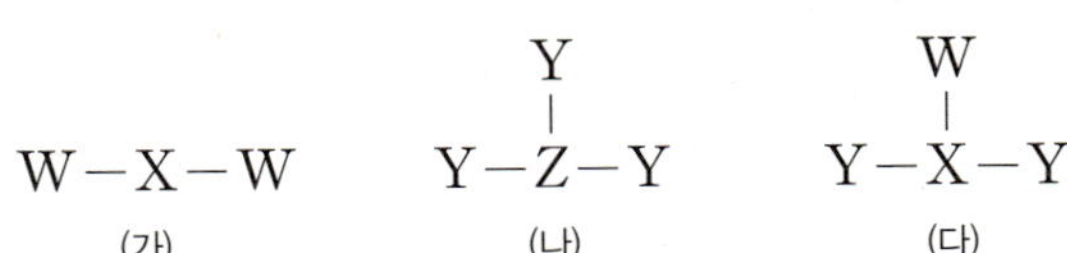

이에 대한 설명으로 옳은 것만을 〈보기〉에서 있는 대로 고른 것은? (단, W~Z는 임의의 원소 기호이다.)

| 보기 |
ㄱ. 원자가 전자 수는 Y가 가장 크다.
ㄴ. 결합의 극성은 X−Y가 Z−Y보다 크다.
ㄷ. (나)의 Z−Y 결합에서 Y는 부분적인 (+)전하를 띤다.

① ㄱ 　② ㄷ 　③ ㄱ, ㄴ
④ ㄴ, ㄷ 　⑤ ㄱ, ㄴ, ㄷ

01 그림 (가)와 (나)는 각각 CO_2와 NF_3의 루이스 전자점식을 나타낸 것이다.

(가)와 (나)의 공통점으로 옳은 것만을 〈보기〉에서 있는 대로 고른 것은?

| 보기 |

ㄱ. 극성 공유 결합이 있다.
ㄴ. 평면 구조이다.
ㄷ. 극성 분자이다.

① ㄱ   ② ㄴ   ③ ㄱ, ㄷ
④ ㄴ, ㄷ   ⑤ ㄱ, ㄴ, ㄷ

02 다음은 3가지 분자의 분자식이다.

$$CH_2O \qquad HCN \qquad CCl_4$$

분자의 결합각을 비교한 것으로 옳은 것은?

① $HCN > CH_2O > CCl_4$ ② $HCN > CCl_4 > CH_2O$
③ $CH_2O > HCN > CCl_4$ ④ $CH_2O > CCl_4 > HCN$
⑤ $CCl_4 > CH_2O > HCN$

03  그림은 2주기 원소 X~Z로 구성된 분자 (가)와 (나)에 대한 자료이다.

분자	(가)	(나)
분자당 원자 수	3	3
구성 원소	X, Y	X, Z
공유 전자쌍 수	2	4

이에 대한 설명으로 옳은 것만을 〈보기〉에서 있는 대로 고른 것은? (단, X~Z는 임의의 원소 기호이고, 분자에서 모든 원자는 옥텟 규칙을 만족한다.)

| 보기 |

ㄱ. (가)와 (나)에서 중심 원자는 모두 X이다.
ㄴ. 결합각은 (나)가 (가)보다 크다.
ㄷ. ZY_2X는 무극성 분자이다.

① ㄱ   ② ㄴ   ③ ㄱ, ㄷ
④ ㄴ, ㄷ   ⑤ ㄱ, ㄴ, ㄷ

04 다음은 4가지 분자의 분자식이다.

$$BF_3 \qquad CF_4 \qquad NF_3 \qquad OF_2$$

4가지 분자 중 ㉠평면 구조인 분자의 가짓수와 ㉡무극성 분자의 가짓수를 옳게 짝 지은 것은?

	㉠	㉡		㉠	㉡
①	1	1	②	1	2
③	2	1	④	2	2
⑤	2	3			

05 그림은 분자 (가)~(다)의 구조식을 나타낸 것이다.

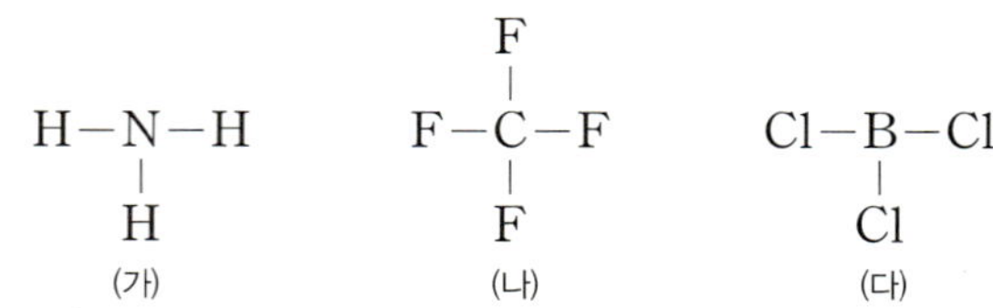

(가)~(다)에 대한 설명으로 옳지 <u>않은</u> 것은?

① 중심 원자에 비공유 전자쌍이 있는 분자는 (가)이다.
② 모두 극성 공유 결합으로만 이루어져 있다.
③ 결합각은 (다)가 가장 크다.
④ 입체 구조인 것은 2가지이다.
⑤ 극성 분자는 2가지이다.

06 그림은 2주기 원소의 수소 화합물 (가)~(라)에 대한 자료이다. ㉠과 ㉡은 각각 공유 전자쌍 수와 비공유 전자쌍 수 중 하나이다.

수소 화합물	(가)	(나)	(다)	(라)
㉠	4	3	2	1
㉡	0	1	2	3

(가)~(라)에 대한 설명으로 옳지 <u>않은</u> 것은? (단, 분자에서 2주기 원소는 모두 옥텟 규칙을 만족한다.)

① ㉠은 공유 전자쌍 수이다.
② 분자당 원자 수는 (라)가 가장 작다.
③ 결합각은 (나)가 (다)보다 크다.
④ 입체 구조인 것은 2가지이다.
⑤ 분자의 쌍극자 모멘트의 합이 0이 아닌 분자는 2가지이다.

07 그림은 3가지 분자를 2가지 기준에 따라 분류하는 과정을 나타낸 것이다.

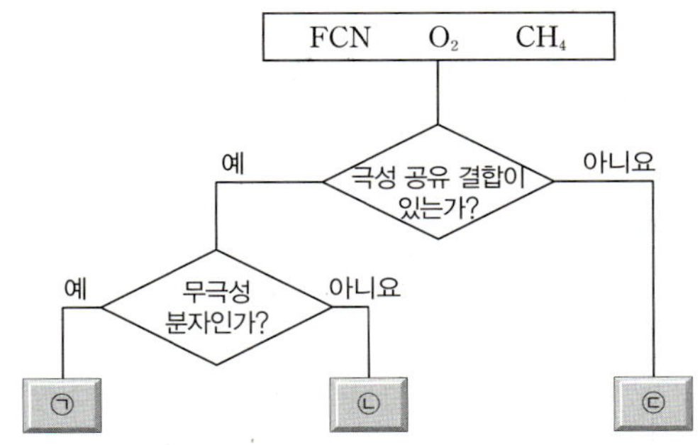

이에 대한 설명으로 옳지 <u>않은</u> 것은?

① 분자당 원자 수는 ㉠이 가장 크다.
② ㉡에 해당하는 분자는 공유 전자쌍 수와 비공유 전자쌍 수가 같다.
③ 결합각은 ㉡이 ㉠보다 크다.
④ CH_2O를 주어진 2가지 기준에 따라 분류하면 ㉡에 해당한다.
⑤ '극성 공유 결합이 있는가?' 대신 '2주기 원소로만 이루어졌는가?'를 적용해도 분류 결과는 같다.

08 다음은 5가지 분자의 분자식과 이들을 분류 기준 (가)~(다)에 따라 분류한 벤 다이어그램이다.

분자	분류 기준
H_2O, NH_3, CH_4, BeF_2, CO_2	(가) 평면 구조이다. (나) 공유 전자쌍 수가 4이다. (다) 극성 분자이다.

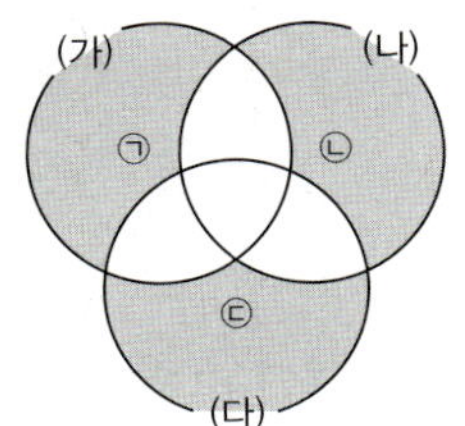

㉠~㉢에 들어갈 분자의 가짓수로 옳은 것은?

	㉠	㉡	㉢
①	0	1	1
②	1	0	1
③	1	1	1
④	2	0	1
⑤	2	1	1

09 그림은 주기율표에서 원소 A~E의 위치를 나타낸 것이고, 표는 A~E로 이루어진 물질 (가)~(라)의 화학식이다.

족 주기	1	2	13	14	15	16	17	18
1	A							
2			B			C	D	
3		E						

물질	(가)	(나)	(다)	(라)
화학식	A_2C	BC_2	ED_y	CD_2

이에 대한 설명으로 옳지 <u>않은</u> 것은? (단, A~E는 임의의 원소 기호이다.)

① $xy = 4$이다.
② (나)에는 2중 결합이 있다.
③ (다)는 액체 상태에서 전기 전도성이 있다.
④ (가)와 (라)에서 C는 부분적인 $(-)$전하를 띤다.
⑤ 기체 상태의 (가)와 (라)를 각각 전기장에 넣으면 모두 규칙적으로 배열한다.

10 표는 서로 다른 1, 2주기 원소 A~D로 이루어진 분자 (가)와 (나)에 대한 자료이다. (가)와 (나)에서 중심 원자는 옥텟 규칙을 만족한다.

물질	분자식	중심 원자의 비공유 전자쌍 수
(가)	A_xB	2
(나)	CD_y	0

이에 대한 설명으로 옳은 것만을 〈보기〉에서 있는 대로 고른 것은? (단, A~D는 임의의 원소 기호이다.)

보기
ㄱ. 분자당 원자 수는 (나)가 (가)보다 크다. ㄴ. 액체 상태의 (가)와 (나)는 잘 섞이지 않는다. ㄷ. 아이오딘(I_2)은 액체 상태의 (나)에 잘 녹는다.

① ㄱ　　　② ㄷ　　　③ ㄱ, ㄴ
④ ㄴ, ㄷ　　　⑤ ㄱ, ㄴ, ㄷ

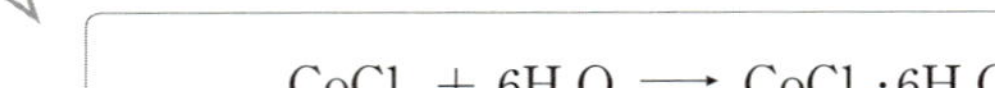

01 동적 평형과 가역 반응에 대한 설명으로 옳은 것만을 〈보기〉에서 있는 대로 고른 것은?

┤ 보기 ├
ㄱ. 정반응은 반응물이 생성물로 되는 반응이다.
ㄴ. 동적 평형에서 정반응과 역반응이 모두 일어난다.
ㄷ. 상평형에서 액체의 증발 속도와 기체의 응축 속도가 같다.

① ㄱ　　　　② ㄷ　　　　③ ㄱ, ㄴ
④ ㄴ, ㄷ　　　⑤ ㄱ, ㄴ, ㄷ

02 다음은 3가지 화학 반응식을 나타낸 것이다.

$$(가)\ CH_4 + 2O_2 \longrightarrow CO_2 + 2\ \boxed{X}$$
$$(나)\ H_2O(l) \rightleftharpoons H_2O(g)$$
$$(다)\ Ca(HCO_3)_2 \rightleftharpoons CaCO_3 + CO_2 + \boxed{X}$$

이에 대한 설명으로 옳은 것만을 〈보기〉에서 있는 대로 고른 것은?

┤ 보기 ├
ㄱ. X는 H_2O이다.
ㄴ. (가)는 비가역 반응이다.
ㄷ. (나)와 (다)는 반응 조건에 따라 정반응과 역반응이 모두 일어난다.

① ㄱ　　　　② ㄷ　　　　③ ㄱ, ㄴ
④ ㄴ, ㄷ　　　⑤ ㄱ, ㄴ, ㄷ

03 다음은 적갈색의 이산화 질소(NO_2)가 반응하여 무색의 사산화 이질소(N_2O_4)가 생성되는 반응의 화학 반응식이다.

$$2NO_2(g) \rightleftharpoons N_2O_4(g)$$

이에 대한 설명으로 옳은 것만을 〈보기〉에서 있는 대로 고른 것은?

┤ 보기 ├
ㄱ. 정반응이 일어나면 기체의 색은 옅어진다.
ㄴ. 역반응이 일어나면 기체 분자 수는 증가한다.
ㄷ. 평형 상태에서는 N_2O_4만 존재한다.

① ㄱ　　　　② ㄷ　　　　③ ㄱ, ㄴ
④ ㄴ, ㄷ　　　⑤ ㄱ, ㄴ, ㄷ

04 다음은 무수 염화 코발트와 물의 반응의 화학 반응식이다. 푸른색 무수 염화 코발트 종이에 물을 떨어뜨리면 붉은색으로 변한다.

중요

$$CoCl_2 + 6H_2O \rightleftharpoons CoCl_2 \cdot 6H_2O$$

이에 대한 설명으로 옳은 것만을 〈보기〉에서 있는 대로 고른 것은?

┤ 보기 ├
ㄱ. 무수 염화 코발트 종이의 색 변화는 가역 반응이다.
ㄴ. 무수 염화 코발트를 녹인 수용액은 푸른색을 띤다.
ㄷ. 무수 염화 코발트 종이의 붉게 변한 부분을 가열하면 다시 푸른색으로 변한다.

① ㄱ　　　　② ㄴ　　　　③ ㄱ, ㄴ
④ ㄱ, ㄷ　　　⑤ ㄱ, ㄴ, ㄷ

05 그림은 밀폐 용기에 물(H_2O) 50 g을 넣고 충분한 시간이 지난 후 수면의 높이가 일정하게 유지되었을 때 물 표면에서 일어나는 상태 변화를 모형으로 나타낸 것이다.

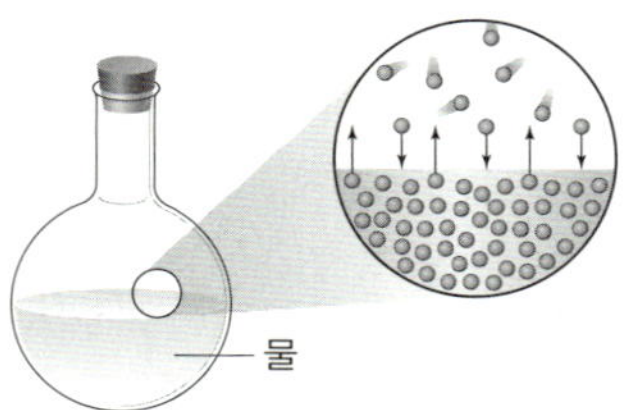

이에 대한 설명으로 옳은 것만을 〈보기〉에서 있는 대로 고른 것은?

┤ 보기 ├
ㄱ. 증발 속도와 응축 속도는 같다.
ㄴ. $H_2O(l)$의 질량은 50 g보다 작다.
ㄷ. 뚜껑을 열면 $H_2O(l)$의 질량은 감소한다.

① ㄱ　　　　② ㄷ　　　　③ ㄱ, ㄴ
④ ㄴ, ㄷ　　　⑤ ㄱ, ㄴ, ㄷ

06 다음은 기체 A와 B가 반응하여 기체 C가 생성되는 반응의 화학 반응식이다.

$$A(g) + B(g) \rightleftharpoons 2C(g)$$

그림은 밀폐 용기 속에 $A(g)$와 $B(g)$를 넣고 반응시켰을 때, 시간에 따른 반응물과 생성물의 몰 농도를 나타낸 것이다.

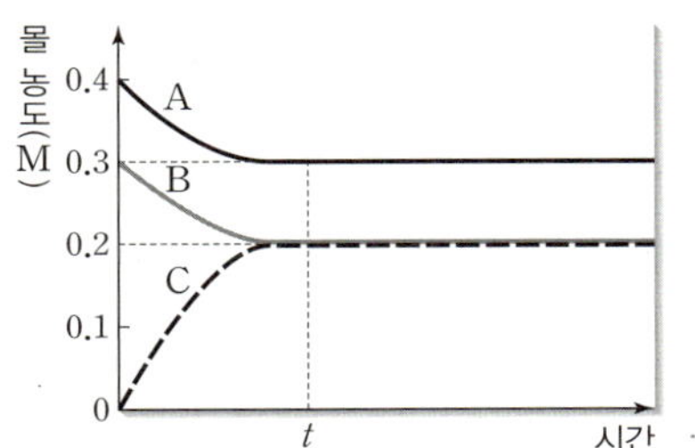

시간이 t일 때, 이에 대한 설명으로 옳은 것만을 〈보기〉에서 있는 대로 고른 것은?

┤ 보기 ├
ㄱ. 동적 평형에 도달한 상태이다.
ㄴ. 더 이상 반응이 일어나지 않는다.
ㄷ. 정반응 속도와 역반응 속도가 같다.

① ㄱ　　　　② ㄴ　　　　③ ㄱ, ㄷ
④ ㄴ, ㄷ　　　⑤ ㄱ, ㄴ, ㄷ

07 그림과 같이 일정한 온도에서 용기 (가)에 물과 수증기를 넣은 다음 콕을 열어 충분한 시간을 두었다.

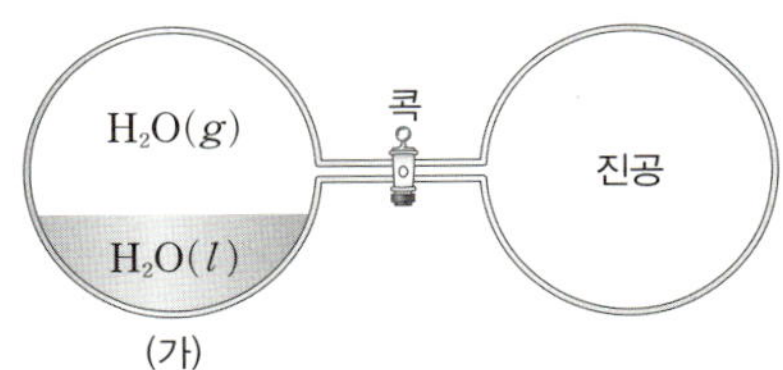

콕을 열고 충분한 시간이 지났을 때, 이에 대한 설명으로 옳은 것만을 〈보기〉에서 있는 대로 고른 것은? (단, 콕을 열고 충분한 시간이 지난 후에도 용기 속의 물은 남아 있다.)

┤ 보기 ├
ㄱ. 증발 속도와 응축 속도는 같다.
ㄴ. 증발 속도는 콕을 열기 전보다 크다.
ㄷ. 물의 질량은 콕을 열기 전보다 감소한다.

① ㄱ　　　　② ㄴ　　　　③ ㄱ, ㄴ
④ ㄱ, ㄷ　　　⑤ ㄴ, ㄷ

08 그림 (가)는 물 $100\,g$에 각설탕을 넣은 것을, (나)는 (가)의 각설탕을 잘 녹여 주었을 때 각설탕의 일부가 남아 있는 것을 나타낸 것이다.

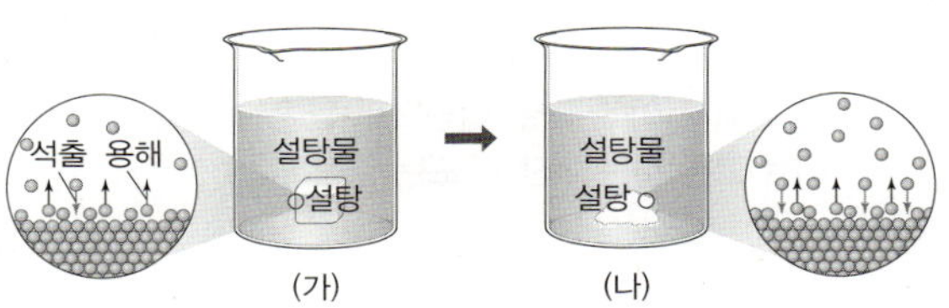

이에 대한 설명으로 옳은 것만을 〈보기〉에서 있는 대로 고른 것은?

┤ 보기 ├
ㄱ. (가)에서 용해 속도는 석출 속도보다 크다.
ㄴ. (나)는 용해 평형에 도달한 상태이다.
ㄷ. 용액의 몰 농도는 (나)가 (가)보다 크다.

① ㄱ　　　　② ㄷ　　　　③ ㄱ, ㄴ
④ ㄴ, ㄷ　　　⑤ ㄱ, ㄴ, ㄷ

09 그림은 $25\,℃$에서 물 $50\,g$에 고체 A를 넣고 녹여 주었을 때, 넣어 준 A의 질량에 따른 용해된 A의 질량을 나타낸 것이다. A의 용해도는 34이다.

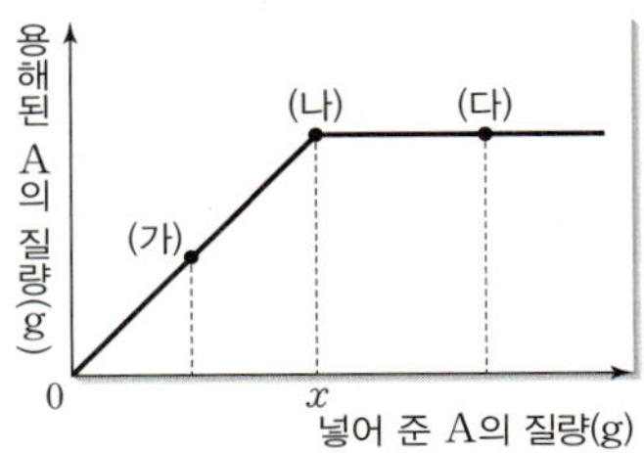

이에 대한 설명으로 옳은 것만을 〈보기〉에서 있는 대로 고른 것은?

┤ 보기 ├
ㄱ. $x = 34$이다.
ㄴ. (가)에서 용해 속도가 석출 속도보다 빠르다.
ㄷ. 용액의 몰 농도는 (다)에서가 (나)에서보다 크다.

① ㄱ　　　　② ㄴ　　　　③ ㄱ, ㄷ
④ ㄴ, ㄷ　　　⑤ ㄱ, ㄴ, ㄷ

01 그림은 물의 자동 이온화를 모형으로 나타낸 것이다.

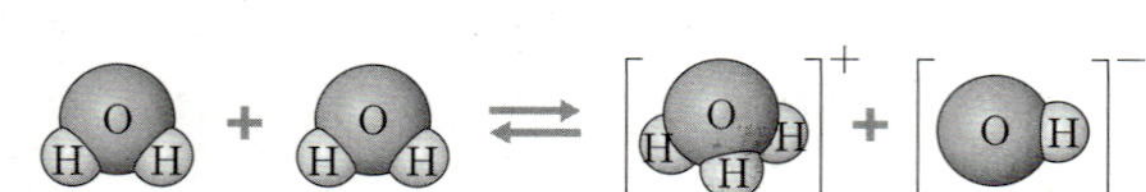 

25℃에서 이에 대한 설명으로 옳은 것만을 〈보기〉에서 있는 대로 고른 것은? (단, 온도는 일정하다.)

| 보기 |

ㄱ. 물의 이온화 상수는 $[H_3O^+]\times[OH^-]$과 같다.
ㄴ. $[H_3O^+]\times[OH^-]$은 $HCl(aq)$에서가 물에서보다 크다.
ㄷ. 물에 $NaOH(s)$을 넣으면 $[OH^-]$는 증가하고, $[H_3O^+]$는 감소한다.

① ㄱ   ② ㄴ   ③ ㄱ, ㄴ
④ ㄱ, ㄷ   ⑤ ㄴ, ㄷ

02 25℃에서 pH와 pOH에 대한 설명으로 옳지 <u>않은</u> 것은?

① $pH+pOH=14$이다.
② pH가 작을수록 수용액의 $[H_3O^+]$가 크다.
③ pH가 10인 수용액의 pOH는 4이다.
④ 수용액의 $[H_3O^+]$가 클수록 pOH는 작다.
⑤ 수용액에서 $[H_3O^+]>[OH^-]$일 때 수용액의 pH는 7보다 작다.

03 표는 25℃에서 3가지 수용액에 대한 자료이다.

수용액	(가)	(나)	(다)
pH	3	y	7
pOH	x	3	

이에 대한 설명으로 옳은 것만을 〈보기〉에서 있는 대로 고른 것은? (단, 25℃에서 물의 이온화 상수(K_w)는 1.0×10^{-14}이다.)

| 보기 |

ㄱ. $x=y$이다.
ㄴ. $[H_3O^+]$는 (나)>(다)이다.
ㄷ. $[H_3O^+]\times[OH^-]$는 (가)>(다)이다.

① ㄱ   ② ㄴ   ③ ㄱ, ㄷ
④ ㄴ, ㄷ   ⑤ ㄱ, ㄴ, ㄷ

04 다음은 25℃, 0.01 M 묽은 염산(HCl) 100 mL에서 $[H_3O^+]$와 $[OH^-]$를 구하는 과정이다.

중요

> (가) 25℃에서 물의 이온화 상수(K_w)는
> $$K_w=[H_3O^+][OH^-]=1.0\times10^{-14}$$이다.
> (나) HCl은 대부분 이온화하므로 $[H_3O^+]=x\,M$이다.
> (다) (나)의 x를 (가)의 식에 대입하면
> $$x\times[OH^-]=1.0\times10^{-14}$$이므로 $[OH^-]=y\,M$이다.

이에 대한 설명으로 옳은 것만을 〈보기〉에서 있는 대로 고른 것은?

| 보기 |

ㄱ. $x=2$이다.
ㄴ. $HCl(aq)$의 $pOH=12$이다.
ㄷ. $HCl(aq)$에 들어 있는 Cl^-의 양(mol)은 0.02몰이다.

① ㄱ   ② ㄴ   ③ ㄱ, ㄷ
④ ㄴ, ㄷ   ⑤ ㄱ, ㄴ, ㄷ

05 표는 3가지 수용액에 지시약을 넣었을 때의 색 변화를 나타낸 것이다.

수용액	A	B	C
푸른색 리트머스 종이	붉은색	변화 없음	변화 없음
붉은색 리트머스 종이	변화 없음	변화 없음	푸른색
BTB 용액	(가)	초록색	

이에 대한 설명으로 옳은 것만을 〈보기〉에서 있는 대로 고른 것은?

| 보기 |

ㄱ. (가)는 노란색이다.
ㄴ. B에서 $[OH^-]>[H_3O^+]$이다.
ㄷ. $[H_3O^+]$는 A>C이다.

① ㄱ   ② ㄴ   ③ ㄱ, ㄷ
④ ㄴ, ㄷ   ⑤ ㄱ, ㄴ, ㄷ

06 표는 25℃에서 수용액 (가)~(다)의 $[H_3O^+]$를 나타낸 것이다.

수용액	(가)	(나)	(다)
$[H_3O^+]$(M)	1.0×10^{-2}	1.0×10^{-9}	1.0×10^{-13}

이에 대한 설명으로 옳은 것만을 〈보기〉에서 있는 대로 고른 것은? (단, 25℃에서 물의 이온화 상수(K_w)는 1.0×10^{-14} 이다.)

┤ 보기 ├
ㄱ. (가)의 pH는 12이다.
ㄴ. (나)에서 $[OH^-] = 1.0 \times 10^{-5}$ M이다.
ㄷ. pOH는 (다)가 (나)보다 크다.

① ㄱ ② ㄴ ③ ㄱ, ㄷ
④ ㄴ, ㄷ ⑤ ㄱ, ㄴ, ㄷ

07 그림은 25℃에서 같은 부피의 묽은 염산(HCl)과 수산화 나트륨(NaOH) 수용액에 들어 있는 이온 중 Na^+과 Cl^-만을 모형으로 나타낸 것이다. 모형 1개는 0.1몰에 해당한다.

(가) (나)

이에 대한 설명으로 옳은 것만을 〈보기〉에서 있는 대로 고른 것은? (단, 25℃에서 물의 이온화 상수(K_w)는 1.0×10^{-14}는 이다.)

┤ 보기 ├
ㄱ. (가)의 pH와 (나)의 pOH는 같다.
ㄴ. (가)와 (나)의 $[H_3O^+][OH^-]$는 같다.
ㄷ. 25℃에서 (가)와 (나)를 혼합한 용액의 $[H_3O^+][OH^-] = 1.0 \times 10^{-14}$이다.

ㄱ ② ㄷ ③ ㄱ, ㄴ
④ ㄴ, ㄷ ⑤ ㄱ, ㄴ, ㄷ

08 그림은 수용액에서 염화 수소(HCl)와 암모니아(NH₃)의 이온화 반응을 각각 모형으로 나타낸 것이다.

(가) 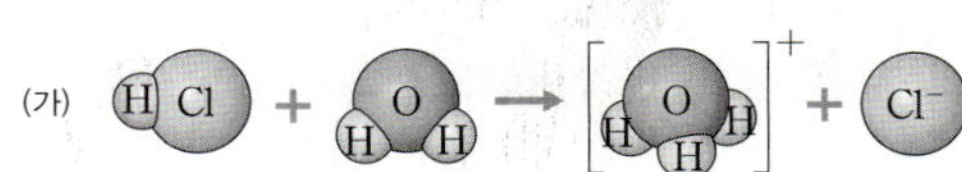

(나) 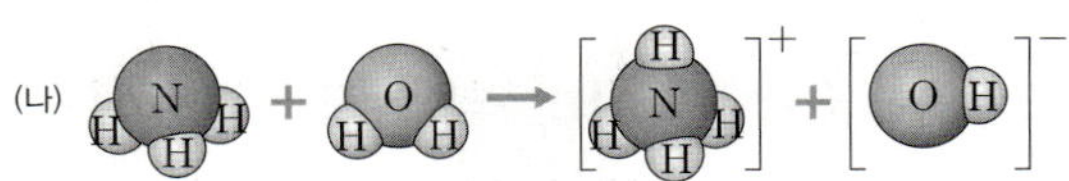

25℃에서 이에 대한 설명으로 옳은 것만을 〈보기〉에서 있는 대로 고른 것은? (단, 25℃에서 물의 이온화 상수(K_w)는 1.0×10^{-14}이다.)

┤ 보기 ├
ㄱ. HCl(aq)의 pH는 7보다 작다.
ㄴ. (나)에서 NH₃는 브뢴스테드·로리 염기로 작용한다.
ㄷ. (가)와 (나)에서 H_2O은 모두 브뢴스테드·로리 산으로 작용한다.

① ㄱ ② ㄷ ③ ㄱ, ㄴ
④ ㄴ, ㄷ ⑤ ㄱ, ㄴ, ㄷ

09 다음은 산과 염기의 정의에 대한 두 학생의 의견이다.

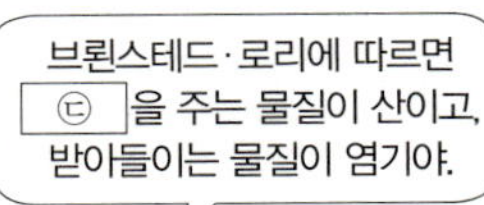

이에 대한 설명으로 옳은 것만을 〈보기〉에서 있는 대로 고른 것은?

┤ 보기 ├
ㄱ. ㉠과 ㉢은 같은 입자이다.
ㄴ. NaOH(aq)에는 ㉡이 들어 있다.
ㄷ. HCl와 H_2O의 반응에서 H_2O은 ㉠을 내놓는다.

① ㄱ ② ㄷ ③ ㄱ, ㄴ
④ ㄴ, ㄷ ⑤ ㄱ, ㄴ, ㄷ

01 25℃에서 0.1 M 묽은 염산(HCl) 50 mL와 0.2 M 수산화 나트륨(NaOH) 수용액 50 mL를 혼합한 용액에 대한 설명으로 옳은 것만을 〈보기〉에서 있는 대로 고른 것은? (단, 혼합 용액의 부피는 혼합 전 각 용액의 부피의 합과 같고, 25℃에서 물의 이온화 상수(K_w)는 1.0×10^{-14}이다.)

┤ 보기 ├
ㄱ. 수용액의 pH는 7보다 크다.
ㄴ. $[Na^+]$는 0.01 M이다.
ㄷ. 생성된 물의 양(mol)은 0.05몰이다.

① ㄱ   ② ㄴ   ③ ㄱ, ㄷ
④ ㄴ, ㄷ   ⑤ ㄱ, ㄴ, ㄷ

02 그림은 묽은 염산(HCl) 10 mL와 수산화 나트륨(NaOH) 수용액 5 mL를 혼합한 용액을 이온 모형으로 나타낸 것이다.
이에 대한 설명으로 옳은 것만을 〈보기〉에서 있는 대로 고른 것은?

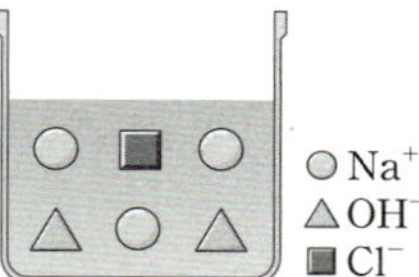

┤ 보기 ├
ㄱ. 혼합 용액의 pH>7이다.
ㄴ. 반응 전 용액의 몰 농도 비는
    $HCl(aq) : NaOH(aq) = 1 : 3$이다.
ㄷ. 중화 반응에 의해 생성된 물의 양(mol)은 혼합 용액 속 Cl^-의 양(mol)과 같다.

① ㄱ   ② ㄴ   ③ ㄱ, ㄷ
④ ㄴ, ㄷ   ⑤ ㄱ, ㄴ, ㄷ

03 다음은 25℃의 2가지 수용액 (가)와 (나)에 대한 자료이다.

(가) pH 3인 $HCl(aq)$	(나) 0.01 M $NaOH(aq)$

(가) 100 mL와 (나) 50 mL를 혼합한 용액에 대한 설명으로 옳은 것만을 〈보기〉에서 있는 대로 고른 것은? (단, 25℃에서 물의 이온화 상수(K_w)는 1.0×10^{-14}이다.)

┤ 보기 ├
ㄱ. $[H_3O^+] > [OH^-]$이다.
ㄴ. 생성된 물의 양(mol)은 0.0001몰이다.
ㄷ. (나) 50 mL를 추가로 넣은 혼합 용액은 중성이다.

① ㄱ   ② ㄴ   ③ ㄱ, ㄷ
④ ㄴ, ㄷ   ⑤ ㄱ, ㄴ, ㄷ

04 표는 25℃에서 0.1 M 묽은 황산(H_2SO_4)과 0.2 M 수산화 나트륨(NaOH) 수용액의 부피를 달리하여 혼합한 용액에 대한 자료이다.

혼합 용액		(가)	(나)	(다)
혼합 전 용액의 부피(mL)	$H_2SO_4(aq)$	5	10	15
	$NaOH(aq)$	15	10	5

이에 대한 설명으로 옳은 것만을 〈보기〉에서 있는 대로 고른 것은? (단, 25℃에서 물의 이온화 상수(K_w)는 1.0×10^{-14}이다.)

┤ 보기 ├
ㄱ. $\dfrac{[OH^-]}{[H_3O^+]}$ 은 (나)가 (다)보다 크다.
ㄴ. 혼합 용액의 pH는 (나)가 (가)보다 크다.
ㄷ. 생성된 물의 양은(mol)은 (가)에서가 (다)에서의 2배이다.

① ㄱ   ② ㄴ   ③ ㄱ, ㄷ
④ ㄴ, ㄷ   ⑤ ㄱ, ㄴ, ㄷ

05 〈중요〉 표는 25℃에서 묽은 염산(HCl), 수산화 나트륨(NaOH) 수용액, 수산화 칼륨(KOH) 수용액의 부피를 달리하여 혼합한 용액에 대한 자료이다. (가)~(다)의 액성은 각각 산성, 중성, 염기성 중 하나이다.

혼합 용액	혼합 전 용액의 부피(mL)			$\dfrac{Na^+ \, 수}{Cl^- \, 수}$
	$HCl(aq)$	$NaOH(aq)$	$KOH(aq)$	
(가)	20	10	0	$\dfrac{1}{8}$
(나)	10	0	20	—
(다)	10	10	10	—

(가)~(다)에 대한 설명으로 옳은 것만을 〈보기〉에서 있는 대로 고른 것은? (단, 25℃에서 물의 이온화 상수(K_w)는 1.0×10^{-14}이다.)

┤ 보기 ├
ㄱ. $[H_3O^+]$는 (다)에서가 (나)에서보다 크다.
ㄴ. 생성된 물의 양(mol)은 (나)에서가 (가)에서의 2배이다.
ㄷ. 혼합 전 몰 농도는 $NaOH(aq)$이 $KOH(aq)$의 3배이다.

① ㄱ   ② ㄴ   ③ ㄱ, ㄷ
④ ㄴ, ㄷ   ⑤ ㄱ, ㄴ, ㄷ

06 그림은 묽은 염산(HCl) 50 mL와 수산화 나트륨(NaOH) 수용액 25 mL를 혼합하는 과정을 이온 모형으로 나타낸 것이다.

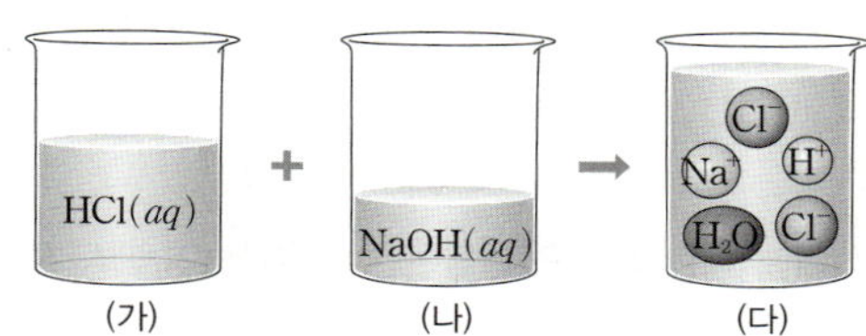

(가)~(다)에 대한 설명으로 옳은 것만을 〈보기〉에서 있는 대로 고른 것은? (단, (가)~(다)의 용액의 온도는 25℃이고, 25℃에서 물의 이온화 상수(K_w)는 1.0×10^{-14}이다.)

| 보기 |

ㄱ. (가)와 (다)는 pH<7이다.
ㄴ. (가)의 [H⁺]는 (나)의 [Na⁺]의 2배이다.
ㄷ. (다)에 NaOH(aq) 25 mL를 더 넣으면 완전히 중화된다.

① ㄱ ② ㄴ ③ ㄱ, ㄷ
④ ㄴ, ㄷ ⑤ ㄱ, ㄴ, ㄷ

07 그림은 25℃에서 미지 농도의 산 수용액 20 mL를 0.1 M 수산화 나트륨(NaOH) 수용액으로 적정하는 모습을 나타낸 것이고, 표는 산 수용액의 종류와 중화점까지 넣어 준 수산화 나트륨(NaOH) 수용액의 부피를 나타낸 것이다.

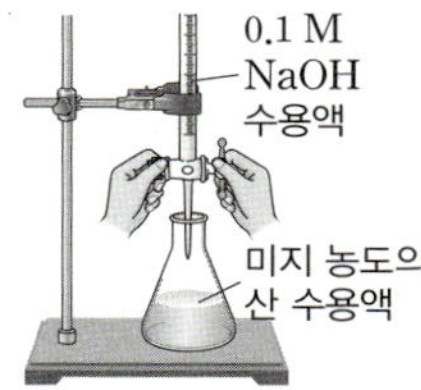

실험	산 수용액의 종류	NaOH(aq)의 부피(mL)
I	HCl(aq)	10
II	H₂SO₄(aq)	20

이에 대한 설명으로 옳은 것만을 〈보기〉에서 있는 대로 고른 것은? (단, 25℃에서 물의 이온화 상수(K_w)는 1.0×10^{-14}이다.)

| 보기 |

ㄱ. 적정 실험에서 지시약으로 페놀프탈레인 용액을 사용할 수 있다.
ㄴ. 생성된 물의 양(mol)은 I에서가 II에서의 2배이다.
ㄷ. 몰 농도 비는 HCl(aq) : H₂SO₄(aq) = 1 : 2이다.

① ㄱ ② ㄴ ③ ㄱ, ㄷ
④ ㄴ, ㄷ ⑤ ㄱ, ㄴ, ㄷ

08 다음은 25℃의 4가지 수용액 (가)~(라)의 1 mL에 들어 있는 이온 수를 모형으로 나타낸 것이다. (가)와 (나)는 각각 HCl(aq), HBr(aq) 중 하나이고, (다)와 (라)는 각각 NaOH(aq), KOH(aq) 중 하나이다.

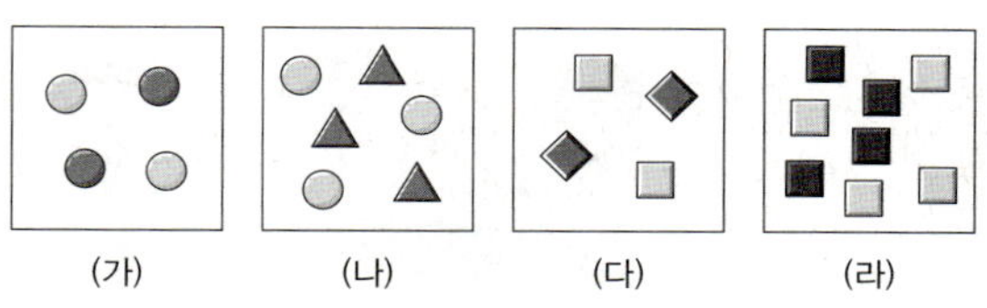

이에 대한 설명으로 옳은 것만을 〈보기〉에서 있는 대로 고른 것은? (단, 25℃에서 물의 이온화 상수(K_w)는 1.0×10^{-14}이다.)

| 보기 |

ㄱ. (가) 10 mL와 (다) 15 mL를 혼합한 용액의 pH는 7보다 크다.
ㄴ. (나) 10 mL와 (라) 5 mL를 혼합한 용액은 산성이다.
ㄷ. (가)와 (나)를 각각 4 mL씩 혼합한 용액에 (라) 5 mL를 넣은 용액은 중성이다.

① ㄱ ② ㄷ ③ ㄱ, ㄴ
④ ㄴ, ㄷ ⑤ ㄱ, ㄴ, ㄷ

09 그림은 25℃에서 수산화 나트륨(NaOH) 수용액 50 mL를 묽은 염산(HCl)으로 적정할 때, 넣어 준 묽은 염산(HCl)의 부피에 따른 혼합 용액 속 이온 수를 나타낸 것이다.

중요

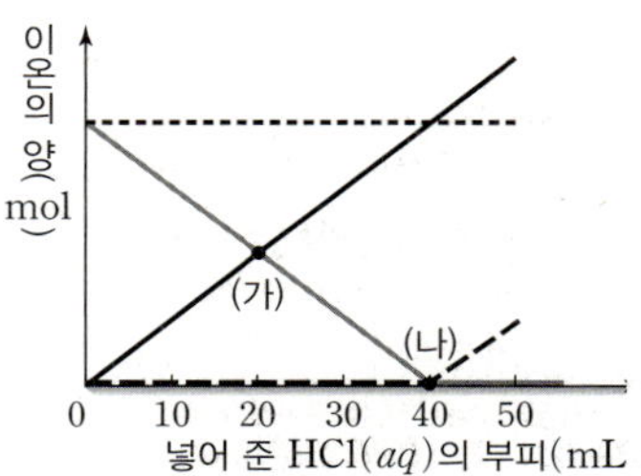

(나)에서가 (가)에서보다 큰 값만을 〈보기〉에서 있는 대로 고른 것은? (단, 온도는 25℃로 일정하고, 25℃에서 물의 이온화 상수(K_w)는 1.0×10^{-14}이다.)

| 보기 |

ㄱ. [OH⁻]
ㄴ. 생성된 물의 양(mol)
ㄷ. [H₃O⁺] × [OH⁻]

① ㄱ ② ㄴ ③ ㄱ, ㄷ
④ ㄴ, ㄷ ⑤ ㄱ, ㄴ, ㄷ

01 다음은 산화 환원 반응에 대한 세 학생의 의견이다.

제시한 의견이 옳은 학생만을 있는 대로 고른 것은?

① A   ② B   ③ A, C
④ B, C   ⑤ A, B, C

02 다음 중 밑줄 친 원소의 산화수가 증가하는 반응은?

① $2Na + \underline{Br}_2 \longrightarrow 2NaBr$
② $Cu\underline{O} + CO \longrightarrow Cu + CO_2$
③ $\underline{Cu}SO_4 + Zn \longrightarrow ZnSO_4 + Cu$
④ $\underline{C}H_4 + 2O_2 \longrightarrow CO_2 + 2H_2O$
⑤ $\underline{Fe}_2O_3 + 3CO \longrightarrow 2Fe + 3CO_2$

03 다음은 2가지 산화 환원 반응식을 나타낸 것이다.

> (가) $2H_2 + O_2 \longrightarrow 2\boxed{X}$
> (나) $CH_4 + 2O_2 \longrightarrow CO_2 + 2\boxed{X}$

이에 대한 설명으로 옳은 것만을 〈보기〉에서 있는 대로 고른 것은?

| 보기 |

ㄱ. X는 H_2O이다.
ㄴ. (가)와 (나)에서 O의 산화수는 모두 감소한다.
ㄷ. (가)와 (나)에서 H의 산화수는 모두 증가한다.

① ㄱ   ② ㄷ   ③ ㄱ, ㄴ
④ ㄴ, ㄷ   ⑤ ㄱ, ㄴ, ㄷ

04 다음은 3가지 화학 반응식이다.

> (가) $2H_2 + \boxed{\text{㉠}} \longrightarrow 2H_2O$
> (나) $2H_2O + O_2 \longrightarrow 2\boxed{\text{㉡}}$
> (다) $\boxed{\text{㉢}} + 2O_2 \longrightarrow CO_2 + 2H_2O$

이에 대한 설명으로 옳은 것만을 〈보기〉에서 있는 대로 고른 것은?

| 보기 |

ㄱ. (가)에서 ㉠은 산화제이다.
ㄴ. (나)에서 O의 산화수는 모두 다르다.
ㄷ. ㉢의 중심 원자의 산화수는 -4이다.

① ㄱ   ② ㄷ   ③ ㄱ, ㄴ
④ ㄴ, ㄷ   ⑤ ㄱ, ㄴ, ㄷ

05 〈중요〉 그림 (가)는 B^{2+}이 들어 있는 수용액에 금속 A를, (나)는 묽은 염산(HCl)에 금속 B를 넣은 것을 나타낸 것이다. (가)에서는 금속이 석출되었고, (나)에서는 기체가 발생하였다.

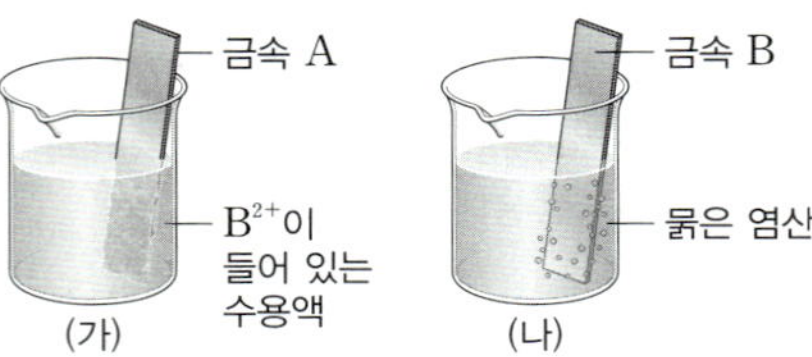

이에 대한 설명으로 옳은 것만을 〈보기〉에서 있는 대로 고른 것은?

| 보기 |

ㄱ. (가)에서 A는 환원제이다.
ㄴ. (나)에서 수용액 속 전체 이온 수는 감소한다.
ㄷ. HCl(aq)에 금속 A를 넣으면 염소(Cl)의 산화수는 증가한다.

① ㄱ   ② ㄷ   ③ ㄱ, ㄴ
④ ㄴ, ㄷ   ⑤ ㄱ, ㄴ, ㄷ

06 다음은 황화 수소(H_2S)와 질산(HNO_3)이 반응하여 황(S)이 생성되는 반응의 화학 반응식이다.

$$H_2S(g) + 2HNO_3(aq)$$
$$\longrightarrow S(s) + 2H_2O(l) + 2NO_2(g)$$

이에 대한 설명으로 옳은 것만을 〈보기〉에서 있는 대로 고른 것은?

─┤ 보기 ├─
ㄱ. N의 산화수는 $+5 \rightarrow +4$로 감소한다.
ㄴ. 증가한 산화수 총합과 감소한 산화수 총합은 같다.
ㄷ. 환원제 1몰이 반응할 때 생성되는 NO_2의 양(mol)은 1몰이다.

① ㄱ   ② ㄷ   ③ ㄱ, ㄴ
④ ㄴ, ㄷ   ⑤ ㄱ, ㄴ, ㄷ

07 다음은 마그네슘(Mg)과 관련된 반응의 2가지 화학 반응식이다.

(가) $Mg(s) + 2HCl(aq) \longrightarrow MgCl_2(aq) + H_2(g)$
(나) $MgO(s) + 2HCl(aq) \longrightarrow MgCl_2(aq) + H_2O(l)$

(가)와 (나)에 대한 설명으로 옳은 것만 〈보기〉에서 있는 대로 고른 것은?

─┤ 보기 ├─
ㄱ. (가)에서 H의 산화수는 감소한다.
ㄴ. (나)에서 HCl은 산화제이다.
ㄷ. (가)와 (나)에서 Mg의 산화수는 모두 증가한다.

① ㄱ   ② ㄴ   ③ ㄱ, ㄷ
④ ㄴ, ㄷ   ⑤ ㄱ, ㄴ, ㄷ

08 다음은 다이크로뮴산 이온($Cr_2O_7{}^{2-}$)과 탄소(C)의 반응을 화학 반응식으로 나타낸 것이다.

$$Cr_2O_7{}^{2-}(aq) + a\underline{C}(s)$$
$$\overset{\text{㉠}}{\longrightarrow} b\underline{Cr}_2O_3(s) + c\underline{C}O_3{}^{2-}(aq) + d\underline{C}O(g)$$
$$\underset{\text{㉡}}{} \qquad \underset{\text{㉢}}{}$$
($a{\sim}d$는 반응 계수)

이에 대한 설명으로 옳은 것만을 〈보기〉에서 있는 대로 고른 것은?

─┤ 보기 ├─
ㄱ. $a+b=c+d$이다.
ㄴ. $Cr_2O_7{}^{2-}$은 산화제이다.
ㄷ. ㉠~㉢ 중 산화수가 가장 큰 원자는 ㉡이다.

① ㄱ   ② ㄷ   ③ ㄱ, ㄴ
④ ㄴ, ㄷ   ⑤ ㄱ, ㄴ, ㄷ

09 다음은 산화 환원 반응식을 완성하는 과정을 나타낸 것이다.

(가) 각 원자의 산화수 변화를 조사한다.

$$\underline{Cu} + H\underline{N}O_3 \longrightarrow \underline{Cu}(NO_3)_2 + \underline{N}O + H_2O$$

(위쪽 화살표 a, 아래쪽 화살표 b)

(나) 증가한 산화수와 감소한 산화수가 같도록 계수를 맞춘다.

$$3Cu + 2HNO_3 \longrightarrow 3Cu(NO_3)_2 + 2NO + H_2O$$

(다) 산화수 변화가 없는 원자의 수가 같도록 계수를 맞춘다.

$$3Cu + cHNO_3 \longrightarrow 3Cu(NO_3)_2 + 2NO + dH_2O$$

이에 대한 설명으로 옳은 것만을 〈보기〉에서 있는 대로 고른 것은?

─┤ 보기 ├─
ㄱ. $|a|>|b|$이다.
ㄴ. $d=4$이다.
ㄷ. 환원제 1몰과 반응하는 산화제의 양(mol)은 $\dfrac{8}{3}$몰이다.

① ㄱ   ② ㄴ   ③ ㄱ, ㄷ
④ ㄴ, ㄷ   ⑤ ㄱ, ㄴ, ㄷ

01 다음은 액체 질소를 이용한 실험에 대한 설명이다.

> 음료수 캔에 액체 질소를 넣으면 ㉠액체 질소가 기화되면서 음료수 캔의 표면에 흰색 고체가 생성되고, 밑바닥 쪽에 ㉡기체 산소가 액화되어 산소 방울이 맺힌다.

이에 대한 설명으로 옳은 것만을 〈보기〉에서 있는 대로 고른 것은?

> | 보기 |
> ㄱ. ㉠이 일어나면 주위의 온도가 낮아진다.
> ㄴ. ㉡은 발열 반응이다.
> ㄷ. 에너지는 $O_2(g)$가 $O_2(l)$보다 크다.

① ㄱ　　　　② ㄷ　　　　③ ㄱ, ㄴ
④ ㄴ, ㄷ　　　⑤ ㄱ, ㄴ, ㄷ

02 그림은 마그네슘(Mg)과 관련된 2가지 화학 반응 (가)와 (나)를 나타낸 것이다.

(가) 마그네슘의 연소 반응

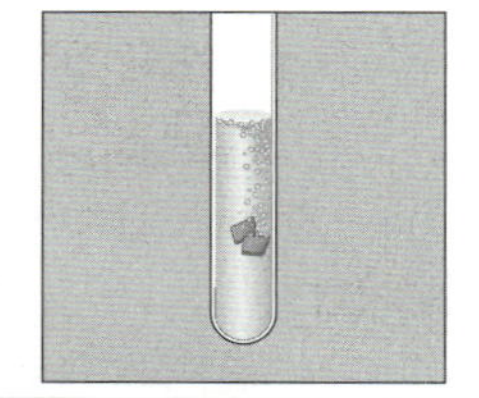
(나) 마그네슘과 산의 반응

(가)와 (나)의 공통점만을 〈보기〉에서 있는 대로 고른 것은?

> | 보기 |
> ㄱ. 반응이 일어날 때 주위의 온도가 높아진다.
> ㄴ. 반응이 일어날 때 Mg의 산화수는 증가한다.
> ㄷ. 반응물의 에너지 합이 생성물의 에너지 합보다 크다.

① ㄱ　　　　② ㄷ　　　　③ ㄱ, ㄴ
④ ㄴ, ㄷ　　　⑤ ㄱ, ㄴ, ㄷ

03 그림은 묽은 염산(HCl)과 수산화 나트륨(NaOH) 수용액이 반응할 때 반응물과 생성물의 에너지를 나타낸 것이다.

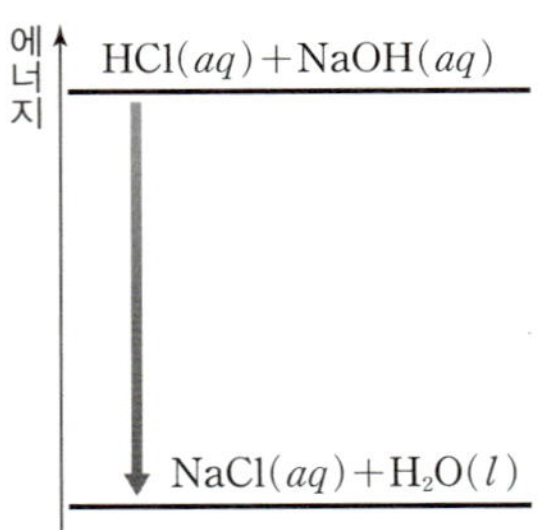

이에 대한 설명으로 옳은 것만을 〈보기〉에서 있는 대로 고른 것은?

> | 보기 |
> ㄱ. 발열 반응이다.
> ㄴ. 산화 환원 반응이다.
> ㄷ. 반응이 일어날 때 주위의 온도가 낮아진다.

① ㄱ　　　　② ㄴ　　　　③ ㄱ, ㄷ
④ ㄴ, ㄷ　　　⑤ ㄱ, ㄴ, ㄷ

04 다음은 염화 나트륨(NaCl)을 이용한 실험이다.

> [실험 과정]
> (가) 25℃의 물 100 g이 들어 있는 간이 열량계에 NaCl 40 g을 용해시킨다.
> (나) (가)의 용액의 최종 온도를 측정한다.
>
> 
>
>
> [실험 결과]
> • (가)에서 NaCl 5 g이 용해되지 않고 남았다.
> • (나)에서 최종 온도는 23℃였다.

이에 대한 설명으로 옳은 것만을 〈보기〉에서 있는 대로 고른 것은?

> | 보기 |
> ㄱ. 염화 나트륨(NaCl)이 용해되는 과정은 흡열 반응이다.
> ㄴ. (가) 과정 후 용해 속도와 석출 속도는 같다.
> ㄷ. 이 반응은 손난로에 이용할 수 있다.

① ㄱ　　　　② ㄷ　　　　③ ㄱ, ㄴ
④ ㄴ, ㄷ　　　⑤ ㄱ, ㄴ, ㄷ

05 그림은 2가지 열량계의 구조를 나타낸 것이다.

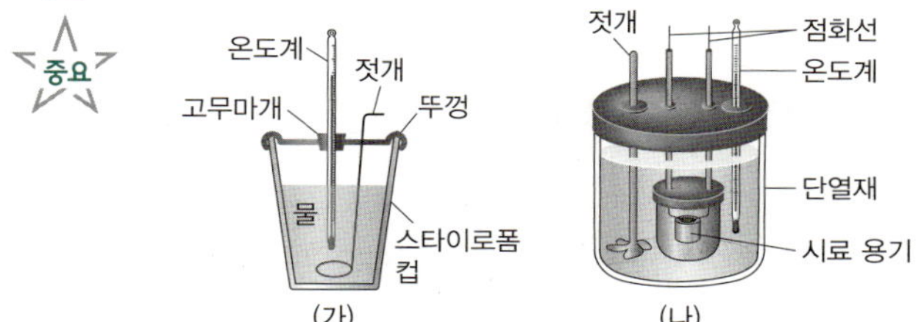

(가)와 (나)에 대한 설명으로 옳은 것만을 〈보기〉에서 있는 대로 고른 것은?

---| 보기 |---
ㄱ. (가)는 중화열을 측정하기에 적합하다.
ㄴ. (나)는 용해 반응에서 출입하는 열량을 측정하기에 적합하다.
ㄷ. 열 손실은 (나)가 (가)보다 작다.

① ㄱ
② ㄴ
③ ㄱ, ㄴ
④ ㄱ, ㄷ
⑤ ㄴ, ㄷ

06 그림과 같이 증류수에 수산화 나트륨(NaOH)을 넣고 녹였더니 온도가 높아졌다.

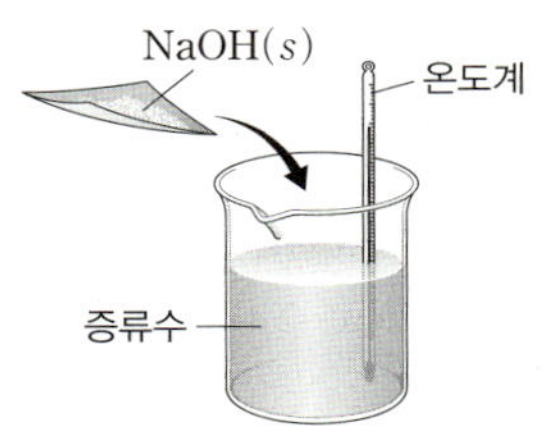

이에 대한 설명으로 옳은 것만을 〈보기〉에서 있는 대로 고른 것은?

---| 보기 |---
ㄱ. 반응이 일어날 때 열을 방출한다.
ㄴ. 반응물의 에너지 합이 생성물의 에너지 합보다 크다.
ㄷ. 수산화 나트륨(NaOH)을 녹인 용액에 묽은 염산(HCl)을 넣으면 혼합 용액의 온도는 높아진다.

① ㄱ
② ㄷ
③ ㄱ, ㄴ
④ ㄴ, ㄷ
⑤ ㄱ, ㄴ, ㄷ

07 다음은 수산화 바륨 수화물과 염화 암모늄의 반응이 일어날 때 열의 출입을 알아보는 실험이다.

[실험 과정]
(가) 수산화 바륨 수화물 40 g과 염화 암모늄 20 g을 삼각 플라스크에 함께 넣는다.
(나) 얇은 나무판의 중앙에 약간의 물을 떨어뜨린다.
(다) 물을 떨어뜨린 부분에 (가)의 삼각 플라스크를 올려놓은 후, 수산화 바륨 수화물과 염화 암모늄을 잘 섞어 준다.

[실험 결과]
• 나무판에 떨어뜨린 물이 얼어 삼각 플라스크의 밑바닥과 나무판이 달라붙는다.

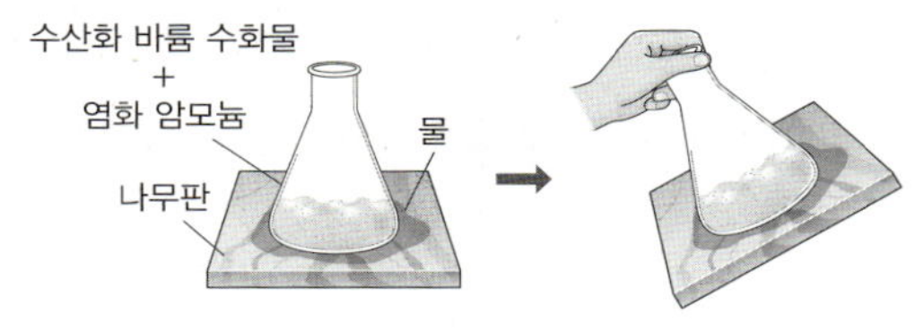

(다)에서 일어나는 반응에 대한 설명으로 옳은 것만을 〈보기〉에서 있는 대로 고른 것은?

---| 보기 |---
ㄱ. 흡열 반응이다.
ㄴ. 주위의 온도는 낮아진다.
ㄷ. 반응물의 에너지 합은 생성물의 에너지 합보다 크다.

① ㄴ
② ㄷ
③ ㄱ, ㄴ
④ ㄱ, ㄷ
⑤ ㄱ, ㄴ, ㄷ

08 다음은 간이 열량계를 이용하여 에탄올을 연소시켰을 때 발생하는 열량을 측정하기 위한 실험의 결과이다.

• 물의 질량: 50 g
• 물의 온도 변화: 10 ℃
• 연소한 에탄올의 질량: 4 g

에탄올 1 g이 연소할 때 방출되는 열량은? (단, 에탄올이 연소할 때 발생한 열량은 물이 모두 흡수하고, 물의 비열은 4 J/g·℃이다.)

① 50 J
② 100 J
③ 200 J
④ 500 J
⑤ 1000 J

01 그림은 암모니아의 합성 방법과 원유의 분별 증류를 나타낸 것이다.

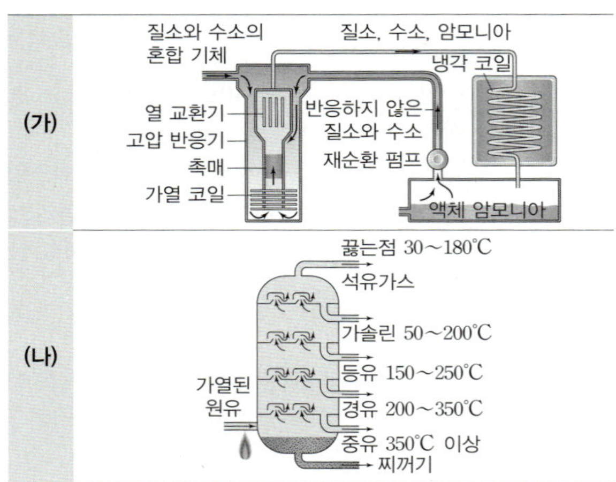

이에 대한 설명으로 옳은 것만을 〈보기〉에서 있는 대로 고른 것은?

┤ 보기 ├

ㄱ. (가)의 생성물은 인류의 식량 문제를, (나)의 생성물은 인류의 의류 문제를 해결하였다.

ㄴ. (가)와 (나)는 모두 화학 반응에 의해 물질을 생성한다.

ㄷ. (가)의 생성물은 (나)에서 분리되는 모든 탄소 화합물보다 분자당 원자 수가 크다.

① ㄱ　　② ㄴ　　③ ㄷ　　④ ㄱ, ㄴ　　⑤ ㄴ, ㄷ

02 다음은 탄소 화합물 (가)~(다)에 대한 자료이다. (가)~(다)는 각각 메테인, 에탄올, 아세트산 중 하나이다.

탄소 화합물	(가)	(나)	(다)
분자 내 단일 결합 수			n
분자 내 2중 결합 수		m	m
분자를 구성하는 원자 수	n		

이에 대한 설명으로 옳은 것만을 〈보기〉에서 있는 대로 고른 것은?

┤ 보기 ├

ㄱ. $\dfrac{m}{n}=2$이다.

ㄴ. 탄화수소는 (나)이다.

ㄷ. 분자당 산소 원자 수가 2인 탄소 화합물은 (다)이다.

① ㄴ　　② ㄷ　　③ ㄱ, ㄴ

④ ㄱ, ㄷ　　⑤ ㄱ, ㄴ, ㄷ

03 다음은 A와 B로 이루어진 사원자 분자 (가)~(다)에 대한 자료이다. 원자량은 B가 A보다 크다.

- (가)~(다)의 분자량

분자	(가)	(나)	(다)
분자량	19	18	㉠

- 분자당 B 원자 수는 (나)가 (다)보다 크다.

이에 대한 설명으로 옳은 것만을 〈보기〉에서 있는 대로 고른 것은? (단, A와 B는 임의의 원소 기호이다.)

┤ 보기 ├

ㄱ. ㉠은 17이다.

ㄴ. 원자량 비는 A : B=4 : 5이다.

ㄷ. 1g당 A 원자 수는 (나)가 (가)의 2배보다 크다.

① ㄴ　　② ㄷ　　③ ㄱ, ㄴ　④ ㄱ, ㄷ　⑤ ㄱ, ㄴ, ㄷ

04 다음은 0℃, 1기압에서 기체 (가)와 (나)에 대한 자료이다.

- (가)와 (나)를 구성하는 원소의 가짓수는 모두 2이다.
- (가)와 (나)의 중심 원자는 각각 X, Y이다.
- (가)와 (나)는 모두 H 원자를 포함한다.
- 부피와 원자 수

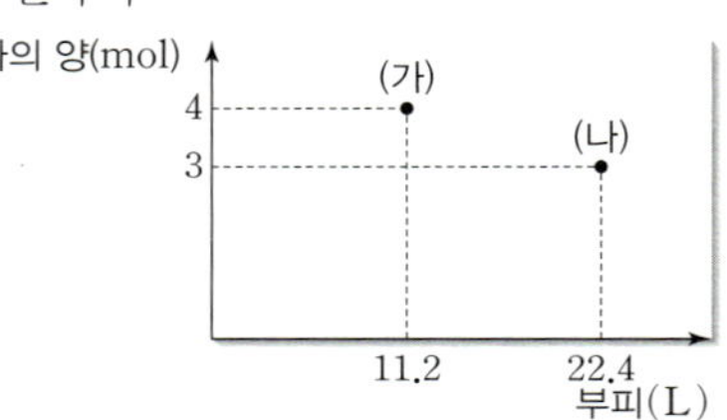

- 질량과 H 원자 수

기체	(가)	(나)
질량(g)	15	18
H 원자 수(개)	1.8×10^{24}	1.2×10^{24}

이에 대한 설명으로 옳은 것만을 〈보기〉에서 있는 대로 고른 것은? (단, X와 Y는 임의의 원소 기호이고, 아보가드로수는 6.0×10^{23}이다.)

┤ 보기 ├

ㄱ. 분자량 비는 (가) : (나)=5 : 3이다.

ㄴ. 1g당 원자 수비는 8 : 5이다.

ㄷ. $\dfrac{\text{H 원자 수}}{\text{H 원자가 아닌 원자 수}}$ 비는 (가) : (나)=3 : 1이다.

① ㄱ　　② ㄴ　　③ ㄷ　　④ ㄱ, ㄴ　⑤ ㄴ, ㄷ

05 다음은 기체 AB와 B_2가 반응하여 기체 AB_2를 생성하는 반응에 대한 자료이다.

> • 화학 반응식: $aAB(g) + B_2(g) \longrightarrow bAB_2(g)$
> • 반응 전후의 기체의 질량

기체		AB	B_2	AB_2
질량(g)	반응 전	6	1	0
	반응 후	3	0	㉠

이에 대한 설명으로 옳은 것만을 〈보기〉에서 있는 대로 고른 것은? (단, A와 B는 임의의 원소 기호이다.)

> ┤ 보기 ├
> ㄱ. $\dfrac{b}{a} = 1$이다.
> ㄴ. 원자량 비는 $A : B = 1 : 2$이다.
> ㄷ. ㉠은 4이다.

① ㄱ   ② ㄴ   ③ ㄱ, ㄷ
④ ㄴ, ㄷ   ⑤ ㄱ, ㄴ, ㄷ

06 다음은 진한 NaOH 수용액으로 0.1 M NaOH 수용액을 만드는 실험 과정이다.

> [실험 과정]
> (가) 진한 NaOH 수용액 10 g을 취하여 250 mL 부피 플라스크에 넣는다.
> (나) 과정 (가)의 부피 플라스크에 증류수를 채운다.
> (다) 증류수를 250 mL 부피 플라스크의 눈금선까지 넣고 잘 흔들어 섞는다.

이에 대한 설명으로 옳은 것만을 〈보기〉에서 있는 대로 고른 것은? (단, NaOH의 화학식량은 40이다.)

> ┤ 보기 ├
> ㄱ. 실험에 사용한 진한 NaOH 수용액의 퍼센트 농도는 10 %이다.
> ㄴ. 과정 (다)의 NaOH 수용액에 녹아 있는 NaOH의 양(mol)은 0.02몰이다.
> ㄷ. 과정 (다)의 수용액의 퍼센트 농도를 구하려면 용액의 밀도를 알아야 한다.

① ㄱ   ② ㄷ   ③ ㄱ, ㄴ
④ ㄱ, ㄷ   ⑤ ㄴ, ㄷ

07 $t\,°C$, 1기압에서 사람이 한 번 호흡할 때 평균 1.2 L의 공기를 들이마시고 내쉰다. 우리가 내쉰 공기가 지구 전체로 골고루 퍼졌을 때, 한 번 내쉰 공기 분자 중 교실 안에 존재하는 공기 분자의 수를 다음의 자료를 이용하여 구하고, 풀이 과정을 서술하시오.

> • $t\,°C$, 1기압에서 기체 1몰의 부피는 24 L이다.
> • 아보가드로수는 6.0×10^{23}이다.
> • 지구 전체 대기의 부피는 $1.2 \times 10^{20} \, m^3$이다.
> • 교실의 부피는 $300 \, m^3$이다.
> • $1 \, m^3 = 1000 \, L$이다.

08 다음은 황산 구리($CuSO_4$)가 자연 상태에서 수분을 흡수한 결정 형태로 존재할 때 일어나는 반응의 화학 반응식이다.

> $$CuSO_4(s) + 5H_2O(l) \longrightarrow CuSO_4 \cdot 5H_2O(s)$$

물 200 g에 황산 구리 결정($CuSO_4 \cdot 5H_2O(s)$) 200 g을 넣어 녹이면 황산 구리 결정에 포함된 H_2O 분자가 용매인 물과 합쳐진다고 할 때, 이 용액의 퍼센트 농도(%)를 구하고, 풀이 과정을 서술하시오. (단, H, O, S, Cu의 원자량은 각각 1, 16, 32, 64이다.)

01 표는 원소 X~Z의 원자 또는 이온에 대한 자료이다.

원자 또는 이온	X	Y^-	Z^{2+}
$\dfrac{\text{중성자수}}{\text{질량수}}$	$\dfrac{1}{2}$	$\dfrac{10}{19}$	$\dfrac{1}{2}$
전자 수	6	10	10

이에 대한 설명으로 옳은 것만을 〈보기〉에서 있는 대로 고른 것은? (단, X~Z는 임의의 원소 기호이다.)

> ┤ 보기 ├
>
> ㄱ. X의 질량수는 12이다.
> ㄴ. Y와 Z는 동위 원소이다.
> ㄷ. Z는 3주기 원소이다.

① ㄱ　　　　　② ㄴ　　　　　③ ㄱ, ㄷ
④ ㄴ, ㄷ　　　　⑤ ㄱ, ㄴ, ㄷ

02 그림은 원소 A~D의 제2 이온화 에너지를 나타낸 것이다. A~D는 각각 Na, Mg, Al, Si 중 하나이다.

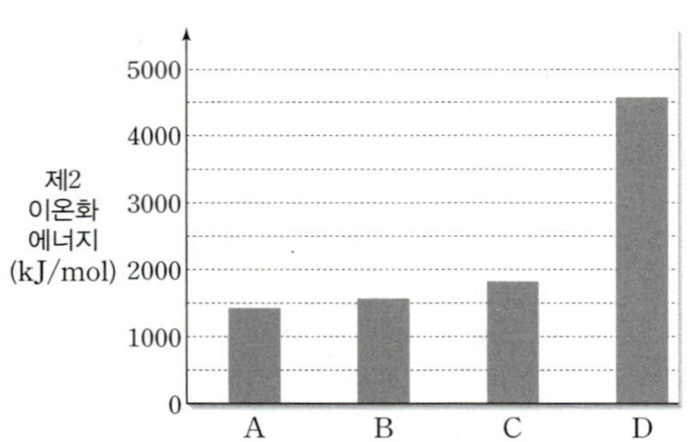

이에 대한 설명으로 옳은 것만을 〈보기〉에서 있는 대로 고른 것은?

> ┤ 보기 ├
>
> ㄱ. D는 Na이다.
> ㄴ. 원자 반지름은 A>B이다.
> ㄷ. 제1 이온화 에너지는 A>C이다.

① ㄱ　　　　　② ㄴ　　　　　③ ㄱ, ㄷ
④ ㄴ, ㄷ　　　　⑤ ㄱ, ㄴ, ㄷ

03 표는 바닥상태 2, 3주기 원소 A~D의 $\dfrac{p \text{ 오비탈에 들어 있는 전자 수}}{s \text{ 오비탈에 들어 있는 전자 수}}$를 나타낸 것이다. 원자 번호는 B>C이다.

원소	A	B	C	D
$\dfrac{p \text{ 오비탈에 들어 있는 전자 수}}{s \text{ 오비탈에 들어 있는 전자 수}}$	0.5	1	1	2

이에 대한 설명으로 옳은 것만을 〈보기〉에서 있는 대로 고른 것은? (단, A~D는 임의의 원소 기호이다.)

> ┤ 보기 ├
>
> ㄱ. 2주기 원소는 A와 B이다.
> ㄴ. B와 C의 안정한 이온의 전자 배치는 같다.
> ㄷ. 원자 반지름은 B<D이다.

① ㄱ　　　　　② ㄴ　　　　　③ ㄷ
④ ㄴ, ㄷ　　　　⑤ ㄱ, ㄴ, ㄷ

04 그림은 수소 원자의 L 껍질에 존재하는 오비탈 (가)와 (나)를 나타낸 것이다.

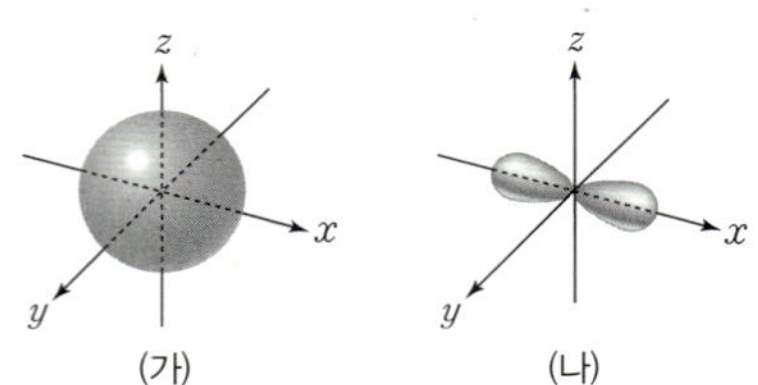

이에 대한 설명으로 옳은 것만을 〈보기〉에서 있는 대로 고른 것은?

> ┤ 보기 ├
>
> ㄱ. (가)와 (나)의 방위 양자수의 합은 1이다.
> ㄴ. (가)의 오비탈에 들어 있는 전자가 K 껍질로 전이할 때 가시광선 영역에서 파장이 가장 긴 빛을 방출한다.
> ㄷ. (나)는 원자핵으로부터의 거리가 같으면 방향에 관계없이 전자가 발견될 확률이 같다.

① ㄱ　　　　　② ㄴ　　　　　③ ㄱ, ㄷ
④ ㄴ, ㄷ　　　　⑤ ㄱ, ㄴ, ㄷ

05 그림은 원자 A~D의 전자 배치를 나타낸 것이다.

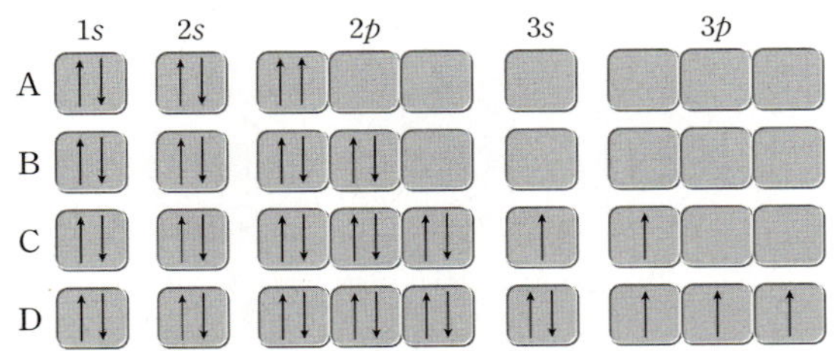

이에 대한 설명으로 옳은 것만을 〈보기〉에서 있는 대로 고른 것은? (단, A~D는 임의의 원소 기호이다.)

┤ 보기 ├
ㄱ. A는 불가능한 전자 배치이다.
ㄴ. B는 훈트 규칙을 만족한다.
ㄷ. C와 D는 쌓음 원리에 위배된다.

① ㄱ   ② ㄴ   ③ ㄱ, ㄷ
④ ㄴ, ㄷ   ⑤ ㄱ, ㄴ, ㄷ

06 표는 수소 원자의 전자 전이에서 방출되는 빛의 스펙트럼 선 I~IV에 대한 자료이다. E_I~E_{IV}는 각각 선 I~IV에서 방출되는 에너지이고, $E_I < E_{II} < E_{III} < E_{IV}$이다.

선	전자 전이	파장 영역	에너지
I	$n=5 \rightarrow n=2$	가시광선	$\dfrac{21}{100}k$
II	(가)	가시광선	
III	$n=a \rightarrow n=1$		
IV	$n=b \rightarrow n=1$		$\dfrac{8}{9}k$

이에 대한 설명으로 옳은 것만을 〈보기〉에서 있는 대로 고른 것은? (단, 수소 원자의 에너지 준위 $E_n = -\dfrac{k}{n^2}$kJ/mol이고, n은 주 양자수, k는 상수이다.)

┤ 보기 ├
ㄱ. (가)는 $n=6 \rightarrow n=2$이다.
ㄴ. $a=2$이다.
ㄷ. $E_{II} : E_{IV} = 1 : 4$이다.

① ㄱ   ② ㄴ   ③ ㄱ, ㄷ
④ ㄴ, ㄷ   ⑤ ㄱ, ㄴ, ㄷ

문제

07 다전자 원자에서 $1s$, $2s$, $3s$, $4s$, $2p$, $3p$, $3d$ 오비탈의 에너지 준위를 비교하고, 각 오비탈에 채워지는 최대 전자 수와 함께 쌓음 원리를 설명하시오.

08 오비탈과 4가지 양자수에 대하여 설명하고, 이와 관련지어 파울리 배타 원리를 설명하시오.

09 그림은 수소 원자의 전자 전이를 나타낸 것이다. 수소 원자의 에너지 준위 $E_n = -\dfrac{k}{n^2}$kJ/mol이고, n은 주 양자수, k는 상수이다.

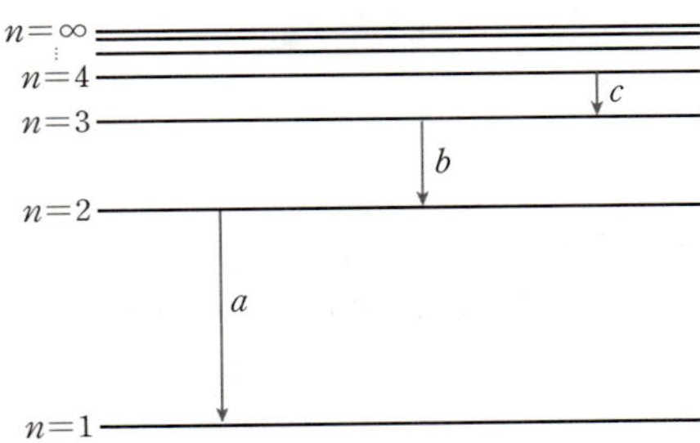

(1) 전자 전이 a, b, c에서 각각 방출하는 빛의 스펙트럼 계열을 쓰시오.

(2) 전자 전이 a와 b에서 각각 방출하는 에너지의 비를 구하시오.

01 그림은 4가지 물질을 2가지 기준에 따라 분류한 것이다.

> 기준 Ⅰ: 물질을 구성하는 입자의 전자 배치가 모두
> 네온(Ne)과 같은가?
> 기준 Ⅱ: 액체 상태에서 전기 전도성이 있는가?

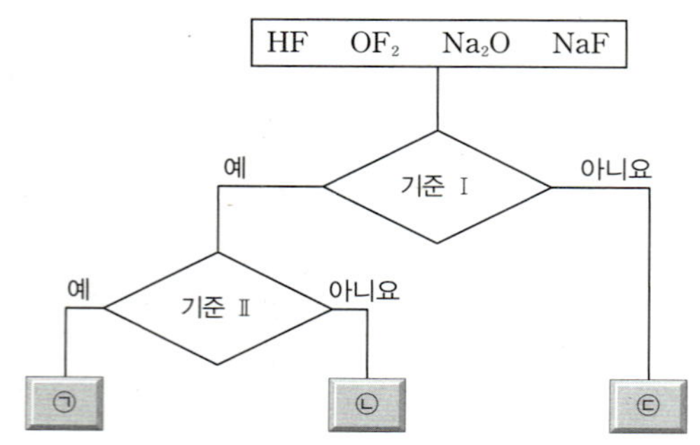

이에 대한 설명으로 옳은 것만을 〈보기〉에서 있는 대로 고른
것은? (단, A~D는 임의의 원소 기호이다.)

> ┤ 보기 ├
> ㄱ. ㉠에 해당하는 물질은 2가지이다.
> ㄴ. ㉡에 해당하는 물질은 OF_2이다.
> ㄷ. ㉢에 해당하는 물질은 공유 결합 물질이다.

① ㄱ   ② ㄴ   ③ ㄱ, ㄷ
④ ㄴ, ㄷ   ⑤ ㄱ, ㄴ, ㄷ

02 그림은 3가지 이온을 모형으로 나타낸 것이다.

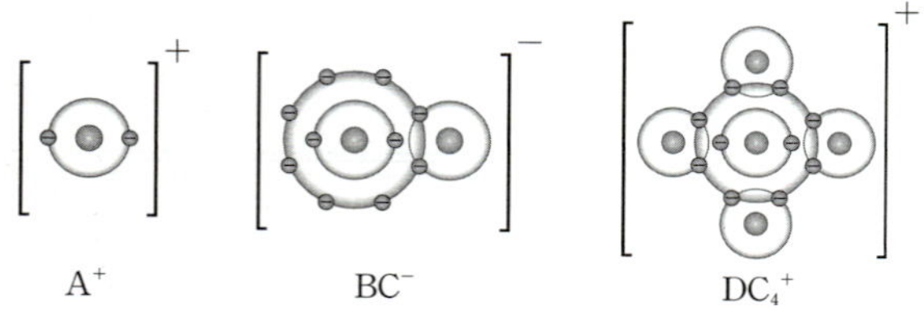

이에 대한 설명으로 옳은 것만을 〈보기〉에서 있는 대로 고른
것은? (단, A~D는 임의의 원소 기호이다.)

> ┤ 보기 ├
> ㄱ. A와 C로 이루어진 물질에서 구성 입자의 전자 배
>   치는 서로 같다.
> ㄴ. 공유 전자쌍 수는 B_2가 D_2보다 크다.
> ㄷ. ABC는 수용액 상태에서 전기 전도성이 있다.

① ㄱ   ② ㄴ   ③ ㄱ, ㄷ
④ ㄴ, ㄷ   ⑤ ㄱ, ㄴ, ㄷ

03 그림은 원자 A~D를 전자 배치 모형으로 나타낸 것이고, 표
는 A~D로 이루어진 물질 (가)~(다)에 대한 자료이다.

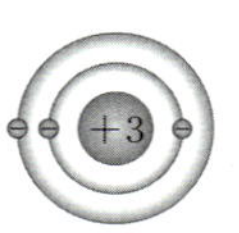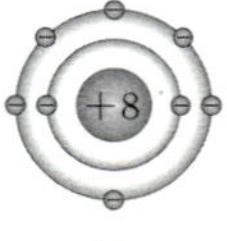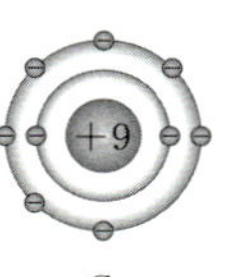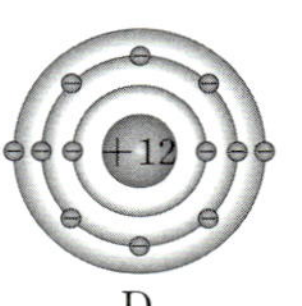

물질	(가)	(나)	(다)	(라)
구성 원소	A, C	B, C	B, D	C, D
화학식을 구성하는 원자 수	2	3	2	3

이에 대한 설명으로 옳은 것만을 〈보기〉에서 있는 대로 고른
것은? (단, A~D는 임의의 원소 기호이다.)

> ┤ 보기 ├
> ㄱ. 화학식을 구성하는 B의 개수비는 (나):(다)=2:1
>   이다.
> ㄴ. 녹는점은 (가)가 (나)보다 높다.
> ㄷ. (나)~(라)를 구성하는 입자의 전자 배치는 모두 같다.

① ㄱ   ② ㄷ   ③ ㄱ, ㄴ
④ ㄴ, ㄷ   ⑤ ㄱ, ㄴ, ㄷ

04 다음은 이온 결합 물질 (가)~(다)에 대한 자료이다.

> • (가)~(다)의 구성 원소
>
> | 화합물 | (가) | (나) | (다) |
> |---|---|---|---|
> | 구성 원소 | A, B | A, C | B, D |
>
> • (가)~(다)를 구성하는 양이온과 음이온은 모두 Ne
>   의 전자 배치를 이룬다.
> • (가)~(다)에서 $\dfrac{음이온\ 수}{양이온\ 수}$ 는 각각 0.5, 1, 1.5이다.

이에 대한 설명으로 옳은 것만을 〈보기〉에서 있는 대로 고른
것은? (단, A~D는 임의의 원소 기호이다.)

> ┤ 보기 ├
> ㄱ. 바닥상태에서 홀전자 수는 B가 가장 크다.
> ㄴ. (다)의 화학식은 D_3B_2이다.
> ㄷ. DC_3는 액체 상태에서 전기 전도성이 있다.

① ㄱ   ② ㄴ   ③ ㄱ, ㄷ
④ ㄴ, ㄷ   ⑤ ㄱ, ㄴ, ㄷ

05 다음은 2주기 원소 A~C로 이루어진 분자 (가)~(다)에 대한 자료이다.

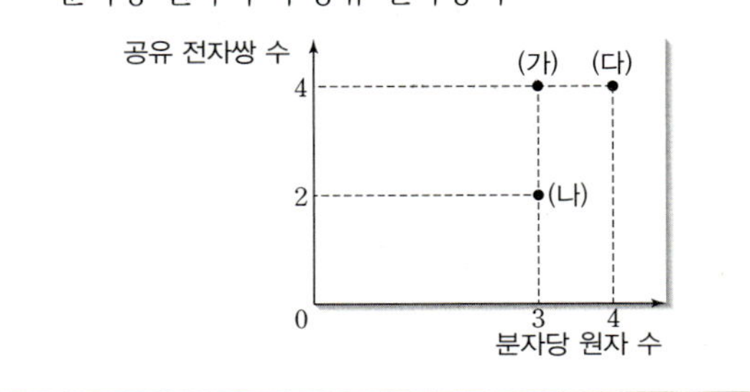

이에 대한 설명으로 옳은 것만을 〈보기〉에서 있는 대로 고른 것은? (단, A~C는 임의의 원소 기호이다.)

| 보기 |

ㄱ. 원자가 전자 수는 C가 가장 크다.
ㄴ. 분자당 비공유 전자쌍 수는 (가)와 (다)가 같다.
ㄷ. (다)는 결합의 쌍극자 모멘트 합이 0인 분자이다.

① ㄱ ② ㄴ ③ ㄱ, ㄷ ④ ㄴ, ㄷ ⑤ ㄱ, ㄴ, ㄷ

06 그림은 14족과 18족을 제외한 3주기 원소 A~D의 홀전자 수와 전기 음성도를 나타낸 것이다.

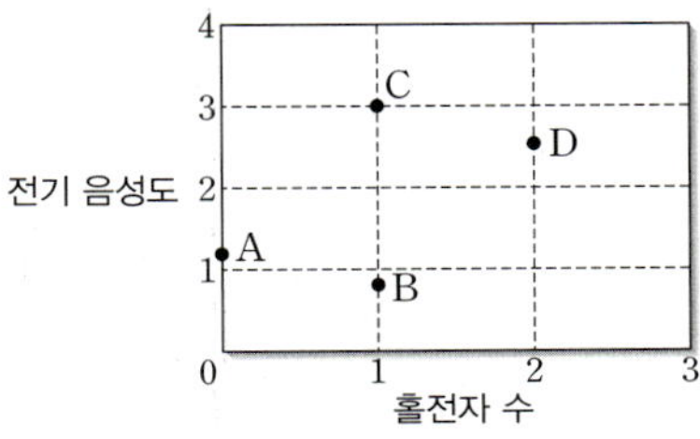

이에 대한 설명으로 옳은 것만을 〈보기〉에서 있는 대로 고른 것은? (단, A~D는 임의의 원소 기호이다.)

| 보기 |

ㄱ. B와 C는 1:1로 결합하여 화합물을 형성한다.
ㄴ. A와 D로 이루어진 화합물을 구성하는 입자의 전자 배치는 같다.
ㄷ. DC_2는 극성 분자이다.

① ㄱ ② ㄴ ③ ㄱ, ㄷ ④ ㄴ, ㄷ ⑤ ㄱ, ㄴ, ㄷ

 문제

07 표는 4가지 이온 결합 물질에서 이온 사이의 거리와 녹는점을 나타낸 것이다.

물질	이온 사이의 거리(pm)	녹는점(℃)
NaF	231	996
NaCl	276	801
MgO	210	2852
CaO	240	2572

이온 결합 물질의 녹는점에 영향을 주는 요인 2가지를 쓰고, 2가지 요인이 녹는점에 어떻게 영향을 미치는지 제시된 자료를 활용하여 서술하시오.

08 다음은 3가지 분자의 화학식이다.

$$CH_4 \qquad CH_3F \qquad CF_4$$

3가지 분자 중 극성이 가장 큰 분자를 고르고, 그렇게 판단한 까닭을 '결합의 극성과 분자의 구조, 분자의 쌍극자 모멘트'를 활용하여 서술하시오.

고난도 문제

01 다음은 브로민(Br_2)의 상태 변화의 화학 반응식이다.

$$Br_2(l) \rightleftharpoons Br_2(g)$$

그림 (가)는 밀폐 용기에 액체 상태의 브로민(Br_2) 0.1몰을 넣은 모습을, (나)는 충분한 시간이 지난 후 기체의 색이 더 이상 진해지지 않았을 때의 모습을 나타낸 것이다.

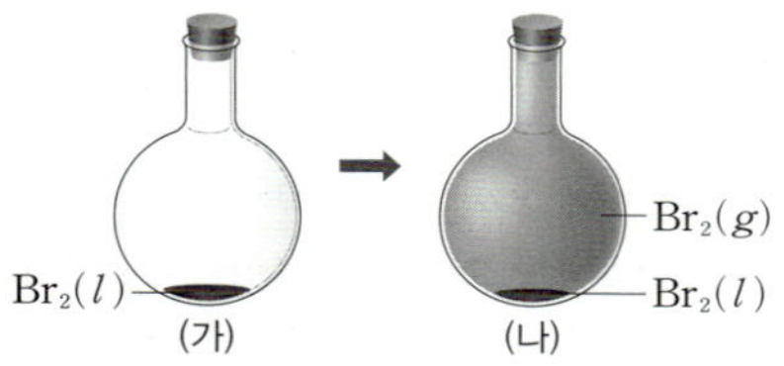

이에 대한 설명으로 옳은 것만을 〈보기〉에서 있는 대로 고른 것은? (단, 온도는 일정하다.)

> | 보기 |
> ㄱ. (나)에서 $Br_2(l)$의 양(mol)은 0.1몰보다 작다.
> ㄴ. $Br_2(g)$의 응축 속도는 (나)에서가 (가)에서보다 크다.
> ㄷ. (나)에서 용기의 뚜껑을 열면 $Br_2(l)$의 증발 속도는 빨라진다.

① ㄱ　　　② ㄷ　　　③ ㄱ, ㄴ
④ ㄴ, ㄷ　　　⑤ ㄱ, ㄴ, ㄷ

02 그림 (가)는 증류수 196 g에 수산화 나트륨(NaOH) 4 g을 녹인 수용액을, (나)는 (가)에서 20 g을 취한 후 증류수를 더 넣어 1 L로 만든 수용액을 나타낸 것이다. (가)와 (나)의 용액의 온도는 모두 25°C이다.

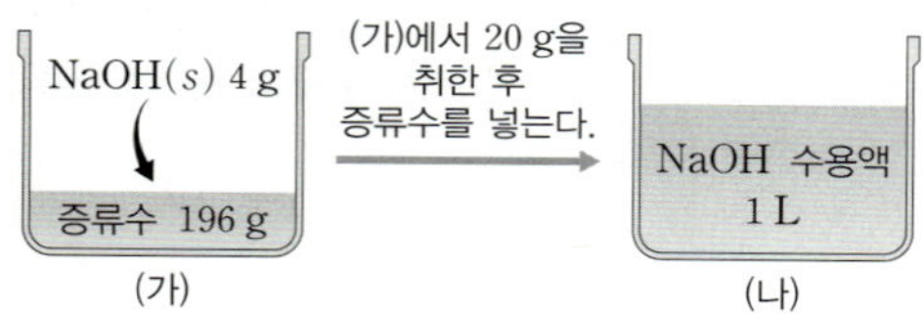

이에 대한 설명으로 옳은 것만을 〈보기〉에서 있는 대로 고른 것은? (단, NaOH의 화학식량은 40이고, 25°C에서 물의 이온화 상수(K_w)는 1.0×10^{-14}이다.)

> | 보기 |
> ㄱ. NaOH의 양(mol)은 (가)가 (나)의 10배이다.
> ㄴ. (나)에서 NaOH(aq)의 pH는 12이다.
> ㄷ. $[H_3O^+][OH^-]$는 (가)가 (나)보다 크다.

① ㄱ　　　② ㄷ　　　③ ㄱ, ㄴ
④ ㄴ, ㄷ　　　⑤ ㄱ, ㄴ, ㄷ

03 다음은 25°C의 3가지 수용액 (가)~(다)에 대한 자료이다.

> (가) pH 2인 HCl(aq)
> (나) 0.01 M NaOH(aq)
> (다) $[H_3O^+] = 1.0 \times 10^{-12}$ M인 KOH(aq)

이에 대한 설명으로 옳은 것만을 〈보기〉에서 있는 대로 고른 것은? (단, 25°C에서 물의 이온화 상수(K_w)는 1.0×10^{-14}이고, NaOH은 물에서 완전히 이온화된다.)

> | 보기 |
> ㄱ. 물의 이온화 상수는 (가)에서가 (나)에서보다 크다.
> ㄴ. (가) 50 mL와 (나) 100 mL를 혼합한 용액에서 $\dfrac{[H_3O^+]}{[OH^-]} < 1$이다.
> ㄷ. (가) 100 mL와 (다) 50 mL를 혼합할 때 생성된 물의 양(mol)은 0.0005몰이다.

① ㄱ　　　② ㄷ　　　③ ㄱ, ㄴ
④ ㄴ, ㄷ　　　⑤ ㄱ, ㄴ, ㄷ

04 그림은 25°C에서 0.2 M 수산화 나트륨(NaOH) 수용액에 0.1 M 묽은 염산(HCl)을 V mL씩 차례대로 넣었을 때의 모습을 나타낸 것이다. (다)의 pH=7이다.

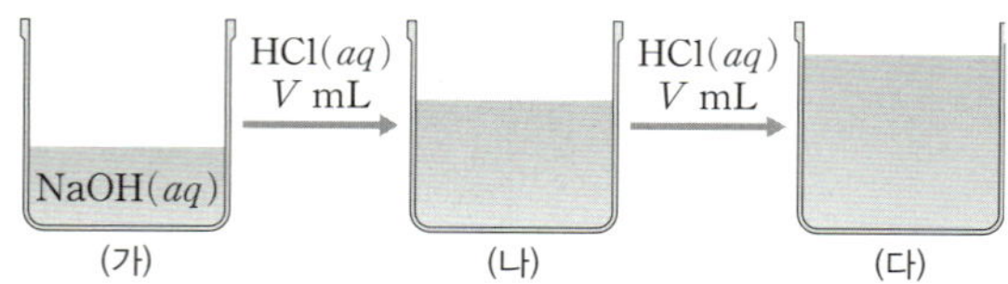

이에 대한 설명으로 옳은 것만을 〈보기〉에서 있는 대로 고른 것은? (단, 혼합 용액의 부피는 혼합 전 각 용액의 부피 합과 같고, (가)~(라)의 용액의 온도는 25°C이며, 25°C에서 물의 이온화 상수(K_w)는 1.0×10^{-14}이다.)

> | 보기 |
> ㄱ. 수용액의 pH는 (가)가 (나)보다 크다.
> ㄴ. $[Na^+]$비는 (나):(다)=2:3이다.
> ㄷ. 수용액에서 $[H_3O^+][OH^-]$는 (다)에서가 (가)에서보다 크다.

① ㄱ　　　② ㄴ　　　③ ㄱ, ㄷ
④ ㄴ, ㄷ　　　⑤ ㄱ, ㄴ, ㄷ

05 다음은 기체 X와 관련된 실험 과정이다.

> (가) 마그네슘(Mg) 4 g과 충분한 양의 묽은 염산(HCl)
> 을 반응시켜 발생한 기체 X를 포집한다.
>
> $$Mg(s) + 2HCl(aq) \longrightarrow MgCl_2(aq) + X(g)$$
>
> (나) (가)에서 포집한 기체 X를 산화 구리(Ⅱ)(CuO)
> 와 모두 반응시킨다.
>
> $$X(g) + CuO(s) \longrightarrow Cu(s) + H_2O(l)$$

이에 대한 설명으로 옳은 것만을 〈보기〉에서 있는 대로 고른
것은? (단, Mg의 원자량은 24이다.)

> ┤ 보기 ├
> ㄱ. X는 금속 Na과 물의 반응에서도 생성된다.
> ㄴ. (가)에서 전자는 Mg에서 HCl로 이동한다.
> ㄷ. (나)에서 반응한 산화제의 양(mol)은 $\frac{1}{6}$ 몰이다.

① ㄱ ② ㄷ ③ ㄱ, ㄴ ④ ㄱ, ㄷ ⑤ ㄱ, ㄴ, ㄷ

06 다음은 묽은 염산(HCl)과 금속 A, B의 산화 환원 반응 실험
이다.

> [실험 과정]
> (가) H^+ 10N이 들어 있는 비커에 금속 A 9w g을
> 넣어 반응시킨다.
> (나) (가)의 비커에 금속 B를 8w g을 넣어 반응시킨다.
> (다) 충분한 양의 HCl(aq)에 A, B w g을 각각 넣어
> 모두 반응시킨다.
>
> [실험 결과]
> • 각 과정 후 수용액에 존재하는 양이온에 대한 자료

과정	양이온 종류	전체 양이온 수
(가)	H^+, A^{m+}	6N
(나)	A^{m+}, B^{n+}	4N

이에 대한 설명으로 옳은 것만을 〈보기〉에서 있는 대로 고른
것은? (단, m과 n은 3 이하의 정수이고, 물과 음이온은 반응
에 참여하지 않는다.)

> ┤ 보기 ├
> ㄱ. 원자량 비는 A : B=8 : 9이다.
> ㄴ. 이온의 산화수 비는 A 이온 : B 이온=3 : 2이다.
> ㄷ. (다)에서 생성되는 H_2의 몰비는 A : B=4 : 3이다.

① ㄱ ② ㄴ ③ ㄱ, ㄷ ④ ㄴ, ㄷ ⑤ ㄱ, ㄴ, ㄷ

문제

07 그림은 25℃에서 물 50 g에 고체 A를 넣고 녹여 주었을 때,
넣어 준 A의 질량에 따른 용해된 A의 질량을 나타낸 것이다.

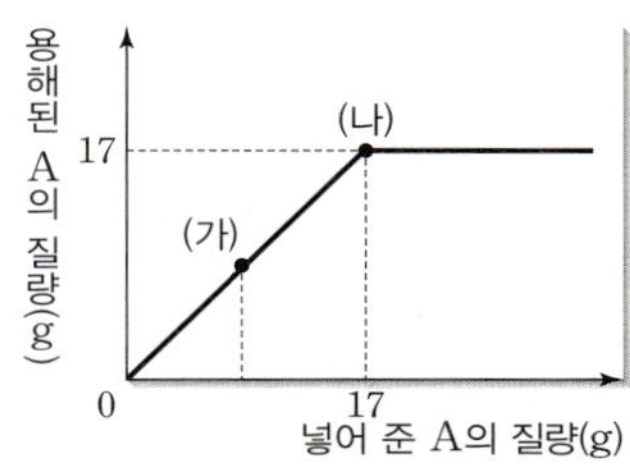

(1) (가)와 (나)에서 석출 속도를 비교하고, 그 까닭을 서
술하시오.

(2) 25℃에서 A의 용해도를 구하시오.

08 그림은 25℃에서 HA(aq) 20 mL에 BOH(aq)을 10 mL씩
차례대로 넣었을 때의 모습을 나타낸 것이다. (다)에 들어 있는
이온 수비는 A 이온 : B 이온=3 : 4이다.

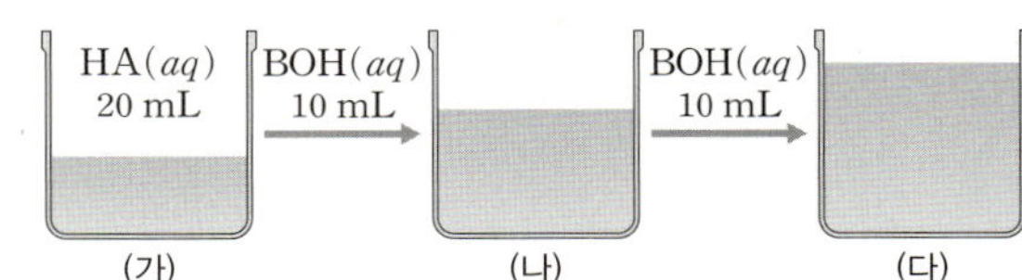

(1) (나)와 (다)의 $\dfrac{[H_3O^+]}{[OH^-]}$를 비교하여 서술하시오.

(2) (다)를 완전히 중화시키기 위해 필요한 용액과 부피
를 구하시오.

09 다음은 산 수용액에서 구리(Cu)와 질산 이온(NO_3^-)의 반응
의 산화 환원 반응식이다. $a \sim d$는 반응 계수이다.

> $$3Cu + aNO_3^- + bH^+ \longrightarrow 3Cu^{2+} + cNO + dH_2O$$

(1) $\dfrac{a+b}{c+d}$를 구하시오.

(2) 환원제 1몰이 반응할 때 생성되는 NO의 양(mol)을
구하시오.

memo

memo

memo

BON. 본

BON본
CHEMISTRY I

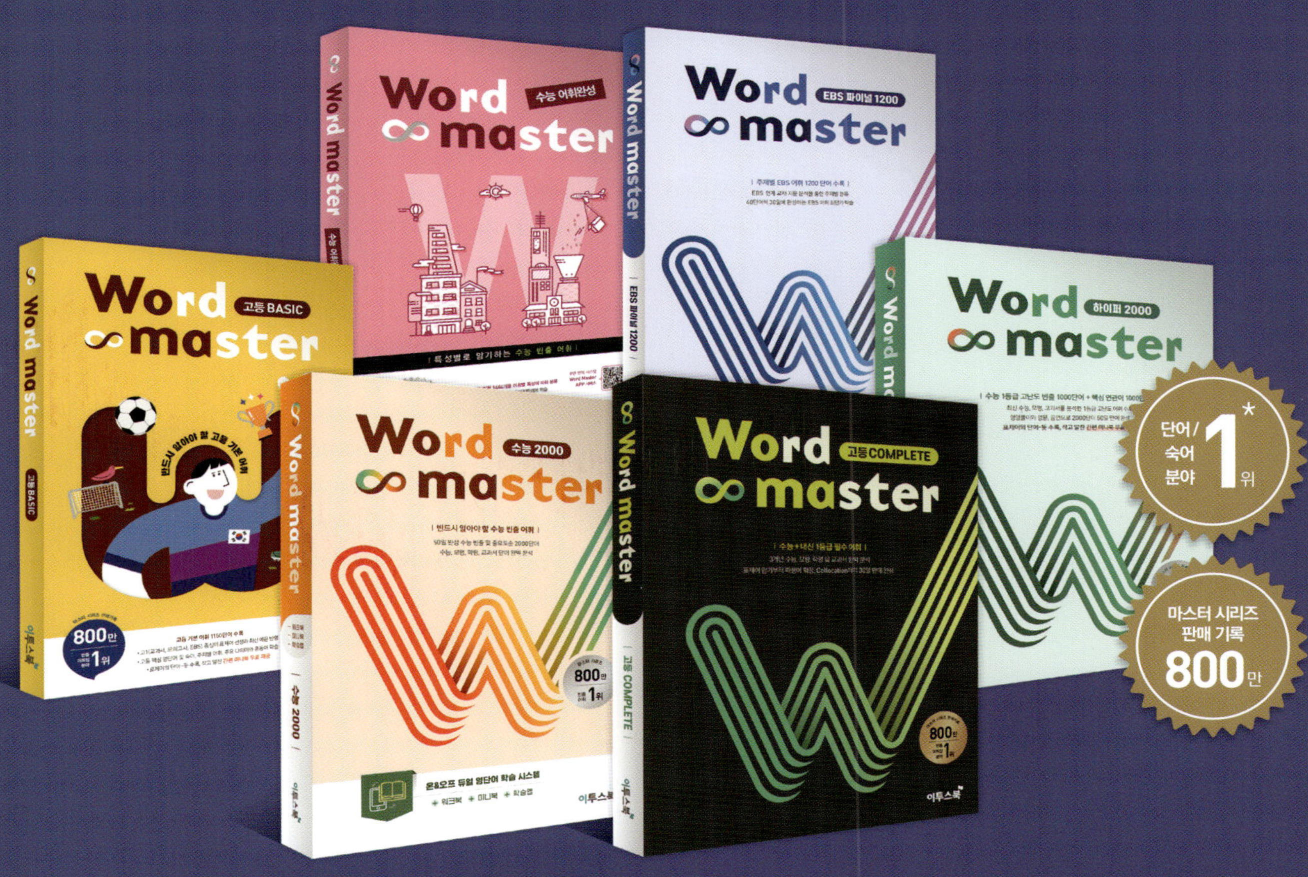

BON본

CHEMISTRY I

본 화학 I

모든 교과서 철저 분석

교과서 내용을 체계적으로 분석하여

핵심 개념을 완벽하게 설명

필수 자료 완벽 분석

시험에 자주 출제되는 필수 자료를

완벽하게 분석

BON본
CHEMISTRY I

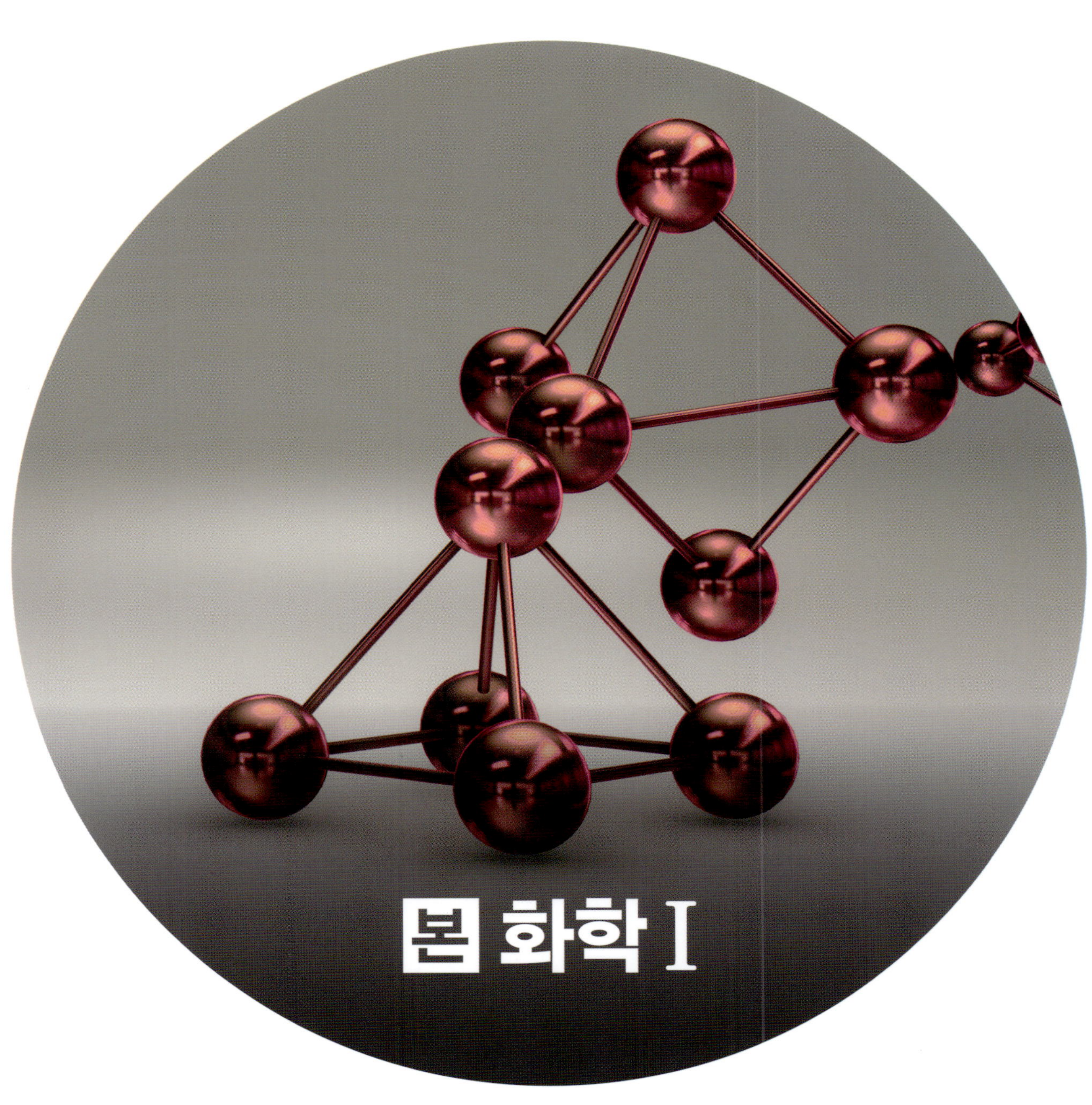

본 화학 I

―

정답 및 해설

이투스북

BON 본
CHEMISTRY I

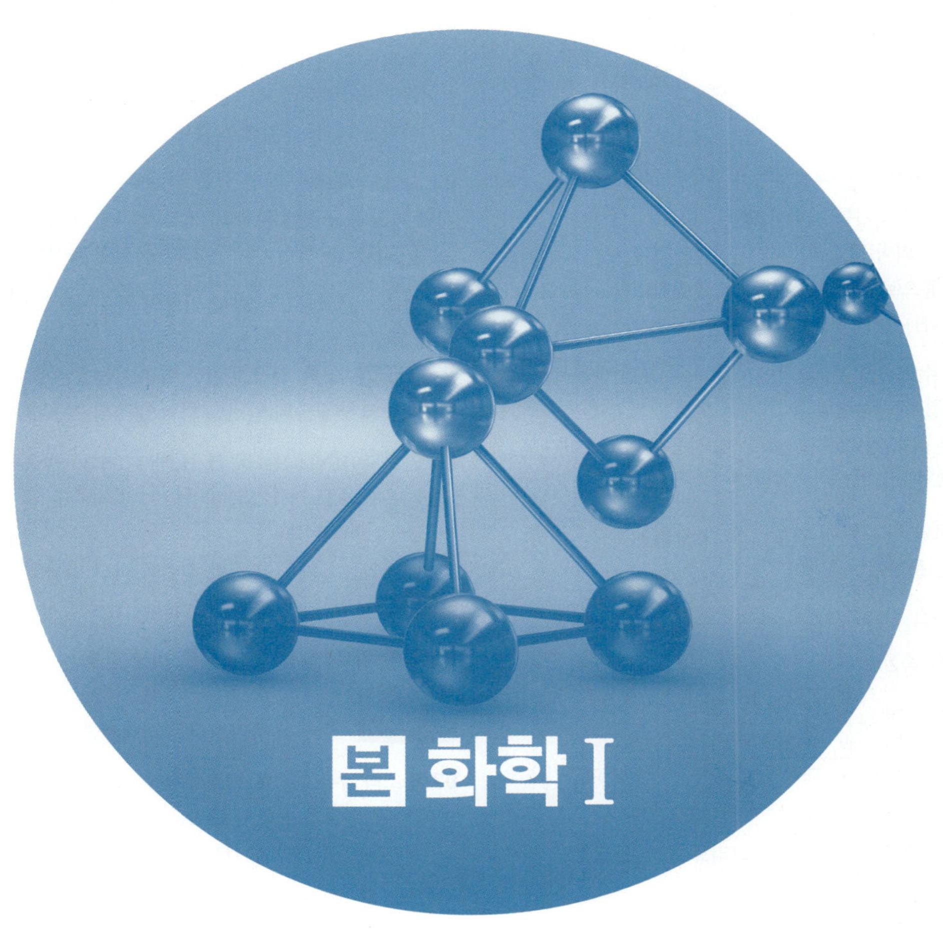

본 화학 I

정답 및 해설

Ⅰ. 화학의 첫걸음

01 화학의 첫걸음

01 화학과 우리 생활

개념 바로 확인 본교재 11, 13, 15쪽

01 연금술 **02** 암모니아 **03** 나일론 **04** 화석 연료 **05** 4 **06** 아세트산

01 (다)―(가)―(라)―(나) **02** (1) × (2) ○ (3) ○ (4) × **03** (1) ○ (2) × (3) × (4) ○ (5) ○ (6) ○ **04** (1) × (2) ○ (3) × (4) ○ **05** 나프타 **06** (1) ○ (2) × (3) ○ (4) ×

01 (다) 인류는 불을 이용하여 금속을 제련하였다.
(가) 금속을 이용하여 농기구와 무기를 제작하였다.
(라) 중세 연금술의 발전으로 화학 발전의 기초가 이루어졌다.
(나) 과학 혁명, 산업 혁명 등으로 현대 화학이 크게 발전하였다.
따라서 인류 발전 과정은 (다)―(가)―(라)―(나) 순이다.

02 (2), (3) 하버는 질소와 수소를 고온, 고압에서 촉매와 함께 반응시켜 암모니아를 합성하는 방법을 개발하였다.
오답 피하기 (1) 암모니아는 화학 비료를 합성하는 데 사용하는 원료이다.
(4) 암모니아는 식물 생장을 위한 비료로 사용된다.

03 천연 섬유의 단점을 보완하기 위해 합성 섬유가 개발되었다. 가장 널리 사용되는 합성 섬유는 폴리에스터이다.

정리하기

천연 섬유와 합성 섬유의 특징

구분	흡습성	촉감	생산량	밀도	마찰
천연 섬유	좋다.	좋다.	소량	크다.	약하다.
합성 섬유	나쁘다.	나쁘다.	대량	작다.	강하다.

04 (2) 시멘트에 물, 모래, 자갈을 섞은 것은 콘크리트이고, 콘크리트에 철근을 보강한 것이 철근 콘크리트이다.
(4) 시멘트는 석회석의 주성분인 탄산 칼슘($CaCO_3$)을 열분해하여 생성되는 산화 칼슘(CaO)에 점토를 섞은 것이다.
오답 피하기 (1) 유리의 주성분은 이산화 규소(SiO_2)이다.
(2) 스타이로폼은 열에 약하며 단열재로 사용된다.

05 원유는 끓는점의 차이를 이용하여 분별 증류한다. 원유의 분별 증류에서 증류탑의 위쪽부터 석유 가스, 가솔린, 나프타 순으로 분리되며, 나프타는 각종 석유 화학 제품의 원료로 이용된다.

06 탄소 화합물은 탄소(C)를 기본 골격으로 수소(H), 산소(O), 질소(N), 황(S), 할로젠(F, Cl, Br, I) 등이 결합한 물질이다.

(1) 탄소 원자 수가 1개인 탄화수소는 CH_4(메테인)뿐이다.
(3) 에탄올은 C_2H_5OH, 아세트산은 CH_3COOH이므로 분자당 탄소 원자 수가 모두 2이다.
오답 피하기 (2) 수소 원자는 1개의 공유 결합만 할 수 있다.
(4) 메테인(CH_4)은 산소(O)를 포함하지 않는다.

내신 실력 Up 본교재 16~17쪽

01 ② **02** ⑤ **03** ③ **04** ③ **05** ④ **06** ⑤ **07** ⑤ **08** ③
09 ② **10** 해설 참조 **11** 해설 참조 **12** 해설 참조

01 석회석($CaCO_3$)을 가열해 생석회(CaO)로 만든 후 점토를 섞은 것은 시멘트이고, 시멘트에 물, 모래, 자갈을 넣어 콘크리트를 만들며, 콘크리트에 철근을 넣어 철근 콘크리트를 만든다.

02 질소(N_2)와 수소(H_2)가 반응하여 암모니아(NH_3)를 생성한다.
ㄱ. 암모니아(NH_3)는 사원자 분자이다.
ㄴ. 암모니아로부터 요소를 합성하여 화학 비료를 만든다.
ㄷ. 하버는 고온, 고압에서 촉매를 이용하여 암모니아를 합성하였다.

03 자연 상태에서 직접 얻을 수 있는 천연 섬유는 흡습성과 촉감이 좋지만 마찰과 구김에 약하고, 밀도가 크며, 대량 생산이 어렵다.
오답 피하기 ③ 합성 섬유는 화학 물질인 화석 연료로부터 합성한다.

04 현준 : 암모니아는 화학 비료의 원료이므로 암모니아의 합성이 식량 부족 문제를 해결하였다.
오답 피하기 영희: 불을 발견한 인류는 불을 이용하여 금속을 제련하였다.
철수: 중세 연금술의 발전은 화학 발전의 기초가 되었다.

05 암모니아(NH_3)는 N_2와 H_2가 1:3으로 반응하여 생성되고, 메테인(CH_4)은 C와 H_2가 1:2로 반응하여 생성된다.
ㄱ. $a=3$, $b=2$이다.
ㄷ. 메테인은 C와 H가 공유 결합을 하고 있는 물질이다.
오답 피하기 ㄴ. 암모니아는 비료의 원료로 사용된다.

06 화학 비료, 살충제, 제초제, 비닐 하우스 등으로 농업 생산성이 크게 향상되었다.
오답 피하기 ⑤ 미세 플라스틱은 생태계를 위협하는 원인 물질이다.

07 탄소와 수소만으로 이루어진 물질이 탄화수소이며, 탄소와 수소 이외에 다른 원소가 결합한 물질은 탄소 화합물이다.
ㄴ. (나)는 C와 H가 1:4로 결합한 물질인 메테인(CH_4)이고, 메테인은 연료로 사용된다.
ㄷ. (나)의 H 원자 수가 4이므로 (가)의 H 원자 수가 4인 물질은 $C_2H_4O_2$인데, 분자당 C 원자 수는 (가)가 (나)보다 크다.
오답 피하기 ㄱ. (가)는 탄소 화합물이다.

08 원유의 분리 과정에서 석유가스―가솔린―나프타―등유―경유―중유 순으로 분리된다. (나)는 (가)보다 아래에서 분리되므로 분자당 탄소 원자 수가 크고 끓는점이 높다.
오답 피하기 성분 원소의 가짓수는 분리되는 위치와 관련이 없다.

09 ㄴ, ㄷ. 탄소는 원자가 전자가 4개이므로 최대 4개의 공유 결합이 가능하여 사슬 모양, 고리 모양 등의 다양한 화합물을 만든다.

오답 피하기 ㄱ. 탄소(C)는 원자가 전자가 4개이다.
ㄹ. 탄소(C)를 완전 연소시키면 물(H_2O)과 이산화 탄소(CO_2)가 생성되고, 이산화 탄소(CO_2)는 지구 온난화의 원인 물질이다.

10 모범 답안 대부분의 식물은 공기 중의 질소 기체를 직접 이용하지 못한다. 따라서 질소 원소를 포함한 암모니아로부터 화학 비료를 합성하여 식물에게 공급해줌으로써 식량 생산성을 높이게 되었다.

채점 기준	배점
대부분의 식물이 공기 중의 질소 기체를 직접 이용하지 못하므로 암모니아로부터 질소를 공급한다고 옳게 서술한 경우	100%
암모니아로부터 질소를 공급해준다고만 서술한 경우	50%

11 모범 답안 열경화성 플라스틱은 한 번 열을 받아 굳어지면 다시 열을 받아도 그 모양이 변하지 않고, 열가소성 플라스틱은 열을 받을 때마다 모양이 변한다.

채점 기준	배점
열경화성 플라스틱과 열가소성 플라스틱의 특성을 제시하여 차이점을 옳게 서술한 경우	100%
열경화성 플라스틱과 열가소성 플라스틱의 특성 중 한 가지만 제시하여 서술한 경우	30%

12 모범 답안 하이드록시기($-OH$)는 물에 잘 녹는 부분이며, 탄소와 수소로 이루어진 부분은 물에 잘 녹지 않으므로 탄소와 수소로 이루어진 부분이 비교적 큰 프로판올은 물에 잘 녹지 않는다.

채점 기준	배점
하이드록시기($-OH$)가 물에 잘 녹는 부분이며, 탄소와 수소로 이루어진 부분이 물에 잘 녹지 않는다고 옳게 서술한 경우	100%
알코올의 종류에 따라 물에 대한 용해도가 다르다고만 서술한 경우	30%

02 화학식량과 몰

개념 바로 확인
본교재 19, 21쪽

01 탄소 **02** 3:4 **03** 11.2 **04** 수소(H_2) 4g

01 (1) × (2) ○ (3) × (4) × **02** (2), (3), (4), (1), (5) **03** (1) 11g (2) 5.6L
(3) 1.5×10^{23}개 **04** 5:2

01 분자로 존재하는 물질의 화학식량은 분자량이며, 분자로 존재하지 않는 물질은 분자량이라는 용어를 사용하지 않는다.
오답 피하기 (1) 염화 나트륨($NaCl$)의 화학식량은 Na의 원자량+Cl의 원자량=$23+35.5=58.5$이다.
(2) 원자의 실제 질량은 매우 작아 사용하기 불편하므로 원자량을 사용한다.
(4) 모든 원자의 원자량이 자연수인 것은 아니다.

02 구성 원자들의 원자량을 모두 합한 값이 분자량(또는 화학식량)이다. 화학식량은 $NaCl$이 58.5, NH_3가 17, C_3H_8이 44, C_2H_5OH이 46, SO_2이 64이므로 (2)<(3)<(4)<(1)<(5)이다.

03 1몰의 질량은 분자량에 g을 붙인 값이며, 0℃, 1기압에서 1몰의 부피는 22.4L이다.
(1) C_3H_8의 분자량이 44이므로 C_3H_8 $\frac{1}{4}$몰의 질량은 11g이다.
(2) 0℃, 1기압에서 C_3H_8 $\frac{1}{4}$몰의 부피는 5.6L이다.
(3) C_3H_8 $\frac{1}{4}$몰에 해당하는 분자 수는 1.505×10^{23}개이다.

04 부피비는 분자 수비(=몰비)와 같으므로 분자 수비(=몰비)는 $X:Y=2:5$이다. 기체의 양(mol)$=\frac{질량}{분자량}$이고, X와 Y의 질량이 같으므로 분자 1개의 상대적 질량비는 $X:Y=5:2$이다.

내신 실력 Up
본교재 23~25쪽

01 ④ **02** ① **03** ② **04** ② **05** ④ **06** ④ **07** ③ **08** ④
09 ② **10** ④ **11** ② **12** ⑤ **13** ⑤ **14** ⑤ **15** ③ **16** 해설 참조 **17** 해설 참조

01 $NaCl$은 이온 결합 물질이므로 분자로 존재하지 않는다. CO_2의 분자량은 44, $(NH_2)_2CO$의 분자량은 60, NH_3의 분자량은 17, $NaCl$의 화학식량은 58.5, C_3H_8의 분자량은 44이므로 화학식량이 가장 큰 물질은 $(NH_2)_2CO$이다.

02 M_2O의 총 질량이 1.24g이고 M의 질량이 0.92g이므로 O의 질량은 0.32g이다. O의 원자량이 16이므로 0.32g은 0.02몰이다. (가)의 화학식이 M_2O이므로 O 0.02몰과 결합한 M의 양(mol)은 0.04몰이고, M 0.92g은 0.04몰이므로 M의 원자량은 $0.92 \times \frac{100}{4}=23$이다.

03 X 원자 3개와 Y 원자 1개의 질량이 같으므로 질량비 $X:Y=1:3$이다. Y 원자 4개와 Z 원자 3개의 질량이 같으므로 질량비 $Y:Z=3:4$이다. 따라서 원자의 상대적 질량비는 $X:Y:Z=1:3:4$이다.

04 A의 원자량을 a, B의 원자량을 b라고 하면 AB_2의 분자량은 46, A_2B_5의 분자량은 108이므로 $a+2b=46$, $2a+5b=108$이고, 이를 풀면 $a=14$, $b=16$이다. 따라서 A_2B_3의 분자량은 (A의 원자량×2)+(B의 원자량×3)$=(14\times2)+(16\times3)=76$이다.

05 A와 B로 이루어진 삼원자 분자는 AB_2와 A_2B이다.
ㄱ. 일정량의 A와 결합한 B의 질량비가 (가):(나)$=4:1$이므로 (가)는 AB_2, (나)는 A_2B이다.
ㄴ. (가)에서 A 7g과 B 16g이 결합하므로 원자량 비는 $A:B=7:8$이다.
오답 피하기 ㄷ. A와 B의 원자량을 각각 7, 8이라고 하면 (가)의 분자량은 23, (나)의 분자량은 22이고, 분자 1몰당 원자 수는 (가)와 (나)가 각각 3몰로 같다. 따라서 같은 질량(1g)에 포함된 전체 원자 수비는 (가):(나)$=\frac{3}{23}:\frac{3}{22}=22:23$이다.

06 원자 1개의 실제 질량을 비교하여 Y와 Z의 원자량을 구한다. Y 원자 1개의 질량은 X 원자 1개 질량의 $\frac{7}{6}$배이고, Z 원자 1개의 질량은 X 원자 1개 질량의 $\frac{4}{3}$배이다. 따라서 원자량은 Y가 14, Z가 16이다.

ㄱ. $a=14$, $b=16$이므로 $a+b=30$이다.

ㄴ. 원자량은 X가 12, Z가 16이므로 X 원자 4개의 상대적 질량과 Z 원자 3개의 상대적 질량은 48로 서로 같다.

오답 피하기 ㄷ. XZ_2와 Y_2Z의 분자량은 모두 44이다.

07 A는 H_2 분자 2몰이므로 전체 원자 수는 4몰이다. B는 CH_4 분자 1몰이므로 전체 원자 수는 5몰이다. C는 O_3 분자 1몰이므로 전체 원자 수는 3몰이다. 따라서 분자를 구성하는 전체 원자 수는 B>A>C이다.

08 물질의 양(mol)=$\dfrac{질량}{몰\ 질량(g/mol)}$이므로 기체의 양(mol)은 (가)가 2몰, (나)가 1몰, (다)가 2몰이다.

ㄱ. 분자 1개에 들어 있는 H 원자 수는 (가)~(다)가 각각 2, 3, 4이므로 (가)~(다)에서 H 원자 수는 각각 4몰, 3몰, 8몰이다.

ㄴ. 전체 원자 수는 (가)~(다)에서 각각 6몰, 4몰, 10몰이다.

오답 피하기 ㄷ. 0 ℃, 1기압에서의 부피는 분자 수에 비례한다. 따라서 (다)가 (나)보다 크다.

09 ㄷ. 기체의 양(mol)은 (가)가 $\dfrac{1}{2}$몰, (나)가 $\dfrac{1}{2}$몰, (다)가 $\dfrac{1}{4}$몰이다. 질량은 (가)가 22g, (다)가 4.5g이므로 (가)가 (다)의 5배보다 작다.

오답 피하기 ㄱ. 기체의 양(mol)은 (가)와 (나)가 $\dfrac{1}{2}$몰로 같고 분자당 원자 수는 (가)가 3, (나)가 5이므로 전체 원자 수는 (나)가 (가)보다 크다.

ㄴ. (나)의 분자량은 16이고, (다) $\dfrac{1}{4}$몰이 4.5g에 해당하므로 1몰의 질량인 분자량은 18이다. 따라서 분자량은 (다)가 (나)보다 크다.

10 ㄱ. C_2H_4의 양(mol)은 1몰, C_4H_8의 양(mol)은 $\dfrac{1}{2}$몰이므로 부피는 (나)가 (가)의 $\dfrac{1}{2}$배이다.

ㄷ. H 원자의 양(mol)은 (가)에서 4몰, (나)에서 4몰이므로 총 8몰이다. 따라서 H 원자의 총 질량은 8g이다.

오답 피하기 ㄴ. 분자량이 (나)가 (가)의 2배이고, 분자 수가 (가)가 (나)의 2배이므로 질량은 (가)와 (나)가 같다.

11 같은 원소로 이루어진 두 기체의 질량이 같다면 원자의 수가 같다.

ㄴ. 분자량 비는 $X_2:X_3=2:3$이므로 질량이 같다면 부피비는 $X_2:X_3=3:2$가 되어야 한다.

오답 피하기 ㄱ. 부피가 작은 B는 X_3이다.

ㄷ. 같은 원소로 이루어져 있고, 질량이 같으므로 실린더에 들어 있는 전체 원자 수는 A와 B가 같다.

12 일정한 온도와 압력에서 기체의 부피는 분자 수에 비례하며, 1몰은 아보가드로수에 해당하는 수이다. 기체 A의 부피를 알고 있으므로 t ℃, 1기압에서 기체 1몰의 부피로부터 기체 A의 양(mol)을 구할 수 있다. 기체 A의 양(mol)을 안다면 아보가드로수를 곱하여 기체 A의 분자 수를 구한다. 따라서 t ℃, 1기압에서 기체 1몰의 부피와 아보가드로수를 안다면 기체 A의 분자 수를 구할 수 있다.

13 ① CH_4 11.2L는 $\dfrac{1}{2}$몰이고, 분자당 원자 수가 5이므로 전체 원자 수는 $\dfrac{5}{2}$몰이다.

② O_2 32g은 1몰이고, O_2 1분자는 O 원자 2개로 이루어졌으므로 O 원자 수는 2몰이다.

③ H_2 분자 6.02×10^{23}개는 1몰이므로 H 원자 수는 2몰이다.

④ NaCl 58.5g은 1몰이고, NaCl은 Na^+와 Cl^-로 이루어져 있으므로 NaCl의 전체 이온 수는 2몰이다.

⑤ NH_3 17g은 1몰이고, NH_3 1분자에 H 원자 3개가 들어 있으므로 H 원자 수는 3몰이다.

14 He과 O_2의 부피비가 3:1이므로 He은 $3N$몰, O_2는 N몰이라고 할 수 있다.

ㄱ. 분자량은 He이 4, O_2가 32이므로 질량비는 He:$O_2=3N\times4:N\times32=3:8$이다.

ㄴ. He은 He 원자 1개가 분자 1개를 이루고, O_2는 O 원자 2개가 분자 1개를 이룬다. He과 O_2의 분자 수비가 3:1이므로 원자 수비는 He:$O_2=3:2$이다.

ㄷ. H_2의 분자량은 2, He의 분자량은 4이므로 He $3N$몰이 들어 있는 공간에 He 대신 같은 질량의 H_2를 채우면 H_2는 $6N$몰이 들어 간다. 따라서 피스톤은 오른쪽으로 이동한다.

15 기체의 양(mol)=$\dfrac{부피(L)}{22.4\,L/mol}=\dfrac{질량(g)}{몰\ 질량(g/mol)}$이므로 같은 부피일 때의 질량비, 즉 밀도 비는 분자량 비와 같다. 따라서 분자량 비는 (가):(나):(다):(라)=32:16:8:1이다.

ㄱ. 분자량은 (가)가 (다)의 4배이다.

ㄷ. 밀도 비는 (나):(다)=2:1이므로 밀도는 (나)가 (다)보다 크다.

오답 피하기 ㄴ. 기체의 분자 수는 부피에 비례한다. 따라서 분자 수는 (라)가 (나)보다 크다.

16 모범 답안 (1) 기체 A만의 질량은 (w_1-w_3)g이고, 기체 X만의 질량은 (w_2-w_3)g이다. 부피가 같을 때 기체의 질량은 분자량에 비례하고, 기체 A의 분자량을 M_a, 기체 X의 분자량을 x라고 하면 $(w_1-w_3):(w_2-w_3)=M_a:x$로부터 $x=M_a\times\dfrac{(w_2-w_3)}{(w_1-w_3)}$이다.

(2) 아보가드로 법칙에 의해 같은 온도와 압력에서 모든 기체는 같은 부피 안에 같은 수의 분자가 포함된다. 따라서 플라스크 안에 같은 수의 기체 A와 기체 X가 포함되어야 기체의 질량으로부터 분자 1개의 상대적 질량인 분자량을 구할 수 있다.

채점 기준	배점
X의 분자량을 구하는 과정을 아보가드로 법칙을 적용시켜 옳게 서술한 경우	100%
아보가드로 법칙만 옳게 서술한 경우	30%

17 모범 답안 운동장 모래판의 부피를 모래알 1개의 부피로 나누어 모래알의 개수를 구한다. 모래판의 부피는 $60\,m\times60\,m\times0.1\,m=360\,m^3$이다. $1\,mm=10^{-3}\,m$이므로 모래알 1개의 크기는 $(10^{-3}\,m)^3=10^{-9}\,m^3$이다. 운동장에 깔린 모래알의 수는 $\dfrac{360\,m^3}{10^{-9}\,m^3}=3.6\times10^{11}$이다. 아보가드로수는 6×10^{23}이므로 3.6×10^{11}의 양(mol)은 $\dfrac{3.6\times10^{11}}{6\times10^{23}/mol}=6\times10^{-13}\,mol$이다.

채점 기준	배점
아보가드로수를 이용하여 모래알의 양(mol)을 정확히 구하고, 풀이 과정을 옳게 서술한 경우	100%
모래알의 수를 정확히 구했으나, 모래알의 양(mol)을 구하는 풀이 과정을 옳게 서술하지 못한 경우	40%

03 화학 반응식과 용액의 농도

01 수소(H_2)   **02** 80   **03** 7   **04** 1.5   **05** 20   **06** 100

01 (1) × (2) ○ (3) ×   **02** (1) ㉠ 2 ㉡ 1 ㉢ 2 (2) ㉠ 2 ㉡ 13 ㉢ 8 ㉣ 10 (3) ㉠ 1 ㉡ 3 ㉢ 2 ㉣ 3   **03** (1) × (2) × (3) ○   **04** 2몰, 3몰   **05** (1) × (2) × (3) ○ (4) ×   **06** 0.2 M

01 (2) 화학 반응이 일어날 때 원자의 종류와 수는 변하지 않고 배열만 변한다.

오답 피하기 (1) 화학 반응식의 계수비는 부피비(기체의 경우), 몰비와 같고 질량비와는 같지 않다.

(3) 화학 반응이 일어날 때 계수비는 물질의 반응 몰비와 같지만, 반응 전 몰비와 반응 후 몰비는 반응 계수비와 같지 않다.

02 반응 전과 후 원자의 종류와 수를 고려하여 가장 간단한 정수로 화학 반응식의 계수를 맞추면 다음과 같다.

(1) $2CO(g) + O_2(g) \longrightarrow 2CO_2(g)$

(2) $2C_4H_{10}(g) + 13O_2(g) \longrightarrow 8CO_2(g) + 10H_2O(l)$

(3) $C_2H_5OH(l) + 3O_2(g) \longrightarrow 2CO_2(g) + 3H_2O(l)$

03 (1) CH_3OH과 O_2는 2:3의 몰비로 반응하므로 CH_3OH 4몰과 O_2 3몰을 반응시키면 CH_3OH 2몰이 반응하지 않고 남고, CO_2 2몰이 생성된다.

(2) H_2O 4몰이 생성되었다면 CH_3OH 2몰이 반응한 것인데, CH_3OH은 액체이므로 기체 1몰의 부피인 22.4 L로 계산할 수 없다.

(3) 산소 기체 33.6 L는 $\frac{3}{2}$몰이고, 충분한 CH_3OH이 O_2 $\frac{3}{2}$몰과 반응하면 H_2O 2몰(=36 g)이 생성된다.

04 A 3몰에 B 1몰을 넣어 반응시키면 C 2몰이 생성되고, A 1몰이 남는다. A 3몰에 B 2몰을 넣으면 B 1.5몰이 A 3몰과 반응하여 C 3몰이 생성된다.

$2A(g) + B(g) \longrightarrow 2C(g)$			
반응 전(몰)	3	1	
반 응(몰)	−2	−1	+2
반응 후(몰)	1	0	2

$2A(g) + B(g) \longrightarrow 2C(g)$			
반응 전(몰)	3	2	
반 응(몰)	−3	−1.5	+3
반응 후(몰)	0	0.5	3

05 (3) 30 % A 수용액 100 g에 녹아 있는 용질 A의 질량은 $100 g \times \frac{30}{100} = 30 g$이다.

오답 피하기 (1) 퍼센트 농도(%)는 용매와 용질의 질량이 기준으로 온도에 의해 변하지 않는다.

(2) 증류수 1 L에 용질 1몰을 넣어 녹이면 용액의 전체 부피는 1 L보다 커지므로 몰 농도는 1 M보다 작다.

(4) 몰 농도는 온도의 영향을 받으므로 25℃의 3 M B 수용액 1 L에 20℃의 증류수 1 L를 추가하면 용액의 부피는 2 L가 된다고 단정할 수 없다. 따라서 용액의 몰 농도는 1.5 M가 되지 않는다.

06 10 % 포도당 수용액 180 g에 녹아 있는 포도당의 질량은 $180 g \times \frac{10}{100} = 18 g$이다. 포도당 18 g은 0.1몰이므로 이 용액에 증류수를 추가하여

전체 부피가 500 mL가 되게 하면 1 L에 0.2몰이 녹아 있는 용액의 농도와 같다. 따라서 이 용액의 몰 농도는 0.2 M이다.

01 (1) × (2) ○ (3) ×   **02** ③

01 (2) 원자량은 Zn이 Mg보다 더 크므로 같은 질량일 때 Zn의 양(mol)이 Mg의 양(mol)보다 작다. 따라서 Mg 대신 같은 질량의 Zn을 사용하면 더 적은 양(mol)의 금속이 반응하게 되므로 발생하는 수소 기체의 부피는 감소한다.

오답 피하기 (1) 마그네슘(Mg) 리본의 양이 일정하므로 농도가 더 진한 $HCl(aq)$을 사용한다면 기체가 발생하는 속도는 빨라지지만 발생하는 기체의 총 부피는 변하지 않는다.

(3) Mg의 양이 $HCl(aq)$보다 더 많이 존재하므로 Mg의 질량이 증가하면 반응 후 남는 Mg의 양(mol)이 많아질 뿐, 발생하는 수소 기체의 부피는 증가하지 않는다.

02 마그네슘(Mg)과 묽은 염산(HCl)의 반응의 화학 반응식은 다음과 같다.

$$Mg(s) + 2HCl(aq) \longrightarrow MgCl_2(aq) + H_2(g)$$

ㄱ, ㄴ. $x=2$, $a=2$, $b=1$이다.

오답 피하기 ㄷ. $HCl(aq)$과 $H_2(g)$의 계수비가 2:1이므로 반응한 HCl과 생성된 H_2의 몰비는 2:1이다.

01 ③   **02** ②   **03** ③   **04** ②   **05** ⑤   **06** ②   **07** ②   **08** ③   **09** ④   **10** ④   **11** ③   **12** ①   **13** ④   **14** ②   **15** 해설 참조   **16** 해설 참조   **17** 해설 참조

01 (가)~(라)의 화학 반응식을 완성하면 다음과 같다.

(가) $CH_4(g) + 2O_2(g) \longrightarrow CO_2(g) + 2H_2O(l)$

(나) $2CH_3OH(l) + 3O_2(g) \longrightarrow 2CO_2(g) + 4H_2O(l)$

(다) $C_2H_5OH(l) + 3O_2(g) \longrightarrow 2CO_2(g) + 3H_2O(l)$

(라) $C_2H_4(g) + 3O_2(g) \longrightarrow 2CO_2(g) + 2H_2O(l)$

$a+b+c+d$는 (가)에서 6, (나)에서 11, (다)에서 9, (라)에서 8이다.

02 N_2와 H_2가 반응하여 NH_3를 생성하는 반응은 계수비가 1:3:2이므로 분자 수가 감소하는 반응이다.

② 분자 수는 감소하지만 원자 수는 일정하다.

오답 피하기 ① 4분자가 반응하여 2분자가 생성되므로 분자 수가 감소한다.

③ N_2와 NH_3의 계수비가 1:2이므로 N_2 2몰이 충분한 양의 H_2와 반응하면 NH_3 4몰이 생성된다.

④ H_2와 NH_3의 계수비가 3:2이므로 H_2 15 L가 충분한 양의 N_2와 반응하면 NH_3 10 L가 생성된다.

⑤ 질량 보존 법칙에 의해 반응 전과 후 물질의 전체 질량은 같다.

3 반응 전과 후의 부피 변화는 다음과 같다.

$$aA(g) + bB(g) \longrightarrow cC(g)$$

반응 전(L)	10	10	0
반 응(L)	-5	-10	$+15$
반응 후(L)	5	0	15

➡ 반응 몰비는 계수비와 같다.

따라서 반응 계수비는 A:B:C=1:2:3이고, $a+b+c=6$이다.

04 반응 전 A_2가 4개, B_2가 2개이고, 반응 후 A_2가 2개, AB가 4개이므로 A_2 2개와 B_2 2개가 반응하여 AB 4개를 생성하는 반응이다. 반응식의 계수는 가장 간단한 정수가 되어야 하므로 화학 반응식은
$$A_2 + B_2 \longrightarrow 2AB이다.$$

05 C가 6.72 L($=0.3$몰) 생성되었으므로 반응한 A 1.2g은 0.1몰, B 3.0g은 0.2몰이다.

ㄱ. A의 분자량은 12, B의 분자량은 15이므로 분자량 비는 A:B=4:5이다.

ㄴ. C가 0.3몰 생성되었으므로 반응한 B의 양(mol)은 0.2몰이다.

ㄷ. A 20g은 $\frac{5}{3}$몰, B 10g은 $\frac{2}{3}$몰이므로 A $\frac{1}{3}$몰과 B $\frac{2}{3}$몰이 반응하여 C 1몰을 생성한다. 질량 보존 법칙에 의해 C 1몰의 질량은
$$\frac{A의 분자량+(2\times B의 분자량)}{3} = \frac{12+(2\times 15)}{3} = 14(g)이다.$$

06 C_3H_8 1몰이 산소와 반응하면 CO_2 3몰과 H_2O 4몰이 생성된다. C_3H_8 11.2 L는 $\frac{1}{2}$몰이고, 충분한 양의 산소와 반응하면 CO_2 1.5몰과 H_2O 2몰($=36$g)이 생성된다.

07 H_2와 O_2는 2:1의 부피비로 반응하므로 반응 전 H_2의 부피를 x mL, O_2의 부피를 $(250-x)$ mL라고 하면 반응의 양적 관계는 다음과 같다.

$$2H_2(g) + O_2(g) \longrightarrow 2H_2O(l)$$

반응 전(mL)	x	$(250-x)$	0
반 응(mL)	$-x$	$-\frac{1}{2}x$	0
반응 후(mL)	0	$\left(250-\frac{3}{2}x\right)$	0

➡ 액체 부피는 무시한다.

$250-\frac{3}{2}x=25$이므로 $x=150$이다. 따라서 $\dfrac{H_2(g)의 부피}{O_2(g)의 부피} = \dfrac{150\,mL}{100\,mL} = \dfrac{3}{2}$이다.

08 ㄴ, ㄷ. 몰 농도와 용액의 부피는 온도에 의해 변한다.

오답 피하기 ㄱ. 퍼센트 농도는 용액과 용질의 질량이 기준이므로 온도에 의해 변하지 않는다.

ㄹ. 용질의 양(mol)은 온도에 의해 변하지 않는다.

09 (가)에 녹아 있는 포도당의 질량은 $100\,g\times\dfrac{30}{100}=30$g이고, (나)에 녹아 있는 요소의 질량은 $300\,g\times\dfrac{20}{100}=60$g이다.

ㄴ. 용매의 질량은 (가)가 70g, (나)가 240g이므로 (나)가 (가)의 3배보다 크다.

ㄷ. (나)에 증류수를 추가하여 용액의 전체 부피를 1 L로 만들면 1몰의 요소가 녹아 있으므로 용액의 몰 농도는 1 M이 된다.

오답 피하기 ㄱ. 용질의 양(mol)는 포도당이 $\frac{1}{6}$몰, 요소가 1몰이다.

10 0.1 M는 용액 1 L에 용질 0.1몰이 녹아 있는 용액의 농도이다. 순수한 황산 0.1몰의 질량은 9.8g인데, 현재 4.9g이 있으므로 황산 0.05몰이 존재한다. 0.1 M의 용액을 만들기 위해서는 0.05몰의 황산이 녹은 용액의 부피가 0.5 L($=500$ mL)가 되어야 한다.

11 20 % NaCl 수용액 100g에는 NaCl이 20g 녹아 있고, 20 % NaCl 수용액 100g에서 20g을 퍼내면 남은 80g의 용액에 녹아 있는 NaCl의 질량은 16g이다. 여기에 증류수를 추가하여 100g이 되게 하면 (다) 용액은 100g에 NaCl 16g이 녹아 있는 용액이 된다. 따라서 (다) 용액의 퍼센트 농도는 16 %이다.

12 밀도로부터 용액의 질량을 구하고, 퍼센트 농도로부터 용액에 녹아 있는 용질의 질량을 구한다. V L의 밀도가 d g/mL이므로 용액의 질량은 $1000dV$ g이다. a % 황산 수용액이므로 이 용액에 녹아 있는 용질의 질량은 $1000dV\times\dfrac{a}{100}=10daV$ g이다. 용질의 분자량이 M이므로 녹아 있는 용질의 양(mol)은 $\dfrac{10daV}{M}$몰이고, 황산 수용액 V L에 용질 $\dfrac{10daV}{M}$몰이 녹아 있으므로 $V\,L:\dfrac{10daV}{M}\,mol=1\,L:x\,mol$로부터 $x=\dfrac{10da}{M}$이다. 따라서 황산 수용액의 몰 농도는 $\dfrac{10da}{M}$ M이다.

13 (가)에 녹아 있는 포도당의 양(mol)은 $1\,mol/L\times 0.2\,L=0.2\,mol$이다. (다)의 농도는 1.2 M이고, 부피는 300 mL이므로 (다)에 녹아 있는 포도당의 양(mol)은 $1.2\,mol/L\times 0.3\,L=0.36\,mol$이다. 따라서 (나) 100 mL에 녹아 있는 포도당의 양(mol)은 0.16몰이고, (나)의 몰 농도는 1.6 M이다.

ㄴ. (가)에 녹아 있는 포도당은 0.2몰이므로 $180\,g/mol\times 0.2\,mol=36\,g$이다.

ㄷ. (가)에는 0.2몰, (나)에는 0.16몰의 포도당이 녹아 있으므로 수용액에 녹아 있는 포도당의 양(mol)은 (가)가 (나)보다 크다.

오답 피하기 ㄱ. (나)는 100 mL에 0.16몰의 포도당이 녹아 있는 용액이므로 $x=1.6$이다.

14 3.0 M HCl(aq) V mL에 녹아 있는 용질의 양(mol)은 $1000\,mL:3.0\,mol=V\,mL:x\,mol$로부터 $x=\dfrac{3V}{1000}$이다. 0.5 M HCl(aq) 300 mL에 녹아 있는 용질의 양(mol)은 $0.5\,mol/L\times 0.3\,L=0.15\,mol$이다. ㉠$=$㉡이므로 $\dfrac{3V}{1000}=0.15$로부터 $V=50$이다.

15 모범 답안 $O_2:O_3=1:1$, 산소(O_2)가 오존(O_3)이 되는 반응의 부피비는 3:2이다. 1000 mL 중 O_2 $3x$ mL가 O_3 $2x$ mL로 되었다면 남은 O_2의 부피는 $(1000-3x)$ mL가 된다.

$$3O_2(g) \longrightarrow 2O_3(g)$$

반응 전(mL)	1000	0
반 응(mL)	$-3x$	$+2x$
반응 후(mL)	$(1000-3x)$	$2x$

$(1000-3x)+2x=800$이므로 $x=200$이고, 반응 후 남아 있는 O_2의 부피는 400 mL, 생성된 O_3의 부피는 400 mL이다. 일정한 온도와 압력에서 부피비는 분자 수비에 비례하므로 분자 수비는 $O_2:O_3=1:1$이다.

채점 기준	배점
O_2와 O_3의 분자 수비를 정확히 구하고, 풀이 과정을 옳게 서술한 경우	100%

16 모범 답안 10% NaOH 수용액 100g에는 NaOH $10\,g\left(=\dfrac{1}{4}\text{몰}\right)$ 이 녹아 있다. 0.1M은 용액 1L에 용질이 0.1몰 녹아 있는 농도인데, NaOH이 $\dfrac{1}{4}$몰 녹아 있으므로 용액의 전체 부피가 2500 mL가 되어야 한다. 따라서 10% NaOH 수용액 100g에 증류수를 추가하여 용액의 전체 부피가 2500 mL가 되게 한다.

채점 기준	배점
증류수를 추가하여 용액의 전체 부피가 2500 mL가 되게 한다고 옳게 서술한 경우	100%

17 모범 답안 0.2M NaCl(aq) 500 mL에 녹아 있는 NaCl의 질량은 $0.2\,mol/L \times 58.5\,g/mol \times 0.5\,L = 5.85\,g$이다. NaCl 5.85g을 전자 저울로 측정하여 비커에 넣고 증류수를 추가하여 녹인 후 이 용액을 깔때기를 이용하여 부피 플라스크에 넣는다. 씻기병으로 비커와 깔때기에 묻은 용액을 부피 플라스크 안으로 모두 씻겨 들어가게 한다. 부피 플라스크에 증류수를 채우고, 씻기병이나 스포이트를 이용하여 증류수를 눈금선까지 넣고, 잘 흔들어 섞는다.

채점 기준	배점
NaCl의 질량을 정확히 구하고, 실험 과정을 옳게 서술한 경우	100%
NaCl의 질량만 옳게 구한 경우	30%

한눈에 정리하기
본교재 36~37쪽

㉠ 금속 ㉡ 비닐 하우스 ㉢ 나일론 ㉣ 화석 연료 ㉤ 의약품 ㉥ 술 ㉦ 식초 ㉧ 끓는점 ㉨ 탄소 ㉩ 22.4 ㉪ 계수 ㉫ 용액 100g ㉬ 용액 1L ㉭ 부피 플라스크

수능 1등급
본교재 38~41쪽

01 ④ **02** ⑤ **03** ④ **04** ③ **05** ① **06** ① **07** ② **08** ⑤
09 ② **10** ③ **11** ④ **12** ③ **13** ① **14** ③ **15** ① **16** ③

01 ㉠은 암모니아(NH_3), ㉡은 이산화 규소(SiO_2), ㉢은 탄산 칼슘($CaCO_3$)이다.

ㄱ. ㉠과 ㉡은 구성 원소의 가짓수가 2로 같다.

ㄴ. ㉡과 ㉢은 모두 산소(O)를 포함한다.

오답 피하기 ㄷ. ㉠은 분자로 존재하지만, ㉡과 ㉢은 분자로 존재하지 않는다.

02 분자당 H 원자 수비가 $NH_3 : H_2O = 3 : 2$이고, NH_3와 H_2O의 H 원자 수가 같으므로 분자 수비는 $NH_3 : H_2O = 2 : 3$이다.

ㄱ. 부피비는 분자 수비와 같으므로 $NH_3 : H_2O = 2 : 3$이다.

ㄴ. NH_3의 분자량은 17, H_2O의 분자량은 18이므로 질량비는 $NH_3 : H_2O = (17 \times 2) : (18 \times 3) = 17 : 27$이다.

ㄷ. 분자당 원자 수비는 $NH_3 : H_2O = 4 : 3$이므로 전체 원자 수비는 $NH_3 : H_2O = (2 \times 4) : (3 \times 3) = 8 : 9$이다.

03 메테인(CH_4), 에탄올(C_2H_5OH), 아세트산(CH_3COOH)에 모두 포함된 원소는 탄소(C)와 수소(H)이며, C 원자보다 H 원자 수가 더 크다. 따라서 X는 탄소(C), Y는 수소(H)이다. 메테인은 $\dfrac{\text{분자당 H 원자 수}}{\text{분자당 C 원자 수}}$

$=4$이므로 (다)이고, (가)는 에탄올, (나)는 아세트산이다.

ㄴ. 2중 결합이 있는 물질은 (나)이다.

ㄷ. Z는 산소(O)이고, $\dfrac{\text{분자당 O 원자 수}}{\text{분자당 H 원자 수}}$는 (가)가 $\dfrac{1}{6}$, (나)가 $\dfrac{1}{2}$이다. 따라서 $\dfrac{\text{분자당 Z 원자 수}}{\text{분자당 Y 원자 수}}$ 비는 (가) : (나) $= 1 : 3$이다.

오답 피하기 ㄱ. 분자당 원자 수는 (가)가 9, (다)가 5이다.

04 (가)~(다)는 탄화수소이고, (라)~(바)는 탄소 화합물인 알코올이다.

ㄱ. (가)~(다)를 비교하면 탄소 원자 수가 클수록 끓는점이 높아진다는 것을 알 수 있다.

ㄴ. (나)와 (라) 또는 (다)와 (마)를 비교하면 분자량이 비슷한 탄화수소보다 알코올의 끓는점이 대체로 높다는 것을 알 수 있다.

오답 피하기 ㄷ. (라)~(바)를 비교하면 알코올은 탄소 원자 수가 클수록 끓는점이 높다는 것을 알 수 있다.

05 ㄴ. 1g당 A 원자 수비는 (가) : (나) $= \dfrac{2}{2a+b} : \dfrac{1}{a+2b} = 23 : 11$이므로 $a : b = 7 : 8$이다.

오답 피하기 ㄱ. A의 원자량을 a, B의 원자량을 b라고 하면 AB_2와 A_2B 1g에 포함된 A 원자 수는 각각 $\dfrac{1}{a+2b}$, $\dfrac{2}{2a+b}$이다. $b > a$이므로 $\dfrac{2}{2a+b} > \dfrac{1}{a+2b}$이다. 따라서 (가)는 A_2B, (나)는 AB_2이다.

ㄷ. 1g당 B 원자 수는 (가)가 $\dfrac{1}{2a+b}$, (나)가 $\dfrac{2}{a+2b}$이고, $a : b = 7 : 8$이므로 1g당 B 원자 수비는 (가) : (나) $= 23 : 44$이다.

06 Y 원자 1개의 질량은 X 원자 1개의 질량의 14배이고, Z 원자 1개의 질량은 X 원자 1개의 질량의 16배이다.

ㄱ. (가)의 분자량은 18이고, X 원자의 질량을 5라고 하면 Z의 원자량은 80이 되므로 (가)의 분자량은 90이 된다.

오답 피하기 ㄴ. Z의 원자량을 10으로 기준하면 (나)의 분자량은 $46 \times \dfrac{10}{16}\left(=\dfrac{115}{4}\right)$이 되므로 30보다 작다.

ㄷ. Y의 원자량을 10으로 기준하면 (다)와 (라)의 분자량은 각각 $17 \times \dfrac{10}{14}$, $16 \times \dfrac{10}{14}$이 되므로 (다)와 (라)의 분자량 차는 1보다 작다.

07 부피비는 분자 수비(몰비)에 비례하므로 (가)에서 몰비가 $X : Y = 3 : 1$이다. 용기 I에 X가 $3N$몰, Y가 N몰 있다고 가정하면 (나)에서 x몰의 X가 용기 I에서 용기 II로 이동하였으므로 용기 I에는 $(3N-x)$몰의 X가, 용기 II에는 x몰의 X와 N몰의 Y가 존재한다. X와 Y는 서로 반응하지 않고, 부피가 같으므로 $(3N-x) = (N+x)$가 되어 $x = N$이다.

ㄴ. (가)에서 X $3N$몰과 Y N몰의 질량이 같으므로 N몰의 질량비는 $X : Y = 1 : 3$이다. (나)에서 용기 I에는 $2N$몰의 X가 있고, 용기 II에는 N몰의 X와 N몰의 Y가 있으므로 (나)에서 질량비는 용기 I : 용기 II $= (2N \times 1) : (N \times 1) + (N \times 3) = 1 : 2$이다.

오답 피하기 ㄱ. N몰의 질량비가 $X : Y = 1 : 3$이므로 분자량 비는 $X : Y = 1 : 3$이다.

ㄷ. (나)에서 용기 II에는 X와 Y가 각각 N몰로 같은 양(mol)으로 들어 있다. 따라서 기체의 질량비는 $X : Y = 1 : 3$이다.

08 흡습성이 좋고 마모 강도가 작으며 밀도가 큰 섬유는 천연 섬유이

고, 흡습성이 좋지 않고 마모 강도가 크며 밀도가 작은 섬유는 합성 섬유이다. 천연 섬유에는 면, 견, 모 등이 있고, 합성 섬유에는 나일론, 폴리에스터, 폴리아크릴 등이 있다.

09 N_2의 분자량이 28이므로 $N_2(g)$ 14g은 $\frac{1}{2}$몰이다.

ㄱ. 물(H_2O) 9g은 $\frac{1}{2}$몰이다.

ㄷ. 이산화 탄소(CO_2) 1분자에는 O 원자가 2개 포함되어 있으므로 CO_2 0.25몰에 포함된 O 원자는 $\frac{1}{2}$몰이다.

 ㄴ. 메테인(CH_4) 분자 3.0×10^{23}개($= \frac{1}{2}$몰)에는 H 원자 2몰이 포함되어 있다.

ㄹ. 수소(H_2) 기체 22.4L는 1몰이다.

10 (가)는 4몰이 반응하여 3몰이 되었으므로 1몰 감소했고, (나)는 7몰이 반응하여 5몰이 되었으므로 2몰 감소했다. 즉, (가)보다 (나)에서 반응이 2배로 일어났으며, B의 양(mol)이 (가)와 (나)에서 동일하므로 (가)에서는 B 2몰 중 일부가 남았다는 것을 알 수 있다. 따라서 (가)에서는 A 2몰이 모두 반응하였고, (나)에서는 A 4몰이 반응하고 1몰이 남았으므로 B 2몰이 모두 반응하였다. (가)와 (나)의 반응의 양적 관계는 다음과 같다.

(가) $\qquad aA(g) + B(g) \longrightarrow 2C(g)$

반응 전(몰)	2	2	
반 응(몰)	−2	−1	+2
반응 후(몰)	0	1	2

(나) $\qquad aA(g) + B(g) \longrightarrow 2C(g)$

반응 전(몰)	5	2	
반 응(몰)	−4	−2	+4
반응 후(몰)	1	0	4

ㄱ. (가)와 (나)에서 반응 몰비가 A:B:C=2:1:2이므로 $a=2$이다.

ㄴ. 생성된 C의 양(mol)은 (가)에서 2몰, (나)에서 4몰이다.

 ㄷ. 반응하지 않고 남은 물질은 (가)에서 B, (나)에서 A이다.

11 질량 보존 법칙에 의해 반응 전 질량이 A_2가 $7w$g, B_2가 $11w$g이라면 물질의 전체 질량의 합이 $18w$g이므로 반응 후 질량은 A_2가 $2w$g, A_2B가 $16w$g이 되어야 한다. 따라서 반응의 양적 관계는 다음과 같다.

$$2A_2(g) + B_2(g) \longrightarrow xA_2B(g)$$

반응 전(g)	$7w$	$11w$	
반 응(g)	$-5w$	$-11w$	$+16w$
반응 후(g)	$2w$	0	$16w$

ㄱ. A와 B의 원자 수로부터 계수를 구하면 $x=2$이다.

ㄷ. 반응 계수비가 A:B:C=2:1:2이므로 $A_2(g)$ 5L와 $B_2(g)$ 5L를 반응시키면 $A_2B(g)$ 5L가 생성되고, $B_2(g)$ 2.5L가 남는다. 따라서 반응 후 전체 기체의 부피는 7.5L이다.

 ㄴ. A_2 2몰이 $5w$g에 해당하므로 A_2 1몰은 $2.5w$g, A 원자 1몰은 $1.25w$g이고, B_2 1몰이 $11w$g에 해당하므로 B 원자 1몰은 $5.5w$g이다. 따라서 원자량 비는 A : B=1.25 : 5.5=5 : 22이다.

12 화학 반응식을 완성하면 다음과 같다.

$$4Na(s) + O_2(g) \longrightarrow 2Na_2O(s)$$

ㄱ. $a=4$, $b=1$, $c=2$이므로 $\frac{a}{b+c} = \frac{4}{3}$이다.

ㄴ. Na의 원자량이 23이므로 Na 92g은 4몰이다. Na 4몰이 산소와 반응하면 Na_2O 2몰이 생성되고, Na_2O의 화학식량은 (Na의 원자량×2)

+(O의 원자량)=$(2 \times 23)+16=62$이므로 Na_2O 2몰은 124g이다.

 ㄷ. Na 92g($=4$몰)이 최대로 반응하였으므로 용기 안에는 O_2 1몰이 들어 있다. ㉠에서는 Na 23g($=1$몰)이 반응했으므로 O_2 1몰 중 $\frac{1}{4}$몰이 반응했고, 남아 있는 O_2의 양(mol)은 $\frac{3}{4}$몰이므로 0°C, 1기압에서 $O_2(g)$ $\frac{3}{4}$몰의 부피는 16.8L이다.

13 $CaCO_3$이 $HCl(aq)$과 반응하면 CO_2가 발생하여 플라스크를 빠져나가므로 플라스크의 질량이 감소한다. $CaCO_3$의 화학식량이 100이므로 $CaCO_3$ 10g은 0.1몰이고, CO_2 0.1몰($=4.4$g)이 발생한다.

ㄱ. 발생한 CO_2의 양(mol)은 0.1몰이고, t°C, 1기압에서 기체 1몰의 부피가 24L이므로 CO_2 0.1몰의 부피는 2.4L이다.

 ㄴ. $CaCO_3$ 0.1몰과 반응하는 $HCl(aq)$은 0.2몰이다. 따라서 $HCl(aq)$의 HCl의 양(mol)은 0.2몰 이상이다.

ㄷ. 질량은 온도에 의해 변하지 않으므로 t°C보다 높은 온도에서 실험해도 (다)에서 반응 후 질량은 110.0g으로 일정하다.

14 현준: 10% NaOH 수용액 40g에는 NaOH 4g($=0.1$몰)이 녹아 있으므로 이 용액으로 0.1M NaOH 수용액을 만들기 위해서는 증류수를 추가하여 전체 부피가 1L가 되게 하면 된다.

 용액의 밀도를 모르면 용액의 질량을 부피로 환산할 수 없다.

영희: 용액 40g에 증류수 960mL를 넣으면 용액의 전체 부피가 1L가 된다고 할 수 없다.

철수: 용액 40g에 증류수 960g을 넣으면 용액의 전체 질량이 1000g이 되지만, 부피는 1000mL가 된다고 할 수 없다.

15 20% NaOH 수용액 30g에는 NaOH 6g($=0.15$몰)이 녹아 있고, 0.5M NaOH 수용액 100mL에는 NaOH 0.05몰이 녹아 있다.

ㄱ. (가)의 두 수용액에 녹아 있는 NaOH의 양(mol)의 총합은 0.2몰이다. NaOH의 화학식량이 40이므로 NaOH 0.2몰의 질량은 8g이다.

 ㄴ. (나)에서 만든 용액은 용액 500mL에 NaOH 0.2몰이 녹아 있으므로 이 용액의 몰 농도는 0.4M이다.

ㄷ. 250mL 부피 플라스크를 사용하면 용액의 부피는 250mL가 되어 (나) 과정 후 NaOH 수용액의 몰 농도는 0.8M이 된다.

16 4% NaOH 수용액 100g에는 NaOH 4g이 녹아 있고, 1M NaOH 수용액 100mL에는 NaOH 0.1몰($=4$g)이 녹아 있다.

ㄱ. (가)와 (나)에 녹아 있는 NaOH의 양(mol)은 0.1몰로 같다.

ㄴ. (나)의 밀도가 1g/mL라면 (나)의 질량은 100g이 되므로 (가)와 (나)의 용질, 용매의 질량이 각각 같아져 퍼센트 농도도 같아진다.

 ㄷ. 온도가 t°C보다 높아지면 (가)의 퍼센트 농도는 변하지 않지만, (나)의 부피가 증가하여 (나)의 몰 농도는 감소한다.

01 원자의 구조

01 원자의 구조

개념 바로 확인 본교재 45, 47쪽

01 전자 **02** 알파(α), ($+$), 원자핵 **03** 양성자수, 양성자수 **04** 양성자수, 중성자수 **05** 평균 원자량

01 (가): 원자핵 (나): 전자 **02** (1) × (2) ○ (3) ○ **03** (1) 6 (2) 6 (3) 7 **04** (1) × (2) ○ (3) ○

01 (가)는 러더퍼드의 α 입자 산란 실험을 나타낸 것으로, 러더퍼드는 α 입자의 극히 일부가 크게 휘거나 튕겨져 나오는 것으로부터 원자핵의 존재를 발견하였다. (나)는 톰슨의 음극선 실험을 나타낸 것으로, 톰슨은 이 실험을 통해 음극선이 ($-$)전하를 띤 입자, 즉 전자로 이루어졌음을 밝혀 내었다.

02 (1) 원자핵은 러더퍼드에 의해 발견되었다.
(2), (3) 양성자는 ($+$)전하를 띠는 입자이고, 중성자는 전하를 띠지 않는 입자이다.

03 (1), (3) $^{13}_{6}X$에서 왼쪽 아래 첨자인 6은 양성자수이고, 왼쪽 위 첨자인 13은 질량수이다. 질량수는 양성자수와 중성자수의 합이므로 $^{13}_{6}X$에서 중성자수는 7이다.
(2) 원자에서 전자 수는 양성자수와 같으므로 전자 수는 6이다.

04 (1) $^{3}_{1}H$에서 전자 수와 같으므로 양성자이다.
(2) (가)와 (나)는 양성자수가 3으로 같다. 따라서 (가)와 (나)는 동위 원소이다.
(3) (나)의 원자핵을 이루는 양성자수와 중성자수의 합이 7이므로 질량수는 7이다.

탐구 활동 본교재 48쪽

01 (1) ○ (2) × (3) ○ (4) × **02** ③

01 (1) 음극선의 진로에 바람개비를 놓았을 때 바람개비가 돌아가는 것을 통해 음극선은 질량을 가진 입자로 이루어져 있음을 알 수 있다.
(2) 음극선 실험을 통해 발견한 입자는 전자이다.
(3), (4) 톰슨의 음극선 실험에서 방전관의 양극을 이루는 금속과 방전관을 채우는 기체의 종류가 달라져도 음극선의 성질은 달라지지 않는다.

02 ㄱ. (가)에서 음극선이 휘므로 음극선은 전하를 띠고 있음을 알 수 있다.
ㄴ. (나)에서 음극선이 지나는 통로에 놓여진 바람개비가 돌아가는 것을 통해 음극선은 질량을 지닌 입자임을 알 수 있다.
오답 피하기 ㄷ. 음극선의 직진하는 성질은 음극선의 진로에 물체를 놓았을 때 그림자가 생기는 실험으로부터 알 수 있다.

내신 실력 Up 본교재 49~51쪽

01 ③ **02** ② **03** ① **04** ④ **05** ⑤ **06** ③ **07** ④ **08** ④
09 ③ **10** ① **11** ⑤ **12** 해설 참조 **13** 해설 참조

01 ㄱ. (나)에서 음극선이 ($+$)극 쪽으로 휘어지므로 음극선은 ($-$)전하를 띠고 있음을 알 수 있다.
ㄷ. (다)에서 음극선의 진로에 놓은 물체의 그림자가 생기는 것으로 보아 음극선은 직진하는 성질이 있음을 알 수 있다.
오답 피하기 ㄴ. 전자는 입자의 성질과 파동의 성질을 모두 나타내지만 (나)의 실험 결과는 전자의 입자성과 관련이 있다.

02 톰슨은 음극선 실험을 통해 전체적으로 ($+$)전하를 띤 공에 ($-$)전하를 띤 전자가 띄엄띄엄 박혀 있는 원자 모형을 제안하였다.

03 러더퍼드는 α 입자 산란 실험을 통해 원자핵의 존재를 발견하였다. ($+$)전하를 띤 α 입자가 산란되거나 튕겨져 나오므로 원자핵은 ($+$)전하를 띤다.
오답 피하기 ③ 양성자 또한 러더퍼드가 발견한 입자이지만 제시된 실험에 의해 발견된 것은 아니다.

04 현우: 러더퍼드는 원자핵을 발견했을 뿐만 아니라 질소 등의 기체에 α 입자를 충돌시켰을 때 공통적으로 튀어나오는 입자를 발견하고 이를 양성자라 명명하였다.
혜영: 골드스타인은 양극선의 존재를 발견한 과학자이다.
오답 피하기 민영: 음극선 실험을 통해 전자를 발견한 과학자는 톰슨이다.

05 ㄱ, ㄴ. (가)는 러더퍼드의 α 입자 산란 실험이다. 러더퍼드는 α 입자 산란 실험을 통해 원자핵을 발견하였다. ($+$)전하를 띤 α 입자의 극히 일부가 크게 휘어지거나 튕겨져 나오는 것으로부터 원자핵은 ($+$)전하를 띠며, 원자에서 차지하는 부피가 매우 작음을 알 수 있다.
ㄷ. (나)는 톰슨의 음극선 실험이다. 톰슨의 음극선 실험을 통해 전자가 발견되었다.

06 원자핵은 대부분 ($+$)전하를 띠는 양성자와 전하를 띠지 않는 중성자로 이루어져 있지만, $^{1}_{1}H$의 경우 양성자 1개로 이루어져 있다.
오답 피하기 ①, ② 원자는 양성자수와 전자 수가 같기 때문에 전기적으로 중성이다.
④ 양성자 1개와 전자 1개의 전하량은 각각 $+1.602 \times 10^{-19}C$과 $-1.602 \times 10^{-19}C$으로 전하량의 크기는 같고, 부호가 반대이다.
⑤ 원자 질량의 대부분은 원자핵이 차지한다.

07 $^{14}_{6}X$에서 양성자수(전자 수)는 6, 질량수는 14이고, $^{14}_{7}Y$에서 양성자수(전자 수)는 7, 질량수는 14이다.
오답 피하기 ①, ② X와 Y는 양성자수가 다르므로 동위 원소가 아니다.
③ 질량수는 양성자수와 중성자수의 합이다. 따라서 X와 Y의 중성자수는 각각 8, 7이다.

08 ㄱ. (가)와 (나)는 동위 원소이므로 개수가 같은 것이 양성자이다.
ㄷ. (가)와 (나)는 동위 원소이므로 화학적 성질이 비슷하다.
오답 피하기 ㄴ. (가)는 $^{2}_{1}H$, (나)는 $^{3}_{1}H$이다.

09 원자에서 양성자수는 전자 수와 같고, 중성자수는 질량수에서 양성

자수를 뺀 것과 같으므로 ㉠은 6, ㉡은 7, ㉢은 8, ㉣은 10이다. 따라서 ㉠+㉡+㉢+㉣=31이다.

원자 표시법

(1) ^b_aX에서 X는 원소 기호, a는 원자 번호, b는 질량수이다. 원자 번호는 생략하고 ^bX로 나타내기도 한다.

(2) 질량수는 (양성자수+중성자수)이다. 양성자수는 원자 번호와 같고, 원자는 양성자수와 전자 수가 같다.

원소 기호	양성자수	전자 수	중성자수
$^{12}_6\text{C}$	6	6	6
$^{13}_6\text{C}$	6	6	7
$^{16}_8\text{O}$	8	8	8
$^{18}_8\text{O}$	8	8	10

10 $^{35}_{17}\text{Cl}$와 $^{37}_{17}\text{Cl}$의 원자량이 각각 35, 37이고, 존재 비율(%)이 각각 x, y이므로 Cl의 평균 원자량은 $\dfrac{35x+37y}{100}$이다. 이때 $x+y=100$이므로 $\dfrac{35x+37(100-x)}{100}=35.5$이다.

ㄱ. $^{35}_{17}\text{Cl}$의 중성자수는 $35-17=18$이다.

[오답 피하기] ㄴ. $\dfrac{35x+37(100-x)}{100}=35.5$에서 $x=75(\%)$이므로 $y=25(\%)$이다. 따라서 $x=3y$이다.

ㄷ. $^{37}_{17}\text{Cl}^-$은 음이온으로 전자 수는 양성자수보다 1개 더 많다. 따라서 $^{37}_{17}\text{Cl}^-$의 전자 수는 18이다.

11 ㄱ. 원자 표시법에서 왼쪽 아래 첨자가 양성자수(원자 번호)이다. 따라서 K의 양성자수(원자 번호)는 19이다.

ㄴ. K의 평균 원자량 39.098은 41보다 39에 더 가까운 값이므로 질량수가 41인 칼륨(K)보다 39인 칼륨(K)의 존재 비율이 더 크다는 것을 알 수 있다.

ㄷ. $^{39}_{19}\text{K}^+$과 $^{41}_{19}\text{K}^+$의 전자 수는 18로 같다.

12 대부분의 α 입자가 금박을 그대로 통과하는 것으로부터 원자의 대부분은 빈 공간임을 알 수 있고, (+)전하를 띠는 입자인 α 입자가 크게 휘어지거나 튕겨져 나오는 것으로부터 원자핵은 (+)전하를 띠고 있음을 알 수 있다.

[모범 답안] 원자의 대부분은 빈 공간이고, 원자 내에 부피는 매우 작으며 (+)전하를 띤 부분(원자핵)이 존재함을 알 수 있다. 러더퍼드는 이 실험의 결과로 (+)전하를 띤 원자핵 주위를 (−)전하를 띤 전자가 운동하고 있는 원자 모형을 제안하였다.

채점 기준	배점
이 실험으로 알 수 있는 사실 2가지와 실험 결과 제안된 원자 모형에 대하여 모두 옳게 서술한 경우	100%
이 실험으로 알 수 있는 사실 2가지와 원자 모형에 대한 설명 중 1가지만 옳게 서술한 경우	50%

13 [모범 답안] $\dfrac{12\times98.9+13\times1.1}{100}=12.01$

채점 기준	배점
식과 답을 모두 옳게 쓴 경우	100%
식만 옳게 쓴 경우	50%

02 보어 원자 모형

본교재 53, 55쪽

01 보어 **02** 전자 껍질, 전자 껍질, 주 양자수 **03** 라이먼 **04** 좁아진다

01 (1) (가) $n=1$, (나) $n=2$, (다) $n=3$ (2) (가)<(나)<(다) (3) 흡수한다. **02** a:라이먼, b:발머, c: 파셴 **03** (1) E (2) $27:20$ **04** ②

01 (1) 주 양자수는 안쪽 전자 껍질에서 바깥쪽 전자 껍질로 갈수록 커진다.

(2) 주 양자수(n)가 커질수록 에너지 준위는 높아진다.

(3) 전자가 안쪽 전자 껍질에서 바깥쪽 전자 껍질로 전이할 때는 에너지를 흡수한다.

02 수소 원자의 $n\geq2$에서 $n=1$로의 전자 전이는 라이먼 계열의 빛을, $n\geq3$에서 $n=2$로의 전자 전이는 발머 계열의 빛을, $n\geq4$에서 $n=3$으로의 전자 전이는 파셴 계열의 빛을 방출한다.

03 (1) 파장이 656nm인 빛은 가시광선 영역에서 가장 긴 파장에 해당하므로 발머 계열의 빛을 방출하는 전자 전이 중 에너지가 가장 작은 E에 해당한다.

(2) $\Delta E_{\text{D}}=E_4-E_2=-\dfrac{1}{16}k+\dfrac{1}{4}k=\dfrac{3}{16}k$이고, $\Delta E_{\text{E}}=E_3-E_2=-\dfrac{1}{9}k+\dfrac{1}{4}k=\dfrac{5}{36}k$이다. 따라서 $\Delta E_{\text{D}} : \Delta E_{\text{E}}=\dfrac{3}{16}k:\dfrac{5}{36}k=27:20$이다.

04 전자 전이가 일어날 때 흡수 또는 방출하는 에너지는 일반적으로 파셴 계열, 발머 계열, 라이먼 계열 순서로 증가한다. 따라서 $n=1 \to n=3$의 전자 전이에서 흡수하는 에너지가 가장 크다.

수소 원자의 전자 전이와 선 스펙트럼

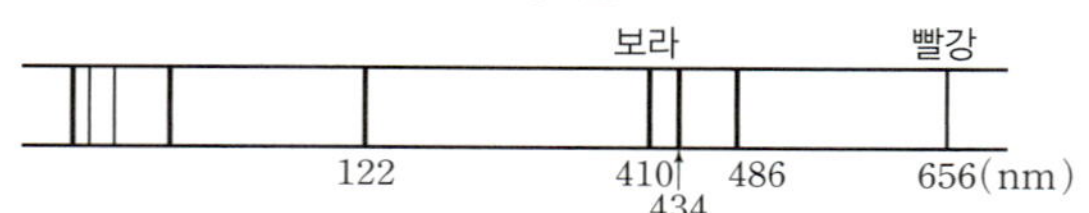

1. 전자 전이가 일어날 때 방출하는 빛의 에너지는 빛의 파장에 반비례한다. ➡ 파장이 길수록 방출하는 에너지는 작다.

2. 전자 전이에 따른 스펙트럼 계열

전자 전이	스펙트럼 계열	스펙트럼 영역
$n\geq2 \to n=1$	라이먼 계열	자외선 영역
$n\geq3 \to n=2$	발머 계열	가시광선 영역
$n\geq4 \to n=3$	파셴 계열	적외선 영역

3. 가시광선 영역의 선 스펙트럼과 전자 전이

파장(nm)	전자 전이	에너지(kJ/mol)
410	$n=6 \to n=2$	$\dfrac{8}{36}k$
434	$n=5 \to n=2$	$\dfrac{21}{100}k$
486	$n=4 \to n=2$	$\dfrac{3}{16}k$
656	$n=3 \to n=2$	$\dfrac{5}{36}k$

내신 실력 Up

01 ④ **02** ④ **03** ② **04** ③ **05** ② **06** ⑤ **07** ④ **08** 해설 참조

01 전자는 원자핵 주위를 서로 다른 에너지 준위의 원형 궤도(전자 껍질) 상에서 원운동하며, 전자 껍질 사이에서 전자가 전이할 때 에너지 준위 차이만큼의 에너지가 출입한다는 보어의 이론에 의해 수소 원자의 선 스펙트럼을 설명할 수 있다.

02 보어 원자 모형에서 이웃한 전자 껍질 사이의 에너지 준위 차이는 주 양자수(n)가 커질수록 감소한다. ㉠, ㉡, ㉢의 주 양자수(n)가 각각 1, 2, 3이므로 ㉠과 ㉡의 에너지 준위 차이는 ㉡과 ㉢의 에너지 준위 차이보다 크다.

 오답 피하기 ① 보어 원자 모형에서 안쪽 전자 껍질부터 K, L, M, N… 으로 표기하므로 ㉢은 M 껍질에 해당한다.
② 에너지가 가장 낮은 전자 껍질인 $n=1$에 전자가 들어 있으므로 바닥상태이다.
③ ㉠의 주 양자수는 1이다.
⑤ 전자는 전자 껍질 사이의 공간에 존재할 수 없다.

03 수소 원자에서 바닥상태는 전자가 K 전자 껍질에 위치할 때이다. (가)는 전자가 L 전자 껍질에 위치하므로 들뜬상태이고, (나)는 바닥상태이다.
ㄴ. 들뜬상태에서 바닥상태로 전자 전이가 일어날 때(㉠)는 에너지가 방출된다.

 오답 피하기 ㄱ. (가)는 들뜬상태이다.
ㄷ. L 전자 껍질의 주 양자수(n)는 2이다.

04 ㄱ. $n \geq 2$에서 $n=1$로 전자가 전이할 때 라이먼 계열의 빛을 방출한다. 따라서 라이먼 계열의 빛을 방출하는 전자 전이는 Ⅰ과 Ⅳ이다.
ㄷ. 전자 전이가 일어날 때 방출하는 빛의 파장은 방출하는 에너지와 반비례한다. 따라서 방출하는 에너지가 가장 작은 Ⅱ에서 방출하는 빛의 파장이 가장 길다.

 오답 피하기 ㄴ. Ⅲ은 $n=5$에서 $n=2$로의 전자 전이이다. 따라서 Ⅲ에서 방출하는 빛은 가시광선이다.

05 ㄴ. c는 가시광선 영역에서 파장이 가장 긴 빛이므로 에너지가 가장 작다. 따라서 $n=3 \rightarrow n=2$의 전자 전이에서 방출하는 빛에 해당한다.

 오답 피하기 ㄱ. 가시광선보다 파장이 짧은 빛은 자외선이다. a는 가시광선보다 파장이 짧으므로 자외선 영역에 해당한다.
ㄷ. 방출하는 빛의 에너지와 파장은 반비례하므로 파장이 더 짧은 b가 방출하는 빛의 에너지가 더 크다.

06 ㄱ. A는 자외선, B와 C는 가시광선, D는 적외선을 방출하므로 파장이 가장 긴 빛을 방출하는 전자 전이는 D이다.
ㄴ. 가시광선 영역에서 파장이 두 번째로 긴 (가)는 $n=4 \rightarrow n=2$의 전자 전이에서 방출하는 빛에 해당한다. 따라서 (가)에 해당하는 전자 전이는 C이다.
ㄷ. B와 C에서 방출하는 에너지는 각각 $E_3 - E_2$와 $E_4 - E_2$이다.
따라서 $\Delta E_{\mathrm{B}} : \Delta E_{\mathrm{C}} = \left(-\dfrac{1}{9} + \dfrac{1}{4}\right)k : \left(-\dfrac{1}{16} + \dfrac{1}{4}\right)k = 20 : 27$이다.

07 $a \sim e$는 각각 다음과 같다.

전자 전이	a	b	c	d	e
전이 전 주양자수	1	1	2	2	3
전이 후 주양자수	3	2	3	1	1

ㄱ. a, b, c는 전이 후 주 양자수가 증가하므로 에너지를 흡수하는 전자 전이이다.
ㄴ. b는 에너지를 흡수하고, d는 에너지를 방출하지만 $n=1$과 $n=2$ 사이의 전자 전이이므로 출입하는 에너지의 크기는 같다.

 오답 피하기 ㄷ. e는 $n=3$에서 $n=1$로의 전자 전이이므로 라이먼 계열의 빛을 방출한다.

08 모범 답안 (1) a는 라이먼 계열 중 파장이 가장 길므로 방출하는 에너지는 가장 작다. 따라서 $n=2$에서 $n=1$로의 전자 전이에서 방출하는 빛의 파장이다. c는 발머 계열 중 파장이 가장 길므로 방출하는 에너지는 가장 작다. 따라서 $n=3$에서 $n=2$로의 전자 전이에서 방출하는 빛의 파장이다.
(2) a에서 $\Delta E = \left(-\dfrac{1}{4} + 1\right)k = \dfrac{3}{4}k$이고, b에서 $\Delta E = \left(-\dfrac{1}{16} + \dfrac{1}{4}\right)k = \dfrac{3}{16}k$이다. 따라서 a : b = 4 : 1이다.

채점 기준		배점
(1)	a와 c에 해당하는 전자 전이와 그렇게 생각한 까닭을 스펙트럼 계열과 파장, 에너지 사이의 관계를 활용하여 옳게 서술한 경우	100%
	a와 c에 해당하는 전자 전이만 옳게 쓴 경우	50%
(2)	에너지 비를 옳게 구한 경우	100%

03 현대의 원자 모형과 전자 배치의 규칙

개념 바로 확인

01 오비탈, 확률 **02** s, 같다 **03** 3, 거리, 방향 **04** 쌓음 원리 **05** 파울리 배타 원리, 2 **06** 훈트 규칙

01 (1) ○ (2) × (3) ○ (4) × **02** ㉠ 주 양자수 ㉡ 0 ㉢ 1 ㉣ 방향
㉤ −2 ㉥ +2 ㉦ −$\dfrac{1}{2}$ ㉧ +$\dfrac{1}{2}$ **03** (1) $1s^2 2s^2$ (2) $1s^2 2s^2 2p^6 3s^1$
(3) $1s^2 2s^2 2p^6 3s^2 3p^6 4s^1$ (4) $1s^2 2s^2 2p^6 3s^2 3p^6 4s^2 3d^2$ **04** 해설 참조

01 (1) s 오비탈은 모든 전자 껍질에 존재한다.
(2) 주 양자수가 커질수록 원자핵과 전자 사이의 인력이 감소하므로 오비탈의 에너지 준위가 높아진다.
(3) 에너지 준위가 같은 p 오비탈은 p_x, p_y, p_z이다.
(4) p 오비탈은 주 양자수가 2인 전자 껍질, 즉 L 전자 껍질부터 존재한다.

02 원자에서 전자가 가지는 4가지 양자수는 주 양자수(n), 방위 양자수(l), 자기 양자수(m_l), 스핀 자기 양자수(m_s)이다. 주 양자수(n)는 오비탈의 에너지와 크기를 결정하며, 방위 양자수(l)는 오비탈의 종류(모양)를 결정한다. 자기 양자수(m_l)는 오비탈의 방향을 결정하는 양자수로 방위 양자수가 l일 때 $-l$부터 $+l$까지의 정수가 가능하다. 스핀 자기 양자수(m_s)는 전자의 스핀 방향을 나타내는 양자수로 $+\dfrac{1}{2}$과 $-\dfrac{1}{2}$이 있다.

03 다전자 원자에서는 $1s<2s<2p<3s<3p<4s<3d\cdots$ 순으로 에너지가 증가하며 에너지가 낮은 오비탈부터 전자가 채워진다. 이때 s, p, d 오비탈에 들어갈 수 있는 최대 전자 수는 각각 2, 6, 10개이다.

(1) $_4$Be은 전자가 4개이므로 $1s^2 2s^2$의 전자 배치를 한다.

(2) $_{11}$Na은 전자가 11개이므로 $1s^2 2s^2 2p^6 3s^1$의 전자 배치를 한다.

(3) $_{19}$K은 전자가 19개이다. $3p$ 오비탈까지 18개의 전자를 채운 후, 1개의 전자는 $3d$ 오비탈보다 에너지 준위가 낮은 $4s$ 오비탈에 먼저 채워진다. 따라서 $1s^2 2s^2 2p^6 3s^2 3p^6 4s^1$의 전자 배치를 한다.

(4) $_{22}$Ti은 전자가 22개이다. $4s$ 오비탈까지 20개의 전자를 채운 후, $3d$ 오비탈에 2개의 전자를 채워서 $1s^2 2s^2 2p^6 3s^2 3p^6 4s^2 3d^2$의 전자 배치를 한다.

04 (1) $_7$N은 $2p$ 오비탈에 3개의 전자가 배치되는데, 이때 홀전자 수가 최대여야 하므로 p_x, p_y, p_z에 전자가 1개씩 배치된다.

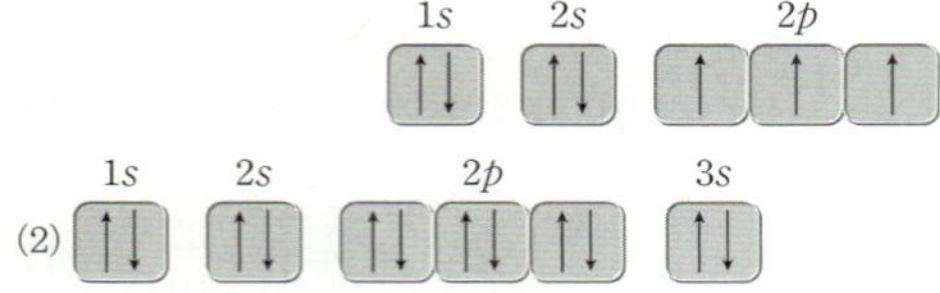

(2)

(3) $_{16}$S는 $3p$ 오비탈에 4개의 전자가 배치된다. 훈트 규칙에 의해 각각의 $3p$ 오비탈에 전자를 1개씩 배치한 후 마지막 전자가 $3p$ 오비탈 중 1개에 배치되는데, 이때 같은 오비탈에 배치된 2개의 전자는 스핀 방향이 반대여야 하므로 화살표 방향을 반대로 표시한다.

01 ⑤	02 ③	03 ⑤	04 ①	05 ④	06 ④	07 ④	08 ③
09 ②	10 ③	11 해설 참조	12 해설 참조	13 해설 참조			

01 ㄱ. (가)는 톰슨의 음극선 실험에 의해 제안된 모형이다.

ㄴ. 현대의 원자 모형에서도 전자는 특정 에너지 준위의 오비탈에 위치하기 때문에 수소 원자의 선 스펙트럼을 설명할 수 있다.

ㄷ. 톰슨의 원자 모형은 원자핵 발견 이전의 모형이다. 따라서 원자핵이 존재하는 모형은 러더퍼드의 원자 모형과 현대의 원자 모형이다.

02 ㄱ. s 오비탈은 모든 전자 껍질에 존재한다.

ㄴ. p 오비탈은 원자핵으로부터의 거리와 방향이 같으면 전자가 발견될 확률이 같다.

오답 피하기 ㄷ. 전자가 오비탈의 경계면 안쪽에서 발견될 확률은 90 %이다.

03 주 양자수(n)에 관계없이 1개의 오비탈에 들어갈 수 있는 전자 수는 2로 일정하다.

오답 피하기 ① 주 양자수(n)는 오비탈의 에너지 준위와 크기를 결정한다. 주 양자수(n)가 클수록 오비탈의 크기가 크고, 에너지 준위가 높다.

04 ㄴ. (나)~(라)는 모두 p 오비탈이므로 방위 양자수는 1로 같다.

오답 피하기 ㄱ. 질소($_7$N) 원자의 $2s$ 오비탈과 $2p$ 오비탈은 주 양자수는 같지만 오비탈의 종류가 다르므로 에너지 준위는 서로 다르다.

ㄷ. (나)~(라)는 방향이 서로 다른 p 오비탈이다. 따라서 방향을 나타내는 자기 양자수는 서로 다르다.

05 자기 양자수(m_l)는 방위 양자수가 l일 때 $-l$부터 $+l$까지의 정수만 가능하다. 따라서 방위 양자수(l)가 1일 때 가능한 자기 양자수는 -1, 0, $+1$이다.

06 p 오비탈은 원자핵으로부터의 거리와 방향에 따라 전자가 발견될 확률이 달라진다. 그러나 주어진 모형에서는 A와 B가 핵의 원점을 중심으로 대칭이며 원자핵으로부터의 거리가 같으므로 전자가 발견될 확률이 같다.

오답 피하기 ① $3p$ 오비탈의 방위 양자수는 1이다.

② $2s$ 오비탈의 방위 양자수는 0이다.

③ 수소 원자의 경우 주 양자수가 같으면 오비탈의 종류와 관계없이 에너지 준위가 같다. 따라서 에너지 준위는 $1s<2s<3s=3p_x$이다.

⑤ p 오비탈에서는 원자핵으로부터의 거리가 같아도 방향이 다르면 전자가 발견될 확률은 달라진다.

07 다전자 원자에서 오비탈의 에너지 준위는 주 양자수와 방위 양자수에 의해 결정된다.

수지: 오비탈의 종류가 같으면 주 양자수가 클수록 오비탈의 에너지 준위가 높으므로 $1s<2s<3s$이고, $1p<2p<3p$이다.

주영: 오비탈의 에너지 준위에 영향을 미치는 양자수는 주 양자수와 방위 양자수이므로 자기 양자수가 달라도 오비탈의 에너지 준위는 같다.

오답 피하기 한결: 다전자 원자에서 오비탈의 에너지 준위는 $1s<2s<2p<3s<3p<4s<3d\cdots$이다.

08 바닥상태 전자 배치는 쌓음 원리, 파울리 배타 원리, 훈트 규칙을 모두 만족하는 전자 배치이다.

ㄱ. $2p_x$ 오비탈에 들어 있는 전자의 스핀 방향이 같으므로 파울리 배타 원리에 위배된다. 파울리 배타 원리에 위배되는 전자 배치는 불가능한 전자 배치이다.

ㄷ. (다)는 에너지 준위가 낮은 오비탈부터 차례대로 전자가 배치되어 있으며, 같은 오비탈에 채워진 두 전자의 스핀 방향이 서로 반대이고, 홀전자 수가 최대인 전자 배치이므로 바닥상태 전자 배치이다.

오답 피하기 ㄴ. (나)의 $1s$ 오비탈에 쌍을 이루어 배치된 전자는 스핀 방향이 서로 다르므로 파울리 배타 원리를 만족하는 전자 배치이다. (나)는 쌓음 원리에 위배된다.

09 탄소 원자는 다전자 원자이므로 오비탈의 에너지 준위는 $1s<2s<2p$이다. 그리고 6개의 전자는 4가지 양자수가 모두 달라야 하므로 $1s$와 $2s$에 각각 화살표 방향이 다른 전자 2개를 채워야 한다. 남은 전자 2개는 홀전자 수가 최대가 되어야 한다는 훈트 규칙을 만족시켜야 하므로 $2p_x$, $2p_y$, $2p_z$ 중 2개의 오비탈에 각각 1개씩 배치된다.

10 ㄱ. A는 $2s$ 오비탈에 전자 2개가 들어 있고, D는 바닥상태에서 $3s$ 오비탈에 전자 2개가 들어 있으므로 원자가 전자 수가 2로 같다.

ㄴ. B는 쌓음 원리, 파울리 배타 원리, 훈트 규칙을 모두 만족하는 바닥상태 전자 배치이다.

오답 피하기 ㄷ. $2p_x$, $2p_y$, $2p_z$ 오비탈의 에너지 준위는 모두 같으므로 C의 전자 배치는 쌓음 원리에 어긋나지 않는다.

11 **모범 답안**

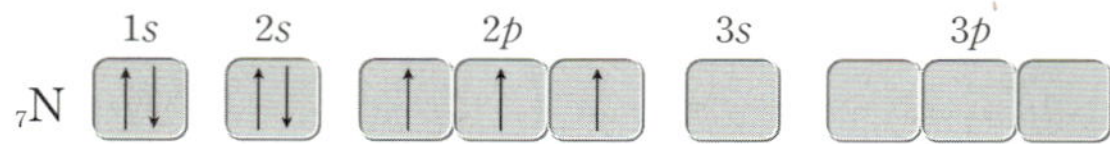

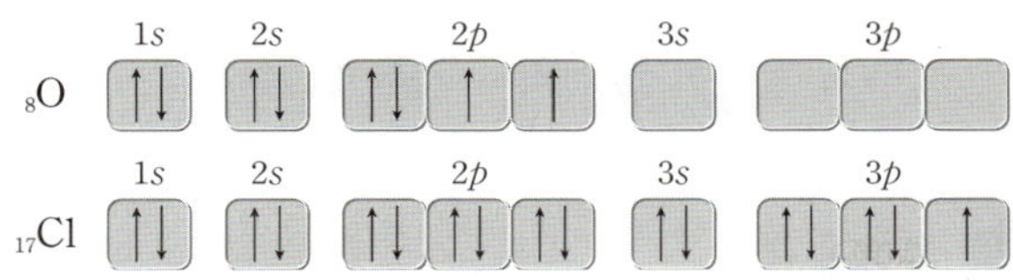

채점 기준	배점
3가지 원자의 전자 배치를 모두 옳게 나타낸 경우	100%
2가지 원자의 전자 배치를 옳게 나타낸 경우	70%
1가지 원자의 전자 배치를 옳게 나타낸 경우	40%

12 모범 답안 $_{20}Ca$: $1s^2 2s^2 2p^6 3s^2 3p^6 4s^2$, $_{21}Sc$: $1s^2 2s^2 2p^6 3s^2 3p^6 4s^2 3d^1$

채점 기준	배점
2가지 원자의 전자 배치를 모두 옳게 나타낸 경우	100%
1가지 원자의 전자 배치를 옳게 나타낸 경우	50%

13 쌓음 원리는 에너지 준위가 낮은 오비탈부터 전자가 차례대로 채워지는 원리이고, 파울리 배타 원리는 1개의 오비탈에는 스핀 방향이 다른 전자가 최대 2개 채워진다는 원리이다. 훈트 규칙은 에너지 준위가 같은 오비탈에 전자를 배치할 때는 홀전자 수가 최대가 되도록 배치해야 한다는 규칙이다.

모범 답안 (가): 1개의 오비탈에 화살표 방향(스핀 방향)이 같은 전자가 들어 있으므로 파울리 배타 원리에 위배된다.

(나): $2p$ 오비탈이 모두 채워지지 않은 상태에서 $3s$ 오비탈에 전자가 채워졌으므로 쌓음 원리에 위배된다.

채점 기준	배점
(가)와 (나)에 대하여 모두 옳게 서술한 경우	100%
(가)와 (나) 중 1가지만 옳게 서술한 경우	70%

오답 피하기 ㄷ. 금보다 양성자 수가 작은 원소를 사용하면 산란되는 α 입자 수는 줄어든다.

03 원자 번호는 양성자수와 같고, 질량수는 양성자수와 중성자수의 합과 같다.

ㄱ. A는 양성자수와 중성자수가 각각 6이므로 $^{12}_{6}A$이다.

ㄴ. B와 C는 원자 번호가 8로 같으므로 양성자수도 8로 같다.

오답 피하기 ㄷ. C와 D의 질량수는 각각 18, 20이다.

04 ㄱ. (가)의 양성자수는 3, 전자 수는 2이므로 (가)는 양이온이다.

ㄴ, ㄷ. (나)와 (다)는 양성자수가 3으로 같으므로 동위 원소이다.

05 X 이온과 Y 이온은 18족 원소의 전자 배치를 하므로 c는 전자이다. a가 양성자이면 Y 이온의 양성자수와 전자 수가 같아지므로 a는 중성자, b는 양성자, c는 전자이다.

ㄴ. 질량수는 X가 23, Y가 18이므로 X가 Y보다 크다.

ㄷ. Y 이온은 $^{18}_{8}Y^{2-}$이므로 음이온이다.

오답 피하기 ㄱ. a는 중성자, b는 양성자, c는 전자이다.

06 평균 원자량은 동위 원소의 존재 비율을 고려하여 구한다.

ㄴ. $^{35}_{17}Cl$과 $^{37}_{17}Cl$의 존재 비율이 각각 75%, 25%이므로 평균 원자량은 $\dfrac{35 \times 75 + 37 \times 25}{100} = 35.5$이다.

오답 피하기 ㄱ. Cl_2의 분자량은 3가지이다.

ㄷ. 질량수가 다르면 원자량도 다르다. 따라서 1 g당 원자 수는 질량수가 작은 $^{35}_{17}Cl$가 $^{37}_{17}Cl$보다 크다.

07 수소 원자의 전자 전이에서 방출하는 빛의 에너지는 파장과 반비례한다.

ㄷ. I과 Ⅲ에 해당하는 빛의 에너지 비는 $\dfrac{3}{4}k : \dfrac{8}{9}k = 27 : 32$이다.

오답 피하기 ㄱ. I과 Ⅱ는 각각 $n=1 \to n=2$, $n=2 \to n=3$의 전자 전이이고, Ⅲ은 $n=1 \to n=3$의 전자 전이이므로 I과 Ⅱ의 에너지의 합은 Ⅲ의 에너지와 같다. 그러나 파장과 에너지는 반비례하므로 I과 Ⅱ의 파장의 합이 Ⅲ의 파장과 같지는 않다.

ㄴ. Ⅳ에서 방출하는 빛은 가시광선 영역에 속한다.

08 전자 전이가 일어날 때 방출하는 빛의 에너지는 파장에 반비례한다.

ㄴ. $\Delta E_a = \left(-\dfrac{1}{16}+1\right)k = \dfrac{15}{16}k$이고, $\Delta E_b = \left(-\dfrac{1}{16}+\dfrac{1}{4}\right)k = \dfrac{3}{16}k$이다. 방출하는 빛 에너지와 진동수는 비례하므로 진동수 비는 5 : 1이다.

ㄷ. c는 $n=4 \to n=3$의 전자 전이이므로 파셴 계열의 빛을 방출한다.

오답 피하기 ㄱ. a는 방출하는 빛의 에너지가 가장 크므로 방출하는 빛의 파장은 가장 짧다.

09 a는 $n=2 \to n=1$, b는 $n=3 \to n=2$, c는 $n=4 \to n=3$의 전자 전이에서 방출하는 에너지에 해당한다.

ㄴ. 486 nm의 빛은 $n=4 \to n=2$의 전자 전이에서 방출하는 빛에 해당하므로 이때 방출하는 에너지는 $(b+c)$ kJ/mol이다.

오답 피하기 ㄱ. a에 해당하는 전자 전이에서 방출하는 빛은 라이먼 계열에 해당하므로 가시광선 영역에 해당하지 않는다.

ㄷ. c에 해당하는 전자 전이에서 방출하는 빛은 파셴 계열에 해당한다.

㉠ 원자핵 ㉡ 중성자수 ㉢ 전자 껍질 ㉣ 주 양자수 ㉤ 높아진다
㉥ 공 ㉦ 아령 ㉧ 방향 ㉨ 에너지 ㉩ 방위 양자수 ㉪ 자기 양자수
㉫ 쌓음 원리 ㉬ 파울리 배타 원리 ㉭ 훈트 규칙

수능 1등급 본교재 68~71쪽

01	03	04	05	06	07	08
01 ③	**02** ③	**03** ③	**04** ⑤	**05** ④	**06** ②	**07** ③	**08** ④
09 ①	**10** ⑤	**11** ③	**12** ④	**13** ⑤	**14** ③	**15** ⑤	**16** ⑤

01 ㄱ. 전자는 입자성을 가졌으므로 음극선의 진로에 장애물을 놓으면 그림자가 생긴다.

ㄴ. (가)에서 발견한 입자 X는 전자로, (나)에서 (−)전하를 띤 입자인 ⊖이다.

오답 피하기 ㄷ. (가)의 실험 결과 제안된 모형에는 원자핵이 없다.

02 러더퍼드의 α 입자 산란 실험을 통해 원자핵이 발견되었다.

ㄱ. α 입자는 (+)전하를 띠고 있다.

ㄴ. 대부분의 α 입자가 금박을 통과하는 것으로부터 원자의 대부분은 빈 공간임을 알 수 있다.

10 수소 원자의 선 스펙트럼에서 가시광선 영역에 해당하는 빛은 $n \geq 3$에서 $n=2$로의 전자 전이에서 방출하는 빛이다.

ㄱ. 파랑은 수소 원자의 가시광선 영역 선 스펙트럼 중 파장이 3번째로 긴 빛이다. 따라서 $n=5 \rightarrow n=2$의 전자 전이에서 방출하는 빛이다.

ㄴ. $\Delta E_{빨강} = E_3 - E_2 = \left(-\dfrac{1}{9} + \dfrac{1}{4}\right)k = \dfrac{5}{36}k$이고, $\Delta E_{보라} = E_6 - E_2 = \left(-\dfrac{1}{36} + \dfrac{1}{4}\right)k = \dfrac{8}{36}k$이다. 따라서 에너지 비는 $5:8$이다.

ㄷ. 주 양자수가 증가할수록 이웃한 전자 껍질 사이의 에너지 준위 차이가 작아진다.

11 ㄷ. $\Delta E = k$이면 $n = \infty \rightarrow n=1$로의 전자 전이이므로 $k\,\text{kJ/mol}$은 1몰의 수소 원자를 수소 이온(H^+)으로 만드는 데 필요한 에너지와 같다.

오답 피하기 ㄱ. (가)는 $n=2 \rightarrow n=1$의 전자 전이이다.

ㄴ. (가), (다)는 라이먼 계열, (나)는 발머 계열의 빛을 방출한다.

12 수소 원자의 경우, 주 양자수가 같으면 오비탈의 종류와 관계없이 에너지 준위가 같다.

ㄴ. E_{II}은 $n=2 \rightarrow n=1$의 전자 전이에서 방출하는 에너지이므로 $2p_x$ 오비탈에서 $1s$ 오비탈로 전자가 전이할 때 방출하는 에너지와 크기가 같다.

ㄷ. $2s$ 오비탈과 $2p_x$ 오비탈의 주 양자수는 2이므로 $n=2$의 에너지 준위와 같다.

오답 피하기 ㄱ. E_I은 $n = \infty \rightarrow n=1$의 전자 전이에서 방출하는 에너지이다.

13 방위 양자수는 오비탈의 종류를 결정하며, 주 양자수는 오비탈의 에너지 준위를 결정한다. 따라서 A는 $2p$, B는 $2s$, C는 $1s$이다.

ㄱ. A는 $2p$ 오비탈이다. p 오비탈에는 자기 양자수가 -1, 0, $+1$인 오비탈이 3개 있다.

ㄴ. s 오비탈에서 주 양자수가 클수록 오비탈의 크기가 크다.

ㄷ. 다전자 원자에서 오비탈의 에너지 준위는 $1s < 2s < 2p$이다.

14 ㄱ. p 오비탈은 원자핵으로부터의 거리와 방향이 같으면 전자가 발견될 확률이 같다.

ㄴ. $2p_x$, $2p_y$, $2p_z$ 오비탈의 에너지 준위는 모두 같다.

오답 피하기 ㄷ. $2p_x$, $2p_y$, $2p_z$ 오비탈의 주 양자수와 방위 양자수는 같지만 자기 양자수는 서로 다르다.

15 파울리 배타 원리에 어긋나는 전자 배치는 불가능하다.

ㄱ. $2s$ 오비탈에 스핀 방향이 같은 전자 2개가 채워져 있으므로 A는 불가능한 전자 배치이다.

ㄴ. 주 양자수가 같은 3개의 p 오비탈은 에너지 준위가 같으므로 B와 C 모두 쌓음 원리를 만족한다.

ㄷ. D는 들뜬상태이지만 파울리 배타 원리에 위배되지는 않는다.

16 주어진 조건을 만족하는 X~Z의 바닥상태 전자 배치는 각각 $1s^2 2s^2 2p^1$, $1s^2 2s^2 2p^2$, $1s^2 2s^2 2p^6 3s^1$이다.

ㄱ. X의 홀전자 수는 1이다.

ㄴ. Y의 전자 배치는 $1s^2 2s^2 2p^2$이므로 원자가 전자 수가 4이다. 따라서 Y는 14족 원소이다.

ㄷ. Z는 3번째 전자 껍질까지 전자가 들어 있으므로 3주기 원소이다.

01 주기율표

개념 바로 확인　　　　　　　　　　　　　　　　　본교재 75쪽

01 원자량, 원자 번호　　**02** 주기, 족

01 (1) 세로, 원자 번호 (2) 전자 껍질 수 (3) 원자가 전자 수, 18
02 (1) ○ (2) ○ (3) × (4) ○

01 (1) 현대의 주기율표는 화학적 성질이 비슷한 원소가 같은 세로줄에 오도록 원자 번호 순으로 원소를 배열한 표이다.
(2) 같은 주기 원소는 전자 껍질 수가 같다.
(3) 같은 족 원소는 원자가 전자 수가 같다.

02 (1) 주기율표의 왼쪽과 가운데에는 주로 금속 원소가 있고, 주기율표의 오른쪽에는 비금속 원소가 있다.
(2) 금속 원소는 전기 전도성과 열 전도성이 있다.
(3) 비금속 원소는 대부분 상온에서 고체 또는 기체 상태로 존재하지만 브로민은 액체 상태로 존재한다.
(4) 준금속은 금속과 비금속의 중간적 성질을 가지거나 금속과 비금속의 성질을 모두 가진다.

내신 실력 **Up**　　　　　　　　　　　　　　　　본교재 76~77쪽

01 ④　**02** ④　**03** ④　**04** ③　**05** ④　**06** ⑤　**07** ③　**08** 해설 참조　**09** 해설 참조

01 성진: 멘델레예프는 원자량 순서로 원소를 나열하여 최초의 주기율표를 완성하였다.
하영: 모즐리는 원소의 성질을 결정하는 것은 양성자수임을 발견하고, 원자 번호 순서로 원소를 나열하여 주기율표를 완성하였다.
오답 피하기 미영: 뉴랜즈는 옥타브설을 주장하였다.

02 주기율표가 완성된 과정은 되베라이너의 세 쌍 원소설, 뉴랜즈의 옥타브설, 멘델레예프의 주기율표, 모즐리의 주기율표 순서이다. 따라서 ㉢ → ㉡ → ㉠ → ㉣이다.

03 현대의 주기율표는 화학적 성질이 비슷한 원소가 같은 세로줄에 오도록 원소를 원자 번호 순으로 배열한 표이다.
ㄴ. 같은 가로줄에 위치한 원소는 전자 껍질 수가 같다.
ㄷ. 같은 세로줄에 위치한 원소는 원자가 전자 수가 같아 화학적 성질이 비슷하다.
오답 피하기 ㄱ. 화학적 성질이 비슷한 것은 같은 족 원소이다.

04 ㄱ. (가)는 1족 원소에 해당하므로 원자가 전자 수가 1이다.
ㄴ. 같은 주기에서는 오른쪽으로 갈수록 양성자수가 증가한다.
오답 피하기 ㄷ. (다)에 속하는 원소들은 모두 18족 원소이다. 18족 원소의 최외각 전자 수는 He을 제외하고 모두 8이며, He의 최외각 전자

수는 2이다.

05 금속 원소는 주기율표의 왼쪽과 가운데 위치하고, 수소를 제외한 비금속 원소는 주기율표의 오른쪽에 위치한다. 따라서 A는 금속, B는 비금속이다.

ㄱ. A 영역에 속하는 원소는 금속 원소이므로 전기 전도성이 있다.

ㄷ. B 영역에 속하는 원소는 18족을 제외한 비금속 원소로, 음이온이 되기 쉽다.

오답 피하기 ㄴ. 같은 주기 원소는 전자 껍질 수가 같으므로 (가)는 전자 껍질 수가 아니다. 주기율표의 오른쪽 위로 갈수록 증가하는 것은 비금속성이다.

06 ㄴ. Li, Be, Na은 금속 원소이고 H, F, Cl는 비금속 원소이므로 기준 (가)로 '전기 전도성이 있는가?'가 적절하다.

ㄷ. ⓒ에 해당하는 원소는 17족 비금속 원소인 F과 Cl 2가지이다.

오답 피하기 ㄱ. ⓒ에 해당하는 원소는 H, Li, Na이다. 이 중 수소(H)는 비금속 원소이므로 전기 전도성이 없다.

07 (가)는 3주기 17족 원소, (나)는 3주기 1족 원소, (다)는 2주기 17족 원소이다.

ㄱ. (가)와 (다)는 같은 족 원소로 원자가 전자 수가 같다. 따라서 화학적 성질이 비슷하다.

ㄴ. (나)는 1족 금속 원소이다. 따라서 (나)는 고체 상태에서 전기 전도성이 있다.

오답 피하기 ㄷ. (가)는 3주기 17족 원소로 비금속 원소이다.

08 **모범 답안** 멘델레예프는 원자량 순서대로 원소를 배열하였고, 모즐리는 원자 번호 순서대로 원소를 배열하였다.

채점 기준	배점
멘델레예프와 모즐리의 주기율표의 차이를 옳게 쓴 경우	100%

09 **모범 답안** (1) 같은 족 원소들은 원자가 전자 수가 같다. 가장 바깥 전자 껍질에 있는 전자들이 화학 결합에 참여하므로 원자가 전자 수가 같으면 화학적 성질이 비슷하다.

(2) 바닥상태 전자 배치에서 전자가 들어 있는 전자 껍질 수가 같다.

채점 기준		배점
(1)	원자가 전자 수가 같다는 점과 원자가 전자가 화학 결합에 참여하기 때문이라고 서술한 경우	100%
	원자가 전자 수가 같기 때문이라고만 서술한 경우	70%
(2)	바닥상태 전자 배치에서 전자가 들어 있는 전자 껍질 수가 같다고 쓴 경우	100%

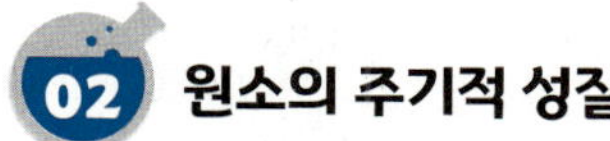

02 원소의 주기적 성질

개념 바로 확인 본교재 79, 81, 83쪽

> **01** 유효 핵전하 **02** 원자 반지름 **03** 작고, 크다 **04** 이온화 에너지 **05** 감소, 증가
>
> **01** (1) 증가 (2) 감소 (3) 증가 **02** 아르곤(Ar) **03** (1) ○ (2) × (3) ○
> **04** (1) > (2) < (3) > (4) < (5) < (6) >
> **05** (1) A: 1, B: 2, C: 3 (2) 2189 kJ/mol

01 (1) 같은 주기에서는 원자 번호가 커질수록 유효 핵전하가 증가한다.

(2) 같은 주기에서는 원자 번호가 커질수록 원자 반지름이 감소하고, 같은 족에서는 원자 번호가 커질수록 원자 반지름이 증가한다.

02 유효 핵전하는 같은 주기에서 원자 번호가 클수록, 같은 족에서 원자 번호가 클수록 증가하므로 제시된 원소 중 유효 핵전하가 가장 큰 원소는 Ar이다.

03 (1) 양이온이 될 때 전자 껍질 수가 감소하므로 양이온의 반지름은 원자 반지름보다 작다.

(2) 같은 주기에서 음이온의 반지름은 양이온의 반지름보다 크다.

(3) 등전자 이온은 전자 껍질 수와 전자 수가 같으므로 원자 번호가 클수록 유효 핵전하가 증가하여 이온 반지름이 감소한다.

04 (1) 같은 족에서는 원자 번호가 커질수록 이온화 에너지가 감소한다.

(2), (4), (5) 같은 주기에서는 원자 번호가 커질수록 이온화 에너지가 대체로 증가한다.

(3), (6) 같은 주기에서는 원자 번호가 커질수록 이온화 에너지가 대체로 증가하지만, 2족과 13족, 15족과 16족에서 예외적인 경향을 보인다.

05 (1) A는 E_2가 크게 증가하였으므로 1족 원소이고, B는 E_3가 크게 증가하였으므로 2족 원소이다. C는 E_4가 크게 증가하였으므로 13족 원소이다.

(2) 1몰의 B가 B^{2+}이 되기 위해 필요한 에너지는 B의 제1 이온화 에너지＋제2 이온화 에너지이다. 따라서 (738＋1451)＝2189 kJ/mol이다.

내신 실력 Up 본교재 85~87쪽

> **01** ④ **02** ② **03** ⑤ **04** ② **05** ④ **06** ⑤ **07** ⑤ **08** ④
> **09** ④ **10** ⑤ **11** 해설 참조 **12** 해설 참조

01 유효 핵전하는 가려막기 효과를 고려했을 때 전자에 실제로 작용하는 원자핵의 전하이다.

용현: 같은 주기에서 원자 번호가 커지면 전자 수 증가에 의한 가려막기 효과의 증가보다 핵전하 증가 효과가 더 크기 때문에 유효 핵전하가 증가한다.

영혜: 핵전하는 2주기 18족보다 3주기 1족이 더 크지만 주기가 바뀌면서 전자 껍질 수가 증가하기 때문에 유효 핵전하는 크게 감소한다.

 민수: 같은 족에서는 원자 번호가 커질수록 유효 핵전하가 증가한다.

02 유효 핵전하는 같은 주기에서는 원자 번호가 커질수록 증가하고, 주기가 바뀌면 크게 감소한다.

 ① 핵전하는 원자 번호가 커질수록 증가한다.
③ 원자 반지름은 같은 주기에서는 원자 번호가 커질수록 감소하다가 주기가 바뀌면 크게 증가한다.
④ 같은 주기에서 원자 번호가 증가할수록 이온 반지름은 감소하며, 양이온의 반지름은 음이온의 반지름보다 작다.
⑤ 이온화 에너지는 원자 번호가 증가할수록 대체로 증가하지만, 2족과 13족, 15족과 16족에서 예외가 있다.

03 ㄱ. A와 B의 이온은 모두 Ne의 전자 배치를 한다. 따라서 원자 번호가 더 큰 B의 이온 반지름이 더 작다.
ㄴ. 원자 반지름은 전자 껍질 수가 작을수록, 원자 번호가 증가할수록 작아진다. 따라서 B의 원자 반지름이 가장 작다.
ㄷ. 원자가 전자가 느끼는 유효 핵전하는 같은 주기에서 원자 번호가 커질수록 증가한다. 따라서 $C<D<E$이다.

04 원자 반지름은 같은 주기에서는 원자 번호가 커질수록 감소하다가, 주기가 바뀌면 급격하게 증가한다.

 ① 핵전하, ③ 유효 핵전하

05 $\dfrac{\text{이온 반지름}}{\text{원자 반지름}}<1$인 A와 B는 금속 원소이고, $\dfrac{\text{이온 반지름}}{\text{원자 반지름}}>1$인 C와 D는 비금속 원소이다. A~D의 원자 번호는 연속이므로 A와 B는 3주기 금속 원소, C와 D는 2주기 비금속 원소이다.
ㄱ. 금속 원소는 A와 B 2가지이다.
ㄴ. 같은 주기에서 유효 핵전하는 원자 번호가 커질수록 증가하므로 원자 번호는 $A<B$이다. 따라서 A의 원자 반지름이 가장 크다.

 ㄷ. C와 D는 등전자 이온을 형성한다. 따라서 원자 번호가 더 큰 D의 이온 반지름이 더 작다.

06 원자 반지름보다 이온 반지름이 큰 원소는 비금속 원소이고, 원자 반지름보다 이온 반지름이 작은 원소는 금속 원소이다.
ㄱ. A와 C는 원자 반지름보다 이온 반지름이 크므로 비금속 원소이다.
ㄴ. B는 2주기 비금속 원소이고, D는 3주기 금속 원소이다. 따라서 원자가 전자 수는 B가 D보다 크다.
ㄷ. E와 F는 안정한 이온이 될 때 모두 Ne의 전자 배치를 한다.

07 A~F의 원자 번호는 연속이므로 A~F는 2주기 비금속 원소와 3주기 금속 원소이다. 원자 반지름은 같은 주기에서는 원자 번호가 커질수록 감소하다가 주기가 바뀔 때 크게 증가하므로 (가)에 해당하고, 유효 핵전하는 같은 주기에서 원자 번호가 커질수록 증가하다가 주기가 바뀔 때 크게 감소한다. 따라서 (나)에 해당한다. 이로부터 (다)는 이온 반지름이다.
ㄱ. 원자 반지름은 (가)에 해당한다.
ㄴ, ㄷ. A, B, C는 각각 N, O, F이고, D, E, F는 각각 Na, Mg, Al이다. 따라서 원자가 전자 수는 17족 원소인 C가 가장 크고, 원자 번호가 가장 큰 원소는 F이다.

원자 번호가 연속인 2, 3주기 원소(Ne 제외)의 유효 핵전하, 원자 반지름, 이온 반지름 그래프 해석

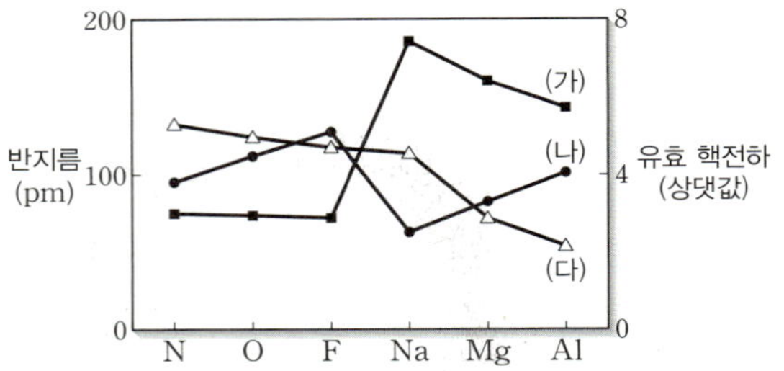

• 2주기에서 3주기로 전자 껍질 수가 증가할 때 크게 증가하는 (가)는 원자 반지름이고, 크게 감소하는 (나)는 유효 핵전하이다.
• 2주기 비금속 원소와 3주기 금속 원소는 안정한 이온이 될 때 모두 Ne의 전자 배치를 하므로 등전자 이온이다. 따라서 원자 번호가 클수록 이온 반지름은 작다.
➡ (다)는 이온 반지름이다.

08 이온화 에너지는 같은 족에서는 주기가 증가할수록 감소한다. 따라서 (가)는 2주기 원소의 이온화 에너지이고, (나)는 3주기 원소의 이온화 에너지이다.
ㄴ. B와 C가 전자 1개를 잃으면 B는 1족 원소의 전자 배치를, C는 2족 원소의 전자 배치를 한다. 제1 이온화 에너지는 1족 원소보다 2족 원소가 더 크므로 제2 이온화 에너지는 $B<C$이다.
ㄷ. D는 2주기 18족 원소이고, A는 3주기 1족 원소로 원자 번호가 연속일 때 전자 껍질 수가 증가하면 유효 핵전하는 크게 감소한다. 따라서 원자가 전자가 느끼는 유효 핵전하는 $A<D$이다.

 ㄱ. (가)는 2주기 원소의 이온화 에너지이다.

09 ㄴ. B는 제3 이온화 에너지가 크게 증가했으므로 2족 원소이다. 2족 원소는 전자 2개를 잃고 양이온이 되므로 B의 안정한 이온은 B^{2+}이다.
ㄷ. C는 제4 이온화 에너지가 크게 증가했으므로 13족 원소이다.

 ㄱ. A와 C는 13족 원소이고 B는 2족 원소이다. 같은 족에서 이온화 에너지는 원자 번호가 커질수록 감소하므로 이온화 에너지가 더 작은 A가 3주기 원소이고, C는 2주기 원소이다. 그리고 같은 주기에서 2족 원소의 이온화 에너지는 13족 원소의 이온화 에너지보다 큰데, 2족 원소인 B의 이온화 에너지가 13족 원소인 C보다 작으므로 B는 3주기 원소임을 알 수 있다. 따라서 2주기 원소는 C 1가지이다.

10 ㄴ. B는 제7 이온화 에너지가 크게 증가했으므로 16족 원소이다. 16족 원소는 안정한 이온이 될 때 전자 2개를 얻으므로 B의 안정한 이온은 B^{2-}이다.
ㄷ. A는 2주기 15족 원소이고, B는 2주기 16족 원소이므로 원자 번호가 큰 B가 A보다 원자 반지름이 작다.

 ㄱ. A는 원자가 전자 수가 5인 15족 원소이다.

11 (1) 원자 반지름은 $Li>Be>B>C>N>O>F$이다. 같은 주기 원소는 전자 껍질 수가 같고, 원자 번호가 커질수록 유효 핵전하가 증가하므로 원자 반지름은 원자 번호가 커질수록 감소한다.
(2) $Mg^{2+}<Na^{+}<F^{-}<O^{2-}$이다. Mg^{2+}, Na^{+}, F^{-}, O^{2-}은 모두 Ne의

전자 배치를 한다. 등전자 이온은 전자 껍질 수와 전자 수가 같으므로 원자 번호가 커질수록 이온 반지름이 작아진다.

(3) Na<Al<Mg<Si<S<P<Cl이다. 같은 주기에서 이온화 에너지는 원자 번호가 증가함에 따라 대체로 증가하지만, 2족과 13족, 15족과 16족에서 원자 번호가 클수록 이온화 에너지가 작은 예외적인 경향을 보이기 때문이다.

	채점 기준	배점
(1)	2주기 원소의 원자 반지름을 옳게 비교하고 그렇게 판단한 까닭을 옳게 서술한 경우	100%
	원자 반지름의 크기만 옳게 비교한 경우	50%
(2)	이온 반지름의 크기를 옳게 비교하고 그렇게 판단한 까닭을 옳게 서술한 경우	100%
	이온 반지름의 크기만 옳게 비교한 경우	50%
(3)	3주기 원소의 이온화 에너지를 옳게 비교하고 그렇게 판단한 까닭을 옳게 서술한 경우	100%
	이온화 에너지의 크기만 옳게 비교한 경우	50%

12 모범 답안 제8 이온화 에너지가 크게 증가하였으므로 A는 17족 원소이다. 순차 이온화 에너지는 차수가 증가할수록 점점 증가하다가 전자 껍질 수가 감소할 때 크게 증가한다. 따라서 원자가 전자 수가 n인 원소는 제 $n+1$ 이온화 에너지가 크게 증가한다.

채점 기준	배점
17족 원소임을 쓰고 제8 이온화 에너지가 크게 증가했기 때문이며 제8 이온화 에너지가 크게 증가하면 왜 17족 원소인지를 옳게 서술한 경우	100%
17족 원소임을 쓰고 제8 이온화 에너지가 크게 증가했기 때문이라고만 서술한 경우	70%
17족 원소라는 것만 서술한 경우	30%

한눈에 정리하기
본교재 88~89쪽

㉠ 원자 번호 ㉡ 모즐리 ㉢ 원자가 전자 수 ㉣ 감소 ㉤ 증가 ㉥ 작다 ㉦ 크다 ㉧ 증가 ㉨ 감소 ㉩ 13 ㉪ 16 ㉫ 반발력 ㉬ 인력

수능 1등급
본교재 90~93쪽

01 ④ **02** ⑤ **03** ⑤ **04** ④ **05** ③ **06** ① **07** ② **08** ④
09 ④ **10** ① **11** ③ **12** ② **13** ③ **14** ③ **15** ⑤ **16** ③

01 민하: 되베라이너의 세 쌍 원소설에 의하면 성질이 비슷한 세 개의 원소를 원자량 순으로 나열하면 가운데 원소의 원자량은 나머지 두 원소 원자량의 평균값과 같다.
진석: 원소의 화학적 성질을 결정하는 것이 양성자수와 관련있음을 발견하고 양성자수(원자 번호) 순서대로 원소를 나열하여 주기율표를 완성한 과학자는 모즐리이다.
오답 피하기 성미: 멘델레예프는 원소를 원자량 순서대로 배열하였을 때 성질이 비슷한 원소가 주기적으로 나타남을 발견하고, 최초의 주기율표를 작성하였다.

02 같은 주기 원소는 전자가 들어 있는 전자 껍질 수가 같다.

오답 피하기 ① 현대의 주기율표는 원소를 원자 번호 순서로 배열하여 완성하였다.
② 수소를 제외한 1족 원소를 알칼리 금속이라고 한다.
③ 할로젠 원소 중 브로민은 상온에서 액체 상태로 존재한다.
④ 주기율표의 오른쪽 위로 갈수록 커지는 것은 비금속성이다.

03 A는 Li, B는 Al, C는 F이다.
ㄱ. A는 2주기 1족 원소, C는 2주기 17족 원소이다.
ㄴ. B는 3주기 원소이므로 전자가 들어 있는 전자 껍질 수가 가장 크다.
ㄷ. C는 안정한 이온이 될 때 전자 1개를 얻어 Ne과 같은 전자 배치를 하므로 B^{3+}과 같은 전자 배치를 한다.

04 ㄴ. 바닥상태에서 홀전자 수가 1인 원소는 A(Li)와 C(F)이다.
ㄷ. B(N)와 E(P)는 모두 원자가 전자 수가 5인 15족 원소이다.
오답 피하기 ㄱ. 금속 원소는 A(Li)와 D(Mg) 2가지이다.

05 ㄱ. A와 C는 18족 원소이므로 원자가 전자 수가 0으로 같다.
ㄴ. B의 안정한 이온은 B^-, D의 안정한 이온은 D^+으로 모두 네온(Ne)과 같은 전자 배치를 이룬다.
오답 피하기 ㄷ. E는 3주기 16족 비금속 원소이므로 전자를 얻기 쉽다.

06 A~D는 각각 2주기 1족, 3주기 2족, 2주기 16족, 3주기 17족 원소 중 하나이다. 따라서 A~D의 홀전자 수는 각각 1, 0, 2, 1 중 하나이므로 A와 D는 각각 1족, 17족 원소 중 하나이다. 그리고 상온에서 기체로 존재하는 것은 2주기 16족 원소와 3주기 17족 원소이므로 B와 D는 각각 2주기 16족, 3주기 17족 원소 중 하나이다. 이로부터 A는 2주기 1족 원소인 리튬, B는 2주기 16족 원소인 산소, C는 3주기 2족 원소인 마그네슘, D는 3주기 17족 원소인 염소이다.
ㄱ. A와 B는 모두 2주기 원소이다.
오답 피하기 ㄴ. B는 16족 원소이므로 B의 안정한 이온은 B^{2-}이다.
ㄷ. C와 D는 모두 3주기 원소이고 D의 원자 번호가 더 크므로 원자 반지름은 D가 C보다 작다.

07 원자 번호 8~12 사이이고 안정한 이온의 전자 배치가 Ne과 같은 원소는 O, F, Na, Mg이다. O, F, Na, Mg의 바닥상태 홀전자 수는 다음과 같다.

O	F	Na	Mg
2	1	1	0

바닥상태 원자의 홀전자 수는 B>A=C이므로 A와 C는 각각 F과 Na 중 하나이고, B는 O이다. 그리고 A~D는 등전자 이온이므로 이온 반지름이 가장 작은 D는 Mg이다. 원자 반지름은 F<O<Mg<Na이고, A의 원자 반지름이 가장 작아야 하므로 A는 F이다. 따라서 C는 Na이다.
ㄴ. B는 2주기 16족 원소인 O이므로 원자가 전자 수는 6이다.
오답 피하기 ㄱ. 3주기 원소는 C(Na)와 D(Mg) 2가지이다.
ㄷ. D의 안정한 이온은 D^{2+}이다.

08 ㄱ. 등전자 이온의 반지름은 핵전하량이 클수록 작다. 따라서 R_B는 K^+의 반지름이고, R_A는 Cl^-의 반지름이다.
ㄷ. 이온화 에너지는 대체로 주기가 작을수록, 같은 주기에서는 원자 번호가 클수록 크다. 따라서 ㉠인 Cl의 이온화 에너지가 ㉡인 K보다 크다.
오답 피하기 ㄴ. Cl는 3주기 17족 원소이고, K은 4주기 1족 원소이다.

따라서 ㉠은 Cl의 원자 반지름이고, ㉡은 K의 원자 반지름이다. 유효 핵전하는 Cl가 K보다 크다.

09 A~D는 원자 번호가 연속이고 안정한 이온의 전자 배치가 모두 같으면서 이온 반지름은 D>C>B>A이므로 원자 번호는 D<C<B<A이다. A~D 중 C의 제2 이온화 에너지가 가장 크므로 C는 1족 원소이고, 원자 번호가 D<C<B<A이면서 제1 이온화 에너지는 B>A이므로 B는 2족 원소, A는 13족 원소이다. 이로부터 A~D는 각각 Al, Mg, Na, F이다.

ㄴ. A의 안정한 이온은 A^{3+}이다.

ㄷ. C는 1족 원소이고 D는 17족 원소이므로 C와 D는 1:1로 결합하여 화합물을 형성한다.

오답 피하기 ㄱ. 2주기 원소는 1가지이다.

10 같은 주기에서는 원자가 전자 수가 증가할수록 원자 반지름이 감소한다. 하지만 B보다 C의 원자 반지름이 더 크므로 A와 B는 2주기 원소이고, C와 D는 3주기 원소이다.

ㄱ. 2주기 원소는 A와 B이다.

오답 피하기 ㄴ. B는 2족 원소이므로 바닥상태에서 홀전자 수가 0이고, D는 14족 원소이므로 바닥상태에서 홀전자 수가 2이다.

ㄷ. A의 제2 이온화 에너지는 A^{+}에서 전자 1몰을 떼어낼 때 필요한 에너지이다. A^{+}의 전자 배치는 비활성 기체인 He과 같으므로 제2 이온화 에너지는 A가 B보다 크다.

11 같은 주기에서는 원자 번호가 증가할수록 원자 반지름이 감소하므로 G는 2주기 1족 원소인 Li이고, 원자 번호가 연속이므로 A는 2주기 17족 원소인 F이다.

ㄷ. A와 B의 안정한 이온은 Ne의 전자 배치를 한다. 등전자 이온의 반지름은 유효 핵전하가 클수록 작고, A와 B의 유효 핵전하는 A>B이므로 이온 반지름은 A<B이다.

오답 피하기 ㄱ. A는 17족 원소이므로 원자가 전자 수는 7이다.

ㄴ. 같은 주기에서는 원자 번호가 증가할수록 원자가 전자가 느끼는 유효 핵전하가 크다. 따라서 원자가 전자가 느끼는 유효 핵전하는 A가 가장 크다.

12 제1 이온화 에너지가 가장 큰 원소는 원자 번호 2인 He이고, 원자가 전자가 느끼는 유효 핵전하가 가장 큰 원자는 원자 번호 18인 Ar이다. 그리고 바닥상태에서 홀전자 수가 2인 원자 중 원자 반지름이 가장 작은 원자는 원자 번호 8인 O이다. 따라서 A~C의 양성자수의 합은 2+18+8=28이다.

13 원자 반지름보다 이온 반지름이 큰 A와 B는 2주기 비금속 원소이고, 원자 반지름보다 이온 반지름이 작은 C와 D는 3주기 금속 원소이다.

ㄷ. A~D의 이온은 등전자 이온이다. 이온 반지름은 A>B>C>D이고, 등전자 이온의 이온 반지름은 원자 번호가 클수록 작으므로 원자 번호는 A<B<C<D이다.

오답 피하기 ㄱ. A와 B는 같은 주기 원소이다. 같은 주기에서는 원자 반지름이 더 작은 B의 유효 핵전하가 A보다 크다.

ㄴ. B는 2주기 비금속, C는 3주기 금속 원소이다. 제1 이온화 에너지는 2주기 비금속 원소가 3주기 금속 원소보다 크므로 제1 이온화 에너지는 B>C이다.

14 A는 제4 이온화 에너지가 크게 증가했으므로 13족 원소이다. 따라서 A는 3주기 13족 원소인 Al이다.

ㄱ. A의 원자가 전자 수는 3이다.

ㄴ. 원자 번호가 13이므로 양성자수(x)는 13이다.

오답 피하기 ㄷ. A는 양이온을 형성하는 금속 원소이다. 양이온의 반지름은 원자 반지름보다 작으므로 A의 $\dfrac{이온\ 반지름}{원자\ 반지름}<1$이다.

15 A~D는 모두 2주기 원소이고 원자가 전자 수가 4 이하이므로 Li, Be, B, C 중 하나이다. Li, Be, B, C의 제1 이온화 에너지는 Li<B<Be<C이므로 A는 Li, B는 B(붕소), C는 Be, D는 C(탄소)이다.

ㄱ. Be은 바닥상태에서 홀전자 수가 0이다.

ㄴ. 제2 이온화 에너지는 Li인 A가 가장 크다.

ㄷ. 같은 주기에서 원자가 전자가 느끼는 유효 핵전하는 원자 번호가 커질수록 증가하므로 A<C<B<D이다.

16 ㄱ. A는 제3 이온화 에너지가 크게 증가했으므로 2족 원소이다. 따라서 A의 안정한 이온은 A^{2+}이다.

ㄴ. B와 D는 제2 이온화 에너지가 크게 증가했으므로 1족 원소이다.

오답 피하기 ㄷ. 제1 이온화 에너지는 A<C이므로 A는 4주기 2족, C는 3주기 2족 원소이다. B와 D는 1족 원소이므로 원자 번호는 A가 가장 크다.

01 화학 결합

01 이온 결합

개념 바로 확인   본교재 97, 99, 101쪽

01 산소, 수소, 전자 **02** 옥텟 **03** 금속, 비금속 **04** 인력, 반발력, 낮은
05 황산 나트륨 **06** 높다 **07** 없고, 있다 **08** 짧을수록, 클수록

01 (+)극: 산소(O_2) 기체, (−)극: 수소(H_2) 기체, H_2:O_2=2:1
02 (1) A, D (2) 1, 양이온 (3) 1, D, 음이온 **03** ② **04** (1) b (2) c
05 (1) MgS, 황화 마그네슘 (2) Al_2O_3, 산화 알루미늄 (3) Na_2O,
산화 나트륨 **06** (1) × (2) × (3) ○ (4) ○ **07** (1) 이온 결합 (2) AB
(3) AB>AC **08** (1) < (2) >

01 물을 전기 분해하면 (+)극에서 산소(O_2) 기체가, (−)극에서 수소
(H_2) 기체가 생성되며 기체의 부피 비는 H_2:O_2=2:1이다.

02 (1) 18족 원소는 가장 바깥 전자 껍질에 들어 있는 전자 수가 2 또는
8이다. 따라서 A와 D이다.
(2) B의 원자가 전자 수가 1이므로 B는 전자 1개를 잃고 안정한 양이온
이 된다.
(3) C는 비금속 원소이므로 전자 1개를 얻어 안정한 음이온이 된다. 이
때 전자 배치는 D(Ne)와 같다.

03 이온 결합 물질은 금속 원소와 비금속 원소가 결합한 물질이다.
오답 피하기 ㄱ. H_2O을 이루는 H와 O는 모두 비금속 원소이다.
ㄷ. CH_4을 이루는 C와 H는 모두 비금속 원소이다.

04 (1) 이온 사이의 거리에 따른 에너지 그래프에서 에너지가 가장 낮은
지점은 이온 결합이 형성되는 지점이다. 따라서 이온 결합이 형성되는
지점은 b이다.
(2) 이온 사이의 거리가 b보다 클 때 인력이 반발력보다 우세하다. 따라
서 인력이 반발력보다 우세한 지점은 c이다.

05 (1) 황화 이온과 마그네슘 이온이 결합하였으므로 황화 마그네슘이다.
(2) 산화 이온과 알루미늄 이온이 결합하였으므로 산화 알루미늄이다.
(3) 산화 이온과 나트륨 이온이 결합하였으므로 산화 나트륨이다.

06 (1) 이온 결합 물질은 고체 상태에서 전기 전도성이 없다.
(2) 이온 결합 물질은 상온에서 대부분 고체 상태로 존재한다.

07 (1) A는 금속 원소, B는 비금속 원소이므로 A와 B는 이온 결합을
형성한다.
(2) A는 1족 원소, B는 17족 원소이므로 A와 B가 결합하여 생성된 물
질의 화학식은 AB이다.
(3) A와 B로 이루어진 물질은 A와 C로 이루어진 물질보다 이온 사이의
거리가 짧다. 이때 A~C의 전하량은 +1 또는 −1로 모두 같으므로 화
합물의 녹는점은 A와 B로 이루어진 물질이 더 높다.

08 (1) 이온 사이의 거리가 NaCl>NaF이므로 녹는점은 NaCl<NaF
이다.
(2) 이온의 전하량이 MgO>NaF이므로 녹는점은 MgO>NaF이다.

탐구 활동   본교재 102쪽

01 ④ **02** ⑤

01 ㄴ. 물을 전기 분해했을 때 (+)극과 (−)극에서는 각각 산소(O_2) 기
체(O_2)와 수소(H_2) 기체가 발생하고, 이때 부피 비는 수소(H_2):산소
(O_2)=2:1이다.
ㄷ. 물을 전기 분해했을 때 수소 기체와 산소 기체가 발생하므로 수소와
산소가 결합하여 물이 생성될 때 전자가 관여함을 알 수 있다.
오답 피하기 ㄱ. (+)극에서 발생하는 기체는 산소(O_2) 기체이다.

02 주어진 그림은 물의 전기 분해 장치이며, 전기 분해를 통해 물질이
구성 원소로 분해되는 것으로부터 원소가 결합하여 화합물이 형성될 때
전자가 관여함을 확인할 수 있다.

내신 실력 Up   본교재 103~105쪽

01 ⑤ **02** ③ **03** ③ **04** ⑤ **05** ④ **06** ② **07** ④ **08** ④
09 ⑤ **10** ③ **11** 해설 참조 **12** 해설 참조 **13** 해설 참조

01 ㄱ. 순수한 물은 전류가 흐르지 않으므로 전해질(황산 나트륨)을 소
량 넣어 녹인 후 전류를 흘려 전기 분해한다.
ㄴ. 물을 전기 분해하면 (+)극에서는 산소(O_2) 기체가, (−)극에서는 수
소(H_2) 기체가 발생한다.
ㄷ. 물질을 전기 분해하여 물질을 구성하는 성분 원소로 분해할 수 있는
것으로부터 원소가 결합하여 화합물이 생성되는 과정에 전자가 관여함
을 알 수 있다.

02 염화 나트륨 용융액을 전기 분해하면 금속 나트륨(Na)과 염소 기체
(Cl_2)가 생성된다.
ㄱ, ㄴ. (+)극에서는 염소 기체가, (−)극에서는 금속 나트륨이 생성된다.
오답 피하기 ㄷ. 화학 반응식은 2NaCl ⟶ 2Na + Cl_2이므로 (+)극
과 (−)극에서 생성되는 물질의 몰수 비는 1:2이다.

03 ㄱ. A는 전자 1개를 잃고 He과 같은 전자 배치를 이룬다.
ㄷ. 안정한 이온이 될 때 Ne과 같은 전자 배치를 이루는 원소는 B 1가
지이다.
오답 피하기 ㄴ. B는 전자 3개를 잃고 Ne과 같은 전자 배치를 이루고,
C는 전자 1개를 얻어 Ar과 같은 전자 배치를 이룬다. 따라서 안정한 이
온이 될 때 전자가 들어 있는 전자 껍질 수는 각각 2, 3이다.

04 ㄱ. 비활성 기체는 A 1가지이다.
ㄴ. 음이온이 되기 쉬운 원소는 C 1가지이다.
ㄷ. B는 전자 1개를 잃고 비활성 기체의 전자 배치를 이루고, C는 전자
1개를 얻어 비활성 기체의 전자 배치를 이룬다.

05 Na은 원자가 전자 수가 1인 3주기 금속 원소, Cl는 원자가 전자 수
가 7인 3주기 비금속 원소이다.
ㄴ. Na은 전자 1개를 잃고 양이온이 되기 쉽고, Cl는 전자 1개를 얻어

음이온이 되기 쉬우므로 Na과 Cl가 결합할 때 전자는 Na에서 Cl로 이동한다.

ㄷ. 양이온과 음이온이 결합하여 이루어진 이온 결합 물질에서 '양이온의 총(+)전하량+음이온의 총(−)전하량=0'이 되어야 한다. 따라서 Na과 Cl는 1:1의 개수비로 결합하여 화합물을 형성한다.

오답 피하기 ㄱ. Na은 전자 1개를 잃고 Ne과 같은 전자 배치를, Cl는 전자 1개를 얻어 Ar과 같은 전자 배치를 이룬다.

06 ㄴ. 양이온과 음이온은 인력과 반발력에 의한 에너지가 최소인 지점 (b)에서 이온 결합을 형성한다.

오답 피하기 ㄱ. a점은 반발력이 인력보다 우세하게 작용하는 지점이다.
ㄷ. c점은 인력이 반발력보다 우세하게 작용하는 지점이다.

07 ㄴ. B는 전자 2개를 잃고 B^{2+}이 되고, C는 전자 2개를 얻어 C^{2-}이 된다. 따라서 B와 C는 1:1로 결합하여 이온 결합 화합물을 형성한다.

ㄷ. 이온 반지름은 F가 B보다 크다. 따라서 B와 C로 이루어진 물질은 C와 F로 이루어진 물질보다 이온 사이의 거리가 짧으므로 녹는점이 더 높다.

오답 피하기 ㄱ. A와 C는 모두 비금속 원소이므로 A와 C는 이온 결합을 형성하지 않는다. 따라서 A와 C로 이루어진 물질은 액체 상태에서 전기 전도성이 없다.

08 상온에서 고체 상태로 존재하며, 고체 상태에서 전류가 흐르지 않지만 수용액과 액체 상태에서 전류가 흐르는 물질은 이온 결합 물질이다. 이온 결합 물질은 금속 원소와 비금속 원소가 결합하여 생성된다. A, C, D는 비금속 원소이고 B와 F는 금속 원소이므로 B와 C, D와 F가 가능하다.

09 이온 결합 물질의 녹는점은 이온 결합력이 클수록 높다. 이온 결합력은 이온 사이의 거리가 짧을수록, 이온의 전하량이 클수록 크다.

ㄱ. E의 크기가 클수록 이온 결합력이 크므로 녹는점이 높다.

ㄴ. NaF은 NaCl보다 음이온의 반지름이 작으므로 이온 사이의 거리가 더 짧고, 이온 결합력이 더 크다. 따라서 NaF이 NaCl보다 E가 더 크다.

ㄷ. Na_2O은 MgO보다 양이온의 반지름이 더 크므로 이온 결합을 형성할 때 이온 사이의 거리(r_0)가 더 길다.

10 이온 결합 물질의 녹는점은 이온의 전하량이 클수록, 이온 사이의 거리가 짧을수록 높다.

ㄱ. 녹는점은 NaF>NaCl이므로 이온 결합력은 NaF>NaCl이다.

ㄷ. Na^+, Mg^{2+}, F^-, O^{2-}의 전자 배치는 모두 Ne과 같으므로 NaF과 MgO에서 양이온과 음이온 사이의 거리는 비슷하다. 그러나 MgO이 NaF보다 녹는점이 높으므로 두 물질의 녹는점을 비교하면 이온의 전하량이 녹는점에 미치는 영향을 알 수 있다.

오답 피하기 ㄴ. MgO은 CaO과 이온의 전하량이 같지만 이온 사이의 거리는 더 짧으므로 이온 결합력이 더 크다. 따라서 녹는점이 더 높으므로, x는 2572보다 크다.

11 A와 B의 원자가 전자 수는 각각 7, 2이므로 A는 전자 1개를 얻어 −1가 음이온이 되기 쉽고, B는 전자 2개를 잃고 +2가 양이온이 되기 쉽다. 따라서 A와 B는 정전기적 인력에 의해 이온 결합을 형성하며, 이때 A와 B는 2:1의 개수비로 결합한다. 이로부터 A와 B가 결합하여 형성된 물질의 화학식은 BA_2이다.

모범 답안 (1) BA_2

(2) A는 전자 1개를 얻어 −1가 음이온이 되고, B는 전자 2개를 잃고 +2가 양이온이 된다. 따라서 B 원자가 잃은 전자가 A 원자로 이동하면서 이온 결합이 형성되며, 이때 잃은 전자 수와 얻은 전자 수가 같아야 하므로 A와 B가 2:1의 개수비로 결합한다.

	채점 기준	배점
(1)	화학식을 옳게 쓴 경우	100%
(2)	A와 B가 결합을 형성하는 과정을 옳게 설명한 경우	100%
	A와 B의 이온 형성 과정만 쓴 경우	50%

12 모범 답안 NaF의 녹는점이 가장 높다. 이온 결합 물질은 이온의 전하량이 클수록, 이온 사이의 거리가 짧을수록 녹는점이 높다. NaF, NaCl, NaBr은 이온의 전하량이 같지만 이온 사이의 거리가 NaF<NaCl<NaBr이므로 녹는점은 NaF>NaCl>NaBr이다.

채점 기준	배점
녹는점이 가장 높은 물질을 쓰고, 그렇게 판단한 까닭을 옳게 서술한 경우	100%
녹는점이 가장 높은 물질만 쓴 경우	50%

13 모범 답안 (1) 이온 사이의 거리가 r_0일 때 인력과 반발력이 균형을 이루어 이온 결합이 형성된다. 따라서 이온 사이의 거리가 r_0보다 클 때는 인력이 우세하게 작용한다.

(2) MgO과 CaO에서 양이온의 전하는 +2로 같고, 음이온의 전하는 −2로 같다. 그러나 Mg^{2+}의 반지름은 Ca^{2+}의 반지름보다 작으므로 r_0는 MgO이 CaO보다 작고, E의 크기는 MgO이 CaO보다 크다.

	채점 기준	배점
(1)	인력과 반발력 중 어떤 것이 우세하게 작용하는지 옳게 설명한 경우	100%
(2)	CaO과 MgO에서 r_0와 E를 모두 옳게 비교한 경우	100%

02 공유 결합과 금속 결합

개념 바로 확인 본교재 107, 109쪽

01 비금속, 전자쌍 **02** 공유 **03** 3 **04** 자유 전자 **05** 금속 결정

01 (1) a (2) b (3) 37 pm (4) 436 kJ/mol **02** (1) × (2) ○ (3) ×
03 ㉠ 분자 결정 ㉡ 이온 결정 ㉢ 원자 결정

01 (1) 원자핵 사이의 거리가 가까워질수록 인력과 반발력이 모두 증가하며, 인력이 증가할수록 에너지는 낮아지고 반발력이 증가할수록 에너지는 커진다. a에서 인력과 반발력에 의한 에너지의 합이 음의 값을 가지므로 인력이 반발력보다 우세하다.

(2) 수소 분자가 생성되는 지점은 가장 에너지가 낮은 b이다.

(3) 공유 결합 반지름은 공유 결합이 형성되었을 때 원자핵 사이의 거리의 $\frac{1}{2}$이므로 37 pm이다.

(4) 공유 결합 에너지는 436 kJ/mol이다.

02 (1) 금속 결합은 금속 양이온과 자유 전자 사이에 형성되는 결합이다.
(2) 금속의 특성은 자유 전자에 의해 나타낸다.
(3) 이온 결합이 금속 결합보다 결합의 세기가 강하다.

03 공유 결합으로 이루어진 물질은 일반적으로 물에 대한 용해성이 없고, 고체와 액체 상태에서 전기 전도성이 없으므로 (가)와 (다)는 공유 결합 물질에 해당한다. (가)는 녹는점이 (다)에 비해 낮으므로 (가)는 기본 단위가 분자인 물질이며, (다)는 기본 단위가 원자인 물질이다. (나)는 녹는점이 높고 물에 잘 녹으며 고체 상태에서는 전기 전도성이 없으나 액체 상태에서는 있는 것으로 보아 이온 결정임을 알 수 있다.

탐구 활동   본교재 110쪽

01 (1) × (2) ○ (3) ○ (4) ○ (5) ×   **02** ③

01 (1), (2) (가)는 공유 결합 물질, (나)는 이온 결합 물질이다. 이온 결합 물질은 액체 상태에서 이온이 자유롭게 이동하므로 전기 전도성이 있다.
(3) 이온 결합 물질은 공유 결합 물질보다 일반적으로 물에 더 잘 녹는다.
(4) 포도당은 공유 결합 물질이다.
(5) 화학 결합의 세기는 일반적으로 공유 결합 > 이온 결합 > 금속 결합이다.

02 $CuSO_4$, $NaOH$은 양이온과 음이온으로 이루어진 물질이고, $C_6H_{12}O_6$, CH_2O는 비금속 원소로만 이루어진 물질이다. 이온 결합 물질은 수용액 상태에서 전기 전도성이 있지만 공유 결합 물질은 일반적으로 수용액 상태에서 전기 전도성이 없다.
오답 피하기 ② 이온 결합 물질과 공유 결합 물질은 일반적으로 고체 상태에서 전기 전도성이 없다.
④ $C_6H_{12}O_6$, CH_2O은 공유 결합으로 이루어진 물질이다.
⑤ $CuSO_4$, $NaOH$에서 Na, Cu는 금속 원소, H, O, S은 비금속 원소이다.

내신 실력 Up   본교재 111~113쪽

01 ③   **02** ③   **03** ④   **04** ②   **05** ③   **06** ①   **07** ④   **08** ④
09 ⑤   **10** ③   **11** ①   **12** ①   **13** ④   **14** 해설 참조   **15** 해설 참조   **16** 해설 참조

01 분자에서 두 원자 사이의 공유 전자쌍 수는 각 원자가 18족 원소와 같은 전자 배치가 되기 위해 필요한 전자 수와 같다.
오답 피하기 ⑤ 비금속 원소들은 18족 원소와 같은 전자 배치를 하기 위해 전자쌍을 공유하여 결합한다.

02 A~C는 각각 H, C, O이다.
ㄱ. O는 원자가 전자 수가 6이므로 $C_2(O_2)$에서 전자쌍을 2개 공유한다. 따라서 C_2에는 2중 결합이 있다.
ㄷ. $A_2C(H_2O)$에서 C(O)는 Ne과 같은 전자 배치를 이룬다.
오답 피하기 ㄴ. $BC_2(CO_2)$에서 C는 2개의 O 원자와 각각 2개의 전자쌍을 공유하므로 공유 전자쌍 수는 4이고, $BA_4(CH_4)$에서 C는 4개의 H 원자와 각각 1개의 전자쌍을 공유하므로 공유 전자쌍 수는 4이다. 따라서 BC_2와 BA_4에서 공유 전자쌍 수는 같다.

03 CO_2에는 C와 O 사이에 2중 결합이 존재하고, HCN에는 C와 N 사이에 3중 결합이 존재한다.
오답 피하기 ① H_2O은 단일 결합으로만 이루어져 있다.
②, ③ CH_4, NH_3는 모두 단일 결합으로만 이루어져 있다.
⑤ O_2는 산소 원자 사이에 2중 결합이 존재한다.

04 A~E는 각각 H, Li, N, O, F이다.
ㄷ. $DE_2(OF_2)$에서 O와 F은 모두 Ne과 같은 전자 배치를 이루어 옥텟 규칙을 만족한다.
오답 피하기 ㄱ. 비금속 원소인 A와 금속 원소인 B는 이온 결합한다.
ㄴ. C와 E는 모두 비금속 원소이므로 C와 E로 이루어진 물질은 공유 결합 물질이다. 공유 결합 물질은 액체 상태에서 전기 전도성이 없다.

05 원자 사이의 공유 결합은 원자핵 사이의 거리에 따른 반발력과 인력이 균형을 이루어 에너지가 가장 낮은 지점에서 형성된다.
ㄱ. B 지점은 에너지가 가장 낮은 지점으로 수소(H_2) 분자가 형성되는 지점이다.
ㄴ. 결합 에너지는 분자 1몰의 공유 결합을 끊어 기체 상태의 원자를 만드는 데 필요한 에너지이므로 436 kJ/mol이다.
오답 피하기 ㄷ. 수소 원자의 공유 결합 반지름은 공유 결합이 형성되었을 때 두 원자 사이의 거리의 $\frac{1}{2}$이므로 74 ÷ 2 = 37 pm이다.

06 ㄱ. 공유 결합 물질은 일반적으로 고체 상태와 액체 상태에서 전기 전도성이 없다.
오답 피하기 ㄴ. 원자 결정은 상온에서 대부분 고체 상태로 존재한다.
ㄷ. 분자 결정의 녹는점은 원자 결정에 비해 낮은 편이다.

07 A는 Li, B는 H, C는 Cl이다.
ㄴ. (가)는 이온 결합 물질로 액체 상태에서 전기 전도성이 있다.
ㄷ. (가)와 (나)에서 C는 모두 Ar과 같은 전자 배치를 이루고 있다.
오답 피하기 ㄱ. 원자 번호는 B가 가장 작다.

08 금속 결합 물질에 전류가 흐를 때 자유 전자가 (＋)극 쪽으로 이동한다. (＋)전하를 띠는 입자인 금속 양이온은 이동하지 않는다.
오답 피하기 ① 금속 결합은 금속 양이온과 자유 전자 사이의 정전기적 인력에 의해 형성된다.
② 금속은 고체와 액체 상태에서 전기 전도성이 있다.
③ 금속은 연성(뽑힘성)과 전성(펴짐성)이 좋다.
⑤ 금속은 일반적으로 녹는점이 높아 상온에서 고체 상태로 존재한다.

09 A는 자유 전자, B는 금속 양이온이다.
ㄱ. 금속 양이온과 자유 전자 사이의 정전기적 인력에 의해 금속 결합이 형성된다.
ㄴ. B는 (＋)전하를 띠는 금속 양이온이다.
ㄷ. 금속에서 전류가 흐를 때 자유 전자가 (＋)극 쪽으로 이동한다.

10 (가)는 금속 결정, (나)는 이온 결정, (다)는 원자 결정이다. 원자 결정은 녹는점과 끓는점이 매우 높다.
오답 피하기 ① (가)는 자유 전자와 금속 양이온, (나)는 양이온과 음이온 사이의 정전기적 인력에 의해 형성된 물질이다.
② (나)는 이온 결정으로 외부 힘에 의해 쉽게 부서지는 성질이 있다.

④ 고체 상태에서 전기 전도성이 있는 물질은 금속 결정인 (가)이다.

⑤ (다)는 원자가 전자를 공유하여 형성된 물질이다.

11 공유 결합 물질은 비금속 원소들이 결합하여 이루어진 물질이고, 이온 결합 물질은 금속 원소와 비금속 원소가 결합하여 이루어진 물질이다. 공유 결합으로 형성된 물질은 H_2O, CH_4, C(흑연) 3가지이다.

오답 피하기 ② 이온 결합으로 형성된 물질은 MgO 1가지이다.

③ 얇게 펴거나 가늘게 뽑을 수 있는 물질은 금속 결합 물질인 Cu 1가지이다.

④ 분자인 물질은 공유 결합으로 이루어진 H_2O, CH_4 2가지이다.

⑤ CH_4은 분자로 이루어진 물질이고, MgO은 이온 결합으로 이루어진 물질이므로 MgO이 CH_4보다 녹는점이 높다.

12 A~C는 각각 H, Na, S이다.

ㄱ. B는 금속이므로 고체 상태에서 열 전도성이 있다.

오답 피하기 ㄴ. A_2는 H_2, B_2C는 Na_2S이므로 끓는점은 B_2C가 A_2보다 높다.

ㄷ. BA는 금속 원소인 B와 비금속 원소인 A가 이온 결합하여 형성된 물질로 액체 상태에서 전기 전도성이 있다.

13 일반적으로 이온 결합 물질은 녹는점이 높고, 고체 상태에서는 전기 전도성이 없으나 액체 상태와 수용액 상태에서는 전기 전도성이 있다. 공유 결합 물질은 분자 결정과 원자 결정(공유 결정)으로 분류되며, 분자 결정은 녹는점과 끓는점이 대체로 낮고 원자 결정은 녹는점과 끓는점이 매우 높다. 금속 결합 물질은 고체와 액체 상태에서 모두 전기 전도성이 있다. 따라서 물질 A~D는 각각 분자 결정, 이온 결정, 원자 결정, 금속 결정이다.

④ 물질을 구성하는 입자의 정전기적 인력으로 형성된 물질은 이온 결정과 금속 결정이다. 따라서 B와 D 2가지이다.

오답 피하기 ① A는 분자 결정이다.

② B는 이온 결합 물질로 상온에서 고체 상태로 존재한다.

③ 힘을 가하면 쉽게 부스러지는 성질이 있는 것은 이온 결정인 B이다.

⑤ 상온에서 분자로 존재하는 물질은 A 1가지이다.

14 모범 답안 A는 원자가 전자 수가 6이므로 2개의 전자쌍을 공유하고, B는 원자가 전자 수가 4이므로 4개의 전자쌍을 공유한다. 따라서 1개의 B 원자는 2개의 A 원자와 각각 2개의 전자쌍을 공유한다.

	채점 기준	배점
(1)	A와 B가 공유하는 전자쌍 수와 그렇게 생각한 까닭을 모두 옳게 쓴 경우	100%
(2)	A와 B가 공유하는 전자쌍 수만 옳게 쓴 경우	50%

15 수소(H)는 플루오린(F)에 비해 원자 반지름이 작으므로 원자핵 사이의 거리는 $F_2 > H_2$이다.

모범 답안 플루오린(F)은 수소(H)보다 원자 반지름이 크고, 결합 에너지는 $F_2 < H_2$이므로 B 지점의 위치는 (나)이다.

채점 기준	배점
B 지점의 위치를 옳게 쓰고 그 까닭을 옳게 서술한 경우	100%
B 지점의 위치만 옳게 쓴 경우	50%

16 모범 답안 (1) (가)는 이온 결합, (나)는 공유 결합, (다)는 금속 결

합이다. 이온 결합 물질은 고체 상태에서는 전기 전도성이 없지만 액체 상태에서 전기 전도성이 있고, 공유 결합 물질은 녹는점과 끓는점이 낮고 고체 상태와 액체 상태에서 모두 전기 전도성이 없다. 금속 결합 물질은 고체 상태와 액체 상태에서 모두 전기 전도성이 있다.

(2) A는 금속 원소이고, B와 C는 비금속 원소이다.

	채점 기준	배점
(1)	(가)~(다)를 이루는 화학 결합을 옳게 쓰고 그렇게 생각한 까닭을 옳게 서술한 경우	100%
	(가)~(다)를 이루는 화학 결합만 옳게 쓴 경우	50%
(2)	A~C를 금속 원소와 비금속 원소로 옳게 분류한 경우	100%

㉠ 전자 ㉡ 금속 ㉢ 비금속 ㉣ 정전기적 인력 ㉤ 가까울 ㉥ 클 ㉦ 낮은 ㉧ 개수비 ㉨ 중성 ㉩ 가까울 ㉪ 클 ㉫ 반발력 ㉬ 자유 전자 ㉭ 공유 결합

01 ③ **02** ③ **03** ① **04** ③ **05** ③ **06** ⑤ **07** ② **08** ①
09 ④ **10** ① **11** ③ **12** ④ **13** ⑤ **14** ① **15** ② **16** ②

01 X_2Y는 H_2O이다. 따라서 ㉠은 Y_2, ㉡은 X_2이다.

ㄱ. (가)에서 X와 Y는 전자쌍을 공유하여 X_2Y를 이루고 있으므로 공유 결합 물질이다.

ㄷ. X_2Y를 전기 분해하였을 때 성분 원소인 X_2와 Y_2가 생성되었으므로 X와 Y가 반응하여 X_2Y가 생성될 때 전자가 관여함을 알 수 있다.

오답 피하기 ㄴ. X_2Y의 전기 분해 반응식은 $2X_2Y \longrightarrow 2X_2 + Y_2$이다. 따라서 ㉠은 Y_2이다.

02 H_2O과 NaCl의 전기 분해 반응식은 다음과 같다.
$$2H_2O \longrightarrow 2H_2 + O_2$$
$$2NaCl \longrightarrow 2Na + Cl_2$$

ㄱ. (가)의 전기 분해 결과 (+)극과 (−)극에서 모두 기체가 발생했으므로 (가)는 H_2O이고, (나)는 NaCl이다.

ㄴ. 물을 전기 분해하면 (+)극에서는 산소 기체가, (−)극에서는 수소 기체가 생성되고 기체의 부피 비는 산소 기체 : 수소 기체=1 : 2이다. 염화 나트륨 용융액을 전기 분해하면 (+)극에서는 염소 기체가, (−)극에서는 금속 나트륨이 생성되고 생성되는 몰수 비는 염소 기체 : 금속 나트륨=1 : 2이다. 따라서 x, y, z는 각각 1, 2, 1이다.

오답 피하기 ㄷ. C_2는 Cl_2로 염소 원자가 전자쌍 1개를 공유하여 이루어진 물질이므로 단일 결합으로만 이루어져 있다.

03 H_2O과 NaCl 중 액체 상태와 고체 상태에서 전기 전도성이 없는 물질은 공유 결합 물질인 H_2O이므로 (가)는 H_2O, (나)는 NaCl이다.

ㄴ. 특성 Ⅱ는 H_2O과 NaCl 모두 해당하는 것이므로 '물질이 형성될 때 전자가 관여한다.'가 될 수 있다.

오답 피하기 ㄱ. (가)는 H_2O이다.

ㄷ. (나)는 NaCl로 이온 결합 물질이므로 분자로 이루어진 물질이 아니다.

04 A~C는 각각 Li, F, Al이다.

ㄱ. A(Li)와 B(F)가 반응할 때 전자는 금속 원소인 A에서 비금속 원소인 B로 이동한다.

ㄷ. 비금속 원소인 B와 금속 원소인 C가 결합하여 이루어진 물질은 이온 결합 물질로 액체 상태에서 전기 전도성이 있다.

오답 피하기 ㄴ. A는 전자를 1개 잃고 이온이 되므로 A 이온의 전자 배치는 He과 같고, B는 전자 1개를 얻어 음이온이 되고 C는 전자 3개를 잃고 양이온이 되므로 B 이온과 C 이온의 전자 배치는 Ne과 같다.

05 A는 이온 결합 물질이다. 이온 결합 물질은 금속 원소와 비금속 원소가 이온 결합하여 형성된다.

ㄱ. Ca은 금속 원소, Cl는 비금속 원소이므로 $CaCl_2$은 이온 결합 물질이다.

ㄹ. Na은 금속 원소, H는 비금속 원소이므로 NaH은 이온 결합 물질이다.

오답 피하기 ㄴ, ㄷ. C, H, O는 모두 비금속 원소이다. 따라서 CO_2와 H_2O은 이온 결합 물질이 아니다.

06 ㄱ. 에너지가 가장 낮은 지점은 이온 사이의 거리가 r_0일 때이므로 이 지점에서 이온 결합이 형성된다.

ㄴ. K^+은 Na^+보다 이온 반지름이 크다. 따라서 KCl이 생성될 때 r_0는 NaCl보다 크다.

ㄷ. 이온 결합력이 클수록 E의 크기가 크고, NaF은 NaCl보다 음이온 반지름이 작으므로 이온 결합력이 더 크다. 따라서 NaF은 NaCl보다 E가 크다.

07 (가)의 온도에 따른 전기 전도도 그래프로부터 $t\,°C$에서 (가)는 상태 변화가 일어났으며 이 물질은 고체 상태에서는 전기 전도성이 없으나 액체 상태에서 전기 전도성이 있는 이온 결합 물질임을 알 수 있다.

ㄴ. (가)는 이온 결합 물질이다.

오답 피하기 ㄱ. $t\,°C$는 (가)의 녹는점이다.

ㄷ. (가)를 구성하는 입자는 2주기 금속 원소의 양이온과 2주기 비금속 원소의 음이온이다. 2주기 금속 원소의 양이온은 He과, 2주기 비금속 원소의 음이온은 Ne과 같은 전자 배치를 이루므로 (가)에서 구성 입자의 전자 배치는 서로 다르다.

08 A~E는 각각 H, B, F, Na, S이다.

ㄴ. 화합물 DC(NaF)에서 금속 원소인 D(Na)는 전자 1개를 잃고 Ne과 같은 전자 배치를 이루고, 비금속 원소인 C(F)는 전자 1개를 얻어 Ne과 같은 전자 배치를 이룬다.

오답 피하기 ㄱ. A와 C는 모두 비금속 원소이므로 A와 C가 결합하여 형성된 화합물은 이온 결합 물질이 아니다.

ㄷ. EC_2는 공유 결합 물질이고 DC는 이온 결합 물질이므로 녹는점은 DC가 더 높다.

09 A와 B는 각각 F, Mg이다. A는 전자 1개를 얻어 -1가 음이온이 되기 쉽고, B는 전자 2개를 잃고 $+2$가 양이온이 되기 쉬우므로 A와 B가 결합하여 화합물을 형성할 때 결합 개수비는 A:B=2:1이다.

오답 피하기 ① A_2에서 A 원자 사이에 공유 전자쌍이 1개 존재하므로 A는 옥텟 규칙을 만족한다.

② B는 금속 원소이므로 고체 상태에서 전기 전도성이 있다.

③ 비금속 원소인 A와 금속 원소인 B가 결합하여 형성된 물질은 이온 결합 물질이므로 액체 상태에서 전기 전도성이 있다.

⑤ A와 B가 결합할 때 금속 원소인 B에서 비금속 원소인 A로 전자가 이동한다.

10 (가)의 화학식은 CH_2O, (나)의 화학식은 HCN이다.

ㄱ. 분자당 원자 수는 (가)는 4, (나)는 3이므로 (가)가 (나)보다 크다.

오답 피하기 ㄴ. 공유 전자쌍 수는 (가)와 (나)에서 4로 같다.

ㄷ. (가)는 C와 O 사이에 2중 결합이 존재하고, (나)는 C와 N 사이에 3중 결합이 존재하므로 (가)와 (나)에 포함된 다중 결합 수는 1로 같다.

11 X는 고체와 액체 상태에서 모두 전기 전도성이 있으므로 금속 결합 물질이고, Y는 고체 상태에서는 전기 전도성이 없으나 액체 상태에서는 전기 전도성이 있으므로 이온 결합 물질이다.

ㄱ. X는 금속 결합 물질이므로 한 가지 원소로 이루어진 물질이다.

ㄴ. Y는 이온 결합 물질이므로 금속 원소와 비금속 원소로 이루어진 물질이다.

오답 피하기 ㄷ. X는 금속 결합 물질, Y는 이온 결합 물질이므로 25°C에서 분자로 존재하지 않는다. 분자 상태로 존재하는 것은 공유 결합 물질이다.

12 A~D는 각각 F, Mg, Na, O이다.

ㄴ. A~D의 이온은 모두 Ne의 전자 배치를 하므로 BD와 CA에서 이온 사이의 거리는 비슷하다. 따라서 이온의 전하량이 더 큰 BD가 CA보다 녹는점이 높다.

ㄷ. D_2A_2는 비금속 원소들로 이루어진 공유 결합 물질이다.

오답 피하기 ㄱ. 고체 상태의 CA(NaF)는 전기 전도성이 없지만 고체 상태의 B(Mg)는 자유 전자가 존재하므로 전기 전도성이 있다.

13 Y_2는 녹는점과 끓는점이 낮고 고체 상태와 액체 상태에서 전기 전도성이 없는 공유 결합 물질이고, XY는 녹는점과 끓는점이 높고 고체 상태에서는 전기 전도성이 없지만 액체 상태에서는 전기 전도성이 있는 이온 결합 물질이다. 따라서 X는 1족 금속 원소, Y는 17족 비금속 원소이다.

⑤ X는 3주기 금속 원소, Y는 3주기 비금속 원소이므로 XY에서 X는 Ne과 같은 전자 배치를 이루고, Y는 Ar과 같은 전자 배치를 이룬다.

오답 피하기 ② X는 금속이므로 녹는점과 끓는점은 공유 결합 물질보다 높다. 따라서 X의 녹는점은 Y_2의 녹는점인 -101°C보다 높다.

③ Y는 17족 원소이므로 Y_2에는 공유 전자쌍이 1개 존재한다.

④ X는 금속 결합 물질로 액체 상태에서 전기 전도성이 있다.

14 다이아몬드, 물, 구리, 염화 나트륨 중 액체 상태에서 전기 전도성이 있는 물질은 구리와 염화 나트륨이며, 고체 상태에서 전기 전도성이 있는 물질은 구리이다.

오답 피하기 ② 다이아몬드, 물, 구리, 염화 나트륨 중 고체 상태에서 전기 전도성이 있는 물질은 구리이고, 공유 결합 물질은 물, 다이아몬드이다.

③ 다이아몬드, 물, 구리, 염화 나트륨 중 공유 결합 물질은 물, 다이아몬드이고, 금속 결합 물질은 구리이다.

④ 다이아몬드, 물, 구리, 염화 나트륨 중 금속 결합 물질은 구리이고, 고체 상태에서 전기 전도성이 있는 물질은 구리이다.

⑤ 다이아몬드, 물, 구리, 염화 나트륨 중 수용액 상태에서 전기 전도성이 있는 물질은 염화 나트륨이고, 공유 결합 물질은 물, 다이아몬드이다.

15 H_2O, MgF_2, Fe, Cl_2 중 1가지 원소로 이루어진 물질은 Fe, Cl_2 이고, 이 중 분자로 존재하는 물질은 비금속 원소로 이루어진 Cl_2이다. H_2O, MgF_2 중 액체 상태에서 전류가 흐르는 물질은 이온 결합 물질인 MgF_2이다. 따라서 (가)~(라)는 각각 Cl_2, Fe, MgF_2, H_2O이다.

16 원소 A~D는 각각 H, F, Mg, O이다.
ㄷ. B와 D는 모두 2주기 비금속 원소이므로 분자에서 모두 Ne과 같은 전자 배치를 이룬다.
오답 피하기 ㄱ. (가)는 비금속 원소인 A와 금속 원소인 C의 이온 결합 으로 형성된 이온 결합 물질이다.
ㄴ. (나)는 비금속 원소인 B와 D가 결합하여 형성된 공유 결합 물질이 므로 액체 상태에서 전기 전도성이 없다.

02 분자의 구조와 극성

01 결합의 극성

개념 바로 확인   본교재 123, 125쪽

01 커, 작아 **02** 무극성 **03** 루이스 전자점식 **04** 공유 전자쌍, 비공 유 전자쌍 **05** 루이스 구조식

01 (1) I (2) ⑤ **02** ③ **03** (1) CO_2 (2) N_2 (3) CH_4 **04** 해설 참조

01 (1) 주기율표의 오른쪽 위로 갈수록 전기 음성도가 대체로 증가하므로 전기 음성도가 가장 큰 원소는 F(플루오린)이다. 따라서 I에 해당한다.
(2) 결합의 극성은 두 원자의 전기음성도 차이가 클수록 커진다.

02 Li, B, C, N, O의 원자가 전자 수는 각각 1, 3, 4, 5, 6이므로 루이 스 전자점식으로 나타냈을 때 홀전자 수는 C가 가장 많다.

03 (1) CO_2에서 C와 O 사이에 2중 결합이 존재한다.
(2) N_2에는 N 원자 사이에 3중 결합이 존재한다.
(3) CH_4에서 C 주위에는 공유 전자쌍만 4개 존재한다.

04 Mg과 O가 이온 결합을 이루었을 때 루이스 전자점식은
 이다.

내신 실력 Up   본교재 127~129쪽

01 ② **02** ② **03** ① **04** ③ **05** ③ **06** ⑤ **07** ③ **08** ②
09 ④ **10** ⑤ **11** ⑤ **12** ④ **13** 해설 참조 **14** 해설 참조

01 전기 음성도는 F의 전기 음성도 4.0을 기준으로 하여 분자에서 원자 가 공유 전자쌍을 끌어당기는 힘의 크기를 상대적으로 나타낸 값이므로 단위가 없다.

02 무극성 공유 결합은 같은 종류의 원자들 사이에 형성된 공유 결합이다.
② CH_4에는 C와 H 사이의 극성 공유 결합만 존재한다.

오답 피하기 ①, ③ H_2, N_2는 같은 종류의 원자들로 이루어진 분자로, 무극성 공유 결합만 존재한다.
④, ⑤ N_2H_2의 구조는 H$-$N$=$N$-$H이고 H_2O_2의 구조는 H$-$O$-$O$-$H이므로 모두 무극성 공유 결합이 존재한다.

03 결합의 극성은 두 원자의 전기 음성도 차이가 클수록 커진다. A~C 의 전기 음성도는 A$>$B$>$C이므로 결합의 극성은 A$-$D$>$B$-$D $>$C$-$D 순이다.

04 A~D는 각각 N, O, F, Cl이다.
ㄱ. A~D 중 전기 음성도는 C(F)가 가장 크다.
ㄴ. A_2와 B_2의 공유 전자쌍 수는 각각 3, 2이므로 공유 전자쌍 수는 A_2 가 B_2보다 크다.
오답 피하기 ㄷ. 극성 공유 결합에서 부분적인 ($-$)전하를 띠는 원자는 전기 음성도가 큰 원자이다. 전기 음성도가 B$<$C이므로 B와 C의 결합 에서 부분적인 ($-$)전하를 띠는 원자는 C이다.

05 결합하는 원자의 전기 음성도 차이가 클수록 결합의 극성이 크다. A~F 중 전기 음성도가 가장 작은 원소는 A이고, 전기 음성도가 가장 큰 원소는 D이므로 A$-$D 결합의 쌍극자 모멘트가 가장 크다.

06 (가)~(다)는 각각 NF_3, N_2H_2, OF_2이다.
ㄱ. (가)는 N$-$F 결합이 3개 존재하므로 극성 공유 결합만 존재한다.
ㄴ. B와 D의 전기 음성도 차이가 C와 D의 전기 음성도 차이보다 크므 로 결합의 쌍극자 모멘트는 B$-$D가 C$-$D보다 크다.
ㄷ. (나)의 구조식은 H$-$N$=$N$-$H이므로 N 원자 사이에 무극성 공유 결합이 존재한다.

07 A는 원자가 전자 수가 5인 질소(N)이다. 따라서 루이스 전자점식으 로 나타내면 $\overset{\cdot\cdot}{\underset{\cdot}{\text{A}}}$ 이다.

08 A~D는 각각 F, N, O, C이다.
ㄷ. D의 원자가 전자 수는 4이므로 분자에서 4개의 전자쌍을 공유하고, A는 원자가 전자 수가 7이므로 분자에서 1개의 전자쌍을 공유한다. 따 라서 D 원자 1개와 A 원자로 이루어진 화합물의 화학식은 DA_4이다.
오답 피하기 ㄱ. A와 B는 비금속 원소이므로 A와 B로 이루어진 화합 물은 액체 상태에서 전기 전도성이 없다.
ㄴ. CA_2는 OF_2이고, 비공유 전자쌍은 O 원자에 2개, F 원자에 각각 3 개씩 총 8개가 존재한다.

09 분자에서 원자가 가지는 공유 전자쌍 수는 18족 원소와 같은 전자 배치를 이루기 위해 필요한 전자 수와 같다. 따라서 A~C의 원자가 전 자 수는 각각 4, 5, 6이다.
ㄴ. (가)~(다)는 모두 서로 다른 종류의 원자가 공유 결합하여 형성되었 으므로 극성 공유 결합이 존재한다.
ㄷ. (가)~(다)는 모두 중심 원자 주변에 전자쌍이 4개 존재하므로 중심 원자가 옥텟 규칙을 만족한다.
오답 피하기 ㄱ. A~C 중 원자가 전자 수는 C가 가장 크다.

10 분자에서 원자가 공유하는 전자쌍 수는 18족 원소와 같은 전자 배치 를 이루기 위해 필요한 전자 수와 같으므로 X~Z의 원자가 전자 수는 각각 7, 4, 5이다.

ㄱ. X~Z는 모두 2주기 원소이고 원자가 전자 수가 각각 7, 4, 5이므로 원자 번호는 Y<Z<X이다. 같은 주기에서 원자 번호가 커질수록 전기 음성도가 커지므로 전기 음성도는 X가 가장 크다.

ㄴ. 전기 음성도는 Z가 Y보다 크다. 따라서 Y와 Z가 공유하는 3개의 전자쌍은 Z 쪽으로 치우쳐 있다.

ㄷ. Z의 원자가 전자 수는 5이므로 Z_2에서 Z는 3개의 전자쌍을 공유한다. 따라서 Z_2에는 3중 결합이 존재한다.

11 A~D는 각각 H, C, N, O이다. 분자를 루이스 구조식으로 표현했을 때 결합선 수는 공유 전자쌍 수와 같다. 공유 전자쌍 수는 분자의 구성 원자가 18족 원소와 같은 전자 배치를 이루기 위해 필요한 전자 수와 같으므로 A~D가 분자에서 가지는 결합선 수는 각각 1, 4, 3, 2이다.
⑤ BD_2의 공유 전자쌍 수는 4이다.

오답 피하기 ① A_2의 공유 전자쌍 수는 1이다.
② C_2의 공유 전자쌍 수는 3이다.
③ D_2의 공유 전자쌍 수는 2이다.
④ CA_3의 공유 전자쌍 수는 3이다.

12 ㄴ. B의 원자가 전자 수는 3이다.
ㄷ. N 원자가 B 원자에 비공유 전자쌍을 제공하여 공유 결합하므로 B와 N의 결합은 배위 공유 결합이다.

오답 피하기 ㄱ. B는 (가)에서 공유 전자쌍 수만 3개이므로 옥텟 규칙을 만족하지 않지만, (다)에서는 공유 전자쌍 수가 4개이므로 옥텟 규칙을 만족한다.

13 전기 음성도는 A<C, B<D이고, BD_3에서 B는 공유 전자쌍만 3개, CA_3에서 C는 공유 전자쌍 3개와 비공유 전자쌍 1개를 갖는다.

모범 답안

채점 기준	배점
BD_3와 CA_3의 루이스 전자점식을 옳게 그리고 부분 전하를 옳게 표시한 경우	100%
BD_3와 CA_3의 루이스 전자점식만 옳게 그린 경우	50%

14 극성 공유 결합에서 결합의 쌍극자 모멘트는 부분적인 (−)전하를 띠는 쪽으로 형성되는데, 부분적인 (−)전하는 결합을 이루는 원자 중 전기 음성도가 큰 원자 쪽으로 공유 전자쌍이 치우치기 때문에 형성된다.

모범 답안 전기 음성도가 H<C<O<F이므로 HCOF 분자에서 결합의 쌍극자 모멘트를 표시하면 다음과 같다.

채점 기준	배점
HCOF 분자에서 결합의 쌍극자 모멘트를 옳게 표시한 경우	100%

개념 바로 확인   본교재 131, 133, 135쪽

01 전자쌍 반발 이론 **02** 구조 **03** 평면 삼각형 **04** 작아진다 **05** 무극성 분자, 극성 분자 **06** 극성, 무극성

01 (1) × (2) ○ **02** ㉠: 직선형, ㉡: 120°, ㉢: 정사면체형 **03** 비공유, 공유 **04** (1) CO_2 (2) CO_2, H_2O (3) CO_2, CH_4 **05** ④ **06** (1) ○ (2) ○ (3) × **07** ㄱ, ㄴ, ㄷ

01 (1) 분자에서 중심 원자 주위의 전자쌍은 모두 (−)전하를 띤다.
(2) 중심 원자 주위의 전자쌍 수에 따라 전자쌍의 배치가 달라지므로 결합각이 달라진다.

02 중심 원자 주위의 공유 전자쌍 수에 따른 결합각과 분자의 구조는 다음과 같다.

중심 원자 주위의 전자쌍 수	2개	3개	4개
결합각	180°	120°	109.5°
분자의 구조	직선형	평면 삼각형	정사면체형

03 전자쌍 사이의 반발력 크기는 비공유 전자쌍 사이의 반발력>비공유 전자쌍−공유 전자쌍 사이의 반발력>공유 전자쌍 사이의 반발력 순서이다.

04 주어진 4가지 분자의 결합각과 분자의 구조는 다음과 같다.

구분	CO_2	NH_3	H_2O	CH_4
분자의 구조	직선형	삼각뿔형	굽은 형	정사면체형
결합각	180°	107°	104.5°	109.5°
중심 원자의 비공유 전자쌍 수	0	1	2	0

(1) 결합각이 가장 큰 분자는 CO_2이다.
(2) 평면 구조인 분자는 직선형인 CO_2와 굽은 형인 H_2O이다.
(3) 중심 원자에 비공유 전자쌍이 없는 분자는 CO_2, CH_4이다.

05 NF_3에서 중심 원자인 질소(N)는 공유 전자쌍 3개, 비공유 전자쌍 1개를 가지므로 옥텟 규칙을 만족하고, NF_3는 삼각뿔형 구조로 입체 구조이다.

오답 피하기 ① CCl_4는 중심 원자인 C에 공유 전자쌍만 4개 존재한다.
② HF는 2원자 분자로 입체 구조가 아니다.
③ CO_2의 분자 구조는 직선형으로 입체 구조가 아니고, 중심 원자인 C에는 공유 전자쌍만 4개 있다.
⑤ OF_2는 중심 원자인 O에 공유 전자쌍 2개와 비공유 전자쌍 2개가 있어 옥텟 규칙을 만족하지만, OF_2의 분자 구조는 굽은 형이므로 입체 구조가 아니다.

06 (1) 같은 종류의 원자 2개가 공유 결합하는 경우 결합의 쌍극자 모멘트가 0이므로 무극성 분자이다.
(2) 분자의 구조가 비대칭 구조인 경우, 결합의 쌍극자 모멘트가 상쇄되지 않으므로 결합의 쌍극자 모멘트 합이 0이 아닌 극성 분자이다.
(3) 극성 공유 결합으로 이루어졌더라도 분자의 구조가 대칭 구조인 경

우, 쌍극자 모멘트가 상쇄되어 쌍극자 모멘트 합이 0인 무극성 분자이다.

07 극성 물질은 부분 전하를 띤다. 따라서 극성 용매인 물에 잘 녹고, 가늘게 흐르는 액체 줄기에 대전체를 가까이 가져갔을 때 액체 줄기가 대전체 쪽으로 끌려온다. 따라서 물질 X가 극성 물질인지를 알아보기 위해서는 물에 넣어 녹여 보거나(ㄱ), 액체 줄기에 대전체를 가져가 대어 보거나(ㄴ), 분자의 쌍극자 모멘트의 합을 조사(ㄷ)하는 방법을 이용할 수 있다.

<table><tr><td>**탐구 활동**</td><td>본교재 136쪽</td></tr></table>

01 (1) × (2) ○ (3) ○   **02** ⑤

01 (1) 물과 에탄올은 극성 물질이며 $n-$헥세인과 벤젠은 무극성 물질이므로 물과 잘 섞이지 않는 물질은 $n-$헥세인과 벤젠이다.
(2) 분자의 쌍극자 모멘트의 합이 0인 것은 무극성 물질인 벤젠이다.
(3) 에탄올은 극성 물질이므로 기체 상태의 에탄올을 전기장에 넣었을 때 규칙적으로 배열한다.

02 ㄱ. 가느다란 액체 줄기에 대전체를 대었을 때 끌려오는 것은 A이므로 A는 극성 물질이고, B는 무극성 물질이다.
ㄴ. 극성 분자는 부분적으로 (+)전하를 띠는 부분과 (−)전하를 띠는 부분이 존재하므로 (+)로 대전된 대전체를 이용하여 실험하면 부분적으로 (−)전하를 띠는 부분이 대전체 쪽으로 끌려온다.
ㄷ. B는 무극성 물질이다. 사염화 탄소는 정사면체형 구조의 무극성 분자이므로 B에 해당한다.

<table><tr><td>**내신 실력 Up**</td><td>본교재 137~139쪽</td></tr></table>

01 ④   **02** ③   **03** ⑤   **04** ⑤   **05** ②   **06** ②   **07** ④   **08** ⑤
09 ⑤   **10** ①   **11** ②   **12** ③   **13** ①   **14** 해설 참조   **15** 해설 참조   **16** 해설 참조

01 중심 원자 주위에 공유 전자쌍만 4개 존재하더라도 모두 단일 결합인 경우도 있고, 2중 결합이나 3중 결합을 포함한 경우도 있으므로 항상 정사면체형 구조인 것은 아니다.
[오답 피하기] ① 분자의 구조를 예측할 때 적용되는 원리는 중심 원자 주위의 전자쌍은 가능한 멀리 떨어져 위치한다는 전자쌍 반발 이론이다.
② 공유 전자쌍은 결합을 이루는 두 원자의 인력을 받으므로 한 원자의 인력만 받는 비공유 전자쌍에 비해 차지하는 공간이 좁다. 따라서 공유 전자쌍 사이의 반발력은 비공유 전자쌍 사이의 반발력보다 작다.
③ 3원자 분자의 구조는 직선형, 굽은 형 중 하나로 모두 평면 구조이다.
⑤ 중심 원자 주위에 공유 전자쌍만 2개 있을 때 전자쌍 사이의 반발력이 최소가 되는 각도는 180°이다.

02 NH_3는 중심 원자인 N에 비공유 전자쌍이 1개 존재하므로 삼각뿔형 구조이고, BF_3는 중심 원자인 B에 비공유 전자쌍이 존재하지 않으므로 평면 삼각형 구조이다.
ㄱ. BF_3는 평면 삼각형 구조로 결합각은 120°이고, NH_3는 삼각뿔형 구조로 결합각은 107°이다.
ㄴ. BF_3는 3개의 F 원자에 각각 비공유 전자쌍이 3개씩 존재하므로 총

9개의 비공유 전자쌍이 존재한다. 반면 NH_3는 중심 원자인 N에만 비공유 전자쌍이 1개 존재한다.
[오답 피하기] ㄷ. BF_3는 평면 삼각형 구조로 평면 구조, NH_3는 삼각뿔형 구조로 입체 구조이다.

03 ㄱ. OCl_2에서 중심 원자인 O 주위에 비공유 전자쌍 2개가 있고, $BeCl_2$에서 중심 원자인 Be 주위에 비공유 전자쌍은 존재하지 않는다.
ㄴ. $BeCl_2$은 중심 원자인 Be 주위에 공유 전자쌍만 2개 존재하므로 직선형 구조이다.
ㄷ. OCl_2는 굽은 형 구조, $BeCl_2$는 직선형 구조이므로 모두 평면 구조이다.

04 분자의 구조를 판단할 때, 다중 결합은 단일 결합으로 취급한다. CO_2의 구조식은 O=C=O이고, C 원자 주위에 2개의 공유 전자쌍만 존재하므로 직선형 구조이다.
[오답 피하기] ① HF는 2원자 분자로 직선형 구조이다.
② BF_3는 중심 원자인 B 주위에 공유 전자쌍만 3개 존재하므로 평면 삼각형 구조이다.
③ NH_3는 중심 원자인 N 주위에 공유 전자쌍이 3개, 비공유 전자쌍이 1개 존재하므로 삼각뿔형 구조이다.
④ OF_2는 중심 원자인 O 주위에 공유 전자쌍이 2개, 비공유 전자쌍이 2개 존재하므로 굽은 형 구조이다.

05 A~C는 2주기 원소이고 원자가 전자 수가 각각 7, 4, 6이므로 각각 F, C, O이다.
ㄷ. $BC_2(CO_2)$는 직선형 구조, $CA_2(OF_2)$는 굽은 형 구조이므로 결합각은 BC_2가 CA_2보다 크다.
[오답 피하기] ㄱ. $BC_2(CO_2)$에서 공유 전자쌍 수는 4이다.
ㄴ. $CA_2(OF_2)$의 비공유 전자쌍은 중심 원자인 O 원자에 2개, F 원자에 각각 3개씩 존재하므로 총 8개이다. $BA_4(CF_4)$의 비공유 전자쌍은 F 원자에 각각 3개씩 존재하므로 총 12개이다.

06 분자에서 중심 원자 주위에 4개의 전자쌍이 존재하는 경우 전자쌍들은 사면체형으로 배열하고, 중심 원자 주위에 3개의 전자쌍이 존재하는 경우 전자쌍들은 평면 삼각형으로 배열한다.
ㄷ. 비공유 전자쌍은 Y 원자에 각각 2개씩 존재한다.
[오답 피하기] ㄱ. X는 원자가 전자 수가 4, Y는 원자가 전자 수가 6이다.
ㄴ. α는 약 109.5°이고 β는 약 120°이다.

07 X~Z의 원자가 전자 수는 각각 4, 7, 5이다. 따라서 X~Z는 각각 C, F, N이다.
ㄴ. (가)와 (나)는 모두 직선형 구조이므로 (가)와 (나)에서 구성 원자는 모두 동일 평면에 존재한다.
ㄷ. (가)와 (나)는 결합각이 180°로 서로 같다.
[오답 피하기] ㄱ. X~Z는 같은 주기 원소이고, 같은 주기에서 원자 번호가 클수록 원자가 전자 수가 커진다. 따라서 원자 번호는 Y>Z>X이다.

08 OF_2는 굽은 형 구조로 평면 구조이며, 중심 원자인 O에 2개의 비공유 전자쌍이 존재한다.
[오답 피하기] ① BF_3는 평면 삼각형 구조이지만 중심 원자에 비공유 전자쌍이 존재하지 않는다.

② CH_4는 정사면체형 구조로 입체 구조이며, 중심 원자에 비공유 전자쌍이 존재하지 않는다.
③ CO_2는 직선형 구조로 평면 구조이지만 중심 원자에 비공유 전자쌍이 존재하지 않는다.
④ NH_3는 삼각뿔형 구조로 입체 구조이며, 중심 원자인 N에 비공유 전자쌍이 1개 존재한다.

09 (가)에서 X는 2개의 공유 전자쌍과 2개의 비공유 전자쌍을 가지므로 2주기 16족 원소인 O이고, W는 4개의 공유 전자쌍을 가지므로 2주기 14족 원소인 C이다. (나)에서 Y는 공유 전자쌍만 1개 가지므로 1주기 1족 원소인 H이고, (다)에서 Z는 1개의 공유 전자쌍과 3개의 비공유 전자쌍을 가지므로 2주기 17족 원소인 F이다.
⑤ (가)는 대칭 구조로 쌍극자 모멘트 합이 0인 무극성 분자이고, (나)와 (다)는 비대칭 구조로 쌍극자 모멘트 합이 0이 아닌 극성 분자이다.
 ① 비공유 전자쌍 수는 (다)가 8로 가장 크다.
②, ④ (가)는 직선형 구조, (나)와 (다)는 굽은 형 구조이므로 결합각은 (가)가 가장 크고, (가)~(다)는 모두 평면 구조이다.
③ (가)~(다)에서 원자 사이의 결합은 모두 극성 공유 결합이다.

10 (가)는 중심 원자 주위에 공유 전자쌍만 3개 존재하므로 BF_3이고, (나)는 중심 원자 주위에 공유 전자쌍만 4개 존재하므로 CF_4이다. (다)는 중심 원자 주위에 공유 전자쌍 3개, 비공유 전자쌍 1개가 존재하므로 NF_3이고, (라)는 중심 원자 주위에 공유 전자쌍과 비공유 전자쌍이 각각 2개씩 존재하므로 OF_2이다.

(가)	(나)	(다)	(라)
BF_3	CF_4	NF_3	OF_2
평면 삼각형	정사면체형	삼각뿔형	굽은형

ㄴ. (가)와 (라)는 평면 구조, (나)와 (다)는 입체 구조이다.
 ㄱ. (가)~(라) 중 결합각이 가장 작은 것은 굽은 형 구조인 (라)이다.
ㄷ. 극성 분자는 (다), (라) 2가지이다.

11 A~D는 각각 H, C, O, F이다.
② BA_4(CH_4)는 정사면체형 구조로 입체 구조이고, CD_2(OF_2)는 굽은 형 구조로 쌍극자 모멘트의 합이 0이 아닌 극성 분자이다.
 ① A_2C(H_2O)는 굽은 형 구조로 평면 구조이고, BA_4(CH_4)는 쌍극자 모멘트 합이 0인 무극성 분자이다.
③ BC_2(CO_2)는 직선형 구조로 평면 구조이고, BD_4(CF_4)는 쌍극자 모멘트 합이 0인 무극성 분자이다.
④ BD_4(CF_4)는 입체 구조이고, BC_2(CO_2)는 직선형 구조로 쌍극자 모멘트 합이 0인 무극성 분자이다.
⑤ CD_2(OF_2)는 굽은 형 구조로 평면 구조이고, A_2C(H_2O)는 굽은 형 구조로 쌍극자 모멘트 합이 0이 아닌 극성 분자이다.

12 A~E는 각각 H, C, N, O, F이다.
ㄱ. CA_3(NH_3)는 삼각뿔형 구조의 극성 분자이고, BA_4(CH_4)는 정사면체형 구조의 무극성 분자이다. 따라서 분자의 쌍극자 모멘트의 합은 CA_3가 BA_4보다 크다.
ㄷ. AE는 HF이다. HF는 극성 분자이므로 기체 상태의 AE를 전기장 속에 넣으면 AE 분자는 규칙적으로 배열한다.

 ㄴ. A_2D(H_2O)는 굽은 형 구조이고, BD_2(CO_2)는 직선형 구조이다. 따라서 결합각은 BD_2가 A_2D보다 크다.

13 대전체에 물줄기가 끌려오는 물은 극성 물질이고, 끌려오지 않는 A는 무극성 물질이다.
ㄱ. 물은 극성 물질이므로 분자의 쌍극자 모멘트의 합이 0보다 크고, A는 무극성 물질이므로 분자의 쌍극자 모멘트의 합이 0이다. 따라서 분자의 쌍극자 모멘트의 합은 물이 A보다 크다.
 ㄴ. A는 분자 내에 부분 전하를 띠는 부분이 없으므로 (−)로 대전된 대전체에 끌려오지 않는다.
ㄷ. A는 무극성 물질이므로 기체 상태의 A를 전기장 속에 넣었을 때 분자들이 규칙적으로 배열되지 않는다.

14 NH_3는 중심 원자인 N에 공유 전자쌍이 3개, 비공유 전자쌍이 1개 존재한다. 따라서 4개의 전자쌍은 사면체의 꼭짓점 방향을 향하면서 삼각뿔형 구조를 이룬다. BCl_3는 중심 원자인 B에 공유 전자쌍만 3개 존재하므로 3개의 전자쌍이 평면 삼각형의 꼭짓점 방향을 향하면서 평면 삼각형 구조를 이룬다.

 NH_3의 중심 원자에는 비공유 전자쌍이 1개 존재하므로 중심 원자 주위의 전자쌍 수는 4이고, BCl_3의 중심 원자에는 비공유 전자쌍이 존재하지 않으므로 중심 원자 주위의 전자쌍 수는 3이다. 따라서 NH_3는 삼각뿔형 구조를, BCl_3는 평면 삼각형 구조를 이룬다.

채점 기준	배점
각 분자의 구조를 쓰고 분자의 구조가 서로 다른 까닭을 옳게 서술한 경우	100%
각 분자의 구조만 옳게 쓴 경우	50%

15 CH_4은 중심 원자 주위에 공유 전자쌍만 4개 존재하고, NH_3는 중심 원자 주위에 공유 전자쌍 3개와 비공유 전자쌍 1개가 존재한다. H_2O은 중심 원자 주위에 공유 전자쌍 2개와 비공유 전자쌍 2개가 존재한다.

 결합각은 $CH_4 > NH_3 > H_2O$이다. CH_4, NH_3, H_2O은 모두 중심 원자 주위의 전자쌍 수가 4로 같지만 중심 원자 주위의 비공유 전자쌍 수는 각각 0, 1, 2이다. 중심 원자 주위의 비공유 전자쌍 수가 많을수록 결합각이 작아진다.

채점 기준	배점
3가지 분자의 결합각을 옳게 비교하고 그 까닭을 비공유 전자쌍 수와 연관지어 옳게 설명한 경우	100%

16 물은 굽은 형 구조로 극성 물질이고, 무색이다. 사염화 탄소는 정사면체형 구조로 무극성 물질이고, 무색이다. 따라서 두 물질은 시험관에 넣었을 때 서로 섞이지 않는다.

 (가)에 X를 넣었을 때 사염화 탄소 층이 보라색으로 바뀌었으므로 X는 무극성 물질인 I_2이고, (나)에 Y를 넣었을 때 물 층이 푸른색으로 바뀌었으므로 Y는 극성 물질인 $CuSO_4$이다.

채점 기준	배점
X와 Y를 옳게 구분하고, 그 까닭을 물질의 극성과 연관지어 옳게 서술한 경우	100%

㉠ 극성 ㉡ 무극성 ㉢ 클수록 ㉣ 공유 ㉤ 비공유 ㉥ 배위 ㉦ 극성 ⓞ 무극성 ㉧ 높다 ㉨ 규칙적으로

수능 1등급 본교재 142~145쪽

| 01 ⑤ | 02 ⑤ | 03 ② | 04 ② | 05 ⑤ | 06 ④ | 07 ④ | 08 ④ |
| 09 ② | 10 ④ | 11 ④ | 12 ⑤ | 13 ④ | 14 ② | 15 ⑤ | 16 ⑤ |

01 A~C는 각각 H, C, O이므로 (가)~(다)는 각각 CH_4, H_2O, CO_2이다.
ㄴ. (가)와 (나)는 단일 결합으로만 이루어졌고, (다)는 B와 C 사이에 2중 결합이 존재한다.
ㄷ. 중심 원자에 비공유 전자쌍이 존재하는 것은 (나) 1가지이다.
오답 피하기 ㄱ. B와 C는 모두 2주기 원소이고, 같은 주기에서 전기 음성도는 원자 번호가 커질수록 증가하므로 전기 음성도는 B<C이다.

02 A~C는 각각 C, O, F이므로 (가)는 CO_2, (나)는 CF_4, (다)는 OF_2이다.
ㄱ. (가)~(다)에는 같은 원자 사이의 공유 결합이 존재하지 않으므로 (가)~(다)는 모두 극성 공유 결합으로 이루어져 있다.
ㄴ. $x=2$, $y=4$이므로 $2x=y$이다.
ㄷ. CF_4는 C와 F의 극성 공유 결합으로 이루어져 있고, F은 C보다 전기 음성도가 더 크므로 C−F 결합에서 F은 부분적인 (−)전하를 띤다.

03 A~D는 각각 B, N, O, Ne, Cl이다.
ㄷ. B_2E_2는 N_2Cl_2로 구조식은 Cl−N=N−Cl이다. 2개의 N 원자에 각각 비공유 전자쌍이 1개씩 존재하고, 2개의 Cl 원자에 각각 비공유 전자쌍이 3개씩 존재하므로 비공유 전자쌍 수는 8개이다.
오답 피하기 ㄱ. AE_3는 BCl_3이고, BE_3는 NCl_3이다. BCl_3에서 B는 공유 전자쌍만 3개 가지므로 D(Ne)와 같은 전자 배치를 갖지 않지만, NCl_3에서 N은 공유 전자쌍 3개와 비공유 전자쌍 1개를 가지므로 D(Ne)와 같은 전자 배치를 갖는다.
ㄴ. C_2E_2는 O_2Cl_2로 구조식은 Cl−O−O−Cl이다. 따라서 C_2E_2에는 O 원자 사이의 무극성 공유 결합이 존재한다.

04 18족 원소를 제외한 2주기 비금속 원소는 C, N, O, F이고, 전기 음성도는 C<N<O<F 순이므로 A~D는 각각 C, N, O, F이다. 따라서 (가)~(다)는 각각 CO_2, FCN, OF_2이다.
ㄷ. 전기 음성도가 C<O<F이므로 (가)의 C−O 결합에서 O는 부분적인 (−)전하를 띠고, (다)의 O−F 결합에서 O는 부분적인 (+)전하를 띤다.
오답 피하기 ㄱ. 중심 원자의 비공유 전자쌍 수는 (다)가 가장 크다.
ㄴ. 다중 결합이 존재하는 분자는 (가)와 (나) 2가지이다.

05 (가)에서 C와 C 사이에 3중 결합이 존재하며, (나)에서 N과 N 사이에 2중 결합이 존재한다. (나)의 N에는 비공유 전자쌍이 1개씩, (다)의 O에는 비공유 전자쌍이 2개씩 존재한다.
ㄱ. (다)는 단일 결합만으로 이루어진 분자이다.
ㄴ. (가)는 비공유 전자쌍이 존재하지 않고, (나)는 2개의 N 원자에 비공유 전자쌍이 각각 1개씩 존재한다. (다)는 2개의 O 원자에 비공유 전자쌍이 각각 2개씩 존재한다.

ㄷ. (가)~(다)에는 모두 같은 종류의 원자 사이에 이루어지는 무극성 공유 결합이 존재한다.

06 (가)는 중심 원자 주위에 공유 전자쌍 2개와 비공유 전자쌍 2개가 존재하므로 굽은 형 구조이다. (나)는 중심 원자 주위에 공유 전자쌍 3개와 비공유 전자쌍 1개가 존재하므로 삼각뿔형 구조이고, (다)는 중심 원자 주위에 공유 전자쌍만 3개 존재하므로 평면 삼각형 구조이다.
ㄴ, ㄷ. (가)~(다)의 분자 구조는 각각 굽은 형, 삼각뿔형, 평면 삼각형이므로 결합각은 (다)가 가장 크고, 평면 구조인 것은 (가)와 (다) 2가지이다.
오답 피하기 ㄱ. (가)와 (나)에서 중심 원자 주위의 전자쌍 수는 4이므로 (가)와 (나)의 중심 원자는 옥텟 규칙을 만족한다. 하지만, (다)에서 중심 원자 주위의 전자쌍 수는 3이므로 (다)의 중심 원자는 옥텟 규칙을 만족하지 않는다.

07 ㄴ. OF_2의 분자 구조는 굽은 형이다.
ㄷ. (라)에서 비공유 전자쌍 수는 F 원자에 3개씩 총 12개가 있고, (가)에서 비공유 전자쌍은 F 원자에 3개씩 총 6개가 있으므로 (라)가 (가)의 2배이다.
오답 피하기 ㄱ. (가)와 (나)는 모두 직선형 구조이므로 결합각은 서로 같다.

08 ㉠~㉢에 해당하는 분자는 다음과 같다.
㉠ 입체 구조인가? → CH_4
㉡ 극성 분자인가? → H_2S, CH_2O
㉢ 중심 원자가 옥텟 규칙을 만족하는가? → CH_4, H_2S, CH_2O
따라서 분류 기준 (가)~(다)는 각각 ㉢, ㉠, ㉡이다.

09 다중 결합이 있는 분자는 CO_2, CH_2O이고, 평면 구조인 분자는 OF_2, BF_3, CO_2, CH_2O이며, 극성 분자인 것은 OF_2, CH_2O이다. 따라서 영역 Ⅰ과 Ⅲ에 해당하는 분자는 없고, 영역 Ⅱ에 해당하는 분자는 BF_3 1가지이다.

10 A~D는 각각 B, N, O, F이다.
ㄷ. BCD(O=N−F)는 결합의 쌍극자 모멘트 합이 0이 아닌 극성 분자이고, AD_3(BF_3)는 대칭 구조로 결합의 쌍극자 모멘트 합이 0인 무극성 분자이다. 따라서 분자의 쌍극자 모멘트의 합은 BCD가 AD_3보다 크다.
오답 피하기 ㄱ. AD_3(BF_3)는 평면 삼각형 구조이고, BD_3(NF_3)는 삼각뿔형 구조이므로 결합각은 AD_3가 BD_3보다 크다.
ㄴ. CD_2(OF_2)는 O와 F 사이의 극성 공유 결합으로만 이루어진 분자이다.

11 (가)는 분자당 구성 원자 수가 3이고 결합각이 180°이므로 BeF_2, (나)는 분자당 구성 원자 수가 3이고 결합각이 100°~105°이므로 OF_2, (다)는 분자당 구성 원자 수가 4이고 결합각이 120°이므로 BF_3임을 알 수 있다.
ㄴ. (나)의 비공유 전자쌍 수는 8, (다)의 비공유 전자쌍 수는 9이다.
ㄷ. (가)와 (다)는 무극성 분자이고, (나)는 극성 분자이므로 분자의 쌍극자 모멘트의 합은 (나)가 가장 크다.
오답 피하기 ㄱ. (가)~(다)의 중심 원자는 각각 Be, O, B이므로 중심 원자의 원자 번호는 (나)가 가장 크다.

12 (가)와 (나)에서 C와 N은 옥텟 규칙을 만족하므로 (가)에서 C 원자

사이에 2중 결합이 존재하고, (나)에서 N 원자에는 각각 비공유 전자쌍이 1개씩 존재한다. 따라서 (가)와 (나)의 구조식에 다중 결합과 비공유 전자쌍을 표시하면 다음과 같다.

$$
\begin{array}{cc}
\text{H–C=C–H} & \text{H–}\ddot{\text{N}}\text{–}\ddot{\text{N}}\text{–H} \\
\;\;|\;\;\;\;| & \;\;\;|\;\;\;\;| \\
\text{H}\;\;\text{H} & \text{H}\;\;\text{H} \\
\text{(가)} & \text{(나)}
\end{array}
$$

ㄱ. α는 약 120°, β는 약 107°이므로 $\alpha > \beta$이다.

ㄴ. (가)와 (나)의 공유 전자쌍 수는 각각 6, 5이므로 (가) > (나)이다.

ㄷ. (가)는 대칭 구조로 분자의 쌍극자 모멘트의 합이 0이지만 (나)는 비공유 전자쌍이 존재하므로 분자의 쌍극자 모멘트의 합이 0이 아닌 극성 분자이다.

13 (가)는 중심 원자 주위의 전자쌍 수와 공유 전자쌍 수가 2로 같으므로 직선형 구조이고, (나)는 삼각뿔형 구조이므로 중심 원자 주위의 전자쌍 수가 4이면서 공유 전자쌍 수는 3이다. (다)는 사면체형 구조이므로 중심 원자 주위의 전자쌍 수와 공유 전자쌍 수는 4로 같다.

④ 중심 원자의 비공유 전자쌍 수는 (가)~(다)가 각각 0, 1, 0이므로 (나)가 가장 크다.

[오답 피하기] ① ㉠=3, ㉡=4이므로 ㉠+㉡=7이다.

② (가)는 직선형 구조이다.

③ 결합각은 직선형 구조인 (가)가 가장 크다.

⑤ 모두 극성 공유 결합으로만 이루어져 있다.

14 (가)에서 액체 X의 줄기가 대전체 쪽으로 휘어졌으므로 X는 극성 물질이고, (나)에서 액체 Y의 줄기는 대전체 쪽으로 휘어지지 않으므로 Y는 무극성 물질이다.

ㄷ. 기체 상태로 전기장에 넣었을 때 규칙적으로 배열되는 것은 극성 물질이므로, X와 Y를 각각 기체 상태로 전기장 속에 넣으면 X만 규칙적으로 배열한다.

[오답 피하기] ㄱ. X는 극성 물질이므로 분자의 쌍극자 모멘트는 0이 아니다.

ㄴ. Y는 무극성 물질이므로 (+)로 대전된 대전체를 액체 줄기에 가까이 대었을 때 액체 줄기는 대전체 쪽으로 휘어지지 않는다.

15 CO_2, BeF_2, OF_2, CCl_4 중 다중 결합이 있는 분자는 CO_2이고, BeF_2, OF_2, CCl_4 중 극성 분자는 OF_2이다. BeF_2와 CCl_4 중 중심 원자가 옥텟 규칙을 만족하는 것은 CCl_4이다. 따라서 (가)~(라)는 각각 CO_2, OF_2, CCl_4, BeF_2이다.

ㄱ. CO_2는 직선형 구조이고 OF_2는 굽은 형 구조이므로 결합각은 (가)가 (나)보다 크다.

ㄴ. (가)와 (다)는 모두 중심 원자가 C이므로 분자당 공유 전자쌍 수는 4로 같다.

ㄷ. 중심 원자의 비공유 전자쌍 수는 (나)가 2로 가장 크다. (가), (다), (라)는 중심 원자에 비공유 전자쌍이 없다.

16 A~C의 공유 전자쌍 수가 각각 2, 1, 4이므로 A~C는 원자가 전자 수가 각각 6, 7, 4인 O, F, C이다.

ㄱ, ㄴ. (가)는 중심 원자에 비공유 전자쌍이 2개, 공유 전자쌍이 2개 존재하므로 굽은 형 구조이며, 극성 분자이다. (나)는 중심 원자인 C가 2개의 A 원자와 2중 결합을 이루고 있는 직선형 구조이며, 무극성 분자

이다. 따라서 분자의 쌍극자 모멘트의 합은 (가)가 (나)보다 크다.

ㄷ. CAB_2의 구조식은 다음과 같다.

$$
\begin{array}{c}
\text{O} \\
\|\; \\
\text{F–C–F}
\end{array}
$$

CAB_2는 평면 삼각형 구조이다.

01 화학 반응에서의 동적 평형

01 동적 평형

개념 바로 확인 본교재 149, 151쪽

01 가역 **02** 비가역 **03** 정반응, 역반응 **04** 동적 평형 **05** 증발, 응축 **06** 포화

01 (1) ○ (2) ○ (3) × **02** ㉠ 붉은색 ㉡ 푸른색 ㉢ 가역 **03** (1) ○ (2) ○ (3) × (4) × **04** (1) > (2) = (3) 변하지 않는다.

01 오답 피하기 (3) 연소 반응이 일어나면 이산화 탄소와 물이 생성되고, 이 물질들은 안정하므로 역반응이 일어나기 어렵다. 따라서 연소 반응은 비가역 반응이다.

02 염화 코발트 종이에 물을 떨어뜨리면 붉은색으로 변하고, 이 부분에 열을 가하면 물이 증발되어 다시 푸른색으로 변하므로 이 반응은 가역 반응이다.

03 오답 피하기 (3), (4) 동적 평형 상태에서는 겉으로 보기에 반응이 멈춘 것처럼 보일 뿐, 같은 속도로 증발과 응축이 일어나고 있다. 따라서 동적 평형에 도달한 이후 물과 수증기의 분자 수는 일정하게 유지된다.

04 (1) (가)에서 NaCl의 용해 속도가 석출 속도보다 빠르기 때문에 용해가 일어나고 있다.
(2) (나)에서 동적 평형에 도달했으므로 용해 속도와 석출 속도는 같다.
(3) (나)에서 용해 평형을 이루고 있으므로 NaCl을 더 넣어 주어도 NaCl이 더 용해되지 않는다. 따라서 용해된 NaCl의 질량은 변하지 않는다.

탐구 활동 본교재 152쪽

01 (1) ○ (2) ○ (3) × (4) ○ **02** ④

01 (1) 증발 속도가 응축 속도보다 빠르면 증발이 우세하게 일어나므로 액체의 질량은 감소한다.
(2) (가)는 밀폐된 공간이므로 충분한 시간이 지난 후 (가)에서 증발하는 에탄올 분자 수와 응축하는 에탄올 분자 수가 같아진다.
(3), (4) (나)는 열린 공간에서 에탄올의 증발이 일어나므로 동적 평형에 도달하지 못하고 액체 에탄올의 양이 계속 줄어든다. 따라서 충분한 시간이 지난 후 액체 상태의 에탄올 분자 수는 (가)에서가 (나)에서보다 크다.

02 ㄱ. (가)에서 증발이 일어나므로 브로민(Br_2)의 증발 속도는 응축 속도보다 빠르다.
ㄷ. 평형 상태에서는 증발 속도와 응축 속도가 같으므로 증발하는 브로민(Br_2) 분자 수와 응축하는 브로민(Br_2) 분자 수가 같다.
오답 피하기 ㄴ. 증발 속도는 초기 상태와 평형 상태에서 서로 같으며, 응축 속도는 평형 상태에서가 초기 상태에서보다 크다.

내신 실력 Up 본교재 153~155쪽

01 ③ **02** ② **03** ⑤ **04** ④ **05** ② **06** ⑤ **07** ④ **08** ③ **09** ③ **10** ① **11** ④ **12** ③ **13** (1) (다)>(나)>(가) (2) 해설 참조 **14** (1) 36 (2) 해설 참조 **15** 해설 참조

01 ㄱ, ㄷ. 가역 반응은 반응 조건(농도, 압력, 온도 등)에 따라 정반응과 역반응이 모두 일어날 수 있는 반응으로, 화학 반응식에서 '⇌' 기호로 표시한다.
오답 피하기 ㄴ. 비가역 반응은 한쪽 방향으로만 진행되는 반응으로, 역반응이 정반응에 비해 무시할 수 있을 만큼 거의 일어나지 않는다.

02 ② 석회암 지대에 이산화 탄소(CO_2)가 포함된 지하수가 흐르면서 석회 동굴이 생성되고, 지하수에 포함된 이산화 탄소(CO_2)가 공기 중으로 날아가면서 종유석이 생성된다. 따라서 석회암 지대에서 석회 동굴이 생성되는 반응은 조건에 따라 역반응이 일어날 수 있다.
오답 피하기 ① 뷰테인(C_4H_{10})의 연소 반응은 생성물이 매우 안정하여 역반응이 일어나기 어렵다.
③ 탄산 칼슘($CaCO_3$)을 가열할 때 생성되는 이산화 탄소(CO_2)가 공기 중으로 빠져나가므로 역반응이 일어나기 어렵다.
④ 묽은 염산($HCl(aq)$)에 마그네슘(Mg)을 넣었을 때 생성되는 수소 기체가 공기 중으로 빠져나가므로 역반응이 일어나기 어렵다.
⑤ 중화 반응에 의해 생성되는 물이 매우 안정하여 역반응이 일어나기 어렵다.

03 ㄱ. (가)는 연소 반응으로, 생성된 물질이 매우 안정하여 역반응이 일어나기 어렵다. 따라서 (가)는 비가역 반응이다.
ㄴ. (나)는 광합성이고, (나)의 역반응은 호흡이다. 따라서 (나)는 조건에 따라 정반응과 역반응이 모두 일어난다.
ㄷ. (가)에서 메테인(CH_4)이 연소되면 이산화 탄소(CO_2)와 물(H_2O)이 생성되고, (나)에서 광합성은 이산화 탄소(CO_2)와 물(H_2O)이 반응하여 포도당($C_6H_{12}O_6$)과 산소(O_2)를 생성하는 반응이다. 따라서 (나)는 (가)의 생성물이 반응하여 일어나는 현상이다.

04 ㄴ, ㄹ. 동적 평형에서는 정반응과 역반응이 같은 속도로 일어나므로 반응물과 생성물이 모두 존재한다.
오답 피하기 ㄱ. 동적 평형에서는 겉으로 보기에는 반응이 더 이상 일어나지 않는 것처럼 보이지만, 실제로 정반응과 역반응이 같은 속도로 끊임없이 일어나고 있다.
ㄷ. 동적 평형에서 반응물과 생성물이 모두 존재하지만 몰 농도가 항상 같은 것은 아니다.

05 ㄴ. (나)에서는 증발 속도가 응축 속도보다 빠르다.
오답 피하기 ㄱ. (가)에서 증발과 응축이 모두 일어나며, 증발 속도가 응축 속도보다 빠르기 때문에 증발만 일어나는 것처럼 보인다.
ㄷ. (다)는 동적 평형에 도달한 상태이며, 증발 속도와 응축 속도가 같아 겉으로 보기에 증발과 응축이 일어나지 않는 것처럼 보이지만, 실제로는 증발과 응축이 끊임없이 일어나고 있다.

상평형

밀폐 용기에 물을 넣고 충분한 시간이 지나면 물의 증발 속도와 수증기의 응축 속도가 같아져 동적 평형에 도달한다.

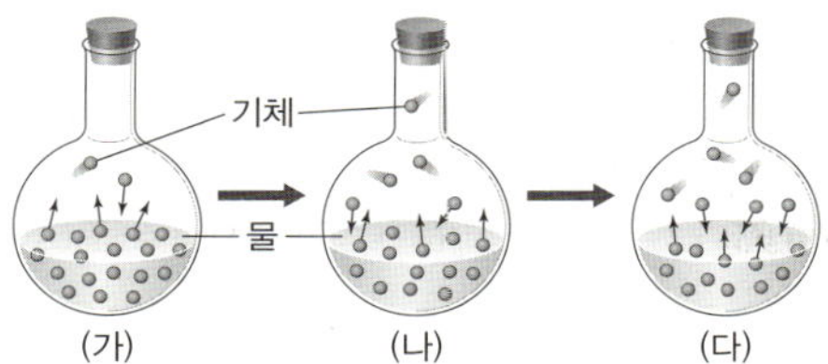

- 증발 속도: (가)=(나)=(다)
  ➡ 증발은 물의 표면에서 일정한 속도로 일어난다.
- 응축 속도: (가)<(나)<(다)
  ➡ 응축 속도는 수증기의 분자 수가 클수록 빠르다

06 동적 평형에서는 반응물과 생성물이 모두 존재한다. 따라서 용기 안에 들어 있는 기체는 $NH_3(g)$, $N_2(g)$, $H_2(g)$이다.

07 ㄴ. (가)와 (다)는 가역 반응으로 동적 평형에 도달할 수 있다.

ㄷ. 조건에 따라 역반응이 일어날 수 있는 반응은 가역 반응이므로 (가)와 (다)이다.

오답 피하기 ㄱ. 비가역 반응은 역반응이 정반응에 비해 무시할 수 있을 정도로 거의 일어나지 않는 반응이다. (나)는 연소 반응으로, 생성물인 CO_2와 H_2O이 매우 안정하며, 공기 중으로 날아가므로 역반응이 일어나지 않는 비가역 반응이다.

08 ㄱ. 밀폐 용기 속에 물을 넣었을 때 증발은 일정하게 일어나므로 시간에 관계없이 증발 속도는 일정하며, 증발이 일어나면 수증기의 양이 많아지므로 응축 속도는 시간이 지날수록 빨라진다. 따라서 (가)는 증발 속도를 나타낸 것이다.

ㄴ. 시간이 t일 때 증발 속도와 응축 속도가 같아졌으므로 t에서 동적 평형을 이룬다.

오답 피하기 ㄷ. t 이후 증발 속도와 응축 속도가 같으므로 증발과 응축이 끊임없이 일어난다.

09 ㄱ. 밀폐 용기 속에 에탄올을 넣었을 때 액체 표면의 높이가 일정하게 유지되는 상태가 되었으므로 증발 속도와 응축 속도가 같은 동적 평형에 도달한 것이다.

ㄴ. $C_2H_5OH(l)$이 증발되어 $C_2H_5OH(g)$가 되므로 동적 평형에서 $C_2H_5OH(l)$의 질량은 $100\,g$보다 작다.

오답 피하기 ㄷ. 동적 평형을 이루고 있으므로 시간이 지나도 $C_2H_5OH(g)$의 분자 수는 일정하게 유지된다.

10 ㄱ. (가)에서 브로민(Br_2)의 증발이 우세하게 일어나므로 증발 속도가 응축 속도보다 크다.

오답 피하기 ㄴ. 브로민(Br_2)의 증발 속도는 (가)와 (나)에서 같다.

ㄷ. (가)에서 증발이 우세하게 일어나 (나)에서 상평형을 이루었으므로 기체 브로민(Br_2)의 분자 수는 (나)에서가 (가)에서보다 크다.

11 ㄴ. (나)는 동적 평형에 도달한 상태이며, (나)의 설탕 용액은 포화 용액이다.

ㄷ. (가)와 (나)에서 용해 속도는 같고, 석출 속도는 (나)에서가 (가)에서보다 빠르다.

오답 피하기 ㄱ. (가)에서 용해 속도가 석출 속도보다 빠르기 때문에 설탕이 용해되며, 용해와 석출은 끊임없이 일어난다.

용해 평형

일정량의 물에 용질을 계속 넣으면 용질이 녹다가 용해 속도와 석출 속도가 같아지는 용해 평형에 도달한다.

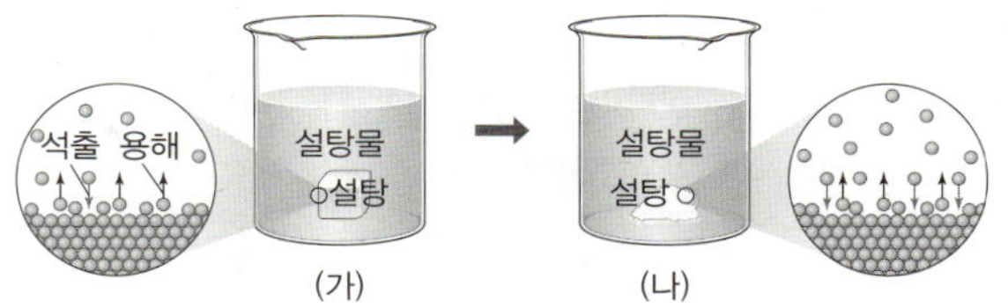

- (가): 용해 속도>석출 속도
- (나): 용해 속도=석출 속도 ➡ 동적 평형에 도달한 상태, 포화 용액

12 ㄱ, ㄴ. 기체 상태의 A 분자 수는 (나)에서가 (가)에서보다 크므로 A의 응축 속도는 (나)에서가 (가)에서보다 크다.

오답 피하기 ㄷ. (가)와 (나)에서 A의 증발 속도는 같으므로 같은 시간 동안 증발하는 A 분자 수는 같다.

13 (1) 이산화 질소(NO_2)는 적갈색을 띠므로 삼각 플라스크 속 혼합 기체의 색이 적갈색에 가까울수록 이산화 질소(NO_2)의 분자 수가 사산화 이질소(N_2O_4)의 분자 수보다 크다.

(2) 모범 답안 이산화 질소(NO_2)와 사산화 이질소(N_2O_4)의 반응은 가역 반응이므로 반응 조건에 반응 따라 정반응과 역반응이 모두 일어나기 때문이다.

채점 기준	배점
반응 조건에 따라 가역 반응이 일어날 수 있음을 제시하여 옳게 서술한 경우	100%
'가역 반응이기 때문이다.'라고만 서술한 경우	50%

14 (1) 용해도는 물 $100\,g$에 녹을 수 있는 용질의 최대 질량이다. $20\,℃$에서 물 $100\,g$에 염화 나트륨 $36\,g$이 용해되었으므로 $20\,℃$에서 NaCl의 용해도는 36이다.

(2) 모범 답안 동적 평형(또는 용해 평형)에 도달한 상태로, 용해 속도와 석출 속도가 같기 때문에 겉으로 보기에 용해가 일어나지 않는 것처럼 보이는 것이다.

채점 기준	배점
용해 속도와 석출 속도가 같음을 제시하여 옳게 서술한 경우	100%
'동적 평형(또는 용해 평형)에 도달했기 때문이다.'라고만 서술한 경우	50%

15 모범 답안 (가)에서는 열린 공간에서 증발이 계속 일어나 수면이 낮아지지만, (나)에서는 닫힌 공간에서 동적 평형에 도달하여 더 이상 수면이 낮아지지 않기 때문이다.

채점 기준	배점
(가)는 열린 공간에서 증발이 계속 일어나고, (나)는 닫힌 공간에서 동적 평형에 도달했음을 비교하여 옳게 서술한 경우	100%
'(나)는 동적 평형에 도달했기 때문이다.'라고만 서술한 경우	50%

02 물의 자동 이온화

개념 바로 확인
본교재 157, 159쪽

01 물의 자동 이온화 **02** 이온화 상수 **03** pH **04** H^+, OH^-
05 H^+, 산, 염기 **06** 양쪽성 물질

01 (1) ○ (2) ○ (3) × **02** (1) (가)<(나) (2) (가)=(나) (3) (가)=(나) **03** (1) ○ (2) ○ (3) ○ **04** ㉠ 산 ㉡ 염기 ㉢ H_2O ㉣ 산 ㉤ 염기

01 (1) 물(H_2O) 분자가 H^+을 주고받아 이온화하는 반응을 물의 자동 이온화라고 한다.
(2) 물(H_2O)의 일부가 이온화하므로 순수한 물에도 H_3O^+과 OH^-이 존재한다.
(3) 온도가 일정할 때 물의 이온화 상수는 일정하므로 용액의 성질과 관계없이 같은 값을 갖는다.

02 (1) (가)의 pH<7, (나)의 pH>7이다.
(2) 온도가 일정할 때 물의 이온화 상수는 일정하므로 용액의 성질과 관계없이 같은 값을 갖는다.
(3) (가)와 (나)에서 H_3O^+과 OH^-의 농도가 같으므로 (가)의 pH와 (나)의 pOH는 같다.

03 (2), (3) 브뢴스테드 · 로리는 H^+의 이동으로 산과 염기를 정의하였으므로 반응물에 항상 산과 염기가 존재한다.

04 (가)에서 물은 H^+을 받는 염기로 작용하고, (나)에서 물은 H^+을 주는 산으로 작용하므로 양쪽성 물질이다.

내신 실력 Up
본교재 160~161쪽

01 ⑤ **02** ① **03** ① **04** ③ **05** ⑤ **06** ③ **07** ⑤ **08** ①
09 (1) pH=1 (2) (가)=(나)

01 ㄱ, ㄴ. 물은 매우 적은 양의 물 분자끼리 수소 이온을 주고받아 이온화되고, H_3O^+과 OH^-이 다시 결합하여 물이 생성되므로 가역 반응이다.
ㄷ. 물 분자 사이에 수소 이온을 주고받아 이온화되므로 같은 양의 H_3O^+과 OH^-이 생성된다. 따라서 순수한 물에서 $[H_3O^+]$와 $[OH^-]$는 같다.

02 ㄱ. 온도가 높을수록 물의 이온화 상수가 증가하므로 물속에 존재하는 $[H_3O^+]$와 $[OH^-]$가 증가한다. 따라서 온도가 높을수록 물의 자동 이온화가 잘 일어난다.

오답 피하기 ㄴ. 물이 10℃일 때 $[H_3O^+]<1.0\times10^{-7}$이므로 pH는 7보다 크다.
ㄷ. 물이 50℃일 때에도 물의 자동 이온화에 의해 생성되는 하이드로늄 이온의 양(mol)과 수산화 이온의 양(mol)은 같으므로 $[H_3O^+]=[OH^-]$이다.

03 ㄱ. $[OH^-]$는 (가)>(나)이므로 $[H_3O^+]$는 (나)>(가)이다. 따라서 $[H_3O^+]$는 (다)>(나)>(가)이다.

오답 피하기 ㄴ. (나)는 중성, (다)는 산성이므로 수용액의 pH는 (나)>(다)이다.
ㄷ. $[H_3O^+]\times[OH^-]$은 물의 이온화 상수이며, 온도가 같은 수용액에서 물의 이온화 상수는 모두 같다.

04 ㄱ. HCl는 물에서 완전히 이온화되므로 HCl(aq)의 몰 농도는 $[H_3O^+]$와 같다. (가)는 pH가 3이므로 $[H_3O^+]=0.001\,M$이다. 따라서 수용액의 몰 농도는 (나)가 (가)보다 크다.
ㄴ. (다)에서 $K_w=1.0\times10^{-14}=[H_3O^+][OH^-]$이므로 $[H_3O^+]=0.01\,M$이다. 따라서 $[H_3O^+]$는 (다)가 (가)의 10배이다.

오답 피하기 ㄷ. $K_w=1.0\times10^{-14}=[H_3O^+][OH^-]$이고, (나)의 $[OH^-]=0.01\,M$이므로 $[H_3O^+]=1.0\times10^{-12}\,M$이다.

정리하기

물의 자동 이온화와 이온화 상수
- 물의 자동 이온화: 물(H_2O) 분자가 스스로 이온화하여 하이드로늄 이온(H_3O^+)과 수산화 이온(OH^-)을 생성하는 반응

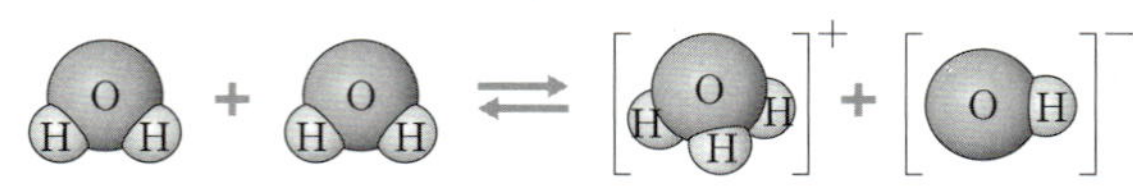

$$H_2O(l) + H_2O(l) \rightleftharpoons H_3O^+(aq) + OH^-(aq)$$

- 물의 이온화 상수(K_w): 물이 자동 이온화하여 생성된 $[H_3O^+]$와 $[OH^-]$의 곱
  ➡ 온도가 같은 용액은 액성과 관계없이 같은 값을 가지며, 이온화 상수는 온도에 따라 달라진다.

05 ㄱ. (가)와 (나)의 부피와 용질의 양(mol)이 같으므로 몰 농도가 같다.
ㄴ. (가)와 (나)의 몰 농도가 같으므로 (가)의 $[H_3O^+]$와 (나)의 $[OH^-]$가 같다. 따라서 (가)의 pH와 (나)의 pOH는 같다.
ㄷ. 수용액의 온도가 같으면 물의 이온화 상수도 같다.

06 ㄱ. HCl는 물에 녹아 H^+을 내놓으므로 아레니우스 산이다.
ㄴ. NH_3는 HCl로부터 양성자(H^+)를 받았으므로 브뢴스테드 · 로리 염기이다.

오답 피하기 ㄷ. NH_3의 짝산은 NH_4^+이다.

07 ㄱ. HCl는 물에 녹아 H^+을 내놓으므로 아레니우스 산이다.
ㄴ. NH_3의 짝산은 NH_4^+이다.
ㄷ. (가)에서 H_2O은 브뢴스테드 · 로리 염기로, (나)에서 H_2O은 브뢴스테드 · 로리 산으로 작용하므로 H_2O은 양쪽성 물질이다.

08 ㄱ. 산성인 Y 수용액에는 H^+이 있으므로 Mg을 넣으면 수소(H_2) 기체가 발생한다. 따라서 ㉠은 수소이다.

오답 피하기 ㄴ. Y는 Mg과 반응하였으므로 산이며, 브뢴스테드 · 로리

산으로 작용한다.

ㄷ. 페놀프탈레인 용액을 떨어뜨린 X(aq)의 색이 붉은색으로 변하였으므로 X(aq)은 염기성이다. 따라서 X(aq)에서 [OH$^-$]>[H$_3$O$^+$]이다.

09 (1) (나)에 들어 있는 [H$_3$O$^+$]는 $\dfrac{0.2\,mol/L \times 0.05\,L}{0.1\,L}=0.1$M이다. 따라서 (나)에서 HCl($aq$)의 pH$=-\log[H_3O^+]=-\log(0.1)=1$이다.
(2) 수용액의 온도가 같을 때 물의 이온화 상수는 같은 값을 가지므로 (가)와 (나)에서 물의 이온화 상수는 같다.

03 산 염기 중화 반응

개념 바로 확인
본교재 163, 165쪽

01 1:1 **02** 작다 **03** 2:1 **04** 중화 적정 **05** 중화점 **06** $n_1M_1V_1=n_2M_2V_2$ **07** 뷰렛

01 (1) × (2) ○ (3) ○ **02** 40 mL **03** ㄱ, ㄴ **04** (1) ○ (2) × (3) × **05** ㄱ, ㄴ, ㄷ

01 오답 피하기 (1) 중화 반응은 H$^+$과 OH$^-$이 반응하여 물이 생성되므로 산의 양이온과 염기의 음이온이 반응하여 물을 생성한다.

02 $n_1M_1V_1=n_2M_2V_2$에서 $1 \times 0.1\,M \times 20\,mL=1 \times 0.05\,M \times V$이므로 $V=40\,mL$이다.

03 ㄱ. 혼합 용액 속에 OH$^-$이 있으므로 염기성 용액이다. 따라서 혼합 용액의 pH>7이다.
ㄴ. 혼합 용액이 염기성이므로 생성된 물의 양(mol)은 Cl$^-$의 양(mol)과 같다.
ㄷ. 혼합 전 두 용액의 몰 농도비는 $\dfrac{혼합\ 용액\ 속\ 구경꾼\ 이온의\ 양(mol)}{혼합\ 전\ 산\ 또는\ 염기\ 수용액의\ 부피}$ 비와 같으므로 HCl(aq):NaOH(aq)$=\dfrac{2N}{5\,mL}:\dfrac{4N}{10\,mL}=1:1$이다.

04 오답 피하기 (2) HCl(aq)의 정확한 부피를 측정하여 삼각 플라스크에 넣을 때 피펫을 사용한다.
(3) 혼합 용액 전체의 색이 붉은색이 되는 시점이 중화점이므로 이때 뷰렛을 잠그고 NaOH(aq)의 부피를 측정한다.

05 ㄱ. 페놀프탈레인 용액은 산성에서 무색, 염기성에서 붉은색을 띠므로 색 변화로 중화점을 찾을 수 있다.
ㄴ. 중화점에서는 H$^+$과 OH$^-$이 1:1의 몰비로 모두 반응한다.
ㄷ. $n_1M_1V_1=n_2M_2V_2$에서 $1 \times x \times 20\,mL=1 \times 0.1\,M \times 30\,mL$이므로 $x=0.15$이다.

탐구 활동
본교재 166쪽

01 (1) ○ (2) × (3) ○ (4) × (5) ○ **02** ②

01 오답 피하기 (2) 과정 2에서 식초를 옮길 때에는 정확한 부피를 측정해야 하므로 피펫이 필요하지만, 페놀프탈레인 용액을 넣을 때는 2~3방울 정도의 적은 양을 넣는 것이므로 스포이트를 이용한다.

(4) 붉은색이 나타나도 용액을 흔들어 주면 붉은색이 곧 사라지므로 용액 전체가 붉은색이 되는 시점에서 뷰렛 꼭지를 잠그고 넣어 준 NaOH(aq)의 부피를 측정한다.

02 ㄴ. 사용한 지시약이 페놀프탈레인 용액이므로 중화점에서 혼합 용액은 무색에서 붉은색으로 변한다.
오답 피하기 ㄱ. 중화점까지 넣어 준 NaOH(aq)의 부피는 뷰렛의 눈금 차이로 알 수 있다. 따라서 $1 \times x \times 20\,mL=1 \times 0.1\,M \times (50-19.8)\,mL$이므로 HCl($aq$)의 몰 농도($x$)는 약 0.15M이다.
ㄷ. 중화점까지 넣어 준 NaOH(aq)의 부피는 30.2 mL이다.

내신 실력 Up
본교재 167~169쪽

01 ⑤ **02** ① **03** ① **04** ⑤ **05** ④ **06** ① **07** ① **08** ①
09 ② **10** ③ **11** ⑤ **12** ② **13** (1) $x=0.005$ (2) (가)=(나)
14 (1) 해설 참조 (2) $\dfrac{40}{3}$ mL **15** 해설 참조

01 ㄱ. 반응 전후 원자의 종류와 수는 같으므로 ㉠은 NaCl(aq)이다.
ㄴ. 알짜 이온 반응식은 H$^+$ + OH$^-$ ⟶ H$_2$O이므로 H$^+$과 OH$^-$의 반응 몰비는 1:1이다.
ㄷ. 반응 몰비는 화학 반응식 계수비와 같다. 따라서 HCl와 H$_2$O의 반응 몰비는 1:1이므로 생성된 H$_2$O 분자 수는 반응한 HCl 분자 수와 같다.

02 ㄱ. (가)에는 H$^+$ 0.2몰이, (나)에는 OH$^-$ 0.1몰이 들어 있으므로 (가)와 (나)를 혼합하면 0.1몰의 H$_2$O이 생성된다.
오답 피하기 ㄴ. 혼합 용액에는 H$^+$이 남아 있으므로 산성이다. 따라서 혼합 용액의 pH<7이다.
ㄷ. 온도가 같을 때 물의 이온화 상수는 같은 값을 가지므로 혼합 용액의 [H$_3$O$^+$][OH$^-$]$=1.0 \times 10^{-14}$이다.

03 0.1M NaOH(aq) 100 mL에는 0.01몰의 OH$^-$이 들어 있으므로 이를 모두 중화시키기 위해 필요한 H$^+$의 양(mol)도 0.01몰이다. 따라서 0.1M NaOH(aq) 100 mL를 완전히 중화시키기 위해 필요한 황산의 최소 부피를 V라고 할 때, $2 \times 0.2\,M \times V=0.01$이므로 $V=0.025$L, 즉 25 mL가 필요하다.

04 ㄱ. 혼합 용액에는 H$_3$O$^+$이 들어 있으므로 pH<7, pOH>7인 용액이다. 따라서 [OH$^-$]<1.0×10^{-7}M이다.
ㄴ. Mg을 넣으면 수소 이온(H$^+$)과 반응하여 수소(H$_2$) 기체가 발생한다.
ㄷ. H$^+$과 OH$^-$은 1:1의 몰비로 반응하고, 혼합 용액은 산성이므로 생성된 물의 양(mol)은 넣어 준 Na$^+$의 양(mol)과 같다.

05 ㄱ. 반응 전 수용액의 부피는 (가)>(나)이고, 음이온의 양(mol)은 A$^-$=OH$^-$이므로 반응 전 [A$^-$]<[OH$^-$]이다.
ㄷ. (가)~(다)의 온도가 같으므로 물의 이온화 상수는 모두 같다.
오답 피하기 ㄴ. (나)는 염기성, (다)는 중성이므로 수용액의 pH는 (나)>(다)이다.

06 중화 반응에서 반응 전과 후 구경꾼 이온의 양(mol)은 같다. (가)에서 Na$^+$이 3개, Cl$^-$이 1개이므로 혼합 전 HCl(aq) 10 mL에 Cl$^-$ n몰이 들어 있다면 NaOH(aq) 30 mL에는 Na$^+$ $3n$몰이 들어 있다.

ㄱ. (가)에는 OH^-이 들어 있으므로 염기성 용액이다. 따라서 (가)의 pH는 7보다 크다.

오답 피하기 ㄴ. (나)는 H^+ $2n$몰과 OH^- $2n$몰이 반응하였으므로 물 $2n$몰이 생성되고, (다)는 H^+ $3n$몰과 OH^- n몰이 반응하였으므로 물 n몰이 생성된다.

ㄷ. 몰 농도비는 $HCl(aq):NaOH(aq)=\dfrac{n}{10\,mL}:\dfrac{3n}{30\,mL}=1:1$이다.

07 ㄱ. 서로 다른 염기 수용액에는 공통으로 OH^-이 들어 있으므로 ★이 공통으로 들어 있는 (가)와 (나)가 염기 수용액이고, (다)는 산 수용액이다. 따라서 ★은 OH^-이다.

오답 피하기 ㄴ. 산과 염기 수용액의 온도가 같다면 물의 이온화 상수는 서로 같다.

ㄷ. (가)와 (나)를 혼합한 용액 40 mL에는 OH^- 4개가 들어 있으므로 20 mL에는 2개가 들어 있다. 또한 (다)에는 H^+ 2개가 들어 있으므로 (가) 10 mL, (나) 10 mL, (다) 20 mL를 혼합한 용액은 중성이다. 따라서 이 혼합 용액의 pH=7이다.

08 ① 뷰렛은 눈금 차이를 이용하여 넣어 준 표준 용액의 부피를 측정할 때 사용한다.

오답 피하기 ② 피펫은 액체의 부피를 정확히 취하여 옮길 때 사용한다.
③ 스포이트는 지시약을 넣을 때와 같이 소량의 액체를 옮길 때 사용한다.
④ 삼각 플라스크는 농도를 모르는 용액을 담는 데 사용한다.
⑤ 눈금 실린더는 액체의 부피를 측정할 때 사용한다.

09 정확한 부피를 측정하여 액체를 옮길 때 사용하는 실험 기구는 피펫이고, 소량의 액체를 다른 용액에 넣을 때 사용하는 실험 기구는 스포이트이다. 또한 중화 적정에서 표준 용액의 부피를 측정할 때 사용하는 실험 기구는 뷰렛이다. 따라서 ㉠은 피펫, ㉡은 스포이트, ㉢은 뷰렛이다.

10 중화점에서 반응한 H^+과 OH^-의 양(mol)은 같다. 따라서 산 $HA(aq)$의 몰 농도를 x라고 할 때, $1\times x\,M\times10\,mL=1\times0.1\,M\times15\,mL$이므로 $x=0.15$이다.

11 ㄱ. 중화 적정에 사용하는 실험 기구 중 표준 용액의 부피를 측정하는 실험 기구는 뷰렛이므로 ㉠은 뷰렛이다.

ㄴ. 중화점까지 넣어 준 $NaOH(aq)$의 부피가 30 mL이므로 $n_1M_1V_1=n_2M_2V_2$에서 $1\times0.1\,M\times30\,mL=1\times x\,M\times20\,mL$이므로 $x=0.15$이다.

ㄷ. $NaOH(aq)$ 10 mL를 넣었을 때까지 생성된 물의 양(mol)은 반응한 OH^-의 양(mol)과 같으므로 $nMV=1\times0.1\,M\times0.01\,L=0.001\,mol$이다.

12 ㄷ. 혼합 전 몰 농도비는 중화점에서 부피비의 역수와 같다. 중화점까지 넣어 준 $HCl(aq)$의 부피가 40 mL이므로 혼합 전 몰 농도비는 $NaOH(aq):HCl(aq)=4:5$이다.

오답 피하기 ㄱ. 적정하는 동안 Na^+ 수는 일정하지만 적정할수록 혼합 용액의 부피는 증가하므로 단위 부피당 Na^+ 수는 감소한다. 따라서 단위 부피당 Na^+의 양(mol)은 (가)에서가 (나)에서보다 크다.

ㄴ. 온도가 일정하다면 물의 이온화 상수는 같으므로 (가)에서와 (나)에서 $[H_3O^+][OH^-]$ 값은 서로 같다.

13 (1) 중화점에서 반응한 수산화 이온과 수소 이온의 양(mol)이 같으므로 $n_1M_1V_1=n_2M_2V_2$이다. 따라서 $1\times0.01\,M\times20\,mL=1\times$

$x\,M\times40\,mL$이므로 $x=0.005$이다.

(2) $[H_3O^+]$와 $[OH^-]$의 곱은 물의 이온화 상수와 같고, (가)와 (나)에서 온도가 일정하므로 물의 이온화 상수는 서로 같다. 따라서 (가)와 (나)에서 $[H_3O^+][OH^-]$은 같다.

14 (1) 모범 답안 (가):(나)$=1:1$, (가)는 중성, (나)는 염기성이므로 중화 반응에 의해 생성되는 물의 양(mol)은 Cl^-의 양(mol)과 같다. (가)와 (나)에 공통으로 들어 있는 이온인 Cl^-의 양(mol)이 같으므로 중화된 OH^-의 양(mol)도 같다. 따라서 (가)와 (나)에서 생성된 물의 양(mol)은 같다.

채점 기준	배점
(가)와 (나)에서 생성된 물의 몰비를 구하는 과정을 포함하여 옳게 서술한 경우	100%
(가)와 (나)에서 생성된 물의 몰비만을 옳게 구한 경우	30%

(2) (나)에 들어 있는 $Cl^-:OH^-=3:2$이므로 (나)를 중화시키기 위해 필요한 $HCl(aq)$의 부피는 처음 넣어 준 $HCl(aq)$의 부피의 $\dfrac{2}{3}$배이다. 따라서 추가로 필요한 $HCl(aq)$의 부피는 $\dfrac{40}{3}\,mL$이다.

15 모범 답안 $HCl(aq):NaOH(aq)=3:4$, 반응 전후 구경꾼 이온의 양(mol)은 변하지 않으므로 반응 전 구경꾼 이온의 몰 농도비는 혼합 전 수용액의 몰 농도비와 같다.

따라서 $HCl(aq):NaOH(aq)=\dfrac{2N}{20\,mL}:\dfrac{4N}{30\,mL}=3:4$이다.

채점 기준	배점
몰 농도비를 구하는 과정을 포함하여 옳게 서술한 경우	100%
몰 농도비만을 옳게 구한 경우	30%

한눈에 정리하기 본교재 170~171쪽

㉠ 가역 ㉡ 비가역 ㉢ 연소 ㉣ 중화 ㉤ 물의 자동 이온화
㉥ $[H_3O^+][OH^-]$ ㉦ 1.0×10^{-14} ㉧ 14 ㉨ 양쪽성 ㉩ $1:1$
㉪ 표준 용액 ㉫ 중화점

수능 1등급 본교재 172~175쪽

01 ⑤ **02** ④ **03** ② **04** ③ **05** ③ **06** ⑤ **07** ② **08** ③
09 ④ **10** ① **11** ② **12** ⑤ **13** ② **14** ③ **15** ③ **16** ③

01 ㄱ, ㄴ. $K_2Cr_2O_7(aq)$에 $NaOH(aq)$을 넣었을 때 노란색으로 변한 것은 정반응이 일어나 CrO_4^{2-}이 생성되었기 때문이다. 따라서 수용액에서 CrO_4^{2-}은 노란색을 나타낸다.

ㄷ. (나)에서 다시 주황색으로 변하였으므로 $HCl(aq)$을 넣었을 때 역반응이 일어나 $Cr_2O_7^{2-}$이 생성된 것이다. 따라서 (나)에서 이온의 양(mol)은 $Cr_2O_7^{2-}>CrO_4^{2-}$이다.

02 ㄱ. 사산화 이질소(N_2O_4)의 분해 반응은 조건에 따라 정반응과 역반응이 모두 일어나므로 가역 반응이다.

ㄷ. (나)에서 (다)로 온도를 높였을 때 적갈색이 더 진해졌으므로 정반응이 진행된 것이다. 정반응이 진행되면 기체의 분자 수가 증가하므로 전체 기체의 분자 수는 (다)에서가 (나)에서보다 크다.

오답 피하기 ㄴ. (가)에서 (나)로 온도를 높였을 때 적갈색이 더 진해졌으므로 정반응이 일어난 것이다. 따라서 이산화 질소(NO_2)의 분자 수는 (나)에서가 (가)에서보다 크다.

03 ㄴ. t일 때 물의 증발 속도와 수증기의 응축 속도가 같아졌으므로 동적 평형에 도달하였다.

오답 피하기 ㄱ. 밀폐 용기 속에 물을 넣으면 증발이 일어난다. 이때 증발은 일정한 속도로 일어나며, 응축은 수증기의 양이 많아질수록 속도가 빨라진다. 따라서 (가)는 증발 속도, (나)는 응축 속도이다.

ㄷ. t 이후에도 증발과 응축은 같은 속도로 계속 일어난다.

04 ㄱ. t_2 이후 h가 일정하므로 $A(l)$의 증발 속도와 $A(g)$의 응축 속도가 같아져 동적 평형을 이루었다.

ㄷ. 응축은 $A(g)$의 분자 수가 클수록 많이 일어나므로 시간이 지날수록 응축 속도는 빨라진다. 따라서 응축 속도는 응축 속도는 t_2일 때가 t_1일 때보다 크다.

오답 피하기 ㄴ. 증발은 액체 표면에서 일어나는 것이므로 증발 속도는 일정하다. 따라서 증발 속도는 t_1일 때와 t_2일 때가 같다.

05 ㄱ. 에탄올의 증발은 표면에서 일어나므로 I과 II에서 증발은 일정한 속도로 일어난다. 따라서 (나)에서 에탄올의 증발 속도는 I과 II에서 같다.

ㄴ. I과 같이 밀폐 용기에 에탄올을 넣으면 증발 속도와 응축 속도가 같아지게 되어 동적 평형을 이루므로 충분한 시간이 지나면 에탄올의 질량은 일정하게 유지된다.

오답 피하기 ㄷ. 충분한 시간이 지나면 II에서 에탄올의 대부분이 증발하여 공기 중으로 날아가므로 질량이 크게 감소한다.

06 ㄱ. 액체의 증발은 표면에서 일어나므로 (가)에서와 (나)에서가 같다.

ㄴ. (나)는 충분한 시간이 지났으므로 동적 평형에 도달한 상태이다. 따라서 $Br_2(l)$의 증발 속도와 $Br_2(g)$의 응축 속도는 같다.

ㄷ. (가)에서 콕을 열면 증발이 일어나므로 (나)에서 $Br_2(l)$의 분자 수는 감소하고 $Br_2(g)$의 분자 수는 증가한다. 따라서 $Br_2(l)$의 분자 수는 (가)에서가 (나)에서보다 크다.

07 ㄴ. (가)에서 용해 평형에 도달하였으므로 용해 속도와 석출 속도는 같다.

오답 피하기 ㄱ. 물 50 g에 X 30 g을 넣었을 때 X 13 g이 녹지 않고 남았으므로 X 17 g이 녹은 것이다. 용해도는 물 100 g에 녹아 있는 용질의 최대 질량을 의미하므로 t°C에서 X의 용해도는 34이다.

ㄷ. (가)에 물을 추가로 넣고 녹여 주면 남아 있는 X가 용해되므로 용해 속도가 석출 속도보다 빨라진다.

08 ㄱ. 1 M $HCl(aq)$ 100 mL를 넣었을 때 중화점에 도달하였으므로 반응한 H^+의 양(mol)은 0.1몰이다. 따라서 적정 전 $NaOH(aq)$ 40 g에 들어 있는 NaOH의 양(mol)은 0.1몰($=4$ g)이므로 $NaOH(aq)$의 퍼센트 농도는 10%이다.

ㄴ. 적정 전후 Na^+의 양(mol)은 변하지 않으므로 적정 후 $NaOH(aq)$에 들어 있는 Na^+의 양(mol)은 0.1몰이다.

오답 피하기 ㄷ. 온도가 일정하면 용액의 성질에 관계없이 물의 이온화 상수도 일정하므로 $[H_3O^+][OH^-]$은 적정 전후 일정하다.

09 ㄴ. (가)~(다)의 온도는 25°C로 같으므로 pH+pOH는 모두 14이다.

ㄷ. (가)와 (다)를 혼합한 용액의 온도도 25°C이므로 $[H_3O^+]\times[OH^-]$은 물의 이온화 상수(K_w)와 같다.

오답 피하기 ㄱ. (가)는 산성, (나)는 중성이므로 수용액의 pOH는 (가)＞(나)이다.

10 ㄱ. A는 중성 용액이므로 A를 포함한 실선에 해당하는 용액은 모두 중성이며, 실선의 위쪽에 있는 용액은 산성, 아래쪽에 있는 용액은 염기성이다. 따라서 B와 C는 산성 용액이고, D는 염기성 용액이므로 $[H_3O^+]$는 B에서가 D에서보다 크다.

오답 피하기 ㄴ. C는 pH＜pOH이고, D는 pH＞pOH이므로 $\dfrac{pH}{pOH}$는 D에서가 C에서보다 크다.

ㄷ. A는 중성 용액이므로 반응한 H^+과 OH^-의 양(mol)이 같다. 또한 H_2SO_4는 1몰이 용해될 때 2몰의 H^+을 내놓는 산이다. 따라서 반응한 H^+의 양(mol)$=2\times0.1$ M$\times V_1$이고, 반응한 OH^-의 양(mol)$=1\times0.2$ M$\times V_2$이므로 혼합 전 두 용액의 부피는 같다.

11 ㄴ. (나)는 혼합 전 용액에 들어 있는 H^+의 양(mol)이 OH^-의 양(mol)의 2배이므로 산성이고 $[H_3O^+]>[OH^-]$이다. (다)는 혼합 전 용액에 들어 있는 OH^-의 양(mol)이 H^+의 양(mol)의 2배이므로 염기성이고 $[OH^-]>[H_3O^+]$이다. 따라서 수용액의 $[H_3O^+]$는 (나)＞(다)이다.

오답 피하기 ㄱ. (가)와 (라)는 중성이고, 생성된 물의 양(mol)은 (라)가 (가)의 2배이므로 실험에 사용된 산 수용액과 염기 수용액의 몰 농도는 모두 같다.

ㄷ. (나)는 산성이므로 H^+과 Na^+이 들어 있고, (다)는 염기성이므로 Ca^{2+}이 들어 있다. 따라서 전체 양이온의 양(mol)은 (나)가 (다)의 2배이다.

12 ㄱ. (가)에서 혼합 용액 속 이온의 몰비가 $\dfrac{OH^-}{Cl^-}=\dfrac{1}{3}$이므로 Cl^-을 $3n$몰이라고 할 때, OH^- n몰이 들어 있다. 따라서 $HCl(aq)$ 30 mL에는 H^+과 Cl^-이 각각 $3n$몰, $NaOH(aq)$ $2V$ mL에는 Na^+과 OH^-이 각각 $4n$몰 들어 있다. (나)에서 $\dfrac{Na^+}{H^+}=\dfrac{1}{3}$이므로 $V=40$일 때 Na^+ n몰과 H^+ $3n$몰이 들어 있고, $NaOH(aq)$ 20 mL에는 Na^+과 OH^-이 각각 n몰씩 들어 있으므로 제시된 자료에 부합한다. 따라서 $V=40$이다.

ㄴ. 혼합 전 몰 농도 비는 $HCl(aq):NaOH(aq)=\dfrac{3n}{30\,mL}:\dfrac{4n}{80\,mL}=2:1$이다.

ㄷ. (가)와 (나)를 혼합한 용액은 산성이므로 pH＜7이다.

13 ㄴ. (가)는 중성이므로 $[H_3O^+]=1.0\times10^{-7}$ M이다. (나)는 $[OH^-]=0.2$ M이고, $K_w=[H_3O^+][OH^-]=1.0\times10^{-14}$이므로 $[H_3O^+]=5\times10^{-14}$ M이다. 따라서 혼합 수용액의 $[H_3O^+]$비는 (가):(나)$=2\times10^6:1$이다.

오답 피하기 ㄱ. 반응 전 $NaOH(aq)$ 25 mL에는 Na^+과 OH^-이 각각 0.02몰씩 들어 있으므로 $NaOH(aq)$의 몰 농도는 $\dfrac{0.02\,mol}{0.025\,L}=0.8$ M이다.

ㄷ. 같은 농도, 같은 부피의 묽은 염산을 넣어 주었을 때 중화 반응이 일어나 H^+이 모두 반응하였으므로 생성된 물의 양(mol)은 (가)에서와 (나)에서가 같다.

14 ㄱ. 혼합 용액에 들어 있는 구경꾼 이온의 양(mol)은 혼합 전 각 용액에 들어 있는 이온의 양(mol)과 같다. 따라서 이온의 몰비는 $Cl^-:Na^+=1\times0.1$ M$\times V_1:1\times0.2$ M$\times V_2=2:1$이므로 $V_1:V_2=4:1$이다.

ㄴ. 혼합 용액은 산성이므로 $[H_3O^+]>[OH^-]$이다. 따라서 혼합 용액에서 $\dfrac{[H_3O^+]}{[OH^-]}>1$이다.

오답 피하기 ㄷ. 혼합 용액에 25℃의 KOH(aq)을 추가로 넣어도 용액의 온도가 25℃로 일정하므로 물의 이온화 상수 값인 $[H_3O^+][OH^-]$은 변하지 않는다.

15 ㄱ. (가)의 묽힌 수용액의 몰 농도는 $1\times x\times20\,\text{mL}=1\times0.1\,\text{M}\times22\,\text{mL}$이므로 $x=0.11\,\text{M}$이다. 따라서 식초 속 아세트산의 몰 농도는 $1.1\,\text{M}$이다.

ㄷ. 중화 적정에 사용하는 뷰렛은 넣어 준 표준 용액의 정확한 부피를 측정하는 데 사용하며, 적정 전후 눈금 차이로 구한다.

오답 피하기 ㄴ. (가)에서 묽힌 수용액의 부피를 정확히 측정하여 옮겨야 하므로 피펫과 같은 실험 기구를 사용해야 한다. 스포이트는 소량의 액체를 넣을 때 사용한다.

16 HCl(aq)과 NaOH(aq)을 서로 다른 부피로 혼합하였을 때 혼합 용액의 pH<7이면 전체 이온의 양은 $2\times$(Cl^-의 양(mol))과 같고, pH>7이면 전체 이온의 양은 $2\times$(Na^+의 양(mol))과 같다. 만약 (가)가 산성이라면 (나)도 산성이므로 전체 양이온 수는 (나)가 (가)의 2배이어야 하므로 제시된 자료에 부합하지 않는다. 따라서 (가)는 염기성, (나)는 산성이다.

ㄱ. (가)는 염기성이므로 $[OH^-]>1.0\times10^{-7}\,\text{M}$이다.

ㄴ. (나)에서 HCl(aq) 20 mL에 들어 있는 H^+의 양(mol)은 $0.5n$몰이므로 (가)에서 반응한 H^+의 양(mol)은 $0.25n$몰이다. (가)에서 NaOH(aq) 15 mL에 들어 있는 OH^-의 양(mol)은 $0.5n$몰이므로 (나)에서 반응한 OH^-의 양(mol)은 $\dfrac{n}{6}$몰이다. 따라서 생성된 물의 양(mol)은 (가)에서가 (나)에서의 1.5배이다.

오답 피하기 ㄷ. (가)와 (나)를 혼합하면 Na^+의 양(mol)은 $\dfrac{2n}{3}$몰, Cl^-의 양(mol)은 $\dfrac{3n}{4}$몰이다.

02 화학 반응과 열의 출입

01 산화 환원 반응

본교재 179, 181쪽

01 산화, 환원 **02** 산화, 환원 **03** H^+ **04** $+$, $-$ **05** 환원제, 산화제

01 ㄷ **02** (1) ○ (2) × (3) ○

01 ㄷ. Zn이 Zn^{2+}이 될 때 전자 2개가 이동하므로 Zn 1몰이 반응할 때 이동한 전자의 양(mol)은 2몰이다.

오답 피하기 ㄱ. SO_4^{2-}은 전자를 잃거나 얻지 않는다.

ㄴ. Cu^{2+}이 Cu로 환원되므로 수용액의 푸른색은 옅어진다.

ㄹ. Cu^{2+} 1몰이 반응하면 Zn^{2+} 1몰이 생성되므로 수용액의 전체 이온의 양(mol)은 변하지 않는다.

02 오답 피하기 (2) H는 대부분의 화합물에서 산화수가 $+1$이지만, 금속과 결합할 때 전자를 얻으므로 산화수가 -1이다.

탐구 활동

본교재 182쪽

01 (1) ○ (2) × (3) × (4) ○ (5) × **02** ①

01 (1) Cu와 O_2가 반응하므로 Cu의 산화수는 증가하고, O의 산화수는 감소한다.

(2) Cu와 O_2의 반응을 화학 반응식으로 나타내면 다음과 같다.
$$2Cu(s)+O_2(g)\longrightarrow 2CuO(s)$$
Cu 4 g은 $\dfrac{1}{16}$몰이고, 반응 몰비는 Cu:O_2=2:1이므로 반응한 O_2의 양(mol)은 $\dfrac{1}{32}$몰이다.

(3), (4) 과정 2의 시험관에서 일어나는 반응의 화학 반응식은 다음과 같다.
$$2CuO(s)+C(s)\longrightarrow 2Cu(s)+CO_2(g)$$
이 반응에서 산화되는 물질은 C, 환원되는 물질은 CuO이므로 O의 산화수는 변하지 않는다.

(5) 과정 2의 비커에서 일어나는 반응의 화학 반응식은 다음과 같다.
$$Ca(OH)_2(aq)+CO_2(g)\longrightarrow CaCO_3(s)+H_2O(l)$$
이 반응에서 원자들의 산화수는 변하지 않으므로 이 반응은 산화 환원 반응이 아니다.

02 ㄱ. (가)에서 생성되는 물질은 CuO이다.

오답 피하기 ㄴ. (가)에서 O의 산화수는 0 → -2로 감소하지만, (나)에서 O의 산화수는 변하지 않는다.

ㄷ. (가)에서 산화제인 O_2 1몰이 반응할 때 이동한 전자는 4몰이고, (나)에서 산화제 CuO 1몰이 반응할 때 이동한 전자는 2몰이다.

내신 실력 Up

01 ① **02** ② **03** ③ **04** ④ **05** ④ **06** ⑤ **07** ③ **08** ②
09 ③ **10** ⑤ **11** ① **12** ② **13** (가):(나)=1:2 **14** (1) 해설
참조 (2) 18 g **15** (1) NO (2) 12

01 (가)에서 Na은 전자를 잃고 산화되고 Cl_2는 전자를 얻어 환원된다.
(나)에서 Mg은 전자를 잃고 산화되고 Br_2은 전자를 얻어 환원된다. 따라서 (가)와 (나)에서 산화되는 물질은 각각 Na과 Mg이다.

02 환원제는 자신은 산화되면서 다른 물질을 환원시키는 물질이다.
(가)와 (나)에서 Mg, Al이 각각 산화되므로 환원제이며, 환원제 1몰이
반응할 때 이동한 전자의 양(mol)은 원자 1개가 잃은 전자의 양(mol)에
비례한다. (가)에서 Mg은 전자 2개를 잃고 산화되고, (나)에서 Al은 전
자 3개를 잃고 산화된다. 따라서 환원제 1몰이 반응할 때 이동하는 전자
의 몰비는 (가) : (나)=2 : 3이다.

03 ㄱ. 반응 전후 원자의 종류와 수는 같으므로 ㉠은 $H_2(g)$이다.
ㄴ. (가)에서 Mg은 전자를 잃고 산화되고, HCl에서 H^+은 전자를 얻어
환원된다.
오답 피하기 ㄷ. (나)에서 CuO는 산소를 잃어 환원되고, C는 산소를 얻
어 산화되므로 C는 환원제이다.

04 ㄱ. Cu는 전자를 잃고 산화되고 Ag^+은 전자를 얻어 환원되므로
Ag^+은 산화제이다.
ㄷ. 이 반응의 알짜 이온 반응식은 $Cu + 2Ag^+ \longrightarrow Cu^{2+} + 2Ag$이
므로 Cu 1몰이 반응할 때 전자 2몰이 이동한다.
오답 피하기 ㄴ. NO_3^-은 산화되거나 환원되지 않는다.

05 ㄴ. (나)에서 Z는 전자를 잃고 산화되고 Y 이온은 전자를 얻어 환원
되므로 Z는 환원제이다.
ㄷ. (가)와 (나)에서 이동한 전체 전자의 양(mol)은 6몰로 같다.
오답 피하기 ㄱ. (가)에서 반응 전후 금속 X 이온 수와 금속 Y 이온 수
비는 3:1이고, 금속 X 이온과 금속 Y 이온의 산화수 비는 1:3이므로 반
응 전후 양이온의 총 전하량은 일정하다.

06 ⑤ 플루오린(F)은 전기 음성도가 가장 큰 원소이므로 화합물에서 항
상 -1의 산화수를 가진다. 따라서 F의 가능한 산화수는 0, -1이다.
오답 피하기 ① 전기 음성도는 O>H이고 H_2O에서 H와 O는 단일 결
합을 이루고 있으므로 O의 산화수는 -2이다.
② 일원자 이온은 전자를 잃은 만큼 산화수가 증가하거나 전자를 얻은
만큼 감소하므로 일원자 이온의 산화수는 이온의 전하와 같다.
③ 전기 음성도는 Cl>H>Na이므로 NaH에서 H의 산화수는 -1,
HCl에서 H의 산화수는 $+1$이다.
④ 공유 결합 화합물에서 전기 음성도가 큰 원자가 전자를 모두 가진다
고 가정하므로 $(-)$의 산화수를 가진다.

07 대부분의 화합물에서 H의 산화수는 $+1$이고, O의 산화수는 -2이
다. 또한 화합물에서 구성 원자의 산화수의 총합은 0이다. (가)에서 Na
의 산화수는 $+1$, (나)에서 S의 산화수는 $+6$, (다)에서 Cl의 산화수는
$+1$이다.

08 ㄴ. (나)에서 Mg은 산화되고, HCl은 환원되므로 Mg은 환원제이다.

오답 피하기 ㄱ. C의 산화수는 (가)의 $CaCO_3$에서 $+4$, CO_2에서 $+4$이
므로 C의 산화수는 변하지 않는다.
ㄷ. (가)에서 H의 산화수는 변하지 않고, (나)에서 H의 산화수는 $+1 \rightarrow$
0으로 감소한다.

09 ③ (다)에서 O의 산화수는 모두 -2이다.
오답 피하기 ① (가)에서 N의 산화수는 증가하므로 NO는 산화된다.
② (나)에서 H_2O은 산화되거나 환원되지 않는다.
④ (다)에서 반응 전후 N의 산화수는 $+5$로 같다.
⑤ (나)와 (다)에서 H의 산화수는 변하지 않는다.

10 (가)와 (나)의 반응을 화학 반응식으로 나타내면 다음과 같다.
(가) $2Cu + O_2 \longrightarrow 2CuO$, (나) $CuO + H_2 \longrightarrow Cu + H_2O$
ㄱ. X는 H_2O이다.
ㄴ. (가)에서 Cu는 산화되고 O_2는 환원되므로 O_2는 산화제이다.
ㄷ. (나)에서 Cu의 산화수는 $+2 \rightarrow 0$으로 감소한다.

11 ㄱ. $a=2$, $b=3$이다.
오답 피하기 ㄴ. (가)의 SO_2에서 S의 산화수는 $+4$이고, S에서 S의 산
화수는 0이므로 SO_2은 자신은 환원되면서 H_2S를 산화시키는 산화제이
다. (나)의 H_2SO_4에서 S의 산화수는 $+6$이므로 SO_2은 자신은 산화되
면서 Cl_2를 환원시키는 환원제이다.
ㄷ. Cl_2는 SO_2을 산화시키고, SO_2은 H_2S를 산화시켰으므로 다른 물질
을 산화시키는 능력은 Cl_2가 H_2S보다 크다.

12 $Cr_2O_7^{2-}$에서 Cr의 산화수는 $+6$이므로 Cr의 산화수는 $+6 \rightarrow +3$
으로 3만큼 감소하고, Sn의 산화수는 $+2 \rightarrow +4$로 2만큼 증가한다. 산
화 환원 반응에서 증가한 총 산화수와 감소한 총 산화수는 같아야 하므
로 이를 이용하여 화학 반응식의 계수를 맞추면 다음과 같다.
$$Cr_2O_7^{2-} + 3Sn^{2+} + 14H^+ \longrightarrow 2Cr^{3+} + 3Sn^{4+} + 7H_2O$$
ㄴ. Cr의 산화수는 $+6 \rightarrow +3$으로 감소한다.
오답 피하기 ㄱ. $a=1$, $b=3$, $c=14$이므로 $3(a+b)<c$이다.
ㄷ. 계수비는 반응 몰비와 같고, $Sn^{2+} : Cr^{3+} = 3 : 2$이므로 Sn^{2+} 1몰이
반응할 때 Cr^{3+} $\frac{2}{3}$몰이 생성된다.

13 (가)와 (나)에서 산화제는 모두 CuO이다. 화학 반응식의 계수비
는 반응 몰비와 같으므로 (가)에서 반응 몰비는 CuO:C=2:1, (나)
에서 반응 몰비는 CuO : H_2=1 : 1이다. 따라서 (가)와 (나)에서 산화
제인 CuO 1몰이 반응할 때 반응하는 환원제의 몰비는 (가) : (나)=
C : H_2=1 : 2이다.

14 (1) 모범 답안 CH_4에서 C의 산화수는 -4이고, CO_2에서 C의 산
화수는 $+4$이므로 C의 산화수는 $-4 \rightarrow +4$로 증가한다.

채점 기준	배점
C의 산화수를 각각 구하는 과정을 포함하여 옳게 서술한 경우	100%
'C의 산화수는 $-4 \rightarrow +4$로 증가한다.'라고만 서술한 경우	50%

(2) 산화제는 O_2이고, 화학 반응식의 계수비는 반응 몰비이므로 반응 몰
비는 O_2 : H_2O=1 : 1이다. 따라서 생성되는 H_2O의 질량은 18 g이다.

15 (1) 화학 반응식의 계수비는 반응 몰비와 같다. 반응 몰비는 NO_3^- : Cu^{2+}
=2 : 3이므로 a : b=3 : 2이고, $a=3$이라고 가정하면 $b=2$이다. Cu의
산화수는 $0 \rightarrow +2$로 2만큼 증가하고 N의 산화수는 $+5 \rightarrow x$로 감소한

다. 증가한 총 산화수와 감소한 총 산화수가 같아야 하므로 $3 \times 2 = 2 \times (5-x)$로부터 $x=2$이다. 따라서 X는 NO이다.
(2) 화학 반응식을 완성하면 다음과 같다.

$$3Cu + 2NO_3^- + 8H^+ \longrightarrow 3Cu^{2+} + 2NO + 4H_2O$$

$c=8$, $d=4$이므로 $c+d=12$이다.

 화학 반응에서의 열 출입

본교재 187쪽

개념 바로 확인

01 발열, 흡열 **02** 크

01 (1) ○ (2) ○ (3) ×

01 (1) 흡열 반응에서는 반응물의 에너지 합이 생성물의 에너지 합보다 작으므로 반응물과 생성물의 에너지 차이에 해당하는 열을 주위로부터 흡수한다.
(2) 산과 염기의 중화 반응에서는 열을 방출한다.
오답 피하기 (3) 철이 녹스는 현상은 발열 반응이므로 주위의 온도는 높아진다.

탐구 활동

본교재 188쪽

01 (1) ○ (2) × (3) × **02** ④

01 (1) 간이 열량계는 열손실이 많으므로 정확한 열량을 측정할 수 없다. 따라서 이 실험에서는 과자가 연소할 때 방출하는 열량을 물이 모두 흡수한다고 가정한다.
오답 피하기 (2) 물의 온도 변화는 나중 온도에서 처음 온도를 뺀 값으로 구한다.
(3) 과자가 연소할 때 방출하는 열량은 물의 비열×물의 질량×물의 온도 변화로 구한다.

02 ㄴ, ㄷ. 연소할 때 발생한 열량이 공기 중으로 손실되거나 둥근바닥 플라스크를 가열하는 데 사용되므로 물이 흡수하는 열량이 발생한 열량보다 작다.
오답 피하기 ㄱ. 물의 온도를 측정해야 하므로 온도계는 물에 넣어야 한다.

내신 실력 Up

본교재 189~191쪽

01 ③ **02** ② **03** ④ **04** ③ **05** ⑤ **06** ③ **07** ③ **08** ⑤
09 ③ **10** ⑤ **11** ③ **12** 2940 J **13** 해설 참조 **14** (1) 18375 J/g
(2) 해설 참조

01 ㄱ. 반응물과 생성물의 에너지가 다르므로 화학 반응이 일어날 때 열을 방출하거나 흡수한다.
ㄴ. 발열 반응이 일어날 때 주위로 열을 방출하므로 주위의 온도가 높아진다.

오답 피하기 ㄷ. 반응물의 에너지 합이 생성물의 에너지 합보다 큰 경우, 반응이 일어나면서 에너지가 낮아지므로 열을 방출하는 발열 반응이 일어난다.

02 알코올이 증발하는 과정은 액체 상태의 알코올이 열을 흡수하여 일어나는 흡열 반응이며, 주위의 온도는 낮아진다.

03 ㄴ. 물의 증발은 상태 변화이므로 산화 환원 반응이 아니고, 철이 녹스는 현상과 가스의 연소는 모두 산화 환원 반응이다.
ㄷ. 주위의 온도가 높아지는 반응은 발열 반응이므로 ㉡과 ㉢이 일어나면 주위의 온도가 높아진다.
오답 피하기 ㄱ. 증발은 액체가 기체로 상태 변화하는 현상으로 열을 흡수한다. 따라서 물이 증발하는 반응은 흡열 반응이다. 철이 녹스는 현상과 가스의 연소는 모두 발열 반응이다.

04 ㄱ. 얼음이 녹으면서 주위의 열을 흡수하므로 ㉠은 흡열 반응이다.
ㄴ. 뷰테인(C_4H_{10})이 연소할 때 열을 방출하며, 이 열을 이용하여 찌개를 끓일 수 있다.
오답 피하기 ㄷ. ㉠은 흡열 반응이므로 생성물의 에너지 합이 반응물의 에너지 합보다 크고, ㉡은 발열 반응이므로 반응물의 에너지 합이 생성물의 에너지 합보다 크다.

05 ㄱ. 화학 반응식의 계수비는 반응 몰비와 같다. 따라서 반응 몰비는 $H_2 : O_2 = 2 : 1$이다.
ㄴ, ㄷ. 반응물의 에너지 합이 생성물의 에너지 합보다 크므로 반응이 일어날 때 열을 방출하고 주위의 온도가 높아진다.

06 ㄱ. (가) 반응이 일어날 때 주위의 온도가 낮아지므로 (가)는 흡열 반응이다.
ㄷ. 광합성은 흡열 반응이므로 (가)에 해당되고, 연소 반응은 발열 반응이므로 (나)에 해당된다.
오답 피하기 ㄴ. (나) 반응에서 반응물의 에너지 합이 생성물의 에너지 합보다 크므로 (나) 반응이 일어날 때 열을 방출한다.

07 ㄱ. (가)는 중화 반응이므로 ㉠은 $H_2O(l)$이고, (나)는 금속과 산의 반응이므로 ㉡은 $H_2(g)$이다. 따라서 ㉡을 연소시키면 ㉠이 생성된다.
ㄴ. (가)는 중화 반응이므로 발열 반응이다.
오답 피하기 ㄷ. (나)는 발열 반응이므로 반응이 일어날 때 주위로 열을 방출하므로 주위의 온도는 높아진다.

08 ㄱ. (나)에서 온도가 낮아졌으므로 질산 암모늄(NH_4NO_3)의 용해 반응은 흡열 반응이다.
ㄴ. (나)에서 반응물이 열을 흡수하므로 생성물로 변할 때 에너지가 증가한다.
ㄷ. (나)의 반응은 흡열 반응이므로 이 실험의 원리를 냉각 팩에 이용할 수 있다.

09 ㄱ. $NaOH(s)$을 물에 녹였을 때 온도가 높아졌으므로 $NaOH(s)$의 용해 반응은 발열 반응이다.
ㄴ. $NaOH(s)$은 물에 녹아 Na^+과 OH^-으로 이온화된다.
오답 피하기 ㄷ. 이 반응은 발열 반응이므로 반응물의 에너지 합이 생성물의 에너지 합보다 크다.

10 간이 열량계는 에탄올을 완전 연소시킬 때 발생한 열량이 물이 흡수한 열량과 같다고 가정하여 열량을 측정하는 실험 장치이다. 에탄올 1 g이 연소할 때 발생하는 열량은 물이 흡수한 열량(물의 비열×물의 질량×물의 온도 변화)과 같으므로 에탄올 1 g이 연소할 때 발생한 열량은 물의 온도 변화, 물의 비열, 물의 질량을 알면 구할 수 있다.

11 ㄱ. A를 녹였을 때 온도가 처음보다 2 ℃ 높아졌으므로 A의 용해 반응은 발열 반응이다.

ㄴ. A 1 g이 용해될 때 발생한 열량은 용액 100 g(물 99 g + A 1 g)이 흡수한 열량과 같다. 따라서 $Q = c \times m \times \Delta t = 4.2 \, \text{J/g} \cdot \text{℃} \times 100 \, \text{g} \times 2 \, \text{℃} = 840 \, \text{J}$이다.

오답 피하기 ㄷ. A의 용해 반응은 발열 반응이므로 반응물의 에너지 합은 생성물의 에너지 합보다 크다.

12 X가 용해될 때 방출한 열량은 수용액이 흡수한 열량과 같다. 따라서 $Q = c \times m \times \Delta t = 4.2 \, \text{J/g} \cdot \text{℃} \times 100 \, \text{g} \times 7 \, \text{℃} = 2940 \, \text{J}$이다.

13 모범 답안 (가)는 물질의 용해 반응에서 출입하는 열량을 측정하기에 적합하고, (나)는 물질의 연소 반응에서 출입하는 열량을 측정하기에 적합하다.

채점 기준	배점
(가)와 (나)에 해당하는 예를 모두 옳게 서술한 경우	100 %
(가)와 (나) 중 1가지만을 옳게 서술한 경우	50 %

14 ⑴ 에탄올이 연소할 때 방출한 열량은 물이 흡수한 열량과 같으므로 물이 흡수한 열량을 구한 후, 연소된 에탄올의 질량으로 나누어 구한다. 에탄올이 흡수한 열량은 $Q = c \times m \times \Delta t = 4.2 \, \text{J/g} \cdot \text{℃} \times 100 \, \text{g} \times 35 \, \text{℃} = 14700 \, \text{J}$이므로 에탄올 1 g이 연소할 때 방출하는 열량은 $\dfrac{14700 \, \text{J}}{(112.8 - 112.0) \, \text{g}} = 18375 \, \text{J/g}$이다.

⑵ 간이 열량계는 발생하는 열의 정도만을 간단히 측정하는 장치로, 열 손실이 많다.

모범 답안 에탄올이 연소할 때 방출하는 열량이 주위로 빠져나가거나 삼각 플라스크를 가열하는 데 사용되었기 때문이다.

채점 기준	배점
실험값과 차이가 나는 경우 2가지 이상을 옳게 서술한 경우	100 %
실험값과 차이가 나는 경우 1가지만을 옳게 서술한 경우	50 %

한눈에 **정리하기** 본교재 192~193쪽

㉠ 얻음 ㉡ 잃음 ㉢ 잃음 ㉣ 얻음 ㉤ +3 ㉥ −1 ㉦ −1 ㉧ MnO_4^- ㉨ Sn^{2+} ㉩ 비열

수능 **1등급** 본교재 194~197쪽

01 ①	02 ③	03 ⑤	04 ②	05 ③	06 ①	07 ④	08 ④
09 ⑤	10 ③	11 ①	12 ⑤	13 ④	14 ⑤	15 ①	16 ⑤

01 ㄱ. (가)에서 O의 산화수는 $0 \rightarrow -2$로 감소한다.

오답 피하기 ㄴ. (나)에서 Mg의 산화수는 $0 \rightarrow +2$로 증가하지만, (다)에서 Mg의 산화수는 변하지 않는다.

ㄷ. (가)와 (나)에서 산화제는 각각 O_2와 HCl이다. O_2와 HCl이 각각 1몰씩 반응할 때 반응한 Mg의 양(mol)은 (가)에서 2몰, (나)에서 0.5몰이고, Mg 1몰이 반응할 때 이동한 전자는 2몰이다. 따라서 (가)에서 전자 4몰이, (나)에서 전자 1몰이 이동하므로 산화제 1몰이 반응할 때 이동한 전자의 양(mol)은 (가)에서가 (나)에서의 4배이다.

02 ㉠은 H_2이고, ㉡은 O_2이다.

ㄱ. (가)에서 H_2는 산소와 결합하여 물을 생성하므로 산화된다.

ㄴ. (나)에서 H_2O_2가 분해될 때 O 원자의 산화수가 $-1 \rightarrow -2$, $-1 \rightarrow 0$으로 각각 변하므로 산화제와 환원제는 모두 H_2O_2이다.

오답 피하기 ㄷ. O의 산화수는 O_2에서 0, H_2O에서 −2, H_2O_2에서 −1이므로 모두 3가지이며, O의 산화수의 총합은 −3이다.

03 반응 (가)의 화학 반응식은 다음과 같다.
$2Mg(s) + CO_2(g) \longrightarrow 2MgO(s) + C(s)$이다.

ㄱ. CO_2에서 C의 산화수는 +4이고, 검은색 가루에 포함된 C의 산화수는 0이므로 C의 산화수 변화량은 4이다.

ㄴ. (가)에서 Mg은 산화되고 CO_2는 환원되므로 CO_2는 산화제이다.

ㄷ. 검은색 가루에는 MgO과 C가 포함되어 있다.

04 반응 전후 원자의 수를 맞추면 화학 반응식은 다음과 같다.
$$MnO_2(s) + 4HCl(aq) \longrightarrow MnCl_2(aq) + 2H_2O(l) + Cl_2(g)$$
따라서 $a = 4$, $b = 2$, $c = 1$이다.

ㄴ. $MnO_2(s)$와 $HCl(aq)$이 반응할 때 Mn의 산화수는 $+4 \rightarrow +2$로 감소하고, Cl의 산화수는 $-1 \rightarrow 0$으로 증가한다. 따라서 MnO_2는 HCl를 산화시켰으므로 산화제이다.

오답 피하기 ㄱ. 화학 반응식에서 계수비는 반응 몰비와 같으므로 반응 몰비는 $HCl : MnCl_2 = 4 : 1$이다. 따라서 HCl 0.4몰이 반응하면 $MnCl_2$ 0.1몰이 생성되므로 $x = 0.1$이다.

ㄷ. (가)에서 HCl 0.4몰이 반응할 때 0.1몰의 Cl_2와 0.1몰의 $MnCl_2$가 생성되므로 이동한 전자의 양(mol)은 0.2몰이다.

05 ㄱ. $XNO_3(aq)$에 금속 Y를 넣었을 때 X^+ 3개가 반응하고 Y 이온 1개가 생성되었으므로 Y 이온의 산화수는 +3이다. (가)에 Z를 넣었을 때 X^+ 4개가 반응하고 Z 이온 2개가 생성되었으므로 Z 이온의 산화수는 +2이다. 따라서 이온의 산화수 비는 Y 이온 : Z 이온 $= 3 : 2$이다.

ㄷ. (가)에 Z를 넣었을 때 일부가 반응하지 않고 남았으므로 산화되는 정도는 Y가 Z보다 크다. 따라서 (나)에 금속 Y를 넣으면 Z 이온(■)은 전자를 얻어 환원되므로 산화제로 작용한다.

오답 피하기 ㄴ. 수용액을 추가로 넣지 않았으므로 양이온의 총 전하량은 일정하다.

06 ㄱ. (나)에서 반응한 B 원자 수가 $2N$이고, 수용액의 전체 금속 이온 수가 $4N$이므로 반응한 A 이온 수는 $6N$이다. 따라서 B 이온의 산화수는 A 이온의 산화수의 3배이다.

오답 피하기 ㄴ, ㄷ. (가)에서 반응한 B 원자 수가 N, 반응한 A 이온 수는 $3N$이므로 반응하지 않고 남은 A 이온은 $5N$이고, 생성된 B 이온은 N이다. (나)에서 반응한 B 원자 수가 $2N$일 때 감소한 A 이온 수는 $6N$이므로 반응하지 않고 남은 A 이온은 $2N$이고, 생성된 B 이온은 $2N$이다. 따라서 A 이온 수비는 (가) : (나) $= 5 : 2$이고, (나)에서 양이온

수비는 A 이온 : B 이온=1 : 1이다.

07 금속 C와 A^{3+}, B^+의 반응에서 화학 반응식은 각각 다음과 같다.
$$2A^{3+} + 3C \longrightarrow 2A + 3C^{2+}, \quad 2B^+ + C \longrightarrow 2B + C^{2+}$$
(나)에서 생성되는 C^{2+}의 양(mol)이 0.3몰이고, 반응 후 이온 수비가 2 : 1이므로 (나)에서 B^+이 먼저 반응하였고, 반응한 B^+의 양(mol)은 0.15몰 또는 0.6몰이다. 만약 (가)에 들어 있는 A^{3+}과 B^+이 각각 0.15몰이라면 (다)에서 양적 관계가 성립되지 않으므로 (가)에는 A^{3+}과 B^+이 각각 0.6몰 들어 있다. 따라서 (다)에서 생성되는 C^{2+}이 0.3몰이므로 A^{3+} 0.2몰이 반응하였고, 반응 후 A^{3+} 0.4몰, C^{2+} 0.6몰이 남는다.

ㄴ. ⊙과 ⓛ은 모두 A^{3+}이다. (나)에서 A^{3+}은 0.6몰이고, (다)에서 A^{3+}은 0.4몰이 있으므로 이온 수비는 ⊙ : ⓛ=3 : 2이다.

ㄷ. (나)에 들어 있는 전체 양이온의 양(mol)은 0.9몰이고, (다)에 들어 있는 전체 양이온의 양(mol)은 1몰이므로 전체 양이온 수비는 $\dfrac{(나)}{(다)} = \dfrac{9}{10}$이다.

 ㄱ. (나)에서 반응한 B^+과 C^{2+}의 이온 수비는 2 : 1이므로 반응한 B^+은 0.6몰이다. 따라서 (가)에 들어 있는 B^+의 양(mol)은 0.6몰이다.

08 ㄴ. NX_2에서 X의 산화수는 -2이므로 X는 O이고, NY_3에서 N의 산화수는 -3이므로 Y의 산화수는 $+1$이고, Y는 H이다. 따라서 Y_2X_2는 H_2O_2이고, 전기 음성도는 X>Y이므로 X의 산화수는 -1이다.

ㄷ. NX에서 N의 산화수는 $+2$이므로 $2NX + X_2 \longrightarrow 2NX_2$에서 N의 산화수는 $+2 \rightarrow +4$로 증가한다.

 ㄱ. NX_2에서 N의 산화수는 $+4$이므로 전기 음성도는 X>N이고 X의 산화수는 -2이다. 따라서 NX_3^-에서 X의 산화수는 -2이므로 N의 산화수는 $+5$이다.

09 ㄱ. O의 산화수가 $-1 \rightarrow 0$으로 증가하고, Cr의 산화수가 $+6 \rightarrow +3$으로 감소하므로 증가한 총 산화수와 감소한 총 산화수가 같도록 계수를 맞추어 화학 반응식을 완성하면 다음과 같다.
$$3H_2O_2 + Cr_2O_7^{2-} + 8H^+ \longrightarrow 2Cr^{3+} + 3O_2 + 7H_2O$$
따라서 $a=3$, $b=1$, $c=8$, $d=2$, $e=3$이므로 $\dfrac{c}{d}=4$이다.

ㄴ. H_2O_2에서 O의 산화수는 증가하고, Cr의 산화수는 감소하므로 H_2O_2는 환원제이다.

ㄷ. 산화제는 $Cr_2O_7^{2-}$이고, 반응 몰비는 계수비와 같으므로 O_2 6몰이 생성될 때 반응한 $Cr_2O_7^{2-}$은 2몰이다.

10 ㄱ. MnO_4^-에서 O의 산화수는 -2이므로 Mn의 산화수는 $+7$이다.

ㄴ. 과정 ②에서 Sn의 산화수는 2만큼 증가하고, Mn의 산화수는 5만큼 감소하므로 $x=2$, $y=5$이다. 과정 ③에서 증가한 산화수와 감소한 산화수가 같도록 계수를 맞추기 위해 Sn^{2+}의 계수에는 5를 곱하고, MnO_4^-의 계수에는 2를 곱해야 하므로 $a=5$, $b=2$이다. 따라서 $|x-y| = |a-b| = 3$이다.

 ㄷ. 화학 반응식은 다음과 같다.
$$5Sn^{2+} + 2MnO_4^- + 16H^+ \longrightarrow 5Sn^{4+} + 2Mn^{2+} + 8H_2O$$
산화제는 MnO_4^-이고, 환원제는 Sn^{2+}이다. 반응 몰비는 계수비와 같으므로 반응 몰비는 $Sn^{2+} : MnO_4^- = 5 : 2 = c : 1$이다. 따라서 산화제 1몰과 반응하는 환원제의 양(c)은 2.5몰이다.

11 ㄱ. ⊙은 철가루가 산소가 반응하여 철은 산화되고 산소는 환원되므로 산화 환원 반응이다. ⓛ은 가스가 산소와 반응하여 연소되므로 산화 환원 반응이다.

 ㄴ. ⓛ이 일어날 때 열을 방출하며, ⓒ이 일어날 때 물이 주위의 열을 흡수하여 수증기가 된다.

ㄷ. ⊙은 발열 반응이므로 반응물의 에너지 합은 생성물의 에너지 합보다 크다. ⓒ은 흡열 반응이므로 생성물의 에너지 합은 반응물의 에너지 합보다 크다.

12 ㄱ. 탄소(C)가 연소될 때 에너지가 낮아지므로 열을 방출한다. 따라서 반응이 일어날 때 주위의 온도는 높아진다.

ㄴ. O의 산화수는 $0 \rightarrow -2$로 감소한다.

ㄷ. 반응 몰비는 화학 반응식의 계수비와 같으므로 C 1몰이 반응할 때 O_2는 1몰 반응한다.

13 ㄴ. 간이 열량계로 열량을 측정하면 손실되는 열이 많으므로 에탄올이 연소될 때 방출하는 열량을 물이 모두 흡수한다고 가정하고 실험한다.

ㄷ. 에탄올 2g이 연소될 때 방출되는 열량은 물이 흡수한 열량과 같으므로 $4.2\,\text{J/g} \cdot ℃ \times 100\,\text{g} \times 10℃ = 4200\,\text{J}$이다. 따라서 에탄올 1g이 완전 연소될 때 방출하는 열량은 2100J이다.

 ㄱ. 에탄올의 연소 반응은 발열 반응이므로 연소 반응에서 반응물의 에너지 합이 생성물의 에너지 합보다 크다.

14 ㄱ. $NaOH(s)$을 물에 녹였을 때 온도가 높아졌으므로 NaOH의 용해 반응은 발열 반응이다.

ㄴ. $NaOH(aq)$에 $HCl(aq)$을 넣으면 중화 반응이 일어나므로 열이 발생한다. 따라서 온도는 (나)에서가 (가)에서보다 높다.

ㄷ. (가)와 (나)는 모두 발열 반응이므로 반응물의 에너지 합이 생성물의 에너지 합보다 크다.

15 ㄱ. (가)에서 $NaOH(s)$을 녹였을 때 온도가 높아졌으므로 $NaOH(s)$의 용해 반응은 발열 반응이다.

 ㄴ. NaOH의 양(mol)은 0.05몰이고, HCl의 양(mol)은 0.05몰이므로 생성된 물의 양(mol)은 0.05몰이다.

ㄷ. 용해되거나 중화 반응이 일어날 때 발생한 열량은 물이 모두 흡수하므로 물의 온도가 높을수록 더 많은 열을 방출한 것이다. 따라서 발생한 열량은 (나)에서가 (가)에서보다 크다.

16 ㄱ. (가)에서 A를 물에 녹였을 때 온도가 낮아졌으므로 A의 용해 반응은 흡열 반응이다.

ㄴ. (나)에서 물 100g에 B 1g을 녹였을 때 방출한 열량은 B의 수용액 101g이 흡수한 열량과 같다. 따라서 $Q = c \times m \times \varDelta t = 4\,\text{J/g} \cdot ℃ \times 101\,\text{g} \times 2℃ = 808\,\text{J}$이다.

ㄷ. 수용액의 질량과 비열이 같으므로 용해가 일어날 때 출입한 열량은 온도 변화에 비례한다. 따라서 온도 변화가 더 큰 (나)에서가 (가)에서보다 출입한 열량이 더 크다.

워크북

쪽지 시험

I-01-01. 화학과 우리 생활
워크북 02쪽

01 질소　**02** 수소　**03** 천연 섬유, 합성 섬유　**04** 폴리에스터
05 화석 연료　**06** 시멘트　**07** 공유 결합　**08** ㉠ CH_4, ㉡ 에탄올,
㉢ CH_3COOH　**09** 끓는점　**10** 나프타

I-01-02. 화학식량과 몰
워크북 03쪽

01 화학식량　**02** 원자량　**03** 분자량　**04** (1) 58 (2) 18 (3) 180
(4) 342　**05** 22.4　**06** 분자량　**07** ㉠ 부피, ㉡ 질량, ㉢ 입자 수
08 분자량

I-01-03. 화학 반응식과 용액의 농도
워크북 04쪽

01 화학 반응식　**02** s, l, g, aq　**03** 계수비　**04** 완결　**05** 1
06 용액, 용질　**07** 1 L, 양(mol)　**08** 부피
09 부피 플라스크　**10** 용질

Ⅱ-01-01. 원자의 구조
워크북 05쪽

01 음극선, 전자　**02** 러더퍼드, 원자핵　**03** 양극선, 양성자
04 (1) ―(나) (2) ―(가)　**05** 전자, 양성자, 중성자, 전자
06 양성자수　**07** 양성자수, 중성자수, 평균 원자량
08 19, 20, 18　**09** 3, 6, 7

Ⅱ-01-02. 보어 원자 모형
워크북 06쪽

01 러더퍼드, 돌턴, 보어, 톰슨　**02** 전자 껍질
03 전자 껍질, 1, 전자 껍질, 증가, 전자 껍질, 감소　**04** L, M, N
05 (1) 자외선, 라이먼 (2) 가시 광선, 발머 (3) 적외선, 파셴
06 파장　**07** (1) 3, 2, $\dfrac{5}{36}k$ (2) 6, 2, $\dfrac{2}{9}k$
08 (1) a (2) d (3) b, c (4) 크다

Ⅱ-01-03. 현대의 원자 모형
워크북 07쪽

01 (1) (다)―(나)―(라)―(가) (2) (라) (3) (가)
02 (1) 크기 (2) 방위, 모양, 0, 1, 2 (3) 자기, 방향, 0, ―1, 0, ＋1
(4) 스핀 자기, 스핀, $＋\dfrac{1}{2}$, $―\dfrac{1}{2}$
03 (1) (가) (2) 거리, 증가 (3) 2, 방향
04 $1s<2s=2p<3s=3p=3d$
05 쌓음 원리, 파울리 배타 원리, 스핀, 2, 훈트 규칙, 홀전자 수
06 (1) $1s^22s^1$ (2) $1s^22s^22p^2$ (3) $1s^22s^22p^63s^23p^4$ (4) 1 (5) 2 (6) 2

Ⅱ-02-01. 주기율표
워크북 08쪽

01 (1) 뉴랜즈 (2) 멘델레예프 (3) 모즐리 (4) 되베라이너
02 화학적 성질, 세로줄, 원자 번호, 주기, 족, 전자 껍질, 원자가 전
자 수
03 왼쪽, 고체, 수소, 오른쪽, 기체
04 알칼리 금속, 할로젠, 비활성
05 (1) Li, Be, Na, Mg, Al (2) 0
06 (1) A (2) A (3) B

Ⅱ-02-02. 원소의 주기적 성질
워크북 09쪽

01 유효 핵전하
02 (1) 감소, 증가, 증가 (2) 감소, 작다, 반발력, 크다
03 (1) (가): 원자 반지름, (나): 이온 반지름 (2) A^{2-}, B^+, C^{2+}
04 이온화 에너지
05 (1) G, H (2) F＞G (3) $H^{2+}<G^+<E^-<D^{2-}$
06 $Li<B<Be<C<O<N<F<Ne$
07 A: 4, B: 3

| Ⅲ-01-**01**. 이온 결합 | 워크북 10쪽 |

01 전자　**02** 염소 기체, 나트륨　**03** 18, 1, He, 2, Ne
04 금속, 양이온, 비금속, 음이온, 정전기적 인력
05 Al_2S_3, $Mg(OH)_2$, CaO, 황화 알루미늄, 수산화 마그네슘, 산화
칼슘　**06** (1) ㉡ (2) 크, 작　**07** 고체, 액체, 수용액　**08** 높
09 가까울수록, 클　**10** 이온 사이의 거리, 이온의 전하량

| Ⅲ-01-**02**. 공유 결합과 금속 결합 | 워크북 11쪽 |

01 비금속 원소, 전자쌍　**02** 단일, 2중, 3중
03 (1) 1 (2) 7 (3) 2 (4) 1, 6　**04** 원자가 전자 수
05 인력, 반발력, 최소, 결합 길이
06 (1) b (2) 436 (3) 37　**07** 자유 전자, 정전기적
08 액체, 자유 전자　**09** 공유 결합, 원자, 매우 높음, 있음, 있음

| Ⅲ-02-**01**. 결합의 극성 | 워크북 12쪽 |

01 전기 음성도　**02** 전기 음성도, 증가, 감소　**03** 다른, 큰
04 무극성, 같은　**05** 쌍극자 모멘트, 클수록, 멀수록
06 무극성, 극성　**07** 전기 음성도
08 H−F>H−O>H−Cl>H−N>H−C
09 (1) X: 3, Y: 7, Z: 5 (2) 3, 9

| Ⅲ-02-**02**. 분자의 구조와 성질 | 워크북 13쪽 |

01 전자쌍 반발 이론　**02** 180°, 120°, 109.5°　**03** ㉠<㉡<㉢
04 120°, 평면 삼각형　**05** 많을수록　**06** 삼각뿔형, 굽은 형
07 무극성, 0, 갖지 않는, 극성, 0, 갖는
08 직선형, 정사면체형, 삼각뿔형, 굽은 형, 무극성, 무극성, 극
성　**09** (1) 높다 (2) 극성 (3) 끌려온다 (4) 규칙적

| Ⅳ-01-**01**. 동적 평형 | 워크북 14쪽 |

01 정반응, 역반응　**02** 가역 반응, ⇌　**03** 동적 평형
04 (가)=(나)=(다)　**05** (가)<(나)<(다)　**06** 증발, 응축
07 상평형　**08** 용해, 석출　**09** 용해, 포화　**10** 35

| Ⅳ-01-**02**. 물의 자동 이온화 | 워크북 15쪽 |

01 이온화　**02** 이온화 상수, $[H_3O^+][OH^-]$
03 이온화 상수, 높을수록　**04** pH, 7　**05** (나), (가)
06 H^+　**07** (가)=(나)　**08** H^+, H^+, 산, 염기　**09** H_2O, NH_3
10 양쪽성

| Ⅳ-01-**03**. 산 염기 중화 반응 | 워크북 16쪽 |

01 1:1　**02** $n_1M_1V_1=n_2M_2V_2$　**03** 산성, 작다　**04** 50
05 크, 붉은색　**06** 1:1　**07** 50　**08** 중화 적정
09 (1) (가) 부피 플라스크, (나) 뷰렛, (다) 피펫 (2) (나) (3) (다)
10 페놀프탈레인 용액

| Ⅳ-02-**01**. 산화 환원 반응 | 워크북 17쪽 |

01 산화, 환원　**02** Mg^{2+}, O^{2-}　**03** ㉠ 환원, ㉡ 산화
04 동시에, 환원된, 같다　**05** Cu, Ag^+　**06** Cu^{2+}　**07** 2
08 산화, 환원　**09** 2, 1, 감소한다　**10** 산화, 환원

| Ⅳ-02-**01**. 산화 환원 반응 | 워크북 18쪽 |

01 산화수　**02** 전기 음성도　**03** -2, $+1$, $+2$, -1
04 산화, 환원　**05** (1) $+4$ (2) $+4$ (3) $+6$ (4) $+7$　**06** Z>Y>X
07 (가): -4, (나): 0, (다): -2　**08** 산화제, 환원제　**09** 0.5
10 (1) $a=5$, $b=8$, $c=1$, $d=4$ (2) 0.2몰

| Ⅳ-02-**02**. 화학 반응에서의 열 출입 | 워크북 19쪽 |

01 방출　**02** 작다
03 (1) 발열 (2) 발열 (3) 흡열 (4) 발열 (5) 흡열　**04** (1) ○ (2) ○
05 열량계　**06** 비열　**07** 비열(c), 온도 변화(Δt)
08 물, 물　**09** 16000 J

중단원 예상 문제

01 ④　**02** ②　**03** ⑤　**04** ③　**05** ②　**06** ⑤　**07** ⑤　**08** ①

01 ㄱ. (가) 반응은 광합성으로, 녹색 식물의 엽록체에서 일어난다.
ㄷ. 대부분의 식물은 질소(N)를 공기 중에서 직접 흡수하지 못한다.
오답 피하기　ㄴ. (나) 반응은 암모니아 합성 반응으로, 실험실이나 공장에서 일어난다.

02 ㄷ. 시멘트(ⓒ)에 물, 자갈, 모래를 섞은 것은 콘크리트이다.
오답 피하기　ㄱ. 면(⊙)은 천연 섬유이고, 나일론(ⓒ)은 합성 섬유이다. 나일론은 자연 상태에서 얻을 수 없다.
ㄴ. 화학 비료(ⓒ)에는 질소(N)가 포함되어 있지만 유리(ⓐ)의 주성분은 이산화 규소(SiO_2)이다.

03 암모니아(NH_3)와 이산화 탄소(CO_2)를 반응시켜 요소($(NH_2)_2CO$)를 생성하고, 탄산 칼슘($CaCO_3$)을 가열하여 생성된 산화 칼슘(CaO)에 점토를 섞어서 시멘트를 만든다. 따라서 ⊙은 이산화 탄소(CO_2)이고, ⓒ은 산화 칼슘(CaO)이다.
ㄱ. (가) 반응의 생성물은 요소($(NH_2)_2CO$)이고, 비료로 사용되므로 식물의 생장에 도움을 준다.
ㄴ. 녹색 식물은 광합성을 통해 공기 중 CO_2를 직접 흡수한다.
ㄷ. ⊙과 ⓒ에는 모두 산소(O)가 포함되어 있다.

04 속옷은 면으로, 스타킹은 나일론으로, 커튼은 폴리에스터 섬유로 제작한다.
ㄱ. 천연 섬유인 면은 나일론보다 흡습성이 좋다.
ㄷ. 나일론은 천연 섬유인 면보다 질기다.
오답 피하기　ㄴ. 합성 섬유인 폴리에스터 섬유는 면보다 마찰에 강하여 쉽게 닳지 않는다.

05 분자당 원자 수는 메테인이 5, 에탄올이 9, 아세트산이 8이고, 아세트산에는 2중 결합이 있다. 따라서 (가)는 아세트산, (나)는 메테인, (다)는 에탄올이다.
ㄷ. (다)는 C_2H_5OH이므로 $\dfrac{\text{H 원자 수}}{\text{C 원자 수}} = 3$이다.
오답 피하기　ㄱ. 주로 연료로 사용되는 것은 (나)이다.
ㄴ. 술의 원료로 사용되는 것은 (다)이다.

06 메테인은 물에 잘 녹지 않으며, 아세트산은 분자 내에 카복실기와 2중 결합이 있다. 분자당 H 원자 수가 4인 것은 메테인과 아세트산이며, 분자당 C 원자 수가 2인 것은 에탄올과 아세트산이다. 탄화수소는 메테인이며, 분자당 O 원자 수가 1인 것은 에탄올이다. 따라서 (가)는 '탄화수소인가?', (나)는 '분자당 O 원자 수가 1인가?'가 가장 적절하다.

07 (가)는 CH_3OH(메탄올), (나)는 C_2H_5OH(에탄올), (다)는 C_3H_7OH(프로판올)이다. 분자당 탄소 원자 수가 클수록 끓는점이 높고, 물에 대한 용해도가 감소한다.
ㄴ. 끓는점은 (다) > (나) > (가)이므로 분자당 C 원자 수가 클수록 끓는점이 높다는 것을 알 수 있다.
ㄷ. 물에 대한 용해도가 (가) > (나) > (다)이므로 하이드록시기(−OH)가 물에 잘 녹는 부분이고, 분자당 탄소 원자 수가 작을수록 물에 잘 녹는다는 것을 알 수 있다.
오답 피하기　ㄱ. (가)~(다)는 모두 산소(O)를 포함하고 있으므로 탄화수소가 아닌 탄소 화합물이다.

08 ⊙은 −H, ⓒ은 −CH_2OH, ⓒ은 −$COOH$이다.
ㄱ. O 원자 수는 ⓒ이 1, ⓒ이 2이다.
오답 피하기　ㄴ. H 원자 수는 ⊙이 1, ⓒ이 3이다.
ㄷ. ⊙~ⓒ에 포함된 전체 원자 수는 ⊙이 1, ⓒ이 5, ⓒ이 4이다.

01 ②　**02** ⑤　**03** ④　**04** ⑤　**05** ①　**06** ②　**07** ⑤　**08** ④

01 CH_4의 분자량은 16, C_2H_5OH의 분자량은 46이므로 (가)의 분자량은 30이다. O_3의 분자량은 48이므로 (나)의 분자량은 18이다. 따라서 (가)는 C_2H_6, (나)는 H_2O이 적절하다.

02 분자량은 NH_3가 17, CH_4이 16, H_2O이 18이므로 (가)~(다)에 들어 있는 기체의 질량이 모두 같기 위해서 분자 수비는 $NH_3 : CH_4 : H_2O = (16 \times 18) : (17 \times 18) : (16 \times 17)$이다.
ㄱ. 분자 수비는 $NH_3 : CH_4 = (16 \times 18) : (17 \times 18)$이므로 $16 : 17$이다.
ㄴ. 분자당 H 원자 수는 CH_4이 4, H_2O이 2이므로 H 원자 수비는 $CH_4 : H_2O = (4 \times 17 \times 18) : (2 \times 16 \times 17)$이므로 $9 : 4$이다.
ㄷ. 분자당 원자 수는 NH_3가 4, H_2O이 3이므로 전체 원자 수비는 $NH_3 : H_2O = (4 \times 16 \times 18) : (3 \times 16 \times 17) = 24 : 17$이다.

03 분자당 구성 원자 수와 $\dfrac{\text{Y 원자 수}}{\text{X 원자 수}}$를 고려하면 (가)는 X_2Y_6, (나)는 X_4Y_8이다.
ㄱ. 분자당 Y 원자 수는 (가)가 6, (나)가 8이므로 (나)가 (가)의 $\dfrac{4}{3}$배이다.
ㄴ. (가)의 분자량이 30, (나)의 분자량이 56이므로 X와 Y의 원자량은 각각 12, 1이다.
오답 피하기　ㄷ. 1g당 X 원자 수 비는 (가) : (나) $= \dfrac{2}{30} : \dfrac{4}{56} = 14 : 15$이므로 (나)가 (가)보다 크다.

04 (가)는 X 3g과 O 2g이 결합한 XO이고, (나)는 Y 3g과 O 8g이 결합한 YO_2이다. O의 원자량이 16이므로 X의 원자량은 24, Y의 원자량은 12이다.
ㄱ. 원자량 비는 X : Y $= 24 : 12 = 2 : 1$이다.
ㄴ. (가)는 XO이고, 1몰의 질량은 40g이다. (나)는 YO_2이고, 1몰의 질량은 44g이다. 따라서 1g에 포함된 O의 질량비는
(가) : (나) $= \dfrac{1 \times 16}{40} : \dfrac{2 \times 16}{44} = 11 : 20$이다.
ㄷ. (가)는 O 2g에 X 3g이 결합했고, (나)는 O 8g에 Y 3g이 결합했으므로 일정량의 산소와 결합한 질량비는 X : Y $= 4 : 1$이다.

05 O_2의 분자량이 32이므로 $O_2(g)$의 질량이 16g이면 O_2의 양(mol)은 0.5몰이다. 따라서 V는 0.5몰에 해당하는 부피이다.
ㄴ. V는 0.5몰에 해당하므로 $X(g)$ $1.5V$ L는 $\dfrac{3}{4}$몰이고, $X(g)$ $\dfrac{3}{4}$몰은

$21\,g$이므로 X의 분자량은 28이다.

오답 피하기 ㄱ. H_2의 분자량이 2이므로 $H_2(g)$ 1몰의 질량은 $2\,g$이다. 따라서 $x=2$이다.

ㄷ. $0\,°C$, 1기압에서 1몰에 해당하는 부피는 $22.4\,L$이고, $O_2(g)$ $16\,g$은 $\frac{1}{2}$몰이므로 $V=11.2$이다.

06 표의 빈칸을 채우면 다음과 같다.

기체	분자량	기체의 양(mol)	질량(g)	부피(L) (0°C, 1기압)
(가)	28	0.5	14	11.2
(나)	44	1	44	22.4
(다)	32	0.5	16	11.2
(라)	64	0.1	6.4	2.24

기체의 양(mol)이 가장 많은 기체는 (나)이고, 일정한 온도와 압력에서 기체의 밀도는 분자량에 비례하므로 밀도가 가장 큰 기체는 (라)이다.

07 He의 원자량은 4이므로 He $2.4\,g$은 0.6몰이다.

ㄱ. 일정한 온도와 압력에서 부피는 기체의 양(mol)에 비례하므로 (가)에서 O_2의 양(mol)은 0.4몰이다.

ㄴ. (나)에서도 He의 양(mol)은 0.6몰이므로 O_2의 양(mol)은 1.4몰이다. (가)에서 O_2 0.4몰이 들어 있었으므로 O_2 $y\,g$은 1몰의 질량인 $32\,g$이다.

ㄷ. (나)에서 피스톤의 왼쪽에 He $3.2\,g(=0.8$몰)을 더 넣으면 전체 He의 양(mol)은 1.4몰이 된다. 피스톤의 오른쪽에 있는 O_2의 양(mol)도 1.4몰이므로 피스톤은 오른쪽으로 $20\,cm$ 이동하여 용기의 중앙에 위치하게 된다.

08 ㄴ. 설탕 1분자에 탄소 원자가 12개 들어 있으므로 x몰의 설탕 분자에 포함된 탄소 원자의 양(mol)은 $12x$이다.

ㄷ. 원자의 수는 원자의 양(mol)에 아보가드로수를 곱해서 구한다. 따라서 N은 아보가드로수이다.

오답 피하기 ㄱ. 물질의 양(mol) $=\dfrac{\text{질량}}{\text{분자량}}$이므로 설탕 $w\,g$에 해당하는 설탕 분자의 양(mol)인 x를 구하기 위해서는 설탕의 분자량을 알아야 한다.

Ⅰ-01-03. 화학 반응식과 용액의 농도
워크북 24~25쪽

01 ③ **02** ⑤ **03** ② **04** ① **05** ③ **06** ③ **07** ④ **08** ②

01 삼원자 분자인 (가)가 분해되어 X_2 2몰과 Y_2 1몰이 생성되므로 (가)는 X_2Y이고, 사원자 분자인 (나)가 분해되어 X_2 3몰과 Z_2 1몰이 생성되므로 (나)는 X_3Z이다. (가)와 (나)가 분해되는 화학 반응식은 다음과 같다.
- $2X_2Y \longrightarrow 2X_2 + Y_2$
- $2X_3Z \longrightarrow 3X_2 + Z_2$

ㄱ. 분해된 (가)와 (나)의 양(mol)은 모두 2몰로 같다.

ㄴ. X_2Y의 분자량은 18, X_3Z의 분자량은 17이므로 분해된 질량은 (가)가 $36\,g$, (나)가 $34\,g$이므로 (가)가 (나)보다 크다.

오답 피하기 ㄷ. (가) 2몰이 분해되면 X_2 2몰과 Y_2 1몰이 생성되므로 총

3몰이 생성되고, (나) 4몰이 분해되면 X_2 6몰과 Z_2 2몰이 생성되므로 총 8몰이 생성된다. 따라서 생성되는 물질의 양(mol)의 합은 11몰이다.

02 (가)에서 B가 $10\,mL$ 남았으므로 A $20\,mL$가 B $10\,mL$와 반응하여 C $20\,mL$를 생성했음을 알 수 있다. 따라서 화학 반응식은 $2A + B \longrightarrow 2C$이다.

ㄱ. (나)에서는 B가 $15\,mL$밖에 없으므로 A $40\,mL$ 중 $30\,mL$만 반응하였고 $10\,mL$가 남는다. 따라서 $x=10$이다.

ㄴ. (나)에서 남은 기체는 A이므로 ㉠은 A이다.

ㄷ. (가)에서 A $20\,mL$와 B $10\,mL$가 반응했으므로 A와 B는 $2:1$의 부피비로 반응한다.

03 반응 전에는 X_2가 4개, Y_2가 4개이고, 반응 후에는 X_2가 2개, XY_2가 4개이므로 X_2 2개가 Y_2 4개와 반응하여 XY_2 4개가 생성되었다.

ㄷ. n몰의 $X_2(g)$와 n몰의 $Y_2(g)$를 반응시키면 $\frac{1}{2}n$몰의 $X_2(g)$가 남으면서 생성물인 $XY_2(g)$는 n몰 생성된다.

오답 피하기 ㄱ. 이 반응의 화학 반응식은 $X_2(g) + 2Y_2(g) \longrightarrow 2XY_2(g)$이다.

ㄴ. 반응이 진행되어도 원자의 종류와 수는 변하지 않는다.

04 C_3H_8의 완전 연소 반응식은 다음과 같다.
$$C_3H_8 + 5O_2 \longrightarrow 3CO_2 + 4H_2O$$
반응 전 O_2가 $24\,g$이었다가 반응 후 $8\,g$이 되었으므로 반응한 O_2의 질량은 $16\,g(=\frac{1}{2}$몰)이다. 따라서 반응한 C_3H_8은 $\frac{1}{10}$몰이고, 생성된 CO_2는 $\frac{3}{10}$몰, H_2O는 $\frac{4}{10}$몰이다.

ㄱ. 반응한 C_3H_8은 $\frac{1}{10}$몰이고, C_3H_8의 분자량은 44이므로 $x=4.4$이다.

오답 피하기 ㄴ. 이 반응은 반응 계수비로부터 6몰이 반응하면 7몰이 생성되는 반응임을 알 수 있고, 반응한 기체의 양(mol)의 합은 $\frac{3}{5}$몰이므로 생성된 기체의 양(mol)은 $\frac{7}{10}$몰이다. 따라서 실린더의 부피는 반응 전보다 반응 후가 $2.4\,L(=0.1$몰) 크다.

ㄷ. 생성된 CO_2는 $\frac{3}{10}$몰이고, CO_2의 분자량은 44이므로 생성된 CO_2의 질량은 $13.2\,g$이다.

05 실험 Ⅰ에서 $C_nH_{2n+1}COOH$ $3\,g$이 녹아 있는 $500\,mL$ 용액의 몰 농도가 $0.1\,M$이므로 $C_nH_{2n+1}COOH$ $3\,g$은 0.05몰이다. 이로부터 $C_nH_{2n+1}COOH$의 분자량은 60이고, $12(n+1)+(2n+2)+(16\times2)=60$이므로 $n=1$이다. Ⅱ에서 $C_nH_{2n+1}COOH$ $10\,g$을 $40\,g$의 물에 녹였으므로 용액 $50\,g$에 용질 $10\,g$이 녹아 있는 용액이다. 따라서 Ⅱ의 용액의 퍼센트 농도는 $\frac{10\,g}{50\,g}\times100=20(\%)$이다.

06 (가)는 $0.5\,M$ 포도당 수용액이므로 용액 $500\,mL$에는 $\frac{1}{4}$몰$(=45\,g)$의 포도당이 녹아 있고, (나)는 12% 포도당 수용액이므로 용액 $300\,g$에는 $36\,g(=\frac{1}{5}$몰)의 포도당이 녹아 있다.

ㄱ. 수용액에 녹아 있는 포도당의 양(mol)은 (가)에서 $\frac{1}{4}$몰, (나)에서 $\frac{1}{5}$몰이므로 (가)가 (나)보다 크다.

ㄴ. (다) 수용액 1 L에 녹아 있는 포도당은 $\frac{9}{20}$ 몰이므로 (다)의 농도는 0.45 M이다.

오답 피하기 ㄷ. (가)와 (나)는 용액의 농도가 다르므로 혼합 과정에서 부피의 변화를 알 수 없다. 따라서 (다)를 만들기 위해 넣어 준 증류수의 양 또한 알 수 없다.

07 용액 I의 질량이 $100d\,g$이고, 농도가 $a\%$이므로 용액 I에 녹아 있는 황산의 질량은 $100d\,g \times \frac{a}{100} = ad\,g$이다. 물질의 양(mol)$=\frac{질량(g)}{몰\ 질량(g/mol)}$이므로 용액 I에 녹아 있는 황산의 양(mol)은 $\frac{ad}{M}$ 몰이다. 용액 100 mL에 녹아 있는 황산의 양(mol)이 $\frac{ad}{M}$ 몰이므로 용액 1 L에 $\frac{10ad}{M}$ 몰이 녹은 농도와 같다. 따라서 용액 I의 몰 농도는 $\frac{10ad}{M}$ M이다.

08 (가)는 몰 농도로, (나)는 퍼센트 농도로 나타낸 것이다. (가)의 농도를 절반으로 묽히려면 용액 전체의 부피를 2000 mL가 되도록 해야 하고, (나)의 농도를 절반으로 묽히려면 용액 전체의 질량을 200 g이 되도록 해야 한다.

ㄷ. (나)에 증류수 100 g을 넣으면 용질의 양(mol)은 변함이 없고, 용액 전체의 질량이 200 g이 되므로 5% 용액이 된다.

오답 피하기 ㄱ. (가)에 증류수 1000 g을 넣으면 용액 전체의 부피가 2000 mL가 된다고 단정할 수 없다.

ㄴ. (가)는 몰 농도로 나타낸 용액이고, 몰 농도는 온도의 영향을 받으므로 증류수 1000 mL를 넣었을 때 용액 전체의 부피가 2000 mL가 된다고 단정할 수 없다.

Ⅱ-01-01. 원자의 구조   워크북 26~27쪽

01 ② **02** ③ **03** ⑤ **04** ③ **05** ③ **06** ④ **07** ⑤ **08** ⑤

01 (가)는 러더퍼드의 α 입자 산란 실험으로, 러더퍼드는 이 실험을 통해 원자핵을 발견하였다. (나)는 톰슨의 음극선 실험으로, 톰슨은 이 실험을 통해 전자를 발견하였다.

02 ㄱ. 음극선은 직진하는 성질이 있으므로 음극선의 진로에 물체를 놓으면 그림자가 생긴다.

ㄴ. 음극선은 질량을 지닌 입자의 흐름이므로 음극선의 진로에 바람개비를 놓으면 바람개비가 돌아간다.

오답 피하기 ㄷ. (나)에서 바람개비가 돌아가는 것은 전자의 입자성 때문이다.

03 보경: 양극선을 발견한 과학자는 골드스타인이다.

민우: 러더퍼드는 원자핵을 발견하였고, 이후 질소 등의 기체에 α 입자를 충돌시키는 실험을 통해 양성자를 발견하였다.

은혁: 채드윅은 중성자를 발견하였다. 중성자는 전하를 띠지 않아 원자의 구성 입자 중 가장 늦게 발견되었다.

04 러더퍼드는 α 입자 산란 실험을 통해 크기가 매우 작고, 원자 질량의 대부분을 차지하며 ($+$)전하를 띠는 원자핵을 발견하였다. 원자의 중심에 ($+$)전하를 띠는 핵이 존재하고 전자가 그 주위를 원운동하는 모습을 나타낸 것이 러더퍼드의 원자 모형이다.

오답 피하기 ① 돌턴의 원자 모형이다.

② 톰슨의 원자 모형이다.

④ 보어의 원자 모형이다.

⑤ 현대의 원자 모형이다.

05 질량수는 양성자수와 중성자수의 합과 같으므로 A~D의 질량수, 양성자수, 중성자수는 다음과 같다.

	A	B	C	D
질량수	23	24	24	25
양성자수	11	12	11	12
중성자수	12	12	13	13

ㄷ. B와 D는 양성자수가 12로 같으므로 동위 원소이다.

오답 피하기 ㄱ. A와 B의 양성자수는 각각 11, 12이다.

ㄴ. C는 양성자수 11, 질량수 24이므로 $^{24}_{11}\text{C}$로 나타낸다.

06 ㄱ. (가)와 (나)는 전자 수가 2이므로 각 모형에서 입자 수가 2인 ●이 양성자이고, ◎은 중성자이다.

ㄴ. (가)와 (나)는 양성자수가 같은 동위 원소이므로 화학적 성질이 비슷하다.

오답 피하기 ㄷ. (가)는 양성자수가 2이므로 헬륨이다. 따라서 ^3_2He으로 나타낸다.

07 C^{2-}의 양성자수는 8이고, 전자는 양성자보다 2개 많으므로 C^{2-}의 전자 수는 10이다.

오답 피하기 ① A는 $^{23}_{11}\text{A}$으로 표시한다.

② A와 B의 양성자수는 각각 11, 12이므로 A와 B는 동위 원소가 아니다.

③ A의 원자 번호는 11이므로 A는 1족 원소이다. 따라서 A의 안정한 이온은 A^+이다.

④ C^{2-}의 질량수는 18, 중성자수는 10이다. 따라서 양성자수는 8이다.

08 (가)에서 양성자수는 5이다. (가)와 (나)는 동위 원소이므로 양성자수가 같다.

ㄴ. 질량수 x는 양성자수와 중성자수의 합이므로 $6+5=11$이다.

ㄷ. 동위 원소의 존재 비율을 고려한 붕소(B)의 평균 원자량은 $\frac{10 \times 20 + 11 \times 80}{100} = 10.8$이다.

오답 피하기 ㄱ. (가)는 $^{10}_5\text{B}$으로 나타낸다.

Ⅱ-01-02. 보어 원자 모형   워크북 28~29쪽

01 ④ **02** ③ **03** ① **04** ② **05** ⑤ **06** ③ **07** ⑤ **08** ④

01 ㄱ, ㄷ. (가)는 보어의 원자 모형, (나)는 러더퍼드의 원자 모형, (다)는 톰슨의 원자 모형이다. 톰슨의 원자 모형은 음극선 실험으로 전자가 발견되면서 제안된 모형이다.

오답 피하기 ㄴ. 러더퍼드의 원자 모형은 양극선의 발견이 아니라 원자핵의 발견을 설명하기 위해 제안된 모형이다.

02 보어의 원자 모형에서는 핵에서 멀어질수록 전자 껍질의 에너지 준위가 높아진다. 따라서 에너지 준위는 K<L<M이다.

 ① 에너지 준위가 가장 낮은 전자 껍질에 전자가 위치하므로 바닥상태이다.

② K 전자 껍질의 주 양자수(n)는 1이다.

④ 안쪽 전자 껍질에서 바깥쪽 전자 껍질로 전자가 전이할 때는 에너지를 흡수한다.

⑤ 주 양자수(n)가 증가할수록 이웃한 전자 껍질 사이의 에너지 준위 차이는 감소한다.

03 수소 원자에서 전자 전이가 일어날 때, $n=1$로의 전자 전이에서 방출하는 빛은 라이먼 계열, $n=2$로의 전자 전이에서 방출하는 빛은 발머 계열, $n=3$으로의 전자 전이에서 방출하는 빛은 파셴 계열이라고 한다.

04 전자 전이가 일어날 때 방출 또는 흡수하는 빛의 에너지는 파장과 반비례한다.

ㄴ. b는 $n=2$로의 전자 전이이므로 방출하는 빛은 가시광선이다.

 ㄱ. 방출하는 에너지가 $c<b<a$이므로 파장은 $c>b>a$이다.

ㄷ. c에서 방출하는 빛은 파셴 계열(적외선 영역) 중 에너지가 가장 작은 빛에 해당하므로 파장은 가장 길다.

05 ㄱ. 선 스펙트럼에서 왼쪽으로 갈수록 파장은 짧아진다. 파장이 짧을수록 빛의 에너지는 커지므로 방출하는 빛에너지는 A가 가장 크다.

ㄴ. A~D에 해당하는 전자 전이는 다음과 같다.

파장	전자 전이
A	$n=6 \rightarrow n=2$
B	$n=5 \rightarrow n=2$
C	$n=4 \rightarrow n=2$
D	$n=3 \rightarrow n=2$

ㄷ. A보다 진동수가 큰 영역의 빛은 자외선으로 라이먼 계열이다.

06 ㄷ. Ⅲ은 $n=5$에서 $n=2$로의 전자 전이이다. 따라서 $\Delta E = k \times (-\frac{1}{25} + \frac{1}{4}) = \frac{21}{100} k$ kJ/mol이다.

 ㄱ. Ⅰ과 Ⅱ에서 방출하는 에너지의 비는 27:20이다.

ㄴ. Ⅱ는 $n=3$에서 $n=2$로의 전자 전이로, 가시광선 영역에서 방출하는 빛 중 에너지가 가장 작다. 따라서 파장은 가장 길므로 656 nm에 해당한다.

07 ㄱ. B는 $n=2$로의 전자 전이이므로 발머 계열의 빛을 방출한다.

ㄴ. A는 $n=1$에서 $n=2$로의 전자 전이이고, C는 $n=2$에서 $n=1$로의 전자 전이이므로 출입하는 에너지의 크기는 같다.

ㄷ. B는 $n=3$에서 $n=2$로의 전자 전이이고, C는 $n=2$에서 $n=1$로의 전자 전이이다. 따라서 B와 C에 해당하는 에너지의 합은 $n=3$에서 $n=1$로의 전자 전이인 D에서 방출하는 에너지와 같다.

08 ㄱ. (가)는 방출하는 빛의 에너지가 $\frac{3}{4} k$ kJ/mol이므로 $n=2$에서 $n=1$로의 전자 전이이다.

ㄷ. (나)는 $n=\infty$에서 $n=1$로의 전자 전이에 해당하므로 이때 방출하는 빛의 에너지는 $n=1$로의 전자 전이에서 방출하는 빛의 에너지 중 가장 크다. 따라서 라이먼 계열에서 가장 짧은 파장의 빛을 방출한다.

 ㄴ. 빛의 파장과 에너지는 반비례한다. (가)와 (다)의 에너지 비가 4:1이므로 파장의 비는 1:4이다.

---

01 ③　**02** ①　**03** ③　**04** ④　**05** ③　**06** ③　**07** ④　**08** ②　**09** ②

01 ㄱ. s 오비탈은 모든 전자 껍질에 존재한다.

ㄴ. s 오비탈은 방향성이 없으므로 원자핵으로부터의 거리가 같으면 전자가 발견될 확률이 같다.

 ㄷ. 주 양자수가 증가하면 s 오비탈의 크기는 커지므로 a가 증가한다.

02 ㄴ. $2p_x$ 오비탈에 전자가 들어 있으므로 들뜬상태이다.

 ㄱ. 수소 원자에서 오비탈의 에너지 준위는 주 양자수에 의해서만 결정된다. 따라서 오비탈의 에너지 준위는 $1s < 2s = 2p_x$이다.

ㄷ. $2p_x$ 오비탈에서 $1s$ 오비탈로 전자 전이가 일어날 때, 자외선 영역의 빛이 방출된다.

03 ㄷ. 바닥상태 질소 원자의 전자 배치는 $1s^2 2s^2 2p_x^1 2p_y^1 2p_z^1$이다. 따라서 (나)~(라)에 각각 전자가 1개씩 배치된다.

 ㄱ. 다전자 원자의 경우 오비탈의 에너지 준위는 주 양자수와 오비탈의 종류에 따라 결정된다. 따라서 에너지 준위는 $2s < 2p_x = 2p_y = 2p_z$이다.

ㄴ. 3개의 $2p$ 오비탈은 방향이 서로 다르므로 방위 양자수는 같지만 자기 양자수는 서로 다르다.

04 바닥상태 원자의 전자 배치는 쌓음 원리, 파울리 배타 원리, 훈트 규칙을 만족시켜야 한다.

ㄱ. A는 에너지 준위가 낮은 오비탈부터 전자가 채워져 있으므로 쌓음 원리를 만족한다.

ㄷ. 바닥상태의 B^{2-}과 C^+의 전자 배치는 $1s^2 2s^2 2p^6$으로 같다.

 ㄴ. p_x, p_y, p_z 오비탈의 에너지 준위는 모두 같다. 따라서 B는 바닥상태이다.

05 주 양자수는 오비탈의 에너지와 크기를, 방위 양자수는 오비탈의 종류를, 자기 양자수는 오비탈의 방향을 결정한다.

ㄷ. $3s$ 오비탈의 주 양자수 $n=3$이고, 방위 양자수 $l=0$, 자기 양자수 $m_l=0$이다.

 ㄱ. 주 양자수가 n인 전자 껍질에 채워지는 최대 전자수는 $2n^2$이다.

ㄴ. 주 양자수(n)가 3일 때 가능한 방위 양자수는 0, 1, 2이다.

06 산소 원자 $_8\text{O}$의 바닥상태 전자 배치는 $1s^2 2s^2 2p_x^2 2p_y^1 2p_z^1$이다. $_8\text{O}^-$의 바닥상태 전자 배치는 바닥상태 $_8\text{O}$에서 가장 에너지 준위가 높은 오비탈에 전자 1개를 더 채워야 하므로 $1s^2 2s^2 2p_x^2 2p_y^2 2p_z^1$이다.

07 제시된 원자 또는 이온의 바닥상태 전자 배치와 홀전자 수는 다음과 같다.

원자 또는 이온	전자 배치	홀전자 수
$_3\text{Li}^+$	$1s^2$	0
$_6\text{C}$	$1s^2 2s^2 2p^2$	2
$_8\text{O}^-$	$1s^2 2s^2 2p^5$	1
$_{15}\text{P}$	$1s^2 2s^2 2p^6 3s^2 3p^3$	3
$_{17}\text{Cl}^-$	$1s^2 2s^2 2p^6 3s^2 3p^6$	0

08 바닥상태 전자 배치는 쌓음 원리, 파울리 배타 원리, 훈트 규칙을 만족시켜야 한다.

ㄴ. B는 1개의 오비탈에 스핀 방향이 같은 전자가 들어 있으므로 파울리 배타 원리에 위배된다. 파울리 배타 원리는 4가지 양자수가 같은 전자는 존재할 수 없다는 내용이므로 파울리 배타 원리를 만족하지 않는 전자 배치는 불가능한 전자 배치이다.

오답 피하기 ㄱ. A는 $2s$ 오비탈에 전자가 모두 채워지지 않은 상태에서 $2p$ 오비탈에 전자가 들어 있으므로 쌓음 원리에 어긋나는 들뜬상태이다. C는 쌓음 원리, 파울리 배타 원리, 훈트 규칙을 모두 만족하는 바닥상태이다.

ㄷ. A의 원자가 전자 수는 2이지만, D의 원자가 전자 수는 4이다.

09 ㄴ. 3개의 $2p$ 오비탈은 에너지 준위가 같다. 따라서 홀전자가 어떤 p 오비탈에 먼저 배치되더라도 쌓음 원리에 어긋나지 않는다.

오답 피하기 ㄱ. A는 홀전자 수가 최대인 전자 배치가 아니므로 훈트 규칙을 만족하지 않는다.

ㄷ. C는 전자 1개를 얻어 C^-이 되면서 비활성 기체의 전자 배치를 이루므로 원자가 전자 수가 7인 17족 원소이다.

Ⅱ-02-01. 주기율표　　　　　　　　　　워크북 32~33쪽

01 ③　**02** ④　**03** ④　**04** ④　**05** ⑤　**06** ⑤　**07** ②　**08** ①
09 ⑤

01 세 쌍 원소설을 주장한 과학자는 되베라이너이고, 옥타브설을 주장한 과학자는 뉴랜즈이다. 뉴랜즈는 원소를 원자량 순서로 나열하였을 때 8번째마다 비슷한 성질의 원소가 나타나는 것을 발견하였다.

02 ㄴ, ㄷ. 멘델레예프의 주기율표는 당시에 발견되지 않은 원소의 존재를 예측하는 등 주기율표의 완성에 큰 영향을 미쳤다. 그러나 칼륨($_{19}$K)보다 원자량이 큰 아르곤($_{18}$Ar)이 발견되면서 한계를 드러냈다.

오답 피하기 ㄱ. 멘델레예프는 원소를 원자량 순서대로 나열하여 주기율표를 작성하였다.

03 현대의 주기율표에서 가로줄은 주기이고, 세로줄은 족이다. C와 D는 같은 주기 원소이므로 전자가 들어 있는 전자 껍질 수가 같다.

오답 피하기 ① (나)는 주기이다.
② A와 B는 같은 족 원소가 아니므로 화학적 성질이 다르다.
③ B의 최외각 전자 수는 2이고, F의 최외각 전자 수는 8이다.
⑤ 양성자수가 가장 큰 원소는 F이다.

04 주기율표에서 오른쪽 아래로 갈수록 원자 번호가 증가한다. 따라서 원자 번호가 가장 작은 원소는 A, 가장 큰 원소는 F이다. 원자가 전자 수는 1족~17족에서 족의 끝자리 수와 같고 18족의 원자가 전자 수는 0이므로, 17족 원소인 D의 원자가 전자 수가 가장 크다.

05 성헌: 같은 주기 원소들은 전자 껍질 수가 같다.
지영: 16족 원소의 원자가 전자 수는 족의 끝자리 수인 6과 같다.
지수: 주기율표의 같은 주기에서는 오른쪽으로 갈수록, 같은 족에서는 아래로 내려갈수록 양성자수가 많아진다.

06 같은 족 원소인 Li과 Na의 성질이 비슷한 까닭은 화학 결합에 관여

하는 원자가 전자 수가 같기 때문이다.

오답 피하기 ① 1족 원소 중 수소는 상온에서 기체 상태이다.
②, ③ 18족 원소 중 He은 최외각 전자 수가 2이다. 따라서 최외각 전자 수가 2인 원소가 모두 금속인 것은 아니다.
④ 비금속성은 전자를 얻기 쉬운 성질이다. 같은 주기에서 오른쪽으로 갈수록 비금속성이 증가하지만 이온을 형성하지 않는 18족 원소는 제외한다.

07 ㄴ. A는 금속, B는 준금속, C는 비금속이다.

오답 피하기 ㄱ. 주기율표에서 왼쪽 아래로 내려갈수록 증가하는 것은 금속성이다.
ㄷ. 18족 원소인 ㉠은 비금속이지만 비금속성을 나타내지 않는다.

08 16족, 17족 원소는 음이온이 되기 쉽고, 1, 2, 13족은 양이온이 되기 쉽다.
ㄱ. 수소인 A와 16족, 17족, 18족 원소인 B, D, F가 비금속 원소이다.

오답 피하기 ㄴ. 음이온이 되기 쉬운 원소는 B, D이다.
ㄷ. 금속 원소인 C와 E의 원자가 전자 수는 각각 1, 2이다. 따라서 그 합은 3이다.

09 A는 2주기 13족 원소이고, B는 2주기 16족 원소이다. 그리고 C는 3주기 2족 원소이다. 따라서 A~C는 각각 (나), (다), (가)에 해당한다.
ㄴ. B(O)는 상온에서 $B_2(O_2)$로 존재한다.
ㄷ. C와 B의 안정한 이온은 각각 C^{2+}, B^{2-}이므로 1 : 1로 결합하여 화합물 CB를 생성한다.

오답 피하기 ㄱ. A에 해당하는 원소는 (나)이다.

Ⅱ-02-02. 원소의 주기적 성질　　　　　　워크북 34~35쪽

01 ④　**02** ④　**03** ⑤　**04** ③　**05** ⑤　**06** ④　**07** ①　**08** ⑤

01 원자 반지름은 같은 주기에서 원자 번호가 증가함에 따라 감소하다가 주기가 바뀔 때 크게 증가한다. 따라서 (가)는 원자 반지름이다. 그리고 유효 핵전하는 같은 주기에서 원자 번호가 증가함에 따라 증가하다가 주기가 바뀔 때 크게 감소한다. 따라서 (나)는 유효 핵전하이다. 이로부터 (다)는 이온 반지름이다. 이온은 모두 Ne의 전자 배치를 이루므로 A는 2주기 15족 원소인 N, B는 2주기 16족 원소인 O에 해당한다. 따라서 제1 이온화 에너지는 A>B이다.

02 ㄱ, ㄴ. A는 $\dfrac{\text{이온 반지름}}{\text{원자 반지름}}>1$이므로 음이온을 형성하는 2주기 비금속 원소이고, B와 C는 $\dfrac{\text{이온 반지름}}{\text{원자 반지름}}<1$이므로 양이온을 형성하는 3주기 금속 원소이다.

오답 피하기 ㄷ. 같은 주기에서는 원자 번호가 클수록 원자 반지름이 작다. 따라서 원자의 핵전하량은 B>C이다.

03 ㄱ. A는 2주기 18족 원소이고, B는 3주기 1족 원소이므로 유효 핵전하는 A>B이다.
ㄴ. B는 1족 원소이므로 제2 이온화 에너지가 크게 증가한다. 따라서 제2 이온화 에너지는 B>C이다.
ㄷ. C와 D는 모두 3주기 원소이다. 같은 주기에서는 원자 번호가 클수

록 원자 반지름이 작으므로 원자 반지름은 C>D이다.

04 A~C는 각각 2주기 15족, 16족, 17족 원소이다. 이온화 에너지는 같은 주기에서는 원자 번호가 증가함에 따라 대체로 증가하지만, 15족과 16족에서 예외적인 경향을 보이며 2주기에서 3주기로 바뀔 때는 이온화 에너지가 크게 감소한다. 따라서 이온화 에너지는 3주기 1족 원소인 D가 가장 작고, 2주기 17족 원소인 C가 가장 크며, 15족(A)>16족(B)이므로 D<B<A<C 순이다.

05 2주기 15족~17족 원소의 제1 이온화 에너지는 16족<15족<17족 순이다. 따라서 A는 2주기 16족 원소인 산소(O), B는 2주기 15족 원소인 질소(N), C는 2주기 17족 원소인 플루오린(F)이다.
ㄴ. A^+, B^+, C^+은 각각 2주기 15족, 2주기 14족, 2주기 16족의 전자 배치를 한다. 따라서 제2 이온화 에너지는 B<C<A이다.
ㄷ. A~C는 모두 같은 주기 원소이므로 원자 번호가 가장 작은 B의 원자 반지름이 가장 크다.
[오답 피하기] ㄱ. A는 16족 원소이다.

06 ㄴ. 원자가 전자가 느끼는 유효 핵전하가 가장 큰 원소는 Ar이다.
ㄷ. 음이온을 형성하는 원소 중 이온 반지름이 가장 작은 원소는 2주기 원소의 음이온 중 핵전하량이 가장 큰 F이다.
[오답 피하기] ㄱ. 이온화 에너지가 가장 작은 원소는 Na이다.

07 ㄱ. 순차 이온화 에너지는 차수가 커질수록 증가하는데, 특히 전자 껍질 수가 줄어들 때 크게 증가한다. X의 $E_1 \ll E_2$이므로 X는 1족 원소이고, E_1에서 E_2, E_9에서 E_{10}이 될 때 크게 증가하므로 전자 껍질 수는 3이다. 따라서 X는 3주기 1족 원소이므로 금속인 Na이다.
[오답 피하기] ㄴ. X의 원자가 전자 수는 1이다.
ㄷ. $X^+(g)$에서 전자 1몰을 떼어낼 때 필요한 최소 에너지는 E_2이다.

08 A는 제2 이온화 에너지가 크게 증가하므로 1족 원소이고, B는 제3 이온화 에너지가 크게 증가하므로 2족 원소이다. 따라서 B는 양이온을 형성하는 금속 원소이므로 이온 반지름이 원자 반지름보다 작다.
[오답 피하기] ② B는 3주기 2족 원소이므로 원자 번호는 12이다.
③ A와 B는 같은 주기 원소이고 원자 번호는 A<B이므로 원자 반지름은 A>B이다.
④ A는 1족 원소이므로 전자 1개를 잃고 비활성 기체의 전자 배치를 이룬다. 따라서 A^+의 전자 배치는 Ne과 같다.

Ⅲ-01-01. 이온 결합   워크북 36~37쪽

01 ⑤   **02** ④   **03** ⑤   **04** ②   **05** ①   **06** ⑤   **07** ④   **08** ⑤
09 ③

01 ㄱ. 물은 공유 결합 물질이므로 액체 상태에서 전류가 흐르지 않는다. 따라서 물을 전기 분해하기 위해서는 물에 소량의 전해질을 녹여 전류가 흐르도록 한다.
ㄴ. 물을 전기 분해하면 (+)극에서 산소(O_2) 기체가, (−)극에서 수소(H_2) 기체가 발생한다.
ㄷ. 물을 전기 분해했을 때 물을 구성하는 원소로 분해되는 것으로부터 수소와 산소가 결합하여 물을 생성할 때 전자가 관여함을 알 수 있다.

02 A~D는 각각 Li, O, F, Na이다.
Li, O, F, Na 중 이온이 될 때 He의 전자 배치를 하는 것은 Li 1가지이다. O와 F는 전자를 얻어 Ne과 같은 전자 배치를, Na은 전자를 잃고 Ne과 같은 전자 배치를 한다.
[오답 피하기] ① 금속 원소는 A와 D이다.
② 18족 원소와 같은 전자 배치를 갖기 위해 전자를 잃는 원소는 금속 원소이므로 A와 D이다.
③ 음이온을 형성하기 쉬운 원소는 비금속 원소이다. A~D 중 비금속 원소는 B와 C이다.
⑤ 이온 결합은 금속 원소와 비금속 원소 사이에 형성되는 결합이다. A는 금속 원소이므로 A와 이온 결합을 형성할 수 있는 원소는 비금속 원소인 B와 C 2가지이다.

03 KOH은 칼륨 이온과 수산화 이온이 결합하여 형성된 물질이므로 '수산화 칼륨'이라고 읽는다.
[오답 피하기] ① NaF은 나트륨 이온과 플루오린화 이온이 결합하여 형성된 물질이므로 '플루오린화 나트륨'이라고 읽는다.
② MgO은 마그네슘 이온과 산화 이온이 결합하여 형성된 물질이므로 '산화 마그네슘'이라고 읽는다.
③ $CaCl_2$은 칼슘 이온과 염화 이온이 결합하여 형성된 물질이므로 '염화 칼슘'이라고 읽는다.
④ Na_2SO_4은 나트륨 이온과 황산 이온이 결합하여 형성된 물질이므로 '황산 나트륨'이라고 읽는다.

04 A~F는 각각 H, Li, O, F, Ne, Mg이다. 따라서 금속 원소는 B와 F 2가지이다.
[오답 피하기] ① 비금속 원소는 A, C, D, E 4가지이다.
③ 이온의 전자 배치가 E(Ne)와 같은 원소는 2주기 비금속 원소와 3주기 금속 원소이므로 C, D, F 3가지이다.
④ B는 원자가 전자 수가 1인 금속 원소이므로 +1가 양이온이 되기 쉽고, D는 원자가 전자 수가 7인 비금속 원소이므로 −1가 음이온이 되기 쉽다. 따라서 B와 D는 1 : 1의 개수비로 이온 결합을 형성한다.
⑤ C는 비금속 원소이고 F는 금속 원소이므로 C와 F로 이루어진 물질은 이온 결합 물질이다. 이온 결합 물질은 액체 상태에서 전기 전도성이 있다.

05 양이온과 음이온 사이의 거리가 가까워질수록 인력에 의한 에너지는 낮아지고, 반발력에 의한 에너지는 증가한다. 인력과 반발력에 의한 에너지의 합이 최소가 되는 지점에서 이온 결합이 형성된다.
ㄱ. 이온 사이의 거리가 r_0일 때 에너지가 가장 낮으므로 NaCl이 형성되었을 때 이온 사이의 거리는 r_0이다.
[오답 피하기] ㄴ. 이온 사이의 거리가 r_0보다 짧아지면 인력에 의한 에너지는 감소하고 반발력에 의한 에너지는 증가한다. 하지만 반발력에 의한 에너지 증가가 더 크므로 전체 에너지는 증가한다.
ㄷ. 이온 사이의 반발력은 이온 사이의 거리가 짧을수록 증가한다. 따라서 이온 사이의 반발력은 ㉠에서가 ㉡에서보다 크다.

06 AB에서 A는 전자 1개를 잃고 Ne과 같은 전자 배치를 하므로 3주기 1족 원소인 Na이고, B는 전자 1개를 얻어 Ar과 같은 전자 배치를 하므로 3주기 17족 원소인 Cl이다.

ㄱ. 원자 번호는 3주기 17족 원소인 B가 3주기 1족 원소인 A보다 크다.

ㄴ. AB를 구성하는 입자는 모두 18족 원소와 전자 배치가 같다.

ㄷ. 이온 결합은 양이온과 음이온 사이의 정전기적 인력에 의해 형성된다. 따라서 AB를 구성하는 입자 사이에는 정전기적 인력이 작용한다.

07 힘을 가했을 때 쉽게 부서지는 것은 이온 결합 물질이다. CCl_4는 비금속 원소인 C와 Cl가 공유 결합하여 형성된 공유 결합 물질이다.

[오답 피하기] LiH, Na_2O, MgF_2, Al_2S_3은 이온 결합 물질이다.

08 A~D는 이온이 될 때 Ne의 전자 배치를 하므로 2주기 비금속 원소 또는 3주기 금속 원소이다. 그리고 이온 결합 물질의 화학식은 금속 원소를 먼저 쓰므로 A와 C는 3주기 금속 원소, B와 D는 2주기 비금속 원소임을 알 수 있다. (다)의 녹는점이 (나)보다 높으므로 A~D는 각각 Mg, F, Na, O이다.

ㄱ. A와 C는 3주기 원소이다.

ㄴ. B의 원자 번호는 9, D의 원자 번호는 8이다.

ㄷ. A~D의 이온은 모두 등전자 이온이고, 양성자수는 A가 가장 크므로 이온 반지름은 A가 가장 작다.

09 A와 E는 각각 Na과 Mg 중 하나이다. 이때 이온 사이의 거리는 AC>EB이고 녹는점은 AC<EB이므로 A가 Na, E가 Mg임을 알 수 있다. 그리고 이온 사이의 거리는 AC<AD, EB<FB이므로 A~F는 각각 Na, O, F, Cl, Mg, Ca임을 알 수 있다. 따라서 바닥상태 원자에서 홀전자 수는 B가 2, C가 1이므로 B가 C보다 크다.

[오답 피하기] ① A는 Na이므로 A의 전자 배치 모형은 (나)이다.

② 이온의 전하량은 F가 A보다 크다.

④ 원자 반지름은 D가 C보다 크다.

⑤ 원자 번호는 E가 12, F가 20이다.

<table>
<tr><td colspan="9">Ⅲ-01-02. 공유 결합과 금속 결합   워크북 38~39쪽</td></tr>
<tr><td>01 ⑤</td><td>02 ③</td><td>03 ⑤</td><td>04 ④</td><td>05 ④</td><td>06 ②</td><td>07 ③</td><td>08 ⑤</td></tr>
<tr><td>09 ⑤</td><td></td><td></td><td></td><td></td><td></td><td></td><td></td></tr>
</table>

01 ㄱ, ㄴ. 공유 결합은 비금속 원소의 원자들이 전자쌍을 공유하여 형성되는 결합이다.

ㄷ. 공유 결합 물질은 액체 상태에서 전기 전도성이 없다.

02 A는 원자가 전자 수가 5이므로 3개의 전자쌍을 공유하고, B는 원자가 전자 수가 7이므로 1개의 전자쌍을 공유한다. 따라서 분자식은 AB_3이다.

03 HXY 결합 모형으로부터 X의 원자가 전자 수는 4이고, Y의 원자가 전자 수는 5이다. 따라서 X는 C, Y는 N이다.

ㄱ. NaXY는 Na^+과 XY^-이 결합하여 형성된 물질이다. XY^-에서 X와 Y는 모두 옥텟 규칙을 만족한다.

ㄴ. X_2H_2는 C_2H_2로 구조식은 $H-C{\equiv}C-H$이고, 공유 전자쌍 수는 5이다. Y_2는 N_2로 구조식은 $N{\equiv}N$이고, 공유 전자쌍 수는 3이다. 따라서 공유 전자쌍 수는 X_2H_2가 Y_2보다 크다.

ㄷ. NaOH은 Na^+과 OH^-이 이온 결합하여 형성된 이온 결합 물질이

ㄱ. HXY는 H, X, Y가 공유 결합하여 형성된 분자(공유 결합 물질)이다. 따라서 녹는점은 NaOH이 HXY보다 높다.

04 ㄱ. X와 X 사이에 전자쌍을 공유하여 X_2를 형성하므로 X_2는 공유 결합 물질이다.

ㄴ. X_2에는 X 원자 사이에 공유한 전자쌍이 3개 있다. 따라서 3중 결합이 존재한다.

[오답 피하기] ㄷ. X는 원자가 전자 수가 5이므로 바닥상태 전자 배치는 $1s^2 2s^2 2p^3$이다. 따라서 홀전자 수는 3이다.

05 A^{2-}과 B^-의 전자 배치는 모두 Ne과 같으므로 A는 산소(O)이고, B는 플루오린(F)이다. C는 전자 수가 11인 나트륨(Na)이다.

ㄴ. 공유 전자쌍 수는 A_2가 2, B_2가 1이다.

ㄷ. 금속 원소인 C와 비금속 원소인 A가 결합하여 형성된 C_2A는 이온 결합 물질이고, 비금속 원소인 A와 B가 결합하여 형성된 A_2B_2는 공유 결합 물질이다. 따라서 액체 상태에서 전기 전도도는 C_2A가 A_2B_2보다 크다.

[오답 피하기] ㄱ. 원자가 전자 수는 A~C가 각각 6, 7, 1이므로 B가 가장 크다.

06 금속 결합 물질에 전압을 걸어주면 자유 전자가 (-)극 쪽으로 이동하여 전류가 흐른다. 이때 금속 양이온은 이동하지 않는다.

[오답 피하기] 금속 결합 물질은 금속 양이온과 자유 전자의 정전기적 인력인 금속 결합에 의해 생성된 물질로, 열 전도성과 전기 전도성이 좋고 녹는점과 끓는점이 높아 상온에서 대부분 고체 상태로 존재한다. 이러한 특성은 대부분 자유 전자에 의해 나타난다.

07 고체 상태에서 전류가 흐르는 물질은 금속인 철(Fe)이고, 메테인(CH_4), 염화 나트륨(NaCl), 염소(Cl_2) 중 액체 상태에서 전류가 흐르는 물질은 이온 결합 물질인 염화 나트륨(NaCl)이다. 메테인(CH_4)과 염소(Cl_2) 중 한 가지 원소로 이루어진 물질은 염소(Cl_2)이다. 따라서 (가)~(라)는 각각 Fe, NaCl, Cl_2, CH_4이다.

ㄱ. (가)는 철(Fe)이다.

ㄴ. (나)는 NaCl, (다)는 Cl_2로 모두 Cl이 포함되어 있다.

[오답 피하기] ㄷ. (라)는 공유 결합 물질인 CH_4으로 수용액 상태에서 전기 전도성이 없다.

08 A~D는 각각 H, F, Mg, O이다.

ㄱ. (가)는 MgH_2이다. 이온 결합 물질은 액체 상태에서 전기 전도성이 있다.

ㄴ. (나)는 OF_2로 O와 F 사이의 단일 결합으로만 이루어져 있다.

ㄷ. (나)에서 구성 입자인 O와 F은 서로 전자를 공유하여 모두 Ne과 같은 전자 배치를 이루므로 옥텟 규칙을 만족한다.

09 A는 고체 상태와 액체 상태에서 전기 전도성이 없고, 녹는점이 매우 높으므로 원자(공유) 결정이다. B는 액체 상태에서만 전기 전도성이 있으므로 이온 결정이고, C는 녹는점이 낮으면서 고체 상태와 액체 상태에서 전기 전도성이 없으므로 분자 결정이다. D는 고체 상태와 액체 상태에서 모두 전기 전도성이 있으므로 금속 결정이다.

ㄱ. A와 C를 이루는 화학 결합은 공유 결합으로 같다.

ㄴ. 이온 결정은 금속 원소와 비금속 원소의 결합인 이온 결합에 의해

형성된 물질이다.

ㄷ. C는 공유 결합으로 이루어진 분자 결정, D는 금속 결합으로 이루어진 금속 결정이므로 물질을 이루는 화학 결합의 세기는 C에서가 D에서보다 강하다.

01 ③　**02** ④　**03** ①　**04** ①　**05** ⑤　**06** ④　**07** ⑤　**08** ③

01 A는 원자가 전자 수가 6이므로 2주기 16족 원소인 산소(O)이고, B는 전자 1개를 얻어 Ne과 같은 전자 배치를 하므로 2주기 17족 원소인 플루오린(F), C는 전자 3개를 잃고 Ne과 같은 전자 배치를 하므로 3주기 13족 원소인 알루미늄(Al)이다. A~C의 전기 음성도는 2주기 비금속 원소인 A와 B가 3주기 금속 원소인 C보다 크고, B가 A보다 원자 번호가 크므로 B>A이다. 따라서 B>A>C이다.

02 X 주위에는 공유 전자쌍만 3개 존재하므로 X의 원자가 전자 수는 3이고, Y는 X와 전자쌍 1개를 공유하므로 원자가 전자 수는 7이다. Z는 3개의 Y와 각각 전자쌍 1개씩을 공유하므로 원자가 전자 수가 5이다.

ㄴ. 공유 전자쌍 수는 (가)와 (나)에서 3으로 같다.

ㄷ. X~Z는 2주기 원소이고, 같은 주기에서는 원자 번호가 클수록 전기 음성도가 커지므로 X~Z의 전기 음성도는 X<Z<Y이다. 따라서 (가)의 X−Y 결합과 (나)의 Z−Y 결합에서는 모두 전자쌍이 Y 쪽으로 치우치므로 Y가 부분적인 (−)전하를 띤다.

[오답 피하기] ㄱ. X~Z의 원자가 전자 수는 각각 3, 7, 5이다. 따라서 원자가 전자 수는 Z가 X보다 크다.

03 분자에서 원자는 18족 원소와 같은 전자 배치를 이루기 위해 필요한 전자 수만큼 전자쌍을 공유한다. 따라서 Y와 Z는 각각 전자쌍 3개와 1개를 공유한다.

ㄱ. Y_2의 구조식은 Y≡Y로, 3중 결합이 있다.

[오답 피하기] ㄴ. XZ_3에서 X는 3개의 Z와 각각 1개의 전자쌍을 공유하고 있으므로 옥텟 규칙을 만족하지 않는다.

ㄷ. Y_2Z_2의 구조식은 Z−Y=Y−Z로 Y 원자 사이의 무극성 공유 결합을 포함한다.

04 전기 음성도는 같은 주기에서 원자 번호가 커질수록 증가하고, 같은 족에서 원자 번호가 커질수록 감소한다.

ㄱ. 결합한 원자 사이의 전기 음성도 차이가 클수록 결합의 쌍극자 모멘트가 크다. 전기 음성도는 D가 E보다 크므로 결합의 쌍극자 모멘트는 A−D가 A−E보다 크다.

[오답 피하기] ㄴ. C와 D 중 전기 음성도는 D가 더 크므로 C와 D의 결합에서 D는 부분적인 (−)전하를 띤다.

ㄷ. B_2A_2에서 A, B가 공유하는 전자쌍 수는 각각 1, 3이므로 B_2A_2의 구조식은 A−B=B−A이다. 따라서 B_2A_2에는 B 원자 사이의 무극성 공유 결합이 존재한다.

05 암모늄 이온(NH_4^+)은 암모니아(NH_3)의 질소(N) 원자가 수소 이온(H^+)에게 전자쌍을 제공하여 배위 결합함으로써 형성된다.

ㄱ. (가)와 (나)의 공유 전자쌍 수는 각각 3, 4로 (나)가 (가)보다 크다.

ㄴ. (가)와 (나)에서 질소(N) 원자 주위로 4개의 전자쌍이 존재하므로 (가)와 (나)에서 질소(N)는 모두 옥텟 규칙을 만족한다.

ㄷ. (나)에는 질소(N) 원자가 수소 이온(H^+)에게 전자쌍을 제공하여 형성된 배위 결합이 존재한다.

06 A는 4개의 H와 각각 1개의 전자쌍을 공유하고, B는 2개의 H와 각각 1개의 전자쌍을 공유한다. 따라서 A와 B는 각각 2주기 14족, 2주기 16족 원소이다.

ㄴ. B는 원자가 전자 수가 6이므로 B가 분자에서 공유하는 전자쌍 수는 2이다. 따라서 B_2의 구조식은 B=B이므로 B_2에는 2중 결합이 있다.

ㄷ. B는 A보다 전기 음성도가 크므로 A와 B의 결합에서 A는 부분적인 (+)전하를, B는 부분적인 (−)전하를 띤다.

[오답 피하기] ㄱ. A는 분자에서 4개의 전자쌍을 공유하고, B는 분자에서 2개의 전자쌍을 공유하므로 A와 B가 결합하여 형성된 물질의 분자식은 AB_2이다.

07 A는 3주기 1족 원소이고, C는 B와 1개의 전자쌍을 공유하므로 2주기 17족 원소이다. 그리고 B는 원자가 전자 수가 3인 2주기 13족 원소이다. BC_4^-가 생성되는 과정은 다음과 같다.

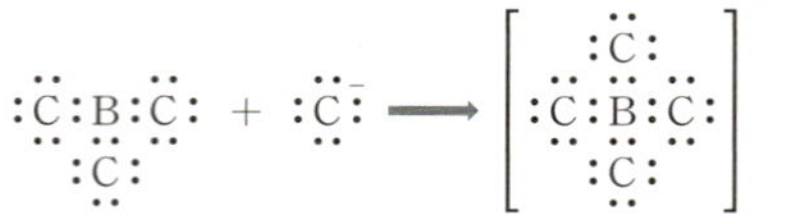

$$
\begin{array}{ccc}
:\!\ddot{C}\!:\!B\!:\!\ddot{C}\!: & & \\
\ddot{C} & + \ :\!\ddot{C}\!:^{-} \longrightarrow & \left[\begin{array}{c} :\!\ddot{C}\!: \\ :\!\ddot{C}\!:\!B\!:\!\ddot{C}\!: \\ :\!\ddot{C}\!: \end{array} \right]^{-}
\end{array}
$$

ㄱ. A는 Na, C는 F이므로 전기 음성도는 C가 A보다 크다.

ㄴ. BC_3에서 B는 2주기 13족 원소이므로 분자의 루이스 구조식은 $:\!\ddot{C}\!:\!B\!:\!\ddot{C}\!: / :\!\ddot{C}\!:$ 이다. 따라서 B의 공유 전자쌍 수는 3이다.

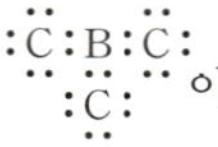

ㄷ. B−C 결합에서 C의 전기 음성도가 B보다 크므로 C가 부분적인 (−)전하를 띤다.

08 (나)에서 Z는 3개의 Y와 각각 1개의 전자쌍을 공유하고 있으므로 Y는 원자가 전자 수가 7인 2주기 17족 원소이고, Z는 원자가 전자 수가 5인 2주기 15족 원소이다. 따라서 W와 X의 원자가 전자 수는 각각 4, 6 중 하나이다. X가 16족 원소이면 (다)에서 3개의 결합을 형성할 수 없으므로 X는 14족 원소이며, W가 16족 원소이다. 따라서 W~Z는 각각 O, C, F, N이고, (가)~(다)의 루이스 구조식은 다음과 같다.

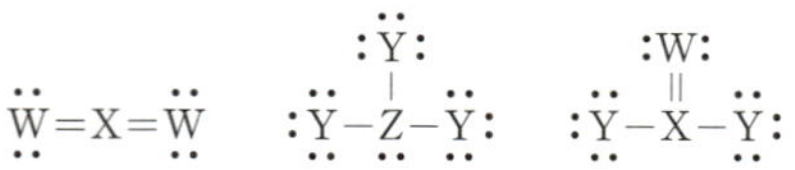

$$
\ddot{W}\!=\!X\!=\!\ddot{W} \qquad :\!\ddot{Y}\!-\!Z\!-\!\ddot{Y}\!: \ (\overset{:\ddot{Y}:}{|}) \qquad :\!\ddot{Y}\!-\!X\!-\!\ddot{Y}\!: \ (\overset{:W:}{\|})
$$

ㄱ. W~Z의 원자가 전자 수는 각각 6, 4, 7, 5이므로 Y가 가장 크다.

ㄴ. X~Z의 원자 번호는 X<Z<Y이므로 결합의 극성은 X−Y가 Z−Y보다 크다.

[오답 피하기] ㄷ. 전기 음성도는 Y가 Z보다 크다. 따라서 Z−Y 결합에서 Y는 부분적인 (−)전하를 띤다.

01 ①　**02** ①　**03** ②　**04** ④　**05** ⑤　**06** ⑤　**07** ⑤　**08** ③
09 ④　**10** ⑤

01 ㄱ. 극성 공유 결합은 전기 음성도가 서로 다른 원자들 사이에 이루어지는 공유 결합이다. 따라서 (가)와 (나)는 모두 극성 공유 결합으로 이루어져 있다.

오답 피하기 ㄴ. (가)는 중심 원자 주위에 2개의 전자쌍이 존재하므로 직선형 구조이고, (나)는 중심 원자 주위에 4개의 전자쌍이 존재하고 그 중 1개는 비공유 전자쌍이므로 삼각뿔형 구조이다.

ㄷ. (가)는 직선형 구조로 결합의 쌍극자 모멘트의 합이 0이 되는 무극성 분자이지만, (나)는 중심 원자에 비공유 전자쌍이 존재하는 삼각뿔형 구조로 결합의 쌍극자 모멘트의 합이 0이 아닌 극성 분자이다.

02 CH_2O, HCN, CCl_4의 구조식은 다음과 같다.

$$H-\overset{\overset{\textstyle O}{\|}}{C}-H \qquad H-C\equiv N \qquad Cl-\overset{\overset{\textstyle Cl}{|}}{\underset{\underset{\textstyle Cl}{|}}{C}}-Cl$$

CH_2O, HCN, CCl_4는 각각 평면 삼각형, 직선형, 정사면체형 구조이므로 결합각은 $HCN > CH_2O > CCl_4$이다.

03 만약 (가)에서 Y가 중심 원자라면 (가)의 구조식은 X-Y-X이고, 이때 X는 1개의 전자쌍만 공유할 수 있으므로 (나)에서 공유 전자쌍 수가 4일 수 없다. (가)에서 중심 원자가 X라면 (가)의 구조식은 Y-X-Y이다. 이때 (나)에서도 X가 중심 원자라면 X는 공유 전자쌍 수가 2이므로 공유 전자쌍 수가 4일 수 없다. 따라서 (나)의 중심 원자는 Z가 되어야 한다. 이때 구조식은 X=Z=X이다. 따라서 (가)와 (나)의 구조식은 각각 Y-X-Y, X=Z=X이다.

ㄴ. (가)는 중심 원자에 비공유 전자쌍이 2개 존재하므로 굽은 형 구조이고, (나)는 중심 원자에 비공유 전자쌍이 없는 직선형 구조이다. 따라서 결합각은 (나)가 (가)보다 크다.

오답 피하기 ㄱ. (가)에서 중심 원자는 X, (나)에서 중심 원자는 Z이다.

ㄷ. ZY_2X는 중심 원자 Z에 2개의 Y가 각각 단일 결합을 하고 있으며 1개의 X가 2중 결합하고 있는 평면 삼각형 구조이다. 분자 구조가 대칭이 아니므로 분자의 쌍극자 모멘트가 0이 아닌 극성 분자이다.

04 BF_3는 평면 삼각형 구조로 무극성 분자, CF_4는 정사면체형 구조로 무극성 분자, NF_3는 삼각뿔형 구조로 중심 원자인 N에 비공유 전자쌍이 있는 극성 분자, OF_2는 굽은 형 구조로 중심 원자인 O에 비공유 전자쌍이 있는 극성 분자이다. 따라서 평면 구조는 BF_3, OF_2 2가지이고, 무극성 분자는 BF_3, CF_4 2가지이다.

05 (가)는 중심 원자 주위에 공유 전자쌍 3개와 비공유 전자쌍 1개가 있으므로 삼각뿔형 구조이고, (나)는 공유 전자쌍만 4개 있으므로 정사면체형 구조이다. (다)는 공유 전자쌍 3개만 존재하므로 평면 삼각형 구조이다.

⑤ (가)는 극성 분자이고, (나)와 (다)는 무극성 분자이다.

오답 피하기 ① (가)는 중심 원자에 비공유 전자쌍이 1개 있고, (나)와 (다)는 중심 원자에 비공유 전자쌍이 없다.

② (가)~(다)는 모두 서로 다른 종류의 원자 사이의 결합인 극성 공유 결합으로만 이루어져 있다.

③ (가)는 삼각뿔형 구조로 결합각이 107°이고 (나)는 정사면체형 구조로 결합각이 109.5°, (다)는 평면 삼각형 구조로 결합각이 120°이다.

④ 입체 구조인 것은 (가)와 (나) 2가지이다.

06 2주기 원소의 수소 화합물에서 중심 원자는 비공유 전자쌍을 2개 이상 가질 수 없다. 따라서 ㉠은 공유 전자쌍 수, ㉡은 비공유 전자쌍 수이다. 이로부터 (가)는 CH_4, (나)는 NH_3, (다)는 H_2O, (라)는 HF이다. 따라서 분자의 쌍극자 모멘트가 0이 아닌 극성 분자는 NH_3, H_2O, HF 3가지이다.

오답 피하기 ① ㉠은 공유 전자쌍 수, ㉡은 비공유 전자쌍 수이다.

② (가)~(라)의 분자당 원자 수는 각각 5, 4, 3, 2로 (라)가 가장 작다.

③ (가)~(라)의 구조는 각각 정사면체형, 삼각뿔형, 굽은 형, 직선형이므로 결합각은 (나)가 (다)보다 크다.

④ (가)와 (나)는 입체 구조이고, (다)와 (라)는 평면 구조이다.

07 FCN, O_2, CH_4 중 극성 공유 결합이 없는 분자는 O_2이고, FCN과 CH_4 중 무극성 분자는 CH_4이다. 따라서 ㉠~㉢은 각각 CH_4, FCN, O_2이다.

⑤ '극성 공유 결합이 있는가?' 대신 '2주기 원소로만 이루어졌는가?'를 적용하면 ㉢이 CH_4이 되므로 분류 결과는 달라진다.

오답 피하기 ① ㉠~㉢의 분자당 원자 수는 각각 5, 3, 2이므로 ㉠이 가장 크다.

② ㉡의 구조식은 $F-C\equiv N$으로 공유 전자쌍 수와 비공유 전자쌍 수가 4로 같다.

③ ㉠은 정사면체형 구조, ㉡은 직선형 구조이므로 결합각은 ㉡이 ㉠보다 크다.

④ CH_2O는 극성 공유 결합이 있고 분자의 쌍극자 모멘트의 합이 0이 아닌 극성 분자이므로 주어진 기준에 따라 분류하면 ㉡에 해당한다.

08 분류 결과는 다음과 같다.

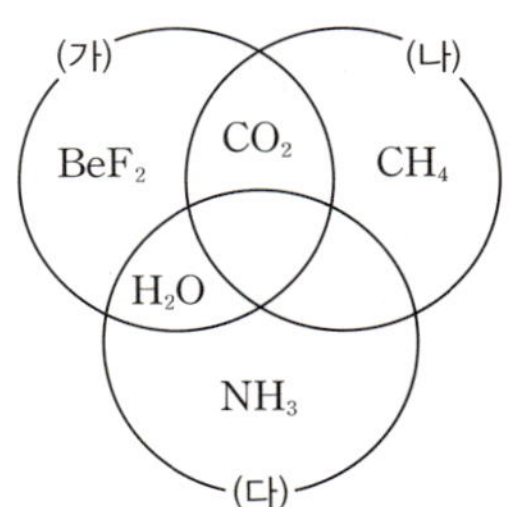

㉠~㉢에 해당하는 분자의 가짓수는 각각 1, 1, 1이다.

09 A~E는 각각 H, C, O, F, Mg이고, (가)~(라)는 각각 H_2O, CO_2, MgF_2, OF_2이다. (가)에서 O는 부분적인 (−)전하를 띠지만, (라)에서 O는 부분적인 (+)전하를 띤다.

오답 피하기 ① A_xC는 H_2O, ED_y는 MgF_2이므로 $xy=4$이다.

② (나)는 CO_2로 구조식이 O=C=O이므로 2중 결합이 있다.

③ (다)는 MgF_2로 이온 결합 물질이다. 따라서 액체 상태에서 전기 전도성이 있다.

⑤ 기체 상태로 전기장에 넣었을 때 규칙적으로 배열되는 물질은 극성 물질이다. (가)와 (라)는 모두 극성 물질이므로 전기장에서 규칙적으로 배열한다.

10 (가)는 중심 원자의 비공유 전자쌍 수가 2이므로 굽은 형 구조이고, B 1개와 결합한 A 원자 수가 x이므로 B가 중심 원자이다. 2주기 원소가 중심 원자인 분자 중 굽은 형 구조가 가능한 것은 H_2O, OF_2이다. (나)는 공유 전자쌍만 4개 존재하며, 중심 원자가 C이다. 이를 만족하

는 분자는 CH_4, CF_4, CO_2이다. A~D는 서로 다른 원소이므로 (가)가 H_2O이면 (나)는 CF_4가 되어야 하고, (가)가 OF_2이면 (나)는 CH_4이 되어야 한다.

ㄱ. 분자당 원자 수는 (가)가 3, (나)가 5이므로 (나)가 (가)보다 크다.

ㄴ. (가)는 극성 분자, (나)는 무극성 분자이므로 액체 상태의 (가)와 (나)는 잘 섞이지 않는다.

ㄷ. 아이오딘(I_2)은 무극성 분자이므로 무극성 용매인 (나)에 잘 녹는다.

Ⅳ-01-**01**. 동적 평형 　　　　　　　　　　　　　워크북 44~45쪽

01 ⑤　**02** ⑤　**03** ③　**04** ④　**05** ⑤　**06** ③　**07** ④　**08** ⑤
09 ②

01 ㄱ. 가역 반응은 조건에 따라 정반응과 역반응이 모두 일어날 수 있는 반응이다. 정반응은 반응물이 생성물로 되는 반응이고, 역반응은 생성물이 반응물로 되는 반응이다.

ㄴ. 동적 평형에서는 겉으로 보기에 반응이 일어나지 않는 것처럼 보이지만 정반응과 역반응이 같은 속도로 계속 일어난다.

ㄷ. 상평형은 액체와 기체가 동적 평형을 이룬 것으로, 이 상태에서는 액체의 증발 속도와 기체의 응축 속도가 같다.

02 ㄱ. 반응 전후 원자의 종류와 수가 같으므로 X는 H_2O이다.

ㄴ. (가)는 연소 반응으로 연소 생성물이 매우 안정하며, 기체가 발생하는 반응이므로 역반응이 일어나기 어렵다. 따라서 비가역 반응이다.

ㄷ. (나)와 (다)는 가역 반응으로 반응 조건에 따라 정반응과 역반응이 모두 일어난다.

03 ㄱ. 정반응이 일어나면 무색인 사산화 이질소(N_2O_4)가 생성되므로 기체의 색이 옅어진다.

ㄴ. 역반응이 일어나면 사산화 이질소(N_2O_4) 1개가 분해될 때 이산화 질소(NO_2) 2개가 생성되므로 기체 분자 수는 증가한다.

오답 피하기　ㄷ. 평형 상태에서는 반응물과 생성물이 모두 존재한다.

04 ㄱ. 염화 코발트 종이의 색 변화는 조건에 따라 정반응과 역반응이 모두 일어나므로 가역 반응이다.

ㄷ. 무수 염화 코발트 종이의 붉게 변한 부분을 가열하면 염화 코발트 종이에서 물이 빠져나가 무수 염화 코발트가 생성되므로 다시 푸른색으로 변한다.

오답 피하기　ㄴ. 무수 염화 코발트를 물에 녹이면 무수 염화 코발트와 물이 결합하므로 붉은색으로 변한다.

05 ㄱ. 밀폐 용기 속 수면의 높이가 일정하게 유지되는 상태가 되었으므로 증발 속도와 응축 속도가 같은 동적 평형에 도달한 상태이다.

ㄴ. 물이 증발되어 수증기가 되므로 동적 평형에 도달한 상태에서 물의 질량은 50 g보다 작다.

ㄷ. 동적 평형을 이루고 있는 상태에서 뚜껑을 열면 증발이 일어나게 되므로 물의 질량은 감소한다.

06 ㄱ. t일 때 반응물과 생성물의 농도가 변하지 않으므로 동적 평형에 도달한 상태이다.

ㄷ. 동적 평형을 이룬 상태에서는 정반응 속도와 역반응 속도가 같다.

오답 피하기　ㄴ. 정반응과 역반응은 끊임없이 일어나고 있다.

07 ㄱ. 콕을 열고 충분한 시간이 흘렀으므로 동적 평형에 도달한다. 따라서 증발 속도와 응축 속도는 같다.

ㄷ. 콕을 열면 증발이 일어나므로 물의 양은 감소한다. 따라서 물의 질량은 콕을 열기 전보다 감소한다.

오답 피하기　ㄴ. 증발 속도는 액체 표면에서 일어나는 현상이므로 콕을 열기 전과 같다.

08 ㄱ. (가)는 용해 평형에 도달하기 전이므로 용해 속도가 석출 속도보다 빠르다.

ㄴ. (나)는 (가)의 각설탕을 잘 녹여 주었을 때 설탕이 녹지 않고 남아 있으므로 용해 평형에 도달한 상태이다.

ㄷ. 용액의 몰 농도는 용해된 설탕의 양이 많은 (나)에서가 (가)에서보다 크다.

09 ㄴ. (가)에서 넣어 준 A의 질량이 모두 용해되었으므로 (가)는 불포화 용액이며, 용해 속도가 석출 속도보다 빠르다.

오답 피하기　ㄱ. (나) 이후 용해된 A의 질량이 일정하므로 (나)에서 동적 평형을 이루며, (나)의 용액은 포화 용액이다. A의 용해도는 34이므로 물 50 g에 용해된 A의 질량은 17 g이다. 따라서 $x=17$이다.

ㄷ. (나)와 (다)의 용액은 포화 용액이므로 용액의 몰 농도는 (나)에서와 (다)에서가 같다.

Ⅳ-01-**02**. 물의 자동 이온화 　　　　　　　　　　워크북 46~47쪽

01 ④　**02** ④　**03** ①　**04** ②　**05** ③　**06** ②　**07** ⑤　**08** ③
09 ③

01 ㄱ. 물의 이온화 상수는 $[H_3O^+]$와 $[OH^-]$의 곱으로 나타낸다.

ㄷ. 물에 $NaOH(s)$을 넣으면 이온화되어 OH^-을 생성하므로 $[OH^-]$는 증가하고, $[H_3O^+]$는 감소한다.

오답 피하기　ㄴ. $[H_3O^+]$는 $HCl(aq)$에서가 물에서보다 크지만, $[OH^-]$는 물에서가 $HCl(aq)$에서보다 크고, 온도가 같으므로 $[H_3O^+]$와 $[OH^-]$의 곱은 $HCl(aq)$과 물에서 같다.

02 ④ 수용액의 $[H_3O^+]$가 클수록 pH는 작아지고, pOH는 커진다.

오답 피하기　① 25 ℃에서 물의 이온화 상수(K_w)는 1.0×10^{-14}이므로 pH+pOH=14이다.

② pH가 작을수록 산성이 강하므로 수용액의 $[H_3O^+]$가 크다.

③ pH+pOH=14이므로 pH가 10인 수용액의 pOH는 4이다.

⑤ 수용액에서 $[H_3O^+]>[OH^-]$일 때 산성 용액이므로 수용액의 pH는 7보다 작다.

03 ㄱ. 25 ℃에서 pH+pOH=14이므로 (가)의 pOH(x)는 11, (나)의 pH(y)는 11이다.

오답 피하기　ㄴ. $[H_3O^+]$는 pH가 작을수록 크다. pH는 (나)>(다)이므로 $[H_3O^+]$는 (다)>(나)이다.

ㄷ. 온도가 같은 수용액의 $[H_3O^+] \times [OH^-]$은 수용액의 액성에 관계없이 항상 같다.

04 ㄴ. $y=1.0 \times 10^{-12}$이므로 $HCl(aq)$의 pOH=12이다.

오답 피하기 ㄱ. HCl는 물에 녹아 H^+을 내놓으므로 HCl(aq)의 몰 농도는 H_3O^+의 몰 농도와 같다. 따라서 $x=0.01$이다.

ㄷ. Cl^-의 양(mol)은 $0.01\,mol/L \times 0.1\,L = 0.001\,mol$이다.

05 ㄱ. A는 푸른색 리트머스 종이를 붉은색으로 변화시켰으므로 산성이다. 따라서 (가)는 노란색이다.

ㄷ. A는 산성, C는 염기성이므로 $[H_3O^+]$는 A>C이다.

오답 피하기 ㄴ. B는 BTB 용액을 초록색으로 변화시켰으므로 중성이다. 따라서 용액 속 $[H_3O^+]=[OH^-]$이다.

06 ㄴ. $K_w=[H_3O^+][OH^-]=1.0\times10^{-14}$이므로 (나)의 $[OH^-]=1.0\times10^{-5}\,M$이다.

오답 피하기 ㄱ. $pH=-\log[H_3O^+]$이므로 (가)의 pH는 2이다.

ㄷ. $pH+pOH=14$이고, (나)의 pH는 9, (다)의 pH는 13이므로 pOH는 (나)가 5, (다)가 1이다.

07 ㄱ. (가)의 하이드로늄 이온의 농도와 (나)의 수산화 이온의 농도가 같으므로 (가)의 pH와 (나)의 pOH는 같다.

ㄴ. (가)와 (나)의 온도가 25℃로 같으므로 물의 이온화 상수는 (가)와 (나)가 같다. 따라서 (가)와 (나)의 $[H_3O^+][OH^-]$는 같다.

ㄷ. (가)와 (나)를 혼합한 용액에서도 물의 이온화 상수는 1.0×10^{-14}으로 같다.

08 ㄱ. HCl는 물에 녹아 H^+을 내놓으므로 HCl(aq)은 산성이다. 따라서 HCl(aq)의 pH는 7보다 작다.

ㄴ. (나)에서 NH_3는 H^+을 받으므로 브뢴스테드·로리 염기로 작용한다.

오답 피하기 ㄷ. (가)에서 H_2O은 H^+을 받았으므로 브뢴스테드·로리 염기로 작용하고, (나)에서 H_2O은 H^+을 주었으므로 브뢴스테드·로리 산으로 작용한다.

09 ㄱ. 아레니우스 산은 물에 녹아 H^+을 내놓는 물질이고, 브뢴스테드·로리 산은 H^+을 주는 물질이므로 ㉠과 ㉢은 모두 H^+이다.

ㄴ. NaOH는 물에 녹아 OH^-(㉡)을 내놓는 물질이므로 NaOH(aq)에는 OH^-이 들어 있다.

오답 피하기 ㄷ. HCl(aq)은 H^+을 주고, H_2O은 H^+을 받는다.

IV-01-03. 산 염기 중화 반응 워크북 48~49쪽

01 ① **02** ③ **03** ② **04** ① **05** ① **06** ③ **07** ① **08** ⑤
09 ②

01 ㄱ. $0.1\,M$ HCl(aq) 50 mL에는 0.005몰의 H^+이 들어 있고, $0.2\,M$ NaOH(aq) 50 mL에는 0.01몰의 OH^-이 들어 있다. 이 두 용액을 혼합하면 0.005몰의 물이 생성되고, 0.005몰의 OH^-이 남게 되므로 혼합 용액의 pH는 7보다 크다.

오답 피하기 ㄴ. 혼합 용액 100 mL에는 Na^+ 0.01몰이 들어 있으므로 $[Na^+]=0.1\,M$이다.

ㄷ. 생성된 물의 양(mol)은 0.005몰이다.

02 ㄱ. 혼합 용액은 염기성이므로 pH>7이다.

ㄷ. 혼합 용액은 염기성이므로 반응한 H^+의 양(mol)과 생성된 물의 양(mol)이 같다. 따라서 중화 반응에 의해 생성된 물의 양(mol)은 Cl^-의

양(mol)과 같다.

오답 피하기 ㄴ. 구경꾼 이온 수는 반응 전후 일정하므로 반응 전 용액의 몰 농도 비는 구경꾼 이온의 몰 농도 비와 같다.

따라서 HCl(aq) : NaOH(aq) $=\dfrac{1}{10} : \dfrac{3}{5} = 1 : 6$이다.

03 pH 3인 HCl(aq)의 농도는 $0.001\,M$이므로 (가) 100 mL에는 0.0001몰의 H^+이 들어 있고, (나) 50 mL에는 0.0005몰의 OH^-이 들어 있다.

ㄴ. 0.0001몰의 H^+과 0.0005몰의 OH^-이 반응하면 생성되는 물의 양(mol)은 0.0001몰이다.

오답 피하기 ㄱ. 혼합 전 OH^-의 양(mol)이 H^+의 양(mol)보다 많으므로 혼합 용액은 염기성이다. 따라서 $[OH^-]>[H_3O^+]$이다.

ㄷ. 혼합 용액을 완전히 중화시키려면 (가) 400 mL를 추가로 넣어 주어야 한다.

04 H_2SO_4 1개가 이온화되면 2개의 H^+이 생성되고, NaOH 1개가 이온화되면 1개의 OH^-이 생성된다. 따라서 $0.1\,M$ H_2SO_4(aq) 10 mL와 $0.2\,M$ NaOH(aq) 10 mL를 혼합한 (나)는 중성이다.

ㄱ. (나)는 중성, (다)는 산성이므로 (나)는 $\dfrac{[OH^-]}{[H_3O^+]}=1$이고, (다)는 $\dfrac{[OH^-]}{[H_3O^+]}<1$이다.

오답 피하기 ㄴ. (가)는 염기성, (나)는 중성이므로 혼합 용액의 pH는 (가)가 (나)보다 크다.

ㄷ. 생성된 물의 양(mol)은 (가)에서 0.001몰, (다)에서 0.001몰이다.

05 ㄱ. (가)는 산성 용액이므로 만약 (나)가 중성 용액이라면 KOH(aq) 20 mL에 들어 있는 OH^-은 $4N$이다. (다)에서 NaOH(aq) 10 mL와 KOH(aq) 10 mL를 혼합하였으므로 H^+ $4N$과 OH^- $3N$이 반응하여 H^+ N이 남게 되므로 (다)는 산성 용액이 된다. 이는 자료에 부합하지 않으므로 (나)는 염기성 용액, (다)는 중성 용액이다. 따라서 수용액의 $[H_3O^+]$는 (다)에서가 (나)에서보다 크다.

오답 피하기 ㄴ. (가)에서 $\dfrac{Na^+\ 수}{Cl^-\ 수}=\dfrac{1}{8}$이므로 중화 반응에 의해 생성된 물 분자를 N이라고 하면 (다)에서 NaOH(aq) 10 mL에 OH^- N이 들어 있으므로 KOH(aq) 10 mL에는 OH^- $3N$이 들어 있어야 한다. 따라서 (나)에서 H^+ $4N$과 OH^- $6N$이 반응하므로 물 $4N$이 생성된다. 따라서 생성된 물의 양(mol)은 (나)에서가 (가)에서의 4배이다.

ㄷ. NaOH(aq) 10 mL에 Na^+ N과 OH^- N이 들어 있고, KOH(aq) 10 mL에는 K^+ $3N$과 OH^- $3N$이 들어 있으므로 혼합 전 단위 부피당 전체 이온 수는 KOH(aq)이 NaOH(aq)의 3배이다.

06 ㄱ. (가)와 (다)는 모두 산성이므로 pH<7이다.

ㄷ. (다)에는 H^+이 1개 남아 있으므로 (다)에 NaOH(aq) 25 mL를 더 넣으면 완전히 중화된다.

오답 피하기 ㄴ. (가)와 (나)에서 양이온의 몰비는 $H^+ : Na^+ = 2 : 1$이고, 수용액의 부피는 (가)가 (나)의 2배이므로 (가)의 $[H^+]$와 (나)의 $[Na^+]$는 같다.

07 ㄱ. 산 수용액에 넣어 준 페놀프탈레인 용액은 중화점에서 색이 변하므로(무색 → 붉은색) 적정 실험에서 지시약으로 사용할 수 있다.

오답 피하기 ㄴ. 중화점까지 넣어 준 $0.1\,M$ NaOH(aq)의 부피가 Ⅱ에

서가 Ⅰ에서의 2배이므로 생성된 물의 양(mol)도 Ⅱ에서가 Ⅰ에서의 2배이다.

ㄷ. 몰 농도 비는 $HCl(aq):H_2SO_4(aq)=\dfrac{0.1\,M\times0.01\,L}{1\times0.02\,L}:\dfrac{0.1\,M\times0.02\,L}{2\times0.02\,L}$ $=1:1$이다.

08 ㄱ. (가) 10 mL에 들어 있는 H^+의 양(mol)은 $20n$몰이고, (다) 15 mL에 들어 있는 OH^-의 양(mol)은 $30n$몰이므로 (가)와 (다)의 혼합 용액은 염기성이다. 따라서 혼합 용액의 pH는 7보다 크다.

ㄴ. (나) 10 mL에는 H^+이 $30n$몰 들어 있고, (라) 5 mL에는 OH^-이 $20n$몰 들어 있으므로 (나)와 (라)의 혼합 용액은 산성이다.

ㄷ. (가) 4 mL에 들어 있는 H^+은 $8n$몰이고 (나) 4 mL에 들어 있는 H^+은 $12n$몰이다. 따라서 H^+ $20n$몰을 완전히 중화시키기 위해 필요한 OH^-의 양(mol)은 $20n$몰이므로 (라) 5 mL를 넣어 주면 혼합 용액은 중성이 된다.

09 (나) 지점은 중화점이고, (가) 지점은 넣어 준 $HCl(aq)$의 부피가 중화점의 부피의 절반에 해당하므로 염기성이다.

ㄴ. (나)는 중화점이므로 생성된 물의 양(mol)은 (나)에서가 (가)에서보다 크다.

[오답 피하기] ㄱ. (가)에서 혼합 용액은 염기성이므로 $[OH^-]>[H_3O^+]$이고, (나)에서는 중성이므로 $[H_3O^+]=[OH^-]$이다. 따라서 $[OH^-]$는 (가)에서가 (나)에서보다 크다.

ㄷ. 온도가 일정하므로 물의 이온화 상수는 용액의 액성과 관계없이 같다. 따라서 $[H_3O^+]\times[OH^-]$은 (가)에서와 (나)에서가 같다.

Ⅳ-02-01. 산화 환원 반응   워크북 50~51쪽

01 ③   **02** ④   **03** ③   **04** ⑤   **05** ③   **06** ③   **07** ①   **08** ④
09 ④

01 A: 산화는 물질이 산소를 얻거나, 전자를 잃거나, 산화수가 증가하는 반응이다.
C: 나트륨과 염소가 반응할 때 나트륨은 전자를 잃고 산화되고, 염소는 전자를 얻어 환원된다.

[오답 피하기] B: 마그네슘과 산소가 반응할 때 마그네슘은 전자를 잃고 산화되고, 산소는 전자를 얻어 환원된다.

02 ④ C의 산화수는 $-4\rightarrow+4$로 증가한다.

[오답 피하기] ① Br의 산화수는 $0\rightarrow-1$로 감소한다.
② O의 산화수는 -2로 변하지 않는다.
③ Cu의 산화수는 $+2\rightarrow0$으로 감소한다.
⑤ Fe의 산화수는 $+3\rightarrow0$으로 감소한다.

03 ㄱ. 반응 전후 원자의 종류와 수는 같으므로 X는 H_2O이다.
ㄴ. (가)와 (나)에서 O의 산화수는 $0\rightarrow-2$로 모두 감소한다.

[오답 피하기] ㄷ. (가)에서 H의 산화수는 $0\rightarrow+1$로 증가하지만, (나)에서 H의 산화수는 $+1$로 변하지 않는다.

04 반응 전후 원자의 종류와 수는 같으므로 ㉠은 O_2, ㉡은 H_2O_2, ㉢은 CH_4이다.
ㄱ. (가)에서 H의 산화수는 증가하고, O의 산화수는 감소하므로 ㉠은 산화제이다.

ㄴ. H_2O에서 O의 산화수는 -2, O_2에서 O의 산화수는 0, H_2O_2에서 O의 산화수는 -1이다.

ㄷ. 전기 음성도는 $C>H$이므로 CH_4에서 H의 산화수는 $+1$, C의 산화수는 -4이다.

05 ㄱ. (가)에서 A는 산화되고 B^{2+}은 환원되므로 A는 환원제이다.
ㄴ. (나)에서 일어나는 반응의 알짜 이온 반응식은 $B+2H^+\longrightarrow B^{2+}+H_2\uparrow$이다. 따라서 반응이 일어날 때 수용액 속 전체 이온 수는 감소한다.

[오답 피하기] ㄷ. A는 B보다 산화되기 쉬우므로 묽은 염산에 A를 넣으면 A는 산화되며, H^+이 전자를 얻어 환원된다. Cl^-은 반응에 참여하지 않으므로 염소(Cl)의 산화수는 변하지 않는다.

06 ㄱ. HNO_3에서 H의 산화수는 $+1$, O의 산화수는 -2이므로 N의 산화수는 $+5$이다. NO_2에서 O의 산화수는 -2이므로 N의 산화수는 $+4$이다. 따라서 N의 산화수는 $+5\rightarrow+4$로 감소한다.

ㄴ. 산화 환원 반응은 동시에 일어나므로 산화되는 물질이 잃는 전자 수와 환원되는 물질이 얻는 전자 수가 같다. 따라서 증가한 산화수의 총합과 감소한 산화수의 총합은 같다.

[오답 피하기] ㄷ. H_2S는 환원제이고, HNO_3은 산화제이다. 화학 반응식에서 반응 몰비는 반응 계수비와 같으므로 H_2S 1몰이 반응할 때 생성되는 NO_2의 양(mol)은 2몰이다.

07 ㄱ. (가)에서 H의 산화수는 $+1\rightarrow0$으로 감소한다.

[오답 피하기] ㄴ. (나)에서 반응이 일어나도 원자의 산화수가 변하지 않으므로 HCl는 산화제가 아니다.

ㄷ. (가)에서 Mg의 산화수는 $0\rightarrow+2$로 증가하지만, (나)에서 Mg의 산화수는 $+2$로 변하지 않는다.

08 ㄴ. Cr의 산화수는 $+6\rightarrow+3$으로 감소하고, C의 산화수는 $0\rightarrow+4$, $0\rightarrow+2$로 증가하므로 $Cr_2O_7{}^{2-}$은 환원되고, C는 산화된다. 따라서 $Cr_2O_7{}^{2-}$은 산화제이다.

ㄷ. ㉠인 C는 원소이므로 C의 산화수는 0이다. $CO_3{}^{2-}$에서 O의 산화수는 -2이고, 이온의 전하는 -2이므로 ㉡인 C의 산화수는 $+4$이다. CO에서 ㉢인 C의 산화수는 $+2$이므로 산화수가 가장 큰 원자는 ㉡이다.

[오답 피하기] ㄱ. 화학 반응식의 계수를 맞추면 $a=2$, $b=c=d=1$이다. 따라서 $a+b>c+d$이다.

09 ㄴ. (다)에서 H와 O의 원자 수를 맞추면 $c=8$, $d=4$이므로 화학 반응식은 다음과 같다.
$3Cu+8HNO_3\longrightarrow 3Cu(NO_3)_2+2NO+4H_2O$

ㄷ. 환원제는 Cu, 산화제는 HNO_3이고, Cu 1몰을 산화시키기 위해 필요한 HNO_3의 양(mol)은 $\dfrac{8}{3}$몰이다.

[오답 피하기] ㄱ. (가)에서 Cu의 산화수는 $0\rightarrow+2$로 증가하고, N의 산화수는 $+5\rightarrow+2$로 감소한다. 따라서 $a=+2$, $b=-3$이므로 $|a|<|b|$이다.

Ⅳ-02-02. 화학 반응에서의 열 출입   워크북 52~53쪽

01 ⑤   **02** ⑤   **03** ①   **04** ③   **05** ④   **06** ⑤   **07** ③   **08** ④

01 ㄱ. 액체 질소가 기화될 때 주위로부터 열을 흡수하므로 주위의 온

도는 낮아진다.

ㄴ, ㄷ. 기체 산소가 액화될 때 주위로 열을 방출하므로 ⓒ은 발열 반응이다. 따라서 $O_2(g)$의 에너지가 $O_2(l)$의 에너지보다 크다.

02 (가)와 (나)의 반응의 화학 반응식은 다음과 같다.

(가) Mg의 연소 반응: $2Mg(s) + O_2(g) \longrightarrow 2MgO(s)$

(나) Mg과 산의 반응: $Mg(s) + 2H^+(aq) \longrightarrow Mg^{2+}(aq) + H_2(g)$

ㄱ. 마그네슘이 연소될 때 열을 방출하고, 금속과 산이 반응할 때에도 열을 방출하므로 두 반응 모두 발열 반응이며, 주위의 온도가 높아진다.

ㄴ. 두 반응에서 Mg은 모두 산화되고, Mg의 산화수는 $0 \rightarrow +2$로 증가한다.

ㄷ. 발열 반응은 반응물의 에너지 합이 생성물의 에너지 합보다 크다.

03 ㄱ. $HCl(aq)$과 $NaOH(aq)$이 반응하여 $NaCl(aq)$과 $H_2O(l)$이 생성될 때 에너지가 낮아졌으므로 이 반응이 일어날 때 주위로 열을 방출한 것이다. 따라서 이 반응은 발열 반응이다.

오답 피하기 ㄴ. 반응이 일어날 때 전자의 이동이나 산소의 이동이 없으므로 산화 환원 반응이 아니다.

ㄷ. 이 반응은 발열 반응이므로 반응이 일어날 때 주위의 온도는 높아진다.

04 ㄱ. (나)에서 최종 온도가 처음보다 낮아졌으므로 $NaCl(s)$이 용해되는 과정은 흡열 반응이다.

ㄴ. (가) 과정 후 용해 평형에 도달하므로 용해 속도와 석출 속도는 같다.

오답 피하기 ㄷ. 이 반응은 흡열 반응이므로 손난로에는 이용할 수 없다.

05 ㄱ. (가)는 간이 열량계로 중화열이나 용해 반응에서 출입하는 열량을 측정하기에 적합하다.

ㄷ. (가)는 간이 열량계로 외부로 열이 손실되기 쉬우며, (나)는 열손실을 많이 줄일 수 있어 정밀 측정하기에 적합하다.

오답 피하기 ㄴ. (나)는 연소 반응에서 발생하는 열량을 측정하기에 적합하다.

06 ㄱ. $NaOH(s)$을 녹였을 때 온도가 높아졌으므로 $NaOH(s)$의 용해 반응이 일어날 때 열을 방출한다.

ㄴ. 이 반응은 발열 반응이므로 반응물의 에너지 합이 생성물의 에너지 합보다 크다.

ㄷ. $NaOH(s)$을 녹인 용액에 묽은 염산(HCl)을 넣으면 중화 반응이 일어나 중화열이 발생하므로 혼합 용액의 온도는 높아진다.

07 ㄱ. (다)에서 반응이 일어날 때 물이 얼어 얼음이 되었으므로 (다)에서 일어나는 반응은 흡열 반응이다.

ㄴ. 흡열 반응이 일어날 때 주위의 열을 빼앗으므로 주위의 온도는 낮아진다.

오답 피하기 ㄷ. 이 반응에서 반응물의 에너지 합은 생성물의 에너지 합보다 작으므로 반응이 일어날 때 에너지를 흡수한다.

08 에탄올 4 g이 연소할 때 방출한 열량은 물이 모두 흡수하므로 물의 열량을 구하면 된다. 에탄올 4 g이 연소할 때 방출한 열량은 $Q = c \times m \times \varDelta t = 4 \text{ J/g} \cdot {}^\circ\text{C} \times 50 \text{ g} \times 10 {}^\circ\text{C} = 2000 \text{ J}$이므로 에탄올 1 g이 연소할 때 방출되는 열량은 500 J이다.

고난도 문제

01 ①　**02** ①　**03** ⑤　**04** ④　**05** ③　**06** ④　**07** 해설 참조

08 해설 참조

01 (가)에서는 $N_2 + 3H_2 \longrightarrow 2NH_3$ 반응이 일어나고, (나)에서는 끓는점의 차이로 혼합물이 분리된다.

ㄱ. (가)의 생성물인 암모니아는 화학 비료의 원료이므로 인류의 식량 문제를 해결하였고, (나)의 생성물 중 나프타는 합성 섬유의 원료이므로 인류의 의류 문제를 해결하였다.

오답 피하기 ㄴ. (가)에서는 화학 반응이 일어나고, (나)에서는 물리적 방법에 의한 분리가 일어난다.

ㄷ. (가)의 생성물인 NH_3는 사원자 분자이고, (나)에서 분리되는 탄소 화합물 중 가장 간단한 분자인 CH_4은 오원자 분자이다.

02 메테인, 에탄올, 아세트산의 분자 내 단일 결합 수, 2중 결합 수, 분자를 구성하는 원자 수는 다음과 같다.

탄소 화합물	메테인	에탄올	아세트산
분자 내 단일 결합 수	4	$8(=n)$	6
분자 내 2중 결합 수	$0(=m)$	$0(=m)$	1
분자를 구성하는 원자 수	5	9	$8(=n)$

따라서 (가)는 아세트산, (나)는 메테인, (다)는 에탄올이다.

ㄴ. 탄화수소는 (나)이다.

오답 피하기 ㄱ. $n=8$, $m=0$이므로 $\dfrac{m}{n}=0$이다.

ㄷ. 분자당 산소 원자 수가 2인 탄소 화합물은 (가)이다.

03 ㄱ. (다)는 A_3B이므로 (다)의 분자량은 $(3 \times 4) + 5 = 17$이다.

ㄴ. A와 B로 이루어진 사원자 분자는 AB_3, A_2B_2, A_3B의 3가지가 있다. A의 원자량을 a, B의 원자량을 b라고 하면 AB_3, A_2B_2, A_3B의 분자량은 각각 $a+3b$, $2a+2b$, $3a+b$이고, $b>a$이므로 분자량은 $AB_3 > A_2B_2 > A_3B$이다. 분자량은 (가) > (나)이고, 분자당 B 원자 수가 (나) > (다)이므로 (가)는 AB_3, (나)는 A_2B_2, (다)는 A_3B이다. (가)와 (나)의 분자량이 각각 19, 18이므로 $a+3b=19$, $2a+2b=18$이다. 따라서 $a=4$, $b=5$이다.

ㄷ. 1 g당 A 원자 수비는 (가) : (나) $= \dfrac{1}{19} : \dfrac{2}{18}$이므로 (나)가 (가)의 2배보다 크다.

04 (가)는 기체 $\dfrac{1}{2}$몰에 원자 4몰이 들어 있고 15 g이며, H 원자의 양(mol)이 3몰이다. 따라서 (가) 1몰은 원자 8몰로 이루어졌으며 분자량은 30이고, H 원자 6몰이 들어 있다. 따라서 (가)의 분자식은 X_2H_6이다. (나)는 기체 1몰에 원자 3몰이 들어 있고 18 g이며, H 원자의 양(mol)이 2몰이다. 따라서 (나)의 분자량은 18이고, 분자식은 YH_2이다.

ㄱ. 분자량은 (가)가 30, (나)가 18이므로 (가) : (나) $= 5 : 3$이다.

ㄴ. (가)는 30 g에 8몰의 원자가 들어 있고, (나)는 18 g에 3몰의 원자가 들어 있으므로 1 g당 원자 수비는 (가) : (나) $= \dfrac{8}{30} : \dfrac{3}{18} = 8 : 5$이다.

오답 피하기 ㄷ. (가)는 X_2H_6, (나)는 YH_2이므로

$$\dfrac{\text{H 원자 수}}{\text{H 원자가 아닌 원자 수}} \text{ 비는 (가)}:\text{(나)}=\dfrac{6}{2}:\dfrac{2}{1}=3:2 \text{이다.}$$

05 원자의 종류와 수를 고려하여 화학 반응식을 완성하면 다음과 같다.

$$2AB(g) + B_2(g) \longrightarrow 2AB_2(g)$$

ㄱ. $a=2$, $b=2$이므로 $\dfrac{b}{a}=1$이다.

ㄷ. 반응 전후 질량을 비교하면 AB 3g이 반응했고, B_2 1g이 반응했다. 질량 보존 법칙에 따라 AB_2 4g이 생성됨을 알 수 있다.

오답 피하기 ㄴ. 반응한 AB와 B_2의 몰비는 2:1이고, 질량비는 3:1이므로 원자량 비는 $A:B=3:2$이다.

06 0.1 M NaOH 수용액 250 mL에 녹아 있는 NaOH의 양(mol)은 $0.1\,M \times 0.25\,L = 0.025\,mol$이고, 질량은 $40\,g/mol \times 0.025\,mol = 1\,g$이다.

ㄱ. 진한 NaOH 수용액 10 g 중 1 g이 NaOH이므로 이 용액의 퍼센트 농도는 $\dfrac{1\,g}{10\,g} \times 100 = 10\,\%$이다.

ㄷ. (다)에서 만든 수용액은 0.1 M NaOH 수용액이므로 용액 1 L에 0.1 몰의 용질이 녹은 것을 의미하고, 용액의 질량과 용질의 질량을 알아야 퍼센트 농도를 구할 수 있다. 용질의 질량은 NaOH의 화학식량으로부터 구할 수 있고, 용액의 질량은 용액의 부피에 용액의 밀도를 곱하면 구할 수 있다.

오답 피하기 ㄴ. (다)의 수용액에는 NaOH 0.025몰($=1\,g$)이 녹아 있다.

07 모범 답안 75000. $t\,^\circ C$, 1기압에서 기체 1몰의 부피가 24 L이므로 사람이 한 번 내쉰 공기는 1.2 L($=0.05$몰)이고, 공기 분자 수는 $6.0 \times 10^{23}/mol \times 0.05\,mol = 3.0 \times 10^{22}$이다. 이 공기 분자가 지구 전체 대기인 $1.2 \times 10^{20}\,m^3$의 부피에 골고루 퍼져 있고, 이 중 교실의 부피가 차지하는 비율은 $\dfrac{300}{1.2 \times 10^{20}}$이다. 한 번 내쉰 공기 분자 수인 3.0×10^{22}의 $\dfrac{300}{1.2 \times 10^{20}}$만큼이 교실 안에 존재하게 된다. 따라서 한 번 내쉰 공기 중 교실 안에 존재하는 공기 분자의 수는 $3.0 \times 10^{22} \times \dfrac{300}{1.2 \times 10^{20}} = 75000$이다.

채점 기준	배점
한 번 내쉰 숨에 들어 있는 공기 분자 수를 정확히 구하고, 지구 대기의 부피 중 교실의 부피 비율을 곱하여 풀이 과정을 옳게 서술한 경우	100%
한 번 내쉰 숨에 들어 있는 공기 분자 수만 옳게 구한 경우	30%

08 모범 답안 32%, $CuSO_4$의 화학식량은 Cu의 원자량+S의 원자량+$\{4 \times \text{(O의 원자량)}\} = 64 + 32 + (4 \times 16) = 160$이다. 물 분자 5개를 흡수한 결정($CuSO_4 \cdot 5H_2O$)의 화학식량은 $CuSO_4$의 화학식량+$\{5 \times \text{(H}_2\text{O의 분자량)}\} = 160 + (5 \times 18) = 250$이다. 즉, $CuSO_4 \cdot 5H_2O$ 250 g 중 $CuSO_4$은 160 g이고, H_2O은 90 g이다. $CuSO_4 \cdot 5H_2O$ 200 g 중에는 $CuSO_4$가 $160\,g \times \dfrac{4}{5} = 128\,g$이 들어 있고, H_2O은 $90\,g \times \dfrac{4}{5} = 72\,g$이 들어 있다. 따라서 200 g의 $CuSO_4 \cdot 5H_2O$를 물 200 g에 녹이면 총 400 g의 용액에 $CuSO_4$ 128 g이 녹아 있게 된다. 따라서 이 용액의 퍼센트 농도는 $\dfrac{128\,g}{400\,g} \times 100 = 32\,\%$이다.

채점 기준	배점
$CuSO_4 \cdot 5H_2O$ 200 g 중 $CuSO_4$의 질량을 정확히 계산하여 용액의 퍼센트 농도와 풀이 과정을 옳게 서술한 경우	100%
$CuSO_4 \cdot 5H_2O$ 200 g 중 $CuSO_4$의 질량만 옳게 구한 경우	50%

Ⅱ. 원자의 세계   워크북 56~57쪽

01 ③   **02** ⑤   **03** ②   **04** ①   **05** ①   **06** ⑤   **07** 해설 참조
08 해설 참조   **09** 해설 참조

01 질량수는 양성자수와 중성자수의 합이고, 원자는 전기적으로 중성이므로 양성자수와 전자 수가 같다.

ㄱ. X는 양성자수가 6이므로 중성자수를 x라고 하면 $\dfrac{x}{6+x} = \dfrac{1}{2}$에서 $x=6$이다. 따라서 질량수는 12이다.

ㄷ. Z는 양성자수가 12이므로 3주기 원소이다.

오답 피하기 ㄴ. Y의 양성자수는 9이고 Z의 양성자수는 12이다. 양성자수가 서로 다르므로 동위 원소가 아니다.

정리하기

$\dfrac{\text{중성자수}}{\text{질량수}}$와 전자 수로부터 양성자수 구하기

1. 원자에서 양성자수는 전자 수와 같다.
2. 음이온은 전자 수가 양성자수보다 크고, 양이온은 전자 수가 양성자수보다 작다.
3. 이온의 전하량은 얻거나 잃은 전자 수와 같다.

원자	X	Y^-	Z^{2+}
$\dfrac{\text{중성자수}}{\text{질량수}}$	$\dfrac{1}{2}\left(=\dfrac{6}{12}\right)$	$\dfrac{10}{19}$	$\dfrac{1}{2}\left(=\dfrac{12}{24}\right)$
전자 수	6	10	10
양성자수	6	9	12
중성자수	6	10	12

02 Na^+, Mg^+, Al^+, Si^+의 전자 배치는 각각 다음과 같다.
$Na^+: 1s^2 2s^2 2p^6$, $Mg^+: 1s^2 2s^2 2p^6 3s^1$
$Al^+: 1s^2 2s^2 2p^6 3s^2$, $Si^+: 1s^2 2s^2 2p^6 3s^2 3p^1$

ㄱ. 제2 이온화 에너지는 $Mg < Si < Al < Na$이다. 이로부터 A는 Mg, B는 Si, C는 Al, D는 Na이다.

ㄴ. A와 B는 모두 3주기 원소이고 원자 번호는 $A<B$이므로 원자 반지름은 $A>B$이다.

ㄷ. A는 2족 원소이고 C는 13족 원소이므로 제1 이온화 에너지는 $A>C$이다.

03 A~D의 전자 배치는 각각 다음과 같다.
A: $1s^2 2s^2 2p^2$, B: $1s^2 2s^2 2p^6 3s^2$, C: $1s^2 2s^2 2p^4$, D: $1s^2 2s^2 2p^6 3s^2 3p^6$

ㄴ. B는 3주기 2족 원소이고, C는 2주기 16족 원소이므로 안정한 이온의 전자 배치는 모두 Ne과 같다.

오답 피하기 ㄱ. 2주기 원소는 A와 C이다.

ㄷ. 같은 주기에서 원자 반지름은 원자 번호가 클수록 작다. 따라서 $B>D$이다.

04 ㄱ. s 오비탈의 방위 양자수는 0이며, p 오비탈의 방위 양자수는 1이다. 따라서 (가)와 (나)의 방위 양자수의 합은 1이다.

오답 피하기 ㄴ. $2s$ 오비탈의 전자가 $n=1$인 K 껍질로 전이할 때는 자외선 영역의 빛 중 파장이 가장 긴 빛을 방출한다.

ㄷ. p 오비탈에서 전자가 발견될 확률은 원자핵으로부터의 거리와 방향에 따라 달라진다.

05 ㄱ. A는 1개의 오비탈에 스핀 방향이 같은 전자 2개가 들어 있으므로 파울리 배타 원리에 위배된다. 파울리 배타 원리에 의하면 4가지 양자수가 같은 전자는 존재할 수 없으므로 A의 전자 배치는 불가능한 전자 배치이다.

오답 피하기 ㄴ. B의 p 오비탈에 홀전자 수가 최대인 상태로 전자가 배치되지 않았으므로 훈트 규칙에 어긋난다.

ㄷ. C는 $3s$ 오비탈에 전자가 모두 채워지지 않은 상태에서 $3p$ 오비탈에 전자 1개가 채워졌으므로 쌓음 원리에 어긋난다. 하지만 D는 쌓음 원리, 파울리 배타 원리, 훈트 규칙을 모두 만족한다.

06 ㄱ. 선 Ⅰ이 $n=5 \rightarrow n=2$의 전이이고, $E_Ⅰ<E_Ⅱ$이므로 (가)는 $n=6 \rightarrow n=2$이다.

ㄴ. Ⅳ에서 방출하는 에너지가 $\frac{8}{9}k$이므로 Ⅳ는 $n=3 \rightarrow n=1$로의 전자 전이이고, $E_Ⅲ<E_Ⅳ$이므로 Ⅲ은 $n=2 \rightarrow n=1$로의 전자 전이이다.

ㄷ. $E_Ⅱ : E_Ⅳ = (-\frac{1}{36}+\frac{1}{4})k : \frac{8}{9}k = \frac{8}{36}k : \frac{8}{9}k = 1 : 4$이다.

07 모범 답안 다전자 원자에서 오비탈의 에너지 준위는 $1s<2s<2p<3s<3p<4s<3d$이다. 쌓음 원리는 에너지 준위가 낮은 오비탈부터 전자가 순서대로 채워진다는 원리이다. 이때 s, p, d 오비탈에 채워지는 최대 전자 수는 각각 2, 6, 10이다.

채점 기준	배점
오비탈의 에너지 준위를 옳게 비교하고 쌓음 원리와 최대 전자 수를 옳게 설명한 경우	100%
3가지 중 2가지만 옳게 설명한 경우	70%
3가지 중 1가지만 옳게 설명한 경우	30%

08 모범 답안 4가지 양자수는 주 양자수, 방위 양자수, 자기 양자수, 스핀 양자수이다. 주 양자수는 오비탈의 크기를 결정하며 방위 양자수는 오비탈의 종류를 결정한다. 자기 양자수는 오비탈의 방향을 결정하며, 스핀 양자수는 전자의 스핀 방향을 나타낸다. 파울리 배타 원리는 오비탈에 채워지는 전자들은 이 4가지 양자수가 서로 같을 수 없다는 원리이다. (또는 1개의 오비탈에는 스핀 방향이 다른 전자가 최대 2개 채워진다.)

채점 기준	배점
4가지 양자수와 파울리 배타 원리에 대하여 옳게 설명한 경우	100%
4가지 양자수 또는 파울리 배타 원리 중 1가지만 옳게 설명한 경우	50%

09 a는 $n=2 \rightarrow n=1$, b는 $n=3 \rightarrow n=2$, c는 $n=4 \rightarrow n=3$의 전자 전이이다.

모범 답안 (1) a는 라이먼 계열, b는 발머 계열, c는 파셴 계열이다.

(2) a는 $n=2 \rightarrow n=1$, b는 $n=3 \rightarrow n=2$이므로 $\Delta E_a = (-\frac{1}{4}+1)k$

$=\frac{3}{4}k$이고, $\Delta E_b = (-\frac{1}{9}+\frac{1}{4})k = \frac{5}{36}k$이므로 $\Delta E_a : \Delta E_b = 27 : 5$이다.

	채점 기준	배점
(1)	3개를 모두 옳게 쓴 경우	100%
	2개만 옳게 쓴 경우	60%
	1개만 옳게 쓴 경우	30%
(2)	a와 b에서 방출하는 에너지의 비를 옳게 구한 경우	100%

Ⅲ. 화학 결합과 분자의 세계   워크북 58~59쪽

01 ⑤   **02** ③   **03** ④   **04** ③   **05** ①   **06** ③   **07** 해설 참조
08 해설 참조

01 ㉠에 해당하는 물질은 Na_2O, NaF 2가지이고, ㉡에 해당하는 물질은 OF_2, ㉢에 해당하는 물질은 공유 결합 물질인 HF이다.

02 A는 전자를 1개 잃고 A^+가 되었으므로 Li이고, DC_4^+에서 C는 H, D는 N이다. BC^-에서 C가 H이므로 B는 원자가 전자 수가 6인 O이다.

ㄱ. A(Li)와 C(H)로 이루어진 물질에서 A와 C는 모두 전자 배치가 He과 같다.

ㄷ. ABC는 LiOH으로 Li^+과 OH^-이 결합하여 형성된 이온 결합 물질이다. 따라서 수용액 상태에서 전기 전도성이 있다.

오답 피하기 ㄴ. B_2와 D_2의 구조식은 각각 B=B, D≡D이다. 따라서 공유 전자쌍 수는 B_2가 2, D_2가 3이다.

03 A~D는 각각 Li, O, F, Mg이고, (가)~(라)의 화학식은 각각 AC(LiF), $BC_2(OF_2)$, DB(MgO), $DC_2(MgF_2)$이다.

ㄴ. (가)는 금속 원소인 A와 비금속 원소인 C가 결합하여 형성된 이온 결합 물질이고 (나)는 비금속 원소인 B와 C가 결합하여 형성된 공유 결합 물질이므로 녹는점은 (가)가 (나)보다 높다.

ㄷ. (나)~(라)의 구성 원소는 2주기 비금속 또는 3주기 금속 원소이므로 구성 입자의 전자 배치는 모두 Ne과 같다.

오답 피하기 ㄱ. (나)와 (다)의 화학식은 각각 BC_2, DB이므로 B의 개수 비는 (나) : (다)$=1 : 1$이다.

04 (가)~(다)는 이온 결합 물질이므로 물질을 구성하는 원소와 $\frac{음이온 수}{양이온 수}$로부터 화합물을 이루는 이온의 전하량 비를 알 수 있다.

	(가)	(나)	(다)
$\frac{음이온 수}{양이온 수}$	0.5	1	1.5
이온 수 비(양이온:음이온)	2:1	1:1	2:3
이온의 전하량 비(양이온:음이온)	1:2	1:1	3:2

따라서 A~D는 각각 Na, O, F, Al이다.

ㄱ. A~D의 홀전자 수는 각각 1, 2, 1, 1이므로 B의 홀전자 수가 가장 크다.

ㄷ. DC_3는 금속 원소인 D와 비금속 원소인 C가 이온 결합하여 형성된 물질이므로 액체 상태에서 전기 전도성이 있다.

오답 피하기 ㄴ. (다)는 D^{3+}과 B^{2-}이 결합하여 형성된 이온 결합 물질로, 화학식은 D_2B_3이다.

05 (가)는 분자당 원자 수가 3이고 공유 전자쌍 수가 4이므로 A＝B＝A 또는 B＝A＝B이다. (나)는 분자당 원자 수가 3이고 공유 전자쌍 수가 2이므로 B－C－B 또는 C－B－C이다. (가)와 (나)에 원소 B가 공통적으로 포함되어 있으므로 주어진 조건을 만족하는 것은 (가)가 B＝A＝B이고, (나)가 C－B－C일 때이다. 따라서 A는 2주기 14족 원소인 탄소(C), B는 2주기 16족 원소인 산소(O), C는 2주기 17족 원소인 플루오린(F)이다. 따라서 (다)는 ABC₂이다.

ㄱ. A~C의 원자가 전자 수는 각각 4, 6, 7이므로 C가 가장 크다.

오답 피하기 ㄴ. (가)~(다)의 루이스 전자점식은 다음과 같다.

$$:B::A::B:\quad :C:B:C:\quad :C:A:C:$$

(가)와 (다)의 비공유 전자쌍 수는 각각 4, 8이다.

ㄷ. (다)는 COF_2이다. COF_2는 평면 삼각형 구조로, 결합의 쌍극자 모멘트 합이 0이 아닌 극성 분자이다.

06 14족 원소와 18족 원소를 제외한 3주기 원소들의 홀전자 수는 다음과 같다.

족	1	2	13	15	16	17
원소	Na	Mg	Al	P	S	Cl
홀전자 수	1	0	1	3	2	1

같은 주기에서 원자 번호가 클수록 전기 음성도는 증가하므로 A는 Mg, B는 Na, C는 Cl, D는 S이다.

ㄱ. B는 1족 금속 원소, C는 17족 비금속 원소이므로 B와 C는 1 : 1로 결합하여 화합물을 형성한다.

ㄷ. DC_2는 중심 원자인 D에 비공유 전자쌍이 2개 있는 굽은 형 구조이므로 극성 분자이다.

오답 피하기 ㄴ. A는 전자를 2개 잃고 Ne과 같은 전자 배치를 이루고, D는 전자 2개를 얻어 Ar과 같은 전자 배치를 이루며 화합물을 형성한다.

07 NaF과 NaCl을 구성하는 양이온과 음이온의 전하량은 ＋1과 －1로 같다. 이때 이온 사이의 거리가 더 긴 NaCl이 NaF보다 녹는점이 낮다. 따라서 이온 사이의 거리가 증가할수록 이온 결합 물질의 녹는점은 낮아진다. 또한, NaF과 CaO은 이온 사이의 거리가 비슷하지만 녹는점은 CaO이 NaF에 비해 매우 높다. 이로부터 이온의 전하량이 클수록 이온 결합 물질의 녹는점은 높아짐을 알 수 있다.

모범 답안 이온 결합 물질의 녹는점은 이온 결합의 세기가 커질수록 높아진다. 이온 결합의 세기에 영향을 주는 요인은 이온 사이의 거리와 이온의 전하량이다. 이온의 전하량이 같은 NaF과 NaCl으로부터 이온 사이의 거리가 짧을수록 녹는점이 높아짐을 알 수 있고, 이온 사이의 거리가 비슷한 NaF과 CaO으로부터 이온의 전하량이 클수록 녹는점이 높아짐을 알 수 있다.

채점 기준	배점
이온 결합 물질의 끓는점에 영향을 미치는 요인 2가지를 모두 옳게 서술한 경우	100%
이온 결합 물질의 끓는점에 영향을 미치는 요인 2가지 중 1가지만 옳게 서술한 경우	50%

08 CH_4과 CF_4는 정사면체형 구조를 이루어 결합의 극성이 상쇄된다. 따라서 결합의 쌍극자 모멘트의 합이 0이 되어 분자의 쌍극자 모멘트가

0이 된다. 하지만 CH_3F는 결합의 쌍극자 모멘트의 합이 0이 아니므로 분자의 쌍극자 모멘트는 0이 아니다. 따라서 3가지 물질 중 극성이 가장 큰 물질은 CH_3F이다.

모범 답안 CH_4과 CF_4는 극성 공유 결합으로 이루어져 있지만 정사면체 구조를 이루어 결합의 쌍극자 모멘트가 모두 상쇄된다. 따라서 분자의 쌍극자 모멘트가 0인 무극성 분자이다. CH_3F의 경우 극성 공유 결합인 C－H와 C－F로 이루어져 있지만 결합의 쌍극자 모멘트가 상쇄되지 않아 분자의 쌍극자 모멘트는 0이 아니다. 따라서 3가지 분자 중 극성이 가장 큰 분자는 CH_3F이다.

채점 기준	배점
3가지 분자 중 극성이 가장 큰 분자를 옳게 고르고, 그렇게 판단한 까닭을 옳게 서술한 경우	100%
3가지 분자 중 극성이 가장 큰 분자만 옳게 고른 경우	50%

Ⅳ. 역동적인 화학 반응 워크북 60~61쪽

01 ③ **02** ③ **03** ④ **04** ① **05** ⑤ **06** ④

07 (1) 해설 참조 (2) 34

08 (1) 해설 참조 (2) $HA(aq)$ $\frac{20}{3}$ mL **09** (1) $\frac{5}{3}$ (2) $\frac{2}{3}$몰

01 ㄱ. (가)에서 증발이 일어난 후 증발 속도와 응축 속도가 같아져 (나)의 동적 평형에 도달하게 된다. 따라서 (나)에서 $Br_2(l)$의 양(mol)은 0.1몰보다 작다.

ㄴ. $Br_2(g)$의 응축 속도는 용기 속 $Br_2(g)$의 양에 비례한다. 따라서 $Br_2(g)$의 양이 더 많은 (나)에서가 (가)에서보다 빠르다.

오답 피하기 ㄷ. 뚜껑을 열면 용기 속에 있는 $Br_2(g)$이 공기 중으로 빠져나가므로 응축 속도는 감소하지만, 증발 속도는 일정하게 유지된다.

02 ㄱ. (가)의 수용액 200 g 중 NaOH의 질량이 4 g(0.1몰)이므로 (가)에서 취한 용액 20 g 중 NaOH의 질량은 0.4 g(0.01몰)이다.

ㄴ. (나)에서 NaOH의 양(mol)이 0.01몰이므로 $NaOH(aq)$의 몰 농도는 0.01 M이다. 따라서 pOH＝2이고, 25℃에서 pH＋pOH＝14이므로 pH＝12이다.

오답 피하기 ㄷ. 온도가 같을 때 $[H_3O^+][OH^-]$은 수용액의 성질과 관계없이 같다.

03 ㄴ. (가) 50 mL에는 H^+ 0.0005몰이 들어 있고, (나) 100 mL에는 OH^- 0.001몰이 들어 있으므로 두 용액을 혼합한 용액은 염기성이다. 따라서 이 혼합 용액에서 $\frac{[H_3O^+]}{[OH^-]} < 1$이다.

ㄷ. (가) 100 mL에는 H^+ 0.001몰이 들어 있고, (다) 50 mL에는 OH^- 0.0005몰이 들어 있으므로 두 용액을 혼합하면 0.0005몰의 물이 생성된다.

오답 피하기 ㄱ. (가)~(다)의 온도가 같으므로 물의 이온화 상수가 모두 같다.

04 ㄱ. (가)의 $NaOH(aq)$에 $HCl(aq)$을 넣고 중화시켜 (나)가 되었으므로 수용액의 pH는 (가)가 (나)보다 크다.

오답 피하기 ㄴ. 몰 농도는 $NaOH(aq)$이 $HCl(aq)$의 2배이고, (다)에서 Na^+과 Cl^-의 양(mol)이 같으므로 (다)까지 넣어 준 $HCl(aq)$의 부피는

58 정답 및 해설

NaOH(aq)의 2배이다. (다)까지 넣어 준 HCl(aq)의 부피를 $2V$라고 한다면 혼합 전 NaOH(aq)의 부피는 V이고, (나)까지 넣어 준 HCl(aq)의 부피는 V이다. 따라서 (나)와 (다)에 들어 있는 Na^+의 양(mol)을 n몰이라고 할 때 $[Na^+]$비는 (나) : (다)$= \dfrac{n}{2V} : \dfrac{n}{3V} = 3 : 2$이다.

ㄷ. (가)와 (다)의 온도가 25 ℃로 같으므로 물의 이온화 상수인 $[H_3O^+]$ $[OH^-]$은 (가)에서와 (다)에서가 서로 같다.

05 묽은 염산과 마그네슘(Mg)을 반응시키면 수소 기체가 발생한다. 따라서 X는 H_2이다.

ㄱ. 나트륨(Na)과 물이 반응하면 수산화 나트륨(NaOH)과 수소(H_2) 기체가 발생한다.

ㄴ. (가)에서 Mg은 전자 잃고 산화되고, HCl은 전자를 얻어 환원된다. 따라서 전자는 Mg에서 HCl로 이동한다.

ㄷ. (가)에서 반응한 Mg의 양(mol)은 $\dfrac{1}{6}$몰이므로 생성된 X(H_2)의 양 (mol)도 $\dfrac{1}{6}$몰이다. (나)에서 산화제는 CuO이고, 반응 몰비는 CuO : X(H_2)$=1:1$이므로 (나)에서 반응한 산화제의 양(mol)은 $\dfrac{1}{6}$몰이다.

06 (가)에서 H^+ $10N$이 들어 있는 비커에 금속 A $9w$ g이 반응하였을 때 전체 이온 수가 $4N$ 감소하였으므로 반응한 H^+ 수는 $6N$, 생성된 A^{m+} 수는 $2N$이다. 따라서 $m=3$이고, 금속 A $9w$ g에 들어 있는 A 원자 수는 $2N$이다. (가) 과정 후 수용액에 들어 있는 H^+ 수는 $4N$, A^{m+} 수는 $2N$이고, (나) 과정 후 수용액에 들어 있는 전체 이온 수는 $4N$이므로 넣어 준 B와 H^+ $4N$이 모두 반응하였고 생성된 B^{n+}은 $2N$이다. 따라서 $n=2$이고, 금속 B $8w$ g에 들어 있는 B 원자 수는 $2N$이다.

ㄴ. $m=3$, $n=2$이다.

ㄷ. HCl(aq)과 금속 A, B의 반응에 대한 알짜 이온 반응식은 각각 다음과 같다.

$6H^+ + 2A \longrightarrow 3H_2 \uparrow + 2A^{3+}$, $2H^+ + B \longrightarrow H_2 \uparrow + B^{2+}$

금속 A와 H_2의 반응 몰비는 A : $H_2 = 2 : 3$이고, 금속 B와 H_2의 반응 몰비는 B : $H_2 = 1:1$이다. A와 B의 원자량을 각각 $9x$, $8x$라고 할 때 A, B의 w g의 양(mol)은 각각 $\dfrac{w}{9x}$몰, $\dfrac{w}{8x}$몰이다. 따라서 금속 A, B w g이 모두 반응했을 때 생성되는 H_2의 몰비는 A : B$= \dfrac{w}{9x} \times \dfrac{3}{2} : \dfrac{w}{8x}$ $=4 : 3$이다.

오답 피하기 ㄱ. A $2N$의 질량이 $9w$ g이고, B $2N$의 질량이 $8w$ g이므로 원자 1개의 질량비는 A : B$= \dfrac{9w}{2N} : \dfrac{8w}{2N} = 9 : 8$이다. 따라서 원자량 비는 A : B$=9 : 8$이다.

07 ⑴ 모범 답안 (나)>(가), 용해 초기부터 용해 평형까지의 석출 속도는 용해된 A의 질량에 비례하므로 용해된 A의 질량이 큰 (나)에서가 (가)에서보다 석출 속도가 빠르다.

채점 기준	배점
(가)와 (나)의 석출 속도를 옳게 비교하고, 석출 속도는 용해된 A의 질량에 비례함을 제시하여 옳게 서술한 경우	100%
(가)와 (나)의 석출 속도만 옳게 비교한 경우	30%

⑵ 용해도는 물 100 g에 용해되어 있는 용질의 최대 질량이다. 물 50 g에 최대로 용해된 A의 질량은 17 g이므로 25 ℃에서 A의 용해도는 34이다.

08 ⑴ 모범 답안 (다)에서 이온 수비가 A 이온 : B 이온$=3 : 4$이므로 BOH(aq) 10 mL에 들어 있는 B 이온의 양(mol)을 $2n$몰이라고 할 때 (나)에는 H^+ n몰이 남아 있으므로 산성이고, (다)는 염기성이므로 $\dfrac{[H_3O^+]}{[OH^-]}$는 (나)에서가 (다)에서보다 크다.

채점 기준	배점
이온 수비로부터 (나)와 (다)의 액성을 파악하여 (나)와 (다)의 $\dfrac{[H_3O^+]}{[OH^-]}$를 옳게 비교한 경우	100%
(나)와 (다)의 $\dfrac{[H_3O^+]}{[OH^-]}$만을 옳게 비교한 경우	30%

⑵ (다)에는 OH^- n몰이 들어 있고, HA(aq) 20 mL에는 H^+ $3n$몰이 들어 있으므로 (다)를 완전히 중화시키기 위해 HA(aq) $\dfrac{20}{3}$ mL가 필요하다.

09 ⑴ Cu의 산화수는 2만큼 증가하고, N의 산화수는 3만큼 감소하므로 $a=c=2$이다. 나머지 원자의 수를 맞추면 $b=8$, $d=4$이다. 따라서 $\dfrac{a+b}{c+d} = \dfrac{10}{6} = \dfrac{5}{3}$이다.

⑵ 환원제는 Cu이고, 반응 몰비는 Cu : NO$=3 : 2$이므로 Cu 1몰이 반응할 때 생성되는 NO의 양(mol)은 $\dfrac{2}{3}$몰이다.

<u>memo</u>

memo

memo

memo

memo

BON.본

BON 본
CHEMISTRY I